先生が薦める

英語学習のための

特選映画100選

社会人編

職業別

○政治・政界 ○研究・技術 ○医療・福祉
○法律・法廷 ○金融・保険 ○教育・学校
○宗教・宗派 ○文芸・出版 ○映画・演技
○音楽・演奏 ○スポーツ　○販売・営業
○家庭・支援 ○飲食・接客 ○保安・司法
○農耕・漁業 ○採掘・労働 ○自然・動物
○移民・就労 ○異業種比較

はじめに

　映画英語アカデミー学会（ TAME=The Academy of Movie English ）は、会則第2条において「本学会は、映画の持つ教育研究上の多様な可能性に着目し、英語Educationと新作映画メディアEntertainmentが融合したNew-Edutainmentを研究し、様々な啓蒙普及活動を展開するなどして、我が国の英語学習と教育を豊かにすることを目的とする」としています。

　そこで本学会では、毎年3月、ロサンゼルスとビバリーヒルズに本拠を置く映画芸術アカデミーが主催するアカデミー授賞式の時期に合わせて、前年1月から12月末日までに我が国で発売が開始された新作映画DVD（ ブルーレイ、3D、4K等 ）を対象に、小学校、中学校、高等学校、大学の各部門の英語教育に最も相応しいと思える作品をそれぞれ選考し、「映画英語アカデミー賞映画」として推薦し、普く世に発表しています。これは、映画で英語を学びたい学習者と教育機関で映画を利用して英語教育を実践したいと考えている教育者の方々に対する、教材として相応しい「映画選びのお手伝い」をする本学会の主要な活動なのです。日本全国の書店の書棚を飾っている『第5回映画英語アカデミー賞』も、言うまでもなく、こうした趣旨のもとに出版している学会誌です。

　ところで、日本では毎年100タイトル前後の新作映画が公開されていますが、それらは通例、映画館上映が終了してからおよそ3か月後に、映画会社

各社によりDVDとして発売開始されます。そして、こうした作品が我が「映画英語アカデミー学会」が授与する「映画英語アカデミー賞」の対象となるわけです。とはいえ、現在、我が国で発売中のタイトルが2000を超えるといわれる旧作映画も決して見逃せません。様々な角度から見て、英語教材として新作映画を遙かに凌ぐ、優れたものが数多く存在しているからです。

　そうした事から、本学会では、社会人部門を加え5部門チームを編成し、旧作映画の中からそれぞれ100タイトルを厳選して、平成23年9月より、『先生が薦める英語学習のための特選映画100選』として約100名の著者集団で執筆を開始し、平成26年6月に『小学生編』を発刊いたしました。そして、この度、第四弾として『社会人編』を発行する事ができました。なお今後、残る高校生部門についても編集作業が整い次第、発刊する予定です。

　我が学会の本活動が、映画で英語を学ぶことに興味を持っておられる学習者、また映画を使った英語教育の実践を考えておられる教育者の方々にとっての映画タイトル選定の、これまでにない斬新な「道しるべ」となり得れば、これ以上の喜びはありません。

　平成29年4月

　　　　映画英語アカデミー学会　　　　　　　会　長　曽根田 憲三

目　次

はじめに	……	2
本書の構成と利用の仕方	……	6
原稿執筆共通ルール表	……	8
リスニング難易度	……	9
映画メディアのご利用にあたって	……	10

業種別	邦　題	原　題	
政治・政界	アメリカン・プレジデント	The American President	12
	エアフォース・ワン	Air Force One	14
	ミルク	Milk	16
研究・技術	アポロ13	Apollo 13	18
	アンドリュー NDR114	Bicentennial Man	20
	A.I	A.I. Artificial Intelligence	22
	ライトスタッフ	The Right Stuff	24
医療・福祉	カッコーの巣の上で	One Flew Over the Cuckoo's Nest	26
	救命士	Bringing Out the Dead	28
	ジョンQ ―最後の決断―	John Q	30
	小さな命が呼ぶとき	Extraordinary Measures	32
	パッチ・アダムス	Patch Adams	34
	マグノリアの花たち	Steel Magnolias	36
	レナードの朝	Awakenings	38
	ロレンツォのオイル / 命の詩	Lorenzo's Oil	40
法律・法廷	エリン・ブロコビッチ	Erin Brockovich	42
	告発の行方	The Accused	44
	十二人の怒れる男	12 Angry Men	46
	推定無罪	Presumed Innocent	48
	ヒマラヤ杉に降る雪	Snow Falling on Cedars	50
	評決	The Verdict	52
	評決のとき	A Time to Kill	54
	ザ・ファーム 法律事務所	The Firm	56
	フィラデルフィア	Philadelphia	58
	夜霧のマンハッタン	Legal Eagles	60
金融・保険	ウォール街	Wall Street	62
	ウォール・ストリート	Wall Street: Money Never Sleeps	64
	素晴らしき哉、人生！	It's a Wonderful Life	66
	ワーキング・ガール	Working Girl	68
教育・学校	いまを生きる	Dead Poets Society	70
	グッド・ウィル・ハンティング / 旅立ち	Good Will Hunting	72
	グレート・ディベーター 栄光の教室	The Great Debaters	74
	ジャック	Jack	76
	スクール・オブ・ロック	School of Rock	78
	フリーダム・ライターズ	Freedom Writers	80
	プレシャス	Precious: Based on the Novel "Push" by Sapphire	82
	ヘアスプレー	Hairspray	84
宗教・宗派	僕たちのアナ・バナナ	Keeping the Faith	86
	マザー・テレサ	Mother Teresa	88
	マルコムX	Malcolm X	90
文芸・出版	ジェイン・オースティン 秘められた恋	Becoming Jane	92
	プライドと偏見	Pride & Prejudice	94
	プラダを着た悪魔	The Devil Wears Prada	96
	ブリジット・ジョーンズの日記	Bridget Jones's Diary	98
映画・演技	エド・ウッド	Ed Wood	100
	グレース・オブ・モナコ 公妃の切り札	Grace of Monaco	102
	サンセット大通り	Sunset Boulevard	104
	トロピックサンダー 史上最低の作戦	Tropic Thunder	106
音楽・演奏	8 Mile	8 Mile	108
	セレナ	Selena	110

目　次

	ドラムライン	Drumline	112
	ラブソングができるまで	Music and Lyrics	114
スポーツ	ザ・エージェント	Jerry Maguire	116
	グローリー・ロード	Glory Road	118
	コーチ・カーター	Coach Carter	120
	タイタンズを忘れない	Remember the Titans	122
	フィールド・オブ・ドリームス	Field of Dreams	124
	炎のランナー	Chariots of Fire	126
	ミリオンダラー・ベイビー	Million Dollar Baby	128
販売・営業	幸せのちから	The Pursuit of Happyness	130
	スモーク	Smoke	132
	ノッティングヒルの恋人	Notting Hill	134
	わが心のボルチモア	Avalon	136
家庭・支援	スパングリッシュ 太陽の国から来たママのこと	Spanglish	138
	ミセス・ダウト	Mrs. Doubtfire	140
	わたしがクマにキレた理由（わけ）	The Nanny Diaries	142
飲食・接客	幸せのレシピ	No Reservations	144
	ジュリー＆ジュリア	Julie & Julia	146
	ハッピー・フライト	View from the Top	148
	マイ・ビッグ・ファット・ウェディング	My Big Fat Greek Wedding	150
保安・司法	刑事ジョン・ブック / 目撃者	Witness	152
	交渉人	The Negotiator	154
	G.I. ジェーン	G.I. Jane	156
	逃亡者	The Fugitive	158
	ボーン・アイデンティティー	The Bourne Identity	160
	炎のメモリアル	Ladder 49	162
	ミシシッピー・バーニング	Mississippi Burning	164
農耕・漁業	怒りの葡萄	The Grapes of Wrath	166
	サイダーハウス・ルール	The Cider House Rules	168
	二十日鼠と人間	Of Mice and Men	170
	リリィ、はちみつ色の秘密	The Secret Life of Bees	172
	老人と海	The Old Man and the Sea	174
採掘・労働	スタンドアップ	North Country	176
	遠い空の向こうに	October Sky	178
	8月のメモワール	The War	180
自然・動物	生きてこそ	Alive	182
	シービスケット	Seabiscuit	184
	ジョーズ	Jaws	186
	南極物語	Eight Below	188
	マイ・ドッグ・スキップ	My Dog Skip	190
	夢駆ける馬ドリーマー	Dreamer: Inspired by a True Story	192
移民・就労	イン・アメリカ 三つの小さな願いごと	In America	194
	この自由な世界で	It's a Free World...	196
	遥かなる大地へ	Far and Away	198
	フローズン・リバー	Frozen River	200
異業種比較	ウェールズの山	The Englishman Who Went Up A Hill But Came Down A Mountain	202
	クレイマー、クレイマー	Kramer vs. Kramer	204
	セックス・アンド・ザ・シティ	SEX and the CITY	206
	フォレスト・ガンプ / 一期一会	Forrest Gump	208
	プルートで朝食を	Breakfast on Pluto	210

索引（邦題、原題順による一覧表）	212	発起人	219
会則	214	理事会	220
運営細則	216	ノミネート委員会、リスニングシート作成委員会	221
支部会則	218	入会申し込み用紙	222

本書の構成と利用の仕方

■ 先生が薦める英語学習のための特選映画100選(社会人編)■

本書の編集は映画1タイトルに対して、見開きタイプで、おのおの2ページを配置しています。

左ページには「邦題と原題」から「公開情報」を掲載、右ページには「薦」から「キャスト」を掲載しています。おのおのの内容の詳細については下段をご覧ください。

なお、「セリフ紹介」は、該当の映画に出てくるキーワード、決まり文句、覚えておきたいセリフを取り上げています。また「学習ポイント」は、この映画で英語を学習する人たちへの先生たちからの学習アドバイスです。ただし、『小学生編』では、学習者が英語を学ぶ初心者ということで、この「学習ポイント」は「ふれあいポイント」としています。主に、一緒に学習される保護者への留意点として解説しています。

「リスニング難易度」は「お薦めの理由」に加えて、映画で発声されているセリフ音声を

■総合評価表■

- ●邦題と原題
- ●この総合評価表の執筆者
- ●セリフ紹介＝この映画から学んで欲しい特徴的なセリフ、英語表現の紹介です。
- ●学習ポイント＝この欄はこの映画を使用して英語を学習する人たちへのアドバイス。
- ●あらすじ＝簡単な映画ストーリーや展開、特徴、モチーフなどの説明です。
- ●公開情報＝公開日や公開状況、受賞実績など、劇場公開段階での記録です。
- ●映画情報＝原作や製作年、製作費、配給会社など、映画の基本情報の紹介です。

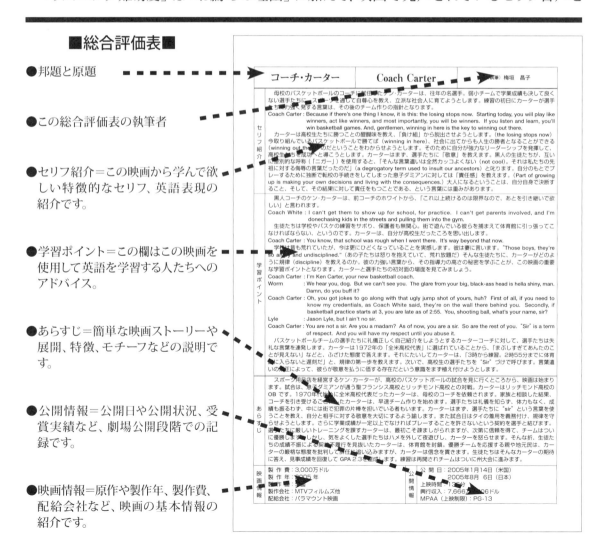

英語学的に詳しく9項目に因数分解して、おのおの5段階の評価点数で表したものです。

また、「薦」は先生がお薦めする学校レベルに「●」がつけられていますが「社会人」だけとは限りません。他にもお薦めと評価される映画には「小学生」他にも(●)がつけられています。

「発展学習」は「学習ポイント」でふれられなかった、さらに詳しい学習アドバイスが解説されています。なお参考書として紹介されている書籍の中には絶版のものも含まれています。

> ■索引■
>
> 本書の212ページにある「索引」は英語原題による一覧表です。アルファベット順です。
>
> 本書の目次とそもそもの本書掲載順序は「邦題」（日本語タイトル）を採用していますので、「原題は分かっているのだけれども…」という方に便利です。
>
> なお、原題冒頭にある定冠詞（the）と不定冠詞（a）は無視して配置しています。

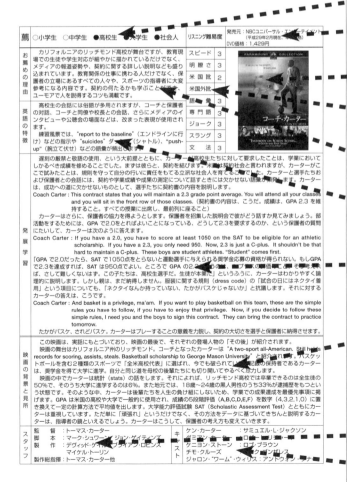

- ●お薦め＝お薦めレベルを小学生から社会人まで（複数有り）
- ●発売元＝DVDとブルーレイ情報です。発売元と価格は時々変わりますからご注意ください。（日付に留意を）
- ●写真＝この映画のDVD表紙の写真です。
- ●リスニング難易表＝この映画の発声者の特徴を9項目各5点満点で評価しました。
- ●お薦めの理由＝小学生から社会人などにお薦めしたい理由の説明をしています。
- ●英語の特徴＝会話の速度、発音の明瞭さ、語彙、専門用語、文法の準拠度など、この映画の英語の特徴を解説します。
- ●発展学習＝学習ポイントでふれられなかったところ、さらに詳しい解説を行う欄です。映画のもつ教育的価値は計り知れません。多様にご利用ください。
- ●映画の背景と見所＝あらすじや背景でふれられなかった他の重要事項の説明です。

この映画の歴史的背景、文化的背景の説明、事前知識、映画構想と準備、製作の裏話などの解説です。

- ●スタッフ＝監督など、スタッフの紹介です。
- ●キャスト＝主演など、キャストの紹介です。

原稿執筆ルール表

(平成29年2月27日現在。本「ルール表」は連絡なく適時更新されます。執筆前に、ＨＰにて最新のものを確認ください)

■ 一種類の映画につき、１頁Ｂ５サイズで２頁割り当ての統一レイアウトです。
　・著者色々ご意見ありましょうが『特選映画』『アカデミー賞』共通です、変更できません。
　・各枠の項目題名は社会人編の「発展学習」など特定の場合以外は変更できません。
　・各枠の上下にある仕切りラインは原則として移動できません。やむを得ない場合のみ「１行分」のみ増減可能です。それ以上は責任者とご相談ください。
　・ただし、左頁が右頁に、右頁が次の頁に、頁を超過し、はみ出すことはできません。
　・各枠内は一行の余りも出ないように、必ず、文章等で原稿を執筆ください。
　・各枠内のスタイルは執筆者の自由です。図表等などの文章以外の原稿も可能です。
　・「スタッフ」や「監督」など、絶対に必要な情報は必ず、調べて原稿にしてください。
■ 文章スタイルは「です。ます。」調でお願いします。
■「映画情報」は原則的に、以下を参考に記入してください。
　The Internet Movie Database （IMDb） http://www.imdb.com/
■「DVD 情報」等は、各販売会社のホームページを参考に記入してください。価格はDVD 会社が設定している税込み価格です。Amazon 等で販売しているディスカウント価格ではありません。
　（参考）http://www.vanda.co.jp/でタイトル検索後、プライスオフ前の価格を採用
■「薦」にある各学校種別お薦めマーク『●』は該当部分のすべてに『●』印をおつけ下さい。
■「英語の特徴」
　・第１回映画英語アカデミー賞時採用の項目「英語その他」は「英語の特徴」に統合されました。
■「リスニング難易度」とは該当映画のセリフに関する、各項目（易）１→５（難）の点数表示です。
　・これまでスクリーンプレイ社が25年以上にわたって表示してきた評価手法を学会も採用しました。
　・現在、全９項目に科学的・客観的評価規準はありません。著者の主観によって参考評価ください。
　・ただし、できるだけ公平・同一の点数規準とするために、評価点数のモデルが次頁にあります。
　・なお『米国訛』とは、米語を前提として、米国内での地方性、民族性などを意味します。
　・また『米国外訛』とは、米国からみた『外国』の発声特徴を意味します。英国も外国となります。
■「セリフの引用」について
　・英文表記法では、原則、本文内での引用セリフは、「発声者名」に間を空けずに「：」コロン+「半角スペース」等で、続けて「セリフ」です。
　　（一例を示すと右となる。Puss: I do not steal from churches. のように表示する）
　・ただし、連続したセリフ表示で、行のセリフ開始位置を揃えたい場合は、上記でも、レイアウト上の印「：」コロンとして使用して、各行の左右の位置を揃えても良いです。
　　Puss: I do not steal from churches.　　　　Puss　: I do not steal from churches.
　　Man 2 : The boys' orphanage has ......　　　Man 2 : The boys' orphanage has ......
　　Puss: I do not steal from orphans.　　　　Puss　: I do not steal from orphans.
■表現
　・頻繁に登場する「アメリカ」は「米国」、「イギリス」は「英国」と短縮表示します。
　・価格表示は、「DVD 価格」「ブルーレイ価格」「DVD&ブルーレイ価格」
　・価格表示は、「3,990円（税込）」「4,935円（税込）」（４桁には「,」を）
　・「オープニングウィークエンド」ではなく、「オープニングウィーケンド」
　・製作費や興業収入、オープニングウィーケンドは、「000百万ドル」「000万000ドル」
　・「公開日」の表示は（日）（米）ではなく、（日本）（米国）
　・「公開日」は一般への映画興行開始日のことで、映画祭への出展日ではありません。
　・製作費、製作年、製作国、製作監督と、「制」でなく、「製」の文字で統一します。
　・「お奨めの理由」ではなく、「お薦めの理由」と表示します。
■上記以外に、『ルール』に加えておいた方がよいと思われるご意見があったらご連絡ください。

リスニング難易度

評価項目	評価基準（参考）易 ① → ⑤ 難			趣　旨
	タイタニック	フォレスト・ガンプ	ショーシャンクの空に	
Conversation Speed 会話スピード	3	3	4	セリフにおける発声スピード 通常の会話を『3』とする それより遅いを以下に、早いを以上に
Pronunciation Clarity 発音の明瞭さ	3	3	4	セリフにおける発音の明瞭さ 通常の明瞭さを『3』とする わかりやすいを以下に、にくいを以上に
米国訛	1	3	4	米国英語における米国内の訛り 標準米国英語を『1』として 訛りが強いにしたがって以上に
米国外訛	2	3	4	米国英語を標準にしての外国訛り 米語を『1』として（英語も『1』） 他国訛りが強いにしたがって以上に
Vocabulary 語　彙	3	3	2	語彙の種類と難易度 JACET8000基準に高校生レベル『3』 易しいを以下に、難しいを以上に
Jargon 専門用語	3	2	4	専門用語の種類と多さ 日常会話レベルを『1』として 専門用語の種類と多さで『5』まで
Jokes ジョーク	2	3	4	英語的ジョークの種類と多さ 日常会話レベルを『1』として ジョークの種類と多さで『5』まで
Slang & Vulgarity スラング	2	2	5	英語的スラングの種類と多さ 日常会話レベルを『1』として スラングの種類と多さで『5』まで
Grammar 文　法	3	3	3	英語の文法ルールについて 完全に文法ルール厳守を『1』 文法違反、難解文法で『5』まで

映画メディアのご利用にあたって

■ 発売元と価格 ■

本書は、映画メディア（ DVD 、ブルーレイ、3D、4K など）の発売元と価格に、必ず情報時点を表示しています。発売元は時々変わりますからご注意ください。また、価格は発売元が設定した希望小売価格です。中古価格、ディスカウント価格ではありません。

■ 購入とレンタル ■

映画メディアは、購入されるか、レンタルされるか、購入者から適法に借り受けるか、となります。最近ではiPad や携帯のアプリでのダウンロードでもお楽しみいただけます。

■ 家庭内鑑賞 ■

一般家庭向けに販売されている映画メディアは、映画冒頭に警告画面があります。これは、少人数の家庭内鑑賞にのみ目的で販売されていることを意味していますのでご注意ください。また、(無許可レンタル不可) などとも表示されています。

■ レンタルDVD ■

各種レンタル店でレンタルした映画メディアも同様です。通常は、家庭内鑑賞しかできませんので、上映会はできません。

■ 映画上映会 ■

不特定多数が鑑賞する映画上映会は、DVD 販売会社などによる事前の許可が必要です。各会社にお問い合わせください。

また、正規に、上映会用映画メディアを貸し出している専門の会社もあります。

映画上映会の㈱M.M.C.　ムービーマネジメントカンパニー

Tel ： 03-5768-0821 URL ： http//www.mmc-inc.jp/

著作権法

第三十五条　学校その他の教育機関（営利を目的として設置されているものを除く。）において教育を担任する者は、その授業の過程における使用に供することを目的とする場合には、必要と認められる限度において、公表された著作物を複製することができる。ただし、当該著作物の種類及び用途並びにその複製の部数及び態様に照らし著作権者の利益を不当に害することとなる場合は、この限りでない。

第三十八条　公表された著作物は、営利を目的とせず、かつ、聴衆又は観衆から料金（いずれの名義をもってするかを問わず、著作物の提供又は提示につき受ける対価をいう。以下この条において同じ。）を受けない場合には、公に上演し、演奏し、上映し、又は口述することができる。ただし、当該上演、演奏、上映又は口述について実演家又は口述を行う者に対し報酬が支払われる場合は、この限りでない。

■ 授業におけるDVDの上映 ■

　著作権法第三十八条等の著作権法が特に許容する方法によれば、例外的に上映することも可能です。

　例えば、映画のDVDを、公教育（民間英語学校を含まない）の授業の目的に沿って、教室で一部または全部を上映して、（無料で）生徒たちに見せることは、著作権法が許容する方法の一つです。

■ テキストの作成 ■

　著作権法第三十五条等の著作権法が特に許容する方法によれば、映画のセリフなどを文字に起こして、授業用のテキストや問題を作成することも可能です。

　例えば、映画のセリフを教師または生徒が自ら聞き取り、公教育（民間英語学校を含まない）の授業の目的に沿って、映画のセリフをそのまま記載した必要部数の印刷物を作成することは、著作権法が許容する方法の一つです。ただし、学習用教材として一般販売されている書籍をコピーすることは、違法のおそれがあります。

■ 写真の利用 ■

　映画DVDの画像をキャプチャーして、印刷物に無断で使用することは違法のおそれがあります。もし必要とあらば、映画の写真を有料で貸し出している会社が、国内でも数社ありますのでご利用ください。

■ ルールを守って英語教育 ■

　その他、映画を使用した英語教育には著作権法上のルールがあります。さらに詳しくは、映画英語教育学会発行(著作権ガイドライン)などを参考にしてください。

著作権ハンドブック

　映画英語教育学会（ATEM, The Association for Teaching English through Movies）では「映画ビデオ等を教育に使用する時の著作権ハンドブック」を発行しています。

　著作権の複製権から頒布権などの用語解説に始まり、次に映画ビデオの教育使用に関するさまざまなQ&Aで編集されています。さらに、法的な解説と進み、最後に日本の著作権法全文の紹介と米国オレゴン州で公開された(Copyright Guidelines)の日米対訳もあります。

問い合わせ先
映画英語教育学会事務局
〒169-0075 東京都新宿区高田馬場4-3-12-4階　アルク高田馬場4F
株式会社広真アド内　　http://atem.org/new/

政治・政界

アメリカン・プレジデント	The American President	（執筆）梅垣　昌子

セリフ紹介

　映画のクライマックスで、大統領が米国国民にメディアを通して語りかける場面があります。米国の映画では、主人公がクライマックスで何らかの演説や長いスピーチを行う場面が多く見られますが、この映画は大統領が主人公ですので、その演説は当然大きな意味を持ちます。銃規制と環境問題に関する法案の扱いを巡って、国民に真摯に語りかけ、対立候補が人格攻撃の的にしようとしている自分の個人的なスキャンダルについても、毅然とした態度で自分の立場を述べ、再選にむけての有利な要素へと転換します。

Shepherd : I've loved two women in my life. I lost one to cancer, and I lost the other 'cause I was so busy keeping my job I forgot to do my job. Well, that ends right now. Tomorrow morning, the White House is sending a bill to Congress for its consideration. It's White House Resolution 455, an energy bill requiring a 20 percent reduction of the emission of fossil fuels over the next ten years. It is by far the most aggressive stride ever taken in the fight to reverse the effects of global warming. The other piece of legislation is the crime bill. As of today, it no longer exists. I'm throwing it out. I'm throwing it out writing a law that makes sense. You cannot address crime prevention without getting rid of assault weapons and handguns.

　シェファード大統領は、自分のプライベートに関する人格攻撃を牽制しつつ、議会に２つの法案を提出することを明言します。この２つの法案に対する大統領の姿勢の変化が、ストーリーの展開上、重要なポイントとなります。

学習ポイント

　ホワイトハウスで繰り広げられる政策論争では、法案や外交政策などの専門用語が飛び交います。議論はハイスピードで進みます。そのような場面の合間に、シェファード大統領とスタッフたちの個人的なやりとりや、くだけた会話が挟まれています。こうした会話には、エグゼクティブにどんな言葉遣いで接すればよいか、その答えが多く含まれています。例えば、意図せず失礼な発言をした場合、どのように謝罪して関係修復をめざせばよいか。その実例を２つ見てみましょう。まず報道官のロビン（President's press secretary）が、妻を亡くして現在独身の大統領に、思わず口を滑らして言ってしまったセリフと、それに対する謝罪です。

Janie : Mr. President, your cousin Judith's come down with the flu and won't be able to join you Thursday night.
Shepherd : I'm sorry to hear that. Remind me to give her a call later today.
Robin : You gonna go stag?
Shepherd : Is that a problem?
Robin : No. We've never gone wrong parading you around as the lonely widower…. My God. I can't believe I said that. Mr. President, that was incredibly thoughtless remark. I would never dream of insulting you or the memory of your wife.

　大統領の従姉妹が流感（flu）で晩餐会に同行できなくなったという知らせをうけて、ロビンは大統領が "stag"（パーティーで女性の同伴がない男性）になると言った後 "lonely widower"（寂しい男やもめ）という言葉を使ってしまい、一瞬空気が凍りつきます。失言に気づいたロビンは即座に、「どうしてそんなことことを言ってしまったのかわかりません。極めて思慮を欠いた発言でした。大統領や奥様の思い出を侮辱しようなどとは全く思いもしなかったのです」と率直に謝罪します。

　次は、大統領が背後から部屋に入ってきたとは知らずに、環境保護法案に対する大統領の消極姿勢を強い言葉で批判するシドニー。大統領の存在に気づいて動揺し、即座に謝罪する場面です。シドニーは大統領が現実を全くわかっていない（the President has critically misjudged reality.）とまくしたてていましたが、大統領の存在に気づくやいなや、顔色を変えて謝罪の言葉を重ねます。"Mr. President, I'm… I don't know what to say. I'm speechless…. I was showing off for a colleague who doesn't think very much of me…. I'm monumentally sorry for having insulted you like that." 謝るときは、相手の気分を害した（insult）ことについて、誠意をもって即座に率直に詫びるのが傷を最小限にするコツのようです。

あらすじ

　米国大統領のアンドリュー・シェファードは、高支持率を背景に１期目を終えようとしていました。当選時は妻を亡くしたばかりで、選挙につきものの人格攻撃を受けることはありませんでした。映画は大統領の多忙な朝の様子から始まります。大統領の脇を固めるのは、主席補佐官のA・J・マッキナニーはじめ、国内政策担当のルイス・ロスチャイルド、報道官のロビン・マッコール、世論調査担当のレオン・コダックなどのスタッフたち。ジェニー・バスディンは大統領の専属補佐として、ホワイトハウスで働く人々と大統領をつなぐ円滑剤の役割を担います。一人娘のルーシーを育てる父親でもあるシェファードはある日、マッキナニーに面会を求めてやってきた環境保護団体のロビイスト、シドニー・ウェイドと出会います。折しも旧友のマッキナニーが、主席補佐官としてのフォーマルな立場を崩さないことに寂しさを覚えていたシェファードは、率直かつ攻撃的で、時に失礼でさえあるシドニーの快活さに魅かれ、２人は恋に落ちます。大統領がシドニーを晩餐会にエスコートしたことから、メディアは2人の関係を大々的に取り上げます。一方シドニーが属する環境保護団体の責任者は、大統領と親密な関係になったロビイストのシドニーを非難します。２期目の大統領選の対立候補であるラムソン上院議員は、大統領の人格攻撃に入ります。環境保護と銃規制に関する法案提出の行方が危ぶまれる中、大統領は最後に見事な演説で信頼を回復します。

映画情報

製　作　費：6,200万ドル（推定）
製　作　年：1995年
製　作　国：米国
製作会社：キャッスル・ロック・エンターテインメント
配給会社：コロンビア映画

公開情報

公　開　日：1995年11月17日（米国）
　　　　　　1996年　2月10日（日本）
上映時間：114分
興行収入：6,500万ドル（米国）
MPAA（上映制限）：PG-13

薦	○小学生　○中学生　○高校生　●大学生　●社会人	リスニング難易度	発売元：NBCユニバーサル・エンターテイメント （平成29年2月現在、本体価格） DVD価格：1,429円

お薦めの理由	架空の大統領を主人公としていますが、クリントン時代のホワイトハウスを取材して、映画は製作されています。大統領補佐官をはじめとするホワイトハウスのスタッフが、どのように大統領の執務を支えているか。その様子は、社会人として組織を動かしたり、その一員として働くときに参考になります。政治や外交のしくみがわかりやすく描写されているため、時事の教科書として楽しめます。	スピード	4	
		明瞭さ	3	
		米国訛	2	
		米国外訛	1	
英語の特徴	ホワイトハウスでの会話や議論には、内政や外交および法案に関する専門用語が頻出し、スピードも速いです。事前にbill, resolution, Congress, poll, State of the Union Address, press, global warming, gun control などの基本的な語彙を整理しておくと理解に役立ちます。大統領のプライベートな会話は、若干の皮肉やジョークが含まれますが、内容は平易でわかりやすく、スピードも普通の速さです。	語　彙	4	
		専門語	4	
		ジョーク	2	
		スラング	2	
		文　法	4	

発展学習	アンドリュー・シェファードは、3つの顔をこの映画で見せています。米国の大統領、ルーシーの父親、そしてシドニーの恋人です。それぞれの顔のシェファードが、どのように語彙や言葉の調子を変化させるのか、詳細に観察することが発展学習のポイントです。大統領としてのシェファードは、周囲から敬意をもって扱われ、常にシークレットサービスのエージェントに守られています。映画の冒頭では、シェファードがホワイトハウスの回廊を早足で通り過ぎる際、エージェントが袖口のマイクに向かって、"Liberty is moving" とささやいている様子が見られます。エージェントは大統領やその家族をコードネームで呼んでいますが、シェファードの場合は "Liberty" なのです。大統領は守られているゆえに、距離をおかれ、孤独な存在でもあります。"Stop being my chief of staff for one minute." というのは、シェパードが A・J・マッキナニーに言うセリフです。A・J は彼の主席補佐官（chief of staff）ですが、結婚式の介添人（the best man）をつとめた旧友でもあります。しかし A・J は常に、"Mr. President" "Sir" という言葉遣いを崩さず、大統領を "Andy" と呼ぶことはありません。そんな孤高の大統領の発言は、標準的な文法構造にのっとった明確な英語でなされます。法案や外交について専門的な用語を用い、説得力のある歯切れのよい会話です。 "First, I wanted to say congratulations. Three years ago, we were elected to the White House by one of the narrowest margins in history, and today Kodak tells us 63 percent of registered voters think we're doing a good job…. But the poll also tells us what we already knew: We don't get this crime bill of ours through Congress and these numbers are gonna be a memory. So, starting today, we're shifting it into gear." 　大統領は3年前に僅差で当選。世論調査（the poll）によれば現在の支持率は63パーセント。これを足がかりに、犯罪抑制の法案（bill）を一気に議会（Congress）に通そうというわけです。 　娘のルーシーと話すときのシェファードは、易しい言葉でゆっくりと話します。 　Shepherd : Your social studies teacher said your class would be starting on the Constitution this week. 　Lucy　　 : You talked to Mr. Linder? 　Shepherd : Yes, It's called a Parent-Teacher Conference. Mr. Linder and I were the key player in that discussion. Why don't you like social studies, Lucy? 　保護者面談（Parent-Teacher Conference）によると、ルーシーは社会科（social studies）が嫌いのようです。 　シドニーには、大統領の自分を忘れてほしいと頼みます。"Do you think there will ever come a time when you can stand in a room with me and not think of me as the President?"

映画の背景と見所	映画のストーリーは、多くがホワイトハウス内で展開します。大統領の執務室は楕円形のためオーバル・オフィス（oval office）と呼ばれていますが、それはウェストウィングの一室です。ホワイトハウスはエグゼキュティブ・レジデンスを中心として、両側にウェストウィングとイーストウィングが配置されています。シェファードが初めてシドニーをホワイトハウスでの夕食に誘った日、「チャイナルーム」に案内しますが、そこには歴代大統領の磁器コレクションが展示されています。この部屋はレジデンスの一室なのですが、シェファードはコレクションについて熟知しておらず、"I'm more of a West Wing President" と説明します。大統領としての執務に身を捧げているという意味合いでしょう。この映画の監督ロブ・ライナーは、当時のクリントン大統領の協力を得て、少なくとも5回はホワイトハウスを訪れ、撮影の事前調査をしました。なかでも大統領への密着取材を2日間にわたって行った際には、クリントンの激務を目の当たりにしたと言います。演説について担当顧問とダイニングで打ち合わせをするなど、あらゆるスタッフと密に会話をする1日14時間労働の大統領を観察しました。シェファードがシドニーを連れて行くキャンプデービッドについては詳細が公開されていないため、ニクソン大統領時代に撮影されたスナップ写真を入手し、それを元に内装のデザインがなされました。ちなみにシドニーをロビイストとして雇ったのは GDC（Global Defence Council）です。

スタッフ	監　　督：ロブ・ライナー 脚　　本：アーロン・ソーキン 製　　作：ロブ・ライナー 製作総指揮：チャールズ・ニュイヤース 　　　　　　ジェフリー・ストット	キャスト	アンドリュー・シェファード：マイケル・ダグラス シドニー・エレン・ウェイド：アネット・ベニング A・J・マッキナニー　　　　：マーティン・シーン ルイス・ロスチャイルド　　　：マイケル・J・フォックス ロビン・マッコール　　　　　：アンナ・ディヴァー・スミス

エアフォース・ワン	**Air Force One**	（執筆）岡島　勇太	

<table>
<tr>
<td rowspan="1">セ
リ
フ
紹
介</td>
<td>

James : People were being slaughtered for over a year… and we issued economic sanctions and hid behind the rhetoric of diplomacy. How dare we? The dead remember, real peace is not just the absence of conflict. It's the presence of justice. And tonight I come to you with a pledge to change America's policy. Never again will I allow our political self-interest… to deter us from doing what we know to be morally right. Atrocity and terror are not political weapons. And to those who would use them. Your day is over. We will never negotiate. We will no longer tolerate, and we will no longer be afraid. It's your turn to be afraid.

（1年以上にわたって人々が虐殺された…　そして我々は経済制裁を発して、外交的美辞麗句の後ろに隠れたのだ。あえてそうしたのだ。死者は覚えている、真の平和はただ単に争いがないということではない。それは正義の存在なのだ。そして今夜私は、米国の政策を変更するという誓約とともにあなた方のもとにやって来た。私は、政治的利己主義を決して再び許さず、我々が道徳的に正しいと考えることを行うことを決して思いとどまったりはしない。残虐行為や恐怖は政治の武器ではない。そしてそれらを使用する者たちへ。あなたたちの時代は終わったのだ。我々は決して交渉しない。我々はもはや耐え忍ぶことはないだろうし、恐れることもないだろう。恐れるのはあなたたちの番だ）

テロリストに対して断固立ち向かっていくという大統領の決意が表れている演説です。また、このセリフから "sanction"（制裁）や "diplomacy"（外交）など、政治に関する語句を学べます。

</td>
</tr>
</table>

<table>
<tr>
<td rowspan="1">学
習
ポ
イ
ン
ト</td>
<td>

特にお薦めしたい学習ポイントは、次の3つです。

（1）政治関係の表現

　1）Lloyd : Listen, Gary, the president is ready to take Congress on.

　　　　（聞いてくれ、ゲーリー、大統領は議会と対決する準備ができている）

　　上記のセリフから政治に関する表現や語彙の学習ができ、中でも "congress"（議会）は、習得すべき語彙です。

（2）航空関係の表現

　1）Colonel Jackson : I need for you to look above the central video screen. There's a series of L.E.D numbers. Now, one of them should read 110.

　　　　（真ん中のビデオ・スクリーン上を見ていただく必要があります。一連の L.E.D の数字があります。そのうちの1つが110と読めるはずです）

　2）Colonel Jackson : That's your course heading. Now, just below there's a knob surrounded by hash marks. I want you to turn that knob counterclockwise to two-niner-zero.

　　　　（それがあなたの進路です。すぐ下にハッシュマーク（#）に囲まれたつまみがあります。それを反時計回りに回して290に）

　　"to turn that knob counterclockwise"（そのノブ＝つまみ、取っ手を反時計回りに回す）、"heading"（機首方位）など航空に関する語彙や表現の学習ができます。

（3）政治制度の理解

　　米国では、副大統領には大きな権限がないことを、次のセリフが示しています。

　1）Jack : Unfortunately, in our system of government, the vice-president is like the Queen of England. She can't even get airline tickets without talking to somebody like me. Therefore, let me speak to the White House, because I promise you… I'm the one person who can make this all work out.

　　　　（あいにく、我々の政治システムでは、副大統領は英国女王のようなものだ。彼女は私のような者と話さなければ、飛行機のチケットも手に入れられない。したがって、私にホワイトハウスと話させてくれ、私は君に約束できるから…私はこれをうまくおさめることができる）

　　"vice-president"（副大統領）、"White House"（ホワイトハウス）など基本的な単語を理解しておきましょう。

</td>
</tr>
</table>

<table>
<tr>
<td rowspan="1">あ
ら
す
じ</td>
<td>

　米国の大統領ジェームズ・マーシャルは、モスクワでテロリズムに対してゼロ容認であるという米国の新しい政策についての演説を行いました。演説内容は側近たちが事前に知っていたものと異なっていたため、側近たちは多少不満をあらわにします。無事に演説が終わり米国へ向かう帰路で、取材班を装って潜入していたロシア人テロリストたちは、大統領専用機であるエアフォース・ワンをハイジャックし、大統領の妻や娘を含む搭乗者全員を人質に取ります。テロリストたちのハイジャックの目的は、投獄されている自分たちの指導者の釈放を米国に要求することでした。さらにテロリストたちは自分たちの要求に応じない限り、人質を30分間に1人ずつ処刑すると通告してきます。米国では副大統領が陣頭指揮を執り、事態の打開に努めますが、なかなか解決方法が思い浮かびません。打開策を協議している間に副大統領は、国防長官から事態打開の一策として、大統領解任申請書へのサインを求められてしまいます。一方大統領は、エアフォース・ワンがハイジャックされた当初、機内からの脱出を側近たちから促されますが、人質を助けるために単身でテロリストたちに立ち向かいます。はたして、副大統領は大統領解任に同意してしまうのでしょうか。また、妻と娘、そして大切な仲間たちを人質にされた大統領は、テロリストたちの脅迫と暴力に屈することなく、エアフォース・ワンと人質を奪還できるでしょうか。

</td>
</tr>
</table>

<table>
<tr>
<td rowspan="1">映
画
情
報</td>
<td>

製 作 費：8,500万ドル　　製 作 年：1997年
製 作 国：米国、ドイツ　　言　語：英語、ロシア語
撮影場所：米国、ロシア
配給会社：ブエナ・ビスタ・インターナショナル（日本）
ジャンル：アクション、アドベンチャー

</td>
<td rowspan="1">公
開
情
報</td>
<td>

公 開 日：1997年 7月25日（米国）
　　　　　1997年11月 8日（日本）
上映時間：124分
興行収入：1億7,265万0,002ドル（米国）
オープニングウィークエンド：3,713万2,505ドル

</td>
</tr>
</table>

薦	○小学生　○中学生　○高校生　●大学生　●社会人	リスニング難易度	発売元：ウォルト・ディズニー・ジャパン （平成29年2月現在、本体価格） DVD価格：1,429円　ブルーレイ価格：2,381円		
お薦めの理由	テロリストたちとの闘いにおいて、正義を貫き悪は絶対に許さないというメッセージが伝わってきます。さらに、たとえ困難な状況に陥っても決して家族や仲間を見捨てはしない姿勢を通して、家族愛や同僚愛についても描かれています。1人で敵に立ち向かう姿から、米国が思い描いている強い指導者像を認識することができます。また、米国の政治の仕組みの一端を学ぶこともできます。	スピード	4		
^	^	明瞭さ	3	^	
^	^	米国訛	2	^	
^	^	米国外訛	3	^	
英語の特徴	大統領は演説の場合はゆっくりと力強く話していますが、テロリストたちと対決している時は、会話のスピードが速くなっています。大統領夫人はどの場面でもゆっくりと明瞭に話しています。副大統領の発音も明瞭ですが、緊迫した状態の中で話していることが多く、スピードが速くなっています。コルシュノフはロシア語訛りの英語を話しています。語彙は、政治や航空関連のものが多く登場します。	語　彙	3	^	
^	^	専門語	3	^	
^	^	ジョーク	1	^	
^	^	スラング	2	^	
^	^	文　法	3	^	

発展学習	本欄では、リスニングやスピーキングの能力を伸ばすためのセリフのアフレコを用いた練習方法、スピーキングの練習と文化の学習を重視したスピーチを考える練習方法、映画の内容について考察をする練習方法を提案します。 　まず、アフレコを用いた練習方法では、映画序盤の大統領の演説を全て言えるようになることを目指します。初めに、演説に使われている単語の意味と発音を確認しましょう。特に"sanction"（制裁）や"diplomacy"（外交）のような政治や外交に関する単語を押さえておきましょう。単語の確認ができたら、今度は英語字幕を見ながら俳優をまねてセリフを言ってみます。俳優の発音やリズムをまねできるようになったら、英語字幕を消してセリフを言います。その後英語字幕を見ずにセリフを言えるようになったら、音声も消してアフレコ練習をします。同時に、自分のアフレコ練習した音声を録音してみましょう。後で自分の発音を確認するとより効果的です。 　次に、スピーチの練習方法を紹介します。映画序盤の大統領の演説は、自分の言葉で行っていたため、非常に力強い演説でした。そこで、現在世界中で起こっている事件について自分の考えを述べる1分間程度のスピーチを自分の言葉で考えてみましょう。1人で学習する場合は、目の前に聴衆がいることをイメージして、棒読みにならないように注意しましょう。グループで学習することが可能であれば、スピーチのテーマを一人ひとり別々な物を選び、様々なテーマのスピーチを聞けるようにしてみましょう。また、グループでテーマを統一したとしても同じテーマに対して色々な表現方法があることを学ぶことができます。 　最後に、映画の内容について考察し自分の考えをまとめる練習方法を紹介します。作品中で、大統領はいくつかの重要な判断をしています。最終的に大統領はテロに屈することなく事態を解決に導きましたが、はたして大統領の判断は最適だったのか考えてみましょう。1つ目に、飛行機がテロリストにハイジャックされた際に、大統領は部下たちに脱出するように促されます。結局、大統領は脱出せずに飛行機に残って事態を解決しようと試みますが、この判断は正しかったのでしょうか。テロリストと直接対峙した場合、殺される可能性は飛躍的に上がります。また、身柄を拘束されて、交渉の材料にされる可能性も大いにあります。そこで、飛行機から脱出して外から事態解決の指揮を執った方がよかったのではないかという可能性について考えてみましょう。2つ目として、映画終盤まで大統領は、テロリストの要求を全く受け入れず、家族を人質に取られた時にようやく受け入れる決心をしますが、要求を拒否し続けた大統領の判断は正しかったのでしょうか。作品中で、このハイジャック事件の犠牲者は数多く出ました。大統領が要求を受け入れなかったために殺されてしまった人質もいます。もし、もっと早くテロリストの要求を受け入れていたら、犠牲を抑えられたのではないかという可能性について考えてみましょう。
映画の背景と見所	この映画は、航空機内の米国大統領とテロリストたちとの対決の場面と、米国副大統領とテロリストたちとの交渉の場面の大きく2つに分けられます。両方の場面で、決してテロリストたちには屈せず、テロリズムに対して強硬な態度を取る米国の姿が垣間見えます。さらに、テロリストたちがロシア人の設定なので、米国対ロシアという大国同士の対決という構図が浮かび上がってくるでしょう。映画の見所は、米国大統領とテロリストたちが追い追われるアクションシーン、米国大統領が自分の政策を自分の言葉で表明するシーン、テロリストたちとの緊張感のある交渉のシーン、航空機がハイジャックされ人質に取られることに対する恐怖を描いたシーンなど多岐にわたります。中でもサスペンスに満ちて、はらはらさせるアクションシーンが最大の見所です。次に、主演のハリソン・フォードが、頼りがいがあり統率力もある米国大統領を見事に演じきっているところも必見です。米国大統領役のハリソン・フォードが作品中にモスクワでテロリズムと人権を侵害するものに対し強硬な姿勢を表明した演説のシーンは、学習に最適です。また、米国大統領が自分の家族や大切な仲間を人質に取られても決してテロリストたちとの交渉には応じない姿勢を貫いている様子や、大統領夫人とその娘が自分たちの命がかかっているにもかかわらず、テロリストたちに簡単に従わない様子などから、脅迫や暴力には決して屈しないというメッセージが込められているといえるでしょう。

スタッフ	監　　督：ウォルフガング・ペーターゼン 脚　　本：アンドリュー・W・マーロー 製作総指揮：トーマス・A・ブリス、マーク・アブラハム 　　　　　デビッド・レスター 撮　　影：ミヒャエル・バルハウス	キャスト	ジェームズ・マーシャル：ハリソン・フォード コルシュノフ　　　　　：ゲイリー・オールドマン グレース・マーシャル　：ウェンディ・クルーソン アリス・マーシャル　　：リーゼル・マシューズ キャサリン・ベネット　：グレン・クローズ

ミルク	Milk	（執筆）岡田　泰弘

セリフ紹介

"My name is Harvey Milk and I'm here to recruit you. I want to recruit you for the fight to preserve your democracy. Brothers and Sisters, you must come out. Come out to your parents, come out to your friends, if indeed they are your friends. Come out to your neighbors, come out to your fellow workers. Once and for all, let's break down the myths, destroy the lies and distortions. For your sake, for their sake. For the sake of all the youngsters who've been scared by the votes form Dade to Eugene. On the Statue of Liberty, it says, 'Give me your tired, your poor, your huddled masses yearning to be free.' In the Declaration of Independence it is written, 'All men are created equal and endowed with certain inalienable rights.' So, for Mr. Briggs, and Mrs. Bryant, and all the bigots out there, no matter how hard you try, you can never erase those words from the Declaration of Independence. No matter how hard you try, you can never chip those words from the base of the Statue of Liberty. That is where America is. Love it or Leave it." （私の名前はハーヴィー・ミルク。皆さんを勧誘したい。民主主義を守るための戦いに。兄弟姉妹たちよ、カミングアウトするのだ。親、友人（もし本当に友人ならば）、隣人、職場の同僚たちに。今こそきっぱりとさまざまな偏見や嘘や歪曲を打ち壊そう。自分自身や彼らのために。デード郡からユージーンに至るまで、投票結果に怯えていた多くの若者たちのために。自由の女神には、「自由を渇望する汝の中の疲れし者、貧しき者、肩を寄せ合う者たちを我に与えよ」と刻まれている。独立宣言には、「全ての人間は平等に創られ、不可譲の権利を与えられている」と書かれている。だから、ブリッグス氏、ブライアント女史、全ての偏狭な者たちよ。いくらがんばっても、独立宣言や自由の女神の台座からこれらの言葉を消すことはできない。それがアメリカなのだ。イヤなら出ていくがいい）

学習ポイント

　政治関係の仕事に関心のある英語学習者にとってまず注目すべきは、"My name is Harvey Milk and I'm here to recruit you." というお決まりのセリフで始まるハーヴィー・ミルクのスピーチでしょう。数あるスピーチの中から上で紹介したのは、1978年6月にサンフランシスコで行われたゲイ・フリーダム・デイ・パレードのクライマックスで、市庁舎の前に集まった多くの同性愛者の聴衆を前にミルクが語った演説です。この演説が行われた時期には、ゲイ・レズビアンの権利獲得運動に対する保守層からの反動が全国的に広がっており、演説の中に出てくる歌手のアニタ・ブライアントとカリフォルニア州上院議員のジョン・ブリッグスはその急先鋒でした。このような反動的な動きに対してミルクは、社会に流布している同性愛者に対する偏見や誤解を正すために、彼らの周りの大切な人達に自らの性的指向を告白（カミングアウト）するよう呼びかけます。日本語の「カミングアウト」の語源にもなっている英語の "come out" は、"come out of the closet" という表現から来ています。これはクローゼット（押し入れ）に入った状態、つまり同性愛者であることを隠している状況から脱して、自らの性的指向について公言することにより、周りの人々と新たな関係性を築き上げていくことを意味しています。今でこそ性的マイノリティが自らのセクシュアリティについて告白することは特別に珍しいことではなくなりましたが、同性愛者に対する差別や抑圧が根強く残る1970年代の米国で、ミルクのようにカミングアウトを奨励するのは非常にラディカルな戦略でした。

　また、独立宣言や自由の女神の台座に書かれている文言に言及することにより、ミルクがゲイ・レズビアン解放運動を米国の大きな歴史の流れの中に位置づけようとしている点は注目に値します。同性愛者の権利獲得運動が「自由」や「平等」といった米国的な理念のさらなる実現を目指している点において極めて「米国的」な運動であることを、彼は示唆しているのです。このように聴衆を感動させ、熱狂させるミルクの話しぶり、レトリック、議論の展開に注目しながら、多くの人を前にして自分のメッセージを英語で効果的に伝える方法を学び、パブリック・スピーキングの実践の場面で生かしていきましょう。

　スピーチ以外にも、公開討論会や委員会などの公的な場面での議論や、選挙戦略や政策立案をめぐる仲間内での議論など、この映画には英語によるディスカッションやディベートの方法を学ぶために活用できる場面がたくさんあります。特に、ミルクの政敵であるブリッグス上院議員を相手に、「提案6号」の是非をめぐり論戦を繰り広げる公開討論会の場面では、ディベートにおいて論点を明確にし、相手側の主張に対して説得力のある反論を展開する方法について多くのヒントを得ることができます。

あらすじ

　1970年代初め、サンフランシスコのカストロ通りには全国各地から多くのゲイ、レズビアンが移り住み、独自のコミュニティを築いていました。主人公のハーヴィー・ミルクもそのような同性愛者の1人です。自らが経営するカメラ屋で同性愛者の権利を求める人々の切実な声を聞いていたミルクは、政治家になることを決意します。公職選挙への4回目の出馬で、1977年についにサンフランシスコ市政執行委員に当選したミルクは、米国で同性愛者であることを公言して公職に就いた最初の男性となります。同年に当選した11人の委員の中には、保守的なアイルランド系住民が多く住む地区から選出され、後にミルクと対立することになる元消防士のダン・ホワイトもいました。

　市政執行委員に就任したミルクは、同性愛者の権利を守るために奔走します。当時の米国では、同性愛者が勝ち取った権利を骨抜きにしようとする、保守層からの反動的な動きが各地に広がっていました。カリフォルニア州でもブリッグス上院議員が、公立学校で教える同性愛者の教師の解雇を求める「提案6号」を住民投票にかけようとしていました。サンフランシスコで同性愛者の権利を保護する条例を成立させ、また「提案6号」の廃案に成功したことにより、ミルクは「ゲイの政治家」としての名声を確立していきます。しかし、1978年11月18日、ミルクはモスコーニ市長と共にホワイトの銃弾に倒れ、カストロ通りは彼の死を悼む多くの人々の深い悲しみに包まれました。

映画情報

製　作　費：2,000万ドル
製　作　年：2008年
製　作　国：米国
言　　　語：英語
ジャンル：ヒューマンドラマ

公開情報

公　開　日：2008年11月26日（米国）
　　　　　　2009年　4月18日（日本）
上映時間：128分
興行収入：3,184万1,299ドル（米国）
受　　　賞：アカデミー主演男優賞、脚本賞

薦	○小学生　○中学生　●高校生　●大学生　●社会人	リスニング難易表		発売元：ポニーキャニオン （平成29年2月現在、本体価格） DVD価格：3,800円
お薦めの理由	1970年代の米国におけるゲイ・レズビアン解放運動が「当事者」の視点を中心に描かれており、セクシュアリティをめぐる政治や社会運動に関連したさまざまな英語表現を学ぶことができるだけでなく、性的少数者の抱える人権問題についても理解を深めることができます。スピーチや討論の場面が多くあるので、英語による演説や議論の方法を学ぶための教材としても最適です。	スピード	3	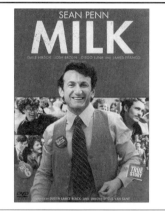
^	^	明瞭さ	3	^
^	^	米国訛	2	^
^	^	米国外訛	1	^
英語の特徴	公的な場面で話される英語と比較して、プライベートな会話や仲間内の議論では文法的な省略や、同性愛者のコミュニティに特有なスラングの使用が頻繁に見られます。ただ、全体的に会話のスピードも平均的で、発音も明瞭なので、特に聞き取りづらいということはありません。強調の間投詞として用いられる罵り言葉や、同性愛者に対する呼称については、実際に使用する際には注意が必要です。	語彙	3	^
^	^	専門語	2	^
^	^	ジョーク	3	^
^	^	スラング	3	^
^	^	文法	3	^

発展学習

　ここでは英語における同性愛者の呼称をめぐる問題について考えてみます。同性愛者を指す一般的な言葉として、"gay", "lesbian", "homosexual" などが挙げられますが、映画の中ではこれら以外にも "pansy," "fruit," "queen", "fagot", "queer" など、男性同性愛者に対する差別的なニュアンスが含まれるさまざまな言葉（日本語の「ホモ」や「オカマ」といった言葉に相当します）が使用されています。さらに、「倒錯者」という意味合いの強い "degenerate" や "pervert" といった言葉も出てきます。しかも、多くの場面において異性愛者ではなく、同性愛者が自分たちのことを呼ぶ際にこのような侮蔑的な言葉を使用していることに気づくかと思います。しかし、映画の中で同性愛者である「当事者」がこのような言葉を自称として用いているからといって、異性愛者の人が彼らと同じような感覚でこれらの言葉を使うと、当事者からは差別的な表現として受け止められるでしょう。この点について考えるために、以下のミルクとダン・ホワイトのやり取りを見てみましょう。

　ホワイト：Now you need something from me.
　　　　　　What, do you want me to support the queers against Prop Six, is that it?
　ミルク　：We prefer the term "gay," Dan. Just as I'm sure you prefer the term Irish American instead of "Mick."

　この場面では、異性愛者であるホワイトが、同性愛者に対する差別や抑圧が根強く存在していた時代に「変態」というような意味で使われていた "queer" という言葉を発したことに対して、ミルクは異議を唱えています。そのような差別的な言葉の代わりに、同性愛者であることに誇りを抱いた当事者たちによって肯定的な意味づけを与えられた "gay" という言葉を使用することを彼は求めているのです。さらに、保守的で同性愛嫌悪的なホワイトに当事者の気持ちを理解してもらうために、彼が属するアイルランド系アメリカ人に対する蔑称である "Mick" と、「政治的に正しい」呼称である "Irish American" と比較しながら説明しています。ミルク自身も "queer" や上に挙げたような差別語を使っている場面があるのですが、このような表現を異性愛者であるホワイトと同性愛者であるミルクが使用するのでは、意味合いが全く異なります。当事者であるミルクは、社会における同性愛者の「被差別者」としての立場を顕在化し、異性愛至上主義的な社会規範を解体していくための手段として、同性愛者に対する蔑称を戦略的に用いているのです。つまり、彼は自分たちに対する長年の差別的、抑圧的な状況を逆手にとりながら、平等な権利の獲得をめざして同性愛者の連帯を模索するためにあえて蔑称を用いているのであって、決して自分たちのことを卑下しているわけではありません。ですから、当事者以外の人が同性愛者を呼ぶ際には、これらの蔑称は絶対に避けて、"gay" や "lesbian" という言葉を用いるのがよいでしょう。

映画の背景と見所

　この映画の主人公のハーヴィー・ミルクは、1977年に米国史上初めて同性愛者であることを公言して公職に当選した男性です。米国におけるゲイ・レズビアン解放運動は、1969年6月にニューヨークのゲイバーで起こったストーン・ウォール暴動をきっかけに、その後大きく進展しました。「カストロ通りの市長」と呼ばれたミルクが登場した背景には、第二次大戦後にニューヨークと並んで同性愛者のメッカとなったサンフランシスコに、多くのゲイ、レズビアンが移り住んできたことがあります。また、映画の中でも詳しく描かれているように、1970年代後半の米国では、女性解放運動やゲイ・レズビアン解放運動の影響により性的規範や社会秩序が大きく変化したことに対する、キリスト教右派を中心とする保守層からの反動的な運動（バックラッシュ）が全国各地で起こります。フロリダ州では、歌手のアニタ・ブライアントが中心となって同性愛者の権利を保障する条例を廃止することに成功し、同様の動きが各地に広がりました。カリフォルニア州では、ジョン・ブリッグス上院議員が公立学校から同性愛者の教師を追放することを提案しましたが、これは否決されました。本作品を鑑賞する際には、このような草の根の反動から同性愛者の権利を守るために、市政執行委員としてミルクが発揮した政治的指導力と、ミルク殺害に至るホワイトの精神的な葛藤に注目してみましょう。

スタッフ

監　督：ガス・ヴァン・サント
脚　本：ダスティン・ランス・ブラック
製　作：ダン・ジンクス、ブルース・コーエン
撮　影：ハリス・サヴィデス
音　楽：ダニー・エルフマン

キャスト

ハーヴィー・ミルク　：ショーン・ペン
クリーヴ・ジョーンズ：エミール・ハーシュ
ダン・ホワイト　　　：ジョシュ・ブローリン
スコット・スミス　　：ジェームズ・フランコ
ジャック・リラ　　　：ディエゴ・ルナ

研究・技術

アポロ13	Apollo 13	（執筆）大橋　洋平

セリフ紹介

　映画の中で特に心動かされるシーンでのセリフや名言を幾つかピックアップし、以下に紹介します。
（1）宇宙に旅立つ前の会見で、アポロ13号に搭乗予定の3人がインタビューに答えるシーンのジムのセリフです。
　"I'm in command of the best ship... with the best crew that anybody could ask for... and I'll be walking in a place where there's 400 degrees difference... between sunlight and shadow. I can't imagine, uh, ever topping that."
（この最高の船で、心の通い合った最高の仲間とミッションに臨める。そして、光と影との差が400度もある場所を歩くことになるのです。これ以上のことはないと思います）
（2）ラストシーンでの一連のセリフです。セリフ自体は単語も文法も比較的簡単なものですが、この映画では最高の感動と興奮に包まれる場面です。
　大気圏突破後、管制センターでケンが "Odyssey, this is Houston. Do you read me?"（オデッセイ、こちらはヒューストン。応答せよ）と何度も呼びかけますが、応答はなく絶望感が漂いかけた瞬間、やっとのことで船長ジムとケンの交信が繋がりました。そのシーンのジムのセリフです。なお、「オデッセイ」とは司令船の名称です。
　"Hello, Houston, this is Odyssey. It's good to see you again."（やあ、ヒューストン。こちらはオデッセイ。また会えて嬉しいよ）この時、彼らの家族や管制センターは歓喜と感動に包まれます。その歓喜の中で "Welcome home. We're glad to see you."（よく戻った。待っていたよ）とケンがジムに伝える場面は、彼らの絆の強さを感じることができる非常に印象的なシーンです。

学習ポイント

（1）この映画では、いくつかの専門用語が出てきます。
　アポロ13号の打ち上げ直前に、管制センターのジーン・クランツが各部署に準備の可否を確認していくシーンがあります。（32分32秒〜）"Apollo 13 flight controllers, listen up. Give me a go or no go for launch."（アポロ13号の管制官諸君、聞いてくれ。発射の最終確認をとる）というセリフに続いて、ジーンが管制各部署の名前を呼び上げます。そこで出てくる単語は、この映画の中で何度か出てくる専門用語ですので、内容理解のために確認をしておきましょう。

【Booster：加速ロケット】	【RETRO：逆推進ロケット】	【FIDO：宇宙船操作技士】
【Guidance：誘導システム】	【Surgeon：船医】	【EECOM：電気・環境エンジニア】
【GNC：誘導制御エンジニア】	【TELMU：遠隔航法システム】	【Control：管制システム】
【Procedures：進行】	【INCO：通信システムエンジニア】	【FAO：飛行管理】
【Net-work：地上連絡】	【Recovery：回収】	
【CAPCOM：キャプコム（＝地上と宇宙船の通信部門のこと）】		

（2）また、酸素タンクの撹拌の指示を受けて、ジャックが酸素タンク撹拌ボタンを押すと船内で爆発が起こります。
　これが原因となって月への着陸は断念せざるを得ない事態となりますが、この後から宇宙船での操作に関するシーンやヒューストン管制センターと連携をとるシーンが増えます。単語だけでなく、操作に関する言い回しなどは航空や運輸の仕事でも使える表現ですのでチェックしておくと良いでしょう。
　一例として、ヒューストンとアポロ13号の交信が一時的に途絶える直前の場面を取り上げてみます。（70分00秒〜）
　"Expect loss of signal in less than one minute. When we pick you back up, we will have your P.C. plus burn date."
（1分以内に交信が途絶える見込みだ。次の交信までにコンピューターと噴射のデータを揃えておくよ）
　"Roger that, Houston. We'll hear from you again at acquisition of signal."
（了解した、ヒューストン。信号をキャッチしたらまた知らせてくれ）
　このやり取りだけでも、"in less than ..."（〜以内に）や "pick ... up"（〜を迎える、〜を捕まえる）という表現を確認できます。基本的表現でも、実用性の高いものを探してみましょう。また、"acquisition" は「宇宙船との通信回復」や「レーダーによる物体補足」という意味でよく使われます。

あらすじ

　アームストロング船長が月面着陸した翌年、次のアポロのチームの1人が目に異常が見つかり、予備チームであったジム・ラヴェルのチームがアポロ13号に乗船することになりました。しかし、打ち上げの2日前に司令船パイロットのケンが風疹感染の疑いによりアポロ13号に乗船が許されない事態となったのです。船長ジムは予備チームのジャックをケンの代役として、アポロ13号は予定通り打ち上げられることとなりました。
　当初は順調だった飛行も、月面着陸の直前にジャックが酸素タンク撹拌スイッチを押したことによって爆発が起こり、酸素タンクから酸素が漏れ出し、二酸化炭素濃度の上昇による生命の危機と電力不足による帰還危機から、管制センターは月面着陸を断念し、乗員を地球に帰還させることを目指して必死の救出作戦に乗り出します。関係者を集め、乗員が生命を維持する作戦を練り、電力の節約を行うために、ケンもシミュレーターで何度も検証を行います。
　さらにアポロ13号が軌道のコースから外れていることが判明しましたが、コンピューターでの誘導は電力を消費するので、手動による噴射をチームが力を合わせて行い、軌道修正に成功しました。大気圏突入後3分間は管制センターと交信が途絶える予定でしたが、3分経っても船長ジムからの応答はありません。しかし4分後、管制センターにジムから応答があり、アポロ13号の乗員は奇跡の生還を遂げることができたのです。

映画情報

原　　作：ジム・ラヴェル、ジェフリー・クルーガー　*Lost Moon*	公開情報：公 開 日：1995年6月30日（米国）　1995年7月22日（日本）
製 作 年：1995年　　製 作 国：米国	上映時間：140分
言　　語：英語	受　　賞：アカデミー編集賞、音響賞
ジャンル：ドラマ	画面アスペクト比：2.35：1

薦	○小学生　　○中学生　　○高校生　　●大学生　　●社会人	リスニング難易度	発売元：NBCユニバーサル・エンターテイメント（平成29年2月現在、本体価格）DVD価格：1,429円 ブルーレイ価格：1,886円

お薦めの理由	アカデミー賞3部門にノミネートされた『バックドラフト』等を手掛けたロン・ハワード監督によるノンフィクション映画です。NASA の協力により、船内のシーンを実際に無重力空間で撮影するなど、臨場感溢れる描写に仕上がっています。また、奇跡の帰還を遂げたアポロ13号の乗員たちと、彼らを支える管制センターやケンの活躍は大きな感動を与えてくれるはずです。	スピード	2
		明瞭さ	4
		米国訛	3
		米国外訛	3
英語の特徴	英語自体は難解な語彙は少なく、全体的に聞き取りやすいです。ある程度のヒアリングスキルがあれば、日本語字幕がなくても大筋のストーリーは理解できるでしょう。映画の多くのシーンは NASA や宇宙船内のため、航空機器に関する専門用語も出てきますが、日本語字幕を確認すれば専門用語の意味も理解できると思います。特に宇宙航空に関心がある方は、映画に出てくる単語は良い勉強材料にもなるでしょう。	語　彙	3
		専門語	3
		ジョーク	4
		スラング	3
		文　法	3

発展学習	『Apollo 13』という映画を教材として、更なる学習法を2つ提案します。 （1）原作の読み込み 　　この映画はアポロ13号の船長であるジム・ラヴェル著作の *LOST MOON* が原作となっています。 　　原作を読むことで、映画では見られなかったアポロ13号の歴史を知ることができるだけでなく、英文読解と単語習得に役立つことでしょう。その際、先に映画を見て、印象に残った場面やセリフをノートにピックアップしてみてください。大まかなストーリーが分かった上で読むと、英文理解の大きな手がかりになりますので、映画を先に見ておくことをお薦めします。 　　また、映画を観てノートに書き留めたシーンやセリフを探しながら読み進めてみてください。 　　映画の中のシーンやセリフを原作とマッチングさせていくという目標をもって読んでいくと、そこで使われている単語や言い回しがより印象に残り、効果的な学習に結び付くと思います。原作に触れれば、作品をより一層楽しむこともできると思います。 （2）シャドーイング 　　この映画は、宇宙船内機器の操作シーンやヒューストン管制センターでのシーンが多く登場します。そこで話されているセリフは、宇宙に関すること、機器や操作に関すること、化学に関することなどがあり、実際に航空関連の仕事をされている方にとっては大変実用的な英語に溢れています。 　　そのようなシーンを見つけたら、DVD で英語字幕を表示させながら、登場人物のセリフをシャドーイングする形で実際に英語を口に出してみてください。同じシーンでも繰り返し練習することで、役者が話すスピードで英語を口に出せるようになるはずです。 　　一例として、酸素撹拌ボタンを押したことにより爆発が起こり船内の警報が鳴り始めたシーン（50分57秒〜）のジムのセリフを取り上げます。 　　ここでは緊急時に話せる英語を発見できます。 　　"Houston, we have a problem. We have a main bus B undervolt." 　　（ヒューストン、問題が発生した。メイン電盤の電圧が低下している） 　　"We've got a lot of thruster activity here."（推力数値が乱れている） 　　"It just went off line. There's another master alarm."（今、回線が落ちた。もう1つ警報が鳴っている）

映画の背景と見所	この映画は1969年に、アームストロング船長が人類初の月面着陸に成功した1年後に打ち上げられたアポロ13号の実話に基づいた、奇跡の生還物語です。実際にアポロ13号の船長として搭乗したジム・ラヴェルによる *LOST MOON* が原作となっており、シナリオの緻密さと宇宙船内シーンの作りこみはノンフィクション映画の中でも群を抜いています。 　　見所は、船内で爆発事故が起こり、酸素と電力が欠乏するという危機的状況に陥った後、ジムを中心としたアポロ13号の乗員3人の活躍と管制センターの人々、当初アポロ13号に搭乗するはずだったケンの見事なバックアップにより、絶望的な状況を打開していくシーンでしょう。失敗したら地球には戻れなくなるという状況下での、手動噴射での軌道修正や二酸化炭素濃度の上昇を抑えるフィルターの作成、凍り付いた司令船の再起動など、手に汗握るシーンが続きますが、チームが一丸となって迅速かつ的確な対応をすることで乗り切ります。 　　また、大気圏突入時には遮熱パネルが外壁の熱に耐えきれない懸念があり、さらに仮に大気圏を突破してもパラシュートが開くかどうかわかりませんでした。奇跡的に生還を果たし、ジムとヒューストンの管制センターとの交信が繋がった瞬間は感動に包まれます。

スタッフ	監　督　：ロン・ハワード 製　作　：ブライアン・グレイザー 製作総指揮：トッド・ハロウェル 撮　影　：ディーン・カンディ 音　楽　：ジェームズ・ホーナー	キャスト	ジム・ラヴェル　　　　　：トム・ハンクス ジャック・スワイガート：ケヴィン・ベーコン フレッド・ヘイズ　　　　：ビル・パクストン ケン・マッティングリー　：ゲイリー・シニーズ ジーン・クランツ　　　　：エド・ハリス

アンドリュー NDR114	Bicentennial Man	（執筆）寶壺　貴之

<table>
<tr>
<td rowspan="6">セリフ紹介</td>
<td>

（1）映画の冒頭の場面で、アンドリューが尋ねる場面です。ロボットなので、one という表現になっています。
Are you one's family?（自分の家族ですか？）

（2）ロボット三原則の一つ目です。
First Law of Robotics: A robot may not injure a human being or through inaction, cause a human being to come to harm.（第一の原則：ロボットは人間に危害を加えたり、危険な状況を傍観していてはならない）

（3）ロボット三原則の二つ目です。
Second Law: A robot must obey all human orders except where those orders come in conflict with the first law.
（第二の原則：ロボットは人間の命令に従わなければならない。ただし第一の原則と相反する命令は例外とする）

（4）ロボット三原則の三つ目です。
Third Law: A robot must protect itself so long as doing so does not conflict with the first two laws.
（第三の原則：ロボットは第一と第二の原則に準じつつ自分の身を守らなければならない）

（5）アンドリューが、様々な場面で言うことばです。
One is glad to be of service.（お役に立てれば、幸いです）

（6）心を持ったアンドリューが自由を求めて主人に述べる場面です。
One would be no longer be your property.（私はもう、あなたの所有物ではありません）
</td>
</tr>
</table>

<table>
<tr>
<td rowspan="4">学習ポイント</td>
<td>

　この映画は、学習能力と自我を持ったために、人間になることを夢見るロボットのアンドリューが、人間の心を育み自分が人間であるという承認を求める200年に渡る物語です。人工知能（A.I.）を含んだロボット関係の研究者のみならず、コンピューター系の職業や理科系の職業に携わっている社会人の方々が、ロボットやコンピューター的な用語や英語表現を学習することができます。

　まず「セリフ紹介」で挙げましたが、「アンドリュー」こと、NDR114 は、ロボット工学三原則に基づいて、人間に奉仕するアンドロイド（人造人間）です。これは映画の原作者であるアイザック・アシモフ（1920〜92）が『私はロボット』（1950）の中で提唱してそれ以後に書かれたロボットに関するフィクションのスタンダートとなったものです。アシモフ以前には、ロボットは人間を裏切り、攻撃するものとして描かれたことが多かったのですが、ロボットをポジティブな存在として捉えたのはアシモフが最初であり、この作品に登場するロボットもこの原則に従って行動していることを学習できます。

　次に、映画の前半ではアンドリューが主人のリチャードから様々なことを学ぶのですが、そのアンドリューの英語表現はロボット的で特徴があります。最初に起動した際に、"North Am Robotics, household model, NDR-114. Serial number 583625." と、話し始めますが、シリアルナンバーはコンピューターのソフトをインストールする際によく出てくる用語です。また、"There is another option that one is obligated to point out, Sir."、"Would you care to see a demo of the personality chip?"、"One only requires access to a power outlet." 等の表現からコンピューターや家電の取扱説明書に出てくるような話し方をアンドリューはしていることが分かります。つまり、理系的な英語表現は分かりやすくシンプルであることもアンドリューの話から学習できます。

　さらに食事を給仕した後に、主人から "We're fine, too."（ここはもういいから）と言われて、"Indeed you are."（本当にいいですね）と間違って答えたり、"the kitchen."（台所）と言われ、"Go to the kitchen now."（台所へ行きなさい）とは理解できず、"It's fine, too, Sir."（キッチンもいいですね）と答えたりしますが、学習しながら徐々に個性と創造性を発揮していくのです。コミュニケーションという観点からすれば、最も重要なのは記号（伝達の手段）ではなく、メッセージ（伝達する内容）であることが、言語学者 H.G. Widdowson の著書 Teaching Language as Communication（1978）の中で述べられていますが、その中でも記号とメッセージの両方即ち、言語の辞書的な意味の significant（表意）と真のコミュニケーションの意味の value（真意）の両方を学習することが大切であることにも繋がります。
</td>
</tr>
</table>

<table>
<tr>
<td rowspan="1">あらすじ</td>
<td>

　2005年の春、郊外に住むマーティン一家のところに、ノース・アム・ロボティック社から荷物が届きました。その中に入っていたのは、父親のリチャード・マーティン（サム・ニール）が家族のために購入した最新型の NDR114 ロボットでした。アンドリュー（ロビン・ウィリアムズ）と名付けられたこのロボットは日々の家事の手伝いや掃除、ベビーシッターなど何でも引き受けました。マーティン家には、アンドリューが尊敬を込めて、「サー」と呼ぶリチャード・マーティン、「マム」と呼ぶリチャードの妻（ウェンディ・クルーソン）、「ミス」と呼ぶ長女グレース（リンジー・リザーマン）、それから「リトル・ミス」と呼ぶ次女アマンダ（ハリー・ケイト・アイゼンバーグ）の4人がいました。最初からアンドリューを友人か家族のように感じていたのは、幼いリトル・ミスでした。ある日、アンドリューはリトル・ミスのために、馬の置物を木で彫って作ってあげました。これを見たリチャードはアンドリューに可能性を感じ、書物を与え教育し、創作活動をさせるようになりました。時は流れ、アンドリューはその創造性をさらに開花させます。リトル・ミスは結婚し、子供も生まれました。リトル・ミスの一家と幸せな日々を過ごしていたアンドリューでしたが、彼は人間になりたいという気持ちをさらに強く持つようになります。やがて、アンドリューは物事を選択する権利即ち、「自由になりたい」と思うようになるのでした。
</td>
</tr>
</table>

<table>
<tr>
<td rowspan="1">映画情報</td>
<td>

原　　　作：アイザック・アシモフ
　　　　　　The Bicentennial Man
製 作 費：1億ドル　製 作 年：1999年
製 作 国：米国　　言　　語：英語
配給会社：ブエナ・ビスタ・ピクチャーズ
</td>
<td rowspan="1">公開情報</td>
<td>

公 開 日：1999年12月17日（米国）
　　　　　　2000年 5月13日（日本）
上映時間：132分
興行収入：5,822万3,861ドル（米国）
MPAA（上映制限）：PG
</td>
</tr>
</table>

薦	○小学生　○中学生　○高校生　●大学生　●社会人	リスニング難易度	発売元：ソニー・ピクチャーズ エンタテインメント（平成29年2月現在、本体価格）DVD価格：1,410円

お薦めの理由	この作品は、1999年公開の米国映画です。一見、ロボットを中心にした未来の映画に思えますが、実は人間になりたいという願望を持つロボットのアンドリューの生涯を通して、人間の心と命を見つめるヒューマンドラマです。アンドリューは最初、ロボット特有の話し方をしますが、次第に人間のように表現します。アンドリューを通して、人間とは何かを改めて考えることができる点でお薦めしたいです。	スピード	3
		明瞭さ	3
		米国訛	3
		米国外訛	3
英語の特徴	人間になりたいという願いをもつロボットのアンドリューが主人公の作品です。そういう観点から、映画の前半では、ロボットの特徴のある英語を話します。例えば最初の場面で、アンドリューが "Will that be one's name?"（自分の名前ですか？）と話す場面があります。「自分の名前」という表現であるのに、アンドリューというロボットのセリフだからか、一人称が one になっています。	語　彙	3
		専門語	3
		ジョーク	3
		スラング	2
		文　法	3

発展学習

　アンドリューは徐々に努力を重ねることによって、個性と創造性を発揮するようになります。他のロボットと異なり独創的な点は、次女のリトル・ミスのために作った木彫りの馬です。これは芸術的であまりにも素晴らしかったのでリチャードは、"What interests me is he shows a number of characteristics like creativity, curiosity, friendship that, frankly, have taken us by surprise." と、アンドリューに創造性や好奇心や友情といったような人間味があることにとても驚いています。人間に近づくための努力を重ね、アンドリューは巡り合った最愛のポーシャ（リトル・ミスの孫娘）と共に「人間」として生きていこうとします。既に200年以上経過し、自分にとって大切なマーティン家の人々に先立たれ寂しい思いをするアンドリューはついに、自分自身の機能を停止するように改造して、つまり老衰死を受け入れてまでも自らの人間性を主張します。人間として生きたいとの彼の意志は英語表現にも出ていて、"One is glad to be of service." と one という表現を使っていましたが、自由を求めてマーティン家を去る際には、"I am always at your service."（僕を呼んでください）と、"I" という表現を使っています。さらにこの映画では、自然の摂理について、アンドリューはポーシャから学びます。ポーシャの「人間は一時、地上に生きてそして死んでいくように定められているの。それが正しいのよ」という言葉を聞いて、アンドリューは永遠の命を放棄し、本当の人間になることを選択します。アンドリューは、200年の人生を生き、愛する人のすぐ近くで、最高の幸せを感じたまま死を迎えることができたのです。学習者は、アンドリューの生き方から人間の本質、生や死についてまでも学ぶことができるのです。

　また、別の観点から発展的に学習を進めることも可能です。よく知っている俳優についてその人物の特性を学習したうえで、その俳優が出演している映画等を利用して学習を進めるという方法があります。ここでは、主演のロビン・ウィリアムズについて筆者が作成した教材例を挙げます。

　Robin McLaurin Williams was born in Chicago in 1951. He was a very shy child. He used high school drama to overcome his shyness. After high school he studied at the famous Julliard School in New York. In the 1970s he got his first roles in television comedies where he could use his talent for improvisation and imitating dialects. His films have been very popular. Most of his films are comedies, but he has also been in dramatic films. He won an Oscar in 1998.（筆者中略）Although he has had professional success, he also had problems with alcohol and drug addiction. He has spoken publicly about his struggle to overcome drugs after his first child was born. He often gives time to work with charities. Takayuki Hoko et al. (2013:121)

簡単な英文で主演俳優の人生観等を把握したうえで、より効果的にその映画について学習を進めることができます。

映画の背景と見所

　この映画は、SF界の巨匠、アイザック・アシモフの小説を原作とした、『ホーム・アローン』シリーズのクリス・コロンバス監督の作品です。人間とロボット、そしてその境界線の中で、人間になりたいという希望をもつロボットのアンドリューの生涯を通して、人間の心と命を見つめる感動作です。最初に家に到着した時には、普通のロボットでしたが、アップグレードされるごとに、表情も豊かになり、動きがスムーズになります。そして、後半には人間と変わらない外見になります。250以上のピースを組み合わせて作られた、16キロもある「ロボット・スーツ」を着て演技したロビン・ウィリアムズが、「スタジオの人たちが、あのスーツを僕が着ていると、単なるアニマトロニクスとはまったく違って見える、生命がある、と言ってくれた」と述べているように、本当に命が吹き込まれていることがよく分かります。また、ロボット・スーツを装着すると、ロビンの顔は隠れてしまうのでこの段階では、重たいスーツをロビンに着せる必要もないのではないかという意見もありましたが、彼は、重いスーツの中に入り演じることを選びました。ここにもロビンならではのエッセンスが伝わり、見る人を感動させました。ロビン・ウィリアムズは言うまでもなくハリウッドの大スターですが、残念ながら2014年8月11日、カリフォルニア州の自宅にて死去しました。彼の俳優魂は見る者を魅了し、本作品の中でも随所に表れているところが見所の1つです。

スタッフ	監　督　：クリス・コロンバス脚　本　：ニコラス・カザン製作総指揮：ダン・コルスラッド撮　影　：フィル・メヒュー音　楽　：ジェームズ・ホーナー	キャスト	アンドリュー・マーティン　：ロビン・ウィリアムズリチャード・マーティン　：サム・ニールリトル・ミス（成長後）／ポーシャ：エンベス・デイビッツルパート・バーンズ　：オリバー・プラットリチャードの妻　：ウェンディ・クルーソン

A.I.	**A.I.** Artificial Intelligence	（執筆）梅垣　昌子

セリフ紹介

愛する息子を亡くしたホビー教授は、子供のロボットの開発に没頭しています。極めて高い性能を持つロボットが一般的に出回っている近未来の地球が舞台です。教授は映画の冒頭で、ロボットの歴史を完結に述べています。"artificial being has been the dream of man since the birth of science. Not merely the beginning of the modern age, when our forebears astonished the world with the first thinking machines: primitive monsters that could play chess." 人間とチェスをする「原始的な」機械に祖先が驚いていたのは昔の話。ホビー教授は、愛することのできる「子供ロボット」の制作を宣言します。ホビー教授が愛とは何かを述べるセリフです。

Hobby ： But I wasn't referring to sensuality simulators. The word that I used was love. Love like the love of a child for its parents. I propose that we build a robot child, who can love. A robot child who will genuinely love the parent or parents it imprints on, with a love that will never end.
（インプットされた親を純粋に永遠に愛する、子供ロボット）

Team Member ： A child substitute mecha?

Hobby ： But a mecha with a mind, with neuronal feedback. You see what I'm suggesting is that Love will be the key by which they acquire a kind of subconscious never before achieved. An inner world of metaphor, of intuition, of self motivated reasoning. Of dreams.

感覚神経の回路の構築ではなく、A.I. に複雑な内的世界と思考力を獲得させることを教授は目指したのです。

学習ポイント

2000年にわたる壮大な時空間の中で繰り広げられる、人工知能（A.I.）ロボット、デイビッドの冒険物語という形式をとっていますので、この映画で使用される英語はバリエーションに富んでいます。大きく分けると A.I. の技術について議論する会話、子供ロボットのデイビッドと家族の会話、ロボット同士の会話、さらに、状況を説明するナレーションからなります。ナレーションは文語と同様、文法構造が完璧で、やや難解な語彙や比喩表現が使用されていますので、読解力に裏打ちされたリスニング力が必要です。物語の舞台設定と時代背景を説明するナレーションを例にあげてみましょう。

Narrator ： Those were the years after the ice caps had melted because of the greenhouse gases, and the oceans had risen to drown so may cities along all the shorelines of the world. Amsterdam. Venice. New York. Forever lost. Millions of people were displaced, climate became chaotic. Hundreds of millions of people starved in poorer countries. Elsewhere, a high degree of prosperity survived when most governments in the developed world introduced legal sanctions to strictly license pregnancies, which was why robots, who were never hungry and who did not consume resources beyond those of their first manufacture, were so essential an economic link in the chain mail of society.

氷河、温室効果ガス、気候の変動、貧困の拡大、法的な認可制度などの用語が用いられています。ロボットは最初の製造時（their first manufacture）以外には資源（resources）を消費しないので、地球に優しい「エコ」な存在だと説明されています。最後の行の "the chain mail" というのは、鎖で作られた鎧帷子（よろいかたびら）のことです。人間社会を鎧帷子にたとえ、A.I. ロボットは、社会の維持のために必須（essential）の存在であると説明されています。

スウィントン家に「子供ロボット」がやってきた時、付属していた説明書には、こう書いてあります。"Quick Start-up Instructions / Imprinting Protocol / Caution / Please remember that this Program, once activated, is permanent, indelible, and unalterable." これに従ってロボットを再起動させた時の、母親とロボットの会話は、シンプルですが印象的です。再起動前の子供ロボットは、母親のモニカの問いかけに対して "Yes, Monica" と答えています。しかしモニカが母親であることをインプットしたあと、不安げな彼女の "I wonder if I did that right."（ちゃんとできたかしら）というつぶやきに対して、"What were those words for, Mommy?"（さっきの言葉はなんだったの、ママ？）と答えます。愛らしい息子ロボット、デイビッドの誕生です。

あらすじ

地球温暖化が進み、海面が上昇してニューヨークやアムステルダムが水面下に沈んだ近未来。土地は失われ貧困が拡大し、妊娠に関して厳格な認可制度が設けられます。ニュージャージーのサイバートロニック社で研究を進めるホビー教授は、A.I. すなわち人工知能をもつ精密なロボットの開発に全力を注ぎ、その結果、妊娠の許可を得られない夫婦が買えるような子供のロボットを完成させます。親に対して、永遠に変わらぬ本物の愛を捧げるロボットでした。その第1号の使用者として、スウィントン夫妻が選ばれます。息子のマーティンが昏睡状態にあり、夫婦は失意の毎日を過ごしていました。外見は人間と全く変わりのない子供のロボット、デイビッドが初めて家にやってきたとき、妻のモニカは違和感を覚えて困惑しますが、次第にデイビッドに愛情を感じるようになり、本当の息子のように可愛がり始めます。そんな折り、マーティンが奇跡的にが目を覚まし、家に帰ってきます。デイビッドにはマーティンへのライバル心が芽生えますが、ある日マーティンの命を危険に晒してしまいます。この事件をきっかけに、夫婦はデイビッドを手放す決心をします。森に捨てられたデイビッドの長い旅が、ここから始まります。人間の子供になる夢を追い、愛する母親を探し求めてたどり着いた「地の果て」で、デイビッドはホビー教授に再会。自分の「出自」を知って失意のうちに海に身を投げます。2000年後。海底で再起動したデイビッドは再び母親を求めます。

映画情報

原　　作：ブライアン・オールディス 　　　　　『スーパートイズ』 製 作 費：1億ドル 製 作 年：2001年　　　製 作 国：米国 配給会社：ワーナー・ブラザース	公 開 日：2001年6月29日（米国） 　　　　　2001年6月30日（日本） 上映時間：146分 興行収入：7,861万6,689ドル MPAA（上映制限）：PG-13

薦	○小学生　○中学生　○高校生　●大学生　●社会人	リスニング難易度	発売元：ワーナー・ブラザース　ホームエンターテイメント (平成29年2月現在、本体価格) DVD価格：1,429円　ブルーレイ価格2,381円

お薦めの理由	近年はスマートフォンが飛躍的な進化を遂げ、半世紀前の夢物語が次々に現実になっています。ロボットや人工知能に関する映画は古くから存在し、フィリップ・K・ディックの1968年の小説が『ブレードランナー』として映画化されたのは1982年でした。この映画は子供のA.I.に焦点を合わせることによって、人間存在への哲学的な問いを内包しています。技術革新の将来を考える格好の作品です。	スピード　3 明瞭さ　3 米国訛　2 米国外訛　1 語　彙　4 専門語　4 ジョーク　2 スラング　2 文　法　4
英語の特徴	人工知能に関する技術的な用語や、哲学的なテーマを扱う際に必須の比喩的な表現などが、ナレーションの部分に含まれます。時事問題の報道に頻出する語彙が使われますので、あらかじめ整理しておくと、理解に役立ちます。いずれも社会人として押さえておきたい単語です。「子供ロボット」と人間の会話は、平易な英語で聞き取りやすいものとなっています。訛りはほとんどなく、発音も明瞭です。	

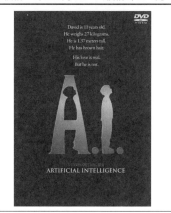

発展学習

　「子供ロボット」デイビッドは、外見が人間の子供と全く変わらないので、周囲の子供たちからは "creepy"（気味悪い）と言われ、いじめられます。子供たちは「自分たちは人間でオーガニック（organic）だけれど、デイビッドは機械でメカニック（mechanical）」だと言って、「オーガ、メカ、オーガ、メカ」と囃したてます。

　Martin's friend 1 : We're "org-anic," You're "mecha-anical." Orga, Mecha. I didn't know they even made kids. Touch it. It feels so real. That's creepy. Mecha-real. Does he have DAS?
　Martin's friend 2 : DAS what? Das ist gut!
　Martin's friend 1 : Damage Avoidance System. DAS. It's a pain-alert system. Our serving man has it. So they don't go picking up fire with their hands.

　近未来の社会が舞台となっていますので、フィクションの世界の技術用語を聞き取り、内容を理解することが発展学習のひとつのポイントとなります。DAS は、ロボットに配備された「危機回避システム」。略語の DAS（ダス）がドイツ語に聞こえるので、子供たちは冗談を言い合っているのです。自分は "real" ではないことを思い知らされたデイビッドは、母親のモニカから聞いたピノキオの物語をもとに、自分も「青い妖精」（blue fairy）を探しあて、本当の人間にしてもらうのだという強い願望を持つようになります。デイビッドがのちに出会う他のロボットたちとの会話を通して、この "real" ということの意味を哲学的に探求することが、発展学習のもう1つのポイントとなります。

　David : If I'm a real boy, then I can go back. And she will love me then. The Blue Fairy made Pinocchio into a real boy. She can make me into a real boy. I must find her. I must become real.

　母親のモニカに捨てられたデイビッドは、クマのぬいぐるみのスーパートイ（super toy）、テディと一緒に、森をさまよいます。ロボットを廃棄処分にするショー（Flesh Fair）の見世物として捕獲されてしまいますが、道連れになったジゴロ・ロボットのジョーとともに、「青い妖精」を求めて旅に出ます。ショーを欲求不満の捌け口にしている人間たちに対し、廃棄処分となる運命のロボットが義憤に駆られて言い放つセリフを見てみましょう。"History repeats itself. It's the rite of blood and electricity. When the opportunities avail themselves, they pick away at us, cutting back our numbers so they can maintain numerical superiority." このセリフと並べると、映画冒頭でホビー教授が同僚の開発者から受ける質問（"can you get a human to love them back?"）は意味深長です。

　人間を愛するロボットを作る一方、人間はロボットを愛せるのか、という難問（conundrum）の投げかけです。

映画の背景と見所

　2001年に製作されたこの映画は、もともとスタンリー・キューブリックが構想していたものでした。キューブリックは、『博士の異常な愛情』（1964）、『時計仕掛けのオレンジ』（1971）、『シャイニング』（1980）、『フルメタル・ジャケット』（1987）などの監督です。そして何よりも、1960年代の終わりに、『2001年宇宙の旅』（1968）を世に出しました。2001年に『A.I.』を監督したスティーブン・スピルバーグは、キューブリックと長年の親交がありましたが、キューブリックが自らの監督作品の構想について話すことは、まれだったと言います。そんな中で、生前のキューブリック監督が「自分がプロデュースするので監督してほしい」と持ちかけていたのが、この『A.I.』でした。結局、キューブリックの死後、その企画は実現することになります。キューブリックの義弟で製作総指揮のヤン・ハーランは、スピルバーグが原案にかなりの数の変更を加えたものの、キューブリックの意図を見事に実現していることに驚きを見せ、その成果を高く評価しています。2000年後の生命体が、デイビッドに話すセリフ（Human beings had created a million explanations of the meaning of life in art, in poetry, in mathematical formulas. Certainly, human beings must be the key to the meaning of existence....）は、監督が刻印したかった哲学的なメッセージの集約と言えるでしょう。映画には日本文化が要所で顔を出しています。

スタッフ / キャスト

スタッフ	キャスト
監　督：スティーブン・スピルバーグ 脚　本：イアン・ワトソン 　　　　スティーブン・スピルバーグ 製　作：スティーブン・スピルバーグ 　　　　キャスリーン・ケネディ他	デイビッド　　　　　：ハーレイ・ジョエル・オスメント ジゴロ・ジョー　　　：ジュード・ロウ モニカ・スウィントン　：フランセス・オコナー ヘンリー・スウィントン：サム・ロバーズ アレン・ホビー　　　：ウィリアム・ハート

ライトスタッフ	The Right Stuff	（執筆）岡島　勇太

セリフ紹介

映画の前半は戦闘機乗りたちがメインです。"sound barrier"（音速障壁）についてのナレーションから始まります。

Narrator: There was a demon that lived in the air. They said whoever challenged him would die. Their controls would freeze up. Their planes would buffet wildly… and they would disintegrate. The demon lived at Mach 1 on the meter… 750 miles an hour… where the air could no longer move out of the way. He lived behind a barrier through which they said no man could ever pass. They called it the sound barrier.

（空に住む悪魔がいた。挑戦したのが誰であっても、死亡してしまうだろうと言われている。彼らの操縦装置が凍りついた。飛行機は激しく振動し、崩壊してしまうだろう。悪魔が住むマッハ1すなわち時速750マイルの世界…　そこでは大気がもはや進路を妨げない。悪魔は誰も通れないと言われている障壁の裏に住んでいる。人々はそれを音速障壁と呼んだ）

映画の後半は宇宙飛行士たちが主役となります。ある時期、主役の宇宙飛行士たちと世間との間に認識のずれがあり、それが宇宙飛行士たちを苦しめていることが次のセリフからわかります。

Carpenter: John's right. Whether we like it or not, we're public figures. Whether we deserve it or not, people are going to look up to us. We have got a tremendous responsibility here.

（ジョンが正しい。我々が好んでいようといまいと、我々は公人だ。我々がそれに値しようとしまいと、人々は我々を尊敬するだろう。我々はとてつもない責任を負っているんだ）

学習ポイント

この映画は、さまざまな角度から英語学習に活用することができますが、人類史上初の有人宇宙飛行を目指す飛行士たちのストーリーという点から、宇宙や航空関係の語彙をまず学んでおきましょう。

（1）航空関係の単語

"flyboy"（飛行機乗り）、"hedgehopping"（超低空飛行する）、"pud-knockers"（未熟な飛行機乗り）など。

（2）宇宙関係の単語

"astronaut"（宇宙飛行士）、"spacecraft"（宇宙船）、"space"（宇宙）など。

（3）宇宙の情景描写

作品中で、何人かの宇宙飛行士が宇宙へ飛び立ちますが、実際に宇宙の様子を描写しているセリフはあまり多くありません。しかしながら、以下のグレンのセリフでは、わかりやすく述べられています。

Glenn : The view is tremendous! I can see clear back, a big cloud pattern, way back across towards the Cape. Man, it's a beautiful sight.（この景色はすばらしい！後ろの方や、大きな雲の模様、ケープの方まではっきり見えるぞ。なぁ、なんて美しい眺めなんだ）

このセリフを参考にして、自分が実際に行ったつもりで宇宙の情景を描写してみましょう。

（4）同じ表現を繰り返し用いた表現でスピーチの考案

作品の中で、同じ表現が繰り返し用いられている場面を選び出します。例として2つ挙げておきます。

1）Glenn : I'm talking about the playing around that's going on. I'm talking about the young girls. I'm talking about the cookies. I'm talking about keeping our pants zipped and our wicks dry around here.

2）Deke : What Gus is saying is that we're missing the point. What Gus is saying is that we all heard the rumor that they want to send a monkey up first. Well, none of us wants to think that they're gonna send a monkey up to do a man's work. But what Gus is saying is that… what they're trying to do to us is send a man up to do a monkey's work. Us, a bunch of college-trained chimpanzees!

上記のセリフを参考にして1分間程度のスピーチを考え、グループで学習が可能な場合は、お互いに発表してみましょう。作品は宇宙が舞台なので宇宙関連のテーマが好ましく、宇宙飛行士への志望動機や宇宙へ行って何をしたいかのスピーチ内容が理想的です。スピーチの中に意識的に同じ表現を繰り返す部分を取り入れることにより、話し手の強調したい部分がさらに聞き手に伝わりやすくなります。

あらすじ

戦闘機のパイロットであるイエガーは、誰にも破ることができなかった戦闘機による音速での飛行を成功させました。その後もイエガーは最高速度の記録を樹立し、華々しい活躍をします。そんなある日、ソビエトがスプートニク1号の打ち上げを成功させてしまいます。宇宙開発でソビエトに先を越されてしまった米国は、優秀なパイロットから7人の宇宙飛行士の候補を選び出して厳しい訓練を続けますが、なかなか宇宙へ飛び立てません。そんな中、米国は宇宙飛行士ではなく、チンパンジーを先に宇宙へ飛び立たせてしまいます。ソビエトでは有人宇宙飛行が成功し、米国はまたソビエトに先を越されてしまうのですが、ついに米国の宇宙飛行士であるアランが米国人として初めて宇宙へ飛び立ち、見事に生還します。生還したアランを米国中が称えて、お祭り騒ぎの状態になります。次に、ガスが宇宙に飛び立ち、彼もまた見事に帰還しますが、宇宙に関する貴重なデータが積んであるカプセルが海に沈んでしまったために、アランの時のような歓待を受けることはできませんでした。その後、グレンは米国初の地球周回軌道の飛行に成功し、米国では宇宙開発が脚光を浴びます。その一方で、煽りを受けた戦闘機開発はだんだん下火になっていったのです。しかしながら、イエガーは誰にも注目されない中で、人知れずソビエトの戦闘機による高度記録を破るために飛び立ちます。イエガーは見事に新記録を樹立できるのでしょうか。

映画情報

原　　　作：トム・ウルフ　*The Right Stuff*		公開情報	公開日：1983年10月21日（米国）
製作費：2,700万ドル　製作年：1983年			1984年　9月　1日（日本）
製作国：米国　　　言　語：英語、ロシア語			上映時間：193分
ジャンル：アドベンチャー、ドラマ、歴史			オープニングウィークエンド：160万1,167ドル
撮影場所：米国			受　　　賞：第56回アカデミー作曲賞、音響賞他2部門

薦	○小学生　○中学生　○高校生　●大学生　●社会人	リスニング難易度	発売元：ワーナー・ブラザース ホームエンターテイメント （平成29年2月現在、本体価格） DVD価格：2,980円　ブルーレイ価格：2,381円

お薦めの理由	戦闘機や宇宙開発に関心がある人にお薦めの映画です。作品中では、戦闘機による音速を超える飛行への取り組みや、高度記録への挑戦が描かれています。宇宙開発については米国における初期の取り組みが、作品中で詳しく表現されています。映画を通じて、宇宙という未知の世界へ飛び込む勇気の重要さや、誰も注目していない場所でも黙々と任務を遂行する大切さを学ぶことができるでしょう。	スピード	3
		明瞭さ	3
		米国訛	2
		米国外訛	1
英語の特徴	イエガーや宇宙飛行士たちの英語は、標準的な米国英語で、スピードや明瞭さも平均的です。専門用語が戦闘機の操縦の場面と宇宙へ飛び立つ場面で出てきます。ジョークは少なく、スラングや汚い言葉は空軍のパイロットや酒場の女主人によって多少使われている程度です。文法が著しく間違っているセリフはほとんどありませんが、アボリジニが話す英語は文法上の間違いがあるので、注意が必要です。	語彙	3
		専門語	3
		ジョーク	1
		スラング	3
		文法	2

発展学習

映画の内容について自分の考えをまとめられるように練習してみましょう。また、映画のセリフを使ってシャドーイングを行うのも、よい練習になります。もしグループで学習することが可能であれば、映画の内容に沿ったさまざまなテーマでの議論やロールプレイを行うことができます。まずは、自分の考えをまとめるためのテーマとして、2つ紹介します。

(1) 宇宙飛行士に向いている職種について
　　作品中で、米国が宇宙飛行士の候補者を探すにあたり、様々な職業の人を候補に考えていました。例えば、サーファー、カーレーサー、バイクで綱渡りする人、空中ブランコの達人などです。他にはどんな職業の人が宇宙飛行士に適しているでしょうか。

(2) チンパンジーが人間より先に宇宙へ打ち上げられた時の宇宙飛行士たちの気持ちについて
　　7人の優秀なパイロットが宇宙飛行士として選ばれたにもかかわらず、チンパンジーが彼らよりも先に宇宙へ飛び立ちました。この時の7人の気持ちについて、考えてみましょう。

次にシャドーイング学習やロールプレイで使いやすい場面を2つ紹介します。

(1) 夫と妻が言い争う場面
　　戦闘機のテスト飛行に挑むパイロットには常に危険がつきまといます。しかし、当の本人達は一切気にしていません。一方夫を支える妻たちは、心配で仕方がありませんでした。しかし、夫が宇宙飛行士になったことにより、これまでの苦労が報われると思ったが期待外れの結果となったため、夫と妻が言い争いを始める場面があります。その場面を使って練習を行いましょう。

　Betty : The military promised and now they are welshing on that damn compact. Look, I am finally Mrs. Honorable Astronaut. But they are treating me like I'm Honorable Mrs. Squirming Hatch Blower!
　Gus : I didn't do anything wrong! The hatch just blew! It was a glitch! It was a technical malfunction!

(2) 記者会見の場面
　　宇宙飛行士による記者会見の場面を使用して、シャドーイングの練習をしてみましょう。

　Glenn : We're placed here with certain talents and capabilities… and it's up to each one of us to use those talents and capabilities as best we can. And if we use our talents properly… I think there is a power greater than any of us that will place… the opportunities in our way.

映画の背景と見所

トム・ウルフ著の *The Right Stuff* をもとに製作されています。トム・ウルフの著書が原作となっている映画は、他に『虚栄のかがり火』（The Bonfire of the Vanities）があります。舞台は、1940年代後半から1960年代前半にかけての米国です。1940年代後半から1950年代後半にかけては、戦闘機による音速を超える速度での飛行に対する取り組みが描かれ、それから1960年代前半までは、宇宙開発の様子を描いています。映画の事前知識として、パイロットにとってビーマンズのガム（Beeman's Pepsin Gum）がとても重要なので、それについて触れておきます。イエガーは、飛行機に乗る前にリドレーと次のような会話をしています。

　Yeager : Hey, Ridley, you got any Beemans?（おい、リドレー、ビーマンズのガムを持っているか？）
　Ridley : Yeah. I think I got a stick.（あぁ、1枚あると思う）
　Yeager : Loan me some, will you? I'll pay you back later.（ちょっと貸してくれないか？後で返すから）
　Ridley : Fair enough.（いいぜ）

ビーマンズのガムは、飛行機乗りにとって幸運のガムと言われ、イエガーは危険な仕事の前のゲン担ぎのためにこのガムを求めています。作品中で彼が記録に挑戦するいずれの時もこのビーマンズのガムを要求しています。

スタッフ / キャスト

スタッフ		キャスト	
監　督	フィリップ・カウフマン	チャック・イエガー	サム・シェパード
製　作	アーウィン・ウィンクラー ロバート・チャートフ	アラン・シェパード	スコット・グレン
撮　影	キャレブ・デシャネル	ジョン・グレン	エド・ハリス
音　楽	ビル・コンティ	ゴードン・クーパー	デニス・クエイド
		ガス・グリソム	フレッド・ウォード

医療・福祉

カッコーの巣の上で

One Flew Over the Cuckoo's Nest

（執筆）室　淳子

セリフ紹介	マクマーフィはラチェッド婦長に掛け合い、いつものスケジュールをやめて、ワールドシリーズのテレビ観戦をすることを提案します。しかし仲間の患者たちはマクマーフィの期待に反してなかなか賛同の意を示そうとしません。マクマーフィが病院を抜け出して街に試合を見に行こうと誘っても、皆の反応は今ひとつです。 　マクマーフィは、病院の壁を壊して脱出してみせると宣言しますが、唯一使えそうな水道台は重くてなかなか持ち上げられません。あきらめるのかと問う患者にこれからが本番だと答えています。 McMurphy : No. Just warming up. Warming up. This will be the one. All right, baby. 　結局、マクマーフィはあきらめざるをえませんが、患者たちにこう言い残します。 McMurphy : But I tried, didn't I? Goddamnit, at least I did that. 　後日、患者たちの多くが自発的に入院していることを知ったマクマーフィは、文句を言いながらも病院から出ようとしない患者たちにあきれて次のようなセリフをはきます。 McMurphy : Jesus, I mean, you guys do nothing but complain about how you can't stand it in this place here, and then you haven't got the guts to walk out? What do you think you are, for Chrissake, crazy or somethin'? Well you're not! You're not! You're no crazier than the average asshole out walkin' around on the streets and that's it. 　患者たちが他の人たちと変わらないと言うマクマーフィの本音が表われる印象的なセリフです。
学習ポイント	米国の精神病院が舞台に描かれます。1960年代米国の社会文化的な背景をもとに、医療のあり方や人の尊厳について考えをめぐらすことができる映画です。医療の現場に携わる人には、医療で使われる語彙や会話を学習できることや医療に関わるテーマを学ぶという点でも、よい教材であると言えるでしょう。 　医療に関わる表現としては、ward（病棟）、nurses' station（ナース・ステーション）、medication（投薬）、treatment（治療）、specimen（試験品）、conductant（導電性ジェル）、chronics（慢性患者）、lobotomy（ロボトミー; 前頭葉切開術）といった用語を拾うことができます。簡単な表現ですが、medication time（薬の時間）やrecreation time（レクリエーションの時間）等の表現も見られます。マクマーフィからは、horse pill（大きな錠剤）という口語的な表現も出てきます。 　聞き取り学習としては、不明瞭で早口な会話のやりとりや、文法的に乱れた口語表現も続くので、上級者向きであると言えるでしょう。ただし、看護師が患者に指示を与える時の発話は、短くて明瞭なものも多いようです。 　映画には様々な場面が描かれますので、医療に関わる表現ばかりではなく、ごく日常的な会話のやりとり、スポーツやカードゲームに関するやりとり、ビジネス等で使えそうな表現も出てきます。例えば、映画の始めにマクマーフィが院長と面談をするシーンがあります。オフィスに入っていく様子や机の上の写真を話題に交わし合う軽いトークは、ビジネスシーンの典型であり、本題に入っていく際に、しょっちゅう "Between you and me …"、"To be honest with you …"、"Let's just be frank for a minute." といったおなじみの表現が使われるのにも注目することができます。卑猥な発言をするマクマーフィに対し、院長が "I hear what you're saying." と流す受け答え方も勉強になります。映画のシチュエーションを見ながらであれば、内容を理解しながら、簡単な表現が使われる状況もよくわかると思います。 　病棟内で行われるグループカウンセリングにおいて、ラチェッド婦長が使う表現にも役に立つものがありそうです。ディスカッションに加わっていない患者に対し "Are you with us?" と問いかける表現や、ワールドシリーズのテレビ観戦の賛成票を集めようとするマクマーフィには不本意な発言ですが、"The meeting is adjourned."、"The vote was closed." といった表現等がその好例です。 　賛成票がなかなか得られないのに対してマクマーフィが言う "What the matter with you, guys. Be good Americans!" というセリフも、ワールドシリーズの観戦を大切にするごく当たり前の米国の人たちの価値観を伝えるおもしろい表現です。
あらすじ	1963年9月、強姦罪に問われたマクマーフィが、刑務所の強制労働を逃れるために精神を患っているように見せかけてオレゴン州立精神病院に連れてこられます。マクマーフィはラチェッド婦長が管理する病棟に入りますが、決まりきった日課と型にはまった管理体制に満足できず、病院の職員や仲間の患者にも数々の呼びかけ（賭け金つきのカードゲーム、バスケット試合、ワールドシリーズのテレビ観戦の投票、病院を抜け出してのクルージング、クリスマスパーティー等）を行っていきます。患者たちは次第に心を開きマクマーフィとともに毎日を楽しみ始めますが、彼の型破りな行動は病院側には「問題」とされ、監視と治療の必要な対象に見られていきます。ある日、チーフと呼ばれているブロムデンが周囲の思い込みに反して、耳も聞こえ話せることに気づいたマクマーフィは、病院を逃亡する計画を持ちかけます。計画を実行しようとしたクリスマス前夜、女性との関係を築くことのできなかった吃音症のビリーのためにマクマーフィは気に入った女性と一夜を過ごせるように力を貸しますが、酒がまわってうっかり眠り逃亡の機会を失ってしまいます。翌朝、ラチェッド婦長の厳しい咎めにビリーは自殺し、それに腹を立て暴力をふるったマクマーフィは特別病棟に連れて行かれます。戻ってきたマクマーフィがロボトミーを受けて廃人と化しているのを見ると、ブロムデンはマクマーフィの息の根を止め、水道台で窓を壊すとついに院外逃亡を成し遂げます。

映画情報	原　　作：ケン・キージー 　　　　　*One Flew Over the Cuckoo's Nest* 製 作 費：300万ドル　製 作 年：1975年 製 作 国：米国　　　言　語：英語 ジャンル：ドラマ	公開情報	公 開 日：1975年11月19日（米国） 　　　　　1976年　4月17日（日本） 上映時間：133分　興行収入：1億898万1,275ドル 受　　賞：第48回アカデミー作品賞、監督賞、 　　　　　主演男優賞、主演女優賞、脚色賞

薦	○小学生　○中学生　○高校生　●大学生　●社会人	リスニング難易度	発売元：ワーナー・ブラザース　ホームエンターテイメント（平成29年2月現在、本体価格） DVD価格：1,429円　ブルーレイ価格：2,381円

お薦めの理由	この映画は、1960年代米国の精神病院を舞台に、当時の病院の管理主義的な姿勢に疑問を投げかけています。病院の患者に対する姿勢は現在では改善されていると思いますが、医療、看護、介護、教育、カウンセリング等、臨床の場に身を置く立場の人にとっては、その体制のあり方を考える良いきっかけとなるでしょう。新しい映画ではありませんが、長きにわたり、高い評価を受け続けている名作です。	スピード	4
		明瞭さ	4
		米国訛	3
		米国外訛	3
英語の特徴	会話のスピードは比較的速いと言えるでしょう。会話のやりとり自体は難解ではありませんが、トーンを抑えた不明瞭な発話や、早口、吃音、ジョーク、スラング、罵り語等が含まれるので聞き取りづらく思うかもしれません。英語の字幕を積極的に活用してください。喫煙、飲酒、暴力、性的な用語や描写があるため、米国の学校では青少年の視聴に慎重な場合もあります。	語彙	4
		専門語	4
		ジョーク	4
		スラング	4
		文法	4

発展学習	この映画は、1959年に執筆され1962年に出版されたケン・キージーの同名小説をもとにしています。1963年にはブロードウェイでの上演用に脚本が作られ、1975年に映画化されました。カウンター・カルチャー・ムーブメントの風潮が強まる中で、既存の価値観や体制に対して疑問を投げかけようとする社会批判の姿勢がこの作品には見られます。病院あるいは社会そのものがもつ監視の力、逸脱や失敗を認めない不寛容さ、健常者優位の思想、精神障がい者の隔離と従順さへの期待、善意と紙一重の管理のあり方、単調なルーティーンと規律、一方でマクマーフィが求める自由意思、個性、民主主義的なものの考え方、世俗性、反逆心、快楽等が対照として描かれています。多様性の尊重や障がい者への理解の進む現代において、社会全体の価値観は変化していますが、本作が問いかける様々な問題意識は、今の私たちの社会にも無縁のものとはいえないでしょう。 　物語からは当時の病院の様子をうかがい知ることができます。病棟の施錠、鉄条、拘束ベルト、電気ショック療法、ロボトミー等、当時は画期的と思われていた治療の残酷さが目につきますが、これらの精神病棟の描写は、1980年代の日本の病棟とよく似たものであるとも（松山真「カッコーの巣の上で」http://www5f.biglobe.ne.jp/~macotom/kaxtukoa[noeenoe.html 参照]、現在の医療にも通じるところがあるとも指摘されています。インフォームドコンセントが行われない状況への疑問や、患者たちが輪になって心の内にあるものや過去の経験を語り合うグループカウンセリングにおいては語ることを強要するようなセラピーのあり方への疑問も提示されています。 　病院内における人種やジェンダーの構成にも当時の米国社会の縮図を読み取ることができるでしょう。院長を始めとする管理者、婦長、看護師、警備員、患者、パーティーガール等の位置づけに注目してみてください。また、この映画では、ネイティブアメリカンのブロムデンが大きな存在感を出しています。50年代以降のビートジェネレーションと60年代以降のヒッピー文化を結ぶと自らの考え方を位置づけていた原作者のケン・キージーが米国の保守的な主流の文化に対抗する批判の姿勢としてネイティブアメリカンの描写に注目をしたと考えられるでしょう。マクマーフィは皆と同じくブロムデンをチーフと呼び、ステレオタイプ的な姿勢も持ち合わせます。ただ、彼はブロムデンの耳が聞こえ話せるかどうかに関係なく、対等に接する一面があります。耳が聞こえず話すこともできないブロムデンは、米国社会の中でネイティブアメリカンの人たちがマイノリティとなって社会の表舞台に表われてこない状況を象徴しているようです。原作では、自分が混血であることで葛藤するブロンデンの姿も描かれています。このようなブロムデンの姿は、現代のネイティブアメリカンの作家たちが描く人物にも共通しているようです。ブロムデンを語り手として設定する原作や現代のネイティブアメリカンの作品にもぜひ触れてみてください。

映画の背景と見所	タイトル『カッコーの巣の上で』（One Flew Over the Cuckoo's Nest）はマザーグースの童謡をもとにしています。歌詞にはいくつものバリエーションがあり、行の最後の音が揃えられています。"cuckoo"は「バカ」や「まぬけ」といった子供たちが相手をからかう時によく使う俗語で、"cuckoo's nest"には精神病院の意味もあります。精神病院（カッコーの巣）からのブロムデンの逃避、精神病院（カッコーの巣）に紛れこんだマクマーフィ、またカッコーの習性から病院（他の鳥の巣）に仮住まいする患者（カッコー）を象徴するものと解釈されることもあります。 　Vintery, mintery, cutery, corn,　　　（葡萄、ミント、お菓子、とうもろこし） 　Apple seed and apple thorn;　　　（りんごの種とりんごのとげ） 　Wire, briar, limber lock,　　　（針金、いばら、ふさふさの毛） 　Three geese in a flock.　　　（3羽のガチョウが群れておりました） 　One flew east,　　　（1羽は東に） 　And one flew west,　　　（1羽は西に） 　And one flew over the cuckoo's nest.　　　（もう一羽はカッコーの巣の上に）

スタッフ	監　督：ミロス・フォアマン 脚　本：ローレンス・ホーベン、ボー・ゴールドマン 製　作：ソウル・ゼインツ、マイケル・ダグラス 撮　影：ハスケル・ウェクスラー、ビル・バトラー 音　楽：ジャック・ニッチェ	キャスト	R・P・マクマーフィ　：ジャック・ニコルソン チーフ・ブロムデン　：ウィル・サンプソン ラチェッド婦長　　　：ルイーズ・フレッチャー ハーディング　　　　：ウィリアム・レッドフィールド エリス　　　　　　　：マイケル・ベリーマン

	救命士	Bringing Out the Dead	（執筆）中垣恒太郎

セリフ紹介	大都会ニューヨークで日々奮闘し、葛藤し続ける救急救命士の物語。一刻の判断が常に問われる職務のプレッシャーと高い志に反して、恒常的に患者の死と向き合わざるをえない精神的にも肉体的にも過酷な労働現場に主人公のフランクはすっかり疲弊しきってしまっています。救えない者の数は救える者の数よりずっと多いのです。人々の求めに応じて、闇夜のニューヨークを車で病院に搬送しながら、フランクは冒頭から苦しい胸の裡（うち）を吐露しています。"I hadn't saved anyone in months. I just needed a few slow nights, followed by a couple of days off." （もう何カ月も人の命を救っていない。数日の暇な夜と2・3日の休暇がほしい）。しかしながら、病院ではとても手がまわらないほど慢性的に医療従事者の人手不足は続いており、それにもかかわらず様々な問題を抱えている人々が真夜中ひっきりなしに救急要請を求め続けているのです。 　都会の社会問題を追求し続けているマーティン・スコセッシ監督ならではの作品として、救急救命士の視点から、米国の医療を取り巻く問題点、さらには都市ニューヨークが抱えている闇の部分を炙り出している点に特色があります。命を救うことができなかった患者の幻影に悩まされながらも、それでもなお休むことができず、闇夜を車で彷徨い続けるフランクがさらに精神的に消耗していく様子は見ていてとても辛いものですが、救急救命士をはじめとする厳しい労働現場に私たちが想いをめぐらすことが、私たちの社会をよりよい状況に変革することもできるかもしれません。とりわけ医療現場は私たちの意思によらず、かかわらざるをえない領域であり、「物語の想像力」を通して医療および救急現場をとりまく問題を皆で共有し、より良い状況に変えていくために私たちに何ができるかを考えていきましょう。
学習ポイント	職業ガイドとしてこの作品を捉えた場合に、精神衰弱ぎりぎりの状況に追い込まれながらも、慢性的な人手不足により、わずかばかりの休息すら得られない主人公の姿を肯定的な職業モデルとして捉えることは難しいでしょう。物語のその後の展開も、このように苦境に置かれた職業人を救済するモデルとしては機能していません。救えない者の数は救える者の数よりずっと多い現実にフランクはすっかり打ちのめされています。それでもなお、救急救命士は私たちの誰しもがいざという時に頼らざるをえない、きわめて重要な社会的役割を担っています。フランクは元来とてもまじめに職務に向き合っているわけであり、この物語を通して救急救命士というかけがえのない社会的使命に気づかされることも多いでしょう。医療の高度化に伴い、「コメディカル」と称される「チーム医療」の専門役割分業はますます進みつつあり、救命士を主人公に据えたこの映画は医療ドラマが多彩に発展を遂げている米国のメディア文化史の中でも異彩を放っています。また、現在の私たちを取り巻く労働現場はひょっとしたら残念ながら大なり小なりフランクが置かれている状況に近いこともあるかもしれません。過酷な労働のために精神的に追い詰められてしまっているフランクの姿を通して、仕事のストレスをどのように回避することが可能であるかを考えてみることも有益でしょう。ワーク・ライフ・バランスや職業観は誰しもにとって重要な課題です。 　医療を取り巻く制度や技術は急速に変化を遂げるものであり、米国の医療問題は医療保険制度に代表されるように、社会階級上の格差拡大を反映し、厳しい状況にあります。「オバマケア」と呼ばれる医療保険制度改革は第二期オバマ政権（2013〜17）の主要な公約の1つでしたが、結果として実を結ぶことができず医療格差の問題の根深さを露わにしました。マイケル・ムーア監督によるドキュメンタリー映画『シッコ』（2007）で焦点を当てられているように、医療保険未加入者が増大し、営利主義の傾向を強める製薬会社や保険制度などの米国「医療産業」事情は大きな問題を抱え続けています。日本もまた高騰する医療費が国費を圧迫しており、慢性的に忙殺されている医療従事者を取り巻く環境に、高齢化社会の傾向も相まって「医療崩壊／医療クライシス」と称される問題と背中合わせの状況です。米国医療事情を比較参照しながら、日本の医療問題について検討することも多くの視座をもたらしてくれることでしょう。虚構である「物語」を通して、この作品では救急救命士の視点に感情移入することにより、多くの問題が顕在化してきます。医療は決して医療従事者だけの領域ではなく、それぞれの立場にある医療従事者、患者およびその家族、行政や社会など、お互いが相手の立場から視点を変えて捉えることが何よりも肝要です。 　医療問題にしても、労働問題にしても、身近で切実な比較文化の論点を提供してくれるものであり、多くの課題が観客に委ねられています。その点でもこの物語は特別な他人事の世界ではなく、私たちの物語であるのです。
あらすじ	死と日々向き合う職業である救急救命士の過酷な労働の日々を描くサスペンス・ドラマ。主人公のフランクは、半年前に必死の奮闘にもかかわらず、命を救うことができなかった18歳のホームレスの少女ローズの幻影に悩まされ続けており、精神的にすっかりまいってしまっています。ある夜、フランクはメアリー・パークという女性に出会います。彼女は心拍停止状態からかろうじて蘇生した老人の娘であり、献身的に病身の父親を介護しています。彼女との出会いにより、フランクは過酷な労働の日々にかすかな希望を見出しかけるのですが、現場では自殺願望に囚われているホームレスのノエルをはじめ、問題を数多く抱えた患者たちが相次ぎ、フランクの精神状況をさらに容赦なく追い詰めていきます。たまらず辞職願を出すも現場の人手不足は深刻であり、上司に取り合ってもらえず、わずかな休暇を得ることすらできません。メアリーは回復の見込みもないまま、ただ生きているだけの状態となっている父親を見舞い続ける中、かつて少女時代に麻薬依存症に陥っていた過去についてフランクに打ち明けます。やがてフランクは状況を変革すべく大胆な行動を起こしていきますが、救急現場や米国都市部の社会問題を改善していくために現実可能な解決策を提示するのではなく、それまでの鬱積を爆発させてしまうかのような後味の悪い結末はこの映画が観客に投げかける問題提起であり、現実世界と絡めて私たち自身がその課題を受け継ぐことが期待されています。

映画情報	原　　　作：ジョー・コネリー『救命士』平井イサク訳 製　作　費：5,500万ドル　製　作　年：1999年 製　作　国：米国　　　　言　　　語：英語 配給会社：パラマウント映画 ジャンル：サスペンス　　撮影場所：ニューヨーク	公開情報	公　開　日：1999年10月22日（米国） 　　　　　　2000年 3月25日（日本） 上映時間：121分 興行収入：1,664万210ドル MPAA（上映制限）：R

薦	○小学生　○中学生　●高校生　●大学生　●社会人	リスニング難易度	発売元：ブエナ・ビスタ・ホーム・エンターテイメント （平成29年2月現在、DVD発売なし） 中古販売店等で確認してください。		
お薦めの理由	過酷な労働現場の中で精神的に追い詰められながらも日々奮闘を続けている救急救命士の姿を通して、「大都会ニューヨークの暗部としての社会問題」、「深刻な格差が広がる米国医療問題」、「分業専門家が進む医療を取り巻く事情」、「労働過多とワーク・ライフ・バランスの問題」など様々な見地から多くの社会問題を検討することができる題材であり、社会人編としての英語学習教材にうってつけです。	スピード	4		
:-:	:-:	:-:
		明瞭さ	4
		米国訛	4
		米国外訛	4
英語の特徴	ニューヨークに住み、様々な問題を抱えている人々の暮らしの暗部に目を向ける作品であるだけに、全般として用いられている英語は多様で難しい傾向にあります。加えて、医療・救急現場を舞台としていることからも病院の専門用語もなじみにくいかもしれません。人種・階級の多様性を実感させてくれる分、文体や口調の使い分けなどにも目配りができるとよいでしょう。	語　彙	4
:-:	:-:	:-:
		専門語	4
		ジョーク	4
		スラング	4
		文　法	4

発展学習	米国文化においては医療ドラマが多様に発展してきており、古くはケネディ大統領期に連邦通信委員会主導により製作された『ベン・ケーシー』（1961～66）にその起源を辿ることができるものです。『ER 緊急救命室』（1994～2009）の大成功によって医療ドラマにあらためて注目が集められるようになり、以後、現在に至るまで医療ドラマは細分化され、多様に発展してきています。映画における「グランドホテル形式」（多視点による同時進行の物語）の手法は、近年の「チーム医療」の傾向を反映した現在の複雑な医療のあり方を描く上で有効に機能しており、病院という生死をめぐる特殊な「非日常」空間であればこそ、それぞれの人生模様、「医療崩壊」をめぐる現象などの中で医療従事者が抱える問題や葛藤なども浮かび上がってきます。救急救命士は「チーム医療」に欠かせない大きな存在であり、救急要請を求める人々の元に駆けつけ、応急措置を講じるその役割はあまりにも大きなものですが、その反面、医療ドラマにおいてもあまり脚光を浴びることがない存在であると言えるかもしれません。フランクが物語の冒頭において日々の過酷な労働条件、および常に生死の境目に向き合わざるをえないストレスフルな状況に心身ともに消耗している設定は、私たちを取り巻く医療現場をよりよいものに改善していく必要性を痛切に訴えかけてくるものでしょう。この映画を起点に、米国で多様に発展している医療ドラマ/映画に視野を広げることで関心をさらに拡げ、比較文化の観点から医療問題、あるいはワーク・ライフ・バランスの問題を考えることも有益です。 　米国都市部の社会問題を考える上で、自殺未遂をくりかえす常習者に対し、憤るフランクが刃を向けながら問い詰める場面は議論を招くものでしょう。"With all the poor people of this who wanted to live and viciously murdered, you have the nerve to sit here wanting to die and not go through with it?"（生きたいと願っている貧しい連中が無残に殺されているこの町で、おまえは死を望み、そのくせ死ぬ勇気もないのか！）。現実には職業人が発してはならない言葉であるにはちがいないでしょうが、生死の境目で奮闘する救命士であればこその魂の叫びです。 　スコセッシ監督は音楽ドキュメンタリー映画『ラスト・ワルツ』（ザ・バンドの解散コンサート、1978）、『ボブ・ディラン ノー・ディレクション・ホーム』（2005）、『ザ・ローリング・ストーンズ シャイン・ア・ライト』（2008）やマイケル・ジャクソンの「Bad」（1987）にまつわるショート・フィルムなど、ロックに対する造詣が深いことで知られ、作中においても積極的にロックを挿入歌として効果的に導入しています。本作『救命士』においても、ヴァン・モリソン、ザ・クラッシュ、R.E.M.、ザ・フーなどの楽曲が作中に用いられており、どのような場面でどのような曲が使われているかを探るのも一興でしょう。公開時に発売されたサウンドトラック盤も人気でした。サウンドトラック盤に収録されている音楽の歌詞が用いられている場面との対応を探ってみてもおもしろいでしょう。
映画の背景と見所	同じマーティン・スコセッシ監督（1942～）による『タクシー・ドライバー』（1976）は「アメリカン・ニューシネマ」の潮流の末期を代表する作品であり、元海兵隊でタクシー・ドライバーをつとめる主人公の姿を通して、大都会ニューヨークに生きる人々の孤独や階級格差の問題などを露わにする社会派の物語でした。『救命士』は「救急救命士版『タクシー・ドライバー』」としばしば称されることからも、救急救命士の視点を通じて『タクシー・ドライバー』から20年後のニューヨークがどのような問題を抱えているか、都会の闇の部分がどのように継承されているかを比較検討することができます。イタリア、シチリア系移民の両親の元、マフィアが支配するニューヨークのクィーンズ地区「リトル・イタリー」で育ったスコセッシにとってのニューヨーク都市論でもあり、作家研究の枠組みからの考察も興味深いものになるでしょう。2016年には、江戸時代初期のキリシタン弾圧期を描く、遠藤周作『沈黙』（1966）を映画化した『沈黙/サイレンス』を発表するなど長いキャリアを持ちながらも今も現役であり続けています。 　主演のニコラス・ケイジとヒロイン役のパトリシア・アークエットは当時夫婦関係にありました（1995年に結婚、2001年に離婚）。『フェイス/オフ』（ジョン・ウー監督、1997）、『スネーク・アイズ』（ブライアン・デ・パルマ監督、1998）と併せてニコラス・ケイジの1990年代末を代表する三部作と捉える見方もあります。
スタッフ	監　督：マーティン・スコセッシ 脚　本：ポール・シュレイダー 製　作：スコット・ルーディン、バーバラ・デ・フィーナ 撮　影：ロバート・リチャードソン 編　集：セルマ・スクーンメイカー
キャスト	フランク・ピアース：ニコラス・ケイジ メアリー・バーク　：パトリシア・アークエット ラリー　　　　　　：ジョン・グッドマン マーカス　　　　　：ヴィング・レイムス トム・ウォルス　　：トム・サイズモア

ジョンQ —最後の決断—	John Q	（執筆）宮津多美子

セリフ紹介

　自らの心臓を提供するため死を決意した父親ジョンは息子マイクに「最後の」言葉を贈ります。

John Q. : Just try to stay awake for a minute, son, I need to tell you a few things.

Mike　　 : Okay, Dad.

John Q. : You always listen to your mother, understand? Do what she tells you to do. She's your best friend. Tell her you love her every day. You're too young for girls right now but there's gonna come a time, and when it does, you treat them like princesses, because that's what they are. When you say you're gonna do something, you do it. Because your word is your bond, son, that's all you have. And money, you make money if you get a chance. Even if you gotta sell out every once in a while, you make as much money as you can. Don't be stupid like your father—everything is so much easier with money, son. Don't smoke. Be kind to people. If somebody chooses you, you stand up, you be a man. And you stay away from the bad things, son. Please, don't be caught up in the bad things—there are so many great things out there for you. I'll never leave you. I'm always with you, right there [in your heart]. I love you son.

　父は人として守るべきことを遺言として息子に伝えようとします。家族愛という作品のテーマを象徴するセリフであると同時に、1人の善良な市民をここまで追い詰める社会悪を糾弾する製作者の意図も感じられます。

学習ポイント

　映画では、父親は不公平な医療制度の改革という社会的使命感からではなく、ただ死に直面する息子を救いたいという個人的な理由から反社会的な事件を起こします。しかし、製作者は、この一患者の家族の苦悩は実は米国社会に蔓延する社会的不正義によって引き起こされたものであることを全編にわたって明確に描き出します。特に作品のテーマに関わる以下の3章では医療者の使命や役割などについて改めて考えさせてくれるでしょう。

　まず、5章「診断結果」では、息子マイクが救急搬送された病院でジョンは、マイクは心臓移植によってしか命が助からないと通告されます。心臓移植にはリスクを伴うと説明されたジョンはすぐに医師のターナーに "If it was your son, what would you do?" と尋ね、ターナーは "I'd do the transplant. Absolutely." と答えます。しかしこの直後、心臓移植の手術をするためには高額な治療費が必要で、その一部を現金で支払わなければマイクを移植者待機リストにさえ載せられないと病院長レベッカ・ペインに告げられるのです。このとき夫婦は自分たちが直面しているのは医療の問題ではなく、お金の問題だと悟ります。"Our son is upstairs dying and all you can do is sit and talk about money?" と詰め寄るジョンの妻デニースにペインは冷酷に以下のように言い放ちます。"It costs money to provide health service. It's expensive for you and it's expensive for us. Now, I'm sorry, but we're gonna have guarantee payment to put your son's name on the list." 医療もサービスであり、多大なコストがかかること、他のサービス同様、資力がなければ利用できないとこの病院経営者は説明します。この思想は「貧困は自らの責任である」という社会ダーウィニズムを反映したものであるといえるでしょう。

　また、12章「ヒポクラテスの誓い」では、医師の職業倫理の誓いが実際の医療現場では守られていないことが医師の証言によって暴かれます。ここで人質の1人が「ヒポクラテスの誓い（The Hippocratic Oath）」をもじって「偽善者の誓い（Hypocritical Oath）」と揶揄します。万人に平等に医術を提供すると誓ったはずの医師がこれに反した医療行為を行っているからです。これは現職の医師に対する実際のインタビューに基づくエピソードであると監督は明かしています。米国では貧富の差が生死の分かれ目となってしまうのです。

　さらに19章「私の心臓を」では、ジョンは "I kill myself. You open me up and take my heart." と自殺後の自分の心臓を息子に移植してほしいとターナー医師に懇願します。「生き残るためには誰かの死を願わなければならない」心臓移植という治療法そのものが持つ根源的な問題に迫るエピソードです。家族愛に突き動かされたジョンの無謀な挑戦はやがて万人の共感を得ることになります。

　学習ではこれらの場面を取り上げて会話を聴きとりながら論点に迫る語学・ディベート学習が可能です。

あらすじ

　半日勤務の非正規従業員に格下げされた機械工のジョン・クインシー・アーチボルドは減り続ける収入を補おうと仕事を探しますが、うまくいかず生活は苦しくなる一方でした。そんなある日、息子のマイクが野球の試合中に心臓発作で倒れて救急病院に運ばれます。心臓肥大症を患うマイクは心臓移植をしなければ助からないと診断されます。病院長レベッカ・ペインは心臓移植の費用は25万ドルで、その30％の7万5,000ドルを現金で納めなければマイクの名前を心臓移植待機者リストには載せられないと告げます。ジョンは保険から治療費を支払おうとしますが、会社は無断で彼の医療保険を補償の低い保険に切り替えていたために必要な額を得ることはできませんでした。すぐにジョンは妻デニースとともに金策に東奔西走します。医療補助を申請したり、家財を売ったり、募金を呼びかけたりするも、期限が来ても必要な額は集まらず、病院から退院を迫られます。弱っていくマイクと妻の「何とかしてよ」という一言は彼に一世一代の決断をさせます。銃を片手に循環器科医のターナー医師らを人質に救急病棟に立てこもり、マイクの心臓移植を行うようペインに迫ったのです。警察官グライムズはジョンに投降を呼びかけますが、応じようとしません。彼には自分の心臓を移植して息子の命を救うという究極の目的があったからです。はたして心臓移植は行われるのでしょうか。命がけで息子を救おうとした父親の物語は意外な結末を迎えることになります。

映画情報

原　　作：ジョンQ　　製　作　費：3,600万ドル
製　作　年：2002年　　製　作　国：米国
言　　語：英語　　　　ジャンル：医療ドラマ
配給会社：ニューライン・シネマ（米国）
　　　　　ギャガ・ヒューマックス共同配給（日本）

公開情報

公　開　日：2002年　2月15日（米国）
　　　　　　2002年11月23日（日本）
上映時間：116分
MPAA（上映制限）：PG-13
興業収入：1億2,000万ドル

薦	○小学生　●中学生　●高校生　●大学生　●社会人	リスニング難易度	発売元：ワーナー・ブラザース ホームエンターテイメント （平成29年2月現在、本体価格） DVD価格：1,429円

お薦めの理由	米国の医療制度の問題点を患者の家族の視点から描いた作品で、特に医療職を目指す中高生や医学生、医療従事者にお薦めします。"He [Mike] is a patient to you, I understand, but he's a good kid.... You'd like him. You'd like him, Doc, if you get to know him." というジョンの言葉には、一人ひとりの患者を人間として見てほしいという患者QOL（生活の質）の問題が提起されています。	スピード	4
		明瞭さ	3
		米国訛	3
		米国外訛	3
英語の特徴	家族の会話や病院内の会話は日常的な語彙および通常のスピードで難しくありませんが、ジョンの友人が少し砕けた話し方をしたり、感情的になったジョンがかなり早口にしゃべったり、聞き取りに注意が必要な場面もあります。医療や保険の専門用語も出てきますが、内容の理解には問題はないでしょう。さらに、bitch, hell, damn などの罵り言葉が発せられることがありますが、全体にそれほど多くはありません。	語彙	4
		専門語	4
		ジョーク	3
		スラング	3
		文法	3

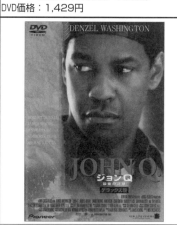

発展学習

　発展学習として米国の医療制度、「ヒポクラテスの誓い」（医師の職業倫理）、臓器移植の3つのテーマ学習が可能です。米国の医療制度に関する学習では、人質立てこもり事件発生の一報を受けて呼び出された病院長ペインと警察本部長モンローとのやり取りが教材となるでしょう。

　Payne ：If you give in to this guy, there's gonna be guns in every hospital in the country. What, you think Mr. Archibald's the only one who has a sick child? Have you checked out the HIV ward? There's a whole floor full. People get sick, they die. That's the way it goes. I'm faced with decisions like this every single day.
　Monroe：The fact remains, though, that there's a man threatening to kill innocent people because you refuse to help a son.
　Payne ：The fact is that there are 50 million people in this country without medical insurance. If you like to change it, you should call your congressman.

　ペインの責任を問うモンローに対して米国が抱える医療問題の本質は政治の怠慢にあるとペインは反論します。欠陥のある医療制度を長年放置してきた政治家、さらにはその政治家を選んだ国民に責任があるというのです。これはペインの自己弁護の言葉ですが、職責を果たす上で彼女自身にも選択権はないことを示唆しています。米国の医療保険とその問題点、国民皆保険への障害となっている米国の文化的・社会的背景などのリサーチ学習が可能でしょう。

　また、映画に登場する「ヒポクラテスの誓い」に関する議論も興味深いテーマです。この誓いは米国では現代でも多くの医学校の卒業時の宣誓文として暗唱されていますが、以下の例にもあるように医術における徒弟制や排他性、閉鎖性などの温床となっています。"... by precept, lecture, and every other mode of instruction, I will impart a knowledge of the art to my own sons, and those of my teachers, and to disciples bound by a stipulation and oath according to the law of medicine, but to none others." リスボン宣言（1981年）やヘルシンキ宣言（2000年）で医療者側も患者の権利を主体とする方向へと宣誓の内容を修正しつつあるものの、今なおこの伝統が医師の特権階級意識の創出に貢献していることも事実です。医療者と患者の関係はどうあるべきか、映画を教材に議論を深めることができるでしょう。

　さらに臓器移植に関する議論の学習もお薦めです。特に他者の死を前提とする心臓移植は倫理的・宗教的な見地から賛否が分かれる治療法です。脳死の概念や定義について調べたり、日米の臓器移植法を比較することも可能です。

映画の背景と見所

　ある父親の無謀な挑戦の物語は、同時に、数千万人もの無保険者を抱える米国の医療体制・保険制度の闇を暴き、医療者の倫理観を問う作品となっています。日本のような国民皆保険制度がない米国では、雇用者は労働者に医療保険を提供する義務も保険料を支払う義務もないため、企業の約3分の1が医療保険を提供していません。高齢者、障がい者、低所得者は政府の保険に加入できますが、それ以外の人は自分で民間会社やNPOが提供する医療保険に入らなければなりません。しかし、多くの労働者が月々の保険料（約300〜500ドル）を払えないために2006年には人口の約16％にあたる4,700万人が無保険の状態にあり、この数は年々上昇しています。数万〜数十万ドルという高額な手術代や入院費・薬代は保険なしでは支払うことができないため、無保険者や少額保障の保険加入者は救急搬送されても治療をしてもらえず放り出されることになります。映画でもアン・ヘッシュ演じる病院長は医師ではなく、経営学の立場から利益追求型の経営を行っています。市場経済の原理が持ち込まれた医療現場では、医の倫理に反する受診拒否が日常化し、持つ者と持たざる者との命の選別が日々行われているのです。

　2010年3月に成立した医療保険制度改革（通称「オバマケア」）によって国民の9割以上が加入する保険制度の導入を目指す米国ですが、抜本的な制度改革ではないため、その実現は未知数といわれています。

スタッフ

監　　督　：ニック・カサヴェテス
脚　　本　：ジェームズ・カーンズ
製　　作　：マーク・バーグ＆オーレン・クールズ
製作総指揮：アヴラム・ブッチ・カプラン
撮　　影　：ロジェ・ストファーズ

キャスト

ジョン・Q・アーチボルド：デンゼル・ワシントン
フランク・グライムズ　　：ロバート・デュヴァル
レイモンド・ターナー　　：ジェームズ・ウッズ
レベッカ・ペイン　　　　：アン・ヘッシュ
デニース・アーチボルド　：キンバリー・エリス

小さな命が呼ぶとき	**Extraordinary Measures**	（執筆）古田　雪子

<table>
<tr>
<td rowspan="1">セ
リ
フ
紹
介</td>
<td colspan="2">

　2人のポンペ病にかかっている子供を持つジョンが、その治療薬開発理論の先端を行くストーンヒル博士に会いに行き自分は研究者で患者の治療には関係ないからと断る博士に必死に訴える場面です。

John　　　　：Dr. Stonehill, two of my kids have Pompe.（ストーンヒル博士、僕の2人の子供がポンペ病です）

Dr. Stonehill：Oh, Jesus. Well, I'm sorry. A terrible disease but, hell, you shouldn't have come all the way without talking to me. I do research, son. I don't see patients.
　　　　　　（本当か。気の毒に。難病だ。私なんかと話すためにわざわざこんな所までくるべきではなかったんだ。せっかくだが私は研究者で患者を診る医者じゃない）

John　　　　：Well, it's your research that I'm interested in. I've read all the journal articles on Pompe disease, and all the researchers out there say that your work holds the most promise.
　　　　　　（あなたの研究を知りたいです。私はポンペ病に関する全てのジャーナルの記事を読みました。そして全ての研究者があなたの研究が最も先端を行っていると言っています）

Dr. Stonehill：Get to the point, son. What do you want from me?（要点を言え。私にどうして欲しいんだ？）

John　　　　：We almost lost my daughter last week. I need to hear about your research.
　　　　　　（先週、私の娘は死にかけました。あなたの研究が知りたいんです）

　博士とジョンがポンペ病の治療薬開発の一歩を踏み出した瞬間のセリフです。
</td>
</tr>
<tr>
<td rowspan="1">学
習
ポ
イ
ン
ト</td>
<td colspan="2">

　これはストーンヒル博士が研究者ではないジョンにポンペ病の説明とその治療薬に関する自分の理論を語る場面なので、病気の性質と治療薬の作用を一般の人にも分かりやすく英語で説明しています。これを理解する事で他の病気の性質や治療薬の作用についても英語で理解しやすくなり、単語を入れ替えれば自分でも表現できるようになります。

Dr. Stonehill: Your kids have a genetic disease.
　　（お宅のお子さんは遺伝疾病だ）
They're missing an enzyme which metabolizes a certain kind of sugar, glycogen.
　　（彼らにはグリコーゲンという糖質を分解する酵素がないのだ）
It's defective in Pompe patients.
　　（それがポンペ病患者の欠損だ）
So this sugar builds up in the muscle cells, especially in the heart, the skeletal muscles, the diaphragm, which is why they have a hard time breathing.
　　（だからこの糖は分解されず筋肉細胞に溜まる。特に心筋、骨格筋、横隔膜筋に。それで呼吸困難になる）
Everybody's making an enzyme, but you can infuse kids all day long with their enzyme, and it's not gonna get do any good 'cause it's not gonna get into their cells.
　　（酵素製剤を開発し体内に補給しようという試みはあるが、どんなに投与しても細胞が取り込まない）
I'm making a different version of this enzyme.
　　（私はこの酵素の異なったバージョンを作っている）
My enzyme has a biological marker, mannose 6-phosphate.
　　（私の酵素は「マンノース-6-燐酸（りんさん）」という生物学標識を持つ酵素だ）
I'm the only one that's cloned the gene for phosphotransferase.
　　（燐酸基の転移を触媒する酵素の遺伝子のクローン化に成功したのは私だけだ）
I'm the only one who's cloned the gene for uncovering enzyme, so I can get more mannose 6-phosphate onto the lysosomal protein, and I can deliver a more effective amount of enzyme.
　　（その発見した酵素の細胞をクローン化したのは私だけだ。だから私はもっと多くのマンノース-6-燐酸をリソソーム蛋白に結合させ、より効率よく酵素を細胞に導入することができる）
</td>
</tr>
<tr>
<td rowspan="1">あ
ら
す
じ</td>
<td colspan="2">

　オレゴン州のポートランド市で製薬会社に勤める有能なビジネスマンのジョン・クロウリーは3人の子供の父親で、その内2人がポンペ病という全身の筋肉が衰えて死に至る病気に冒されていました。子供達は6歳と8歳で、ポンペ病患者としての余命は1年足らずに迫っていました。彼は子供達を救うため、治療薬がないポンペ病の薬を開発しようとその研究の先駆者であるストーンヒル博士を探し出します。大学の研究者で研究費が少ないためにポンペ病の研究が進まず研究を諦めかけていた博士は、ジョンの申し出を半信半疑で受け入れ、2人でベンチャー企業を立ち上げて薬の開発に取り組み始めます。しかし、薬品を製造するのには巨額の実験費用が必要であり、その費用を捻出するためには確実に利益が上がるビジネスモデルを提示して投資家達から資金提供を受けなければなりませんでした。また過去に薬品認可を受けた事がない博士の理論を使って実際に薬品を製造するには FDA（食品医薬品局）からの様々な許可を取る必要があり、二の足を踏む投資家達をジョンは必死に説得します。そしてついにストーンヒル博士と、経営戦略に長けたハーバードのロースクール出身のジョンがタッグを組み、大手の製薬会社を巻き込み次々と降りかかる困難に立ち向かい、やがてポンペ病の特効薬の開発に成功します。父親の愛と博士の研究に対する真摯な姿勢、それに協力する製薬会社と周りの人々の支援によってポンペ病はもはや治療不可能な病気ではなくなったのでした。
</td>
</tr>
<tr>
<td rowspan="1">映
画
情
報</td>
<td>

原　　作：ジータ・アナンド『小さな命が呼ぶとき』
製 作 費：3,100万ドル　　製 作 年：2010年
製 作 国：米国
配給会社：ソニー・ピクチャーズ エンタテインメント
撮影場所：米国　オレゴン州ポートランド市
</td>
<td>

公
開
情
報
</td>
</tr>
</table>

映 画 情 報	原　作：ジータ・アナンド『小さな命が呼ぶとき』 製 作 費：3,100万ドル　製 作 年：2010年 製 作 国：米国 配給会社：ソニー・ピクチャーズ エンタテインメント 撮影場所：米国　オレゴン州ポートランド市	公 開 情 報	公 開 日：2010年1月22日（米国） 　　　　　2010年7月24日（日本） 上映時間：106分 MPAA（上映制限）：G オープニングウィークエンド：601万2,594ドル

薦	○小学生　○中学生　●高校生　●大学生　●社会人	リスニング難易度		発売元：ソニー・ピクチャーズ エンタテインメント（平成29年2月現在、本体価格）DVD価格：1,410円 ブルーレイ価格：2,381円

お薦めの理由	本作はポンペ病という治療困難な病気を通して医療を、病気を治療する医療従事者の視点、治療薬の研究者の視点、製薬会社の視点から捉えています。するとそれぞれが当事者の患者を置き去りにして別々の視点から個別に取り組んでいる問題点が見えてきます。ジョンのように愛と信念を持って全ての人々の協力を仰ぎ全力で取り組めば、無理だと思われていた治療薬の開発も成功するのだと勇気づけられる作品です。	スピード	3
		明瞭さ	3
		米国訛	3
		米国外訛	–
英語の特徴	舞台は西海岸のオレゴン州が中心ですが、いわゆる米国西部の訛りではなく標準的な米語です。ポンペ病の治療に関する会話では、病気の症状と臓器の関係や、薬の作用を説明する際に医学や化学用語が多く出て来るので、医療従事者や製薬関係の方には理解しやすく興味を持って聞けると思います。しかし、それ以外の会話では専門用語は少ないのでストーリーとしては一般の方々にも理解しやすいと思います。	語　彙	4
		専門語	5
		ジョーク	3
		スラング	2
		文　法	3

発展学習

ポンペ病の治療薬開発の資金投資を受けるため、ストーンヒル博士がザイマジェン社の重役達（この会話ではザイマジェン社の CEO、ケント博士、マーカス）に研究者の立場から理論を展開し説得する緊迫した場面です。医薬品の開発に必要な議論の展開例が学べます。

Dr. Stonehill : These lab results confirm what I've been preaching for years, that phosphorylation is key to enzyme absorption. My theory works for Pompe, and eventually it'll work for enzyme replacement therapies for other lysosomal storage disorders.
（燐酸化こそ酵素吸収のカギだ。実験結果は私の説を証明している。ポンペ病だけでなくいずれは他のリソソーム関連の病気にも酵素充治療を生かせる）

CEO : Is it too complicated?
（開発は複雑？）

Dr. Kent : The number of variables built into your approach is mind-boggling. I mean, Jesus, if you get even one piece wrong in the synthesis, just one carbohydrate ends up in the wrong position…
（間違いの生じる可能性は山ほどある。合成段階でたった1つの糖が誤って配置されたら…）

Dr. Stonehill : Well, it's gotta be done right, like anything worth doing.
（過ちを犯さないようにするんだ。他のやる価値がある物と同じように）

Marcus : You've never actually gotten a drug approved.
（君は過去に薬品許可の実績がない）

Dr. Kent : Isn't it naïve to think you can solve these kinds of manufacturing challenges?
（製造過程での問題点を解決できる自信がおありで？）

Dr. Stonehill : You're right. I'm a theory guy. My heads in the clouds which is why we need you. Unless, of course, your reputation for solving protein-manufacturing problems is undeserved.
（確かに私は理論屋だ。象牙の塔の住人。だから蛋白系の製薬会社として長い実績を持っている君らが必要だ）

CEO : I still need to hear about profitability.
（[君の言う事には納得したが] 私はまだ収益性についても聞きたい）

映画の背景と見所

原作はジータ・アナンド（Geeta Anand）の本『小さな命が呼ぶとき』（The Cure）で、ポンペ病の子供達のために製薬会社を設立した父親のジョン・クロウリーの実話を元にした作品です。ポンペ病は1932年にオランダのポンペ博士が初めて患者の症状について報告したことから博士の名前にちなんで名づけられ、日本ではグリコーゲンの別名が糖原であることから糖原病Ⅱ型とも呼ばれています。ジョン達が開発したポンペ病の薬はマイオザイムと言う名前で2003年4月に米国食品医薬局により承認され、日本では2007年4月に製造承認されています。この映画で父親役のブレンダン・フレイザーは『ハムナプトラ』で、ストーンヒル博士役のハリソン・フォードは『スター・ウォーズ』や『インディー・ジョーンズ』等の冒険映画で、架空の敵と戦う主人公を熱演していることで知られています。この映画では、2人でタッグを組み治療不可能と言われた病気の薬を作るためのベンチャー企業を立ち上げるために大手製薬会社と戦っています。尚、映画の製作総指揮もストーンヒル博士を演じたハリソン・フォードです。ジョン・クロウリー本人も映画の中でレンズラー社の投資重役の役でカメオ出演しています。撮影場所は全米で常に住んでみたい都市の上位に上がるオレゴン州のポートランド市なので、美しいポートランド市内の風景が様々なシーンで見られます。ジョンのオフィスの窓からは市内の景色や、遠くに富士山のような形をしたマウントフットも見えます。

スタッフ

監　督	：トム・ボーン	キャスト	ジョン・クロウリー	：ブレンダン・フレイザー
脚　本	：ロバート・ネルソン・ジェイコブス		ロバート・ストーンヒル博士	：ハリソン・フォード
製　作	：ステイシー・シェール他		アイリーン・クロウリー	：ケリー・ラッセル
撮　影	：アンドリュー・ダン		マーカス・テンプル	：コートニー・B・ヴァンス
音　楽	：アンドレア・グエラ		ケント・ウェバー博士	：ジャレッド・ハリス

		パッチ・アダムス	Patch Adams	（執筆）古田　雪子

セリフ紹介

　これはパッチが自主的に入院していた精神病院で患者のアーサーに言われたセリフです。アーサーは優れた頭脳の持ち主でしたが、精神を病み彼もまた自主的に入院していました。アーサーは入院してきたばかりのパッチに自分の指を4本見せ「何本見える？」と聞き、パッチが「4本」と見たままを答えるとがっかりしてその場を去って行きました。しかし、アーサーの考える答えが気になりパッチが彼の病室を訪れた時、机に置いてあった紙コップの小さな穴からコーヒーが漏れているのを見つけ、その穴をテープでそっと塞いだのを見てアーサーがパッチに自分の真意を話し始めるのでした。

Arthur: You're focusing on the problem. If you focus on the problem, you can't see the solution. Never focus on the problem, look at me! How many do you see? No, look beyond the fingers. How many do you see?
　　　（君は問題に焦点をあてている。もし君が問題に焦点をあてると、答えが目に入らない。決して問題に焦点を当てず、私を見ろ！何本見える？違う、指の向こうを見るんだ。何本見える？）

　アーサーはパッチに目に見える問題だけが全てだと思い焦点をあてると、その背景にある問題の本質に気づかず本当の答えも見つからないという事を言いたかったのです。アーサーはコップの穴に気づき塞いでくれたパッチにはそれに気づく能力があると見込みパッチに真意を話したのでした。アーサーとの会話をきっかけに、パッチは精神病院を退院して医者になり、今度は患者を助ける側に回ろうと決心します。パッチは患者の病気だけを見て治療するのではなく、患者を1人の人間として見て患者が本当に必要としている事に耳を傾け、全体で治療する医師を目指します。

学習ポイント

　パッチが無料の病院のアイデアを思いつき、ガールフレンドで同じ医学生のカリンに湧きあがるアイデアをノートに書き留めて欲しいと語りかける場面のセリフから、パッチの考える理想の病院の姿が見えてきます。パッチの考える無料の病院は現実とかけ離れ過ぎていて簡単に実現するとは思えません。しかし、パッチが言っている事は誰もが望む事なので実現可能に思えてきます。このパッチのセリフを聴いていると、私達の日常生活でも、パッチのように一見不可能だと思える事も、やる価値がある事は可能だと信じて一歩を踏み出す勇気が出てくると思います。

Patch : It'll be the first fun hospital in the world. It'll be a totally free-form building. It'll have, like, slides and secret passageways and game rooms.
　　　（それは世界で最初の楽しい病院になるんだ。完全に自由な形の建物になる。滑り台や秘密の通路やゲームルームもあるんだ）
Caren : Slow down. I can't write that fast.（ゆっくり。そんなに速く書けないわ）
Patch : I can't slow down. We'll use humor to heal pain and suffering. Doctors and patients will work side-by-side as peers. There'll be no titles, no bosses. People come from all over the world to fulfill their dream of helping people. They'll be a community where joy is a way of life… where learning is the highest aim, where love is the ultimate goal. You have all that?
　　　（遅くできない。僕達は痛みや苦しみをユーモアで癒すんだ。医者と患者は同僚として対等に仕事をするんだ。肩書きはなく、ボスもいない。人々を助けるという夢を満たすために人々が世界中からやって来るんだ。喜びが人生の生き方だというコミュニティーが出来て、そこでは学びが最も高い目標で愛が究極のゴールなんだ。全部書いた？）
Caren : Yeah, not verbatim, but the overall insanity's intact.（ええ、一語一語ではないけど狂気は変わってない）
Patch : That's why you have to help me.（だから君が僕を助ける必要があるんだ）
Caren : Patch, no.（パッチ、無理よ）
Patch : Oh, Yes.　　（いや、できるよ）
Caren : No.　　　　（無理よ）
Patch : Yes, I know it's not gonna be easy, but you said anything worth doing is difficult.
　　　（できるよ。それは簡単な事じゃないけど、君は何でもやる価値がある事は難しいって言っただろ）

あらすじ

　ハンター・アダムスは9歳で父親を失くした時、自分と周囲の世界との間にミゾがあると感じて以来、自分には何も合わない気がして引越しや転職を繰り返し、自殺癖もあったため神経科に任意入院したのでした。患者の訴えを事務的に聞き記録するだけの医者の治療法に無力感を感じていた彼は、同じように任意入院していた驚異的な頭脳の持ち主の老人アーサーと出会い、自分には他の人が見ようとしない物事の本質を見抜き人の心を癒す力があることに気づかされます。そして彼は自らをパッチと名乗り、人の心を癒す医者になろうと医学部に入学します。入学後パッチがさっそく入院患者達に会いに行くと、医学生が実際に患者に会えるのは3年生になってからだと知らされます。それでも諦めきれないパッチは、こっそり病室に忍び込み小児病棟でそこにあった医療器具を使ってピエロのようなコミカルな動きをして子供達を笑わせたり、余命いくばくもなく生きる望みを失った大人の患者達のたわいのない願いを聞き入れて、一瞬でも彼らを笑顔にして苦悩を忘れさせようと努力します。パッチはまた患者のために無料の病院を開きます。そこでは医者と患者は対等で、笑いで病人の苦痛を癒す世界最初の楽しい病院です。その事が大学に知られ、パッチが学生の身でありながら患者に治療行為を行ったとして医学部を放校されそうになりますが、それを決める委員会の医師達の良心に訴え、パッチは無事に医学部を卒業し念願であった患者の心を癒す医者になるのでした。

映画情報

製　作　費：5,000万ドル
製　作　年：1998年
製　作　国：米国　言語：米語
配給会社：ユニバーサル映画
ジャンル：ドラマ、コメディー

公開情報

公　開　日：1998年12月25日（米国）
　　　　　　1999年　3月19日（日本）
上映時間：116分　　MPAA（上映制限）：PG-13
興行収入：1億3,500万ドル（米国）
オープニングウィークエンド：2,526万ドル（米国）

薦	○小学生　○中学生　○高校生　●大学生　●社会人	リスニング難易度	発売元：NBCユニバーサル・エンターテイメント

（平成29年2月現在、本体価格）
DVD価格：1,429円　ブルーレイ価格：1,886円

お薦めの理由	一般的に人々が医師に期待するのは、病気に関する深い知識と高い治療技術です。しかしそれだけで人々は本当に癒されるのでしょうか？映画の主人公で医学生のパッチは病気を診るだけでなく、一人ひとりの患者が抱えている心の問題にも焦点を当て、ユーモアを交えながら患者が楽しく生きる力を取り戻す治療を目指します。パッチの目に見えない物を大切にする考え方は他の様々な職業にも活かせると思います。	スピード	3
		明瞭さ	3
		米国訛	5
		米国外訛	–
英語の特徴	映画の舞台が米国のヴァージニア州なので会話は米国英語で、時々米国南部訛りの発音も混ざります。ほとんどの会話が病院の中か大学のキャンパスで行われ、主な登場人物が医師、看護師、患者、医学生なのでストーリーの展開上医学の専門用語が頻繁に出てきます。しかし会話のスピードは速くなく、パッチがジョークを交えながら楽しそうに話す場面が多いので楽しみながら聴くことができると思います。	語　彙	4
		専門語	4
		ジョーク	4
		スラング	4
		文　法	3

発展学習

　パッチは自分が理想とする無料クリニックを開きましたが、まだ医師免許のない医学生の身で医療行為を行ったとして医学部の委員会にかけられ放校を言い渡されそうになります。パッチが委員会のメンバーである医者達や、大勢の医学生や患者、看護師達の前で自らの行為の弁明をする時のセリフから、医者にとって治療する事とは、医者と患者の関係とはどうあるべきかについて考えさせられます。委員会のメンバーの1人がパッチに「（無免許で）医療行為をした結果、患者を死に至らしめたらどうする？」と咎められたパッチは次のように答えます。

Patch: What's wrong with death, sir? What are we so mortally afraid of?
　　（死が悪いので？私達はなぜそんなに致命的に恐れるのです？）
　　Why can't we treat death with a certain amount of humanity and dignity and decency… and God forbid, maybe even humor?
　　（なぜ私達は死を一定の人間性と尊厳と適切さを持って扱えないのでしょう…めっそうもないかもしれませんが、ユーモアさえ持ってみては？）
　　Death is not the enemy, gentlemen. If we're gonna fight a disease, let's fight one of the most terrible disease of all… indifference.
　　（死は敵ではありません。もし私達が病気と闘うなら、最もひどい病気である「無関心」と闘いましょう）
　　Now, I've sat in your schools and heard people lecture on transference… and professional distance.
　　（授業で感情の転移について講義を受けた事があります。「医者は患者と距離を置くように」と）
　　Transference is inevitable, sir. Every human being has an impact on another.
　　（感情の転移は避けられません。人間同士が接触すれば必ず影響を与え合うのです）
　　Why don't we want that in a patient / doctor relationship?
　　（それがなぜ医者と患者の関係には許されないのでしょうか？）
　　That's why I've listened to your teachings, and I believe they're wrong.
　　（だから授業を受けたのです。そして私はそういう教えは間違っていると思います）
　　A doctor's mission should be not just to prevent death… but also to improve the quality of life.
　　（死を遠ざけるのではなく、生の質を高めるのが医者の務めです）
　パッチは医者が治療で大切なのは、死を恐れず患者の身になり患者の生の質を高める事だと持論を展開します。

映画の背景と見所

　パッチ・アダムスは米国に実在する医師 Hunter Campbell Adams（ハンター・キャンベル・アダムス）をモデルにした作品です。彼は1971年より仲間達とウェスト・ヴァージニア州に彼の理想である愛とユーモアの溢れる病院「お元気でクリニック」（Gesundheit Institute ［ゲゾントハイト・インスティテュート］）を設立しました。その後12年間無料診療を行いましたが1983年以降は新たな病院建設基金集めのため、現在無料診療は行っていません。ゲゾントハイト・インスティテュートでは現在おもに3つの活動をしています。それはウェスト・ヴァージニアでの無料の病院を含む医療コミュニティーの建物の建設と、コミュニティー内の The School for Designing a Society での社会をより良くするためのワークショップやレクチャー等の教育と、米国国内外へのクラウントリップです。クラウントリップとは映画で医学生のパッチ・アダムスがやっていたようにクラウン（道化師）が病室を訪れ入院患者を笑いで癒す活動で、アダムスはホスピタルクラウンの創始者です。彼は1985年にボランティア仲間達とロシアへクラウントリップに出かけ、病院、孤児院、学校、精神病の施設、老人ホーム、刑務所、ストリート等で人々を癒すパフォーマンスを行って以来、現在まで毎年ロシアへ活動に行っています。彼はまたそういった活動を年間6～7回、世界中の病院や、1997年のボスニアを初めとする戦時下の地域、難民キャンプ、自然災害に合った地域等でも行っています。

スタッフ	監　督：トム・シャドヤック 脚　本：スティーヴ・オーデカーク 撮　影：フェドン・パパマイケル 音　楽：マーク・シェイマン 美　術：ジム・ネッザ	キャスト	パッチ・アダムス　：ロビン・ウィリアムズ トルーマン　：ダニエル・ロンドン カリン　：モニカ・ポッター ミッチ　：フィリップ・シーモア・ホフマン Dr. イートン　：ジョセフ・ソマー

マグノリアの花たち	**Steel Magnolias**

（執筆）ハンフリー恵子

セリフ紹介

　この映画の最大の魅力は、女性たちの揺るぎない友情です。普段どんなに口悪くののしり合っていても、心の底では信頼し合っている彼女たちの絆の強さは言葉の端々に現れます。

　糖尿病のために子供を持つことをあきらめるよう医者に言われていたシェルビーの妊娠が分かったとき、父ドラムはみんなの前でそれを発表します。シェルビーのことが心配でならない母マリンは、娘が祝福の拍手に囲まれているのを見ても、不安に押しつぶされそうになり素直に喜べません。そんなマリンの心の内を察し、すぐさま彼女に寄り添うのがマグノリアの女性たちです。"This baby is not exactly great news."（この赤ちゃんのことはグッドニュースとは思えないわ）と言うマリンにトルーヴィたちが話しかけます。

トルーヴィ：Oh, M'Lynn, I really wish I had some words of wisdom, but I don't.
　　　　　　（ああマリン、私に気のきいたことが言えればいいんだけど、なんて言えばいいか分からないの）
アネル　　：It'll be fine.（大丈夫よ）
ウィザー　：Absolutely.（絶対に）
クレリー　：That which does not kill us makes us stronger.（私たちはこうやって、強くなっていくのよ）

　最後のセリフは、哲学者ニーチェの言葉の引用です。これは一般に「生ある限り、すべては試練だ」と訳されている文句です。ここには、どのような試練にも共に立ち向かって生きていこうという仲間の声が聞こえるようです。こうしてマリンの不安を理解する仲間たちにしっかり支えられ、彼女はシェルビーの妊娠・出産を受け入れるのです。

学習ポイント

　本作はコミカルな空気で話が進む中に、シリアスな要素が巧みに織り込まれています。この2つの要素が絶妙なバランスで盛り込まれており、映画全体を、しっとりしつつも重苦しくなりすぎず、明るい笑いで楽しませる、軽妙な作品に仕上げているのです。トルーヴィの美容院に集まる、マリン、クレリー、ウィザー、シェルビー、アネル、みなが遠慮することなく思ったことをそのまま口に出し、見ている者がハラハラするほどののしり合います。しかし、彼女らの悪口雑言の裏には必ず愛情が隠されており、お互いをよく理解し合っているからこそ許される、悪口の掛け合いなのです。そこで、一見相反するこの2つの要素、シリアスとコミカルがもっとも見事に使われている場面を取り上げてみましょう。

　シェルビーの葬儀が執り行われた後、墓地から立ち去る人々とは別に、一人棺から離れられないマリンの姿があります。それを見て、マリンの仲間たち（トルーヴィ、クレリー、ウィザー、アネル）は集まります。そのとき初めてマリンは、シェルビーの最期を彼女たちに静かに語るのです。しかし、徐々に気持ちが抑えられなくなったマリンは、とうとう感情を爆発させます。

God! ...I want to know why Shelby's life is over. I want to know how that baby will ever know how wonderful his mother was.... Lord, I wish I could understand. No! No! No!（神様！…どうしてシェルビーの人生が終わらなくてはならないの。あの赤ちゃんは母親のすばらしさをどうやって知ればいいの。…ああ神様、教えてほしいの。いやなの、いや、いや！）ここには娘の死を受け入れられない母の悲しみがあり、遺された孫を不憫に思う祖母のやり切れなさ、そして、いま目の前にある現実への怒りが見られます。マリンとシェルビーの母娘の絆の強さを見てきた観客たちに、マリンの悲痛な叫びは、鋭く心に突き刺さります。そんなとき、場面はコミカルな空気に一変します。納得できない現実に誰かを殴ってやりたい気分だと言うマリンに、クレリーがウィザーを前に差し出して言うのです。

Here! Hit this! Go ahead, M'Lynn. Slap her! ...You missed your chance. Half of Chinquapin Parish would give their eyeteeth to take a whack at Ouiser!（さあ、これを殴りなさい！いいわよ、マリン、殴って！…こんなチャンスを見逃しちゃうの。この街の人たち半分は、ウィザーを殴れるなら糸切り歯だって差し出すわよ）

　いくら意地悪で憎まれ口ばかりのウィザーだとしても、「殴ってもいい」と言ってマリンに彼女を前に出すクレリーに、みな唖然とします。さらには街の人たちを引き合いに出し、ウィザーの嫌われぶりをこのように堂々と言い切られては思わず笑わずにいられません。こうして、マリンの沈痛な思いは、仲間たちにふんわり受け止められ、温かな笑いに包まれます。シリアスな重い空気とコミカルな陽気さが、巧みにバランスよく使われている場面です。

あらすじ

　米国南部ルイジアナ州の小さな街に、面倒見が良くおしゃべりのトルーヴィが営む美容室があります。ここはいつも、街の女性たちの溜まり場となっていました。この日、結婚式を控えたシェルビーは母マリンとともに、ドレスに合う髪のセットにやってきました。すると雇われたばかりの美容師アネルと、結婚式に出席する元町長夫人のクレリーもいて、話に「花」が咲き乱れます。そんなときシェルビーが糖尿病の発作に襲われます。動揺するアネルを横目に、手早くシェルビーの処置をする女性たち。彼女たちの手慣れた対応は、互いのすべてを理解し受け入れ助け合って生きている仲間たちであることを示します。無事に発作の収まったシェルビーは、結婚式を幸せのうちに済ませ、新居のある街へ移っていきました。しばらくたったクリスマスの日、マリンはシェルビーから妊娠したことを打ち明けられます。医者から妊娠の危険性を指摘されていたマリンは反対しますが、最終的には娘を理解し、シェルビーは無事に男の子を出産しました。ところが、この出産はシェルビーの体に大きな負担をかけ、母からの腎臓移植を受けたものの、結局は帰らぬ人になってしまいます。シェルビーの葬儀の日、悲しみから抜け出せないマリンの横にはトルーヴィたちがいました。彼女たちを前に、押さえていた悲しみを爆発させるマリン。しかし、仲間に彼女の思いが受け止められた時、泣き叫んだ声は笑いに変わり、マリンは少しずつ前を向き始めるのです。

映画情報

原　　作：ロバート・ハーリング　*Steel Magnolias*
製 作 年：1989年
製 作 国：米国
言　　語：英語　　　ジャンル：ドラマ
配給会社：トライスター・ピクチャーズ

公開情報
公 開 日：1989年11月15日（米国）
　　　　　1990年 4月21日（日本）
上映時間：117分
受　　賞：ゴールデン・グローブ助演女優賞
ノミネート：アカデミー助演女優賞（ジュリア・ロバーツ）

薦	○小学生　○中学生　○高校生　●大学生　●社会人	リスニング難易度	発売元：ソニー・ピクチャーズ エンタテインメント （平成29年2月現在、本体価格） DVD価格：1,410円　ブルーレイ価格：2,381円

お薦めの理由	これは、米国南部ルイジアナ州の小さな街に住む6人の女性たちを中心に、彼女らの日常が描かれた作品です。大きな事件が起きるわけでもなくただ彼女たちのおしゃべりを聞いているだけのように思えますが、その中に時折垣間見える、個々が抱える問題や悩み、互いの理解して支え合う彼女たちの友情が、私たちの心を捉えて話さないのです。女性たちの強い絆、逞しさに触れたい人に是非お薦めの映画です。	スピード	3	
		明瞭さ	2	
		米国訛	1	
		米国外訛	4	
		語　彙	3	
英語の特徴	米国南部の訛りが強くテンポも速いので、初めは聞き取りづらく感じるかもしれません。本作の女性たちの日常会話は、次々と言葉を投げかけ合いながら進みますので、聞いていて飽きのこないリズムがあります。とくに女性たちの言い合いが必ず笑いを誘うジョークで終わるというところが、この映画のコミカルさを支えています。彼女たちの明るい会話に慣れた頃には、南部訛りを心地よく感じていることでしょう。	専門語	2	
		ジョーク	4	
		スラング	3	
		文　法	2	

発展学習	この映画は、ルイジアナ州の小さな街の日常が描かれています。そのため、ところどころで登場人物たちの生活や会話の中に米国南部らしさを見ることができるのです。 　タイトルのマグノリアとは、日本ではモクレン、コブシ、タイサンボクなどで知られる、モクレン科モクレン属の木の総称です。マグノリアには甘い香りのする小さな花がつきます。この愛らしい花は米国南部を象徴する花となっており、ルイジアナ州とミシシッピー州では州花として指定されています。舞台となっている街に生きる女性たちは、まさにこの愛らしいマグノリアの花たちなのです。しかし、映画のタイトルは *Steel Magnolias*、つまり「鋼鉄のマグノリア」です。彼女たちはただ可憐で愛らしいというだけではなく、そこには鋼のように筋の通った力強さがあるのです。こうした南部女性たちの中にある逞しさを"steel"が表しているのです。ちなみに第39代大統領ジミー・カーターの夫人は南部出身。彼女は"Steel Magnolia"と呼ばれていたそうです。 　また、結婚して街を出たシェルビーが里帰りしたとき、クリスマスでにぎわう街には多くの屋台が出ています。その中を歩き回っていたシェルビーは、トルーヴィが"Best food in Louisiana!"と呼びかけているテントを見つけます。そこでトルーヴィが売っているのが"jumbo shrimp"です。それは"We've already pulled their heads off."（もう頭はとってあるわよ）で"hot and spicy"（熱々で辛い）とのこと。実は全米で水揚げされるエビの3分の1はルイジアナ州沿岸部からだと言われており、ルイジアナの人々にとってエビはとてもなじみのあるものなのです。特に、ルイジアナ州の有名な郷土料理はガンボと呼ばれるスープ料理で、そこにもエビは好んで使われています。 　最後に南部訛りについても1つ紹介しておきます。 　映画を見ていて分かりやすいのが"ai"の発音が"ah"のように聞こえるところです。いよいよ結婚式が始まる直前、教会の外で入場の瞬間を待っていたシェルビーにクレリーから合図が送られます。そこで急いで付添人の父ドラムに声をかけるのですが、結婚式のガーデンパーティーのために鳥を追い払おうと空砲を打ち続けて耳がおかしくなった彼は知らん顔です。 クレリー　　：Shelby, it's time.（シェルビー、時間よ） シェルビー　：Daddy, it's time. Daddy, it's time.（パパ、時間よ、パパ、時間） ドラム　　　：It's time!（時間か！） このとき3人が口にする"time"は「タイム」ではなく「ターム」と聞こえます。"ai"が"ah"と発音される南部訛りがとても分かりやすい場面です。

映画の背景と見所	映画の原作は、1987年にオフ・ブロードウェイで上演された戯曲です。その後、1989年に映画となって公開されました。この話を書くきっかけは、原作者のロバート・ハーリングが若くして亡くなった妹スーザンの生きた証を残したいと願ったことでした。映画のシェルビーのように、スーザンもまた糖尿病を患っていました。そして、危険を承知の上で、出産に臨んだ結果、無事に子供は生まれたものの合併症を引き起こしてしまいます。結局スーザンもシェルビーのように、幼子を遺して亡くなりました。ハーリングは、幼い甥が母を知らずに育つことが残念でなりませんでした。母の愛をなんとか子供に伝えたいと思い、スーザンと彼女を支えた南部の女性たちの強い絆を描くことを考え、この物語を完成させたのです。ハーリングが最後にスーザンと言葉を交わしたのは、彼女が手術を受ける直前でした。ニューヨークでの舞台の仕事の愚痴を話したハーリングに、スーザンはどうしたら悩む兄を救ってあげられるんだろう、と心配したそうです。スーザンの死後ハーリングは彼女のことを戯曲に書き、映画の中に彼女を甦らせました。そしてスーザンの話はハーリングに成功をもたらします。ハーリングは、今こうして多くの人々に愛されている『マグノリアの花たち』について、「この話は妹が僕にくれた贈り物だ」と語っています。DVDの映像特典「マグノリアが咲きほこった夏の想い出」では、ハーリング自身が妹との思い出も語っています。

スタッフ	監　督：ハーバート・ロス 脚　本：ロバート・ハーリング 製　作：レイ・スターク 撮　影：ジョン・A・アロンゾ 音　楽：ジョルジュ・ドルリュー	キャスト	マリン・イーテントン　　　　　　：サリー・フィールド トルーヴィ・ジョーンズ　　　　　：ドリー・パートン ウィザー・ボードロー　　　　　　：シャーリー・マクレーン アネル・デピイ・デスト　　　　　：ダリル・ハンナ シェルビー・イーテントン・ラトチェリー：ジュリア・ロバーツ

レナードの朝	**Awakenings**	（執筆）菅原　裕子

セリフ紹介

　本作の主要人物の1人、研究肌のセイヤー医師が慢性神経病専門病院に着任したのはほんのなりゆきからでした。臨床の経験もなく人づき合いも不得手でありながら、彼はここで出会った患者たちを逐一観察し治療に尽力します。その中でも、本作の中心人物となるレナードは嗜眠性脳炎という病に侵され、30年も昏睡状態に陥ったままの難病患者でした。セイヤー医師の思い切った投薬治療により奇跡的にレナードは目覚め、2人は初めて会話をかわします。

Leonard : It's quiet.　　　　　　　　　　（静かだ）
Sayer 　: It's late. Everyone's asleep.　（もう遅い。みんな眠っています）
Leonard : I'm not asleep.　　　　　　　　（僕は眠っていない）
Sayer 　: No. You're awake.　　　　　　　（ええ。あなたは目覚めています）

　この後、セイヤー医師は "May I?" と言いながら、レナードの手元の紙を見せてくれるよう促します。"Me" と言ってレナードが見せた紙切れには、たどたどしく綴られた彼自身の名前が書かれていました。

　"He read all the time. That's all he could do." という母親の言葉通り、20歳で入院するまで読書家だったというレナードは、映画の冒頭、ノートに文字を書き綴っていた少年時代と変わることなく、書くことで自らの存在を確かめることを忘れなかったのです。そこには人間の本質と尊厳が表れています。

　セイヤー医師の努力の結実であり、微笑みを交わす2人の笑顔が印象深い場面です。レナードの "I'm not asleep." と、それに応えるセイヤー医師の "You're awake." というやりとりは簡潔ですが、そこには言葉以上の喜びが潜んでいます。

学習ポイント

　医療・介護関係従事者、および勉強中の人は本作を通じて医療現場の英語の語彙や使い方に触れることができます。医師同士、学会発表など専門的な会話も見られますが、患者とスタッフ、家族が交わす会話も多く、より一般的な言い回しとして活用できるものもあります。以下にいくつか例を挙げます。

Kaufman 　: With the family's consent. Signed.（家族の同意書を。署名入りで）
Lenard 　: I receive medication.（薬物治療を受けている）
Sayer 　: He's had a reaction to the drug. He has acquired some tics.
　　　　　　（薬の副作用の反応がある。痙攣を起こしている）

　以下は、前置詞 on のニュアンスに注意が必要です。

Sayer 　: To put other people on the same dosage...（他の人たちに同量投薬するために）
Sayer 　: I would like to put the rest of the group on the drug.（グループの残り全員に投薬治療をしたい）

　do、work、take といった単純な動詞や、pain の使用例を見てみましょう。

Mrs. Lowe : Then what will this medicine do for him?（じゃあこの薬は彼の何の役に立つの？）do は役に立つの意。
Director 　: ...You took a pulse, you took a temperature, you did diagnosis.
　　　　　　（脈をとって、熱を測って、診察をしましたね）
　　　　　　The drug's not working.（薬が効いていない）
Mrs. Lowe : My son is in pain!（息子は苦しんでいるのよ！）

　また、重くなりがちなテーマの中に散見されるユーモアも本作の美点の1つです。レナードの後に続々と目覚めていく患者と看護士の会話です。深刻な場面にもかかわらず、思わずくすっと笑ってしまうような表現が患者の側から発せられていることに注目してください。

1）Beth 　: I have to check your blood pressure.（血圧を測らなきゃ）
　Miriam 　: I've been sitting for 25 years, you missed your chance.
　　　　　　（25年もの間座っていたのになんでチャンスを逃したの？）
2）Margaret : Miriam, there's no easy way to tell you this, so - your husband - he was granted a divorce from you
　　　　　　in 1952.（言いにくいんだけれど、つまりあなたのご主人は1952年にあなたとの離婚を許可されたの）
　Miriam 　: Oh, thank God!（あらよかった！）

あらすじ

　映画は雪の日、少年たちが楽しそうに遊ぶ姿で始まります。いたずらでベンチに自らの名を刻んだレナード少年の手が不自然に硬直していることが予兆として示され、彼が授業のノートを几帳面にとる教室のシーンへと続きますが、放課後、子供たちが帰った教室で先生が見つけたのは、乱れた文字が並ぶ彼のノートでした。見舞いに来てくれた友人たちを窓越しに寂しそうに見下ろした少年が、その後いかに数奇な運命をたどることになるのか、この時誰が予想できたでしょうか。

　慢性神経病と診断されたレナードはその後実に30年、半昏睡状態を続けたまま入院生活を送ることになります。新しく赴任したセイヤー医師は、臨床経験は初めてながら、患者たちに真摯に向き合い治療に尽力します。彼らに反射神経があることに気付いた彼は、パーキンソン病の薬を投与するという新たな投薬治療に挑み、その結果、奇跡的にレナードは目を覚まし、他の患者たちも続々とそれに続きます。病院はにわかに活気づき、束の間、生きる喜びにひたるレナードですが、失った歳月への失望、見慣れぬ現在の自分への戸惑いといった様々な葛藤を抱え、医師たちにも反抗心を見せ始めます。そしてまもなく、無情にも激しい発作や痙攣といった薬の副作用が現れ始め、事態は深刻な局面へと動き出します。

映画情報

原　　作：オリヴァー・サックス　*Awakenings*
製 作 年：1990年
製 作 国：米国
言　　語：英語
ジャンル：人間ドラマ

公開情報

公 開 日：1990年12月12日（米国）
　　　　　1991年 4月 5日（日本）
上映時間：121分
興行収入：5,209万6,475ドル
オープニングウィークエンド：41万7,076ドル

薦	○小学生　○中学生　○高校生　○大学生　●社会人	リスニング難易度		発売元：ソニー・ピクチャーズ エンタテインメント（平成29年2月現在、本体価格）DVD価格：1,410円 ブルーレイ価格：2,381円

お薦めの理由	ロバート・デ・ニーロとロビン・ウィリアムズという2人の名優の競演が見所の1つです。デ・ニーロが、半昏睡状態から奇跡的に覚醒するという難役を壮絶に、いわば「動」の魅力で演じるのに対し、ウィリアムズは彼をしっかりと受け止める、やや抑え気味な「静」の演技で魅せます。重いテーマを扱っていますが、2人の心の交流は、生きることの意味についてなんらかの示唆を与えてくれるでしょう。	スピード	2
		明　瞭　さ	2
		米 国 訛	3
		米 国 外 訛	1
英語の特徴	医療現場での会話が多いのが特徴です。一部、医師同士の会話や学会発表の場面などで専門的な病名や症例についての表現が見られますが、それ以外はスタッフや患者、家族間のごく普通の一般的な語彙が使われています。スピードも標準的で学習に好適です。レナードのセリフは限られていますが、若い頃に読書好きだったという設定が反映され、常にきちんとした表現が使われています。	語　　彙	3
		専 門 語	4
		ジョーク	4
		スラング	2
		文　　法	2

発展学習	本作の土台となっているのは、セイヤー医師のモデルである神経学者オリヴァー・サックスが自らの経験に基づいて執筆した医療ノンフィクション *Awakenings*（翻訳『レナードの朝』晶文社）です。映画だけでなくテレビドラマや劇、ラジオ向けにも脚色されました。映画は本の内容を再構成したフィクションで、患者の症状など科学的事実とは必ずしも一致しない点があるそうです。原作では投薬を試した複数の患者についての記録が扱われていますが、映画はレナードとセイヤー医師との交流が中心に据えられている点が特徴的です。原書はPicador社から出版されているので、医療分野の専門知識を増やすことも視野に入れて挑戦してもよいでしょう。サックス氏はその他にも数多くの著書を持つベストセラー作家でもあり、原書および翻訳も入手可能です。*The Mind's Eye*（『心の視力―脳神経科医と失われた知覚の世界』）、*The Man who Mistook His Wife for a Hat*（『妻を帽子と間違えた男』）―共に翻訳書は早川書房から出版― などが特に親しまれています。

セイヤー医師は今までの活動や今後の希望を述べますが、病院側が求めていたのは臨床医でした。セイヤー医師は募集が研究職ではなかったことを知ると丁寧に断ろうとします。

Director　: ...We're understaffed here... （人員不足なのです）
Kaufman : His research talent would be wasted... （彼の才能が無駄になります）
Sayer　　: Excuse me, but I think you're clearly looking for someone with more of a clinical background. As much as I need a job, you must have a hundred applicants more suitable. Thank you anyway.
　　　　　（すみません、明らかに、こちらではもっと臨床経験のある方を探していらっしゃるようです。私が仕事を必要としているのと同じように、もっと適した方々がたくさんいらっしゃるに違いありません。いろいろとありがとうございました）

※ 発展学習セクションには面接場面の会話例も含まれています：

Sayer　　: Well, I'm here to apply for a research position in your neurology lab.
　　　　　（神経学研究室の研究職に応募したのです）
Sayer　　: ......Earthworms. It was an immense project. I was to extract a one decigram of myelin from four tons of earthworms. I was on the project for five years. （ミミズです。壮大なプロジェクトでした。4トンというミミズからごくわずかな物質を取り出すというものでした。そのプロジェクトに5年いました）

映画の背景と見所	レナードが患った嗜眠性脳炎はウィルス性疾患で1920年代に大流行し、長い間治療法がなく、多くの患者がただ眠ったまま回復をみない状態であったといいます。原題の *Awakenings* は30年もの長い昏睡を経たレナードや、同じ病の患者たちの「目覚め」を意味しますが（したがってここは複数になっています）、本作を通じて、それは彼らの医学的変化を指すだけではなく、彼らの周りの者たちの「目覚め」であったともとれるかもしれません。真の医療とは、生きる意味とは何かという問いに正面から向き合い、より善い答えを探ろうとするサックス医師や周囲の人たち、病人を見守る家族たちの姿から、観る者もまた何か大事なことを見出すのではないでしょうか。

30年もの間、半昏睡状態のレナードは、意識はあっても話すことも身動きもできませんでした。目覚めて「第2の生」を得た彼が喜びに満ちた時間を過ごした後、また新たな苦悩を迎えなければならない運命はあまりにも非情ですが、その際に彼が示した態度、生きる姿勢は、私たちに多くのことを教えてくれるでしょう。

たいへんな難役をある時はユーモアもこめながら壮絶に演じたロバート・デ・ニーロと、優しく誠実なセイヤー医師を演じたロビン・ウィリアムズの競演も見所の1つです。惜しくも2014年8月、ウィリアムズの突然の訃報に世界に動揺が走りましたが、他の出演作品と同様、本作での名演は映画ファンの心にいつまでも輝き続けるでしょう。

スタッフ	監　督：ペニー・マーシャル脚　本：スティーヴン・ザイリアン製　作：ウォルター・F・パークス　　　　ローレンス・ラスカー音　楽：ランディ・ニューマン	キャスト	レナード・ロウ　　　　：ロバート・デ・ニーロマルコム・セイヤー　　：ロビン・ウィリアムズエレノア・コステロ　　：ジュリー・カヴナーレナード・ロウ　　　　：ルース・ネルソンドクター・カウフマン：ジョン・ハード

ロレンツォのオイル/命の詩　　Lorenzo's Oil

（執筆）西川　裕子

セリフ紹介

　映画の冒頭（画面）にアフリカ戦士の歌の英語訳が出ます。
"Life has meaning only in the struggle. Triumph or defeat is in the hands of the Gods. So let us celebrate the struggle!"（人生は苦闘の中でのみ意味を持つ。勝ち負けの行方は神様次第だ。苦闘を祝おうではないか！）
　これは後のロレンツォが病気と闘う姿と重なります。勇者ロレンツォの闘う敵（病気）を、彼らは "the boo-boo" と呼びます。米国の幼児英語では「軽いかすり傷」のことですが、強敵です。ロレンツォが、何百人もの医師の面前に ALD の症例紹介のために連れてこられた時、医師の1人に "They're all doctors, and they want to learn how to help other boys in the future."（彼らはお医者さんだよ。将来他の子たちを助ける方法を学びたいんだ）と言われます。それに対しロレンツォは "Other boys with the boo-boo?"（ブーブーといる他の子？）と聞き返し、他の子たちを救うためにも頑張ろうと思います。病状がより悪化した時も、お母さんは "You know only the strongest, bravest boy. Only a very special person like you is chosen to fight the boo-boo."（あなたは一番強くて勇敢な少年なの。あなたのような本当に特別な人だけが、ブーブーと闘うために選ばれるのよ）と言って励まします。しかし本当につらそうなある夜、お母さんはついに "If this is too much for you, my sweet heart, well then you fly, you fly as fast as you can to baby Jesus. It's OK."（もしブーブーとの闘いがすごく負担だったら、いとしい坊や、飛んでいっていいのよ。すごく早く赤ちゃんキリストのところへいっていいのよ）と声をかけるのです。でもロレンツォはその夜を乗り切りました。愛するお母さんのためや、他の同じ病気の子の代表として、勇敢に闘い抜いたのかも知れません。

学習ポイント

　基本の言語は英語ですが、映画冒頭のコモロ・アイランド（アフリカ）ではスワヒリ語、また中盤で①オーグストが、ロレンツォの6歳の誕生日に来てくれた、最初の妻との間の息子と娘と話す時の会話全体、②1985年3月の夫婦喧嘩でのオーグストの言葉、③オーグストの夢の中でクリップを引っ張るロレンツォの言葉、④だいぶ症状が進んでしまったロレンツォに残された機能についてのオーグストの言葉など、時々イタリア語が出てきますので、注意が必要になります。普段のオーグストは、強いイタリア語訛りの英語を話しています。もっとも、ドイツ系アメリカ人のニック・ノルティのイタリア語や訛りには、賛否両論があるようです。英語は、日常会話などで使われている単語はそれほど難しくはありませんが、全体的にわりと早めの口調で話されており、特にミケーラの会話は時々早いので、やや早めのスピードの日常会話を聞き慣れるのにはよい映画だと言えます。
　医学的な話は、医師が医師に対してする話の場合、"nystagmus"（眼振）や "hyperreflexia"（反射亢進）などの、日常的には聞きなれない用語が頻出します。しかし医師が患者の家族に対して病気について説明する時や、オドーネ夫妻が病気のメカニズムを解明しようとする時の会話では、そこまで難しい語られ方はしていません。オーグストがメカニズムを蛇口と流し台に例えて説明しようとする場面もあり、ミケーラが "I married a plumber."（私は配管工と結婚したのね）と言ったりしています。告知と余命宣告をした医師、当の本人を助けられないだろうことを承知で将来の研究進展のために協力を仰ぐニコライス教授などの話し方もそれぞれ異なります。この脚本の書き分けは、実際に医師だったことがあり、監督で脚本も手がけたジョージ・ミラーの手腕によるところが大きいでしょう。
　ここで映画の鍵となる会話を紹介します。オーグストが自分たちで息子を治そうと決意した時、彼は "Michaela, the doctors are in the dark.... They've got Lorenzo on a turvy-topsy diet.... Michaela, we should not have consigned him blindly into their hands. He should not suffer by our ignorance. We take responsibility. So we read a little. And we go out and inform ourselves."（ミケーラ、医者たちは暗闇の中にいて手探り状態だ。…彼らはロレンツォに意味のない食事療法をしている。…私たちは彼らの手にロレンツォをすっかり託してしまってはいけない。ロレンツォを私たちの無知の犠牲にしてはいけないんだ。私たちには責任がある。ちょっと病気について勉強してみよう。出かけて情報を仕入れよう）と述べています。彼はこの決意の下に、当時は夢の特効薬と思われた「ロレンツォのオイル」を見い出し、名誉博士号も得ることになります。もちろん実際は下手な素人考えで終わってしまうことも多いのかも知れないので注意は必要なのですが、自分たちの身体のことを知り、自分たちで前向きに病気と闘う姿勢を持つことも大切なのだということを改めて気づかせてくれる場面です。

あらすじ

　5歳のロレンツォ・オドーネは父親の仕事の都合でアフリカのコモロ・アイランドからワシントンD.C.に引っ越してきました。ほどなく奇行が目立つようになり、半年後やっと副腎白質ジストロフィーという遺伝病であることが判明します。苦しみながら発症後ほぼ2年で死亡する難しい病気であることがわかりましたが、研究費不足などから、さしたる治療法がないまま患者が半ば放置されている現状を見て、オドーネ夫妻（ロレンツォの父母）は、自分たちでも病気を調べて、出来るだけのことをしてロレンツォを治そうと立ち上がります。全くの素人でしたが、世界の研究者を集めて学会を開いたり、良いと思われる治療法を試したり、自らも図書館に通って研究論文を読み漁りました。その間もロレンツォの病気は進行し、病気と闘う姿を見ているのも苦しい状況になっていきます。しかし、病気の宣告を受けてから2年半後に、ついにオドーネ夫妻の熱意と努力が実を結び、画期的な治療薬（ロレンツォのオイルと呼ばれているオイル）が出来上がります。ロレンツォに効果があったため、オドーネ夫妻は他の患者の親にも薦めようとしますが、臨床試験を行っていない時点での大々的使用に医師は反対します。それでも、ロレンツォのオイルを試したいという親たちも多数現れます。ロレンツォは、目や指で多少の意思疎通ができるまでに元気になりますが、一度なくなった機能を回復するのには、まだ研究が必要というところで終わります。

映画情報

製　作　費：3,000万ドル（推定）
製　作　年：1992年
製　作　国：米国
言　　　語：英語、イタリア語、スワヒリ語
ジャンル：ドラマ

公開情報

公　開　日：1993年1月29日（米国）
　　　　　　1993年5月15日（日本）
興業収入：728万6,388ドル
上映時間：129分　　MPAA（上映制限）：PG-13
ノミネート：アカデミー主演女優賞、脚本賞他5つの賞

薦	○小学生　○中学生　●高校生　●大学生　●社会人	リスニング難易度		発売元：NBCユニバーサル・エンターテイメント（平成29年2月現在、本体価格） DVD価格：1,429円
お薦めの理由	英語としては多少聞きづらい点もありますが、医者と患者のやりとりや、かなり専門的な医学的会話、医学学会の場面などがあります。医学や看護学を志す方が、専門的な英語に触れるのには良い映画だと思います。また、息子の幸せや回復を模索していく大人たちが、余命宣告を受けた重病の息子が苦しむのを見ながら、ぎりぎりのところで感情をぶつけ合う様は、普段なかなか聞く機会のないような迫力があります。	スピード	4	
^	^	明瞭さ	5	^
^	^	米国訛	3	^
^	^	米国外訛	4	^
英語の特徴	母親のミケーラやその妹のディアドラ、看護師らが話す英語は米国の一般的な英語ですが、父親のオーグストの英語には強いイタリア語訛りがあります。また、通常の会話では難しい単語は使われませんが、ロレンツォの病気に関しての話し合いや、学会で医者たちが話し合うシーンなどでは、頻繁に医学用語が使われます。話の中心的舞台は米国ですが、イギリス人やアフリカ人などが話す英語も登場します。	語彙	3	^
^	^	専門語	4	^
^	^	ジョーク	1	^
^	^	スラング	1	^
^	^	文法	3	^

発展学習

　オドーネ夫妻が治療法を探求した1984年には、まだコンピューターもインターネットも一般的ではなかったので、彼らは情報を集めるにも、医師や患者の親たちと情報を共有するのにも、非常に苦労したと思われます。今の私たちは大変便利な世の中に生きています。実話なだけあって、ロレンツォやオドーネ夫妻についての新聞記事がインターネット上でも多数検索できますので、是非探してみて下さい。また、世界各地に患者の会がありますので、それらの会のホームページなどでも、ALD（Adrenoleukodystrophy ／ 日本語では副腎白質ジストロフィー）の現状などを知ることができます。それらはほとんど英語ですが、映画を見ながら読めば、内容理解もしやすいと思います。映画で描かれた後のことを知った上で映画を見るのも、また違った感慨があります。実際のロレンツォは、2008年5月末、30歳の誕生日の翌日に亡くなりました。母親のミケーラは、それよりもずっと早い2000年6月に肺がんで、父親のオーグストは、息子の人生を見届けてからイタリアへ戻り、2013年10月に80歳で亡くなりました。オーグストは、映画で話題にもなって有名になりましたので、ミエリン・プロジェクト関連などでYouTubeに本人の映像も残っています。オーグストのイタリア語訛りのある英語は、自分で確かめてみるとよいと思います。

　ALDという病気についてもう少し補足します。映画の中で説明されたように遺伝病で、母親を通して2分の1の確率で受け継がれます。女性はキャリアに留まることが多く、ほとんどは男性のみが発症します。5歳から10歳で多く発症しますが、いくつか型があり、成人になってから発症する場合もあるようです。日本でも難病に指定され、患者会も存在します。この映画では融通が利かない人々のようにも描かれた医師たちですが、「ロレンツォのオイル」の効果やALDの治療法などは、映画のエピソード後も研究され続けています。まだ映画が作られた時は臨床実験途中でしたが、現在では、ロレンツォのオイルは、発症前の人には有効ですが、発症後からの投与ではあまり延命効果がないことがわかってきています。しかしかつては、その遺伝子を持てばほぼ発症し、発症すればほぼ2年のうちに、映画の中のロレンツォや他の子供たちと同様の経過をたどって死に至っていたわけですから、ロレンツォのオイルが多くの母親や子供たちにとって希望の光となったことは想像に難くありません。まだ研究途中ですが、1989年にオドーネ夫妻が設立したミエリン・プロジェクトもまだ進行中で、研究以外に啓蒙活動、家族サポートも行っています。啓蒙活動の一環としては、高校の生物学の先生が作った学習ガイドも配布されています [http://e86.ba1.myftpupload.com/wp-content/uploads/2016/02/Study_Guide_for_Lorenzo_s_Oil_Kit1.pdf]（2016年11月現在）。映画を見ながら生物学への興味を喚起すると同時に倫理的な学習効果もねらっています。そのまま英語や生物学の教材としても使えますし読んで考えるだけでも勉強になります。

映画の背景と見所

　この映画は実話に基づいており、キャプションの"July 1984"などは実際の年代です。また、「ロレンツォのオイル」と呼ばれる画期的なオイルを抽出することに成功したドン・サダビーは、実名で本人自身が演じています。しかしフィクションの部分もあって、モデルはいるとは言え、実際にニコライスという名前の教授がいたわけではないといった部分もあります。医師を敵対的に描きすぎているといった批判も時にはありますが、監督で脚本家の1人でもあるジョージ・ミラーは、実際に医師として活動していたこともある人で、医学的説明だけでなく、科学者としての医師の立場を正確に描いているようにも見えます。この映画の中心はもちろん、不治の病にかかった息子を救いたい一心でついに画期的治療法を見つけ出すオドーネ夫妻の驚くべき行動力と息子への深い愛にありますが、ロレンツォのオイルをすぐに推奨しようとしなかった患者会の会長夫婦も、患者全体のことはともかくとして、彼らなりに自分の息子のことを思っているようです。どんなに苦しくとも頑張り続けるロレンツォ、姉や義理の兄（オドーネ夫妻）を気遣う妹のディアドラ、妻のことを気遣う夫オーグストなど、立場の違う人のそれぞれの愛情が交錯し、愛が深いゆえに激しく衝突します。他に、ロレンツォが感情を表に出せないために、まるで植物のようだと考えて、人間としての尊厳を守ろうとしない看護師なども登場しますが、愛や人間の尊厳などを深く考えさせる映画だと思います。

| スタッフ | 監　督　：ジョージ・ミラー
脚　本　：ジョージ・ミラー、ニック・エンラント
製作総指揮：アーノルド・バーク
撮　影　：ジョン・シーレ
美　術　：クリスティー・ジー | キャスト | オーグスト・オドーネ：ニック・ノルティ
ミケーラ・オドーネ　：スーザン・サランドン
ロレンツォ・オドーネ：ザック・オマリー・グリーンバーグ
ニコライス教授　　　：ピーター・ユスティノフ
ディアドラ・マーフィ：キャスリーン・ウィルホイト |

法律・法廷

エリン・ブロコビッチ	Erin Brockovich	（執筆）小林　純子

セリフ紹介

　この映画の醍醐味の1つは経験豊かな敏腕弁護士のエドと学歴や資格はなくても熱意にあふれ、人の心をつかむことに卓越したエリンとのチームワークにあります。しかし2人の信頼関係は最初からスムーズであったわけではなく、お互いの違い、長所、短所を学び認め合った上で築きあげられたものなのです。不動産訴訟の書類の中に医療関係の書類が混ざっていることに疑問を感じたエリンは、関係者や専門家への聞き込み、資料調査等を通して、大手電力会社パシフィック・ガス・アンド・エレクトリック（PG&E）社がカリフォルニア州ヒンクリー近郊で、無害な3価クロムと偽って、実は有毒な6価クロムを使用し地下水を汚染させていたことを解明していきます。地区の水道局に赴き、地下水の中の6価クロム濃度の検査値など、裁判で確固たる証拠となる資料のコピーを入手したエリンに、驚きを隠しきれないエドは次のように問いかけます。

Ed ：What makes you think you can just walk in there and find what we need?
　（そこ［水道局］にフラッと入って行って自分達に必要なものを手に入れることができるなんてどうして思えるのかな）
Erin ：They're called boobs, Ed.
　（オッパイの力を使ったに決まってるでしょ、エド）

　裁判の重要証拠となる書類が散漫と積み上げられている水道局内部に、エリンは色仕掛けで窓口の若い男性を説得して入り込みます。弁護士事務所や裁判といった「堅い」世界に、臆することなく胸元や脚の露出度の高いセクシーな服装で臨むエリンは時に非難も受けますが、彼女は色気も武器の1つに精力的に自分の仕事をこなしていきます。

学習ポイント

　この作品は弁護士エドが無償（pro bono）でひきうけた不動産争議（real estate dispute）に端を発し、大企業、PG&E社を相手取った集団訴訟（class action suit）にまで発展していく地下水汚染をめぐる裁判闘争が中心のテーマです。そのため法律用語や米国の司法制度についても意識的に学習していくことで作品の理解をより深めることができます。裁判闘争では難解な制度や手順、法律用語や判例を理解することが求められる一方、裁判に関わる人々は判事や弁護士などの専門家ばかりではありません。主人公エリン自身専門家ではないことに着眼すると、彼女と専門家達との会話から、難解な法律用語や制度を一般的な英語や価値観で理解していく手助けとなるでしょう。

　以下は公害問題の経緯と大本の元凶がPG&E社であることをつかんだエリンと、それを基に裁判の戦略を練るエドとの会話です。法律用語、裁判の手順、戦略などに注目してみましょう。ここでエドが存在を仮定しているdocument とはヒンクリー工場で行われていることをPG&Eサンフランシスコ本社が把握していたことを裏付ける証拠書類のことで、裁判において原告側が懲罰的損害賠償（punitive damages）を獲得するために欠かせないものです。

Ed ：Let's assume there are document connecting PG&E Hinkley（ヒンクリー工場）with PG&E Corporate（PG&E 本社）, and they know these documents exist. We take our 400-or-so plaintiffs and everything you've dug up. We file a lawsuit to provoke a reaction. See if they offer a reasonable amount or just throw more paper at us.
Erin ：That sounds great. Let's do that.
Ed ：There's a downside. PG&E will submit a demurrer, a list of reasons attacking each complaint, claiming that each cause of action has no merit. If the judge agrees with them, he'll dismiss our case, PG&E will have no reason to settle and it's all over.
Erin ：So, basically, it all comes down to what this one judge decides.

　エドは400人以上からなる原告団（plaintiff）結成し、エリンがそれまでに調べ上げた資料と共に、PG&E社の出方を探るために訴えを起こす（file a lawsuit）ことを提案します。ただこの提訴もリスクを背負っています。訴因（cause of action）に対してPG&E社が異議申し立て（demurrer）を提出した場合、訴えが取り上げられ裁判に持ち込まれるか、訴えそのものが却下（dismiss the case）されるかは判事1人の判断にゆだねられるからです。

　このシーンからは弁護士であるエドが難解な裁判制度や用語をエリンに説明しながら2人が戦略を練っていく様子が窺えますが、この映画の鑑賞を通して、米国における法律用語や司法制度を体系的にとらえ理解を深めていくことができます。

あらすじ

　アメリカ合衆国、カリフォルニア州ヒンクリーでおきた地下水汚染問題の裁判闘争で、住民達の先頭に立ち、汚染の元凶であるPG&E社の責任追及に中心的な役割を果たしたエリン・ブロコビッチの奮闘を、実話を基にドラマ化した映画です。3人の子供のシングル・マザーとして経済的窮地に立つエリンは、交通事故の訴訟の弁護をしたエドの弁護士事務所の書類整理係として働くことになります。整理していた書類の中に、PG&E社がヒンクリー在住のドナの不動産を買収しようとしている訴訟に関するものがありました。不動産訴訟の書類の中に血液検査の結果などの医療関連の書類が含まれていることに疑問を抱いたエリンは、当事者のドナに話を聞き、PG&E社がヒンクリー工場でクロムを使用していることを知ります。大学の専門家から無害な3価クロムや有害な6価クロムなどについて学んだエリンは、次にヒンクリー近郊の地区の水道局に赴き、水質調査の記録などからPG&E社が住民達に無害な3価クロムと偽って、実は有毒な6価クロムを使用し、近郊の地下水を汚染してきたことをつきとめます。近郊でおこっていた家畜の奇形、変死や住民達が苦しんでいた鼻血、腫瘍、癌などの健康被害の元凶は6価クロムに汚染された地下水だったのです。最終的に600人を超える大原告団が、大企業PG&E社を相手取った集団訴訟で、エリンは弁護団と住民の架け橋として粘り強く働き、和解当時米国における集団訴訟の最高額の3億3,300万ドルの和解金を勝ち取ります。

映画情報

原　作：Erin Brockovich 製作費：5,100万ドル 製作年：2000年 製作国：米国 言　語：英語　カラー映画	公開日：2000年3月17日（米国） 　　　　2000年5月27日（日本） 上映時間：130分 興行収入：1億2,555万ドル 受　賞：第73回アカデミー主演女優賞

薦	○小学生　○中学生　●高校生　●大学生　●社会人	リスニング難易度		発売元：ソニー・ピクチャーズ エンタテインメント （平成29年2月現在、本体価格） DVD価格：1,410円　ブルーレイ価格：2,381円
お薦めの理由	専門知識を持つ人がそれを持たない人にわかりやすく説明できるとは限りません。法律の専門家ではないエリンを主人公に、裁判闘争の過程を描いた本作品は、法律に関する専門知識を持つことの重要性とともに、それを持たない人とのコミュニケーション能力の重要性も示します。エリンとエドとの対話や2人が多くの原告団を説得しまとめていく様子からも、場面や相手に即した話し方を学ぶことのできる映画です。	スピード	4	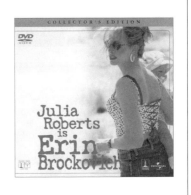
		明瞭さ	3	
		米国訛	2	
		米国外訛	2	
		語彙	5	
英語の特徴	水質汚染が住民の健康に与える被害を争点にした裁判に関する映画なので、医療用語も理解しておくと、英語を理解しやすくなるでしょう。例えば respiratory disease（循環器系疾患）、reproductive failure（生殖障がい）、carcinogenic（発ガン性の）などです。また、エリンが怒って相手をやり込めようとするときなどは特に早口になり、機知にとんだけんか腰の口調は聴き取りが難しい時もあります。	専門語	5	
		ジョーク	3	
		スラング	5	
		文法	3	

発展学習

　ヒンクリーでの地下水汚染問題は、この映画で取り上げられた裁判上では当時の和解金最高額を勝ち取るというハッピー・エンディングで終わっています。しかしすでに被害を被った人々の健康や汚染されてしまった水をもとの状態に戻すことは不可能で、和解から21年を経た今も汚染水の浄化作業は続き、事態の収束には向かいません。発展学習にはこの映画の鑑賞で得た知識を活かし、その後のヒンクリーの状況や、他の環境問題に取り組むエリンの活動などをエリンの公式サイト、www.brockovich.comを通して理解していくことをお薦めします。このサイトでは動画、記事、地図など様々な媒体を通してエリンの活動や彼女が取り組んでいる環境問題、訴訟について知ることができます。各動画5〜10分と短いものがほとんどで、繰り返し視聴することが必要な語学学習にも適しています。

　2000年に公開された映画の影響で一躍有名になったエリンは、メディアの関心も多く集め、数々のインタビューを受け、各地で講演をしたりテレビ番組のホストを務めたりします。インタビューの記事や動画などから、映画と比較しながらエリン本人の言葉に触れることもいいでしょう。

　著名人となったエリンのもとには、ヒンクリーと同じような環境汚染問題に悩む多くの人々から連絡が来るようになります。各地に広がる環境汚染の深刻さに危機を感じたエリンは The People's Reporting Registry Map という地図を公式サイトの中に立ち上げます。赤いピンに埋め尽くされる米国の地図は環境汚染への関心を高めるとともに、大企業や専門家の声にかき消されがちな、被害にあっている住民達の声に耳を傾けることの大切さを謳っています。映画の中で顕著だった、ヒンクリーの住民の話を真摯に聴くエリンの姿勢は次の言葉にも表れています。"It is critical that we listen to their plight and identify what might be causing them harm and learn from what they are experiencing. After all, who better than they to know what is happening to them than themselves?"

　6価クロム汚染の問題は今なお深刻です。和解から10数年を経たヒンクリーの町をテレビ局ABC社が再訪します。エリンの公式サイトにもアップロードされているこの番組は、映画にも登場した原告の1人、ロバータ・ウォーカーを取材し、和解金をもとに「安全」とされた場所に移り住んだものの、最近になりその場所の地下水も汚染されていることが発覚したという現状を明らかにします。この現状についてのエリンの言葉は映画のエンディングとは異なる重みを含みます。"I really thought that there was a victory and we had made a difference. And to be here today and see that's happening again, I can't sit here and tell you there has been a victory. There hasn't."

　エリンはBrockovich Research & Consulting というコンサルティング会社を立ち上げ、ヒンクリーやその他の地での6価クロム汚染をはじめとする様々な環境汚染問題とそれに纏わる法廷闘争に携わっています。

映画の背景と見所

　この映画の展開のおもしろさは、法律や医療などどの分野にも専門知識を持たないエリンが核心を突いた質問を持ち、それに対する答えを結びつけながら、点を線に、線を面にしていくように大企業が隠そうとしている真実を暴いていくプロセスにあります。ヒンクリーに住むジェンセン一家の不動産を工場の施設拡大のためにPG&E社が買収したいともちかけたことがきっかけとなった不動産訴訟の書類整理がエリンの担当となります。書類の中に健康診断書や血液検査の結果などの医療関連の書類がまざっていることに疑問を抱いたエリンはジェンセン宅を訪ね、なぜ不動産と医療関連の書類が一緒にされているのか、ひいてはジェンセン家の人達の健康状態になぜPG&E社が関わるのかを質問します。工場がクロムを使用するため、住民達に説明会を開いたり、健康診断等の医療費を会社側が負担していることを知ったエリンは、次にクロムとは何かを調べるために大学の毒物専門家を訪ねます。無害なものから有害なものまで数種類のクロムがあること、有害な6価クロムは錆止めとして有効だが甚大な健康被害を引き起こすことについて知ったエリンは、ヒンクリーでどのクロムが使われているのかを調べるにはどうすればよいのかを尋ねます。地区の水道局で、管轄内の水質調査などの結果から、使用しているクロムを特定できると聞いたエリンは、さっそく水道局に赴き、PG&E社が6価クロムを使用してきたというこの映画の中の核心的な真実を突き止めるのです。

スタッフ	監督　　：スティーブン・ソダーバーグ 脚本　　：スザンナ・グラント 製作　　：ダニー・デヴィート他2名 製作総指揮：ジョン・ハーディ 音楽　　：トーマス・ニューマン	キャスト	エリン・ブロコビッチ：ジュリア・ロバーツ エド・マスリー　　：アルバート・フィニー ジョージ　　　　　：アーロン・エッカート ドナ・ジェンセン　　：マージ・ヘルゲンバーガー パメラ・ダンカン　　：チェリー・ジョーンズ

	告発の行方	The Accused	（執筆）岡田　泰弘

セリフ紹介

"No matter how immoral it may be, it is not the crime of criminal solicitation to walk away from a rape. It is not the crime of criminal solicitation to silently watch a rape. It is the crime of criminal solicitation to induce, or entreat, or encourage, or persuade another person to commit a rape."

（たとえ恥ずべき行為だとしても、現場を立ち去ったのであれば教唆罪にはなりません。レイプを黙って見ていただけならば、教唆罪にはなりません。しかし、他人がレイプするのをそそのかし、煽り、けしかけ、促すことは、教唆罪に当たる行為なのです）

　これは映画のクライマックスとなるレイプ事件の裁判における最終弁論の場面で、キャサリン・マーフィー検事補が評決の行方を握る陪審員たちに対して語った言葉です。もともとこの事件では、被害者のサラ・トバイアスには裁判で不利となる条件が揃っており、また有力な目撃証言も得られなかったことから、キャサリンは3人の加害者を強姦罪で起訴するのを断念して、弁護側との答弁取引により、過失傷害罪（reckless endangerment）で懲役5年の刑を勝ち取っていました。しかし、ある出来事をきっかけに、このような妥協的な取引が、レイプ被害で侵害されたサラの尊厳をさらに傷つけるものであったことに彼女は気づきます。司法におけるジェンダー正義を実現し、サラの性的尊厳を回復することを誓ったキャサリンは、たとえ実行犯でなくても、事件現場にいてレイプ行為をけしかけることは教唆罪（criminal solicitation）に当たると考え、上司の強い反対を押し切り、加害者たちとは別の3人の男を起訴することにしました。長時間に及ぶ評議の末に、陪審が下した評決はいかに？

学習ポイント

　本作品では刑事手続における日米の制度の違いや、犯罪や刑事罰に関する英語の専門用語を、法廷内外でのさまざまなシーンを通して具体的に学ぶことができます。ここでは日本の司法制度にはない、米国独自のシステムである答弁取引（plea bargaining）のシーンに注目してみましょう。

　答弁取引（一般的には「司法取引」という言葉で知られています）とは、検察と被疑者（被告人）が起訴罪名と量刑について交渉することを通して、裁判が行われる前に事件の決着をはかる方法です。以下はその具体的なやり取りの一部です。ここでは、サラに対するレイプ事件で検察が提示した証拠を基に、検察側と弁護側が3人の被疑者の罪名と量刑をめぐって、熾烈な駆け引きを繰り広げています。

弁護人　　　　　　： What's your best offer?
マーフィー検事補： Two to five, rape two. With luck, your boys will be out in nine months.
弁護人　　　　　　： On one condition. I'll accept that on behalf of my client if the formal charge is changed to one without a sexual element. He's a kid of 22. He's an A student. He's got a future.
マーフィー検事補： I can't do that.
弁護人　　　　　　： He won't plead guilty to a sexual offence.
マーフィー検事補： Assault?　Coercion?　Reckless endangerment?　Malicious....
弁護人　　　　　　： Reckless endangerment?

　キャサリン・マーフィー検事補は、3人の被疑者に対して最初は第1級強姦罪（rape）での起訴を求めますが、弁護側はせいぜい第2級強制わいせつ罪（sexual abuse）が妥当であると主張します。検察側には暴力を伴う性器挿入の事実を裏づける医師の診断書や写真などの証拠が十分に揃っていますが、現場の目撃証言は乏しく、不利な状況です。また、サラには陪審員の心証を損なう恐れのある条件が揃っており、裁判で有罪を勝ちとる自信はありません。一方で、弁護側は被疑者たちの社会的体裁を守るためにも、性犯罪での起訴だけは絶対に避けたいと考えています。そこで、キャサリンは暴行未遂（assault）、強制行為（coercion）、過失傷害（reckless endangerment）など、第2級強姦罪で有罪になった場合と同程度の量刑が見込める別の罪状で、被疑者たちから有罪答弁（guilty plea）を引き出す作戦に出ます。その結果、3人の加害者は過失傷害罪での罪を認め、裁判を行うことなく懲役5年の刑が確定しましたが、それと同時に彼らが犯した犯罪の性的側面については不問に付されることになりました。レイプ事件に対するこのような決着方法は、被害者のサラにとって到底納得のいくものではありませんでした。

あらすじ

　ある夜、町の酒場で3人の男による輪姦事件が起きました。被害者は地元のレストランでウェイトレスとして働くサラ・トバイアスです。事件を担当するキャサリン・マーフィー検事補は、3人を第1級強姦罪で起訴しようとしますが、裁判で有罪を勝ち取るのは困難に思われました。そこで彼女は、弁護側との答弁取引を通して、罪状を強姦罪から過失傷害罪に引き下げることで有罪答弁を引き出すことに成功し、その結果彼らに懲役5年の刑が確定します。ところが、これに納得のいかないサラは、キャサリンが自らの手柄を立てることを優先したと激しく非難します。

　ある日、町で買物をしていたサラは、事件当夜現場に居合わせたクリフに出くわします。クリフから侮蔑的な言葉を浴びせられ逆上したサラは、彼の車に激突して、自らも大怪我を負いました。この一件でキャサリンは、事件以来ずっと心の傷を抱えながら生きてきたサラの気持ちを無視して、加害者たちを強姦罪で起訴するよりも答弁取引の道を選んでしまった自分を恥じることになります。しかし、米国の司法制度では、1度判決が確定した犯罪を再び起訴することはできません。そこで、法廷の場でレイプの事実を明らかにし、また服役中の加害者たちの刑の執行をより確かなものにするために、キャサリンは事件現場でレイプ行為を煽っていた加害者たちとは別の3人の男を、教唆罪で起訴することを決意しました。前代未聞の裁判の行方に注目が集まります。

映画情報

製 作 費：600万ドル	公 開 日：1988年10月14日（米国）
製 作 年：1988年	1989年　2月18日（日本）
製 作 国：米国	上映時間：111分
ジャンル：法廷ドラマ	興行収入：3,207万8,318万ドル
言　　語：英語	受賞：アカデミー賞、ゴールデン・グローブ賞（いずれも主演女優賞）

薦	○小学生　○中学生　○高校生　●大学生　●社会人	リスニング難易度	発売元：NBCユニバーサル・エンターテイメント （平成29年2月現在、本体価格） DVD価格：1,429円

お薦めの理由	本作品では逮捕、初回罪状認否、答弁取引、陪審裁判など、1つの事件を通して米国の刑事手続の一連の流れを概観できるようになっています。司法の場で頻繁に使用される英語表現が随所に見られ、具体的な場面を通して刑事関連の法律英語に慣れ親しむことができます。また、法律や司法制度の諸問題を、ジェンダーやセクシュアリティの視点から考えるきっかけにもなるでしょう。	スピード	3
		明瞭さ	3
		米国訛	1
		米国外訛	2
英語の特徴	法律関連の専門用語や慣用表現が頻繁に登場するため、予備知識がないと理解しづらい場面があるかもしれません。逆に、この映画を通して司法関連の英語の基本的な表現を覚えてしまえば、他の法廷映画の聞き取りも容易になるでしょう。主人公のサラが話す言葉や、レイプを扇動する場面では、低俗なスラングが使用されていますが、全体的に登場人物の話す英語の発音は明瞭で、聞き取りやすいでしょう。	語彙	5
		専門語	4
		ジョーク	2
		スラング	3
		文法	3

発展学習

ここでは司法制度におけるジェンダー・バイアスの問題について、レイプ事件を中心に考えてみます。本作品ではさまざまな場面において、家父長制社会（男性中心、男性優位な社会）に特徴的な性的二重規範（sexual double standard）が垣間見られます。男性の性的放縦に対しては比較的寛容な一方で、女性に対しては貞操を厳しく要求するという性的二重規範の影響は司法の世界にも深く浸透し、長い間さまざまな形で女性の性的自己決定権を侵害してきました。

まずは、3人の被疑者の保釈が各1万ドルで認められた際に、弁護人の1人（男性）がメディアに対して語った次の言葉に注目してみましょう。"Our defense is simple: there was no rape. The so-called victim consented enthusiastically to the acts. She put on a show, pure and simple." これは強姦ではなく両者の合意に基づく性的行為（和姦）であり、むしろ被害者であるサラが性的に挑発したことにより引き起こされたものであると彼は主張しています。レイプ事件をめぐる裁判では長い間、被害者が体を張って抵抗したことの証明が強姦罪の成立要件になってきました。この「最大限の抵抗」については、密室で行われた行為であるために立証するのが難しいばかりでなく、これにより法廷が加害者よりも被害者の行為を裁く場と化してしまうという問題が生じてきました。

さらに、レイプ事件をめぐる裁判では、被害者側に「落ち度」があったことを立証しようとする弁護人により、被害者はしばしば自らの貞操観念について厳しく追求されることになります。映画の中盤で、キャサリンがサラとの個人的な会話の中で、事件当時の彼女の服装、過去の性的関係の詳細、飲酒やドラッグの習慣、中絶経験の有無など、彼女のプライベートについて執拗に問い詰めるシーンがあります。「そのような事柄は事件とは無関係である」と憤慨するサラに対して、裁判では実際にそのような質問をされる可能性を指摘しながら、キャサリンは次のように言いました。"Sarah, you're a witness. The defence's job is show the jury that you're a rotten witness because you've gotten a rotten character." レイプ事件の被害者が実際に行われた性的暴行に加えて、捜査の過程や法廷の場でさらに直面する屈辱や精神的苦痛は、「二次被害」（second rape）と呼ばれています。

このような司法における性差別に反対するフェミニストを中心とした運動の成果もあり、欧米諸国を中心に、「抵抗」の有無をめぐる強姦罪の成立要件の見直しなど、強姦法の改正が進められてきました。また、司法手続においても、事件とは関係ない被害者の過去の性的遍歴については原則的に証拠として採用できないことを定めた、レイプ被害者保護法（rape shield law）が制定されています。これに対して、日本はレイプ被害者保護の面では十分に法整備が進んでいるとは言えず、司法におけるジェンダー・バイアスの是正に向けて大きな課題を抱えています。

映画の背景と見所

"In the United States a rape is reported every six minutes. One out of every four rape victims is attacked by two or more assailants."（米国ではレイプ事件は6分に1件発生している。4件に1件は複数犯による犯行である）

これは映画のエンドロールの冒頭で流れるメッセージです。米国におけるレイプ事件の発生件数は、1990年代前半のピーク時と比べると減少してはいるものの、レイプが今日でも深刻な社会問題であることに変わりはありません。レイプは女性の性的自己決定権を侵害する重大な犯罪です。しかし、"Rape trial is always a gamble." というキャサリンの上司である男性検事のセリフにあるように、検察側にとって強姦罪での立証は困難を極めます。

この映画の最大の見所は、1度は妥協により加害者を強姦罪で起訴することを断念したキャサリン・マーフィー検事補が、レイプ被害でサラが負った心の傷の深さに気づき、彼女の性的尊厳の回復を求めて、現場でレイプ行為を煽っていた3人の男を教唆罪で訴える裁判のシーンです。この裁判の成否を握っていたのは、事件現場に居合わせ、警察に電話で通報した大学生、ケネス・ジョイスの目撃証言でした。自らの性的尊厳を守るために最後までレイプ犯罪に立ち向かおうとしたサラの勇気ある行動と、そんな彼女に共感したキャサリンの見事な戦略が功を奏して、最終的に陪審は有罪評決を下すことになります。

スタッフ	監　督：ジョナサン・カプラン 脚　本：トム・トーパー 製　作：スタンリー・R・ジャッフェ 　　　　シェリー・ランシング 音　楽：ブラッド・フィーデル	キャスト	サラ・トバイアス　　：ジョディ・フォスター キャサリン・マーフィー：ケリー・マクギリス ケネス・ジョイス　　：バーニー・コールソン クリフ　　　　　　　：レオ・ロッシ サリー　　　　　　　：アン・ハーン

	十二人の怒れる男	12 Angry Men	（執筆）奥村 典子

セリフ紹介	1950年代、米国、ニューヨーク市に集まった12人の陪審員。法廷での審議も終わり、犯人は明らかと思われた殺人事件に、1人の陪審員が疑問を投げかけます。 "Everybody sounded so positive that I started to get a peculiar feeling about the trial." （あまりにも明白すぎて、かえって変だという気持ちになり始めたんですが） 第8陪審員の疑念は、何かがひっかかるという第六感から始まりました。 "I kept putting myself in the kid's place." （私はあの子供の立場になってみます） 陪審員らは経営者、セールスマン、職人など様々な仕事をしており、育った環境も価値観も違います。 その中で、第8陪審員だけは、事件を犯したとされる少年への想像力を駆使し、"Supposing they were wrong?"「もし、証言や証人らがまちがっていたら」とその検証を促します。陪審員が有罪と決議をしたら、その少年は電気椅子に送られるのです。 孤立無援の第8陪審員に対し、最初に味方になった第9陪審員は "He doesn't say the boy is not guilty. He just isn't sure." （彼は少年が無罪とは言っていません。ただ、有罪の確信も持てないということです）と、第8陪審員を援護します。第9陪審員は少年の命を自分たちが握っているという第8陪審員の信念を受けとめたのです。 この作品のもう1つのテーマは、"reasonable doubt"、「疑わしきは罰せず」へのあくなき追及です。先入観のないものの見方がどのように伝わっていくかを手に汗握るセリフのやりとりでで見せてくれます。

学習ポイント	この作品の英語は、スラングが混じるフランクな英語と丁寧な英語の2種類に大別されます。ここでは、まず、2つのタイプの英語を聞き分けてみましょう。 たとえば、審議を早く終わらせたい第7陪審員が、"Hey, what are you gettin' outta this, kicks?"（何がおもしろいっていうんだ？）と討議をしようとする第8陪審員にからむ場面があります。現在ではあまり使われない表現ですが、"outta" は、"out of" の省略、"kicks" は "fun" の意味のくだけた言い方です。第7陪審員は、真剣な話も "kooky detective magazine"（へんてこな探偵小説雑誌）に載せてもらえだの、"yackety-ya(c)k"（無駄話）だの茶化す人物です。 一方、第8陪審員は語気を強めることはあっても、スラングを使うことはありません。被告の叫び声の "I'm gonna kill ya."（殺してやる）を引用するときも、"ya" を "you" に言い直し、他人に対しても、"Mr. Foreman, I'd like to..." など、丁寧に語りかけることが多いのです。このように、慎重に言葉を使うことで、相手を説得していく過程に注目してみましょう。 また、人柄によっても表現方法が違っています。貧困層の被告の少年に対し第4陪審員は "Children from slum backgrounds are potencial menaces to the society."（スラム育ちの青少年は社会には危険な存在となっていく可能性が高い）と客観的にみえる発言をし、第10陪審員は、それを感情的に "The kids who crawl outta those places are real trash."（スラムから這い出てくるガキは、クズばかりだ）と言い放ちます。前者は理性的、後者は感情的な人物として描かれます。社会的な地位もあり裕福な第4陪審員は、スラムは自分とは別の世界だと切り離して考え、「偏見」をもっていますが、その危うさには気づいていません。各陪審員の人物像と発言のつながりを考え、より深く作品を味わってみましょう。 丁寧な英語から聞き取り、その後、英語字幕でイディオムやスラングをチェックします。英語の脚本には、"A quiet, thoughtful, gentle man"（静かで、思慮深い紳士）などと4、5行にわたり、役柄が書いてあるので、参考にしましょう。日本語字幕は省略されている部分も多いので、注意が必要です。 ここには、評決（verdict）、被告（defendant）など法にかかわる用語が網羅されています。また、"The defendant doesn't have to open his mouth. That's in the Constitution."（黙秘権は憲法で保証されている）、"The burden of proof on the prosecution."（有罪の立証責任は検察側）など、法律をわかりやすく伝えているので、司法ドラマの基礎となる英語力をチェックする上でも役に立ちます。

あらすじ	米国、ニューヨーク市の裁判所では、父親殺しの罪で、18歳の少年に死刑が宣告されました。凶器のナイフがあり、証言があったからです。前科のあるスラム育ちの少年は、陪審員全員が有罪と決議をしたら、死刑を免れない、圧倒的に不利な局面にたたされています。 6日間の法廷での審議を聞いた12人の白人男性陪審員のうち、11人は即座に有罪を決めました。しかし、1人の陪審員だけが「人を1人死刑にするのに5分で決めていいのか」と討議の必要性を主張します。 うだるような暑さの評議室。すぐに結論が出ると思っていた他の陪審員たちはうんざりします。 ところが、声をあげた陪審員の追及によって、証拠や証言に徐々にほころびが見え始めます。 無罪か、有罪かで対立する二派。 それぞれの出自や経験による考え方の違いに加え、優柔不断であったり、高圧的であったりといった性格が見え隠れします。そのため、互いに非難しあわや殴り合いかといった状態にまで、議論は白熱します。 怒号がとびかう緊迫した空気の中、次第に冷静な論理が審議をリードし、二派のバランスに変化があらわれていきます。全員一致が求められる評決の結果は、果たしてどうなるのでしょうか。

映画情報	原　　作：シドニー・ルメット　12 Angry Men 製作費：35万ドル　　製作年：1957年 製作国：米国 言　　語：英語 ジャンル：法廷ドラマ　　モノクロ映画	公開情報	公開日：1957年4月10日（米国） 　　　　1959年8月　1日（日本） 上映時間：96分 受　　賞：ベルリン国際映画祭金熊賞 ノミネート：アカデミー作品賞、監督賞、脚本賞

薦	○小学生　○中学生　○高校生　●大学生　●社会人	リスニング難易度	発売元：20世紀フォックス ホーム エンターテイメント ジャパン（平成29年2月現在、本体価格）DVD価格：1,419円　ブルーレイ価格：4,700円
お薦めの理由	法律の専門家からは、現実の捜査や法廷がこんなに甘いはずはないとの意見もありますが、それを超えて、法廷映画の金字塔と言われるのは、偏見と闘う人間ドラマがあるからです。ただし、その闘いは、偶然性や集団の中での微妙な駆け引き、蒸し暑さなど天候への生理的な感覚にも左右されています。そういった仕掛けで、観客も議論に参加しているかのような臨場感が持てるのが魅力です。	スピード 3　明瞭さ 2　米国訛 3　米国外訛 4　語彙 3	
英語の特徴	全編を通して、会話だけで構成されています。米国英語が主ですが、ヨーロッパからの移民で、訛りがある英語を使う人物もいます。職業や階層、性格などによって、各自の会話の表現が使いわけられており、丁寧な表現、フランクな表現など、さまざまな英語を学べます。古い固有名詞やわかりにくいジョークなども一部ありますが、名優と言われる人々の英語の発音は明瞭で、聞き取りやすい英語です。	専門語 3　ジョーク 4　スラング 4　文法 3	

発展学習

　多民族で形成される米国社会では、自分の主張をはっきりするというイメージがあるのではないでしょうか。ところが、第8陪審員は "I don't know."（わからない）、"Maybe"（たぶん）など断定しない表現を多く使っています。その誠実さは徐々に、陪審員の中に伝わっていきます。そして、わからないことを「わからない」と言える、逆説的な勇気の必要性を現代に問いかけてきます。

　第8陪審員の論理は、"fairy tail"（お伽話）をはじめ、"mumbo-jumbo"（ちんぷんかんぷん）、"the Dempsey-Firpo fight（デンプシーとフィルポの試合）など、さまざまに揶揄されます。

　"mumbo-jumbo" の語源は、西アフリカの部族にある、人を恐れさせる存在 "Maamajumbo" とも言われています。深読みをすると、第8陪審員の熱弁は、オカルト的な異文化というわけです。

　"the Dempsey-Firpo fight" は、1923年に8万5千人の観客を集めた歴史的なボクシングの試合です。

　また、"golden voiced preacher"（耳当たりのいい声の牧師）との第8陪審員へのあざけりや "It's not Sunday. We don't need a sermon in here."（日曜じゃないんだから、説教はやめてくれ）といったセリフからは、日曜の教会での礼拝が日常の習慣だったこと、"I used to call my father Sir."（俺は父親をサーと敬称で呼んだものだ）との述懐からは強かった父権が変わりつつあることが暗示されます。

　そのほかにも、ニューヨークヤンキースの試合、流行したカードゲームなど、映画製作の時代の男性の日常の楽しみや習慣が議論の合間に出てくるので、それらをヒントに60年前の米国の暮らしを想像してみましょう。

　法曹関係者にとって、注目すべきは第8陪審員が "Clarence Darrow" と呼ばれる場面です。Darrow は1924年に、陪審員が評議すれば確実に死刑となる冷酷な犯罪に対し、裁判で終身刑を決定させた弁護士で、ここでは皮肉として使われます。この事件は裕福な2人のエリート大学生の動機なき犯罪として有名で、ヒッチコック監督の『ロープ』などの映画の題材にもなっています。Darrow は、この訴訟で米国裁判史上に残る弁論をしたと言われ、Famous American Trials（http://law2.umkc.edu/faculty/projects/ftrials/leoploeb/LEOPOLD.HTM）などのサイトで、詳しく知ることができます。この弁論は、『最終弁論』（ランダムハウス講談社文庫、2008 / 朝日新聞社、2002）の書籍に含まれているので、日本語で読むことも可能です。

　作品の書籍は、近いものとして英語では1954年テレビドラマ版脚本『Twelve Angry Men』（開文社、1995）、日本語では劇場上演用の脚本『十二人の怒れる男』（劇書房、1979）が日本で発行されています。手に入りにくいので、図書館の蔵書検索などをお薦めします。

映画の背景と見所

　脚本家レジナルド・ローズの体験が下敷きになっています。最初、彼はいやいや殺人事件の陪審員になりましたが、被告の運命が自分の手にあると感じた瞬間、真剣になりました。そして、その経験を "It knocked me out. I was overwhelmed."（打ちのめされた。苦しかった）と語り、約1ヶ月後に脚本に取りかかりました。

　まず、1954年にテレビドラマとして好評を博し、社会派のシドニー・ルメットの初監督作品として映画化され、初の法廷映画のジャンルを確立しました。1957年という年は、ハリウッドにもマッカーシズムが吹き荒れた後です。社会主義者を弾圧する「赤狩り」が俳優らにも及んだ中、米国の誇る民主主義のシステムの一環としての陪審員制度の公平さが言及されています。

　1991年には三谷幸喜監督がパロディ映画『12人の優しい日本人』を、2007年には現代のロシアを舞台に、ニキータ・ミハルコフ監督が『12人の怒れる男』を撮っています。12人の人間像の中で、人間の孤独や闇が浮き彫りにされ、人としての価値は何なのかを伝えるからでしょうか。

　ところで、当時は、女性、黒人は陪審員にはなれず、この映画の陪審員は白人男性ばかりです。女性を陪審員から排除しない連邦裁判所の決議が出たのは1975年です。また、現在、ニューヨーク州では死刑は停止されています。

| スタッフ | 監　督：シドニー・ルメット　脚　本：レジナルド・ローズ　製　作：ヘンリー・フォンダ、レジナルド・ローズ　撮　影：ボリス・カウフマン　音　楽：ケニヨン・ホプキンス | キャスト | 陪審員8番：ヘンリー・フォンダ　陪審員3番：リー・J・コッブ　陪審員4番：E・G・マーシャル　陪審員7番：ジャック・ウォーデン　陪審員10番：エド・ベグリー |

推定無罪		**Presumed Innocent**	（執筆）菅原　裕子

<table>
<tr>
<td rowspan="1">セリフ紹介</td>
<td>

　映画は、人気のない法廷に、ハリソン・フォード演じる主人公ロザット・K・サビッチ、通称ラスティの声がボイスオーバーで流れる場面から始まります。

I'm a prosecutor. I'm part of the business of accusing… judging… and punishing. I explore the evidence of a crime, and determine who is charged… who is brought to this room to be tried before his peers. I present my evidence to the jury, and they deliberate upon it. They must determine what really happened. If they cannot, we will not know whether the accused deserves to be freed, or should be punished. If they cannot find the truth, what is our hope of justice?

（私は検事である。起訴をし、審理を行い、処罰するという一連の仕事に従事している。犯罪の証拠を調べ、告発される者、つまりこの部屋に呼ばれる者を決定し、陪審員の前で裁判を受けさせる。陪審員に証拠を提示し、彼らが検討する。陪審員は何が本当に起こったのかを判断しなければならない。もしそれができなければ、被疑者を釈放するべきか処罰するべきかわからない。もし事実がわからないのなら、正義に対してわれわれは何を望むというのか）

　仕事に対する真摯な姿勢が顕著に表れているセリフです。この時点では自らが告発される側になるとは夢にも思わなかったラスティですが、その後の苦境は、彼の職業倫理になんらかの変化を与えることになるのでしょうか。正義とは、真実とは何かという問いかけは観ている私たちにも向けられているはずです。
</td>
</tr>
</table>

<table>
<tr>
<td rowspan="1">学習ポイント</td>
<td>

　主人公が検事であり、かつ思いがけなくも告発される側になるという展開上、法廷およびその準備のための場面が大半を占めます。したがって、法律用語や犯罪・事件に関する表現や語彙に多く触れることができるのが本作の特徴です。とりわけ、法廷で実際に使われる語彙を場面と共に確認できるので、法曹関係および学習者にとっては良い機会となるでしょう。以下、法廷での表現を見てみましょう。まず開廷の場面です。下線部は特に慣用的な言い回しです。

Ernestine : <u>All rise. Oyez, oyez.</u> The Superior Court for the county of Kindle is now in session. The Honorable Larren L. Lyttle, judge presiding. Draw near and give your attention and you shall be heard. God save the United States and this honorable court. The People vs. Rozat K. Sabich, for trial.
（<u>ご起立願います。ご静粛に。</u>キンドル郡上位裁判所はただいま開廷されました。裁判長はラレン・L・リトル判事。意見があればこちらに来てください、お聞きします。アメリカ合衆国と本法廷に神の祝福がありますように。州民対ロザット・K・サビッチの公判を開始します）

Della Guardia : <u>May it please the court.</u> The State's evidence will show that on or about April 1st of this year, Carolyn Polhemus, a Deputy Prosecutor in Kindle County, was brutally murdered. The proof will show that this murder was perpetrated by her colleague...... Rozat K. Sabich.
（<u>開廷します。</u>本年4月1日もしくはその前後に無残にも殺害されたキャロリン・ポルヒーマス検事補の件に関する証拠を提示します。これらは彼女の同僚ロザット・K・サビッチにより行われたことを証明します）

　"All rise."（起立）と共に、"Oyez, oyez." は裁判官が静聴を命じる際に使われる伝統的な言い回しで、現在も法廷の始まりを告げる決まり文句です。"May it please the court." は審理の始まりを表します。

　助動詞 may は丁寧に許可を求める意を表し、裁判中も "Judge, may we approach?"（裁判長、そちらに行ってよろしいですか？＝お話があります）のように使用されています。裁判長への呼びかけとしては "Your Honor." という敬称も一般的です。

　おそらくドラマなどで馴染みのある以下の単語も場面と共に確認してください。"Objection!"（意義あり）、"Objection sustained."（意義を認める）、"No objection."（異議なし）、"Granted."（許可する）
</td>
</tr>
</table>

<table>
<tr>
<td rowspan="1">あらすじ</td>
<td>

　米国・キンドル郡の地方検事補キャロリン・ポルヒーマスが無残な他殺死体で発見されるところから物語は始まります。同僚の地方検事補ロザット・K・サビッチ、通称ラスティが案件を担当することになりますが、実は彼は、被害者と不倫の関係にありました。時は地方検事選挙戦の最中。去就を賭けた上司レイモンド検事は早期解決に躍起になりますが、美貌を武器に色仕掛けでのし上がってきた被害者のショッキングな過去が暴かれていくにつれて、事件はスキャンダラスな様相を濃くしていきます。そしてその過程で明らかにされていく数々の状況証拠がラスティを「犯人」に仕立て上げているのでした。

　犯人を捜査していたはずのラスティは、やがて被疑者として告発され、裁判が始まります。検察側の検事たちも被害者とラスティの元同僚であり、しかも1人はレイモンドの対立候補です。リトル判事も含め、複雑に入り組んだ人間関係が織りなすきわめて異例の裁判には、それぞれの駆け引きや様々な思惑が入り乱れます。真実とは何なのか。ラスティは身の潔白を証明できるのでしょうか。

　「推定無罪」とは、刑事裁判における被告人の立証責任の所在に関する原則で、検察官が有罪を立証できなければ被告人を有罪とすることはできないという意です。
</td>
</tr>
</table>

<table>
<tr>
<td rowspan="1">映画情報</td>
<td>

原　　作：スコット・トゥロー『推定無罪』
製　作　年：1990年　　製　作　国：米国
言　　語：英語
配給会社：ワーナー・ブラザース
ジャンル：人間ドラマ
</td>
<td rowspan="1">公開情報</td>
<td>

公　開　日：1990年7月27日（米国）
　　　　　　1991年6月　7日（日本）
上映時間：127分
興行収入：8,630万3,188ドル
画面アスペクト比：1.85：1
</td>
</tr>
</table>

薦	○小学生 ○中学生 ○高校生 ○大学生 ●社会人	リスニング難易度		発売元：ワーナー・ブラザース ホームエンターテイメント (平成29年2月現在、本体価格) DVD価格：1,429円 ブルーレイ価格：2,381円
お薦めの理由	見事なストーリーテリングを堪能してください。本来は法の番人であり、裁く側にいる主人公が罪に問われ、被告席に立つという意外性。思いがけない事実が次々と明らかにされていく息をもつかせぬ展開に目が離せません。苦境に立たされる主人公をハリソン・フォードが繊細に演じています。本格的な法廷サスペンスであると同時に、人間を真摯に描く一級品のドラマです。	スピード	3	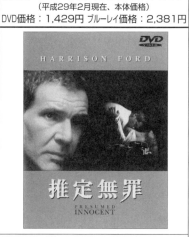
		明瞭さ	2	
		米国訛	2	
		米国外訛	2	
英語の特徴	内容に関連して法律、犯罪に関する用語が多く用いられています。法廷で伝統的に使用されているあまり聞き慣れない表現に触れるよい機会です。特に専門的でない身近な関連用語も多く出てくるので、警察ドラマなどを観る際の参考にもなるでしょう。全体的に対話が多く、法廷場面では重厚な言い回しを確認できます。法廷以外の場面ではくだけた日常的な表現も使われているので比較してもおもしろいでしょう。	語彙	4	
		専門語	5	
		ジョーク	2	
		スラング	4	
		文法	4	

発展学習

　本来は起訴する立場の主人公が被告人になるという点だけでなく、被害者も検察側も皆、元同僚の検事補であったという特異な設定が本作の面白さをより際立たせています。さらによく理解するためには、日本と異なる米国の司法制度のしくみをある程度知っている方がよいでしょう。

　米国の検察組織は連邦、州、郡、市ごとの独自の検察組織で成り立ち、最高の権限を握る地方検事の下、複数の検事補、捜査官・事務官など多くの人員が配されています。地方検事は公選制ですが、検事補は地方検事が任命するため、ラスティと上司レイモンドの関係もデリケートであり、彼らと（元同僚でもある）検察側検事たちとの関係も同様に複雑です。事件が検事選挙戦の最中に起こった背景はきわめて重要で、裁判の進行に伴い、入り組んだ人間関係や各々の思惑が生々しく露呈されていきます。

　組織の役職を表す用語や、法律関係、警察関係の用語が多く見られます。単語、および例文を記します。
"probation officer"（保護観察官）、"cop PA"（検察官）、"private dick"（私立探偵）、"fingerprint Lab"（指紋班）、"autopsy"（解剖所見、検死報告書）、"bar exams"（司法試験）、"testimony"（証言）、"defendant"（被告側）、"direct examination"（主尋問）

1) Did you get my subpoena from the grand jury?（大陪審から召喚状は来ましたか？）
2) You expect me to take *the Fifth Amendment?（修正第五条を行使しろと？）
　　　*大陪審の保障、二重の処罰の禁止などを含む米国憲法

法律的な用語、特殊な言い回しも多い一方で、同時にごく簡単な言い回しも使われています。
1) Della Guardia : We are calling Dr. Kumagai, the county coroner, You Honor.
　　　　　（裁判長、クマガイ博士を喚問致します）
2) Larren : You *may step down, Doctor. Do I take it, Mr. Della Guardia, that the state rests?
　　　　　（下がって結構です。審問は終わりということでよいですか？）*この may も許可を与える丁寧表現
3) Larren : Withdraw, gentlemen.（下がりなさい）
裁判が終わる際の判事のセリフには次のようなものがあります。
1) This court is adjourned for the weekend.（来週まで閉廷にします）
2) You are discharged, sir.（あなたを釈放します）
3) Case dismissed.（本件を棄却します）

映画の背景と見所

　スコット・トゥローによる同名の傑作法廷サスペンス小説の映画化です。ベストセラー作家トゥローは現役の弁護士でもあり、Los Angeles Times 紙が "No one writes better mystery suspense than Scott Turow."（ミステリー・サスペンスにおいてトゥローの右に出る者はいない）と評する名手です。小説第1作である本書を執筆中は現役の検事補でした。迫力ある法廷場面のやりとり、物語の緻密な展開はまさに作家の日常から紡ぎ出されたのです。ジョン・グリシャムやリチャード・ノース・パタースンと並び、1980年代後半に巻き起こったアメリカ・リーガル・サスペンスブームを牽引した立役者の1人です。日本でも多くのファンを持つ人気作家です。

　映画化に際し熾烈な争奪戦が繰り広げられましたが、シドニー・ポラック（プロデューサー）とアラン・J・パクラ（監督）のコンビがタッグを組んだ時点で成功はすでに約束されていたのかもしれません。アカデミー監督賞受賞者でもあるポラックは多くの名作を残し、その中には『スクープ　悪意の不在』(1991) や『ザ・ファーム　法律事務所』(1993) といった社会派ドラマも含まれます。アラン・J・パクラも『大統領の陰謀』(1976)、『ソフィーの選択』(1982) など重厚な社会派ドラマの名手です。そしてもちろん、苦悩する「普通の男」を繊細に演じたハリソン・フォードがはまり役であったことは言うまでもありません。

スタッフ	監督：アラン・J・パクラ 脚本：フランク・ピアソン、アラン・J・パクラ 製作：シドニー・ポラック、マーク・ローゼンバーグ 撮影：ゴードン・ウィリス 音楽：ジョン・ウィリアムズ	キャスト	ラスティ・サビッチ　：ハリソン・フォード レイモンド・ホーガン：ブライアン・デネヒー サンディ・スターン　：ラウル・ジュリア バーバラ・サビッチ　：ボニー・ベデリア リトル判事　　　　　：ポール・ウィンフィールド

ヒマラヤ杉に降る雪	Snow Falling on Cedars	（執筆）西川　裕子

<table>
<tr>
<td>セリフ紹介</td>
<td>

イシュマエルは、カズオ（被告人）の無罪を示す証拠を見つけていました。にもかかわらず彼は、ハツエを夫カズオから取り戻したいという気持ちから、証拠を提示してカズオの嫌疑を晴らす（正義を貫く）ことも出来ないでいました。しかしハツエとの愛は、戦争で永遠に失われた片腕や無垢な心のように、もう元には戻らないことに気づいた時、正義に向かって一歩踏み出し、カズオへの嫌疑を晴らします。一部始終を見ていたカズオの弁護士ネルスは "It takes a rare thing, a turning point, to free one's self from any obsession, be it prejudice or hate or even love."（それが偏見であれ憎しみであれ愛であれ、何らかの妄想から自己を解き放つためには、すごくまれな出来事、転機［ここではカズオが死刑になるかどうかの瀬戸際で救うこと］のようなものが必要なんだ）と言い、過去の呪縛から解き放たれて正義を貫くことが出来たイシュマエルを誇らしく思います。さらに、"Things just bear down on us, I suppose; a freighter in the fog… or a war. Accident rules every corner of the universe except maybe the chambers of the human heart."（いろいろな事［偶然］が我らの上にのしかかってくる。例えば、［カールが死ぬ原因を作った］霧の中の貨物船とか…［イシュマエルのような若者が身も心もすっかり傷ついてしまった］戦争とか。偶然が宇宙のあらゆるところを支配しているが、おそらく人間の心の中までは支配できない［運命に抗うことは出来ないが、人間の心の持ちようだけは自分で決めることが出来るんだ］）と述べます。この最後の言葉は、原作でも1番最後に出てきます。終戦後、9年経ちましたがカズオもイシュマエルも戦争の傷から立ち直れずにいました。しかし弁護士ネルスの言葉と映画の結末からは、この不幸な出来事がそれぞれの転機になっていくだろうことが予感されます。

</td>
</tr>
<tr>
<td>学習ポイント</td>
<td>

ワシントン州サン・ピエドロ島での日系人への差別と殺人事件に関連した裁判を中心に話が進みます。そこへ幼馴染みの白人イシュマエルと日系二世ハツエの人種を超えた恋の思い出が混じります。証言内容や、誰かが頭の中で考えたことが全て回想シーンとして現れるため、シーンごとに時代が数十年行き来します。日系アメリカ人の歴史を知った上で見た方が分かりやすいと思われるので、関連する本を探したり、DVD の特典映像や音声（日本語字幕はありませんが、対訳冊子が付いている部分もあります）なども、映画の背景を知るために是非参考にしてください。また冊子によれば、日系人がマンザナー収容所に送られるシーンには、実際に幼い時に抑留された人々が参加しているそうです。

ワシントン州の第一審の裁判所は "the superior court" と呼ばれます。12人からなる陪審団（jury、1人ずつは juror）が全員一致で有罪か無罪かを決定し、量刑は判事（judge、裁判長とも言われる）が決めます。カズオは、刑事事件で第一級謀殺（計画殺人）の罪を問われていますが、陪審団が本当に計画殺人だと思えば有罪になります。日系人の多くは米国籍ですが、陪審員は全員白人です。州を代表して被告人（defendant）を有罪にしようとする検察官（prosecutor）と、被告人を弁護する弁護士（counselor）とが登場し、双方が陪審員の説得を行っていきます。廷吏（bailiff）は開廷を宣言したり、聖書を持って証人（witness）に真実を言う旨の宣誓をさせるなどの事務をします。事故の捜査を行いカズオを逮捕したのは保安官（sheriff）と保安官代理（deputy）です。保安官は警察官（police officer）とは異なり、多くの場合公選職で、各カウンティ（郡）内で司法権と警察権をあわせもった存在です。検死官（coroner）も一証人として裁判に呼ばれ、映画の中では偏見に満ちた発言をしています。検察官も弁護人も自説を支持する証人を、例えば "The defense calls Mrs. Hatsue Miyamoto."（被告側はミヤモト・ハツエ夫人を召喚します）などと言って証言台に呼び出し、質問をします。証人への質問が不当だと思えば、双方とも "Objection."（異議あり）と言って阻止を試みますが、判事が質問を却下するなら "It's overruled."、認めるなら "Sustained." などと言います。一方が呼んだ証人に対しては、もう一方は反対尋問（cross-examination）をします。質問がそれ以上ない時は "I have no further question."（質問は以上です）と言い、証人は判事から "The witness may stand down（あるいはstep down）."（証人は下がってよろしい）と言われます。廷内が騒がしくなると判事は "Order."（静粛に）と小槌（gavel）を打ち付けて叫びます。陪審員が話し合いのために別室に移る直前には、検察官と弁護人から最終弁論（summation）があります。どちらの側にとっても最後かつ最大の、有罪か無罪かを印象づけるチャンスです。新証拠に基づき陪審員が任を解かれた（discharged）後、無罪は "…in the interest of justice, the charges against you are dismissed."（正義により、あなたに対する訴えは取り下げられます）と宣言されています。

</td>
</tr>
<tr>
<td>あらすじ</td>
<td>

第二次世界大戦終結から9年後のある9月の朝、漁師のカールが自分の網に引っかかって死んでいるのが発見されます。事故かと思われましたが、第一級謀殺罪で日系二世のカズオが裁判にかけられてしまいます。理由は、①カール一家と被疑者カズオとの間には土地をめぐっての確執と話し合いがあったこと、②後頭部の傷が日本兵が銃の台尻で殴った傷に酷似していること、③カズオが剣道の名士であること、④カズオが最初カールと海で会ったことを隠していたことでした。イシュマエルは偶然に無罪の証拠を見つけますが、証拠を提示することが出来ずに悩みます。なぜなら、カズオの妻ハツエとイシュマエルは、戦争勃発前は恋い焦がれた仲で、イシュマエルはまだハツエが好きだったのです。2人は戦争で引き裂かれ、ハツエら日系人は人種差別の中で「転住所（日系人を隔離するために内陸部に作られた収容施設）」に移動させられて全てを失いました。そして、ハツエは人種の壁を超える困難さを思い知り、同じ日系人のカズオと結婚していました。カズオたち二世は収容所から米軍へ志願して自国である米国のために闘いました。しかし裁判では、日本人のような顔をしたカズオを公平な目で見てくれる人はほとんどいませんでした。検察官は、日本人のような顔つきに注目し、戦争時代の日本への鬱憤を晴らすため有罪にしろと陪審員を焚きつけます。イシュマエルは、永遠に戻らない過去とやっと決別することにし、新証拠を提示してカズオを無罪にします。

</td>
</tr>
<tr>
<td>映画情報</td>
<td>

原　　作：デイヴィッド・グターソン『殺人容疑』
製　作　費：3,500万ドル（推定）
製　作　年：1999年
製　作　国：米国
配給会社：ユニバーサル映画　　言　語：英語、日本語

</td>
<td>

公開情報
公　開　日：2000年1月7日（全米公開）
　　　　　　2000年4月1日（日本）
上映時間：127分　MPAA（上映制限）：PG-13
興行収入：1,437万8,353ドル（2000年3月12日）
ノミネート：第72回アカデミー撮影賞

</td>
</tr>
</table>

薦	○小学生 ○中学生 ●高校生 ●大学生 ●社会人	リスニング難易度		発売元：NBCユニバーサル・エンターテイメント （平成29年2月現在、本体価格） DVD価格：1,429円
お薦めの理由	米国における日系人差別の話なので、日本人にはあまり知られていない重要な歴史的事実について学ぶことができます。また、移民への不寛容な感情が広まる昨今、米国社会について考えるよいきっかけとなる作品です。 　刑事裁判が中心に進む話なので、法曹界に関心のある方が、米国の裁判の進み方を知るのに有効です。特に陪審員をどのように説得していくかの駆け引きは秀逸です。	スピード	3	
^	^	明瞭さ	4	^
^	^	米国訛	1	^
^	^	米国外訛	2	^
英語の特徴	日系一世は日本語訛りのある英語を話しますし、死亡したカール・ハインの母親はドイツ語訛りのある英語を話しています。他の人物は、標準的な話し方をしています。 　被害者も被告人も漁師なので、若干の漁業・海洋関係の用語が出てきます。また裁判シーンでは、裁判に関する用語が多数出てきます。セリフがいくつか重なって聞こえる場面があり、聞き取りにくいことがあります。	語彙	3	^
^	^	専門語	3	^
^	^	ジョーク	1	^
^	^	スラング	2	^
^	^	文法	4	^

発展学習

　この映画には、同名の原作があります。1995年に出版され、第15回ペン/フォークナー賞（米国人が書いたフィクションの中から毎年優れたものに与えられる賞）を受賞し、約30か国語に翻訳され、少なくとも400万部を売り上げました。英語のペーパーバックでも460ページを超える大作です。日本では『殺人容疑』（デイヴィッド・グターソン著、高儀進訳、講談社文庫、1996年）という名前で出版されています。解説を含み649ページもありますが、映画はかなり小説に忠実に作られているので、シーンの細かい背景などが分かります。英語で、植物名や漁業関係の用語、裁判用語などが出てきますが、難解というわけではありません。是非、英語と日本語とを突き合わせながら読んでみることをお薦めします。ただし、性描写がとても多い小説なので、大人向きと言えます。また、スクリーンプレイ・シリーズの名作映画完全セリフ集『ヒマラヤ杉に降る雪』（2000）も大いに参考になります。
　ここで、日系人とはどのような人々かを補足しておきます。日系人は日本から移民した人（一世）とその子孫たちです。本格的な移民は1885年にハワイ（当時はまだ独立国）から始まりました。ハワイが準州になった1898年以降米国本土にも渡るようになりますが、日系人は移民当初から差別されました。文化や習慣が異なるばかりでなく顔つきや肌の色が違ったためです。勤勉な日系人には成功する者も現れましたが、それが白人には仕事を奪う強力なライバルにも見えました。日本人は、帰化法が帰化を認める「白人かアフリカを起源とする人」ではないため、米国で生まれない限り、米国籍を持つこともできませんでした（1952年まで）。白人たちは当初、米国籍のない者が土地を所有することを禁止するなど嫌がらせをしましたが、これ以上脅威となる人々が増えないようにと、アジア系の移民入国を1924年に禁止しました（禁止は1952年まで続きます）。米国で生涯生きていこうとした一世たちは、米国で生まれて米国籍を持つ二世（子供たち）に望みを託しました。カズオの父親も、親切だった隣人のカールの父親に頼んで、カズオが成人した時に7エーカーの土地がカズオ名義になるようにと非公式な約束をしていました。しかし、カールの父親の死後、日系人に偏見を持つ母親が、黙って他の人に土地を売り渡してしまいます。戦争から9年後、再びハイン家の所有となったその土地を、カズオはカールから買い戻そうとします。カールはカズオの幼馴染みで、戦争前は日系人に対して偏見はありませんでしたが、第二次世界大戦で心的外傷を負ったせいで、日本兵と同じ顔つきをしたカズオに対して素直に売ってあげると言えません。カールの事故は、カールがかつてのカズオとの友情を思い出し、土地を売ることを決めた矢先の不幸でした。この映画には戦争で運命を狂わされ、それぞれ大切なものをなくした若者が出てきます。戦後9年経ってもその傷は癒えていません。同様に、日系人の強制収容を許した白人たちの考えも、戦時から時が止まったように差別的に描かれていることにも注目して下さい。

映画の背景と見所

　裁判では、日系人に対する白人住民の強い偏見が露わになります。カズオが被告になった理由の1つは、初動捜査時に隠し事をしたからなのですが、カズオは偏見から真実を言っても信じてもらえないと思ったのです。真珠湾攻撃があった約2か月後の1942年2月19日に、米国では大統領行政命令9066号が出され、米国西海岸地域に住んでいた約12万人（うち3分の2は米国生まれで米国国籍の二世）の日系人が、内陸部の砂漠などに作られた「転住所（強制収容所と言う人もいる）」に移動させられました。米国は「日本人」の顔を持った人を信用できなかったのです。手に持てるだけの荷物しか許されず、日系人はこの時ほぼ全てを失いました。自国の窮地を救うためや汚名を晴らすために、二世たちは収容所から米軍に志願しました。ヨーロッパで活躍した日系人部隊の第442連隊戦闘団は、米国史上最も多く勲章をもらった部隊として知られています。しかし彼らは、米軍の制服を着て帰って来ても、散髪を拒否されたり、町の英雄を讃える記念碑への名前刻印を拒否されたりと、差別され続けました。今では、モデル・マイノリティー（模範的なマイノリティー）として知られる日系人ですが、今の地位を築くためには、長い間偏見や差別と闘わなくてはなりませんでした。町には、ネルスやフィールディング判事のように、公正な目で正義を追及しようとした人もいました。しかし多くの人が、日系人を「ジャップ」（日本人の蔑称）と呼び、日本人と同一視しています。

| スタッフ | 監督・脚本：スコット・ヒックス
製作：ロン・バス、ハリー・ジェイ・ウフランド
　　　キャスリーン・ケネディ、フランク・マーシャル
撮影：ロバート・リチャードソン
音楽：ジェームズ・ニュートン・ハワード | キャスト | イシュマエル・チェンバーズ：イーサン・ホーク
ハツエ・ミヤモト　　　　　：工藤夕貴、鈴木杏（少女時代）
ネルス・ガドマンドソン　　：マックス・フォン・シドー
カズオ・ミヤモト　　　　　：リック・ユーン
フィールディング判事　　　：ジェームズ・クロムウェル |

評決	The Verdict	（執筆）菅原　裕子

セリフ紹介

　映画終盤の主人公フランク・ギャルビンの最終弁論（summation）は力強く、観る者の心を打ちます。長い弁論なのでここでは本作のキーワードともいえる"justice"（正義）にまつわる部分を中心に紹介します。
(You know, so much of the time we're just lost. We say, "Please, God, tell us what is right; tell us what is true." And there is no justice: the rich win, the poor are powerless. We become tired of hearing people lie. And after a time, we become dead... a little dead. We think of ourselves as victims... and we become victims. We become... we become weak. We doubt ourselves, we doubt our beliefs. We doubt our institutions. And we doubt the law.) But today you are the law. You ARE the law. (Not some book... not the lawyers... not the, a marble statue... or the trappings of the court. See those are just symbols of our desire to be just. They are... they are, in fact, a prayer: a fervent and a frightened prayer.) In my religion, they say, "Act as if ye had faith... and faith will be given to you." IF... if we are to have faith in justice, we need only to believe in ourselves. And ACT with justice. See, I believe there is justice in our hearts.
（生きる道を見失った我々は神に真実とはなにかを問いかけるが、実際は正義などない。くたびれ果て自らを犠牲者と考え、弱気になり、信念を、制度を、法律を疑うようになる…）しかし今日、あなたが法律なのです。（…略…）私の信じる宗教においては、「信ずるがままに行動せよ、そうすれば信仰はあなたのものとなる」と言っています。正義を信じるのであれば自らを信じるだけでよい。正義をもって行動しなさい。正義は我々の心にあると信じます。

学習ポイント

　医療ミスを扱った法廷劇なので、法律用語と医療用語の両方に触れることができます。まず、基本的な法律用語を挙げます。続けて文例をいくつか示しますので、文章の中でどのように使われているか確認してみてください。
法律用語：file（提訴する）, sue（訴訟を起こす）, court（法廷）, jury（陪審）, witness（証人・証言する）, judge（判事）
　　　　　testimony（証言）, accuse（告発する）, settle（示談にする）, deposition（証言録取書）, plaintiff（原告）
　　　　　defense（被告側）, defendant（被告人）, attorney（弁護士）, counsel（弁護人）, perjury（偽証）
文例：1) That's when we filed in court.　裁判所に訴訟を起こした時だ。
　　　2) He was accused of jury tempering.　彼は陪審買収で告発された。
　　　3) I want to settle this thing. 示談にしたい。
　　　4) In fact, you've just taken an oath that you would not commit perjury.
　　　　　実際、偽証しないと宣誓したばかりでしょう。
　また、法廷にて頻繁に使われる慣用句も覚えておくと、別の法廷映画やドラマで接する機会も多いでしょう。
慣用句：Hear-ye!（静粛に）, All rise!（起立）, Objection!（異議あり）, Your Honor（裁判長に対する敬称）
　　　　以下は場面からの抜粋です。
Judge : The document is disallowed.　書類は認められません。
Galvin : Objection!　異議あり！
Judge : Overruled!　却下します！
Galvin : Exception!　抗議します！
　　　Objection!に対し、判事が意義を認める場合はSustained.（認める、指示する）となります。
　　　医療用語に関しては以下のようなものが挙げられます。
医療用語：anesthetic（麻酔）, nurse-anesthetist（麻酔看護師）, anesthesiologist（麻酔医）, vegetable（植物人間）
　　　　　coma（昏睡）, nausea（吐き気）, vomit（吐瀉物、嘔吐する）, malpractice（医療過誤、医療事故）
文例：1) She's in a coma. 彼女は昏睡状態である。
　　　2) They gave the wrong anesthetic and she wound up drowning in her own vomit.　誤った麻酔を施して、彼女は自分の吐瀉物で窒息した。　＊wound up：wind up 最後に〜となる、結局〜になる＝end up
　　　3) They turned the girl into a vegetable. 彼らがその女性を植物人間にした。＊turn into　〜という状態になった

あらすじ

　映画は、バーで1人ピンボールに興じる主人公フランク・ギャルビンの弁護士らしからぬ様子から始まります。新聞の死亡欄を漁っては関係者と称して葬儀にもぐりこみ、あわよくば仕事を得ようとするうらびれた風体のギャルビンは、弁護士と言っても実際は飲んだくれのアルコール依存症で、いわば人生の落伍者です。ろくに仕事もせず、気持ちはすさみ、酒に溺れ、生活は荒れています。
　そんな彼を不憫に思った先輩弁護士ミッキーの配慮により、ある大病院の医療ミスの案件を担当することになります。麻酔処置後に植物人間になった患者の身内からの依頼ですが、示談に持っていけば金になりそうだと安易な気持ちで引き受けた訴訟でした。しかし調査を進めるうち、彼の心に変化が訪れます。出産のため入院した若い女性。子供は死産し、今は機械につながれ昏睡状態で、以前の健康な姿は見る影もありません。弱く無力な立場である患者と、その弱さにつけこみ過ちを闇に葬ることしか頭にない大病院（しかも母体は宗教団体）とその弁護士団。金をもらえばそれでいいのか。いや、法廷は真実を追求する場でなければならない。かつてエリート弁護士だったギャルビンは本来の正義感に目覚め、無謀にも権力に挑むことを選びます。後ろ盾を持たない弱き者のために。そしてそれは同時に自分の信念と誇りをも賭けた闘いなのでした。

映画情報

原　　作：バリー・リード　The Verdict
製 作 年：1982年
製 作 国：米国
言　　語：英語
ジャンル：人間ドラマ

公開情報

公 開 日：1982年12月17日（米国）
　　　　　1983年　3月19日（日本）
上映時間：129分
興行収入：5,400万ドル
画面アスペクト比：1.85：1

薦	○小学生	○中学生	○高校生	●大学生	●社会人		リスニング難易度		発売元：20世紀フォックス ホーム エンターテイメント ジャパン （平成29年2月現在、本体価格） DVD価格：1,419円 ブルーレイ価格：1,905円

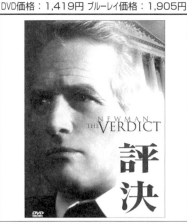

お薦めの理由	うらぶれた、今は人生の落伍者となった元エリート弁護士を演じるポール・ニューマンの存在感が圧倒的です。物事の真実を明らかにすべき法廷という場の意味とは何か。職業倫理とは何か。弱者に冷たい社会の側面が鋭く描かれた良質の社会派映画であると同時に、いったんは落ちぶれた初老の男がある訴訟案件を通して生き方を変え、本来の自分を取り戻していく姿が感動を呼びます。	スピード	3
		明瞭さ	3
		米国訛	3
		米国外訛	2
英語の特徴	医療訴訟を扱った作品のため、調査の経緯や法廷場面において法律用語、医療用語が多く出てきますが、会話スピードや明瞭さは特に難易度が高いわけではありません。専門語のみ語彙を増やすつもりで注意すれば、スラングなども少なく日常会話に必要な基本的な言い回しや文法の確認にも適しています。とりわけクライマックスの最終弁論は、法廷映画の名場面として高く評価されています。	語彙	4
		専門語	4
		ジョーク	3
		スラング	2
		文法	3

発展学習

法廷用語と医療用語に触れられるだけでなく、主人公ギャルビンを中心として繰り広げられる人間ドラマの中で味わい深い言葉が交わされます。そしてそれらの多くは複雑な表現や語彙ではなく、馴染みのある言葉でごく単純な形で構成されています。たとえば以下は、訴訟相手の病院の経営母体である教会の司教が示談金を提示した場でのギャルビンのセリフです。示談を成立させ、金を受け取るつもりで来たはずでしたが…。

…that poor girl put her trust into the… into the hands of two men who took her life. She's in a coma. Her life is gone. She has no home, no family. She's tied to a machine. She has no friends. And the people who should care for her—her doctors… and you and me—have been bought off to look the other way. We've been paid to look the other way. I came here to take your money. I brought snapshots to show you so I could get your money. I can't do it; I can't take it. 'Cause if I take the money I'm lost. I'll just be a… rich ambulance chaser. I can't do it. I can't take it.
（あの哀れな女性は2人の医者を信頼して命を預けました…なのに命を奪われてしまいました。今は昏睡状態です。死んだも同然です。家もなく家族もいない。機械につながれて。ひとりぼっちで。面倒を見るべき医者や…そしてあなたや私は…金で、見て見ぬふりをしようとしている。金目当てですよ。あなたに証拠の写真を渡して私は金を受け取るつもりでした。できません。もらえません。金を受け取ったら私は私でなくなってしまう。ただのチンピラ弁護士になってしまう。それはできない。金はもらえません）

管で装置につながれた哀れな被害者の姿に触れて正義感に目覚め、ギャルビンの意識に変化が生まれたのでした。変化の表明ともいえる深刻で重要なセリフですが、使われている単語は驚くほどシンプルです。動詞だけをみても took, has, brought, take など、ほぼ辞書なしで理解できる単語ばかりです。以下、一部補足をしておきます。
1) "paid to look the other way"："look the other way" は向こうを見る、顔をそむけるなどの意。
   つまり、金銭の支払いを受けて見て見ぬふりをしたということ。
2) "ambulance chaser"：文字通りには、救急車を追いかける人。
   交通事故の被害者を追跡して、事故処理の訴訟を持ちかけ、賠償金の一部をせしめようとする悪徳弁護士のこと。
   本来の正義感に目覚めたギャルビンは次のような力強い言葉も口にします。
The weak have gotta have somebody to fight for 'em.（弱き者には彼らのために闘ってくれる誰かが必要だ）
gotta は got to の略で、have got to は〜しなければならないの意。'em は them の略で、これらは主に発音を簡略にするため口語で用いられます。よく知られているものには他に wanna（= want to）や gonna（= going to）等があります。

映画の背景と見所

裁判と医療という米国社会の現実を如実に反映する題材を扱った注目作ですが、それだけではなく、「人はやり直せるか」という普遍的なテーマが真摯に描かれていることが本作をさらに味わい深いものにしています。

監督のシドニー・ルメットは社会派ドラマの秀作を多数送りだした米国映画界の名匠。賠償員制度の矛盾を扱った『十二人の怒れる男』（1957）、汚職にまみれる警察組織を摘発する孤独な警官の物語『セルピコ』（1973）、視聴率競争に明け暮れるテレビ局を舞台にマスメディアの狂騒を描いた『ネットワーク』（1976）など、長年に渡り第一線で活躍しました。2005年にはアカデミー名誉賞が贈られています。

本作では、ポール・ニューマンの素晴らしい演技が見物です。これまで多く演じてきたどちらかというと華やかな役柄とはうって変わり、人生の落伍者、老いを迎えつつある元エリート弁護士という役を陰影豊かに演じています。

特に終盤の最終弁論は真実を明らかにすべき法廷という場の意義を問い、同時にフランクの人生の再起をかけた名場面として語り継がれています。脇を固める俳優陣も実力派揃いで作品を成功に導いています。

原作は現役の弁護士であったバリー・リードのベストセラー小説 The Verdict。医療訴訟の経験に富み、優れた弁護士として高い評価をすでに得ていたリードは、本作後も精力的に執筆活動を続けました。

スタッフ	監督：シドニー・ルメット 脚本：デイビッド・マメット 製作総指揮：バート・ハリス 撮影：アンジェイ・バートコウィアク 音楽：ジョニー・マンデル	キャスト	フランク・ギャルビン：ポール・ニューマン ローラ・フィッシャー：シャーロット・ランプリング ミッキー・モリッシー：ジャック・ウォーデン エド・コンキャノン：ジェームズ・メイソン ホイル判事：ミーロ・オーシア

評決のとき	A Time to Kill	（執筆）岡田　泰弘

セリフ紹介

"What in us seeks truth? Our minds, or is it our hearts? I tried to prove blacks could get a fair trial in the South, that we are all equal in the eyes of the law. That's not the truth. The eyes of the law are human eyes, yours and mine, and until we can see each other as equals, justice is never going to be evenhanded. It will only be a reflection of our own prejudices. So until that day, we have a duty under God to seek the truth, not with our minds, where fear and hate turn commonality into prejudice, but with our hearts, but we don't know better."

（真実を求めるのは私たちの頭ですか、それとも心ですか。南部でも黒人は公平な裁判を受けることができ、法の前では誰もが平等であることを証明しようとしました。しかし、それは真実ではありません。法の目は人間の目、つまりあなた方や私自身の目なのです。私たちが平等な目をもたない限り、公明正大に正義が実現されることはありません。それは私たち自身の偏見を映す鏡にすぎないのです。その日が来るまで、私たちは恐怖や憎悪によって偏見に毒されがちな頭で考えるのではなく、心を拠り所に真実を追求しなければならないのです）

　これは黒人のカール・リー・ヘイリーを被告人とする裁判における最終弁論の場面で、弁護人のジェイク・ブリガンスが全員白人で構成された12人の陪審員に対して語った言葉です。ここで彼は、人種差別が根強く残る南部地域の司法制度の下では、黒人の被告人に対する裁判が公正に行われてこなかった事実を指摘して、人種偏見にとらわれることなく、良心のみに基づいて評決を下すよう陪審員たちに求めています。米国の法律や司法制度について正しく理解するためには、人種関係の歴史と現状についてもきちんと押さえておく必要があります。

学習ポイント

　法律関係の仕事を目指す英語学習者が法廷映画を活用する際のポイントとして、法律関連の重要な語彙や司法手続で頻繁に使用される表現を文脈の中で理解し、使えるようにすることが挙げられます。この映画には、予備審問と陪審裁判のシーンを中心に、法曹関係者にとって必須である重要な英語表現が散りばめられています。例えば、弁護側、検察側それぞれの証人尋問、反対尋問において、相手側の質問に対して異議申し立てを行う、法廷ドラマでおなじみのやり取りを見てみましょう。ここで登場する "Your Honor"（裁判長）、"Objection."（異議あり）、"Sustained."（異議を認める）、"Overruled."（異議を却下する）、"withdraw a question"（質問を撤回する）、"No further questions."（以上で質問を終わります）などは、いずれも法廷で頻繁に使用される決まり文句です。また、trial（公判）、preliminary hearing（予備審問）、jury（陪審）、grand jury（大陪審）、counsel（弁護人）、district attorney（DA、地方首席検事）、change of venue（裁判地の変更）、custody（拘置）、plea（答弁）、bail（保釈）、insanity（心神喪失）など、刑事訴訟に関係する重要な専門用語が数多く登場します。このような法律用語や定型表現が各場面でどのように使用されているのかに着目しながら、具体的な文脈の中で覚えていくことが重要です。

　また、法廷場面における弁護人と検察官の具体的なやり取りの内容に注目することで、英語による効果的な議論の方法について学ぶことができます。裁判の中でも特に注目してほしいのが、最終弁論（summation, closing argument）の場面です。最終弁論は弁護人、検察官双方にとって、評決を下す前の陪審員に対する、言わば「最後のお願い」のチャンスです。そこでは高度に専門的な法律論に陥ることなく、一般市民の代表である12人の陪審員の良識や良心に訴えながら、いかに自分の主張をわかりやすく伝えることができるのかが問われます。しかも、最終弁論はスピーチの形でまとめられているので、英語による議論や演説において、いかに効果的に、説得力のある主張を展開するかを学ぶための多くのヒントを与えてくれるでしょう。

　「セリフ紹介」でも取り上げたジェイク・ブリガンスによる最終弁論は、本作品で最大の山場となっています。それまでの裁判の過程で、彼が証人として頼みにしていた精神科医の過去に問題があることが発覚しました。それに加えて、検察官の挑発に乗って被告人のカール・リーが自ら不利な発言をしてしまったこともあり、この時点で陪審員の多くは有罪評決を下す方向に心が傾いていました。このように弁護側にとって圧倒的に不利な状況の中で、ジェイクはいかにして12人の白人の陪審員たちを説得し、無罪を勝ち取ることができたのでしょうか。ここでの議論を正確に理解するためには、米国の南部地域における人種問題に関する知識が不可欠です。この点については、右頁の「発展学習」で詳しく見ていきます。

あらすじ

　ミシシッピ州クラントンで、黒人少女トーニャ・ヘイリーが2人の白人青年から性的暴行を受けました。人種偏見が根強く残る南部地域で白人のレイプ犯に対する公平な裁きは期待できないことを確信していた父親のカール・リー・ヘイリーは、裁判所内で移送中の2人を射殺し、警護に当たっていた保安官補にも重傷を負わせました。

　殺人罪で起訴されたカール・リーの弁護を引き受けたのは、若手の白人弁護士、ジェイク・ブリガンスでした。圧倒的に白人の多い地域で裁判を行うのは不利であると考えたジェイクは裁判地の変更を申請しますが、裁判長により却下されます。案の定、12人の陪審員は全員白人となりました。殺人の事実については争うことができない中で、彼は法科大学院生のエレン・ロアークの協力を得ながら、カール・リーが事件当時「心神喪失」状態にあったことを理由に、無罪を主張する作戦に出ます。さらに、黒人容疑者を弁護するジェイクに対して、白人至上主義団体のクー・クラックス・クラン（KKK）はあらゆる手段を使って妨害しようとします。

　裁判所前の広場にはカール・リーの支援者と、KKKに扇動された人種差別主義者たちが押し寄せ、一触即発の状態の中で裁判が始まります。法廷ではジェイクとバックリー検事の間で激しい論戦が繰り広げられ、裁判はカール・リーにとって厳しい展開で進みます。しかし、最終的に陪審が下したのは、何と無罪評決でした。

映画情報

原　　　作：ジョン・グリシャム　*A Time to Kill* 製 作 費：4,000万ドル 製 作 年：1995年 製 作 国：米国 言　　　語：英語　　　ジャンル：法廷ドラマ	公 開 日：1996年 7月28日（米国） 　　　　　　1996年12月28日（日本） 上映時間：150分 興行収入：1億5,226万6,007ドル オープニングウィークエンド：1,963万ドル（米国）

薦	○小学生　○中学生　○高校生　●大学生　●社会人	リスニング難易度	発売元：日本ヘラルド映画 （平成29年2月現在、DVD発売なし） 中古販売店等で確認ください。
お薦めの理由	この映画の最大の見所は後半の陪審裁判の場面ですが、裁判に向けた打ち合わせや日常会話の中にも、弁護人や検察官が関係者と法的な議論をする場面が多く見られます。全体を通して法律関係の用語や表現が随所に散りばめられていますので、法律英語を学ぶための教材として最適です。また、日本人にはあまりなじみのない、米国の司法制度における人種の問題についても理解を深めることができます。	スピード　4 明瞭さ　3 米国訛　3 米国外訛　1 語彙　5 専門語　4 ジョーク　2 スラング　2 文法　3	
英語の特徴	この映画は米国深南部のミシシッピ州を舞台とし、また黒人の俳優も多く登場しますが、特に南部地域の方言や黒人英語に独特のアクセントが聞き取りを難しくしているということはありません。予備審問や裁判の場面を中心に、法律の専門用語が多く登場し、議論が白熱すると会話のスピードも早くなりますが、中心となる法曹関係者が話す英語は極めて明瞭で、議論の内容を追うことに集中できるでしょう。		

発展学習

　法廷映画を英語学習の教材として活用していく中で、日本と外国の法制度や法文化の違いについて理解を深め、異文化間コミュニケーション能力の向上につなげていくことができます。ここでは本作品の背景となっている米国の南部地域における人種関係と、米国の司法制度における人種の問題について考えてみます。

　司法制度というものは、本来万人にとって中立であるべきものです。しかし、左頁で紹介したジェイクのセリフが示唆しているように、法律を作るのも、執行するのも、そしてその法律に基づいて人を裁くのも全て人間であり、法律や司法制度はそれぞれの時代の社会的、文化的背景を大きく反映してきました。本作品の舞台となっているミシシッピ州のある南部地域では、奴隷制の時代、奴隷解放後の人種分離の時代を通して、黒人は白人に対して従属的な地位に置かれてきました。1964年に公民権法、翌年に投票権法が制定されるまでの長い間、南部に住む黒人は白人と平等な法的権利を得ることができず、投票権の行使を妨げられ、陪審員の選定過程からも排除されてきました。そのような白人至上主義的な社会において、司法制度が平等に機能するはずはありません。裁判官も陪審員も全て白人で占められた法廷では、黒人が白人を殺害した場合には即死刑判決が下される一方で、白人が黒人をリンチして死に至らしめても無罪放免されるという、平等な正義の実現とはかけ離れた状況が長年続いてきました。

　南部地域に限らず、米国における人種差別の歴史がもたらした負の遺産は大きく、この映画でも詳しく描かれているように、人種が絡んだ裁判では陪審を構成する人種の比率が問題となります。それゆえ、陪審員の選定をめぐり、弁護人と検察官の間で激しい駆け引きが繰り広げられることになります。1992年にロサンゼルス暴動が起きるきっかけとなったロドニー・キング殴打事件や、同じく1990年代に起きたアメフトのスター選手であるO.J.シンプソンの妻殺害事件をめぐる裁判では、米国の陪審制度における人種の問題が世界的に大きく報じられました。

　本作品のクライマックスである弁護側の最終弁論の場面で、ジェイクは以下のセリフを述べています。

"Can you see her? Her raped, beaten, broken body, soaked in their urine, soaked in their semen, soaked in her blood, left to die. Can you see her? I want you to picture that little girl. Now, imagine she is white."

　カール・リーに有罪評決を下す心づもりでいた陪審員たちに対して、ジェイクは人種偏見にとらわれずに判断することを求めます。さらに、もしこの悲惨なレイプ被害者が黒人の少女ではなく、彼らの娘と同じ白人であったら、両親としてどのような行動をとるのか、目を閉じて想像させたのでした。結局、ジェイクは白人の陪審員の中にある人種偏見に強く訴えることにより無罪を勝ち取ったわけですが、このような彼の戦略自体に、公民権運動後の時代にも米国の南部社会に大きな影を落としている人種問題の生々しい姿が浮き彫りになっています。

映画の背景と見所

　この映画の原作者は、『ザ・ファーム』、『ペリカン文書』、『依頼人』、『レインメーカー』、『ニューオリンズ・トライアル』（いずれも映画化されています）など数々の法廷スリラーもので知られる、米国の人気作家ジョン・グリシャムです。著者自身がミシシッピ大学法科大学院の出身で、同州で弁護士事務所を開業していたこともあり、彼の作品には法律に関する高度な知識と、司法の現場での経験が大きく反映されています。2013年には、ヘイリー裁判から3年経ったクラントンを舞台に、同じく弁護士ジェイク・ブリガンスが活躍する新作 Sycamore Row が出版されました。この作品でも人種問題に焦点が当てられており、『評決のとき』の続編として話題を呼んでいます。

　この映画の最大の見所は、何と言っても後半の法廷シーンです。その中でも、最終弁論でのジェイクのスピーチが圧巻で、評決の行方の鍵を握る重要なものとなっています。原作では、陪審員の1人である白人女性が、評決を決める話し合いの中で同様のセリフを述べています。しかし、映画化に当たり、この重要な役目は弁護人のジェイクが担うことになりました。2人の白人青年に自分の娘がレイプされたことに対する復讐として、司法制度に頼ることなく加害者を殺害したカール・リーの行動に同情を覚える人は多くても、彼に下された無罪評決が果たして妥当なものであったのかについては意見が分かれるところでしょう。

スタッフ

監　督：ジョエル・シュマッカー
脚　本：アキバ・ゴールズマ
製　作：アーノン・ミルチャン、マイケル・ネイサンソン
　　　　ハント・ローリー、ジョン・グリシャム
音　楽：エリオット・ゴールデンタール

キャスト

ジェイク・ブリガンス　：マシュー・マコノヒー
エレン・ロアーク　　　：サンドラ・ブロック
カール・リー・ヘイリー　：サミュエル・L・ジャクソン
ルーファス・バックリー　：ケビン・スペイシー
ハリー・レックス・ボナー：オリバー・フラット

ザ・ファーム　法律事務所	The Firm	（執筆）岡島　勇太

セリフ紹介

　作品の中で、ミッチは法律事務所を守り続けるか、それとも FBI に協力するかについての選択を迫られるシーンがあります。どちらを選択しても自分のこれまでの苦労が水の泡になる可能性があるという絶体絶命の危機から脱出するため、ミッチはある作戦を考えます。これをのちに作戦の協力者となるタミーに、次のように伝えています。

Mitch : I think there might be a way of doing this without getting disbarred and without breaking the law.

　違法ではなく、FBI にも法律事務所にも協力する必要が無い作戦を思いつき、ミッチは前途に光明を見出します。
　妻のアビーにも作戦を思いついたことを伝えます。

Mitch : I think I might have found a way out. Well, not out, exactly. It's more like a way through. It's a long shot, but it's, well, it's legal.

　せっかくの作戦を伝えてもアビーはミッチが他の女性と関係を持ったことにショックを受けていたため、この時点では彼女との関係修復には至りませんでした。
　また、ミッチは作戦を成功させるため、マフィアのモロルト兄弟から彼らの請求書を公開するための書面による許可を得る必要がありました。そこでミッチは以下のセリフによって説得し、自分の作戦を成功に導きました。

Mitch : Whatever I know, wherever I go, I am bound by the attorney-client privilege. I am very much like… I would say I am exactly like a ship carrying a cargo that will never reach any port. And as long as I am alive, that ship will always be at sea, so to speak.

学習ポイント

　タイトルの通り、法律に関連する用語や言い回しをさまざまな角度から映像を通じて学習することができます。

（1）法律関係の単語、表現の学習

　　"objection"（異議あり）、"sustained"（異議を認めます）のような実際に法廷で使う表現や、"bar exam"（司法試験）、"contracts"（契約書）のような法律事務所で使われる表現が学べます。視聴する際には、これらの語彙を意識しながら見てみましょう。

（2）シャドーイング学習

　　新人弁護士の誓いの言葉のシーンを使ってのシャドーイング学習も、おすすめです。

Judge : I will employ such means only as are consistent with truth and honor. I will maintain the confidence and preserve inviolate the secrets of my client. I will truly and honestly conduct myself… in the practice of my profession to the best of my skill and ability, so help me God.

　判事は明瞭に発音していますので、練習に取り入れやすいシーンです。また、勧誘の場面を使ってのシャドーイング学習も効果的です。以下は、主人公のミッチと彼を勧誘に来た先輩弁護士たちとのやり取りです。

Mitch : Mr. McKnight, you are the managing partner at Bendini, Lambert & Locke, is that correct?
（マックナイトさん、あなたはベンディーニ、ランバート&ロックの共同経営者で正しいですよね？）

McKnight : Yes.（ええ）

Mitch : Did Mr. Lambert, as senior partner give you any instructions regarding my employment?
（上位の共同経営者であるランバート氏は私の雇用に関して何か指示をしましたか？）

McKnight : He did.（しました）

Mitch : And, Mr. McKnight, do you usually follow Mr. Lambert's instructions?
（それでは、マックナイトさん、あなたは通常ランバート氏の指示に従いますか？）

Lamar : Objection. Vague. Ambiguous.（異議あり。あいまいで不明瞭です）

Oliver : Sustained.（異議を認めます）

　シャドーイング学習に際し、作品の字幕は文字制限などにより省略されているセリフもあるので、曽根田憲三監修『ザ・ファーム　法律事務所』（名作映画完全セリフ集 スクリーンプレイ・シリーズNo.81、1997）を参考にすると、正確なセリフを確認して練習することができます。

あらすじ

　ハーバードのロースクールでトップクラスの成績を収めていたミッチ・マクディーアは、さまざまな法律事務所から勧誘を受けていました。どの法律事務所もかなり良い待遇でミッチを迎えようとしていましたが、そんな中彼を勧誘していた事務所のうちの1つが、破格の報酬と豪華な贈り物で見事にミッチを勧誘することに成功します。その事務所はメンフィスにあるため、ミッチは妻のアビーと共にボストンから引っ越します。妻のアビーは以前に住んでいたボストンとメンフィスとの慣習の違いに少々戸惑いを感じます。ミッチがメンフィスの事務所で働き始めてから間もなく、同僚2人が亡くなります。ミッチは司法試験の勉強とこれまで以上に事務所の仕事をこなさなければならなくなり、なかなか家に帰ることができなくなります。そんな中、仕事で成功したいミッチと夫婦の時間を大切にしたいアビーとの間で諍（いさか）いが起こるようになります。その後、ワシントンでセミナーを受けていたミッチに FBI の捜査官が接触してきます。FBI は事務所を起訴するため、犯罪の証拠となる事務所の情報を提供するように促します。ミッチは、FBI と協力するかこのまま法律事務所で働き続けるかの選択を迫られます。どちらを選択しても自分らしい生活を送ることができないことに気がついたミッチは、別の選択をします。はたして、ミッチは自分らしい生活を取り戻すことができるのでしょうか。

映画情報

原　　　作：ジョン・グリシャム　The Firm 製　作　費：4,200万ドル　製　作　年：1993年 製　作　国：米国　　　言　　　語：英語 撮影場所：米国、ケイマン諸島 ジャンル：ドラマ、ミステリー、スリラー	公開情報 公　開　日：1993年6月30日（米国） 　　　　　　1993年7月24日（日本） 上映時間：154分　　　MPAA（上映制限）：R 興行収入：1億5,834万8,367ドル（米国） ノミネート：第66回アカデミー賞助演女優賞、作曲賞

薦	○小学生	○中学生	○高校生	●大学生	●社会人	リスニング難易度	発売元：NBCユニバーサル・エンターテイメント （平成29年2月現在、本体価格） DVD価格：1,429円　ブルーレイ価格：2,381円

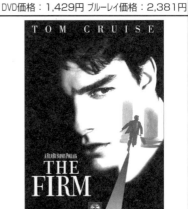

お薦めの理由	法律関係の単語や表現を学習するには、おすすめの作品です。相手との交渉や勧誘をする際の表現を学べるだけでなく、米国の弁護士の業務の一部を垣間見ることができます。米国の優秀なロースクールの学生の事務所の選定過程や証人保護プログラムなど、普段見る機会が少ない場面も見られます。北東部の歴史ある街ボストンと南部メンフィスとの慣習や風土の違いを感じることもできるでしょう。	スピード	4
		明瞭さ	3
		米国訛	1
		米国外訛	1
英語の特徴	ミッチとアビーの英語は、発音が明瞭でわかりやすく、日常的な会話は聴き取りやすいスピードで話されています。しかし、ミッチをはじめエイヴァリーら弁護士たちは、自分の専門分野の話になると普段の話し方よりスピードが速くなります。ケイマン諸島のエイバンクスの英語は訛りがあり、FBI捜査官のタランスの英語には品の無い言葉が多少混じっているので、教材として使用する際には注意が必要です。	語彙	3
		専門語	3
		ジョーク	1
		スラング	2
		文法	2

発展学習

この映画を用いたさらなる学習方法として、以下の2つを紹介します。

（1）米国事情と地域的差異―社会、風土、慣習、文化理解

映画序盤で、将来有望なミッチの所にさまざまな法律事務所が勧誘にやって来ます。卒業を間近に控えた優秀な学生が自分の職場を決定する過程が見られ、ロースクールの学生に対する勧誘の仕方もわかります。それぞれの法律事務所が相手を出し抜こうと魅力的な条件を提示する交渉の様子は、臨場感に溢れています。

次に、ボストンとメンフィスの風土・慣習の違いです。メンフィスの法律事務所にやって来る前のミッチとアビーは、夫婦共働きで子供を持つことについてあまり深く考えてはいませんでした。一方、メンフィスの法律事務所の先輩弁護士の妻は、2人の子を持つ専業主婦です。彼女の話をよく聞いてみると、法律事務所は表向きには妻が働くことを禁止していないものの、子供を持つことを奨励していて暗に女性は家庭を守るべきだという考えであることを示唆しています。また、引っ越しの際に近所の人に手伝ってもらうことに戸惑いを感じるなど、ボストンとメンフィスでは風土の違いが若干あり、地域ごとに差異があることがわかります。

もう1つは、証人保護プログラムについてです。このプログラムについて、ミッチは以下のように述べています。

Mitch : You mean... in a witness protection program? How? I live somebody else's life? In some nowhere place and one day I'm backing out of the driveway and my car explodes!

（それは…証人保護プログラムのことですか？どうやって？僕は誰かほかの人の人生を生きるんですか？どこか知らない場所で、ある日僕が車道で車をバックさせていると、僕の車が爆発するんだ！）

このセリフから、このプログラムを受けるとこれまでの自分の人生を放棄して、別の人生を歩まなければいけないことが見えてきます。将来有望な弁護士であるミッチにとって、この提案はすぐには受け入れられるものではなかったことが分かります。

（2）映画の内容について意見をまとめる練習

あなたがミッチと同じような状況になった場合、どうするかを考えてみましょう。FBIに協力し、その後別人となってひっそりと暮らしていくでしょうか。それとも、メンフィスの法律事務所の秘密を守り続けて、違法であると知りつつも事務所の業務に携わり大金を稼ぎ続けていくでしょうか。または、両者に協力せずに別の方法を考えるでしょうか。自分の倫理観と生活を天秤にかけた時、どの選択肢を選ぶでしょうか。もしグループで学習が可能な場合は、相手に自分の考えを納得してもらえるように議論を進めてみるのもよいでしょう。

映画の背景と見所

ジョン・グリシャム著 The Firm をもとに製作されており、著者自身が法律を学んでいた経験がこの作品に生かされています。1990年代初頭の米国が舞台で、話の大半はメンフィスが中心となっていますが、物語終盤からはケイマン諸島での出来事も重要性を帯びてきます。メンフィスに移る前に住んでいたボストンでのミッチとアビーの生活はあまり描かれていませんが、セリフの中でメンフィスとボストンの対比がなされています。映画序盤は不審な出来事が起こり、謎が深まるばかりです。中盤から自分たちの置かれている状況が明らかになり、メンフィスの法律事務所の恐ろしさと、FBIの奸智（かんち）にたけているさまが浮かび上がってきます。終盤にかけて、弁護士資格を失うことなく普段の生活を取り戻すために奔走する展開は目が離せません。野心を持つ若き優秀な弁護士、陰謀を企てる老獪（ろうかい）な弁護士集団、必要な情報だけを獲得し、見返りを極力与えないようにする狡猾（こうかつ）なFBI捜査官を丁寧に描いています。主人公ミッチを中心に、妻との結びつき、疎遠だった兄との交流の復活など家族との絆の問題も取り入れられています。

主演のトム・クルーズと、ミッチの指導役の弁護士を演じたジーン・ハックマンとの共演は見所のうちの1つです。また、ジーン・トリプルホーンが、夫を手助けする妻の役を見事に演じています。

スタッフ

監　督：シドニー・ポラック
脚　本：ロバート・タウン他2名
音　楽：デイヴ・グルーシン
編　集：ウィリアム・スタインカンプ
　　　　フレドリック・スタインカンプ

キャスト

ミッチ・マクディーア　　：トム・クルーズ
アビー・マクディーア　　：ジーン・トリプルホーン
エイヴァリー・トラー　　：ジーン・ハックマン
オリヴァー・ランバート　：ハル・ホルブルック
タランス　　　　　　　　：エド・ハリス

	フィラデルフィア	Philadelphia	（執筆）鷲野　嘉映

セリフ紹介

両親の結婚40周年を祝うホームパーティーに集まった家族を前に、アンドリューは、裁判を起こすことで自分のプライバシーに関わる事項が白日の下に曝され、家族の皆に嫌な思いをさせることになるのではと謝罪します。最も辛い思いをするであろう両親がアンドリュー（とパートナー）にかけた言葉は、子を思う大きな親の愛情を感じさせてくれます。

Dad　: I don't believe there's anything that anyone could say... that would make us feel anything but incredibly proud of you.
　　　（誰の言葉でも、私たちにお前たちを心から誇りに思う以外に何かを感じさせる言葉があるとは思わない）

Mom : [to Andrew] Well, I didn't raise my kids to sit in the back of the bus. You get in there and you fight for your rights, okay?
　　　（私は、自分の子供たちをバスの後ろに座らせるように育てたことはない。裁判に立ち向かい、自分の権利のために戦いなさい。いいわね）（"to sit in the back of the bus" は "to accept injustice" と同じ意味）

息子とパートナーに対し、父は「誰が何と言おうがお前たちを信じているし、困難に立ち向かう2人を誇りに思っている」と敬意を表し、母は息子に「偏見に負ける子（to sit in the back of the bus）には育てなかった。差別に対して堂々と戦いなさい」と励まします。母の言葉は、本作品の根底にある差別に対する戦いを象徴しており考えさせられます。（1964年の公民権法成立以前は、南部米国においてバスは前方の白人席と後方の黒人席に分けられていました）

学習ポイント

法曹界を舞台にした映画であるとともに、医学（特に感染症に関する事柄）をベースとした映画作品となっていますので、法律や医療において特徴的に使用される語句や表現を知ることができます。以下に幾つか表現を挙げてみました。

【医学関連の表現】"ER"（救急救命室：Emergency Room）、"HIV"（ヒト免疫不全ウィルス：Human Immunodeficiency Virus）、"AIDS"（後天性免疫不全症候群：Acquired Immune Deficiency Syndrome）、"heart attacks"（心臓病）、"ulcers"（潰瘍）、"prostate cancer"（前立腺癌）、"leukemia"（白血病）、"PMS"（月経前症候群：premenstrual syndrome）、"ESP"（超感覚的知覚：extrasensory perception）、"Stupor, Fogginess"（意識朦朧：両単語とも精神的に疲労した状態）、"Your blood work came back."（血液検査の結果が戻ってきた）、"My T-cells are steady and even my platelets are good."（T細胞「値は」安定しており、血小板「値も」問題ない）、"I want to prep you for a colonoscopy."（大腸内視鏡検査の準備をします）、"This deadly, dreaded, infectious disease."（これは、致命的な恐ろしい感染症です）、"It could be a reaction to the AZT."（これは、AZT [azidothymidine] への反応かもしれない）、"Are you aware of the difference between a bruise and a lesion?"（あざと病変の違いを知っていますか）、"I had a blood transfusion and I feel great."（輸血をしたので非常に気分が良い）

【法律関連の表現】"settlement agreement"（和解契約）、"anti-trust action"（反トラスト行動："trsut" とはビジネスにおける独占状況）、"copyright infringement"（著作権侵害）、"counselor"（弁護士）、"back-pay and loss of benefits"（遡求賃金、報酬損失）、"mental anguish"（精神的苦痛）、"punitive damages"（懲罰的賠償補償）、"You want to sue the city for negligence?"（あなたは、市を訴えますか？）、"I was sabotaged."（私は妨害された）、"I'm in charge of paralegals."（私は弁護士補助職をしています）、"Excuse me, your honor, but is this for the record?"（すみません、判事、これは記録に残しますか？："Your honor" は、裁判所における判事への敬称で、"the record" は、公的な記録）、"Objection."（異議あり）、"I withdraw."（撤回します）、"I'm going to sustain the objection."（異議を認めます：裁判官は異議に対して "sustain" 認めるか、"overrule" 却下する）、"Objection sustained."（異議を認めます）、"Can we have 5 minutes in redirect?"（さらに5分間の再尋問を認めていただけますか？）

【同性愛に関連した表現】"Let's get it out of the closet!"（同性愛者であることを認めることを "come out of the closet"とも言います）、"Faggot, queen, fairy, coffee roaster." "Are you a homo? /queer? / fruit? / gay? / fudge packer? / rump roaster? / pillow biter?"（侮辱的な意味をはらんだ同性愛者・ホモを指す表現の羅列）

あらすじ

フィラデルフィアの名門法律事務所に所属するアンドリューは、その手腕を買われて若くしてシニアアソシエイトに昇進し、重要な案件を担当しますが、訴訟の間際に不可思議なトラブルに見舞われ、さらに AIDS 発症が発覚して事務所を突然解雇されてしまいます。アンドリューは、これを不当解雇としてウィーラー所長らを相手に訴訟に踏み切ろうとしますが、行く先々で弁護を断られてしまいます。法廷で渡り合ったやり手の黒人弁護士ミラーも訪ねますが、AIDS に対し恐怖を感じゲイに対する偏見も強いミラーも弁護を断ります。しかし、図書館員から差別的扱いを受けながら毅然として対応し、自ら裁判に対峙しようとするアンドリューに心を動かされたミラーは弁護を引き受け、名門事務所に対し裁判に挑んでいきます。家族や（パートナー）ミゲールの理解と支援のもとアンドリューは裁判に臨みます。AIDS を知ったことによる事務所の不当解雇を主張するミラーに対し、事務所の主任弁護士ベリンダは、AIDS に感染したアンドリューの人間性と弁護士としての不適格性を激しく突いてきます。次第に悪化していく症状の治療よりも裁判を優先しようとするアンドリューに苛立つミゲールのために、アンドリューはゲイパーティーを開きます。ついには裁判中に倒れて病院に搬送されたアンドリューにもたらされたのは、原告勝訴の知らせでした。その夜、衰弱したアンドリューは、病院で彼を優しく見守るミゲールに "I'm ready."（さよなら）と告げます。そして…。

映画情報

製 作 費：2,600万ドル 製 作 年：1993年 製 作 国：米国 ジャンル：ドラマ 言　 語：英語　　　カラー映画	公 開 日：1993年12月22日（米国） 　　　　　1994年 4月23日（日本） 上映時間：125分 興行収入：2億667万8,440ドル（全世界） 受　　　賞：アカデミー主演男優賞、主題歌賞

薦	○小学生　○中学生　○高校生　●大学生　●社会人	リスニング難易度	発売元：ソニー・ピクチャーズ エンタテインメント（平成29年2月現在、本体価格）DVD価格：1,410円　ブルーレイ価格：2,381円

お薦めの理由	AIDSを真正面から取り上げた最初のハリウッド作品として歴史的に重要な作品と言えます。ゲイやレズに対する誤解が顕著であった1990年代において、『羊たちの沈黙』のジョナサン・デミ監督が、差別と偏見に果敢に立ち向かう2人の弁護士を描いたヒューマン・ドラマです。2人の弁護士を演じたハンクスとワシントンの素晴らしい演技がこの作品を成功に導いたと言っても過言ではありません。	スピード	2
		明瞭さ	3
		米国訛	2
		米国外訛	4
英語の特徴	法廷を舞台にした作品でもあり、基本的に聞き取りやすいスピードで標準的な米国英語が使用されており、リスニングには最適な作品であると言えます。しかしながら、法廷や医療に特徴的な語句・表現が多くみられます。「学習ポイント」で記述しましたが、特に医療関係の略語については注意が必要です。また、LGBT（性的少数者）における会話において、使用が差し控えられる性的な表現が随所に認められます。	語彙	4
		専門語	4
		ジョーク	2
		スラング	4
		文法	3

発展学習

　本作品を鑑賞するに当たって、AIDSを医学的見地から知るとともに、歴史的背景を知る必要があります。AIDSとは、HIVが、T-cell（T細胞）に感染・破壊することにより免疫（immunity）機能が徐々に低下し、ARS（ARC）（AIDS関連症候群：AIDS related syndrome [complex]）から徐々に病状が進展したHIV感染症の終末臨床像です。本作品においてアンドリューの血液検査で話題となるT-cellは、免疫反応の中心的役割を担うリンパ球（lymphocyte）の1つです。T-cellの1つであるヘルパーT細胞（Helper T-cell）は、免疫応答を調節・活性化させる作用があり、いわゆる免疫系の司令塔の役割を果たしています。HIVは、その司令塔のヘルパーT細胞を破壊するため、最終的には免疫機能が破綻（はたん）して、AIDSを引き起こすのです。HIVは、感染者の体液によってヒトからヒトへ伝播（でんぱ）するのであり、つばや通常の接触では感染しません。感染すると、感染の初期では数日から数週間にわたって一時的に風邪のような症状があらわれることがありますが、症状もないことが多いです。その後数年から十数年間、ほとんど臨床症状が出現しない無症候キャリア期（AC期：asymptomatic carrier）となります。その後進行すると、平均約10年を経て、発熱や、下痢、体重減少などのARC期が数カ月続き、種々の感染症、悪性腫瘍、HIV脳症・認知症などの合併症が出現するAIDS期に移行します。AIDS発症後は、5年以内に90％以上が死亡すると言われています。1981年に人類の前に初めてAIDSが姿を現してから本作品で描かれる1990年代において急激にAIDS患者が発生しました。この時代AIDSは、ホモセクシャルの性的接触と輸血および非加熱凝固因子製剤が主な感染経路でした。1987年に初めての抗AIDS薬であるAZT（azidothymidine）が承認されましたが、この時代AIDS＝死の時代でした。同性愛者においてもAIDSに対する知識が少なくあまり知られていませんでした。

　本作品中でアンドリューもAIDSについては良く知らなかったと告白しています。ミラーでさえ、初めてアンドリューと接した後直ちにかかりつけ医（home doctor）に赴き、医師に "The HIV virus can only be transmitted through the exchange of bodily fluids, namely blood and semen."（HIVウイルスは、体液すなわち血液および精液のやりとりによってのみ伝播する）と伝えられたにも関わらず、妻に "I hope this guy doesn't touch me. I don't even want him to breathe on me."（この男が私に触れて欲しくないし、一緒に息もしたくない）と告げています。ウィーラー所長も "Andy brought AIDS into our office, into our men's room. He brought aids to our annual cocktail family picnic.—we ought to be suing him."（アンディー［アンドリューの愛称］は、オフィス、トイレにAIDSを持ち込んだ。例年の内輪のカクテル・ピクニックにも！私たちは彼を訴えるべきだ）と激怒しています。知識人であり差別とは無縁であるはずの弁護士でさえこのように反応する時代であったのです。

映画の背景と見所

　ミラーが、裁判を報道するインタビューに対して次のように答える場面があります。
Miller：We're standing here in Philadelphia, the, uh, city of brotherly love, the birthplace of freedom, where the, uh, founding fathers authored the Declaration of Independence, and I don't recall that glorious document saying 1anything about all straight men are created equal. I believe it says all men are created equal.
（私たちは、兄弟愛の街、自由の発祥地、独立宣言が執筆されたここフィラデルフィアにいます。独立宣言は、「全ての同性愛でない人間が平等」ではなく「全ての人間が平等」であると言っていると信じます）
　この作品の舞台がフィラデルフィアであるのは、その名がギリシア語で「兄弟愛の市」を意味し、第三代大統領トーマス・ジェファーソンが起草した独立宣言が署名された場所であり、かつてのアメリカ合衆国の首都であったからなのです。作品中でシティ・ホールの塔頂の銅像が映し出されるシーンがありますが、これはフィラデルフィア市の父、ウィリアム・ペンの像です。イングランド生まれでクエーカー（キリスト友会徒）のペンは、異端の考えで裁判にかけられますが、陪審員により無罪の評決を受け、新天地米国におけるアメリカ合衆国憲法に大きな影響を与えた人物です。人種のるつぼでもあるフィラデルフィアは、まさに本作品の舞台となるべき都市と言えます。

スタッフ	監督：ジョナサン・デミ 脚本：ロン・ナイスワーナー 製作：エドワード・サクソン、ジョナサン・デミ 撮影：タク・フジモト 音楽：ハワード・シェア	キャスト	アンドリュー・ベケット：トム・ハンクス ジョー・ミラー：デンゼル・ワシントン チャールズ・ウィーラー：ジェイソン・ロバーズ ベリンダ・コーニン：メアリー・スティーンバーゲン ミゲール・アルヴァレス：アントニオ・バンデラス

夜霧のマンハッタン	Legal Eagles	（執筆）甲斐　清高

セリフ紹介

　自分の依頼人であるチェルシーと関係を持ってしまったトム・ローガンに、また彼女と寝るのか、とローラ・ケリーが詰め寄るときの会話です。

Laura : She's a very attractive young girl.　　　-- Tom : Extremely attractive.
Laura : I didn't say extremely, I said just attractive.　　-- Tom : Extremely.
Laura : She has a nice body.　　　　　　　　　-- Tom : A sensational body.
Laura : I'll pick the adjectives. A good body. Big eyes.　-- Tom : Big and hypnotic.
Laura : Big eyes!　　　　　　　　　　　　　　-- Tom : Unforgettable.
Laura : Logan, are you going to sleep with her again or not?　-- Tom : No.
Laura : Good. That's all I wanted to know.

　この映画の中で幾度も繰り広げられる、2人の小気味良い掛け合いの代表的なものです。この「形容詞は私が選ぶ」のやり取りは、最後の場面で再び展開します。

Laura : Because Chelsea's good at luring men onto her bed.　-- Tom : Extremely good.
Laura : No, no. I pick the adjectives. Big eyes. Hypnotic eyes. Unforgettable eyes. She has great eyes!
Tom　: Yes, she does... but they're not as great as yours.

　最後に2人の絆の強さを確信させる軽妙なやり取りです。

学習ポイント

　原題が *Legal Eagles*、すなわち「法の鷲（弁護士のこと）」というだけあって、主人公たちは検察官、弁護士と法律を生業としています。そのため、法廷の場面や事件の調査の場面を中心に、いたるところで法律用語、訴訟用語が出てきます。こうした専門用語を少し押さえておきましょう。

　主人公の1人トム・ローガンは "District Attorney's Office" あるいは "DA's Office"（地方検事局）で働いており、"Assistant District Attorney"（地方検事補）の地位にあります。そして、次の "District Attorney"（地方検事）の有力候補です。一方、被告人の弁護を担当するローラ・ケリーは、ただ "attorney"、あるいは "defense attorney" と呼ばれます。

　ローラが最初に登場するのは法廷の場面で、望みのない被告人への弁護を展開し、"Ladies and gentlemen of the jury, please look into your hearts, place yourselves in Mr. Marchek's position, and return a verdict of not guilty."（陪審員のみなさん、自分の心に耳を傾け、マーチェック氏の立場に身を置いて、無罪の評決をお出しください）といった弁護側の紋切り型の言葉で締めくくります。その後、ローラは、自分の担当する被告人チェルシーの事件で検事局の協力を得るための強硬手段として、"file a cross-complaint"（反対訴訟を起こす）、つまり検察側を訴えると脅しをかけます。このような表現も作品の理解のために知っておきたいものです。

　ローラとローガンがパートナーとしてはじめて出る法廷では、"The case for the people of New York vs. Chelsea Deardon is ready for arraignment."（ニューヨーク対チェルシー・デアドン事件の罪状認否が行われます）というアナウンスが流れます。そして、この場では、弁護側が、"Chelsea Deardon pleads not guilty."（チェルシー・デアドンは無罪を主張します）と言うのに対し、判事は "The court will note for the record her plea of not guilty."（法廷は無罪の主張を正式に記録する）と述べ、このセッションはすぐに終わります。ここでの動詞 "plead" も、名詞 "plea" も、主に弁護側に適用される語です。ローガンによる弁護側の答弁が規則に反している、というので判事は "The court will stand in recess while I consider holding you in contempt."（休廷にして、その間に君を侮辱罪に問うことを検討する）と言います。最後の裁判の場面では、検察側が、"we, the people, recommend that all charges against Chelsea Elizabeth Deardon be dismissed."（我々州民は、チェルシー・エリザベス・デアドンに対するすべての告訴を棄却するよう提言します）と言うことによって、チェルシーへの起訴は棄却されます。検察は "the people"（州民）を代表しているために、このような表現になるわけです。それぞれの人物が明瞭に話す傾向があるので、専門用語や独特の表現を頭に入れておけば聞き取りやすいかもしれません。

あらすじ

　ニューヨークの地方検事補トム・ローガンは、弁護士ローラ・ケリーから助力を求められます。彼女が受け持つ被告人チェルシー・デアドンは、絵画を盗んだ罪で起訴されているのですが、本人の証言では、それは作者である父親が自分に贈った絵画であり、それを取り返そうとしただけだ、というのです。しかし、被害者のロバート・フォレストは、告訴を取り下げ、絵画はビクター・タフトの画廊に移されていました。次の日、ローラのもとにキャバナウ刑事がやって来て、チェルシーの父親の絵画は、18年前の火災で父親とともに消失したとされているが、本当はまだ存在していて、高値で取引されている、という情報を与えます。ローラはローガンとともに、タフトを調べはじめ、保険金詐欺の証拠を見つけます。その夜、チェルシーが助けを求めてローガンのもとを訪れますが、次の朝、警察が家に来て、ローガンと一緒にいるチェルシーをタフト殺害容疑で逮捕します。このスキャンダルで検事局にいられなくなったローガンに、ローラは一緒にチェルシーの弁護をしようと誘います。調査中に、今度はフォレストの死体を発見します。消失したはずの絵画の在処を突き止めたローラとチェルシーのもとに、殺人の真犯人が現れますが、ローガンが2人を救出し、事件は解決します。チェルシーへの告訴がすべて取り下げられ、ローガンは検事局への復帰を期待されますが、ローガンは、これからもローラとのチームで働くことを選びます。

映画情報

原　　　作：アイバン・ライトマン他2名	公開情報	公　開　日：1986年6月18日（米国）
製　作　費：4,000万ドル		1987年3月21日（日本）
製　作　年：1986年		上映時間：116分
製　作　国：米国		興行収入：9,300万ドル
ジャンル：ロマンス、犯罪、コメディー		MPAA（上映制限）：PG指定

薦	○小学生　○中学生　○高校生　●大学生　●社会人	リスニング難易度		発売元：NBCユニバーサル・エンターテイメント （平成29年2月現在、本体価格） DVD価格：1,429円
お薦めの理由	法廷もののサスペンスというと硬いイメージがありますが、映画はコメディータッチで、気軽に観ることができます。スケールの大きな作品ではありませんが、その内容にそぐわない大物俳優ロバート・レッドフォードとデブラ・ウィンガーが主演しているところが最大の魅力です。この2人がコメディーで共演している、というだけでも、観る価値は十分でしょう。	スピード	2	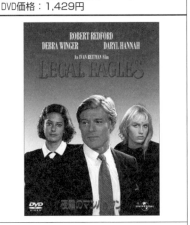
^	^	明瞭さ	2	^
^	^	米国訛	1	^
^	^	米国外訛	1	^
英語の特徴	主要登場人物たちはすべて、標準的な米国英語を話しているので、全体的に聞き取りやすいのではないでしょうか。サスペンスという面もあって、犯罪を扱っているにも関らず、主人公たちが弁護士という知的職業に就いており、あまり乱暴な言葉遣いもなく、丁寧な英語表現が多くなっています。一種の法廷ものなので、法律関係の用語が頻出しますが、それほど難解ではありません。	語　彙	3	^
^	^	専門語	3	^
^	^	ジョーク	2	^
^	^	スラング	2	^
^	^	文　法	2	^

発展学習

　本作はコメディーの要素が強く、軽く笑える場面がたくさんありますが、ジョークの中にも法律家であることを意識したものが多く見られます。例えば、どう考えても有罪の被告に、無茶苦茶な弁護をして無罪を訴えたことをローガンが茶化すと、ローラは "Every person, guilty or innocent, deserves a defense. It's in the Constitution. You can look at that." （有罪であれ、無罪であれ、すべての人が弁護の権利を持っている。憲法にそうある。調べたらわかるわよ）と返します。超一流の法律家であるローガンに向かって、こんなことを言うところに、ローラのユーモアが見られます。ローラとローガンが一緒に事件を調査している途中、ローラは怪しい動きをするビクター・タフトの倉庫に勝手に入ろうとします。ローガンは "breaking and entering"（不法侵入）になるからやめてくれ、と止めますが、それに対してローラは勝手に判例をでっちあげます。

　　Boston vs. Cavallero, 1967, If a certified public official is pursuing a probable felon, he or she may enter an unlocked business or storage area without a warrant if he has reasonable suspicion that there are unlawful activities therein.
　　（1967年、ボストン対カヴァレロ事件。認定された公人が推定の重罪犯人を追跡している場合、中で不法行為が行われていると疑うに足る合理的な理由があれば、彼あるいは彼女は逮捕令状がなくても鍵のかかっていない事務所や倉庫に入ってもよい）

　判例ということで少し硬い表現が並んでいますが、適当に思いついた嘘を堅苦しい言葉で大真面目に言うのが笑えるところでしょう。こうして、ローラとローガンが一緒に勝手に倉庫に入った後、上司の地方検事がこのことを知って、"breaking and entering" で2人を訴える、とカンカンに怒っている、と教えられます。すると、ローガンは "He has probably never heard of Boston vs..."（あの人は、たぶん判例を知らないんだな。ボストン対…）と言い、ローラがすかさず "Cavallero"（カヴァレロ事件）と補います。ユーモアのセンスでも見事なチームワークを発揮しているところから、2人は本当に気が合うのだという印象がさらに強まるのではないでしょうか。

　娘と2人で自宅にいるところ、突然、助けてほしいとチェルシーがやって来るところでも、娘が、"She looks guilty to me, Dad."（あの人は有罪に見えるわ）と言うのに対して、父親ローガンは "A juror is not supposed to make a determination until they have all the evidence."（陪審員はすべての証拠を見てから判断を下すものだよ）と返します。親子の会話にまで裁判用語が入り込むことによって、こうした用語がいくらか親しみやすいものになっているのではないでしょうか。

映画の背景と見所

　監督は『ゴーストバスターズ』や『ツインズ』などのコメディー映画で有名なアイバン・ライトマン。『ゴーストバスターズ』が大当たりした後で作ったのがこの作品です。法廷もので、犯罪をめぐるサスペンスという面もあるのですが、それよりもむしろ、ライトマン監督らしいコメディーに仕上がっています。

　主演のロバート・レッドフォードは当時50歳くらいのはずなのですが、この映画ではまだまだ好青年といった魅力を感じさせます。どんな役をやらせてもとにかく二枚目です。相手役のデブラ・ウィンガーはコメディー女優としての実力を存分に発揮しています。彼女は、この映画が気に入らなかったのか、その後、商業ベースの映画にはあまり出ない女優となり、コメディータッチの役をすることが少なくなりました。でも、この作品の中で彼女が見せる人を食ったような笑顔や、絶妙な喋り口など、彼女がコメディー女優としても一流であることを証明しています。

　チェルシー・デアドンを演じるダリル・ハンナは、若い美人の役で、何を考えているのかわからない人形のような役ですが、劇中でパフォーマンスアートを披露するところは見どころと言えるでしょう。そのほか、テレンス・スタンプやブライアン・デネヒーといった名優も出演していますが、それほど重要な役ではなく、残念ながら見せ場はあまりありません。

スタッフ	製作・監督　：アイバン・ライトマン 製作総指揮　：ジョー・メジャック、マイケル・C・グロス 音　　楽　：エルマー・バーンスタイン 主題歌　　：ロッド・スチュアート 編　　集　：シェルドン・カーン	キャスト	トム・ローガン　　　：ロバート・レッドフォード ローラ・ケリー　　　：デブラ・ウィンガー チェルシー・デアドン：ダリル・ハンナ C・J・キャバナウ　　：ブライアン・デネヒー ビクター・タフト　　：テレンス・スタンプ

金融・保険

ウォール街	**Wall Street**	（執筆）杉浦恵美子

セリフ紹介

　映画の終盤、チャーリー・シーン演じるバドは、証券詐欺とインサイダー取引禁止法違反の容疑で逮捕されます。仮出所後、ゲッコーと2人で小雨の降るセントラルパークで会いますが、ゲッコーは、バドに怒りをぶちまけます。

Gekko : You think you could have gotten this far this fast with anybody else, huh? You think you'd be out there dicking somebody like Darien? No. No. you'd be cold-calling windows and dentists to buy twenty shares of some fucking dogshit stock! I took you in!

　　　 : A nobody! I opened the doors for you. I showed you how the system works, the value of information, how to get it! Fulham Oil, Brant Resources, Geodynamics! And this is how you fuckin' pay me back, you cockroach?

　　　 : I gave you Darien! I gave you your manhood! I gave you everything!

　ゲッコーは、自分を欺き株価崩壊を引き起こし多額の損失をもたらしたバドに対し、一介の証券マンに大金を稼がせ、愛人ダリアンまでも与えてやり、何もかも与え一人前の男にさせたのは自分だと言い放ち、彼を殴りつけます。その後「大物の仲間入りができると思ったのに。お前の中に自分を見たよ」と言われたバドは、次のように返答します。

Bud 　 : I guess I realized I'm just Bud Fox. As much as I wanted to be Gorden Gekko, I'll always be Bud Fox.

　バドは、ゲッコーを夢見ても、自分はバド・フォックス自身で、自分自身でありたいと告げます。地位や名誉、お金に関係なく、自分は自分のままでい続けたいという気持ちを示したセリフと言えるでしょう。

学習ポイント

　バドは、苦労の末にゲッコーと面会できる機会を手にし、証券売買注文を取ることに成功します。ある晩、ゲッコーはバドをスカッシュに誘い、プレー後にロッカールームで着替えながら次のように話します。冷酷で貪欲なゲッコーの人間性と彼のビジネスに対する持論や考え方を表わしたセリフです。

Gekko : The public's out there throwing darts at a board, sport. I don't throw darts at a board. I bet on sure things. Read Sun-tzu, *The Art of War*. Every battle is won… before it's ever fought. Think about it.

　　　 : You're not as smart as I thought you were, Buddy-boy. You ever wonder why fund managers can't beat the S&P five hundred? Cause they're sheep. And sheep get slaughtered.

　　　 : I've been in this business since sixty-nine. Most of these Harvard MBA types, they don't add up to dog shit Gimmie guys that are poor, smart and hungry… and no feelings. You win a few, you lose a few, but you keep on fighting. And if you need a friend, get a dog. It's trench warfare out there, pal.

　上記から、ゲッコーのビジネス姿勢とともに株に関する単語や表現をあわせて学習することができます。下線部の"I bet on sure things." の意味は、「確実なものにしか賭けない」です。普通の人間（投資家）は、ボードにダーツを投げる、すなわち運に頼ろうとするが、自分はそうしないと自身のビジネス手法を論じています。孫子の「兵法」（*The Art of War*）も引き合いに出し、読んでおけ、勝負（の行方）は、戦う前に決まっているのだと言います。

　セリフ中の語彙に関しては、"fund managers"（資金運用者）、"S&P five hundred"（S&P 500銘柄 株価指数）などが学べます。後者は、S&P ダウ・ジョーンズ・インデックスが算出している米国の代表的な株価指数で "Standard & Poor's 500 Stock Index" の略です。

　ゲッコーは、その後さらに持論を続け、この仕事を1969年から行っているがハーバードの MBA 保持者の大半は使いものにならない、貧しくハングリーで貪欲な人物がいい、大儲けしても損しても戦い続けるべきなのだと語ります。貧しい生活から抜け出そうと仕事に励み、厳しいビジネス社会で不動産投資を機に成功した野心家の彼らしさを表しているセリフといえます。

　ゲッコーと対照的な考えの人物が、バドの父カールです。彼は、ブルースター航空で整備工として働く年収4万7千ドル（額面）の労働者です。ある日バドが職場へ会いに来ます。奨学ローンで州立大学を出た後も生活費を借りていた彼は、配当金を得たと言って余分に返そうとします。父カールは "Money is one giant pain in the ass."（金はやっかいなものだ）と言いながらも受け取ります。彼のこの言葉の意味を、考えてみるとよいでしょう。

あらすじ

　時は1985年のニューヨークのウォール街。野心に満ちた出世を夢見る若き証券マンのバド・フォックスは、カリスマ的な大物投資銀行家のゴードン・ゲッコーとの取引の機会を狙っていました。やっとの思いで彼との面会にこぎつけた際、バドは父親の勤務するブルースター・エアラインの内部情報を漏らします。ゲッコーは興味を示し、バドの会社を通じて証券売買を依頼するようになります。その後、バドからのインサイダー情報の提供により2人は営業と顧客という関係を超えた密な関係になり、バドは大金を得るようになります。そんな物質的な豊かさを追い求めている息子を、航空会社で整備士として長年勤務する父親カールは、危惧していました。

　その後、ゲッコーとバドは、ブルースター・エアラインの買収を計画しますが、労働組合の代表である父親は、猛反対をします。バドは、業績不振の会社を再建する事で従業員の雇用が守れると主張します。しかしながら、冷酷で貪欲なゲッコーには、会社再建の考えは毛頭なく、解体して合併会社に買い取らせる、売却することで私腹を肥やそうと考えていました。バドは、ゲッコーが嘘をつき自分は騙され利用されていたことに気づきます。そんな時、父親が心臓発作で倒れます。労働に喜びを感じ誠実な生き方をする父を見て、バドはようやく自分のあさましさに気づき、ゲッコーへ損害を与える復讐を企てます。計画は見事成功しますが、バドには過酷な運命が待ち受けていました。

映画情報

製 作 費：1,500万ドル
製 作 年：1987年
製 作 国：米国
配給会社：20世紀フォックス
ジャンル：ドラマ　　　　　言　語：英語

公開情報

公 開 日：1987年12月11日（米国）
　　　　　1988年 4月16日（日本）
上映時間：126分
興行収入：4,384万8,100ドル（米国）
音　声：英語　　　　字　幕：日本語、英語

薦	○小学生　○中学生　○高校生　●大学生　●社会人	リスニング難易度	発売元：20世紀フォックス ホーム エンターテイメント ジャパン （平成29年2月現在、本体価格） DVD価格：1,419円　ブルーレイ価格2,381円		
お薦めの理由	この映画は、ウォール街に渦巻く野望と欲望、陰謀に策略が、巨匠オリバー・ストーン監督によって巧みに且つスリリングに描かれています。作品全体を通じて金融、証券、株式等ビジネスに関わる独特の表現や専門用語が学習できるので、これらの業界に携わっている人や興味・関心のある人にはお薦めの作品です。また、ビジネス業界の厳しさや怖さや人間の持つ恐ろしさの一端を垣間見ることができます	スピード	4	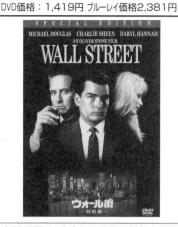	
^	^	明瞭さ	3	^	
^	^	米国訛	2	^	
^	^	米国外訛	3	^	
^	^	語　彙	4	^	
英語の特徴	金融、証券、ビジネスに関する専門用語が多用され、略語や隠喩も多いので、語彙的には難解です。リスニングのレベルも高く、作品全体は上級者向けといえます。言語は、投資家ラリーの英語以外は標準的な米国英語が用いられています。映画は、オフィスでの会話だけではなく、親子、恋人との会話も含まれているため、日常的に用いるフレーズや人間関係に関わる語彙や表現も学習することができます。	専門語	5	^	
^	^	ジョーク	3	^	
^	^	スラング	3	^	
^	^	文　法	3	^	
発展学習	この映画は、金融・証券・ビジネスに関わる英語表現が多く、英語の上級者、専門用語やビジネス用語を熟知していなければ理解できないような難解なセリフがふんだんに盛り込まれています。しかしながら、ここでは、親子の絆が感じられ、子を思う気持ちを表す是非覚えて欲しい父親カールの印象的なセリフを紹介します。 　映画のラストシーンで、カールは妻とともに罪を償うために連邦裁判所へ出向くバドを、車で送っていきます。その時の車中での会話の最後で、息子に次のように伝えます。 Mrs. Fox　：　You helped save the airline and the airline people are gonna remember you for it. Carl　　　：　That's right. If I were you, I'd think about the job at… Bluestar that Wildman offered you. Bud　　　：　Dad, I'm goin' to jail and you know it. Carl　　　：　Yeah, well, maybe that's the price, son. It's gonna be hard on you, that's for sure. But maybe in some… kind of screwed up way it's the best thing that could'a happened to you. <u>Stop goin' for the easy buck and produce somethin' with your life</u>. Create instead of living off the buying and selling of others. 　学習して欲しいセリフは下線部の表現です。日本語に訳すと「安易なお金儲けはやめ、必死になって何かを生み出すことだ」となります。"buck" は、「ドル」の意味で、"with your life" は、"with one's life" で「必死になって、身を捨てて、命に代えても」の意味です。お金儲けに走り不正を行った息子を戒める父親の気持ちが心に染み入る言葉と言えます。安易な金儲けはせずに実りのある人生を送って欲しいと願う息子を思う気持ちが表れています。 　この映画を通じてさらに学習を深めたい方には、スクリーンプレイ・シリーズの名作映画完全セリフ集『ウォール街』が、自主学習に大いに参考となります。映画全体の英語レベルは高く上級者向けなので、金融関係のスペシャリストや英語力にたけた人たちでなければ理解は難しい作品です。聴き取りづらく難解なセリフも多いため、可能であれば入手されることをお薦めします。DVD は、英語の字幕付きで発売されているので、聴き取りの苦手な人でもこの完全セリフ集（対訳本）を参考にしながら視聴すれば、映画自体をより深く理解でき楽しめます。 　続編として、2010年に『ウォール・ストリート』（*Wall Street: Money Never Sleeps*）が製作され、日本では2011年に公開されました。ゴードン役のマイケル・ダグラスとともに、新たに投資銀行に勤めるジェイク役をシャイア・ラブーフが演じています。こちらも是非視聴してみてください。時代の流れをさまざまな面から感じとることができます。				
映画の背景と見所	「ウォール街」（Wall Street）は、ニューヨーク市のマンハッタン島の南部に位置する金融街です。1792年に開設されたニューヨーク証券取引所（New York Stock Exchange, NYSE）、通称ビッグ・ボード（Big Board）をはじめ連邦準備銀行（FRB）や大手銀行、証券会社が集中しており、世界金融の中心的役割を果たす場所として知られています。映画のタイトルにもなっている「ウォール街」は、かつて「ウォール」（壁）があったことに由来します。オランダ人が先住民からこの地を手に入れた後、他の侵入者を防ぐために壁を築き、その後そこに作られた通りが「ウォール・ストリート」と呼ばれるようになりました。 　この映画の見所は一言では言い尽くせませんが、主演を演じたマイケル・ダグラスの演技は、圧巻です。彼は、この映画で第60回アカデミー主演男優賞を受賞しました。彼が演じたゲッコーのセリフで最も有名なものは、株主総会の場で行ったスピーチ中の "Greed is good." （強欲は善だ）です。これは、アメリカン・フィルム・インスティテュート（AFI）が選んだ名セリフ100選の1つにも選ばれています。この100の名セリフが紹介された本は出版されているので、参考にしてみるのもよいかもしれません。 〈曽根田憲三・寳壺貴之監修『アメリカ映画の名セリフベスト100』（スクリーンプレイ事業部、2015）〉				
スタッフ	監　督：オリバー・ストーン 脚　本：スタンリー・ワイザー、オリバー・ストーン 製　作：エドワード・R・プレスマン 撮　影：ロバート・リチャードソン 音　楽：スチュワート・コープランド	キャスト	ゴードン・ゲッコー　　：マイケル・ダグラス バド・フォックス　　　：チャーリー・シーン ダリアン・テイラー　　：ダリル・ハンナ カール・フォックス　　：マーティン・シーン ルー・マンハイム　　　：ハル・ホルブルック		

ウォール・ストリート	Wall Street: Money Never Sleeps	（執筆）岡島　勇太

セリフ紹介

ゴードンが自分の娘を裏切ってまでお金を稼ぐ目的がわかる印象的な会話の一部を紹介します。

Jake : I just never believed that a man would sell out his own daughter.
（自分の娘を裏切る男だなんて信じられなかったよ）

Gordon : You die your way, I'll die mine. Get the hell out of here.
（お前はお前のやり方で死に、俺は俺のやり方で死ぬ。ここから出ていけ）

Jake : You know, she left me, Gordon. （彼女は僕を置いて出て行ってしまったよ）

Gordon : Yeah? I'm sorry about that. （そうか？それはお気の毒だな）

Jake : Yeah? I bet you are. You left it all in ruins. But no matter how much money you make, you'll never be rich.
（そうだな？そのとおりだ。あなたが全てをだめにしたんだ。たとえどれほどたくさん金を稼いでいても、あなたは決して裕福にはなれないだろう）

Gordon : See, that's what you never got, kid. It's not about the money. It's about the game. The game between people. And that's all it is. （あぁ、お前には決してわからないだろう、坊や、これは金じゃない。ゲームだ。人間と人間のゲームだ。それが全てなんだ）

ゴードンの金もうけの目的は、ただ単純に豪勢な生活をしたいというものではなく、金もうけというゲームを楽しみたいというものでした。これが、ゴードンの金もうけに対する彼の哲学だったのです。

学習ポイント

作品中の会議のシーンから、株式や会議に関する単語及び表現を学習しましょう。

Stan : Remember, the stock's trading roughly 31% off the 52-week high and it's part owned and funded by none other than, guess who. Churchill Scwartz. So we know they won't let anything too bad happen here. My suggestion is that we get aggressive. Agreed?
（株式取引が52週間での最高値よりおおよそ31%下落していることに注意だ、そしてそれを所有し、出資しているのは他の誰でもない、誰なのか推測してみてくれ。チャーチル・シュワルツ。ここで非常に悪いことを生じさせないだろう。私の提案は我々が積極的になることだ。賛成か？）

Employees : Yeah. （あぁ）

Jake : We all agree? Ed, what do you think? （僕たちみんな賛成なの？エド、君はどう思う？）
I don't agree. Maybe it's just me. Equatorial Guinea's a pretty tough dictatorship. This guy's already nationalized the gold and diamond mines.
（僕は賛成できない。たぶん、僕だけだけど。赤道ギニアはかなりの独裁国家だ。この国はすでに金とダイヤモンドの鉱山を国有化している）

Stan : So what's your point? （君の要点は何だ？）

Jake : I just don't think it's a risk our desk should be taking right now, that's all. I'd wait.
（僕たちがただちにとるリスクではないと思う、それだけだ。待つべきだ）

上記のセリフから "stock trading"（株式取引）、"off"（下落して）、"high"（最高値）などの株式に関する単語を学習することができます。また、"suggestion"（提案）、"agreed"（賛成）、"agree"（賛成する）、"point"（要点）などの会議に関する単語も学べます。

Stan : You mean the deal that we already sank $50 million into, Mr. Brainiac?
（我々がすでに5000万ドルもつぎ込んだ取引のことだな、お利口さん）

Jake : Alternative energy is what biotech was 15 years ago, Stan. Come on. You were young once. You know that. Profits aren't quarterly. The runs could be huge. （代替エネルギーは15年前のバイオ技術だよ、スタン。なぁ、君も昔は若かっただろ。知っての通り、利益は四半期ごとではない。この形勢は大きくなるよ）

さらに上記のセリフから "sink... into..."（～に～をつぎ込む）、"profit"（利益）などの経済の単語や表現も学べます。

あらすじ

ある投資銀行に勤めるジェイクは、若いながらも順調に仕事でのキャリアを積み、順風満帆の日々を送っていました。ところがある日、ジェイクが勤めている投資銀行の株価が大暴落し、破綻してしまいます。その破綻がもとで、ジェイクが敬愛していた投資銀行の経営者であるルイスが自殺してしまいました。その後ジェイクは、自分が勤めていた投資銀行が破綻した原因が、ルイスに恨みを持つライバル会社の経営者であるブレトンによって意図的に広められた風説だったことを知りました。ジェイクはブレトンに復讐をするため、かつての証券界の大物であったゴードンに指示を仰ぎます。ジェイクとゴードンは当初お互いに協力していましたが、その後ゴードンが裏切り、ブレトンに一泡吹かせるために投資をしようとしていたグリーンエネルギー事業への資金を全て奪われました。ゴードンの実の娘である恋人のウィニーとも、この裏切りがきっかけとなり別れてしまいました。全てを失ったジェイクはゴードンにある取引を持ちかけます。はたして結末はどうなるでしょうか。

タイトルの "Wall Street"（ウォール街）はニューヨークにある証券取引所の所在地を指します。この作品は、ウォール街で起こり得る金融問題の恐ろしさを描いています。特に大金を得るためなら、実の娘でさえも騙して利用するゴードンは、お金が関わると人は冷酷になれることを体現しています。

映画情報

製 作 費：7,000万ドル
製 作 年：2010年
製 作 国：米国
撮影場所：米国、アラブ首長国連邦
ジャンル：ドラマ　　言語：英語

公開情報

公 開 日：2010年9月24日（米国）
　　　　　2011年2月 4日（日本）
上映時間：133分
MPAA（上映制限）：G
興行収入：5,247万4,616ドル（米国）

薦	○小学生　○中学生　○高校生　●大学生　●社会人	リスニング難易度	発売元：20世紀フォックス ホーム エンターテイメント ジャパン（平成29年2月現在、本体価格）DVD価格：1,419円　ブルーレイ価格2,381円
お薦めの理由	金融について興味、関心がある人にお薦めの映画です。金融に関する専門用語が多く出てきますので、映画を見ることによって自然に学ぶことができます。さらに、金融に関する会議やスピーチのシーンもあるので、英語で金融について何か話す予定がある学習者は、使われている表現を参考にするとよいでしょう。また、お金が関わった場合の人間の恐ろしさが丁寧に描かれています。	スピード 3　明瞭さ 3　米国訛 2　米国外訛 2　語彙 3	
英語の特徴	映画は金融に関する会話と家族関係に関する日常会話が大半を占めます。金融に関する会話は専門用語が多く出てくるため、最初は難解かもしれません。分からない専門用語が出てきたら、すぐに意味を確認するとよいでしょう。日常会話については、特に速すぎることもなく、発音が不明瞭すぎることもありません。セリフに口汚い言葉はほとんど使われていないので、学習に使用するのに向いているでしょう。	専門語 4　ジョーク 2　スラング 2　文法 3	

発展学習	ゴードンのスピーチのシーンから、経済をテーマとしたスピーチの単語及び表現を学ぶことをここで提案します。 Gordon ： You don't know it yet, but you're the NINJA generation. No income. No job. No assets. You got a lot to look forward to. 　　　（まだ気づいていないかもしれないが、あなた方はニンジャ世代だ。収入無し、職無し、資産無し。あなた方はとても楽しみだ） "income"（収入）、"job"（職）、"asset"（資産）というこれらの基本的な単語をおさえておきましょう。さらに、経済的に恵まれていない世代を "No income. No job. No assets." の頭文字で表すユーモラスな表現も学習できます。 Gordon ： But folks, it's greed that makes my bartender buy three houses he can't afford with no money down. And it's greed that makes your parents refinance their $200,000 house for 250. And then they take that extra 50 and they go down to the mall. And they buy a plasma TV, cell phones, computers, an SUV. 　　　（しかしみなさん、その貪欲さというものが頭金なしで家が買えるという余裕はないバーテンダーに3軒の家を購入させるのです。そして貪欲さというものはあなた方の親に20万ドルの家のローンを25万ドルに借り替えさせ、そしてそれから余分に出た5万ドルを手に入れ、ショッピングモールへと向かうのです。そして彼らはプラズマテレビ、携帯電話、コンピューター、SUVを買うのです） "afford"（〜する余裕がある）、"no money down"（頭金なしで）、"refinance"（ローンを借り替える）などのやや専門的な単語を確認することができます。また、ローンの借り替えによる資産の増やし方についての、わかりやすい表現方法も学べます。 Gordon ： Hedge funders were walking home with 50, 100 million bucks a year. So Mr. Banker, he looks around, and he says, "My life looks pretty boring." So he starts leveraging his interests up to 40, 50 to one with your money. Not his, yours. 　　　（ヘッジファンド業者は年に5,000万から1億ドルを持って家に帰っていました。銀行家は自分の周りを見てこう言います、「私の生活はかなり退屈に見えるな」と。その結果、彼はあなた方のお金で、株に40〜50倍の資金を融資し始めるのです。自分のではなく、あなた方のです） "hedge funders"（ヘッジファンド業者）、"banker"（銀行家）などの金融に関わる職業に関する単語を確認できます。"dollar" と同意語の "buck"（ドル）もこれを機会に覚えるとよいでしょう。

映画の背景と見所	この作品は、若き投資銀行員のジェイクの公私両面における成功と失敗を描いています。仕事については、当初勤めていた投資銀行でキャリアを順調に積んでいましたが、その銀行が破綻し失敗します。次に自分が勤めていた銀行を破綻させた男の下で働き、徐々に頭角をあらわしますが、その後解雇されます。それから、かつての証券界の大物であったゴードンに指示を仰ぎますが裏切られるというように、作品を通して仕事での成功と失敗を繰り返しています。また、私生活については、恋人のウィニーと結婚の約束をしますが、ウィニーの父親であるゴードンの裏切りがきっかけとなり、ジェイクとウィニーは距離をとります。このように私生活においても成功と失敗が描かれています。 　また、この映画はタイトルの "Wall Street"（ウォール街）が示す通り、金融業界の恐ろしさを描いています。自分の会社が破綻したことによって自ら命を絶ってしまうことや、大金を得るためならば実の娘でさえも騙してしまうことなど、お金の恐ろしさが作品全体から伝わってきます。さらにこの作品では、ジェイクと母親の関係やウィニーとゴードンの関係など、親子関係も重要なテーマになっています。たとえ親子でもお金が関わってくると、非常に冷淡な関係になってしまう様子が作品内で垣間見えます。

スタッフ	監　督：オリバー・ストーン 脚　本：アラン・ローブ、スティーブン・シフ 撮　影：ロドリゴ・プリエト 音　楽：クレイグ・アームストロング 編　集：ディヴィッド・ブレナー、ジュリー・モンロー	キャスト	ゴードン・ゲッコー　：マイケル・ダグラス ジェイコブ（ジェイク）・ムーア：シャイア・ラブーフ ウィニー・ゲッコー　：キャリー・マリガン ブレトン・ジェームズ　：ジョシュ・ブローリン ルイス・ゼイベル　：フランク・ランジェラ

素晴らしき哉、人生！	It's a Wonderful Life

（執筆）新居　明子

セリフ紹介

　子供の頃の夢を叶えられず、挫折感を味わいながらも懸命に働く主人公ジョージの姿には、社会人であれば誰しも共感できる部分があるでしょう。ジョージの少年時代の夢は探検家になることでした。"I'm going out exploring someday, you watch."（僕はいつか探検しに行くんだ、見てなよ）やがて、ジョージは建築家を志すようになります。"I'm gonna build air fields. I'm gonna build skyscrapers a hundred stories high. I'm gonna build bridges a mile long."（飛行場を作るんだ。100階建ての超高層ビルを建てるんだ。長さ1マイルの橋を作るんだ）彼にとって父親が経営する住宅金融会社は、"a shabby little office"（みすぼらしい小さなオフィス）でしかありませんでした。しかし予期せぬ出来事が重なり、結局ジョージは父親の会社を継ぐことになってしまいます。叔父が引き起こした仕事上のトラブルから生きる希望を失い、"I'm worth more dead than alive."（僕は生きているより死んでいる方が価値があるんだ）とつぶやくジョージに、クラレンスは彼に自分が存在していない世界を体験させ、"You see, George, you really had a wonderful life. Don't you see what a mistake it would be to throw it away?"（わかるかい、ジョージ、君は実に素晴らしい人生を送っていたんだ。それを捨て去ることがどれだけ間違っているかわからないのかい？）と諭します。自分の人生に無駄なことは何一つなかったことに気づいたジョージは、"I want to live again!... Let me live again!"（もう一度生きたい！…もう一度生きさせてくれ！）と必死で叫ぶのでした。本作品の最後で、ジョージの窮状を知って次々に集まる友人たちや家族に囲まれたジョージに向かって、弟のハリーは乾杯します。"A toast... to my big brother George. The richest man in town!"（兄さんのジョージに…乾杯！町一番の金持ちのね！）

学習ポイント

　ファミリー向けのクリスマス映画というイメージが強い作品ですが、家族や友人との日常会話表現だけでなく、ビジネス用語やビジネスシーンで活用可能な会話表現も多く使われています。
【金融・不動産に関係する語彙】父親亡き後、ジョージは住宅金融を扱うビルディングス＆ローン社を経営します。作品には、"loan"（貸付）や "rent"（家賃）、"cash"（現金）、"save"（貯蓄する）等の金融や不動産に関わる基本単語以外にも、"mortgage"（住宅ローン）、"foreclose"（差し押さえる）、"assets"（資産）、"liabilities"（負債）、"stocks"（株）、"stock holder"（株主）、"shares"（株）、"safe"（金庫）、"account"（預金口座）、"deposit"（預金）、"bankruptcy"（倒産）、"interest"（利子）、"book"（帳簿）、"collateral"（担保）、"security"（担保）、"bond"（債券）、"real estate"（不動産）等の、数多くの専門用語が豊富に使われています。
【ビジネスシーンで活用可能な英語表現】仕事上初対面の人同士を紹介する必要がある場合、高校の卒業パーティーでハリーがジョージを紹介する、"You know my kid brother, George?"（弟 [実際は兄] のジョージだよ、知っているだろ？）やマーティーがジョージに妹のメアリー（後のジョージの妻）を紹介する "[to Mary] You remember George? [to George] This is Mary."（[メアリーに] ジョージを覚えているな。[ジョージに] メアリーだよ）、またハリーが妻をジョージと叔父に紹介する "George, Uncle Billy, I want you to meet Ruth."（ジョージ、ビリーおじさん、ルースを紹介するよ）などが活用可能です。また初対面の人同士の別れ際の言葉としては、ジェーンがメアリーに言う "Awfully glad to have met you, Mary."（お会いできて本当に嬉しかった）や、それに対するメアリーの返事 "Nice meeting you."（お会いできてよかった）をあげることができます。なお、"Nice to meet you."（初めまして）は出会った時の表現であるため、別れ際には使用しませんので注意が必要です。
　会議や打ち合わせ等の場面で使用可能な英語表現としては、父親の死後、会社の経営について取締役会で話し合う場面での、"Now we come to the real purpose of this meeting."（さて、いよいよこの会議の本題に入ります）、"I second Mr. Potter's motion."（私はポッターさんの動議に賛成です）、"Now let's get this thing straight."（このことをはっきりさせておきましょう）等のセリフに見られます。また、大恐慌でパニックに陥った大勢の顧客を説得するジョージのセリフにも、以下のような一般の会議の場面で活用することができる表現があります。"Just remember that this thing isn't as black as it appears."（本件は思っているほど悪くはないということを覚えておいてください）、"You have to stick to your original agreement."（あくまでも当初の契約を守ってもらう必要があります）これらの表現を、適切な場面で使用することができるように、該当場面を観ながら何度も声に出してみてください。

あらすじ

　子供の頃から世界をまたにかけた仕事を夢見ていたジョージは、その誠実な人柄ゆえに、結局は不本意ながらも父の住宅金融会社の経営を継ぐことになってしまいます。ジョージは、町一番の大金持ちポッターの圧力にもかかわらず大恐慌を何とか乗り切り、人々の生活に寄り添った良心的な経営方法と持ち前の賢さで、少しずつ会社の経営を軌道に乗せていきます。家庭では、幼馴染のメアリーと結婚し、4人の子供たちに恵まれて、多忙で平和な毎日を送ります。ところが、あるクリスマスイブの日、叔父ビリーの過失とポッターの策略により、ジョージは会社の大金を紛失するというトラブルに巻き込まれてしまいます。プライドをかなぐり捨ててポッターに融資を乞うジョージをポッターは冷たく突き放します。生命保険金目当てに投身自殺を図るジョージを救ったのが、ジョージの守護天使として遣わされた天使クラレンスでした。クラレンスは生きる気力を失ったジョージに、自分が生まれて来なかった世界を体験させます。すさんだ町や不幸な人々の様子を目の当たりにしたジョージは、自分の存在や行いがどれほど多くの人たちの生活に関わってきたのか、自分の人生がどれほど素晴らしいものであったか悟るのでした。現実世界の愛しい家族のもとに駆け戻ったジョージの前に、町の住民たちが友人である彼を救おうと続々と集まってきます。そしてジョージの命を救うという使命を果たしたクラレンスは、念願の翼を手に入れることができたのでした。

映画情報

原　　作：フィリップ・ヴァン・ドーレン・スターン　*The Greatest Gift*	公開日：1946年12月21日（米国）　　　　　　1954年 2月 6日（日本）
製作費：318万ドル（推定）	上映時間：130分
製作年：1946年	受　　賞：ゴールデン・グローブ監督賞
製作国：米国　　　言　語：英語	ノミネート：アカデミー作品賞、監督賞他3部門

薦	○小学生　○中学生　○高校生　●大学生　●社会人	リスニング難易度	発売元：アイ・ヴィー・シー （平成29年2月現在、本体価格） DVD価格：2,200円　ブルーレイ価格：3,800円

お薦めの理由	「ワークライフバランス」の充実や、過重労働、ストレスによる過労自殺が問題となっている現代日本の、多忙な社会人の方々に特にお薦めしたい映画です。ジョージが自殺を思いとどまったのは、家族や友人、そして自分もまたお互いにとって大切な存在であるという、当たり前のことに気づいたからでした。仕事に追われ生きる意味を見失いがちなとき、この作品は一番大切なことは何かを思い出させてくれます。	スピード	3	
		明瞭さ	3	
		米国訛	3	
		米国外訛	2	
英語の特徴	会話のスピードが速い箇所は、主に友人間の他愛のない冗談等であり、作品のプロットに関係する重要なセリフは比較的ゆっくり話されているため、作品の内容理解に困ることはないでしょう。会話には多くの口語表現や慣用句が使用されていますが、文脈から推測することが可能です。当時の映画製作倫理規定による制限のため、スラングは脚本からカットされており、訛りも一部を除いてほとんどありません。	語　彙	3	
		専門語	3	
		ジョーク	1	
		スラング	3	
		文　法	2	

発展学習	米国社会や米国人の文化的背景を学びたい方に最適な映画です。 【プロム】プロムとは、米国の高校生が卒業時に行うフォーマルなダンスパーティーのことで、米国の映画やドラマでもおなじみのイベントです。ジョージは作品の前半部分で弟ハリーのプロムに参加し、美しいドレスを着たメアリーと一緒にチャールストンダンスコンテストで踊ります。プロムは今でも米国の高校生にとっては一大イベントで、豪華な会場にタキシードやスーツを着た男子生徒とロングドレスの女子生徒が集まり、ヒップホップなどの流行りの曲でダンスパーティーを楽しみます。 【クリスマス】本作品は、オープニングとエンディングがクリスマスイブの夜となっており、米国の伝統的な宗教行事であるクリスマスを一般家庭ではどのように祝うのか、映像から学ぶことができます。ジョージの家にはメアリーの背丈よりも高いツリーが飾られています。このツリーは本物のモミの木です。米国では、クリスマス前に本物のモミの木をツリー市場で購入し、きれいに飾りつけをする習慣があります。クリスマスが終わった後は、ツリーは回収されリサイクルされます。またクリスマスは宗教行事であるため、家族や親せきが集まって一緒にクリスマスのご馳走を食べたり、家族で教会のミサに出かけ、映画の最後でジョージが家族や友人たちと一緒に歌っていた"Hark, the Herald Angels Sing"（「天には栄え」）などの賛美歌を歌います。 【キリスト教】クリスマス以外にも聖書などのキリスト教に関係する慣用表現が多くみられます。母親がご馳走を作っていることをジョージは"She's home, cooking the fatted calf."（家にいるよ。太らせた仔牛を料理しながらね）と言いますが"kill the fatted calf"は「盛大に歓待の用意をする」という、新約聖書の「ルカ伝」の父親が放蕩息子を迎えた話から成立した慣用句です。またジョージとポッターを、"David and Goliath"と表現しているセリフがありますが、これは旧約聖書の「サムエル記」に描かれている少年ダビデが巨人のゴリアテを倒した逸話からの喩えです。クリスマスイブにクリスマス劇を書いているジョージの息子ピートが"frankincense"（乳香）の綴りを尋ねますが、キリスト教圏の人たちであれば、これはイエス誕生時に"frankincense"と"myrrh"（没薬）、そして"gold"（黄金）を贈り物として持参した東方の三博士の話だとすぐにわかるでしょう。 日本と米国の文化の違いを発見しそれらを学ぶことは、作品に対する理解を深めるだけでなく、グローバルコミュニケーションに必要な相互理解への一歩となります。本作品を見ながら、ふとした場面で米国文化について何か気づくことがあれば、ぜひ調べてみてください。なお、本作品はスクリーンプレイをはじめいくつかの出版社から英語学習用のテキストが出版されていますので、発展学習のための参考書として活用が可能です。

映画の背景と見所	本作品は、毎年クリスマスの時期になると米国のテレビで再放送されるクリスマス映画の定番ですが、興行時はあまりヒットしませんでした。1970年代のテレビ放映をきっかけに再評価され、人気が高まりました。 主要登場人物は全員白人であり、米国社会の多様性を表していないという批判もあるかもしれませんが、不自然さを感じるほどではありません。社会階層については、金持ちのポッターに象徴される裕福層と、ジョージの会社の顧客である労働者階級や移民たちとの貧富の差が明確に対比されており、当時の米国社会から現代にまで続く格差社会という問題点を鋭く描いていると言えるでしょう。 見所の一つは、米国映画史上最も長く組まれたセットと言われる、監督キャプラのこだわりが詰まったベッドフォードタウンの街なみです。また、ニューヨーク州にあるセネカフォールズは、ベッドフォードタウンのモデルになった町であると考えられており、2010年に It's a Wonderful Life Museum（https://www.wonderfullifemuseum.com/）がオープンしました。ここでは毎年12月の第2週目に It's a Wonderful Life Festival が開催されています。 〈『素晴らしき哉！人生』（名作映画完全セリフ音声集　スクリーンプレイ・シリーズ No.166、2013）、杉野健太郎編著『映画のなかの社会/社会のなかの映画』（ミネルヴァ書房、2011）参照〉

スタッフ	監　督：フランク・キャプラ 脚　本：フランク・キャプラ他2名 音　楽：ディミトリ・ティオムキン 編　集：ウィリアム・ホーンベック 衣　装：エドワード・スティーブンソン	キャスト	ジョージ　：ジェームズ・スチュワート メアリー　：ドナ・リード ヘンリー　：ライオネル・バリモア クラレンス：ヘンリー・トラヴァース ビリー　　：トーマス・ミッチェル

ワーキング・ガール	Working Girl	（執筆）比嘉　晴佳

セリフ紹介

　作品の舞台は、世界金融の中心と呼ばれるマンハッタンのウォール街です。主人公テスも投資銀行（investment bank）の M&A（Mergers and Acquisitions）という企業の合併や買収をする課で働いているため、多くのビジネス用語が使われています。テスが、後にビジネスパートナーとなるジャックの会社を訪れ彼女のアイディアを提案するシーンでは、日常会話ではあまり聞くことがない企業売買に関する単語や表現がいくつも登場します。

"In each of the last three quarters, Trask Industries has announced plans to acquire a major market television station, each time unsuccessfully. At the same time they've expended time and money fighting off a takeover attempt by one of their Japanese competitors. Buying into radio would, in one fell swoop, accomplish two important tasks. It would give Trask a solid base in broadcasting, and, because of FCC regulations forbidding foreign ownership of radio stations, it would wipe out the threat of a Japanese takeover."

　このように、自分の提案を気に入ってもらおうと話を展開していくテスに、ジャックの同僚は興味を示しながらも問題点を突き付けます。"Trask has got a lot of cash on their balance sheet. That's why they're a takeover target. A radio station is small potatoes. I can't see him biting." そして、ここからさらにミーティングは続いていきます。

　テス自身が作品の中でキャサリンを参考にしてビジネスで通用する洗練された話し方やマナーを学んだように、ビジネスの場で英語を使うことを目標としている学習者にとってこの作品は、ミーティングやプレゼンテーションで使用できる用語や表現だけでなく、話すスピードや声のトーンも学ぶことができるいい教材になるでしょう。

学習ポイント

　本作では多くの慣用句が使われており、知的に見せるためやユーモアを身に着けるためなど、使われる理由は様々です。登場人物が慣用句をどのような場面や目的で使っているのかを調べると、彼らの性格が分かるのでより深く理解することができ、さらに作品を楽しむことができるでしょう。また、慣用句は多くの英語学習者にとって大きな課題の1つです。語彙の羅列を単純に見たり書いたりするだけではなく、作品の中での会話の流れや登場人物の表情を通して学習することで、慣用句が持つ微妙な意味合いをより深く理解し、習得することができるでしょう。

　お薦めの学習方法としては、①初めに慣用句を作品の中から可能な限り探し書き出します。②一つひとつの語彙の意味や前後の会話の流れから、慣用句が持っている意味を推測し、表面上の意味だけではなく登場人物や作品全体にもたらす印象も考えてみるといいでしょう。③辞書を使って慣用句が持つ意味を調べ、自分が推測した意味と比較しながら見聞を深めましょう。④学習者個人、またはグループでその慣用句を使って短い会話文を作り、ロールプレイなどを通して実際の生活でも慣用句を取り入れながら会話ができるように繰り返し練習をします。

　これらの4つの手順を踏むことによって、学習者は慣用句を知識として単に暗記するだけではなく、習得して使うことができるようになるでしょう。作品中で使われている慣用句には以下のようなものがあります。

　テスがキャサリンに自分の考えたビジネスアイディアを提案する場面。

Katharine : Trask is looking for television stations.

Tess 　　 : So is <u>every Tom, Dick and Harry</u>. My idea is that they <u>get their feet wet</u> in radio and build from there.

　テスがミックにキャサリンとのやりとりを伝える場面。

Tess 　　 : And it's like she wants to be my mentor, which is exactly what I needed. I feel like I'm finally getting somewhere.

Mick 　　 : That's great, but let's <u>step on it</u> or the pizza's gonna freeze, honey.

　テスがジャックの会社でビジネスアイディアを提案する場面。

Tess 　　 : Buying into radio would, <u>in one fell swoop</u>, accomplish two important tasks. It would give Trask a solid base in broadcasting.

　下線部以外にも、この作品の至る所に慣用句が使われています。ビジネスの場で使われるものから、とてもカジュアルな場で使われるものまで、様々な種類の慣用句が使われていますので、仕事で英語を使いたいと考えている人や外国人の友人とコミュニケーションを取りたい人など、異なる目的を持った多くの学習者に適した教材です。

あらすじ

　ニューヨークのウォール街にある投資銀行で秘書として働くテス。秘書の役職に満足することができない彼女は、夜間学部でビジネスを学んだりスピーチ講座を受けるなど、キャリアアップを目指して日々努力を重ねています。しかし、高学歴ではないことや派手な身なりから、なかなか出世のチャンスを掴むことができず、テスは悔しさや苛立ちを募らせていきますが、ある日、彼女に大きな転機が訪れます。新しくテスの上司になったキャサリンはテスが夢見る理想のキャリアウーマンで、キャサリンはテスに成功の秘訣を教えるだけではなく、テスのアイディアも歓迎して聞き入れると言ってくれたのです。キャサリンを信頼し期待を寄せたテスは、彼女に自分の思いついたある会社の合併話を提案します。しかし、キャサリンからの返事は、上層部にその話をもちかけたが聞き入れてくれなかった、という残念な知らせでした。そんな中、キャサリンは休暇中に足を骨折し入院することになり、テスは留守を預かることになりました。キャサリンのオフィスや自宅を行き来する中で、テスはキャサリンがテスの会社合併のアイディアを自分のアイディアとして内緒で進めていることに気がつきます。裏切られたショックで途方に暮れるテスですが、キャサリンが不在であることをチャンスと捉えて、合併話を自分の力で成功させようと奮闘します。女性同士のビジネスシーンにおける闘いを中心に描いた、コメディータッチのシンデレラストーリーです。

映画情報

製 作 費：2,800万ドル
製 作 年：1988年
製 作 国：米国
ジャンル：コメディー、ドラマ、ロマンス
言 　 語：英語

公開情報

公 開 日：1988年12月21日（米国）
　　　　　1989年 5月20日（日本）
上映時間：113分
受 　 賞：ゴールデン・グローブ作品賞、主演女優賞、
　　　　　助演女優賞、主題歌賞

薦	○小学生　○中学生　○高校生　●大学生　●社会人	リスニング難易度	発売元：20世紀フォックス ホーム エンターテイメント ジャパン（平成29年2月現在、本体価格）DVD価格：1,419円　ブルーレイ価格：4,700円

お薦めの理由	社会進出を目指す女性をテーマにした映画です。現在働いている女性や、将来ビジネスの場で活躍したいと考えている女性の学習者に特にお薦めです。本作では、現代の働く女性が直面する悩みや問題がリアルに描かれているので、多くの女性が共感できるでしょう。また、上司に裏切られたテスが逆境に屈することなく成長しながら成功を収めていくストーリーは、女性に勇気と希望を与えてくれます。	スピード	3
		明瞭さ	2
		米国訛	1
		米国外訛	1
英語の特徴	登場人物の多くがニューヨークで使われる標準的な米国英語を話しているので、比較的聞き取り易い英語と言えるでしょう。しかし、ビジネス用語や慣用句が多く使われているため、あまり馴染みの無い語彙や表現が使われることが多々あるかもしれません。また、テスの恋人であるミックが暴力的なスラングを使用する場面もあるので、学習者に作品で使われるスラングの知識を事前に教えておくといいでしょう。	語彙	4
		専門語	3
		ジョーク	3
		スラング	3
		文法	2

発展学習

【英語で見る品格】

　本作には、大きく分けて2つのクラス（階級）が存在します。1つは高学歴の上流階級で、キャサリンとジャックが代表です。若くしてキャリアを築き、それぞれの会社で重要な役職に就いているこの2人からは、知性と教養、品格を感じることができます。一方、テスやミックは中流階級に属し、目立った学歴も無く会社でも昇進することが難しい役職に就いています。こうした2つのクラスの違いは、彼らの服装や立ち居振る舞い、住居、生活習慣などからも分かるでしょう。ここで一番注目したいのは、彼らの話し方と使用する語彙の違いです。話し方を比べる時には、キャサリンとテス、ジャックとミックのように、同性同士の話し方に注目することをお薦めします。また、語彙に関しては、上流階級と中流階級の大きな2つのグループに分けて探求するといいでしょう。主要な登場人物以外の人々が使用している語彙に興味を持つと、さらに理解が深まります。そして、話し方や語彙の使い方の違いを学んだ後は、それぞれの登場人物になりきってロールプレイを行うことをお薦めします。登場人物の学歴や会社での役職を意識しながらセリフを読むことによって、場面や状況に合った適切な英語を身につけることができるでしょう。

【米国における女性の社会進出】

　本作の最大のテーマは女性の社会進出です。映画が製作されたのは1980年代後半ですが、当時の米国には働く女性、さらには仕事を巡っての女性同士の争いを題材にした映画は決して多くありませんでした。1960年代後半にウーマン・リブ運動が始まり、1979年に国連総会において女子に対するあらゆる形態の差別の撤廃に関する条約（女子差別撤廃条約）が採択されたことで、雇用の場での男女平等がより叫ばれるようになった80年代。このような時代に公開された本作が、女性だけではなく社会全体の注目を浴びたことは、ノミネートされ受賞した賞の数からもわかると思います。本作には当時の働く女性の気持ちを代弁したセリフが多く登場しますが、中でも、キャサリンに自分のアイディアを聞き入れてもらえたと感じたテスがその喜びと興奮をミックに伝える場面はとても印象的です。"It's just… It's so exciting. I mean, she takes me seriously. And I think it's because… I know you hate when I say this, but I think it's because she's a woman." この何気無いテスのセリフから、当時、働く女性が職場でどのような扱いを受けていたのか、不当な扱いに対して女性がどのように感じていたのかを想像することができると思います。映画を鑑賞する前に、米国における女性の社会進出の歴史について学習し知識を入れておくと、作品に対する理解が深まり、より一層楽しむことができるでしょう。また、同じ時代の日本における女性の社会的役割や、現在の米国と日本での女性の社会進出について学んで比べると、多くの興味深いことを発見することができるはずです。

映画の背景と見所

　監督は、『卒業』（1967）を手がけたマイク・ニコルズです。アカデミー賞、トニー賞、グラミー賞、エミー賞の4賞を受賞した経験がある数少ない映画監督・舞台演出家の1人です。本作品も数多くの賞にノミネートされ受賞しました。また、カーリー・サイモンが歌った主題歌「ステップ・バイ・ステップ」（*Let the River Run*）がゴールデン・グローブ賞、アカデミー賞、グラミー賞で主題歌賞を受賞し、この映画はさらに注目を浴びました。マンハッタンを舞台にした本作の見所の1つ目はオープニングシーンで、大ヒットした主題歌をバックに映し出されるニューヨークの風景はまさに圧巻です。世界遺産である自由の女神像から始まり、高層ビルが立ち並ぶマンハッタン島、そして2001年にアメリカ同時多発テロ事件によって崩壊してしまった世界貿易センターのツインタワー。ニューヨークを代表する建物や風景が次々と映し出され、観る人の心を惹きつけます。オフィスシーンのいくつかが世界貿易センタービル内で撮影されたこともあり、この作品は地域の人々に、ニューヨークを舞台とした映画の代表作の1つと考えられています。見所の2つ目は、忠実に描かれている80年代の米国の様子です。登場人物のファッションや髪型はもちろんですが、当時の経済状況や女性の社会的地位、ライフスタイルなど、現在とは違った米国を見ることができるでしょう。米国の女性の社会進出の歴史についても学ぶ機会を与えてくれるとてもいい作品です。

スタッフ

監　督：マイク・ニコルズ
脚　本：ケビン・ウェイド
製　作：ダグラス・ウィック
撮　影：ミヒャエル・バルハウス
音　楽：カーリー・サイモン、ロブ・マウンジー

キャスト

テス・マクギル　　　：メラニー・グリフィス
ジャック・トレイナー　：ハリソン・フォード
キャサリン・パーカー　：シガニー・ウィーバー
ミック・ドゥガン　　：アレック・ボールドウィン
シンシア　　　　　　：ジョーン・キューザック

教育・学校

いまを生きる	Dead Poets Society	（執筆）ハンフリー恵子

セリフ紹介

　この映画で最も重要なセリフと言えば、なんと言っても、キーティング先生が初回の授業の中で生徒たちに伝える言葉 "Carpe Diem" でしょう。これはラテン語で、"carpe" は "carpo（摘む）" の命令形、"diem" は "dies（日）" の対格にあたります。したがって、「この日を掴め・いまを生きろ」という意味になります。キーティング先生は20世紀のアメリカ人小説家ソール・ベローの言葉 "Seize the day" を使って説明します。

　そして、この言葉を紹介するとき、キーティング先生は生徒のニールに、叙情詩で有名な17世紀のイギリス詩人ロバート・ヘリックの詩 "To the Virgins, to Make Much of Time"（乙女よ、時を大切にせよ）の第一節を朗読させます。Gather ye rosebuds while ye may, / Old time is still a-flying : / And this same flower that smiles to-day / To-morrow will be dying.
（できるときに、あなたのバラのつぼみを摘み取りなさい / 時は過ぎ去っていくものです / 今日微笑んでいるこの花もまた / 明日には枯れてくのです）

　この詩は、命の儚さを謳（うた）い、人生の束の間の美しさを大切にするように伝えています。キーティング先生はこの詩人の言葉を紹介して、規律に縛られて生きる生徒たちに、「いま」という貴重なときを精一杯、悔いのないよう生きることを教えているのです。ニックが父の反対を知りながら舞台のオーディションを受ける決意をした時、彼は "Carpe diem, goddam it!"（いまを生きろだ！）と叫んでいます。生徒たちの心はキーティング先生によって解き放たれていくのです。

学習ポイント

　この映画の中には、多くの文学者の名前が出てきます。英語教師で「デッド・ポエッツ・ソサエティ（死せる詩人の会）」の創始者であるキーティング先生に相応しく、彼の口から、また彼の思いを引き継いだ生徒たちから、次々に小説家や詩人たちの言葉が出て来ます。そしてこれらの言葉の中に、私たちは登場人物たちの様々な思いを読み取ることができるのです。キーティング先生が生徒たちに自分を呼ぶ時に使うように言った "Oh Captain, my Captain"（おお、船長、我が船長）はウォルト・ホイットマンの詩からとられたフレーズです。そこには自由に表現する創造の世界に向け、自由に生きる人生の旅に向け、これから生徒たちを引導しようとする「船長」の姿が見て取れます。復活した「デッド・ポエッツ・ソサエティ」の最初の会合が洞窟で開かれたとき、ニールが読み上げるディビッド・ソローの『ウォールデン』の冒頭部からの一説には、生きる意義を見出したいと考え始めた生徒たちの気持ちが感じ取れます。"I went to the woods because I wanted [wished] to live deliberately. I wanted to live deep and suck out all the marrow of life!"（私が森へ行ったのは、慎重に生きたいと願ったからだ。…私は深く生きることを願い、人生の精髄をすべて吸い出したいと思うのだ）

　このように映画では、詩や文学のフレーズを巧みに利用することで、登場人物たちの思いを見る者に伝えているのです。そして極めつけは、やはりウィリアム・シェイクスピアの『真夏の夜の夢』です。演劇への情熱を抑えきれないニールですが、彼はその気持ちをうまく父に伝えることができません。そのため、彼は父の強固な反対を知りながら父に内緒で舞台に臨みます。劇の中盤で劇場に現れた父に動揺するものの、ニールは見事妖精パックを演じきり、そして最後のセリフを述べます。"If we shadows have offended, / Think but this, and all is mended, / That you have but slumbered here / While these visions did appear. / And this weak and idle theme, / No more yielding but a dream, / Gentles, do not reprehend: / If you pardon, we will mend."（我ら影のものたちがあなた様のお気に触ったならば、/ このようにお考えくださいな、さすればすべてが正されます / この場でただ少しまどろみ / その間、これら幻が見えていただけと / この脆くもくだらない物語は / 全くただの夢でございます / みなさま、どうぞお咎めくださるな / お許しくだされば、我らは元に戻りましょう）これは妖精たちのばか騒ぎを観客に謝るパックの言葉なのですが、このセリフにはニールの父への思いが込められています。ほんの一時の夢を見させてほしかった、これが終われば元に戻るから、今だけは許してほしいと。厳格な父を目の前にすると何も言えないニールが、パックの仮面をかぶることでこうした自分の気持ちを父に伝えているのです。私たちは、キーティング先生が望んだように、文学作品に触れて自分の気持ちを表現し始める生徒たちを見ることができるのです。

あらすじ

　1959年バーモントにある全寮制の学院に新学期が訪れ、生徒たちが休暇から戻ってきました。そしてニールやチャーリー、転入生のトッドらは、新たに赴任してきた英語教師ジョン・キーティングと出会います。規律の厳しい学校の中にあって、キーティング先生の授業は型破りでした。先生はまず「教科書を破り捨てろ」と言い、型にはまらない自由な発想と自分らしく生きることを説き、自分には "Oh Captain, my Captain" と呼びかけるように言います。ある日、ニールは古い学生年鑑にキーティング先生を見つけ、彼が学生時代に「デッド・ポエッツ・ソサエティ」という、詩の朗読クラブを作っていたことを知ります。そして、ニールは友人たちを誘い、寮から抜け出して洞窟に行き、そこでクラブを復活させるのです。クラブで自由に思いを語り、徐々に自分がやりたいことを自覚していく生徒たち。中でもニールは、俳優を志して『真夏の夜の夢』の舞台の妖精の役を手に入れます。しかし、ニールの夢を理解できない父親によって行く手を遮られたニールは、その夜、自ら命を絶つことを選んでしまいます。そしてこの件は学校で深刻な問題として取り上げられ、責任者としてキーティング先生は退職を余儀なくされます。学校を去り行くキーティング先生を見たとき、トッドたちは、ノーラン校長が制止するのも聞かずに机の上に立ち上がり、"Oh Captain, my Captain" と呼びかけて見送るのでした。

映画情報

製　作　費：1,640万ドル
製　作　年：1989年
製　作　国：米国
言　　　語：英語
配給会社：ブエナ・ビスタ・ピクチャーズ・ディストリビューション

公開情報

公　開　日：1989年6月2日（米国）
　　　　　　1990年3月17日（日本）
上映時間：129分
興行収入：2億359万ドル
受　　賞：アカデミー脚本賞

薦	○小学生　○中学生　●高校生　●大学生　●社会人	リスニング難易度	発売元：ウォルト・ディズニー・ジャパン（平成29年2月現在、本体価格）DVD価格：1,429円　ブルーレイ価格：2,381円

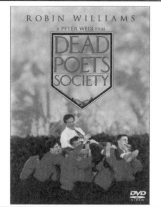

お薦めの理由	「伝統、名誉、規律、美徳」を校訓に掲げる学院は、卒業生の多くを有名大学に進学させる名門校です。日々勉学に勤しむ生徒たちの前に現れたキーティング先生は、「いま」という時間を大切に生きること、「いま」しかできないことをやるようにと、生徒たちに説きます。この言葉に勇気を得て、自分の行きたい道を見つけようとする生徒たち。「自分」を見つめ直し、「いま」の大切さに気づかせてくれる映画です。

スピード	3
明瞭さ	3
米国訛	2
米国外訛	1
語彙	4
専門語	4
ジョーク	4
スラング	2
文法	2

英語の特徴	基本的には学園ドラマなので、高校生たちの話す英語はそれほど難しくなく聞きやすいです。また、大人たちも高校生に分かりやすく話しています。しかし、この映画には文学作品の引用が多く使われているので、語彙の難しさや文法の難しさもあり、理解しにくいと感じることもあるでしょう。そんな時は迷わず字幕を見て、読み上げられる一節のリズムの美しさを感じてみるのもいいでしょう。

発展学習	本作でキーティング先生が生徒たちに伝える言葉は、見る者の心にとても響くものばかりです。そのため、キーティング先生の言葉は、映画の枠を超え、テレビのコマーシャルや広告のキャッチコピー等に使われていたりします。そこで、キーティング先生の言葉をもう少し取り上げてみましょう。 　キーティング先生の言葉の端々には人間らしく生きることを教えようとする情熱が込められています。キーティング先生によると、詩や文学は人が人らしく生きるために必要なものなのです。 "One reads poetry because he is a member of the human race and the human race is filled with passion! Medicine, Law, Banking–these are necessary to sustain life–but poetry, romance, love, beauty! These are what we stay alive for."（人が詩を読むのは、その人が人類の一員だからであり、人類とは情熱に満ち満ちた存在だからだ。医学や法律、銀行業、これらは生活を維持するのに必要なものだが、しかし、詩、ロマンス、愛、美に目を向けてみろ。これらこそが我々が生きる目的だ） 　キーティング先生の信念は、内気な転入生トッドとの掛け合いのなかで実践されます。トッドは自分の気持ちを伝えることが苦手で、キーティング先生が生徒たちに詩を作る課題を与えても、トッドだけは作ることができません。そんな彼の心の声をなんとか引き出そうとキーティング先生は矢継ぎ早に質問を浴びせかけ、トッドに眼をつむるように言います。そして "Use your imagination! First thing that pops to your mind, even if it's gibberish!"（想像力を使うんだ、心の中に最初に浮かんだものだ！たとえそれがでたらめなことでもいいんだ）と自分だけを見つめたときに出てくる声を引き出そうとします。トッドは徐々に自分の殻から抜け出そうともがき始め、ついに彼の口から詩がほとばしり始めます。まさに見ていて圧巻のシーンです。 　また、キーティング先生は生徒たちを中庭に連れ出して、4人の生徒たちを行進させます。そして彼らが同じような歩き方をしてしまったことを体験させ、他人を前にしたとき自分だけ異なることをすることがいかに難しいかを指摘します。つまり、他者といる時自分の声を聞き自らの信じることを貫くことがいかに難しいことかを教えているのです。そのときキーティング先生は "trust what is unique about yourselves even if it's odd or unpopular"（たとえ奇妙で人から受け入れられなくても、自分にしかない独自性を信じなくてはならない）と生徒たちに説きます。 　他にもたくさんの魅力ある言葉を随所に見つけることができます。こうしたキーティング先生の言葉に耳を傾け、彼の思いを受け取りながら映画を見るうちに、知らずして私たちも、自分の生き方について考えていることに気づくでしょう。

映画の背景と見所	見所と言えば、やはりキーティング先生が生徒たちに伝えるメッセージの数々です。授業初日、ホールに生徒たちを連れ出したキーティング先生は、生徒たちに卒業生の記念品の数々が並ぶケースを覗き込ませ、背後から "Carpe Diem, Seize the day, boys. Make your lives extraordinary."（いまを生きろ、今日という日をつかむんだ。お前たちの人生を特別なものにするんだ）とささやきます。こうした、規律に縛られず自分の思いを表現することの大切さを教えるキーティング先生にとって、詩とは何かについて堅苦しく説明する教科書の序文は、まさに生徒たちの自由な発想力を押さえつけるものに他なりません。生徒の1人が序文を読み上げるのを聞いているうちに、キーティング先生は徐々に我慢ができなくなります。 　そして、"Treacle! Mawkish treacle! Rip it out of your books. Rip out the entire page! I want this sentimental rubbish in the trash where it belongs!"（うんざりだ！吐き気がするほどうんざりだ！そんなページは破り捨ててしまえ。全部破るんだ！こんな軟弱なでたらめごと、ゴミ箱の中に捨ててしまえ！）となるのです。 　理論なんて関係ない、そんなものにとらわれず、自由に羽ばたけ！既にある型にはまってしまうのではなく、思いのままに生きてほしい、こんなキーティング先生のメッセージが色濃く窺えるシーンです。

スタッフ	監　督：ピーター・ウィアー 脚　本：トム・シュルマン 製　作：スティーヴン・ハーフ 　　　　ポール・ユンガー・ウィット、トニー・トーマス 音　楽：モーリス・ジャール	キャスト	ジョン・キーティング：ロビン・ウィリアムズ ニール・ペリー　　　：ロバート・ショーン・レナード トッド・アンダーソン：イーサン・ホーク チャーリー・ダルトン：ゲイル・ハンセン ノックス・オーバーストリート：ジョシュ・チャールズ

| | | グッド・ウィル・ハンティング/旅立ち | **Good Will Hunting** | （執筆）室　淳子 |

|セリフ紹介|

何を伝えても何倍もの言葉で反論するウィルに、ショーンはその言葉のほとんどが本で得た知識にすぎないと指摘します。ボストンから離れたことがないウィルに、身を持って体験することの大切さをショーンは伝えます。

Sean : So if I asked you about art, you'd probably give me the skinny on every art book ever written. Michelangelo, you know a lot about him. Life's work, political aspirations, him and the pope, sexual orientations, the whole works, right? But I'll bet you can't tell me what it smells like in the Sistine Chapel. You've never actually stood there and looked up at that beautiful ceiling, seeing that...

また、親友のチャッキーは、与えられる様々なチャンスに対して今の立場から動き出そうとしないウィルに、自分たちにはない才能に恵まれた彼が20年後にまだここにいたら殺してやると伝えます。

Chuckie : Look, you're my best friend, so don't take this the wrong way but, in 20 years if you're still livin' here, comin' over to my house, watchin' the Patriots games, workin' construction, I'll fuckin' kill ya. That's not a threat, that's a fact, I'll fuckin' kill ya.

いつか別れも告げずに俺らの元を離れて行って欲しいというチャッキーの次の言葉をウィルは後に叶えます。

Chuckie : But you know what the best part of my day is? For about ten seconds, from when I pull up to the curb and when I get to your door, 'cause I think, maybe I'll get up there and I'll knock on the door and you won't be there. No goodbye. No see you later. No nothing. You just left.

|学習ポイント|

様々な分野の英語表現が豊富に出てくる映画です。基礎的なものから専門性の高いものまでありますが、日本語であれば十分に理解できる表現も多いでしょう。以下の例を参考に、語彙を広げてみましょう。

数学の分野からは、problem（問題）、equation（方程式）、theorem（定理）、proof（証明）、term（項）、rectangle（長方形）、tree structure（木構造）、integer（整数）、fraction（分数）、algorithm（アルゴリズム）、real analysis（実解析）、combinatorial mathematics（組み合わせ数学）、Fourier series（フーリエ級数）、superstring theory（超ひも理論）、chaos theory（カオス理論）、applied science（応用科学）、finite math（有限数学）等が出てきます。anatomy（解剖学）や organic chemistry（有機化学）等の科学分野の語彙も含まれます。

大学に関連する表現には、faculty（教授陣）、undergraduate（学部生）、degree（学位）、diploma（学位証明書）、pre-law（法学部）、survey course（概論の授業）、community college（短期大学）、chalkboard（黒板）、recess（休憩時間）、reunion（同窓会）等があります。また例えば、contention（見解）、plagiarize（盗用する）等の学問的な論文や討論の場に使用する表現も出てきます。誰かの論文等を引用する時には、"I quote"と言った後に、原文のままを引用しています。ランボー教授の授業の中では、"without further ado"（面倒なことはこれくらいにして）という講演会等でよく用いられる表現も登場します。

映画の中には裁判の場面も見られます。attorney（弁護士）、prosecutor（検察官）、judge（裁判官）、assault（暴行）、mayhem（傷害）、probation（保護観察期間）、parole officer（保護観察員）等の語彙が見られ、裁判の場で被告や検察官が裁判長に呼びかける際に"Your Honor"という敬称が用いられるのことにも注目しましょう。ウィルが foster homes（里親の家）で physical abuse（身体的虐待）を受けた過去も明かされます。ウィルの診療に関わった心理学者の1人は、pro bono（公益の仕事）はやりたくないと話します。ウィルはセラピーの一環として hypnosis（催眠療法）も受けます。過去の体験の傷をようやく話したウィルに、"It's not your fault."と繰り返すショーンのセリフは心を打ちます。

ウィルとスカイラーがデートをしている会話は、日常的な表現を学ぶのにいいでしょう。スカイラーからウィルに声をかけて、ウィルからスカイラーをデートに誘う場面の会話はウィットに富んでいます。一般的なコーヒーではなくキャラメルでもどう？（"Maybe we could go somewhere and just eat a bunch of caramels."）と誘うウィルのセリフ等、気の利いた会話を探してみてください。ショーンが妻に初めて会った時にワールドシリーズの観戦を約束していた友だちに言った名セリフ（"Sorry, fellas, I got to see about a girl."）は映画の終盤にも響いてきます。

|あらすじ|

米国ボストンのマサチューセッツ工科大学で、清掃員（janitor）として働くウィルは、ある日、廊下の黒板に書かれた数学の難題を解きます。解答者が学生の中にいないことを知ったランボー教授は疑わしく思います。ある時、数学の難題を解いたのがウィルであることに気づきます。ウィルの才能を見いだしたランボー教授は、暴力沙汰を起こして係争中のウィルと会い、数学の指導とセラピーを週に2回受けることを条件に、彼の身を引き取ることを決めます。ウィルは、ランボー教授が出す数学の問題には熱心ですが、セラピストに対しては心を開こうとしません。困り果てたランボー教授は、大学時代の旧友のショーンを訪ね協力を求めます。妻を亡くし、研究の第一線から身を引いていたショーンは、同じ境遇に育ったウィルに興味を持ち、ランボー教授の頼みを引き受けることにします。

一方、ハーバード大学の学生のたまり場に仲間と出かけたウィルは、スカイラーに出会います。2人は付き合い始めますが、自分の生い立ちを語ろうとせず、心を開こうとしないウィルに、スカイラーは不安を感じ始めます。卒業後にカリフォルニアに移るスカイラーはウィルに同行を願いますが、ウィルはそれを断ります。

ウィルはランボー教授が紹介する仕事をことごとく断り、ショーンに対しても自分の弱みを見せようとしません。同じ心の傷がショーンにあることを知ったウィルは過去に向き合い、自分の道を歩むことを選びます。

| 映画情報 | 製 作 費：1,000万ドル　製 作 年：1997年
製 作 国：米国　　　言 語：英語
ジャンル：ドラマ
配給会社：ミラマックス（米国）、松竹富士（日本）
カラー映画 | 公開情報 | 公 開 日：1997年12月5日（米国）
　　　　　1998年 3月7日（日本）
上映時間：126分
興行収入：2億2,600万ドル
受　　賞：第70回アカデミー助演男優賞、脚本賞 |

薦	○小学生　○中学生　○高校生　●大学生　●社会人	リスニング難易度		発売元：ワーナー・ブラザース ホームエンターテイメント（平成29年2月現在、DVD発売なし）中古販売店等で確認してください。
お薦めの理由	この映画は、メッセージ性のあるセリフが多いので、英語学習としても魅力的な作品です。自分自身の才能を認めること、可能性に賭けて自分の望む生き方を選んでいくこと、人と人との関係を築いていくことの大切さ等について考えさせられます。教育関係者のみならず、法律や心理学、数学、ソーシャルワーク等に携わる人の立場からも、テーマや語彙の面において学習効果のある映画だと思います。	スピード	3	
		明瞭さ	3	
		米国訛	3	
		米国外訛	1	
英語の特徴	テンポは速いですが、明瞭で聞き取りやすい会話が多いようです。語彙の幅は広く、数学や心理学を始め、歴史、文学、美術、法律、福祉等に関する専門用語を含みます。米国のハーバード大学やマサチューセッツ工科大学で研究者や学生たちが繰り広げるアカデミックな会話や、南ボストンの下町でウィルたちが交わすスラングの多い若者たちの会話も同時に学習することができます。	語彙	4	
		専門語	4	
		ジョーク	4	
		スラング	4	
		文法	4	

発展学習

　この映画を通して、背景にある米国社会の階層について考えてみることができるでしょう。Southie と呼ばれる南ボストン出身の労働者階級のウィルたちは、ボストンの北部にあるハーバード大学やマサチューセッツ工科大学の米国有数のエリートたちとは対照的に描かれています。映画の冒頭では、ウィルたちが住む下町からハーバード大学のキャンパスへとカメラが動かされて両地区の違いを際立たせています。その違いは、彼らが暮らす環境、言葉遣いや会話の内容、装いや振る舞いにおいても表われています。両者の線引きもはっきりとしていて、それは時にあからさまに映ります。

　登場人物たちの発言や態度に注目してみましょう。ハーバード大学の「賢いやつら（smart kids）」がよく行くバーで、ものめずらしそうに周りを見回しているチャッキーの様子、チャッキーが学生ではないことを見抜いたクラークの高圧的な話しぶり、板書された数学の難題を解くウィルを最初に見かけたときのランボー教授の態度、ウィルを探して大学の清掃事務所を訪れた際のランボー教授と管理人たちのやりとり、下町に遊びに来たスカイラーにハーバード生を見直したと言うチャッキーのセリフ等を探してみてください。英国生まれの裕福なスカイラーとウィルの関係においても、2人の生い立ちの違いが問題になります。ウィルを理解しようとするスカイラーに対し、自分のことをほとんど語ろうとしないウィルの様子がよく描かれています。

　また、この社会意識には、アイルランド系ということが関わっていることも表されています。バーでチャッキーが女友達から「アイルランド野郎（Irish curse）」という悪口を浴びせられているのに気がつくと思います。チャッキーは、モーガンがアイルランドの妖精と猿の子供だと言ってからかい、アイルランド系が飲んだくれであるというイメージを利用して伯父が酔っぱらってパトカーに乗って帰った話を面白おかしく語ります。ウィル自身もまた、アイルランド系のカトリックの人たちが子だくさんであるというステレオタイプから、自分には13人の兄弟がいるという嘘を冗談めかしてついたりしています。ショーンがアイリッシュ・バーにいる場面も描かれています。

　本作では、有名大学のエリートたちよりもウィルたちの方が好意的に描かれ、ウィルの才能や周囲の熱い友情が強調されています。学生時代の友人同士であったランボー教授とショーンとの対比においても、ランボー教授が数学者としての自分の才能に限界を感じている様子を明らかにし、社会的には評価が下がるかもしれないショーンを魅力的に描いています。エリート階級と労働者階級の対立関係が大げさに描かれている点は否定できませんが、米国東海岸特有の階級社会の姿と人間模様を味わうことのできる作品です。

（「ガス・バン・サント前説」比嘉世津子訳『グッド・ウィル・ハンティング』愛育社［1998］参照）

映画の背景と見所

　映画の見所はたくさんありますが、ここでは人間味のあふれるショーンのセリフをもう1つ紹介してみたいと思います。愛する妻の死を悼み続けるショーンは、妻を悪く言われることを嫌い、ウィルに対しても怒りを露わにします。スカイラーとの関係を進めていくことに躊躇するウィルに、ショーンは大きな音を立てておならをしていた妻のエピソードを語ります。完璧さよりもちょっとした変な癖（idiosyncrasies）があるからお互いを大事に想うことができると話すショーンの温かい気持ちが伝わります。

Sean : But, Will, she's been dead two years and that's the shit I remember. It's wonderful stuff, you know? Little things like that. Yeah, but those are the things I miss the most. Those little idiosyncrasies that only I knew about. That's what made her my wife. Boy, and she had the goods on me, too. She knew all my little peccadillos. People call these things "imperfections," but they're not. That's the good stuff. And then we get to choose who we let into our weird little worlds. You're not perfect, sport. And let me save you the suspense. This girl you met, she isn't perfect, either. But the question is whether or not you're perfect for each other. That's the whole deal. That's what intimacy is all about.

スタッフ	監督：ガス・ヴァン・サント 脚本：マット・デイモン、ベン・アフレック 製作：ローレンス・ベンダー 音楽：ダニー・エルフマン、ジェフリー・キンボール 撮影：ジャン＝イヴ・エスコフィエ	キャスト	ウィル　　　：マット・デイモン ショーン　　：ロビン・ウィリアムズ チャッキー　：ベン・アフレック スカイラー　：ミニー・ドライヴァー ランボー教授：ステラン・スカルスガルド

	グレート・ディベーター 栄光の教室　**The Great Debaters**	（執筆）河井　紀子

セリフ紹介	1935年、テキサス州マーシャルの小さな黒人大学、ワイリー大学の入学式でジェームズ・ファーマー・シニアが新入生に向けてスピーチをしています。教育こそが若者を闇から救い出す唯一の方法であると訴えます。黒人として、教育者としての気概があふれている重要なシーンです。 　"When I believe we are the most privileged people in America, because we have the most important job in America: the education of our young people.... We must impress you upon young people that there will be difficulties that they face... They must defeat them! They must do what they have to do in order to do what they want to do.... Education is the only way out.... The way out of ignorance— The way out of darkness! Into the glorious light."（我々は米国で最も恵まれている。これから最も重要な仕事を手がけるからだ。黒人の若者を教育するという仕事だ。若者たちにしっかり伝えておく、この先困難に直面するだろうと。若者よ、困難に勝て。成すべきことを成し、道を拓け。教育だけが突破口だ。無知からの脱出─闇から抜け出せ、そして神の光の中へ進め） 　無知から脱却し、困難に直面しながらも道を切り開いていく方法の1つとして、トルソン（Prof. Tolson）が採った戦術がディベートでした。そしてディベート・チームを徹底的に鍛え上げるのです。Prof. Tolson は言います。"...debate is blood sport. It's combat. But your weapons are words."（ディベートは激しいスポーツ。戦争だ。ただし武器は言葉だけ）ディベートを通して知識や論理的思考を身につけ、言葉の力で相手と対等に闘う力を養うことで黒人としての誇りを持たせるのです。

学習ポイント	ディベートを教育に取り入れる場合、ある論題について異なる立場に分かれ、どちらの論の立て方が説得的であり、いかに相手を論破できるかを競う形をとります。映画のなかでも授業風景やたくさんの対戦シーンがあります。 　Prof. Tolson は、古今の名著からの名言や確たる情報源を援用しつつ、まず大前提（Major premise）、そして小前提（Minor premise）があり、結論（Conclusion）を導いていくという、ディベートの本質を叩き込んでいきます。選ばれた4人が滑舌の練習をする場面です。 Prof. Tolson: Who's the judge?　　　　Students: The judge is God. Prof. Tolson: Why is he God?　　　　　Students: Because he decides who wins or loses, not my opponent. Prof. Tolson: Who is your opponent?　　Students: He doesn't exist. Prof. Tolson: Why does he not exist?　　Students: He's merely a dissenting voice to the truth I speak. そして、最後に言うのです。 Prof. Tolson: Speak the truth! Speak the truth! 　なぜ Prof. Tolson は時間と労力をかけて、正規のカリキュラムにはないディベートを取り入れようとしたのでしょうか。それにはまず当時、南部の黒人がおかれていた厳しい状況を考えなくてはならないでしょう。映画のなかでジェームズ・ファーマー・ジュニアのセリフに "Jim Crow South" という言葉が出てきます。これは、「黒人差別を行う州法が制定されていて、甚だしい人種差別が行われている南部」という意味です。南北戦争（1861～1865）後の合衆国憲法修正第13、14、15条にもかかわらず、南部では黒人の隷属的状況は維持され、獲得した政治的権利も徐々に剥奪されていきます。19世紀末になるとホテルやレストラン、学校、交通機関など公共の場における差別が合法化されていきました。黒人は黒人であるというだけで、社会的、政治的、経済的差別を日常的に受けていたのです。その人種差別の極みがリンチです。 　Prof. Tolson はリンチという語の起源について語ります。それは差別や偏見に対して不条理だとは思いつつも、ともすれば黒人自らが現状を受け入れてしまっているかもしれないことに危惧を抱いていたからです。 　だからこそ "I... and every other professor on this campus are here to help you... to find, take back, and keep your righteous mind... because obviously you have lost it."（私たちは君らに力を貸す。まともな思考を取り戻し保てるように。なぜなら君たちはそれを失っているからだ）と、学生たちにディベートを通して自らの美しさに気づき、米国人であることに誇りをもつよう語るのです。

あらすじ	舞台は1935年、テキサス州マーシャルです。黒人であるというだけで日常的に差別されたり、リンチにかけられていた時代です。ワイリー大学は黒人大学で、学生が黒人として直面する困難にも立ち向かい、無知から脱出し、闇から抜け出して自ら道を切り開いていくことを目指しています。 　Prof. Tolson は、学外活動としてディベートクラスを指導します。学生360人のうち応募したのは勇気ある45人、そのうちディベーターとして選ばれたのはたった4人（そのうち2人は補欠）だけです。補欠の1人に選ばれたのは弁護士をめざすサマンサ・ブックで、当時黒人女性で弁護士登録をしているのは2人しかいませんでした。他の黒人大学と対戦するなかで、ワイリー大学は連勝を重ね、リーグ優勝します。白人の大学へも乗り込んでいきます。会場はキャンパス外に設けられていました。白人の大学と対戦することは小さいけれど、大きな一歩でもありました。そんな時、Prof. Tolson は個人の政治的信条から行っている「南部小作農組合」の活動について咎められ、一時勾留されてしまいます。保釈されるものの、対戦予定であった大学からのキャンセルが続きます。しかし、Prof. Tolson は闘うことをやめることなく、全米制覇の優勝校である名門ハーバード大学と対戦することを計画します。そして「最高の相手に勝つ」ために作戦を練るのです。

映画情報	製 作 費：1,500万ドル 製 作 年：2007年 製 作 国：米国 言　　語：英語　　　　ジャンル：ドラマ 配給会社：MGM　　　　カラー映画	公開情報	公 開 日：2007年12月25日（米国） 　　　　　日本では未公開 上映時間：128分　MPAA（上映制限）：PG-13 オープニングウィークエンド：360万4,000ドル 興行収入：3,022万6,144ドル

薦	○小学生　○中学生　●高校生　●大学生　●社会人	リスニング難易度	発売元：トランスフォーマー（平成29年2月現在、本体価格）DVD価格：3,800円

お薦めの理由	ディベートにおける論の立て方、論拠の示し方、対戦相手との駆け引きや反駁の仕方、声の抑揚やアクセントなどのディベート術やプレゼンテーションの効果的な方法を学ぶことができます。 常に広い視野と深い知識をもち、相手の話に耳を傾け、論理的思考ができるようになることで、物怖じせず人前で話すことができ、主体的に行動できるようになります。	スピード	3	
		明瞭さ	3	
		米国訛	3	
		米国外訛	2	
英語の特徴	舞台は米国南部ですが、会話のスピードはさほど速くなく、非常に聞き取りやすい英語です。特にディベート部分は、論旨が明快なうえに発音も明瞭なので、英語の学習だけでなく、論理的な思考やプレゼンテーション、説得力のある議論の方法としても役立てることができるでしょう。 ディベートの部分だけを取り出し、チームを作って対戦を再現してみるのも非常によい学習となります。	語彙	3	
		専門語	3	
		ジョーク	2	
		スラング	2	
		文法	3	

発展学習

　ディベートには総合的な力が要求されます。まず問題意識をもつためには、日頃から広い視野をもち、知識を蓄えておくことが必要です。論題に関する資料にあたり、適切な論拠を示さなければなりません。また、相手の話を理解し、分析し、筋道を立てて考え、反駁するという論理的思考も必要です。このような訓練を重ねることで、話す能力が向上し、説得力のある議論ができるようになると同時に、物怖じせず自信をもって話をすることができるようになります。初めて白人の大学のオクラホマ州立大学との対戦に、最初は少し怯んでいたサマンサですが、"Negroes should be admitted to state universities." という論題に対して、黒人が受け入れられないのは間違っているどころか "absurd" であるとして "The Negro people are not just a color in the American fabric. They are the thread that holds it all together."（黒人は米国という織物の差し色ではなく、それを支える糸なのです）と論を展開していきます。いつかは黒人と白人は同じキャンパスに通い、席を並べるかもしれないけれども、まだ機は熟していないという対戦相手に対して、サマンサは "As long as schools are segregated, Negroes will receive an education that is both separate and unequal…. the time for justice, the time for freedom, and the time for equality is always, is always, right now!（学校が人種で分断される限り、黒人が受ける教育は隔てられた不平等なものとなります…。正義の時、自由と平等を実現する時はいつも今この時なのです）と締めくくります。

　最後はハーバード大学との対戦です。"Civil disobedience is a moral weapon in the fight for justice" という論題では、非暴力は無政府主義に他ならず、民主主義は多数派の支持が必要であり、法を崩すものは善ではありえないとするハーバード大学に対して、最後にジェームズが南部では身近に存在する非合法で無秩序なリンチを例に挙げ、明らかな犯罪に対しては権利として、義務として抵抗しなくてはならない、それは暴力ではなく、市民的不服従という形をとるべきではないか、と結ぶのです。

　"In Texas, they lynch Negroes. My teammates and I saw a man strung up his neck and set on fire… What was this Negro's crime that he should be hung, without trial, in the dark forest filled with fog? …And who are we to just lie there and do nothing? No matter what he did, the mob was the criminal. But the law did nothing, just left us wonder why. My opponent says nothing that erodes the rule of law can be moral. But there is no rule of law in the Jim Crow South, not when Negroes are denied housing, turned away from schools, hospitals, and not when we are lynched. St. Augustine said, "An unjust law is no law at all," which means I have a right, even a duty, to resist… with violence or civil disobedience. You should pray I choose the latter."

映画の背景と見所

　1930年代に全米のディベート大会で優勝したワイリー大学の物語です。実際に対戦したのはハーバード大学ではなく、南カリフォルニア大学だったようです。人種差別が公然と行われていた時代、白人の大学を相手にしても、毅然と物怖じせずに堂々とディベートを繰り広げる3人のディベーター。Prof. Tolson が懸念するように、無意識のうちに現状を受け入れ、時には卑屈になったりもするのですが、ディベートの力をつけるにしたがって自信と黒人としての誇りをもつようになっていきます。最後は、全国に向けてラジオ中継されるなか、全米の優勝校である名門ハーバード大学と互角に闘い、堂々と論破していくシーンには深く心が動かされます。彼らは真実を語り、勝利を手にするのです。言葉には力があります。言葉は力を与えてくれます。それは真実を語っているからです。

　このあとも10年間ワイリー大学は勝ち続けます。映画の最後のシーンでは、実際のワイリー大学のディベーターたちの顔が映し出されます。言葉を武器に社会の矛盾や不条理に立ち向かったディベーターたちのその後の活躍は Prof. Tolson の思想の正当性を証明しているといえるでしょう。

　ディベートを描いた映画には『青春！ケンモント大学』（Listen to me, 1989）、Resolved（2007）があります。また、ビリー・ホリデーが歌う「奇妙な果実」の歌詞に注目して聴いてみるのもいいでしょう。

スタッフ	監督：デンゼル・ワシントン 脚本：ロバート・エイゼル 製作：トッド・ブラック、オプラ・ウィンフリー 音楽：ジェームズ・ニュートン・ハワード 撮影：フィリップ・ルースロ	キャスト	メルヴィン・トルソン　　　：デンゼル・ワシントン ジェームズ・ファーマー　　：フォレスト・ウィテカー ヘンリー・ロー　　　　　　：ネイト・パーカー サマンサ・ブック　　　　　：ジャーニー・スモーレット ジェームズ・ファーマーJr.：デンゼル・ウィテカー

ジャック	Jack

（執筆）古田　雪子

<table>
<tr>
<td>セリフ紹介</td>
<td>

同級生達と比べ自分には残された時間が少ない事に気づき学校へ行かなくなったジャックに、彼の家庭教師のウッドルフ先生が言ったセリフです。ウッドルフ先生は自分が子供を教えるのが好きな理由は、子供は大人のように先の事を考えてそれに縛られたりせず、目の前の興味がある事に一生懸命になる事を思い出させてくれるからだと言います。そして、ジャックは他の生徒達と違って短い命を流れ星のように輝かせて一生懸命に生きてきたから素晴らしいのだと説きます。（以下、ウッドルフのセリフ）

You know why I like to teach children, Jack?
（なあジャック、私はなぜ子供達を教えるのが好きだと思う？）

So I don't get so wrapped up in being an adult. So I can remember there are other things that are important in life —like riding a bike, playing in a tree house, splashing in water with your good shoes on.
（そうすれば大人であることに縛られないからだよ。そうすれば人生で大切な事を思い出せるからだ。例えば自転車に乗ることや、ツリーハウスで遊ぶことや、いい靴を履いて水を飛び散らしたり）

And you, my friend, were my most special student. And until recently, you were everything I ever wanted in a student. You were a shooting star amongst ordinary stars. Have you ever seen a shooting star, Jack?
（そして君、僕の友達である、君は僕の一番特別な生徒だったんだよ。そしてつい最近まで、君は僕が生徒に望んでいた全てだったんだ。君は普通の星の中で、流れ星だったんだ。君は流れ星を見た事があるかい、ジャック？）

</td>
</tr>
<tr>
<td>学習ポイント</td>
<td>

ジャックの親友のルイスが、宿題の「大人になったら何になりたいか」というエッセイを教室で発表する時に以下のように言います。私達はルイスの目で見たジャックが理想の大人であるという理由から、人間として大切な事を学ぶ事ができます。

I want to be just like my best friend when I grow up.
（僕は大きくなったら僕の親友みたいになりたい）

He's only 10, but he looks much older.
（彼はたった10歳だけど、見た目は大人）

He's like the perfect grown-up, because on the inside… he's still just a kid.
（彼は理想の大人みたいだ。なぜかと言うと心がまだ子供だから）

He's not afraid to learn new things or try things… or to meet new people the way most grown-ups are.
（彼は新しい事を学んだり、新しい事をやってみたり…ほとんどの大人達のように新しい人達に会うのを恐れない）

It's like he's looking at everything for the first time… because he is.
（彼は何でも初めてのように見る…本当に初めてだから）

And most grown-ups aren't like that.
（でもほとんどの大人達はそうじゃないんだ）

Most grown-ups just want to go to work and make money… and show off for the neighbors.
（ほとんどの大人達は働いて金を稼ぐでは…近所の人達に自慢したいだけだ）

And more than anything, he knows how to be a great friend.
（でも彼は本当の友達とは何かを知っている）

ルイスは身体だけが先に大人になったジャックが、子供の心を持ち何でも初めての新鮮な目で見、何も恐れず、他人の評価を気にせず、仲間と過ごす時間を大切にするのを見ていて、ジャックのような大人になりたいと言います。

私達はルイスのセリフから、大人になる過程で見過ごしてしまいがちな、子供の純粋な心に気づかされます。ルイスの一般的な大人に対する見方は子供らしく大ざっぱで単純ですが、実際に大人は生活するための利益追求を目的とするあまり、人間としての純粋な心を置き去りにしてはいないでしょうか。そういった意味で私達はこのルイスのセリフから多くを学ぶ事ができると思います。

</td>
</tr>
<tr>
<td>あらすじ</td>
<td>

生まれる前から人の4倍の速さで細胞分裂が進む病にかかっていたジャックは、実年齢10歳の時に外見はすでに40歳になっていました。他の子供達にいじめられるのを心配した両親は、ジャックに家庭教師をつけずっと家の中だけで生活させていました。しかしジャックは家の外で遊んでいる同年齢の子供達に興味を持つようになり、ついに小学校に通い始めます。最初は同級生達に巨人だと化け物扱いされ、仲間外れになり孤独になるジャックでしたが、優しい担任のマルケス先生に見守られながら、次第に同級生達と打ち解けて輪の中に入って行きます。そんなある日、マルケス先生の授業で「大きくなったら何になりたいか」というテーマでエッセイを書く宿題が出されます。同級生の1人の女の子が28歳までに結婚すると言っているのを聞いて、ジャックは自分が28歳になったら身体的には112歳になっている事に気づき、自分が大人になるまで生きているかどうかさえわからない事に困惑します。寿命が残り少ない事にあらためて焦ったジャックは、前から好きだったマルケス先生を放課後ダンスに誘いますが、先生に年齢が違い過ぎる事と、教師と生徒の間でデートは出来ないからという理由で断られショックを受けます。ショックで軽い心臓発作を起こしたジャックの体を心配した母親は、ジャックを再び家の中に閉じ込めようとしますが、仲間の子供達の熱心な誘いでジャックは学校に戻り、彼らと一緒に晴れて高校を卒業するのでした。

</td>
</tr>
<tr>
<td>映画情報</td>
<td>

製　作　費：4,500万ドル
製　作　国：米国
配給会社：ブエナ・ビスタ・ピクチャーズ
ジャンル：ドラマ、コメディー、ファンタジー
言　　　語：米語、スペイン語

</td>
</tr>
</table>

公開情報
公　開　日：1996年8月9日（米国）
　　　　　　1997年3月1日（日本）
上映時間：113分
オープニングウィーケンド：1,119万ドル（米国）
興行収入：5,858万ドル　MPAA（上映制限）：PG-13

薦	●小学生　●中学生　●高校生　●大学生　●社会人	リスニング難易度		発売元：ウォルト・ディズニー・ジャパン （平成29年2月現在、本体価格） DVD価格：1,429円

お薦めの理由	生き物にとって老いと死は避けられない自然の摂理です。この映画は普通の人の4倍の速さで歳を取っていくジャックという10歳の少年の目を通して、老いとは、生きるとは、について追体験し考えさせてくれます。また、ジャックが同年代の少年達と校庭やツリーハウスの中で楽しそうに遊んでいる様子を見ると、誰もが思わずわくわくし、大人は無心な子供の時の気持ちを思い出す事ができると思います。	スピード	2
		明瞭さ	3
		米国訛	3
		米国外訛	1
英語の特徴	主人公のジャックは米国に住む10歳の少年で、主な舞台は彼の家と彼が通う小学校なので会話の内容は米国の日常的な会話です。ジャックの担任の先生はヒスパニック系なので、先生がジャックに Thank you. と言った時にジャックがアメリカ人なら誰でも知っている簡単なスペイン語で De nada.（どういたしまして）と返事をする場面がありますが、スペイン語を知らない人でも状況で推測できます。	語　彙	2
		専門語	1
		ジョーク	3
		スラング	1
		文　法	2

発展学習	外見は72歳のジャックが18歳になり、高校の卒業式の総代でスピーチをした時のセリフから、人の一生とは、生きるとはについて考えさせられます。 老眼になって自分が書いた原稿が読めないジャックがゆっくりと老眼鏡をかけると、友達のエリックが声援します。 Eric　：Yo Jack, go get'em! 　　　（ジャック、ぶちかませ！） Jack：I got it, Erick. I'm cool... I don't have very much time these days so I'll make it quick. Like my life. 　　　（わかった、エリック。僕は大丈夫だ。僕は近頃あまり時間がない、だから急いで言う。僕の人生のように） 　　：You know, as we come to the end of this phase of our life, we find ourselves trying to remember the good times and trying to forget the bad times, and we find ourselves thinking about the future. 　　　（人は人生の節目を迎えると、良い事を思い出して悪い事を忘れようとする。そして将来について考え始める） 　　：We start to worry, thinking, "What am I gonna do? Where am I gonna be in ten years?" 　　　（人は心配し始め、こう思う。「どうしよう。10年後自分はどうなっているんだ」） 　　：But I say to you, "Hey, look at me!" Please, don't worry so much. Because in the end, none of us have very long on this Earth." 　　　（でも、君達に言いたい。「ねえ、僕を見てごらん！どうかそんなに心配しないで。なぜなら僕らの誰もこの地上にそんなに長くはいられないから」） 　　：Life is fleeting. And if you're ever distressed, cast your eyes to the summer sky when the stars are strung across the velvety night. 　　　（人生は短い。そしてもし君達が悩んだら、星がベルベットのように柔らかい夜に連なる、夏の夜空に目を向けてごらん） 　　：And when a shooting star streaks through the blackness, turning night into day... make a wish and think of me. 　　　（そして流れ星が闇の中を疾走し、夜を昼間のように明るくする時…願いをかけて、僕の事を考えてみて） 　　：Make your life spectacular. I know I did. I made it, Mom. I'm a grown up. 　　　（君達の人生をすばらしい物にしてくれ。僕はそうした。やったよママ。僕は大人になったんだ） ジャックは、人生は流れ星のように短くはかない物だが、それを恐れず輝かせる事に意味があると言っているのです。

映画の背景と見所	少年ジャックは人より4倍の速度で歳を取る病気に侵されているという設定ですが、現実にはこの症状に似たハッチンソン・ギルフォード・プロジェリア症候群（Hutchinson-Gilford Progeria Syndrome）という早老症疾患があります。この病気は新生児で約400～800万人に1人発症すると言われ全身の老化が異常に進行します。患者の1年間の老化は健常者の10年間以上で、症状が進むと映画でジャックがかかっていたような老年性の脱毛や心機能障害を発症しやすく、動脈硬化（心筋梗塞や脳梗塞）により亡くなるため平均寿命は約13年です。現在のところ2009年に亡くなったカナダのアシュリー・ヘギの17歳11ヵ月が最高齢とされており、彼女の生涯はテレビのドキュメンタリーや本などで紹介されています。この病気と同じようなモチーフで少年が一夜にして歳を取り青年になるというファンタジー映画の『ビッグ』（Big, 1988）で主演したトム・ハンクスが、最初はこの映画の主役に選ばれていました。この作品には監督フランシス・フォード・コッポラの遊び心が随所に含まれており、10歳の子供を好演したロビン・ウィリアムズは、監督から撮影に入る前に彼の家の裏庭で一夜を過ごすようにとキャンプ用具と、子供達に人気の玩具屋で使う10ドルを渡されています。またジャックの家庭教師役のビル・コスビーがツリーハウスで葉巻の箱を見つけると、中には玩具が入っているというシーンで使われた箱は、本物のキューバ産葉巻の箱で、コスビーと監督は葉巻愛好家です。

スタッフ	監　　督：フランシス・フォード・コッポラ 製　　作：リカルド・メストレス他2名 撮　　影：ジョン・トール 音　　楽：マイケル・ケイメン 編　　集：バリー・マルキン	キャスト	ジャック・パウエル　　　：ロビン・ウィリアムズ カレン・パウエル　　　　：ダイアン・レイン ブライアン・パウエル　　：ブライアン・カーウィン マルケス先生　　　　　　：ジェニファー・ロペス ローレンス・ウッドルフ　：ビル・コスビー

スクール・オブ・ロック	**School of Rock**	（執筆）古田 雪子

セリフ紹介	チャプター9では映画のタイトルのとおり、主人公デューイが従順な名門私立小学校の生徒達に体制に反抗するロックンロールの精神を伝え、彼らに世の中に対する不満を声に出しそれを歌にして音楽で表現する方法を教えています。 Dewey : And if I was gonna give you a grade, I would give you an A. But that's the problem. Rock ain't about doing things perfect. Who can tell me what's it's really about? Leonard? 　　　　（もし俺がお前らに成績をつけるとしたら、Aをやるよ。でもそこが問題なんだ。ロックは［言われた］物事を完璧にやる事じゃないんだ。誰かロックの本質を言えるか？レナード？） 3文目の ain't は is not の短縮形で正式には isn't ですが、アメリカ黒人音楽をルーツに持ち、権力に反対する米国の若者文化の象徴のロックを語る時に、ミュージシャンのデューイがくだけた表現の ain't を使用していると思われます。 Leonard : Sticking it to The Man? 　　　　（権力者に反抗すること？） Dewey　: Yes! But you can't just say it, man. ...If you wanna rock, you gotta break the rules. You gotta get mad at The Man, and right now I'm The Man. That's right, I'm The Man, and who's got the guts to tell me off? 　　　　（そうだ！でもただ口先で言うだけじゃダメなんだ。…もしお前達がロックしたければ、ルールを破らなければダメなんだ。権力者に怒らなければダメなんだ。そうだ。そして今、俺が権力者だ。そして誰か俺に文句を言える根性のある奴はいないか？）
学習ポイント	教師のデューイが教室で生徒達に日頃不満に思っている事を声に出させ、自らがギターを弾いてそれを1つずつ歌にしていくシーンがあります。以下にそのシーンの歌詞を紹介しますので映画を観ながら一緒に歌ってみるとよいでしょう。小学生が言うシンプルで短いセリフを歌にしているので普通のロックより歌いやすく、生徒達やデューイと一緒に少し大げさに感情を込めて歌ってみると英語の単語や文章の意味がより身近に感じられ、自分もロックンローラーになったような気分で楽しく歌えると思います。また、歌詞を少し変えてギター等の楽器が弾ける場合は楽器を使って、もしくは楽器を全く使わずにラップのリズムに合わせて同じように日頃の不満を英語で歌ってみるのもよいでしょう。日本語で歌うには少し気恥ずかしく感じる内容でも単語を少し変えて自分の気持ちを英語の歌にして歌ってみると、単純に感情を発散させる事が出来て気分転換になったり、今の自分が抱えている問題が日本語で考えている時より明確になり次のステップに進む糸口になったりします。 Dewey : Now, is everyone nice and pissed off? Good. Time to write a rock song. 　　　　（さて、みんないい感じでムカついてるかな？ロックソングを書く時が来たぜ！） 　　I didn't get no allowance today　　　（今日はお小遣いが貰えなかった 　　So now I'm really ticked off　　　　　だからすごくムカつく） 　　I had to do my chores today　　　　　（今日はお手伝いをしなきゃならなかった 　　So I am really ticked off　　　　　　　だからすごくムカつく） 　　All you bullies get out of my way　　　（お前らいじめっこ達は俺の前から消えろ 　　Because I am really ticked off　　　　　だって俺は本当にムカついているんだから） 　　Step off! Step off!　　　　　　　　　（やめろ！　消えろ！） 　　Step off! Step off!　　　　　　　　　（やめろ！　消えろ！） 　　If I do what you say　　　　　　　　　（もし俺がお前の言う通りにすれば 　　I might turn into a robot　　　　　　　俺はロボットになってしまうだろう） 　　Do my chore day after day　　　　　　（毎日お手伝いしろ） 　　And they don't want any lip　　　　　（そして口答えはいらない） 　　No! Step off! Step off!　　　　　　　（嫌だ！　やめろ！　消えろ！ 　　Step off! Step off! Sep off!　　　　　　やめろ！消えろ！）
あらすじ	デューイはいつかプロのロックミュージシャンになるという夢を追い続け、定職に就かず中年にさしかかった今でも仲間とバンド活動をしています。仲間達からはセンスが悪いからとメンバーから外され、かつて同じバンド仲間で今では小学校の臨時教師をしているルームメイトのネッドからは、収入がなく家賃を払えないのでアパートを追い出されそうになっていました。そんなある日、デューイが家にいるとネッドのところへある名門私立小学校から2～3週間の補充教員の仕事の依頼の電話が来ます。なんとしてでも家賃のお金が必要なデューイは、とっさにネッドになりすまして自分がその仕事を引き受けてしまいます。元々教師の資格もやる気もないデューイは自分の担任の教室に入っても何も教えようとせずただ時間をやり過ごすだけでした。しかし、たまたま覗いた音楽の授業でデューイは生徒達の音楽の才能に気づき、ロックミュージシャンの魂に火がつきます。デューイは自分が出たかったロックコンテストに生徒達と出演しようと、自分のクラスの生徒達に州大会に出て優勝するための早めの練習だと偽って、クラスでロックバンドを結成させクラス全員を巻き込んで全ての授業をロックコンテストのための練習に注ぎます。 　初めは教師や親に言われるままの受け身な姿勢の優等生の生徒達でしたが、それぞれが自分の役割を果たそうと主体的に考え行動し始めるのでした。そんな授業内容が校長やPTAにバレてしまいます。デューイと生徒達の運命は…。

| 映画情報 | 製　作　費：3,500万ドル　製　作　年：2003年
製　作　国：米国　　　言　　語：米語
配給会社：パラマウント映画
ジャンル：コメディー
カラー映画 | 公開情報 | 公　開　日：2003年10月3日（米国）
　　　　　　2004年4月29日（日本）
上映時間：108分　　　MPAA（上映制限）：PG-13
受　　　賞：2004年MTVムービーアワード
　　　　　　2004年ブリティッシュコメディーアワード |

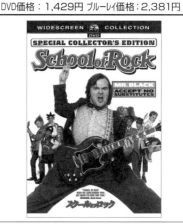

薦	○小学生　○中学生　●高校生　●大学生　●社会人	リスニング難易度	発売元：NBCユニバーサル・エンターテイメント （平成29年2月現在、本体価格） DVD価格：1,429円　ブルーレイ価格：2,381円

お薦めの理由	教師や保護者の言う事をよく聞く従順で成績の良い生徒は教師にとって一見理想的のようです。優秀な成績で有名大学に入るまでは出来ても、その先の人生を生き抜くためには、自分の力で考え世の中を批判的な目で見て、その中で自分には何ができるかを常に考えて行動に移れる事が必要ではないでしょうか？この映画は楽しみながら教育現場の矛盾と原点を改めて考えさせてくれる作品だといえます。	スピード	2
		明瞭さ	3
		米国訛	3
		米国外訛	1

英語の特徴	全編を通じて小学生とのやり取りが多いので大人同士の会話より単純な会話が多く聴き取りやすいと思います。また、仕事の依頼の電話をしてきた校長に、ロックミュージシャンのデューイが仕事の契約期間を聞く時、job の代わりに音楽用語の gig を使って How long is the gig? と言ったり、生徒達の気持ちを歌にする時に ticked off（ムカつく）のようなスラングを使ったりしますが、状況で理解できる範囲内です。	語　彙	3
		専門語	3
		ジョーク	3
		スラング	3
		文　法	3

発展学習

　この映画を観て生徒達に共感しロックに興味が湧いたら、劇中で生徒の1人のザックが作詞しデューイと生徒達が最後にコンテストに出場して歌った "School of Rock" の歌詞を読んで、できれば一緒に歌ってみましょう。歌詞の中には文法的にわざと間違っている箇所もありますが（例えば we were であるはずの be 動詞が was に、He came であるはずの動詞の過去形が現在形のままになっているところや、He has done と現在完了形にすべきところの has が抜けているところ、didn't get any soul とすべきが ain't got no soul となっているところ等）それもロックの反抗精神を表わす表現の1つです。

Dewey : Baby, we was making straight A's	いつだってオールA
But we were stuck in a dumb daze	だけど頭はぼんやり
Don't take much To memorize your lies	すらすら暗記ばかり
I feel like I've been hypnoticized	まるで催眠状態
And then that magic man He come to town	すると魔法使いが来て
He done spun my head around	頭のネジを巻いてくれた
He said, "Recess is in session	彼は言った「時間割をぶっ飛ばせ。
Two and two make five"	2+2は5だ」
And now, baby, oh, I'm alive	すると元気回復
Oh, yeah I am alive	今　本当に生きてる！
And if you wanna be the teacher's pet	先生のペットでいたけりゃ
Well, baby, you just better forget it	何もかも諦めな
Rock got no reason Rock got no rhyme	ロックは意味なし、ロックはリズムなし
You better get me To school on time	遅刻せずに学校へ連れてってくれ
Oh, you know I was on the honor roll	決められた道を転がるばかり
Got good grades Ain't got no soul	評価は満点、心は空転
Raise my hand before I can speak my mind	手を挙げ　本意を伝えたい
I've been biting my tongue Too many times	封印された心の歌
And then that magic man Took you away	魔法使いが君らを誘う

映画の背景と見所

　この作品のアイデアは、脚本家のマイク・ホワイトがジャック・ブラックの隣のアパートに引っ越した際、マイクはよくジャックが廊下を裸で走り回り、映画にもあるように音楽を爆音で鳴らしてるのを見かけた事から浮かんだと言われています。マイクはまた映画の中で、主人公デューイを優しく見守る少し気が弱い、親友でルームメイトのネッドを好演しています。劇中では有名なロックが何曲も流れますが、商業目的での自分達の音楽の使用を許可しない事で知られているレッド・ツェッペリンの「移民の歌」も使われています。監督のリチャード・リンクレイターが、主役のジャックと1,000人の絶叫するファンが使用の懇願をするところを撮影し許可を得ました。

　生徒役で楽器を弾いている全ての子供達は実際に楽器が弾け、バックコーラス役の女の子達は本物の歌手です。優等生のサマー役のミランダも本当は歌えましたが、歌えない設定のためわざと下手に聴こえるように45分のレッスンを受けて撮影に臨みました。劇中の有名私立小学校の名前は Horace Green ですが、これはニューヨークに実在する Horace Mann という有名校の名前を参考にしています。この映画は世界的に成功し、ミュージカルコメディーとしては2015年に『ピッチ・パーフェクト』（Pitch Perfect）に破られるまでは最高の興行収入を記録していました。また、映画のミュージカル版が2015年12月にブロードウェイのウィンター・ガーデン劇場で上演されました。

スタッフ	監　督：リチャード・リンクレイター 脚　本：マイク・ホワイト 製　作：スコット・ルーディン 撮　影：ロジェ・ストファーズ 編　集：サンドラ・アデーア	キャスト	デューイ・フィン　　　：ジャック・ブラック ロザリー・マリンズ　　：ジョーン・キューザック ネッド・シュニーブリー　：マイク・ホワイト パティ・ディ・マルコ　：サラ・シルバーマン サマー・ハザウェイ　　：ミランダ・コスグローヴ

フリーダム・ライターズ	Freedom Writers	（執筆）板倉厳一郎

<table>
<tr>
<td rowspan="3">セリフ紹介</td>
<td>

　新任教師のエリン・グルーウェルがナチスによるユダヤ人や障がい者の虐殺（英語では Holocaust と言います）について説明するくだりは、多くの人の胸を打つでしょう。彼女は、アンネ・フランクをかくまった女性ミープ・ヒースを教室に呼んで話をしてもらいます。彼女は、自分は特別ではないといいます。"You know, we are all ordinary people. But even an ordinary secretary or a housewife or a teenager can, within their own small ways, turn on a small light in a dark room." この言葉はあらゆる人の心に響くでしょう。

　一方で、本作では生徒たちにも声を与えています。ヒスパニック系の生徒エバ・ベニテスのボーイフレンドは誤ってカンボジア系難民のシンディ・ヌゴールのボーイフレンドを射殺します。仲間をかばおうとしていたエバですが、最終的に証言台で真実を語ります。かつての仲間に追われ、遠くの親戚の元に身を寄せる彼女に、最初に優しく接したのは一番仲の悪かったシンディです。彼女は一言 "I think I got your color." といって化粧品を差し出します。

　それだけでなく、「端役」の生徒の声も印象的です。新学期に新しい本を配る際、エリンは生徒にサイダーで "toast for change" をするように言います。そこで、ある生徒がこう言います。"...it hits me. Mrs. Gruwell, my crazy English teacher from last year, is the only person that made me think of hope. Talking with friends about last year's English and our trips, I began to feel better. I receive my schedule and the first teacher is Mrs. Gruwell in Room 203. I walk into the room and feel as though all the problems in life are not so important any more, I am home." こういった感動的なセリフを自分なりに探すのもいいでしょう。きっと見つかるはずです。

</td>
</tr>
</table>

<table>
<tr>
<td rowspan="5">学習ポイント</td>
<td>

　本作は教育現場を舞台としたものですが、特に専門用語が頻出するわけではありません。内容は子供っぽいものではなく、題材も深刻ですが、英語自体は平易です。中級以上の学習者はできるだけ辞書なしで、初級から中級の学習者は辞書を見ながら学ぶといいでしょう。さらに言えば、若者言葉と大人の英語の違い、そしてエリンが使うレトリックを学ぶといいかもしれません。レトリックとは、相手を説得するための話術や修辞法のことです。

　たとえば、赴任初日の場面では、教師には見向きもせず、生徒たちは勝手にしゃべっています。陽気なジャマールは自分がここに登録されたのはミスだと言い、"Yeah, and that's some bullshit." と言って仲間を笑わせます。そこへ、ジャマールを疎ましく思っているアンドレが "It's the dumb class, coz. It means you're too dumb." と口を挟みます。ジャマールは "Look, homey! I'll beat that ass, homeboy!" と啖呵を切ります。ジャマールとアンドレは "bullshit"（= nonsense）など典型的な若者言葉を用いていますし、"coz"（= cousin）などは黒人英語（Ebonics）から若い世代に広がった表現で、"man" と同じように呼びかけで使われます。

　これに対して、エリンと教科主任のキャンベル先生の会話はずっと大人の英語です。生徒に本を読ませたいエリンに、キャンベル先生は無駄だと言って取り合いません。そこで、彼女は "Is there someone else I can speak to about this?" と言います。これは「上の人を出してくれ」という時に使う典型的な「よそいき」の英語表現です。キャンベル先生が地区に合ったカリキュラムを作る権限を与えられていることを説明すると、彼女は "I'm sorry. I didn't mean to overstep your authority." と言って謝ります。実際のビジネスでは役に立つ口語表現ですね。

　また、レトリックも学ぶことができます。エリンが人種差別的な落書きを手にし、人種ギャング集団の抗争に明け暮れる生徒を改心させようとします。そこで、ギャングの話をします。ギャングとは言ってもナチスのことです。怒りに駆られて気に入らない人種を殺すという考えは、ナチスが行ったことと変わらないと言います。"That's how a holocaust happens. And that's what you all think of each other." ホロコーストを知る人には説得力があるでしょうが、生徒にはまだピンと来ません。エリンはすかさずギャングの話に戻します。"You know what's gonna happen when you die? You're gonna rot in the ground. And people are gonna go on living, and they're gonna forget all about you. And when you rot, do you think it's gonna matter whether you were an original gangster? You're dead. And nobody–nobody is gonna wanna remember you because all you left behind in this world is this." 最後の "this" は落書きのことです。平易な言葉ですが、彼らの英雄崇拝がいかに誤っており、その行動がいかに低劣なものか冷静に諭します。こうして、生徒たちはエリンの言葉に耳を傾けるようになります。

</td>
</tr>
</table>

<table>
<tr>
<td rowspan="3">あらすじ</td>
<td>

　新任教師が人種対立で崩壊するクラスを熱意と創意工夫で立て直す、実話に基づく物語です。

　1994年、新任の英語教師エリン・グルーウェルは、ロサンゼルスのウッドロー・ウィルソン高校に赴任します。やる気満々の彼女を迎えたのは、治安の悪い地域で育った、勉学意欲もなく、人種ごとに分かれていがみ合う生徒たちでした。教師たちは彼らを教育することを諦め、彼らの問題行動を取り締まることと自分たちの保身にしか関心がありません。

　そこで、エリンは授業後にアルバイトをして彼らの共感できそうな本を買い揃え、全員にノートを買い与えます。彼らに日記を書かせることを通じて自分を見つめ直させるのです。またホロコーストさえ知らない彼らを自ら博物館に連れて行き、アンネ・フランクをかくまった女性を教室に呼んで差別の愚かさを教え、彼らの視野を広げます。ヒスパニック系のエバ・ベニテスは自分たちのギャング集団を守るために殺人事件について嘘の証言をしていましたが、彼女はエリンの授業で開眼し、裁判で自分のボーイフレンドが犯人であることを証言します。行き場を失ってでも、彼女は自分が正しいと思うことを貫いたのです。アンネをかくまったミープ・ヒースのように。エリンは彼らの日記をまとめ、"Freedom Writers Diary" と名付けて本にします。

</td>
</tr>
</table>

<table>
<tr>
<td rowspan="4">映画情報</td>
<td>

原　　作：エリン・グルーウェル
製 作 費：2,100万ドル
製 作 年：2007年
製 作 国：米国
言　　語：英語、スペイン語

</td>
<td rowspan="4">公開情報</td>
<td>

公 開 日：2007年1月 5日（米国）
　　　　　2007年7月21日（日本）
上映時間：123分　興行収入：4,309万741ドル
オープニングウィークエンド：940万5,582ドル（米国）
受　　賞：ゴールデン・カメラ賞外国映画女優賞（独）

</td>
</tr>
</table>

薦	○小学生　○中学生　○高校生　○大学生　●社会人	リスニング難易度		発売元：NBCユニバーサル・エンターテイメント （平成29年2月現在、本体価格） DVD価格：1,429円

お薦めの理由	日本でも「ゆとり教育」の見直しが始まり、学級崩壊、基礎学力の低下、学校でのいじめなどが問題視されています。米国でも公教育の質的低下は大問題です。エリンの勇気やその教育方法は、教育従事者には授業改善や教育方針を見直すよいきっかけを与えてくれるでしょう。また、世代やバックグラウンドの異なる人々とのコミュニケーションの取り方についてヒントを与えてくれるかもしれません。	スピード	3
		明瞭さ	2
		米国訛	2
		米国外訛	3
英語の特徴	英語は比較的平易です。学力の低い高校を舞台としているため、表現は限られています。セリフが短いので、DVD で一時停止しながら見れば中級学習者でも充分理解できます。生徒たちの文法違反やスラングもヒップホップで使われる程度の黒人英語の知識があれば理解できます。生徒の米国方言やミープ・ヒースの外国語訛りもさほど強くなく、米国標準発音さえわかれば聞き取れます。	語　彙	2
		専門語	2
		ジョーク	2
		スラング	3
		文　法	2

発展学習	発展学習として、以下の3つをお薦めします。 　まず、この映画には原作がありますので、読んでみるといいでしょう。原作は Erin Gruwell, *The Freedom Writers Diary: How a Teacher and 150 Teens Used Writing to Change Themselves and the World Around Them*（New York: Random House, 1999）。実際の作者グルーウェルが『アンネの日記』（英語版は *The Diary of a Young Girl*, 1947）や、ボスニア戦争の惨禍を生きた少女の手記『ズラータの日記』（英語版は *Zlata's Diary*, 1995）などを読ませていたこともわかりますし、生徒たちと奮闘した様子が描かれています。『アンネの日記』も『ズラータの日記』も英語版は容易に入手できますし、英語自体は平易ですが、内容は非常に考えさせられます。教育関係者であれば、自らの英語学習のみならず、教材としても使えるかもしれません。 　本作で印象深いのは、読むことに加えて日記を書くこと。最初、エリンは生徒に日記を書かせ、教師に読んでほしいと思った時にはロッカーに入れること、ロッカーは施錠され、他の人に見られないようになっていることを説明します。驚いたことに、ロッカーは日記で一杯に。生徒はみな自分たちの経験を知ってほしいという欲求を持っていたのです。同じことが日本で起こるとは思えませんが、英語で日記を書くのはコミュニケーション能力の向上にとても役立ちます。特に、語彙の増強とアウトプットの練習には最適です。教科書では出てこなかった表現（専門用語を含む）を使わなければならないこともあり、語彙は増えます。自ら調べて書くのに加え、自分の生活に密着していることから、単語帳で覚える以上に記憶に残ります。さらに、自分で苦労して書いてみたからこそ、同じことを聞かれたときにとっさに口からも出てきやすくなります。もちろん、英語でメールを書いたりするのも簡単になります。忙しい人は携帯電話のメモ帳機能を使い、電車やバスの待ち時間に書くといいでしょう。また、少し公開してもいいと思ったら、恥ずかしがらずに Twitter や Facebook などの SNS を使い、英語でつぶやいてみてもいいでしょう。 　最後に、教育について調べてみるのもいいかもしれません。日本と米国では教育制度も同じではありません。学校が直面している問題にも違いがあります。たとえば、国語（米国では English）の教育法やテストの問題も、日本と米国では異なります。また、公教育の学力低下の問題について、米国では2001年にいわゆる「落ちこぼれ防止法」が可決し、共通テストが導入されました。教育に市場原理と競争モデルを持ち込んだのですが、これが "at-risk students" の教育に成果を上げているかどうかについては疑問の声もあります。現在、日本でも共通テストの是非について様々な議論が交わされていますが、日本と欧米を単純に比較する前に、教育制度や履修内容の違いなどもっと知っておくべきかもしれません。

映画の背景と見所	背景として知っておくべきことは3つあります。まず、ロス暴動。1992年に起こったロス暴動は、黒人男性に対する白人警官の暴行と、白人陪審員による無罪判決に端を発した人種暴動です。一見「黒人対白人」のように見えますが、そんなに単純ではありません。現在、ヒスパニック（Hispanic）と呼ばれる中南米（特にメキシコ）からの移民が急増しています。昨今ではトランプ大統領がメキシコとの国境に「壁」を築くと発言して物議を醸したことで日本でもよく知られているでしょう。人種だけではなく、移民した事情や時期によって経験も違えば、経済的状況も違います。移民や有色人種がみな仲良しというわけでもないのです。次に、標題の "Freedom Writers"。これは "Freedom Riders"、すなわち公民権運動でバスの人種差別的な座席分けに反発した人たちを示す言葉にかけたものです。最後に、"at-risk students" と呼ばれる、中退の危機にある学業成績の低い生徒の存在。有色人種や低所得者層に多く見られ、基礎学力の低下とともに米国の教育界では深刻な問題となっています。 　本作では、エリンがいかに生徒たちの心を開いていくかが見所です。特に、エバが心を開いて裁判で正しい証言をする場面は感動的でしょう。仲間だけを守るのか、仲間を裏切ってでも正しい行動をとるのか。彼女は敵意を乗り越え、前者を選ぶのです。エバは、ミープ・ヒースの行動から多くを学んだに違いありません。

スタッフ	監　　督：リチャード・ラグラベネーズ 脚　　本：リチャード・ラグラベネーズ 製　　作：ダニー・デビート他 製作総指揮：ヒラリー・スワンク他 撮　　影：ジム・デノールト	キャスト	エリン・グルーウェル：ヒラリー・スワンク スコット・ケーシー　：パトリック・デンプシー スティーブ・グルーウェル：スコット・グレン キャンベル教科主任　：イメルダ・スタウントン エバ・ベニテス　　　：エイプリル・リー・エルナンデス

		プレシャス	Precious: Based on the Novel "Push" by Sapphire	（執筆）河井　紀子

セリフ紹介	"Push yourself and write"（精一杯がんばるのよ。そして書き続けるのよ） 　これは、それまで無気力だったプレシャスに明るい未来が見えはじめ、人生をやり直す決意を固めたときに HIV（ヒト免疫不全ウィルス：Human Immunodeficiency Virus）の陽性であることが判明し、絶望のあまり毎日のジャーナルを書く言葉が見つからないというプレシャスに、オルタナティブ・スクールのレイン先生が語りかけるセリフです。 　父親からの性的虐待により、プレシャスにはすでにダウン症の子供がいます。そして第二子をも妊娠しているために退学になってしまい、オルタナティブ・スクールに通うようになるのです。母親からも常に虐待され、罵倒されているプレシャスは自分自身に自信がもてず、いつも違う自分を空想して自身の存在意義を見つけられないでいます。そんなときに出会ったレイン先生は、日々の出来事や考えていることを記録するジャーナルを毎日書くように指導するのです。学び続けることで、明らかにプレシャスは変化します。2人目の子供を出産したプレシャスは、いい母親になるために育児に専念しようとしますが、レイン先生は、"your first responsibility has to be yourself"（あなたはまず自分に責任があるわ）と言い、まだまだ可能性があるのだから学業を続けるよう根気強く励まします。毎日読み書きを勉強し、日記を書き、たくさん本を読み、市長から Literacy Award までもらいます。そんな矢先の HIV 陽性の宣告でした。そのときのセリフ "Push yourself and write" はその後のプレシャスの生き方に影響を与えます。プレシャスは母親に大学への進学の意志を示し、毅然と言います。"You can't handle me."（進む道は自分で決める）1人生きていく決心をすることが "Push yourself" に対する答えです。この映画を象徴する重要なセリフです。

学習ポイント	この映画には、1980年代米国が抱える多くの問題が凝縮されています。プレシャスや母親メアリーをはじめ、オルタナティブ・スクール（Alternative school）のクラスメートがそれぞれ抱えている問題は、全て個人の物語のように見えていますが、実はとても政治的、経済的、社会的な問題なのです。1980年代とは一体どんな時代だったのでしょうか。 　ドナルド・レーガン政権下で「レーガノミックス」という経済政策が取られていました。経済が停滞し、そのことが保守的風潮を促します。失業者が増大し、治安の悪化で都市は荒廃することにより人種摩擦が顕在化し、中産階級は郊外へと脱出していきます。都市スラムには社会的に底辺の人々がアンダークラスを形成していきます。プレシャスが生活しているのはそんな家庭の1つです。母親メアリーは働かず生活保護に頼り、ニューディール時代の重要なプログラムの1つである要扶養児童家族扶助制度（Aid to Families with Dependent Children: AFDC）を受けています。しかし、AFDC は働く意欲のない貧困者に悪用されていると批判を受けてもいました。実際、受給者の大半は夫と離婚したり、未婚のシングルマザーと子供たちであり、大部分が黒人でした。 　プレシャスは父親の子供を妊娠中ですが、80年代当時、15歳から24歳の黒人女性の出産の68%は婚姻外出産でした。性的虐待の加害者の70%から80%は家族か知人です。しかし、近親相姦（incest）やエイズ（AIDS: aquired immuno deficiency syndrome）について公の場で語ることはタブー視されていました。また、1988年の貧困水準以下の人口比率は白人10.1%、ヒスパニック26.8%に対して黒人は31.6%でした。長期の失業は自尊心や精神の健康を蝕み、飲酒や薬物に溺れたり家庭内暴力、ひいては犯罪や自殺の増加につながり家庭を崩壊させる傾向にあります。プレシャスの家庭もまさにこの状態にあります。妊娠で退学を余儀なくされたプレシャスを引き受けたのがオルタナティブ・スクールでした。 　1960年代後半から黒人やヒスパニックなどのマイノリティ救済から始まったオルタナティブ・スクールは小規模クラスで1人ひとりの人間性を重んじ、生徒が積極的に授業に参加できるように配慮されています。プレシャスが通うことになるイーチ・ワン・ティーチ・ワン（Each One Teach One）も何らかの問題により通常の学校に通えなくなった子供たちが通ってきています。クラスメートの生い立ちや素性はさまざまで、不法移民（illegal immigrant）、薬物依存者（drug dependent）もいます。人種や階級による顕著な格差は、結果の不平等や貧困の再生産をもたらします。教育機会の不平等を是正することを目的とするティーチ・フォー・アメリカ（Teach For America : TFA）という教育 NPO は、1990年代から活動を始め、批判もありますが高い社会的評価も得ています。

あらすじ	物語の舞台は1987年のニューヨークのハーレムです。とても太っていて、読み書きも満足にできない16歳の少女クレアリース・プレシャス・ジョーンズは、父親からの性的な虐待により2人目の子供を妊娠中です。1人目の子供はダウン症で祖母に面倒をみてもらっています。母親からも身体的、精神的虐待を受けているプレシャスは、痩せてきれいになって人からもてはやされる自分を空想することで、辛い現実を考えないようにしています。妊娠が原因で退学を余儀なくされたため通うことになったオルタナテティブ・スクール（イーチ・ワン・ティーチ・ワン）での様々な出会いをきっかけとして、それまで声を消してしまっていたプレシャスは、言葉をとりもどし、自分自身を見つけ出していくのです。 　第2子のジャマールを出産後、父親がエイズで死亡したことを知ります。その後の検査でプレシャスも HIV 陽性であることがわかります。奈落の底に突き落とされ、深い絶望感におそわれたプレシャスは「なぜわたしが？」と運命を恨みますがレイン先生の言葉に励まされ、書くことをあきらめず、自分自身を見つめなおし、高校からやり直し、大学へと進む決意をします。母親は虐待について謝り、生活保護に頼るのはやめると約束しますが、プレシャスは自ら進むべき道を決めるのです。母親の元を去り、子供2人を引き取り3人で生きていく決意をします。

映画情報	原　　作：サファイア『プッシュ』 製　作　費：1,000万ドル 製　作　年：2009年 製　作　国：米国 言　　語：英語　　　　　ジャンル：ドラマ	公開情報	公　開　日：2009年11月　6日（米国） 　　　　　　2010年　4月24日（日本） 上映時間：109分　MPAA（上映制限）：PG-13 オープニングウィークエンド：1,088万1,772ドル 興行収入：4,756万6,524ドル

薦	○小学生　○中学生　○高校生　●大学生　●社会人	リスニング難易度	発売元：ファントム・フィルム （平成29年2月現在、本体価格） DVD価格：3,800円

お薦めの理由	1980年代ニューヨーク、ハーレムの街や人びとの暮らし、また社会福祉のシステム、福祉事務所の仕事やさまざまな受け皿となっているオルタナティブ・スクールの役割や日常の様子を学ぶことができます。また、ニューヨークの黒人といっても、その出自は多様であり、それぞれが話す多様な英語を聞くことができます。生きることの意味を見つけたプレシャスは輝いて、そして美しく見えます。	スピード	3
		明瞭さ	3
		米国訛	3
		米国外訛	2
英語の特徴	主人公のナレーションと会話が中心となっています。舞台はハーレムで米国の黒人英語です。プレシャスが話す英語も、「r」の省略、「ain't」や二重否定の多用など黒人英語の特徴を示しています。発音や語尾が不明瞭で聞き取りにくい面がある一方、鬼母メアリーは発音は明瞭ではありますが、口汚くプレシャスをののしったり、わが身の不幸を嘆いたりとあまりきれいな英語を話してはいません。	語　彙	3
		専門語	3
		ジョーク	2
		スラング	2
		文　法	3

発展学習	母親メアリーはなぜプレシャスを虐待するようになってしまったのでしょうか。彼女をそこまで追い込んだものは何だったのでしょうか。プレシャスが経験しているネグレクトと虐待、家庭内機能不全と望まない初めての妊娠には相関性があります。虐待には身体的虐待と精神的虐待がありますが、多くの子供は重なって虐待を受けています。虐待の60％以上がネグレクトを伴い、ネグレクトと貧困とは深いつながりがあります。ネグレクトされている子供たちは、学校での規律や学業をはじめとして成長する過程で多くの問題を抱えています。また、社会的にも円満な人間関係を築くことができず、攻撃的になったり非行や犯罪などを経験する確率が高くなります。こうした環境は徐々に子供たちの精神を蝕んでいくのです。実際プレシャスも学校で暴力をふるったり、授業に集中することなく空想に耽ったり、空腹から食い逃げをしたりします。 　虐待、ネグレクトが発生する原因は、夫婦関係や親子関係が揺らいでいる場合が多く、母親メアリーのようにネガティブ感情を示し、その感情を制御するのが困難なのです。家庭内の人間関係や貧困は相互に影響を与え、虐待やネグレクトを生んでいくのです。プレシャスの母親メアリーは社会的に孤立しています。辛いときに助けを求めることができる親戚や親しい友人や、近所付き合いもありません。日常的に家事をするわけでもなく、タバコを吸いながらテレビを見ていて、プレシャスに食事の準備をさせます。栄養面での偏りが著しく2人とも肥満になってしまっています。プレシャスに対して非常に攻撃的であると同時に存在そのものを拒否し、搾取し、プレシャスが外で社会関係を築くのを承認せず、反社会的な行動に対しても意に介することはありません。母親の暴言はプレシャスに自信を失わせ、現実逃避からプレシャスはいつも空想しているのです。虐待の被害者は家庭や学校で無作法にふるまったり、学力の達成度が劣っている場合が多く、自己肯定感を持ちにくいのです。そこで大きな役割を果たすのが、映画のなかではソーシャル・ワーカーのミセス・ワイスであり、オルタナティブ・スクールのレイン先生なのです。ミセス・ワイスはプレシャスの話を聞き、彼女は次第に心を開いていきます。「自分のことを知りたい他者がいる」、「言葉を受け止めてくれる他者がいる」ことでプレシャスは自分が「承認」されるという経験をします。自分を尊重することに気づくプレシャスは自己肯定感を得て、新たな人生へと一歩を踏み出します。 　この映画では、社会福祉の観点からさまざまな用語や英語表現を学ぶことができます。また、黒人女性は「福祉の女王」と揶揄され、まるで社会のお荷物のように表象されることもありますが、なぜ黒人が貧困であり、貧困が何をもたらすかをこの映画は可視化しています。黒人が置かれている状況を学ぶことで、一つひとつのセリフに重みを感じることができるでしょう。

映画の背景と見所	原作は1996年に出版（1997年に加筆、再出版）されたニューヨーク在住の詩人サファイア（Sapphire）の小説『プッシュ』（Push）です。原題である"Push"には、「押し開いて進む」「(目的・要求を)追求する」「新しい人生に自分自身で踏み出す」というような意味があります。プレシャスがレイン先生のおかげで、言葉を紡いでいくことによって自らを語る言葉をみつけ、自分の人生を受け入れた上でその先にある光を見つけていくのです。行動を起こすことから全ては始まります。それが"Push"の意味するところなのです。 　髪を黒く染め、スッピンで登場するマライア・キャリーやナース・ジョンのレニー・クラヴィッツに気づくでしょうか。モニークの迫真の演技も見ものです。2010年度のアカデミー賞では主要6部門でノミネートされ、脚本賞と助演女優賞（母親役のモニーク）を獲得しています。全世界の映画賞でもノミネート数164、そのうち95の賞を受賞しています。この映画が世界の共感を呼んだのは、モニークの演技と相俟ってプレシャス役のガボレイ・シディベの存在も大きいでしょう。彼女は偶然オーディションを受けた大学生でしたが、原作者のサファイアも驚くほどイメージ通りのプレシャスだったようです。映画の最初のタイトルは『Push』だったのですが、同年2月に公開された『PUSH 光と陰の能力者』があったので、現在のタイトルになったようです。

スタッフ	監督・製作：リー・ダニエルズ 脚　本　：ジェフリー・フレッチャー 製作総指揮：オプラ・ウィンフリー他 撮　影　：アンドリュー・ダン 音　楽　：マリオ・グリゴロフ	キャスト	プレシャス　　：ガボレイ・シディベ メアリー　　　：モニーク ミズ・レイン　：ポーラ・パットン ミセス・ワイス：マライア・キャリー コーン・ローズ：シェリー・シェパード

ヘアスプレー	Hairspray	（執筆）室　淳子

セリフ紹介

"A foot in the door, that's all it is. One toe at a time."
（戸口に一歩。たったそれだけ。一度に一歩ずつ）

これは、ヘアスプレーの会社が提供するテレビ番組「コーニー・コリンズ・ショー」の月に一度の「ニグロ・デー」を主宰する黒人女性のモーターマウスのセリフです。黒人たちと一緒にダンスをすることも、「ニグロ・デー」が番組に設けられていることも快く思わないディレクターのベルマは、人種差別的な発言をして、「ニグロ・デー」のショーにケチをつけます。ベルマの偏見に満ち溢れた発言を受けて、モーターマウスは息子のシーウィードに向かって一言、このセリフをはきます。ねばり強くあきらめずに、一歩一歩状況を変えていこうとするモーターマウスの姿勢が伝わります。

"Ma, it's changing out there. You'll like it. People who are different, their time is coming."
（ママ、外は変化しているのよ。気に入ると思うわ。他の人とは違うところのある人たちの時代が来ているのよ）

これは、主人公のトレーシーが、母親のエドナに向かって言ったセリフです。「コーニー・コリンズ・ショー」の出演をきっかけに街の人気者になったトレーシーは、自分の一番の理解者である母親のエドナにマネージャーになってくれるように頼みます。ところが、体型を苦にして10年以上も家の外に出ることのなかったエドナは、なかなか引き受けてくれません。トレーシーの説得の言葉を聞いたエドナは、戸惑いながらも、トレーシーと街に繰り出し、時代の変化に気づきます。

学習ポイント

高校生を主人公にしたこの映画からは、まず、家族や友だちとの日常のやりとりの表現を学ぶことができます。例えば、親子や夫婦であっても改まって話をする時や、子供を叱る時に、フルネームを使うのはお馴染みだと思います。他にも、正直に自分の思いを伝えることを事前に相手に断る "May I be frank?" という表現や、相手の意見に賛成できないことを示す "Speak for yourself." という表現、相手を警告する "You watch yourself." という表現、相手の振る舞いに対して降参の意思を伝える "You got me." という表現などを登場人物たちの会話から聞き取ってみてください。人の薦めを断る時には、"Tempting, but no thanks." といった表現も使われています。

この映画では、人種問題に関する用語やセリフにもぜひ目を向けてください。"TV's got to integrate!" と、トレーシーたちがデモを行う際に口にし、手にするプラカードにも書かれている "integration (integrate)" という言葉は、「統合（する）＝差別撤廃（する）」という意味で用いられます。"segregation (segregate)"「隔離（する）＝人種差別（する）」と一緒に覚えてください。トレーシーたちのデモ行進は、実際に行われたデモ行進の映像と重ねられています。

また、当たり前に発せられがちな白人側からの見解を黒人側の視点から捉え直すようなセリフにも注目することができます。例えば、「ニグロ・デー」を楽しみにするダンスの好きのトレーシーは、居残りクラスで出会ったシーウィードに、"I wish every day is a Negro Day." と伝えますが、シーウィードは巧妙に、"At my house, it is." と答えています。また、トレーシーたちがシーウィードの家に遊びに行った際に、友人のペニーは、"I'm very pleased and scared to be here." と挨拶しますが、それに対してモーターマウスは、"Oh, now, honey. We got more reason to be scared on your street." と返します。トレーシーが黒人居住地域に行ったと聞いたエドナは心配のあまりタクシーを飛ばして駆けつけてきますが、それに対してもモーターマウスは、"Ooh, we get any more white people in here, this is going to be a suburb." と、ウィットの効いた発言をしてみせます。

両親たちの世代とは異なる価値観を持ち新しい生き方をしようとするトレーシーに対して、父のウィルバーは理解を示します。よりよい社会をめざすために闘わなければいけないと悟ったトレーシーは父にこう伝えます。"I think people like me are going to have to get up off their father's laps and go out there and fight for it." 父親のウィルバーは次のように言ってトレーシーを応援します。"Your mother and I, we don't see too far past our front door. But you see all the way to Schenectady. So, if there's something you need to stand up for, don't you listen to old dogs like us. We need to learn some new tricks from you."

あらすじ

1960年代米国のメリーランド州ボルティモアが舞台になっています。主人公のトレーシーは、少し太めの明るい女子高校生。ビーハイヴと呼ばれるはやりの髪型がお気に入りで、ヘアスプレーの会社が提供するテレビのダンス番組「コーニー・コリンズ・ショー」に夢中になっています。母親のエドナの反対を受けながらも応募した一般視聴者対象のオーディションには「規格外」だとして落ちてしまいますが、高校のダンスパーティーをきっかけにダンスの才能を認められたトレーシーは、憧れの番組に出演することになり、トレーシーが憧れる男子生徒のリンクもトレーシーのダンスの才能に惹かれていきます。ところが、番組を取り仕切るディレクターのベルマと娘のアンバーは、そのトレーシーの人気を面白く思いません。ダンスのうまい黒人生徒シーウィードと仲良くなったトレーシーは、番組の月に一度の「ニグロ・デー」の打ち切りを知り、テレビ局に対する抗議のデモを計画します。警官に暴力をふるったという汚名をきせられて指名手配を受けたトレーシーは、家族や友だちの協力をもとに、番組の「ミス・ティーンエイジ・ヘアスプレー」を決めるコンテストにこっそり潜入します。コンテストも終盤に差し掛かった時、トレーシーが登場して視聴者を味方につけていきます。ベルマの不正は暴かれ、視聴者たちの票により最後に選ばれた「ミス・ティーンエイジ・ヘアスプレー」は、新しい時代の幕開けを象徴します。

映画情報

製作費：7,500万ドル
製作年：2007年
製作国：米国　　言　語：英語
ジャンル：コメディー、ミュージカル、ロマンス
配給会社：ギャガ　　カラー映画

公開情報

公開日：2007年　7月20日（米国）
　　　　2007年10月20日（日本）
上映時間：117分
興行収入：2億254万8,575ドル
MPAA（上映制限）：PG

薦	○小学生　○中学生　●高校生　●大学生　●社会人	リスニング難易度	発売元：アスミック・エース （平成29年2月現在、本体価格） DVD価格：1,800円　ブルーレイ価格：2,500円

お薦めの理由	この映画を通して1960年代米国の時代精神を学ぶことができます。人種やジェンダーに関わる社会的なテーマを扱いますが、全体的に明るく親しみやすい作品です。高校生を主人公に、多様性を称えるメッセージ性のあるこの映画は、教育に携わる人たちに見てもらいたい作品です。また、ファッションやダンスの好きな人は、米国の当時の若者たちの流行スタイルにも注目です。	スピード	2
		明瞭さ	2
		米国訛	2
		米国外訛	1
		語　　彙	3
英語の特徴	全編を通じて米国英語が用いられます。会話のスピードは速くなく、ミュージカルの歌詞も比較的明瞭です。口語表現や当時流行した言い回しも出てきますが、スラングは多くありません。モーターマウスやシーウィードが会話を交わす場面では、黒人英語のイントネーションや表現を味わうことができます。文法的に分かりづらいものは特徴的ではありません。暴力シーンや露骨な性的描写もありません。	専門語	2
		ジョーク	2
		スラング	2
		文　　法	3

発展学習	この映画は、1988年にジョン・ウォーターズ監督が製作した映画をもとに、2002年にブロードウェイでミュージカル化された作品を再び映画化した作品です。ジョン・ウォーターズ監督のオリジナル版に比べれば、単純化されたとも、より親しみやすくなったとも言われています。あくの強い個性的な作品を作ることで有名なウォーターズ監督ならではの描写は、冒頭や歌詞など、各所に残されています。オリジナル版に出演した俳優やウォーターズ監督自身も、このリメイク版に顔を出しています。各作品を比較してみるのもおもしろいと思います。 　黒人たちが白人たちの多い街で抱く恐怖心を口にしたモーターマウスの前述のセリフは、米国の黒人女性批評家ベル・フックスの評論 "Representing Whiteness in the Black Imagination"（*Black Looks*, 1992）にも求めることができます。歴史背景を学ぶとともに、黒人批評家や作家たちの文章や作品にぜひ触れてみてください。 　エドナは、俳優のジョン・トラヴォルタが特殊メイクを施して女性を演じたことで注目を集めましたが、家庭に閉じこもる女性の姿を象徴的に描いており、服務中の夫を持ち狂信的にキリスト教を信仰するペニーの母親とともに、当時の女性の生き方をフェミニズムの観点から考えてみることもできるでしょう。 　今ではお馴染みのヘアスプレーですが、1920年代初めに開発されたスプレー缶を利用した商業用の製品が生まれたのは1940年代前半のことです。1950年に初めてヘアスプレーという名前が使われ始め、1960年代半ばには、米国の美容界で広く使われるようになったようです。高く持ち上げた髪型がはやったのは、新しい科学技術を象徴するものであったのかもしれません。髪型を表す "hairdo" は口語では "do" と略されることがありますが、憧れのクラスメートのリンクに、"Sorry, little darling. Hope I didn't dent your do." と言われたトレーシーは、舞い上がってしまいます。ダンスのシーンでは、"groovy"（いかす）という1960年代にはやった褒め言葉の表現や、"hop"（跳ねるように踊る）、"shimmy"（腰や肩を揺らすように踊る）、"sway"（揺れるように踊る）、"twist"（腰をくねらせるように踊る）など、踊りの動きを示す表現が頻出します。ファッションやダンスも、既成の価値観を変えていこうとする当時の対抗的な若者文化を象徴するものです。その歴史や発展を調べてみるのもおもしろいでしょう。 　教育に携わる人たちにお薦めしたい内容の作品ですが、この映画に描かれる教師たちは面白くなさそうな授業を坦々と続けるばかりで、トレーシーたちのよき理解者であるとは残念ながら言えません。授業をサボりがちなトレーシーたちの会話からは、次のような表現を拾うことができます。"cut a class"（授業をサボる）、"detention"（居残り）、"doze off"（居眠りする）、"flunk"（落とす）などです。楽しそうにダンスをしていますが、問題のある生徒を集めた居残りクラスが黒人の生徒たちばかりであることも一考に値するでしょう。
映画の背景と見所	映画の冒頭部分に「ボルティモア 1962年5月3日 大学 黒人学生を拒否」という新聞の見出しが大きく映し出され、街角には白人たちの靴を磨く黒人たちの姿が映ります。1960年代はアフリカ系の米国人を代表とする公民権運動が顕在化し、ニューフェミニズムやカウンターカルチャーの動きが高まった時代です。社会意識が大きく変容し、価値観の多様化が求められるようになりました。合衆国憲法は1865年に奴隷解放を明文化しますが、レストランや映画館等の公共施設、バス、学校、居住区域等における隔離政策は広く行われ続けました。第二次世界大戦後、約500万人の南部黒人が北部諸都市の中心部に集中し、都市のゲットー化は1960年代後半の人種暴動の続発を招きます。ボルティモアも例外ではなく、戦後の急激な黒人人口の増加と1968年の暴動を経験します。1960年代という変化の時代を称える "Welcome to the 60's" をはじめ、映画の各所に挿入されるミュージカルソングの数々は、この映画の大きな魅力といえるでしょう。この映画はまた、人種・ジェンダー・外見・年齢等を問わずに人の価値を認め、社会を変えていこうとするエネルギーに満ちています。トレーシーのまっすぐな生き方、父親のウィルバーのアドバイス、母親のエドナの女性としての人生、モーターマウスの含蓄のあるセリフなど、1960年代の米国社会を理解し今の私たちの社会のあり方を考える上でも、夢を追う一人ひとりの心に響く映画としても味わうことができます。

スタッフ	監　督：アダム・シャンクマン 脚　本：レスリー・ディクソン 製　作：クレイグ・ゼイダン 　　　　ニール・メロン 音　楽：マーク・シェイマン	キャスト	トレーシー　　：ニッキー・ブロンスキー ウィルバー　　：クリストファー・ウォーケン エドナ　　　　：ジョン・トラヴォルタ モーターマウス：クイーン・ラティファ ベルマ　　　　：ミシェル・ファイファー

宗教・宗派

僕たちのアナ・バナナ　Keeping the Faith

（執筆）比嘉　晴佳

セリフ紹介

　本作では宗教（カトリック教会とユダヤ教）に関する多くの語彙が使われており、キーワードの1つとして"calling"（天職、天命）があります。映画の冒頭でブライアンが神父になった理由をバーテンダーに話す場面で使われます。

Brian : Well, you know, people don't talk much about a calling anymore, but I just knew it was something I was supposed to do.

　"Calling"という言葉を使うことによって、ブライアンとジェイクが自分たちの意思ではなく、神からのお召しで聖職者になる道を選んだのだという考えが強調され、そこからブライアンの信仰の厚さを感じとることができます。
　また、原作のタイトルにも含まれている faith（信仰）もキーワードの1つです。教会で七つの大罪（seven deadly sins）について信者に質問をするブライアンが、宗教と信仰の違いについて話す場面でこのようなことを言います。

Brian : The truth is, I don't really learn that much about your faith by asking questions like that. Those aren't really questions about faith, those are questions about religion, and it's very important to understand the difference between religion and faith. Faith is not about having the right answers. Faith is a feeling. Faith is a hunch, really.

　カトリック教会とユダヤ教の宗教の垣根を越えて、ジェイクと深い友人関係を築いているブライアンのセリフで、宗教ではなく信仰も大切だと信じるブライアンの強い思いが込められています。この考え方はブライアンだけではなくジェイクとアナにも共通しており、彼らの信仰心がどのように恋愛と結びついていくのかが作品のポイントです。

学習ポイント

　本作を使って学習するためには、重要なテーマである2つの宗教に関する語彙と背景を学ぶことが必要です。
　ブライアンが信仰している宗教はカトリック教会（the Catholic Church）で、彼は司祭（priest）の役職に就いています。カトリック教会では、司祭は神父（Father）の敬称で呼ばれ、教会を運営し、聖書（Bible）の教えを唱えることが主な仕事です。神父になるためには、一生独身であり続けることが条件の1つです。また、聖書における七つの大罪の1つとして色欲（lust）が挙げられているため、神父になる際に禁欲の誓いをたてなければならず、ブライアンがアナに自分の気持ちを素直に伝えることができずに悩む背景には、このような理由があります。しかし、ジェイクに別れ話を切り出されたアナが泣きながらブライアンに救いを求める場面では、彼は感情を抑えることができず、アナに自分の気持ちを打ち明けキスをしてしまいます。厚い信仰心を持つ神父であるブライアンのキスは、神に仕える道を捨ててでもアナと一緒になりたいという、彼のアナに対する強い気持ちを表していると言えるでしょう。

"If I was to tell you that I loved you and I'd give it all away just to be with you, what would you say?"

　本作の冒頭で、失恋のショックで悪酔いしたブライアンが見知らぬ女性に投げかけるこの質問からも、彼のアナに対する真剣な想いと、気持ちを貫くためなら全てを捨ててもかまわないという覚悟を読み取ることができます。
　一方、ジェイクはユダヤ教（Judaism）を信仰しており、彼も宗教の指導者です。ユダヤ教では指導者のことをラビ（rabbi）と呼び、ラビの主な仕事はユダヤ教会堂（synagogue）で律法（Torah）について説くことなどです。カトリック教会の神父とは異なり、ラビは恋愛や結婚をすることが認められています。結婚して初めて一人前という考えが根強く残っていることから、ジェイクは花嫁探しを周りに勧められます。けれども、ユダヤ教徒以外の女性と結婚することは認められず、ジェイクの兄のイーサンは、カトリック教徒である女性と結婚したことで母親に縁を切られてしまいました。このような理由から、ジェイクはアナに自分の気持ちを打ち明けることができても、彼女との関係が母親や他のラビ、教会に集まる信者に悟られることがないようにあの手この手を使って奮闘します。

"I mean, it might be hard for you to accept, but the fact that you're not Jewish is a real problem for me."

　母親にアナとの関係が知られてしまったことに気づき取り乱したジェイクが、アナへ向かって言う一言です。ジェイクのユダヤ教徒としての信仰心の厚さやラビとしての責任感の強さ、息子としての母親への愛情の深さ、そして彼が抱える問題を同じレベルで理解することができないアナに対しての苛立ちなど、様々な感情が込められています。
　米国では広く認識されているカトリック教会とユダヤ教に関する知識ですが、日本人英語学習者にはあまり馴染みがないかもしれません。事前に予備知識を入れておくと、より深く作品を理解し、楽しむことができるでしょう。

あらすじ

　マンハッタンに住むブライアンとジェイクとアナは幼馴染です。天真爛漫で魅力的なアナに惹かれ恋心を抱く少年時代のブライアンとジェイクでしたが、ある時、父親の転勤でアナがカリフォルニアに引っ越してしまいます。その後もブライアンとジェイクの友情は続き、2人は大親友になります。幼い頃から人を助けることが好きだったブライアンはカトリック教会の神父に、宗教が趣味だったジェイクはユダヤ教のラビになり、2人はそれぞれの宗教の新しいリーダーとしてマンハッタンで評判になります。ある日、アナが仕事でマンハッタンにしばらく滞在するという知らせが届き、憧れの女性と16年ぶりに再会することになったブライアンとジェイクは胸を躍らせます。美しくかっこいい女性に成長したアナに再び恋をするブライアンとジェイクですが、それぞれの宗教が壁となって2人の前に立ちはだかります。宗教上の理由で結婚することができない神父と、ユダヤ教徒以外と結婚することが認められないラビ。1人の男性としての恋心と宗教のリーダーとしての立場の間で揺れ動く2人ですが、ある時ジェイクとアナが一夜を共にしたことで事態はより複雑になっていきます。ジェイクはアナを愛していても彼女がユダヤ教徒ではないので一歩踏み出すことが出来ず、アナもジェイクの気持ちを知り傷つきながらも少しずつ彼に惹かれていきます。ブライアンは2人の事情を知ることなく恋心を膨らませていきます。宗教と恋愛、そして友情が交錯するラブ・コメディーです。

映画情報

製　作　費：2,900万ドル
製　作　年：2000年
製　作　国：米国
ジャンル：コメディー、ドラマ、ロマンス
言　　語：英語

公開情報

公　開　日：2000年9月15日（米国）
　　　　　　2001年1月20日（日本）
上映時間：128分
MPAA（上映制限）：PG-13
受　　賞：東京国際映画祭脚本賞受賞

薦	○小学生　○中学生　○高校生　●大学生　●社会人	リスニング難易度	発売元：ポニーキャニオン

(平成29年2月現在、本体価格)
DVD価格：3,800円

お薦めの理由	多様な人種や宗教が混ざり合う米国で、人々がどのように自分と異なる宗教を信仰する人と友情関係や恋愛関係を築いているのか、また、若い指導者が宗教の伝統を守り新たな道を切り開いていくために何をしているのかなど、作品全体を通して現代の宗教観について学ぶことができます。この映画は、聖職に就いている人、聖職関係の職業を目指している方、そして宗教に興味のある方に特にお薦めです。	スピード 4　明瞭さ 3　米国訛 2　米国外訛 2　語彙 3　専門語 4　ジョーク 3　スラング 3　文法 3	
英語の特徴	映画の舞台はニューヨーク州のマンハッタンです。多くの日本人英語学習者が聞き慣れている、比較的聞き取り易い英語と言えるでしょう。しかし、宗教に関する語彙が多く使われるため、あまり宗教に馴染みのない学習者は少し難しいと感じることがあるかもしれません。また、神父とラビという聖職者が主人公のため、乱暴な言葉やスラングはほとんど使われず、学習材料に適した作品だと言えるでしょう。		

発展学習	【英語で読み取る恋愛】

ラブ・コメディーであるこの作品には、恋愛で使われる多くの表現が登場します。これらのいくつかは通常、学校の授業等で使用されている学習教材で紹介されることはあまりありませんが、日常会話ではよく使われる表現です。

Jake : Why is it between you and me?
Brian : Because I love her.
Jake : I know you love her. I love her too.
Brian : No. I'm in love with her.

ブライアンとジェイクが会堂で言い争う場面での会話です。Love という単語は家族や友人、ペット、そして物に対しても使うことができ、一般的な愛情や愛着を表します。一方、"be in love" という表現はロマンチックな恋愛感情を表す時に使います。この場面では、その他にも "go out"（付き合う）や "have a crush on..."（～に熱を上げる）、"fling"（火遊び）といった恋愛映画でお決まりのフレーズもたくさんあるので、こちらもしっかり押さえておきましょう。

【米国における宗教と人種と民族】

アイルランド系のブライアンが信仰するカトリック教会とユダヤ系のジェイクが信仰するユダヤ教がメインに描かれている映画ですが、米国にはこの2つ以外にも、多くの異なる宗教と人種や民族が存在し共存しています。

Bartender : I'm a half Punjabi Sikh, one-quarter Tamil separatist. My sister's married a Jewish doctor from New Jersey, and our other grandmother was an Irish nun who left me this bar, which is a long story.
Brian : You're a Sikh Catholic Muslim with Jewish in-laws?
Bartender : Yes. Yes. It gets very complicated. I'm reading Dianetics.

米国には、ブライアンのように「アイルランド系のカトリック教徒」と一言で自分のアイデンティティーを表すことができる人もいる一方、このバーテンダーのように多くの民族と宗教が混ざり合った環境で生まれ育った人も多数存在します。また、家族全員が同じ宗教を信仰していることもあれば、父親、母親、そして子供が自ら選んだ異なる宗教を信仰している家族もおり、宗教に対しての考え方は人それぞれです。同じ国や町で生まれ育っても、宗教や人種、民族によって異なる文化や価値観を持っているため、「米国人」と住んでいる場所や国籍だけで一括りにして捉えることは非常に困難です。それぞれの宗教や人種、民族に関しての知識があると、友人関係だけではなくビジネスにおいてもコミュニケーションがより円滑になるので、この作品を通してこれらの違いについても学びましょう。

映画の背景と見所	ブライアン役の俳優、エドワード・ノートンの監督デビュー作です。この作品は、現代の米国人の宗教に対する考え方や価値観を、恋愛というテーマを通して分かり易く描いています。そのため、無宗教、または宗教にあまり馴染みのない日本人英語学習者にも親しみやすく、英語だけではなく、宗教から見る米国文化についても学ぶことができる映画です。米国は、多種多様な人種や民族、宗教が混ざり合い同化しているように見えることから、「人種のるつぼ（Melting Pot）」と表現されてきました。しかしながら、様々な人種や民族、宗教が混ざっていても同化することなく、それぞれの個性を保ちながら並立共存していることから、「サラダボウル（Salad Bowl）」という言葉で表現されることが多くなってきました。本作では、カトリック教会の指導者であるブライアンとユダヤ教の指導者であるジェイクが、全く異なるお互いの宗教の価値観をどのように受け入れて友情を築いていくのかが大きな見所となっています。さらに、それぞれの宗教における伝統的な考え方やしきたり、昔ながらの規律を重んじる年配の聖職者や家族や信者、伝統に縛られることなく新しい宗教観を生み出そうとする2人の挑戦も、映画の重要なポイントと言えると思います。宗教を中心とし、米国における友情、恋愛、そして伝統と現代の融合を描いた本作は、聖職に就いている、もしくは宗教に対しての知識や興味を持つ学習者だけではなく、多くの学習者の共感を呼ぶでしょう。

スタッフ	監　　督：エドワード・ノートン 脚　　本：スチュアート・ブルムバーグ 製　　作：エドワード・ノートン、ホーク・コッチ 　　　　　スチュアート・ブルムバーグ 音　　楽：エルマー・バーンスタイン	キャスト	ジェイク・シュラム　：ベン・スティラー ブライアン・フィン　：エドワード・ノートン アナ・ライリー　　　：ジェナ・エルフマン ルース・シュラム　　：アン・バンクロフト ベン・ルイス　　　　：イーライ・ウォラック

マザー・テレサ	Mother Teresa	（執筆）宮津多美子

セリフ紹介

　アイルランドのカトリック教会ロレット修道女会（Sisters of Loreto）からインドのカルカッタに派遣されていたマザー・テレサはある日、雑踏の中で行き倒れた男の言葉に神の声を見出し、今後は町に出て貧しい人々のために生きようと決心します。以下はその決意をエクセム神父に打ち明けたときのセリフです。

Mother Teresa : Twenty years, streets, faces, people. I have lived in this city for twenty years. But it is as if I was seeing it for the first time. Only now I know my place is not in the Loreto convent. It's in the streets of Calcutta with the poorest of the poor.

　それまで20年間もカルカッタに住みながら、マザー・テレサはカトリック教の女子校の教師として恵まれた環境にいたために、学校の外に蔓延していた貧困や死を知らないまま生きてきました。飢えて路上で死んでいく男から「私は渇く」（I thirst）という言葉をかけられた時、彼女は初めて神から与えられた自分の使命を知ります。この言葉は身体だけでなく、心の渇きも意味していました。そして、最も貧しい人々（the poorest of the poor）の心身の渇きを癒すために彼女は残りの人生を捧げたのです。その後も路上で死んでいく人々を見守るうち、彼女は「死を待つ人の家」（Home for the Dying）の設立を志します。そこは人種や宗教に関わりなく、死んでいく人々を保護し、その心に寄り添う場所で、せめて死の瞬間はだれかに見守られながら、屋根のあるところで迎えてほしいという彼女の願いが込められた場所でした。この映画に描かれているように、「私は渇く」という言葉はまさにマザー・テレサを生み出した言葉であるといえます。

学習ポイント

　神の啓示を受けたマザー・テレサは、その使命に応えようとする過程でさまざまな困難と出会います。彼女が天性の楽天さでその困難を乗り越えていく過程を中心に学習しましょう。最初直面した困難は、教会組織に対するものでした。イスラム、ヒンドゥーの争いが絶えない危険な町に修道女が住み、生活困窮者の中で活動をすること自体に教会は反対し、院外で活動したいと申し出たマザーに、カルカッタの大司教は申し出の撤回か還俗（かんぞく）かのいずれかを迫ります。その時、エクセム神父は以下のように伝えます。

Father Exem : ...In other words, you can't be a nun outside the convent.
Mother Cenacle : If you want, you can leave the order of Loreto. You are free to leave.
Mother Teresa : Free to leave?
Mother Cenacle : Yes, stop being a nun and start being an ordinary woman like all the others.
Mother Teresa : Never. I promised the Lord that I will always be a nun. I will continue to be a nun for all my life.
Mother Cenacle : So you'll stay in the convent.
Mother Teresa : Jesus has told me to be a nun with out there among the poorest of the poor.

　それでもマザーは諦めず、結局、彼女の熱意に折れた教会は院外での活動を認めます。活動母体となる「神の愛の宣教師会」（Missionaries of Charity）の設立も認可され、マザーは使命を果たすべく行動をおこすことになります。

　その後もマザーにさらなる困難が降りかかります。映画では、彼女に敵対的なジャーナリストが宣教師会の問題をメディアで暴くというシーンが登場します。作品の中では主に3つの問題が指摘されています。貧民救済活動によるインドのイメージダウン、運営資金疑惑、そして児童売買疑惑です。最初の批判はマザーの活動によってインドの名声が傷ついたというインド知識人たちの非難で、シン博士は以下のように言います（58:19）。"Calcutta is a city of tradition, culture and history. Thanks to Mother Teresa, it's become infamous with poverty and misery." 寄付のみに頼っていた宣教師会の不透明な資金の流れも世間の疑惑を呼びました。あまりにも多くの寄付が集まりすぎたために幹部にも財政状況が正確に把握できなかったためです。さらに、孤児たちに家族を与えようと始めた国際的な養子縁組の斡旋が児童売買であると非難されました。養子縁組で行方不明になったある子供の事件で一度は一切の活動を諦めようとしますが、ボランティアとして働いていたスタッフの証言でマザーはなんとか危機を乗り越えました。

　授業では "nun"（修道女）、"convent"（修道院）、"archbishop"（大司教）、"excommunicate"（破門する）、"secularization"（還俗）などの宗教用語を解説したうえで、リスニングやディスカッションの課題が可能です。

あらすじ

　1946年、インドのカルカッタにあるカトリックの女子校の教師をしていたマザー・テレサは行き倒れた男の言葉の中に「修道院を出て町に出て最も貧しき者の僕となれ」という神のお告げを見出します。その後、マザーはすぐに行動を起こしますが、彼女が属していたロレット修道女会ではその許可は得られませんでした。町に出るなら修道女をやめろと迫られますが、それでも彼女は行動し続け、「神の愛の宣教者会」の設立を果たし、カルカッタの町で貧困に苦しむ人々とともに暮らし始めます。やがて女子校の教え子たちもマザーのもとに集まり、宣教師会の組織や活動は広がりをみせます。マザー・テレサたちは学校に通えない子供たちに教育を施し、飢える人々に食べ物を配り、路上で死にゆく人々を介護しました。当時インドではイスラム教徒、ヒンドゥー教徒らが覇権争いを繰り広げていましたが、マザーは人種や宗教に関わりなく貧困や病に苦しむ人々に救いの手を差し伸べました。死者もそれぞれの宗派の様式で葬りました。当初、改宗させるのが彼女の目的だと考えていたマザーの敵対者たちは、その寛大な心に打たれます。やがてマザーの崇高な行いはメディアによってインド政府やバチカン、他国の人々の知るところとなり、宣教師会の活動拠点は海外にも広がっていきます。晩年はローマ法王にも謁見し、1979年にはノーベル平和賞を授与されました。国際的に高まる名誉にも関わらず、彼女は87歳で召されるまで人々のために献身し続けました。

映画情報

製作費：1,500万ドル　　製作年：2003年 製作国：イタリア、英国 言語：イタリア語、英語 製作会社：ラックス・スタジオ 配給会社：東芝エンタテインメント（日本）	公開日：2003年10月19日（イタリア） 　　　　2005年8月13日（日本） 上映時間：116分 イタリア語オリジナル版：180分 テレビ映画としてイタリアで製作・放送、米国未公開

薦	●小学生　●中学生　●高校生　●大学生　●社会人	リスニング難易度		発売元：NBCユニバーサル・エンターテイメント （平成29年2月現在、本体価格） DVD価格：3,800円

お薦めの理由	マザー・テレサの愛と共感の哲学は戦争や紛争が絶えることのない現代においても有効です。この映画でもマザーの人種や宗派を超えた人間愛が壮大なスケールで描かれています。生きていく上で大切なことは何かを教えてくれる作品です。さらに注目したいのはマザー・テレサを演じた大女優のオリビア・ハッセーです。20年以上もこの役を演じたいと公言していただけあって、その渾身の演技は見応えがあります。	スピード	2	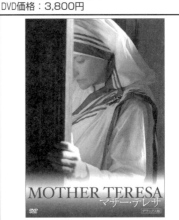
		明瞭さ	3	
		米国訛	2	
		米国外訛	4	
英語の特徴	マザー・テレサに関しては話すスピードも語彙も難しくありません。インドが舞台であるため、全般的に外国語訛りのアクセントがあります。専門用語に関しては、特に宣教師会設立の際のバチカンや法王庁とのやりとりの中でいくつかの難解な宗教用語が登場します。ジョークらしいものはほとんど登場しませんが、マザーのダイレクトでストレートな言葉に思わず微笑んでしまう場面もあるでしょう。	語彙	2	
		専門語	4	
		ジョーク	2	
		スラング	1	
		文法	3	

発展学習	発展学習として、マザー・テレサの瞑想集（*Mother Teresa: in My Own Words*）、神の愛の宣教師会（Missionaries of Charity）、同時代人のマハトマ・ガンジー（Mahatma Gandhi）、カトリック教会・バチカン（Catholic Church, Vatican）、1979年ノーベル平和賞（Nobel Peace Prize）、1983年英国メリット勲章（Order of Merit）、1996年アメリカ合衆国名誉市民（Honorary Citizenship of the United States）等のテーマのリサーチ学習が可能です。それぞれにおもしろいテーマで、インターネットから多くの英語資料が入手できるので、授業で使用するならぜひ英語で課題を出してみましょう。 　例えば、1950年にマザー・テレサが設立した「神の愛の宣教師会」の誓いは "chastity", "poverty", "obedience", そして to give "wholehearted free service to the poorest of the poor" の4つです。この4つ目の誓いの "the poorest of the poor" はマザー・テレサらしい文言です。マザーはそれを以下のような人々であると説明しています。(in Mother Teresa's words) "the hungry, the naked, the homeless, the crippled, the blind, the lepers, all those people who feel unwanted, unloved, uncared for throughout society, people that have become a burden to the society and are shunned by everyone." 貧しくて困窮している社会的弱者だけでなく、たとえ裕福であっても心が飢え渇き、自分は愛されていないと感じる人々でもあると彼女はいいます。また、1979年のノーベル平和賞受賞に関する逸話も興味深いものです。当初、マザーは受賞を辞退するつもりでしたが、目的を前進させられるというローマ法王の薦めでこれを受けました。そして、受賞式に臨んだマザーは受賞者のための晩餐を断り、その予算も賞金も全て宣教師会に寄付しました。ノーベル平和賞だけでなく、彼女に与えられた他の名誉（賞）についても調べてみましょう。 　もう一つの発展学習として、映画ではまったく触れられていなかったマザー・テレサの「中絶・避妊（abortion and contraception）批判」をめぐる議論についてのリサーチもお薦めです。マザー・テレサは中絶・避妊は母親による子殺しであると厳しく非難しました。ノーベル平和賞の受賞スピーチでもこのことに触れたために、その後各国でさまざまな議論が起こり、これがマザー・テレサ批判へとつながりました。教会によるモラルの押し付けだと言う人もいました。実は、産む性である女性にとって、中絶・避妊は歴史的に数々の戦いを経て勝ち取った権利でもありました。レイプ等での望まない妊娠による母体保護の唯一の手段として、実際に多くの女性の命をも救っていたのです。1人ひとりの命の重さを重視するマザーらしい主張といえますが、同時にこれは議論の多い微妙な問題であることから、国際的影響力のある場では控えるべき話題だったのかもしれません。中絶・避妊に対するカトリック教会の見解も併せて調べてみるとよいでしょう。

映画の背景と見所	マザー・テレサの功績を称えた映像作品は、これまでドキュメンタリーを中心に何本も製作されてきました。これはイタリアのテレビシリーズのために製作された作品で、往年の大女優オリビア・ハッセーがマザー役を演じています。2003年10月のマザー・テレサの「列福」に合わせて放映され、後に編集され、映画として一部の国で劇場公開された作品です。数々の伝説によって真実の姿がつかみにくいマザー・テレサの人間性にスポットを当てて描かれています。映画では全編にわたってマザーの人類愛が強調されているものの、時折彼女が見せる現実的な一面やチャーミングな表情がマザー・テレサの人間的な魅力を高めています。念願の役を演じたオリビア・ハッセーの熱演によるものかもしれません。列福とは、カトリック教会によって「福者」（「聖人」に準ずるものとして認められた信徒の称）の位に列することで、列聖への前段階と解釈できます。通常、死後、数十年の審査を要する列福ですが、マザー・テレサの場合は異例ともいえる死後6年で実現しました。生前の活動の多大なるメディア露出や数々の受賞によって、マザー・テレサは私たちにとっては「福者」というよりすでに「聖人」ともいえる存在でした。そして、ついに、2016年3月、バチカンのフランシスコ法王はマザーを「聖人」に認定し、9月に列聖式が執り行われました。これは、カトリック教会が与える、最高位の崇敬対象を表す称号です。

スタッフ	監督　：ファブリッツィオ・コスタ 脚本　：フランチェスコ・スカルダマーリャ 　　　　マッシモ・チェロフォリーニ 製作　：ルカ・ベルナベイ 製作総指揮：アンセルモ・パリネッロ	キャスト	マザー・テレサ　：オリビア・ハッセー セラーノ神父　：セバスティアーノ・ソマ マザー・ドゥ・スナークル　：ラウラ・モランテ エクセム神父　：ミハエル・メンドル シスター・アグネス　：イングリット・ルビオ

	マルコム X	Malcolm X	（執筆）河井　紀子

セリフ紹介

(1) ネーション・オブ・イスラム入信後のマルコム X の演説の一部です。黒人は拉致されてきたのであり、米国に住んでいてもアフリカ人であるという黒人としての誇りがあふれている箇所です。

In fact, not even as an American. Because if I was an American the problem that confronts our people today wouldn't even exist. So I have to stand here today as what I was when I was born a black man…. In fact, before there was any such place as America, we were black. And after America has long passed from the scene there will still be black people.

（私はアメリカ人でさえない。私がアメリカ人なら黒人問題はそもそも存在しない。私は生まれた時と同じ黒人としてここに立つ…。アメリカが生まれる前に黒人だった。アメリカが地球上から消えても黒人は生き残る）

(2) 合衆国憲法修正条項（1865年の修正第13条：奴隷制廃止と1867年の修正第14条：黒人の市民権）の authenticity について語り箇所です。

If the so-called Negro in America was truly an American citizen we wouldn't have a racial problem. If the Emancipation Proclamation was authentic we wouldn't have a race problem. …If the Supreme Court desegregation decision were authentic we wouldn't have a race problem. But you have to see that all of this is hypocrisy.

（黒人がこの国の真の市民なら人種問題は起こらない。奴隷解放宣言の精神がどこに生きている？〈中略部分〉13条と14条と15条の精神がどこに生きてる？最高裁の差別廃止判決がどこに生きてる？これが示すとおり全て偽善だ）

学習ポイント

黒人の歴史の流れのなかで英語を学んでいくことができます。この映画は、前半のマルコム・リトル時代（白人に憧れ、まだ黒人としての誇りをもっていない）と後半のマルコム X 時代が対比的に描かれています。奴隷制時代の名残がある名前リトルから、永遠に知ることのないアフリカの名前として未知数の X を名乗るようになります。

黒人至上主義に至るまでの経緯は、子供の頃の経験や牧師であった父親の思想や経験を重ね合わせることで理解することができます。父親はマーカス・ガーヴェイ率いる「世界黒人向上委員会」の熱心な活動家で、「アフリカに帰れ」というスローガンのもとアフリカに国家を作ることを目標に掲げて活動をしていましたが、のちに人種差別主義を標榜するクー・クラックス・クラン（Ku Klux Klan: 白人至上主義者の秘密結社）によって惨殺されてしまいます。

マルコムは、"In Americas' soil, the white man has planted seeds of hatred, the seeds of violence. He's allowed those weeds to choke the lives of millions of black men and women for 400 years and the lives of Indians in these Americas for 500 years."（アメリカという美しい大地に憎しみと暴力の種を蒔いたのは白人である。それが400年のうちに何百万という黒人の息の根を止める雑草となったのだ。インディアンの場合は500年命を奪われてきた）として、ネーション・オブ・イスラム入信後は、スポークスマンとして白人による人種差別を糾弾し、黒人の白人からの精神的、経済的自立を説いて回ります。

1955〜1965年にかけて盛り上がりをみせた公民権運動も、法的な平等は達成されたものの、大都市スラムの黒人の実生活は何も変わっていないことに苛立ちを覚えていました。白人から暴力を受けているのに、キング牧師の非暴力主義は現実に即していないとして、マルコムが唱えた黒人自らが地域の社会や政治、経済を支配すべきであるとするブラック・ナショナリズムの考えは、ドラスティックな改革を望む多くの人びとの関心を集めました。

1964〜68年にかけては「長い暑い夏」（long and hot summer）と呼ばれる黒人暴動が各地で頻発します。1965年2月21日、マルコムは志なかば39歳という若さで凶弾に倒れますが、遺志は受け継がれていきます。やがて台頭するのが白人との協調よりも黒人の分離と自決を唱えて人種平等を促進しようとするブラック・パワー運動で、都市部を中心に盛り上がります。

マルコムの演説は多くの聴衆を惹きつけました。テンポが速く、リズミカルな演説で話の内容を明快に表現するものだったからです。カリスマ性を帯びたマルコムの演説のたたみかけるようなリズムは、1970年代に生まれたラップ音楽のリズムとよく似ていますし、1980年代に盛んになったヒップ・ホップ・カルチャーに影響を与えたともいわれています。

あらすじ

物語は1943年、マルコム・リトルが18歳の時から始まります。ズート・スーツ（zoot suit）とカヴィーハットを身につけ、コンク・ヘアで街を歩いています。父親は人種差別に対して抗議活動を続ける牧師でしたので、マルコムが幼い頃から日常的にクー・クラックス・クランの襲撃の的にされていました。白人からのレイプによって生まれた母親の皮膚の色は白かったのですが、黒人としての誇りから黒人男性と結婚します。ある日父親が惨殺され、母親1人では子供たちの面倒を見ることができず、施設に収容されてしまいます。後にマルコムはある白人女性に引き取られ、黒人がたった1人のクラスで学びます。成績は優秀でしたが、人種差別主義的な教師から黒人であるが故にマルコムの夢は否定されてしまいます。やがてマルコムは悪に手を染め、強盗で逮捕され収監されます。そこで出会ったベインズの影響を受け、学び直します。百科事典を全て書き写し、多くの書物を読み漁ります。やがてイスラム教の教えに共鳴し、黒人至上主義を唱えるイスラム組織ネーション・オブ・イスラムに入信します。出所後は教団のスポークスマンとして白人による人種差別を糾弾し、黒人の白人からの精神的、経済的自立を説いて各地を回ります。しかし師と仰いだイライジャ・ムハンマドや教団との信頼関係が崩れ、ネーション・オブ・イスラムを離脱後メッカ巡礼に出かけます。そこで人種を超えた思想に出会い、その後は白人との宥和的（ゆうわてき）な考えに変化していくのです。

映画情報

原　　作：アレックス・ヘイリー『マルコム X 自伝』
製作年：1992年　　製作国：米国
言　　語：英語　　　　ジャンル：ドラマ
配給会社：ワーナー・ブラザース
カラー映画

公開情報

公開日：1992年11月8日（米国）
　　　　1993年2月20日（日本）
上映時間：201分　　MPAA（上映制限）：PG-13
オープニングウィークエンド：987万1,125ドル
興行収入：4,816万9,910ドル

薦	○小学生　○中学生　○高校生　●大学生　●社会人	リスニング難易度		発売元：NBCユニバーサル・エンターテイメント （平成29年2月現在、本体価格） DVD価格：1,429円

お薦めの理由	米国の20世紀初頭から1960年代半ばにかけての時代を概観することができます。黒人が登場しても他者としてステレオタイプで描かれることが多いなか、黒人監督スパイク・リーによって人間マルコム X の真実が描かれています。黒人に対するヘイトクライムが横行し、武器を持たない若者が射殺される事件が頻発する現在の米国。マルコムが生きた時代を改めて考えるいい機会となります。	スピード	3	
		明瞭さ	3	
		米国訛	2	
		米国外訛	3	
英語の特徴	米国英語で、マルコムの回想や会話、演説が中心となっています。軽薄に描かれている前半とイスラム組織に入信する後半とではセリフの重さが異なります。特に後半のマルコムの演説に注目することで、集会での聴衆への挨拶や呼びかけ、また関心のなさそうな相手の注意を換気したり、説得するときの表現など公式な場所での挨拶やスピーチ、プレゼンテーションにも役立てることができます。	語彙	3	
		専門語	3	
		ジョーク	3	
		スラング	3	
		文法	3	

発展学習	エンドロールで流れるメッセージは、"Did you ever really listen to him? Was he ever associated with violence or any public disturbance?" と問います。過激な黒人至上主義者としてのイメージが先行しているがゆえに、最晩年にマルコムがたどりついた思想を考えることは重要です。 "I no longer subscribe to sweeping indictments of one race. I intend to be very careful not to sentence anyone who has not been proven guilty. I am not a racist and I do not subscribe to any of the tenets of racism. In all honesty and sincerity it can be stated that I wish nothing but freedom, justice, and equality, life, liberty and the pursuit of happiness for all people. My first concern is with the group to which I belong. For we, more than others, are deprived of our inalienable rights." （特定の人種を攻撃することはよしとしない。罪の疑いがあるだけで人を罰しないよう十分気をつけようと思う。私は差別主義者ではない。いかなる差別も擁護はしない。誠心誠意求めるもの、それはまず自由であり、正義であり、平等である。人権と平和と幸せを追求する権利である。もちろん第一の関心は黒人同胞にある。基本的人権を誰よりも踏みにじられてきたからだ） ネーション・オブ・イスラムと決別後は、メッカ巡礼を機に黒人分離主義から白人との融和を模索しました。最晩年のマルコムは、黒人差別は米国国内の問題にとどまらず、世界的な問題であるという認識をもち、国連に提訴すべくアフリカ諸国との連携も視野に入れ、グローバルな視点でこの問題を考えていました。マルコムの死後、ストークリー・カーマイケルが「ブラック・パワー」を提唱します。黒人だけの運動が展開され、ベトナム反戦運動にも積極的に参加していきます。1966年にはカリフォルニア州オークランドで急進的な黒人結社ブラック・パンサー党が結成されます。1960年代後半にかけては急進化の傾向が強まり、米国の社会体制そのものが批判されるようになっていくのです。70年代には黒人であることの自覚と誇りが浸透し、それは、"Black is beautiful" という当時のスローガンに表れています。これらの革命的な運動は他のマイノリティにも大きな影響を与え、先住民や同性愛、女性の解放運動へと広がっていくのです。この映画が封切られたのは1992年の感謝祭前の週末ですが、同じ1992年には「ロサンゼルス暴動」（Los Angels Rebellion）が起こっています。きっかけとなったロドニー・キング事件（Rodney King Affair）は、1991年3月ロサンゼルスでスピード違反を犯したロドニー・キングを逮捕する際に白人警官4人が暴行を加えた事件ですが、翌年の裁判で警官が無罪になったのをきっかけに4月29日から3日間にわたって起きた暴動はロサンゼルス暴動として知られています。

映画の背景と見所	原作はアレックス・ヘイリーの『マルコム X 自伝』（1965）です。アレックス・ヘイリーはまた1976年に出版された『ルーツ』の著者でもあり、米国に奴隷として連れてこられた黒人一家の苦難の歴史が自らのルーツと重ね合わせて描かれています。『ルーツ』は1977年にテレビ映画化され、エミー賞の9部門の賞を獲得、全米で1億3,000万人が視聴し、社会現象ともなりました。 マルコム X が暗殺される日、最後の演説に出かけるシーンで流れるサム・クックの「ア・チェンジ・イズ・ゴナ・カム」は心に残るメロディで「…だけどいつかきっと変化は訪れる」ということばで結ばれています。米国で黒人として生きていくことの意味が表現されています。サム・クックは密かに黒人史の研究をし、マルコム X やカシアス・クレイ（モハメド・アリ）とも親交があり人種問題にも真っ向から取り組みました。 また、この映画では当時の貴重な写真や映像の数々を見ることができます。1970年に撮影され、ピューリッツア賞を受けた Staney Forman の写真 "Soiling of Old Glory" や、実際にロドニー・キングが警官から暴行を受けている映像、公民権運動のさなか警官が黒人に犬をけしかけ、放水している映像などが挿入されています。最後には「マルコムX の日」に話をしているソウェトの教師役で南アフリカ共和国のネルソン・マンデラ元大統領も出演しています。

スタッフ	監督：スパイク・リー 脚本：アーノルド・パール、スパイク・リー 製作：マーヴィン・ウォース、スパイク・リー 音楽：テレンス・ブランチャード 編集：バリー・アレクサンダー・ブラウン	キャスト	マルコム X：デンゼル・ワシントン ベティ・シャバス：アンジェラ・バセット イライジャ・ムハマンド：アル・フリーマンJr. ベインズ：アルバート・ホール ショーティ：スパイク・リー

文芸・出版

ジェイン・オースティン 秘められた恋	Becoming Jane	（執筆）白木　玲子

セリフ紹介

ジェイン・オースティンの存在を抜きにして、英国小説を語ることはできません。
ジェインが "novels"（小説）について "...poor insipid things read by mere women? Even, God forbid, written by mere women? As if the writing of women did not display the greatest powers of mind, knowledge of human nature, the liveliest effusions of wit, and the best chosen language imaginable?"（女ごときが読むつまらぬ代物？女には書けぬ物？女が書くものには知性のカケラもないと？人間への洞察も機知も、選び抜かれた言葉も？）
と述べるように、当時の女性が小説を読み、書くことは良いと見なされていませんでした。
　また、財産相続は長男のみ、男子不在の場合は最も近い男性縁者がその対象となる限嗣相続法（げんしそうぞくほう）の下、女性に相続権はありませんでした。労働して自立することも困難だったため、女性は金銭的な理由から愛のない結婚を強いられたり、条件の良い結婚相手を見つけようと躍起になったのです。
　しかし、幼い頃から膨大な先行作品を熟読していたジェインは、"A novel must show how the world truly is. How characters genuinely think. How events actually occur. A novel should, somehow reveal the true source of our actions."（小説は世の中の真実の姿を描くべきだわ。登場人物の心理や出来事の起こり方。小説は何らかの形で、人間の本質を描くべきよ）という確固たる信念を持ち、ユーモアと "the bringing together of contradictory truths to make out of the contradiction a new truth, with a laugh or a smile"（矛盾する真実を束ねて新しい真実を生み出し、笑いや微笑を誘い出すもの）という辛辣なアイロニーと共に社会や人間をリアルに描き、作家として名を成します。

学習ポイント

【舞踏会とダンス】　"a ball is an indispensable blessing to the juvenile part of the neighbourhood. Everything agreeable in the way of talking and sitting down together, all managed with the utmost decorum."（舞踏会は村の若者には欠かせない楽しみ。話し方や座り方にも作法があり、礼節を重んじる場です）というジェインのセリフのように、舞踏会とそこで踊るダンスには、その娯楽性はもちろん、当時の英国上流社会の礼節の1つとして、個々の言動には従うべき規則や慣習がありました。会場内での振る舞いや服装、ダンスの踊り方などにおいて、優雅で洗練された品行が要求されていました。同時に舞踏会は、若い独身男女が出会い、会話を交わし、触れ、戯れることができる、つまり結婚相手を見つける貴重な場でもありました。映画では、舞踏会の最中に見られる様々な言動から、当事者達の心情や人間関係が読み取れます。例えば、ダンスは、男性が申し込み、女性は承諾か拒絶の返事をするのみでした。どれだけダンスを切望しても、女性は男性から申し込まれるのを待つしかないのです。ジェインが、男性が少ないのにダンスを拒むトムの態度に腹を立てるのは、男性は、パートナー不在の女性を見つけた場合にはダンスに誘うことがマナーだったからです。
　しかし、トムは、"if you would stoop to honour me with this next dance."（いかにもぶしつけなお願いですが、僕と踊って頂けませんか？）とジェインにダンスの相手を申し込みます。他の女性と踊ることを避けていたトムの自発的なこの態度は、彼がジェインに対して何らかの想いを抱いている証となるのです。
　また、ジェインとトムが踊る "country dance"（カントリーダンス）は、当時のイングランドの舞踏会で最も流行していたダンスの総称です。程よい速さの音楽に合わせてわりと易しいステップを踏みながら、同人数の男女が各一列を成して向かい合い、手を取り旋回するこのようなダンスでは、パートナーと私的で親密な時間を共有することができます。ジェインはトムと3回のダンスを踊ったことを "Flagrant."（お熱いこと）と冷やかされますが、一晩に同じ相手と2回以上踊ることは特別な関係の男女、つまり、婚約中か既婚の男女にしか許されていなかったからです。実際にジェインは好んで舞踏会に参加しており、カッサンドラ宛の多くの手紙の中で、出席した舞踏会の出来事や印象を詳細に記しています。1796年、出会ったばかりのトムと舞踏会に出席した際に、彼と3回のダンスを踊ったこと、上品に振る舞うどころか、羽目を外した2人の言動が人目を引いたことを報告しています。手紙の文面から、トムに対する特別な感情が読み取れます。間違った描写やありそうにない出来事を避け、精緻な物語を創り上げたジェインは、自身が熟知した舞踏会やダンスを長編小説『高慢と偏見』の登場人物、特に主人公であるエリザベスとダーシーの心情や関係に応じて巧妙に書き分けています。小説の各場面だけでなく、映画と比較してみるのも良いでしょう。

あらすじ

1795年、英国ハンプシャー。父親が教区牧師を務める貧しいオースティン家の次女ジェインは、地元の名士で裕福なグリシャム夫人の甥ウィスリーとの結婚を期待されていました。しかし、作家になることを目指し、独立心に満ちたジェインには愛情のない結婚など考えられません。そんな折、彼女は、兄ヘンリーの友人で、叔父の援助の下、ロンドンで法律を学びながら享楽的な生活を送っていたトム・ルフロイと出会います。田舎の人々を軽蔑して高慢な態度を取り、姉カッサンドラのために執筆した小説を一蹴するトムに対し、ジェインは苛立ち、不快な第一印象を抱きます。その後、彼らは、互いの知性や快活な性格、物怖じしない態度など、周囲の人間とは異なる魅力に気づき、惹かれあうようになりますが、2人の結婚はトムの叔父に許されませんでした。失意を抱えハンプシャーに戻ったジェインの前に、他の女性と婚約したはずのトムが再び現れます。想いを再確認した2人は、駆け落ちをするためにスコットランドへ向かいます。しかし、その道中、故郷の家族を養っているトムの境遇を知ったジェインは、家族を犠牲にする結婚は不幸になると別れを告げ、1人ハンプシャー行きの馬車に乗ります。十数年後、匿名で小説を書き続け有名作家となったジェインは、娘を連れたトムと再会します。彼女の名前はジェイン。そして『高慢と偏見』の大ファンだという彼女の願いに応え、ジェインは特別に朗読を聞かせてあげるのでした。

映画情報

原　　作：ジョン・スペンス 　　　　　『ビカミング・ジェイン・オースティン』 製 作 年：2007年 製 作 国：英国 ジャンル：ドラマ　　　配給会社：ミラマックス	**公開情報**	公 開 日：2007年　8月　5日（米国） 　　　　　2007年　3月　9日（英国） 　　　　　2009年10月31日（日本） 上映時間：112分 字　　幕：日本語、英語、日本語吹替用

薦	○小学生 ○中学生 ○高校生 ●大学生 ●社会人	リスニング難易度	発売元：ウォルト・ディズニー・ジャパン（平成29年2月現在、DVD発売なし）中古販売店等で確認してください。

お薦めの理由	主な撮影場所はアイルランドですが、ロケならではの気象状況、その影響を受けながら様々な表情を見せる壮大な自然、歴史を感じさせる建築物などが物語を盛り上げ、さらに、ジェインの小説の世界観をも感じさせてくれます。また、手紙や交通手段、登場人物の衣装や言動など、ジェインが実際に生きた18世紀後半から19世紀初頭における英国ジェントリー階級の生活様式が再現されています。	スピード	3
		明瞭さ	4
		米国訛	1
		米国外訛	1
英語の特徴	物語の大半は、登場人物の英国英語で占められています。特に訛りもなく、階級的にスラングも使われていません。ただ、男性登場人物のセリフが声量や声質のせいでこもる時があり、聞き取りにくいかもしれません。ジェインがカッサンドラ宛の手紙や小説を執筆している場面では、彼女自身による1人称の語りがありますが、英語字幕では引用符、もしくはイタリック体が用いられています。	語彙	4
		専門語	2
		ジョーク	2
		スラング	1
		文法	2

【First Impressions：第一印象】ジェインが書き記す"First Impressions"（「第一印象」）は、1796年10月から1797年8月にかけて実際に彼女が執筆した作品のタイトルで、彼女の長編6作品中、最も人気があると言っても過言ではない Pride and Prejudice（『高慢と偏見』1813年）の原型だと言われています。ジェインは、トムと初めて出会った時の彼の言動、特に彼女が執筆した小説に対する批判、"Well, accomplished enough, perhaps. A metropolitan mind may be less susceptible to extended juvenile self-regard."（まあ悪くはないが、青臭い自己愛は都会者には退屈だな）を聞き、彼の自意識過剰で都会人ぶった尊大な態度に不快な第一印象を抱きます。映画では、お互いに対する第一印象が次第に変化し、駆け落ちを決意するほど激しく惹かれあう2人の悲恋が描かれています。実際には、ジェインは1795年の冬にトムと出会い、残存する彼女の最古の手紙である1796年1月9日、彼が紳士らしくてハンサムで感じの良い青年だとカッサンドラに報告しています。同14日の手紙でも、〈どうでもいい〉トムに専念するつもり、そして、ロンドンに戻る予定の彼と戯れるのが最後だと思うと涙が止まらないと、お得意のユーモアを交えながら話題に挙げています。しかし、オースティンの死後、カッサンドラは、他人の目に触れさせたくないジェインの手紙を焼却したと言われており、1796年9月18日から1798年4月8日の間に書かれた手紙は残っていません。その後の1798年11月17日の手紙で、ジェインは、トムの叔母ルフロイ夫人の訪問を受けた際に、彼女がトムの名前を一切挙げなかったこと、自分にもプライドがあるため尋ねなかったこと、しかし、オースティン氏の質問のおかげで、トムがロンドンにおり、アイルランドに戻って法律家になるための準備をしていることを知ったとのみ記し、以降の手紙ではトムの名前を2度と書いていません。空白の期間に何があったのか分かりませんが、2人の関係はこの時点で既に終わっていたようです。映画と現実の第一印象は異なりますが、共に結婚には至りませんでした。財産や地位のないジェインは、法律家となるトムの結婚相手に不適当だと、叔母を始めとする周囲から反対されたためだと言われています。その後、ジェインは、少なくとも2人の男性から求婚されたと言われていますが、愛情のない結婚ほど耐えられないものはないと断言しているジェインは生涯独身でした。小説『高慢と偏見』のあまりに有名な冒頭文、"It is a truth universally acknowledged."（世間一般の真理だ）、"...that a single man in possession of a good fortune must be in want of a wife."（金持ちの独身男性はあまねく花嫁募集中）が、映画の結末近く、全ての問題が片付き、ジェインがこの小説を執筆している場面で用いられています。小説の重要な場面やセリフが、映画の随所に見られます。小説の主人公エリザベスとダーシーは、お互いにどのような第一印象を抱き、結末はどうなるのでしょうか。ぜひ『高慢と偏見』も読んでみて下さい。

映画の背景と見所	この映画は、ジョン・スペンスによる評伝『ビカミング・ジェイン・オースティン』（中尾真理訳、キネマ旬報社、2009）を原作としています。映画は20歳のジェインとトムの恋愛に焦点を置き、その経験から彼女の代表作『高慢と偏見』が生まれたとして物語が進みますが、正確には伝記的映画とは言えません。1775年に生まれたジェインの41年の生涯については、彼女自身が家族や知人に宛てた書簡、彼女の死後に甥や姪が出版した回想録、研究書などから知ることができます。しかし、スペンスは、知的で上品、保守的かつ理性的な従来の固定化されたイメージではなく、作家として独立したいという強い意志を持つ女性としてジェインを捉えています。彼女の書簡や作品、周辺人物や関連資料などを元に調査した実証的な評伝ですが、「…だろう」「…のようだ」という文体や、本人しか知り得ない個人的な心情や状況も多く、事実と憶測の線引きは困難です。さらに映画には、架空の登場人物や出来事が加えられており、ジェインとトムがロンドンの叔父を訪問する場面のように、ただでさえ大胆な原作の解釈をあたかも事実であるかのように描いています。しかし、それも真実なの〈かもしれない〉、あるいは、信念を貫き、悲恋を経た後に偉大な作家として成功した、才能豊かなある女性の物語として鑑賞すれば、秀逸なストーリー展開を楽しむことができます。

スタッフ	監　督：ジュリアン・ジャロルド 脚　本：サラ・ウィリアムズ、ケヴィン・フッド 製　作：グラハム・ブロードベント他2名 撮　影：アイジル・ブリルド 音　楽：エイドリアン・ジョンストン	キャスト	ジェイン・オースティン：アン・ハサウェイ トム・ルフロイ　　　　：ジェームズ・マカヴォイ オースティン夫人　　　：ジュリー・ウォルターズ オースティン牧師　　　：ジェームズ・クロムウェル レディ・グレシャム　　：マギー・スミス

	プライドと偏見	Pride & Prejudice	（執筆）子安　惠子

セリフ紹介

　父ベネット氏のセリフは多くはありませんが、とても含蓄のあるものばかりです。
【父親の助言】18世紀末、女性に財産相続権はありませんでした。父親が亡くなったら家も土地も遠縁の男子が継ぎ、5人の姉妹たちは路頭に迷ってしまいます。ある日、ベネット家の財産権を持つコリンズ牧師が現れ、エリザベスにプロポーズします。プロポーズを受け入れると姉妹たちは助かるのですが、誰もが嫌うコリンズを拒否します。怒る母親は、夫のベネット氏になんとか説得してもらおうと助けを求めます。（Chapter 7, 50M49S）

Mrs Bennet : Tell her you insist upon them marrying….　　　（あなた　結婚を勧めて…
　　　　　　　Think of your family! Mr Bennet, say something!　　家族のことを考えなさい　あなた何か言って）
ここでベネット氏がようやく口を開きます。（Chapter 7, 51:10）
Mr Bennet　 : So, your mother insists on you marrying Mr Collins.　（お前の母親は結婚を望んでいる）
Mrs Bennet : Yes, or I shall never see her again.　　　　　　（そう　もう顔も見ないわよ）
Mr Bennet　 : Well Lizzie, from this day onward, you must be a stranger to one of your parents.
　　　　　　　　　　　　　　　　　　　　　　　　　　（今日からお前は両親をどちらかを失う）
Mr Bennet　 : Your mother will never see you again if you do not marry Mr Collins,　（断れば母親と会えなくなる
　　　　　　　 and I will never see you again if you do.　　　　　承諾すれば私と会えなくなる）
こういうやりとりや表現の仕方は、やはり小説を土台に作られたセリフならではでしょう。

学習ポイント

　映画も後半に入り、誤解と偏見から起こる恋のすれ違いがほぐれていく予感が感じられる場面です。話すテンポも速くなく、短い表現ばかりで、大変聞きとりやすいセリフです。
【ダーシーとエリザベスの楽しいやりとり】ダーシーが自分の領地ペンバリーの大邸宅へ、ガーディナー夫妻と共にエリザベスを招き、妹のジョージアナを会わせることが実現した場面です。（Chapter 12, 1H29）

Georgiana : Miss Elizabeth!　　　　　　　　　　　　　（エリザベスさん）
Darcy　　　 : My sister, Miss Georgiana.　　　　　　　　（妹のジョージアナ）
Georgiana : My bother has told me so much about you.　　（兄からお話を聞いています
　　　　　　　I feel as if we are friends already.　　　　　　　もうお友達のような気が…）
Elizabeth　 : Well, thank you. What a beautiful pianoforte.　（ありがとう。素晴らしいピアノですね）
Georgiana : My brother gave it to me. He shouldn't.　　（兄からのプレゼントです。しなくてよいのに）
Darcy　　　 : Yes, I should've.　　　　　　　　　　　　（いいや、すべきだ）
Georgiana : Oh, very well then.　　　　　　　　　　　（そうね）
Darcy　　　 : Easily persuaded, is she not?　　　　　　　（従順だな）
Elizabeth　 : Your unfortunate brother once had to put up with my playing for a whole evening.
　　　　　　　　　　　　　　　　　　　　　（私のひどい演奏を我慢せねばならなかったから）
Georgiana : But he says you play so well!　　　　　　　（とてもお上手だと言っていたわ）
Elizabeth　 : Then he has perjured himself most profoundly.　（とんだ偽証ね）
Darcy　　　 : No, I said, "played quite well."　　　　　　（"かなり"上手だと）
Elizabeth　 : oh, "quite well" is not "very well." I'm satisfied.　（"とても"ではないのね。満足ですわ）

　特に最後の "quite well" と "very well" のやり取りは、誤解している2人の急激な雪解け感を強く感じさせます。
【原書の影響】小説の映画化なので、原書からのセリフへの影響はあちらこちらに垣間みられます。上述のやりとりでも、ピアノを "pianoforte"、「偽証する」を "perjure" などの単語が使用されています。また付加疑問文の "Easily persuaded, is she not?" は、現代の会話のように主語や動詞を省略しつつも、"isn't she" とはせずに "is she not?" と使っていますが、"should've" など短縮形は頻出しています。また "quite well" と "very well" の微妙な違いや、Jane Austen の書いた英語と映画の脚本家の書いた文などが入り混じるセリフは興味深いものです。

あらすじ

　18世紀末、英国の田舎町に暮らすベネット家は女の子ばかり5人姉妹。当時女性には相続権がなく、父親の死後は土地も家も親戚の男子に渡ってしまうので、母親は娘たちに良い結婚を早くさせねばとヤキモキしています。長女ジェーンは、近所に越してきた、年収5,000ポンドの財産を持つビングリーに、舞踏会で見初められます。次女エリザベスは、ビングリーの親友ダーシーと出会います。年収1万ポンドの財産があるダーシーは、ベネット家の姉妹たちに興味を持つどころか見下し、またエリザベスを軽んじる発言を耳にしたため、彼の高慢さに対して偏見を抱きます。そこへウィッカムという好青年が現れ、若い頃にダーシーのせいで酷い目にあったと言い、エリザベスは彼の話を信じてしまいます。一方ビングリーは、ジェーンに気持ちを打ち明ける前にロンドンへ行ってしまい、ジェーンは気落ちします。ダーシーはエリザベスに惹かれ求婚しますが、はっきりと断られます。誤解されていると知ったダーシーは、ウィッカムの話がすべて嘘だとエリザベスに手紙を書きます。手紙を読んだエリザベスは誤解がとけ、ダーシーと親しくなり始めた矢先、末娘のリディアがウィッカムと駆け落ちした知らせが届きます。密かにダーシーはウィッカムに持参金を払い、リディアと結婚させます。こうしてすべての誤解が解けたのでした。ビングリーはジェーンにプロポーズ、そしてダーシーは結婚の承諾を得るため、エリザベスの父親であるベネット氏を訪れます。

映画情報

原　　作：ジェーン・オースティン
　　　　　Pride and Prejudice
製 作 費：2008万ドル　製 作 年：2005年
製 作 国：英国
製作会社：スタジオカナル他1社

公開情報

公 開 日：2005年9月16日（英国）
　　　　　2006年1月14日（日本）
上映時間：127分
MPAA（上映制限）：PG
オープニングウィークエンド：252万9,947ポンド（英国）

薦	○小学生　○中学生　○高校生　●大学生　●社会人	リスニング難易度		発売元：NBCユニバーサル・エンターテイメント

発売元：NBCユニバーサル・エンターテイメント
（平成29年2月現在、本体価格）
DVD価格：1,429円　ブルーレイ価格：1,886円

		スピード	4	
お薦めの理由	5人姉妹がどのように結婚相手を見つけていくか、ただそれだけの物語なのに、悲劇の恋愛物語『ロミオとジュリエット』に対峙する2大恋愛物語と評されます。それは人間性把握の揺るがない確かさでしょう。特にエリザベスの女性らしさを失わない聡明さが、男性の「高慢」も彼女自身の「偏見」も克服して、1つの理想的な結婚へと導くところにあります。現代女性の生き方に共鳴するものです。	明瞭さ	2	
		米国訛	1	
		米国外訛	1	
英語の特徴	英国人俳優が出演しているため、英国英語の発音です。ベネット氏のみカナダ生まれですので、英国的発音は弱いです。ダーシーやビングリーと彼の妹キャロライン、長女ジェーンは早口で話さないため聞きとりやすいですが、肝心のエリザベスがかなり早口で話す場面も多くあります。なお発音からはわかりませんが、英国英語では Mr や Mrs にはピリオドをつけません。	語　彙	3	
		専門語	1	
		ジョーク	1	
		スラング	1	
		文　法	2	

発展学習

　18世紀の英国では女性には財産の相続権がなく、自立できる仕事もほとんどないため、結婚しか選択肢がありませんでした。また階級制度も厳しいなど社会背景と共に、この映画から学べます。
【独身女性の運命】エリザベスの親友シャーロットが、コリンズと婚約したことを報告にきます。（Chapter 8, 55M）
Charlotte : I've come here to tell you the news. Mr Collins and I are engaged....　（コリンズと婚約したの
　　　　　　Oh, for heaven's sake, Lizzie, don't look at me like that....　そんな目をしないで
　　　　　　Not all of us can afford to be romantic.　私は他に仕様もない
　　　　　　I've been offered a comfortable home and protection.　居心地の良い住居と保護
　　　　　　There's a lot to be thankful for　感謝して余りあるわ
　　　　　　I'm 27 years old. I've no money and no prospects.　私は27よ　お金も展望もない
　　　　　　I'm already a burden to my parents.　すでに両親の重荷
【結婚！結婚！結婚！】5人も娘がいる母親は彼女たちを結婚させることしか頭の中にありません。そんな折、末娘のリディアが駆け落ちを…。駆け落ちが他の姉妹に与える影響は、今日とは比べ物になりません。（Chapter 12）
Elizabeth　　: It's the most dreadful news. (1H31)　　　　　　　　（恐ろしい知らせ
　　　　　　　Lydia has run away with Mr Wickham. ...　　　　　　リディアがウィッカムさんと駆け落ち
Mary　　　　 : And now she's ruined. (1H32)　　　　　　　　　（彼女は破滅よ）
Mrs Bennet : You are all ruined.　　　　　　　　　　　　　　　（あなたたちみんなよ
　　　　　　　Who will take you now with a fallen sister?　　　　もう誰とも結婚できない）
　　ところがリディアの居場所がわかり、ちゃんと結婚できたと分かるや否や (1H35)
Mrs Bennet : A daughter, married!　　　　　　　　　　　　　（娘が結婚！）
Elizabeth　　: Is that really all you think about?　　　　　　　（それしか考えないの？）
Mrs Bennet : When you have five daughters, Lizzies,　　　（5人も娘がいるのよ
　　　　　　　tell me what else will occupy your thoughts,　　当たり前じゃない
　　　　　　　and then perhaps you will understand.　　　　そのうち分かるわよ）
【Miss Elizabeth?】ファースト・ネームにMr や Missなどを普通はつけません。ただ身分が大変違う場合、下から上へ呼ぶ時に付けられることがありますが、この映画では家族同士以外すべて付けて呼んでいる稀な使われ方です。

映画の背景と見所

【題名】原作：ジェーン・オースティン（Jane Austen, 1775～1817）の長編小説 Pride and Prejudice（1813）は、『高慢と偏見』、『自負と偏見』、『自尊と偏見』などの日本語題があります。
映画：1940年と1995年に映画化された際の題名はいずれも『高慢と偏見』ですが、2004年の映画化では『花嫁と偏見』と題されています。『プライドと偏見』という題名は今回が初めてです。
【原作との相違点】ダーシーの最初のプロポーズの場面です。原作ではエリザベスが滞在していたコリンズ氏の邸宅を訪ねてプロポーズしていますが、映画では雨の降る戸外が舞台となっています。
【ノミネート】第78回アカデミー賞で、エリザベス役のキーラ・ナイトレイは主演女優賞にノミネートされました。また他に、美術賞、衣装デザイン賞、作曲賞でもノミネートされました。
【翻案作品】ヘレン・フィールディングの『ブリジット・ジョーンズの日記』も、ジェーン・オースティン著の『高慢と偏見』をベースにしています。
【高慢なセリフ】　キャサリン夫人に招かれての夕食の席。資産がありそうもないエリザベスに対して、キャサリン夫人の質問は短く聞き取りやすいとはいえ、裏に意味のある棘だらけ。見物です。（Chapter 8, 1H00-03）

スタッフ	監督：ジョー・ライト　　　脚本：デボラ・モガー 製作：T・ビーヴァン、E・フェルナー、P・ウェブスター 製作総指揮：ライザ・チェイシン、デブラ・ヘイワード 編集：ポール・トシル 衣装デザイン：ジャクリーヌ・デュラン	キャスト	エリザベス・ベネット：キーラ・ナイトレイ ダーシー　　　　　：マシュー・マクファディン ベネット氏　　　　：ドナルド・サザーランド ベネット夫人　　　：ブレンダ・ブレッシン キャサリン夫人　　：ジュディ・デンチ

| | プラダを着た悪魔 | The Devil Wears Prada | （執筆）宮津多美子 |

セリフ紹介

　仕事で失敗をしてしまい落ち込むアンディに追い打ちをかけるように、「悪魔」のような上司ミランダは次のような厳しい言葉を投げつけます。

Miranda : Do you know why I hired you? I always hire the same girl. Stylish, slender of course. Worships the magazine. But so often, they turn out to be... I don't know disappointing. And, um, …stupid. So, you, with that impressive résumé and the big speech about your so-called work ethic, I, um, I thought you would be different. I said to myself, "Go ahead. Take a chance. Hire the smart, fat girl." I had hope. My God, I live on it. Anyway, you ended up disappointing me more than, uh, more than any of the other silly girls.

Andy 　 : Um, I really did everything I could think of.

Miranda : That's all.

　ミランダは、この時初めて、いつもと違うタイプの女の子を雇うというリスクを冒したと打ち明けました。ミランダはアンディに自分の仕事への取組みの甘さに気づいてほしくて、わざと厳しい言葉をかけたと考えられます。もし本当にアンディに失望していればこれまでと同じようにただ彼女にクビを言い渡せばよかったはずです。しかし、ミランダはそうしませんでした。ミランダは、彼女が本当に聡明であれば、自分のなすべきことがわかるはずだと言いたかったのです。実際、この言葉をきっかけにアンディは仕事と真剣に向きあうようになります。

学習ポイント

　映画は、仕事に生きるミランダと鬼のような上司に必死について行こうとするアンディとの上司・部下の会話を中心に展開されます。時折、人生の教訓めいた言葉でアンディを導いてくれるナイジェル、ライバルでもあり戦友でもある先輩アシスタントのエミリー、そして、恋人のネイトとの会話で働くことの意味を考えさせられます。セリフの英語を味わいながら、ワークライフバランスについて考えてみましょう。

　ミランダのセリフで気づくのは命令文と疑問文です。相手に有無を言わせない表現はミランダの性格をよく表しています。命令文では get が多用されます。"Pick up my shoes from Blahnik and then go get Patricia."（ブラニクで靴を受けとってパトリシアを迎えに行って）"Get me that little table that I like at that store on Madison. Get us a reservation for dinner tonight at that place that got the good review…"（マディソン街で見つけて気に入ったあの小さなテーブルを買っておいて。記事で評判のよかったあの店に今夜ディナーの予約を入れて…）また、疑問文は命令もしくは相手に答えを求めない皮肉を言う時の表現として使われます。"Where is that piece of paper I had in my hand yesterday morning?"（昨日の朝、私が手に持っていた書類はどこ）"Is there some reason that my coffee isn't here? Has she died or something?"（私のコーヒーがないのには何か理由があるのかしら。彼女が死んじゃったとか）また、彼女の性格を象徴する "That's all." は「質問は受け付けないわ」「もう用はないから出ていって」「そのひどい恰好はなに」など文脈によってさまざまなニュアンスで使われています。

　ナイジェルのセリフでは、Youを主語とする「Youメッセージ」を使ってうまく相手を説得しようとする表現がでてきます。"You think this is just a magazine? Hm? This is not just a magazine."（君はこれをただの雑誌と思うか。ん？これはただの雑誌じゃない）"You have no idea how many legends have walked there halls, and what's worse, you don't care. Because this place, where so many people would die to work, you only design to work."（君はどれだけ多くの伝説的な人物がこの建物を歩いたか知らないし、さらに悪いことに関心すらない。なぜなら、多くの人が命を投げ出して働くこの場所で君はいやいや仕事をしているだけ）。自分は○○だと思う、仕事とは○○であると自分の考えを押し付けるのではなく、君はこう考えているが本当にそうかと問いかけることで相手が素直に忠告を受け入れられるようにとの配慮がうかがえます。苦労人のナイジェルだからこそ言える表現でしょう。

　子供の宿題まで手伝わせるミランダは日本人にとっては公私混同のとんでもないボスですが、逆に私生活を犠牲にしてしまうほどの仕事への執着ぶりはまさに欧米のトップビジネスマンの典型ともいえます。アメリカン・ドリームの国で本当の成功をつかむには能力だけでなく、タフな精神力が必要であることを思い知らされます。

あらすじ

　中西部の名門大学を卒業し、ジャーナリストを目指すアンドレア・サックス（Andrea Sachs）はニューヨークで就職活動をしていました。ある日、彼女は出版社から一流ファッション誌のカリスマ編集長ミランダ・プリーストリー（Miranda Priestly）の第2アシスタントの職を打診され面接に向かいます。面接でファッションへの興味がないことを見抜かれたアンディは不採用を確信しますが、「頭はいいです」という最後のPRにミランダは反応し、彼女は採用されました。「1年間ミランダのもとで仕事をすればどの出版社でも雇ってくれる」という言葉を励みに1年間は「悪魔」のような上司に仕えようと決心しますが、新卒で職務経験がないアンディは日々の仕事をうまくこなせず、恋人ネイトに不満ばかり漏らしていました。ある日、ミランダに「あなたには失望した」と言われたアンディは初めて仕事に真剣に向き合うようになります。この日を境に彼女はブランドファッションを着こなし、ミランダの要求にも完璧に答える有能なアシスタントへと生まれ変わります。クビになる危機も他人の助けを借りて乗り切りました。アンディは恋人や友人との人間関係を犠牲にしてまで仕事に打ち込むようになります。その後、ミランダから秋のパリ・ファッションウィークに同行してほしいと告げられます。先輩アシスタントのエミリーを裏切る形でパリ行きを承諾したものの、彼女は人を傷つけてまでキャリアを追求すべきかと思い悩み、ついにパリでその答えを見出します。

映画情報

原　　作：ローレン・ワイズバーガー
『プラダを着た悪魔』
製　作　費：3,500万ドル　　製　作　年：2006年
製　作　国：米国　　　　　　言　　　語：英語
配給会社：20世紀フォックス

公開情報

公　開　日：2006年 7月 2日（米国）
　　　　　　2002年11月18日（日本）
上映時間：110分
MPAA（上映制限）：PG-13
興業収入：1億2,000万ドル

薦	○小学生　●中学生　●高校生　●大学生　●社会人	リスニング難易度		発売元：20世紀フォックス ホーム エンターテイメント ジャパン （平成29年2月現在、本体価格） DVD価格：1,419円 ブルーレイ価格：2,381円

お薦めの理由	新卒からベテランまで社会人全てにお薦めしたい映画です。アンディとミランダの関係に新人の頃の見果てぬ野望や理想と現実のギャップ、あるいは新人や後輩を育てる側になった時のいらだちや迷いなど、社会人が感じるさまざまな感情が描き出されています。また、仕事と家庭の両立や職場の人間関係など、働いていれば一度は経験する困難と格闘するアンディの姿に、いつのまにか元気をもらえる作品です。	スピード　4 明瞭さ　4 米国訛　2 米国外訛　3	
英語の特徴	米国の最先端のファッション業界で働く人々の日常会話が学習できます。ファッション関連の専門用語や一部の登場人物による英国英語やフランス語訛りの英語などわかりにくい英語がみられるものの、速さ・語彙・文法・発音に関してほぼスタンダードな英語といえます。ミランダとアンディの掛け合いは、皮肉とユーモアが入り混じっていて楽しめるシーンです。	語　彙　2 専門語　2 ジョーク　2 スラング　3 文　法　3	

発展学習	発展学習として、発言に感情を込めるときに使用する進行形の文を味わってみましょう。まず説教をする父親と言い訳をする娘の会話を見てみましょう。 Andy ： So, do you wanna start grilling me now, or should we wait till after dinner? Father ： Mm, I thought I'd let you at least enjoy the breadbasket first. Andy ： No, no, no, that's okay. Go right ahead. Father ： We're just a little worried, honey. We get emails from you at your office at two a.m. Your pay is terrible. You don't get to write anything. Andy ： Hey, that's not fair. I wrote those emails. Father ： I'm just trying to understand why someone who got accepted to Stanford Law turns it down to be a journalist, and now you're not even doing that. Andy ： Dad, you have to trust me. Being Miranda's assistant opens a lot of doors. "grill" とは「尋問する、詰問する」という口語表現で "interrogate" の同意語、"breadbasket" とは食卓用の「パンかご」です。父親は娘に「スタンフォードの法科大学院に入学許可をもらいながら、ジャーナリストになるからとそれを断った理由を理解しようとしているのに今お前はその仕事さえしていない」と責め立てます。単に否定文を使うより、"I'm just trying to understand" と進行形を使った方が、今もなおその苦悩を抱えている様子が伝わってきます。 　また、職場での愚痴をこぼすアンディにナイジェルが檄を飛ばすシーンでも進行形が多用されます。 Nigel ： I can get another girl who'll take your job in five minutes. One who really wants it. Andy ： But I, no, I don't wanna quit. That's not fair. But I… You know, I'm just saying that… I would just like a little credit for the fact I'm killing myself trying. Nigel ： Ah, Andy, be serious. You are not trying. You are whining. What is it that you want me to say to you, huh? Do you want me to say, "Poor you, Miranda's picking on you. Poor you, poor Andy"? Huh? Wake up, "Six." She's just doing her job. "credit" は「（正当な）評価」、"kill oneself –ing" は「必死で〜している」という意味です。"Six" とはアンディの服のサイズで6号のことです。自分は仕事をこんなに頑張っているのに認めてもらえないとこぼすアンディに、ナイジェルは職場ではだれもが自分の仕事をやっているだけで、誰も慰めてくれないし、褒めてくれないと突き放します。
映画の背景と見所	著者自身は否定していますが、「悪魔」のような鬼編集長にはモデルがいます。アナ・ウィンター（Anna Wintour）です。英国生まれのアナは15歳の頃、ファッションに興味を持ち、イヴニング・スタンダード紙の編集者であった父親の紹介で当時最先端のブランドBibaで働き始めました。翌年、高校を中退し、ハロッズのトレーニングプログラムに入学しました。その後、編集アシスタントを経て、ニューヨークへ渡り、『ハーパーズ・バザー』のファッションエディターに起用されます。1988年、米国版『ヴォーグ』の編集長に抜擢され、その後、長きにわたりファッション業界に旋風をもたらしました。華々しい業績の影で彼女は「部下に対して日常的に不可能で気まぐれな要求をする完全主義者」として有名で、気まぐれな癇癪から「核兵器のウィンター（Nuclear Wintour）」とも呼ばれていました。完全主義者の英国人で（原作ではミランダは英国人）、子供が2人いることなど、ミランダとの類似点があることから、アナのアシスタントとして働いた経験をもつワイズバーガーが描いたのはおそらくこのカリスマ編集者であったと考えられます。映画ではアンディがミランダを擁護するセリフが印象的です。"But if Miranda were a man, no one would notice anything about her except how great she is at her job." 彼女が男性だったらこんな風にメディアにたたかれることはないというこの言葉は、アナの擁護者がアナについて述べていた言葉でもあります。

スタッフ	監　督　：デイビッド・フランケル 脚　本　：アライン・ブロッシュ・マッケンナ 製　作　：ウェンディ・フィネルマン 製作総指揮：カレン・ローゼンフェルト 　　　　　ジョー・カラッシオロJr.	キャスト	アンドレア・サックス　：アン・ハサウェイ ミランダ・プリーストリー：メリル・ストリープ エミリー　：エミリー・ブラント ナイジェル　：スタンリー・トゥッチ ネイト　：エイドリアン・グレニアー

ブリジット・ジョーンズの日記	Bridget Jones's Diary	（執筆）甲斐　清高

セリフ紹介

映画の中盤、ディナー・パーティーで既婚者達に囲まれて惨めな思いをした後、主人公ブリジットが1人で帰ろうとしているところに、以前から嫌味な男だと思っていた弁護士のマーク・ダーシーが話しかけてきます。自分が馬鹿なのはわかっている、と自己卑下して突っかかってくるブリジットに、マークは口ごもりながら言います。

Mark : I don't think you're an idiot at all. I mean, there are elements of the ridiculous about you. Your mother's pretty interesting. And you really are an appallingly bad public speaker. And you tend to let whatever's in your head come out of your mouth without much consideration of the consequences. I realized that when I met you at the Turkey Curry Buffet I was incredibly rude and wearing a reindeer jumper that my mother had given me the day before. But the thing is, what I'm trying to say, very inarticulately, is that, in fact, perhaps despite appearances, I like you, very much.

（君が馬鹿だなんて全然思わない。つまり、確かに普通ではない要素がある。母親はかなり面白い人だ。人前でのスピーチは本当にひどい。それから、後先をあまり考慮せずに、頭に思い浮かんだことをそのまま口に出す傾向がある。僕のほうは、ターキー・カレー・パーティーで君に出会ったとき、とんでもなく無礼だったし、恥ずかしいトナカイのセーターを着ていた。前の日に母親にもらったやつだ。でも、本当のところ、僕が言おうとしているのは、歯切れが悪くなってしまうけど、こういうことなんだ。つまり、そういう風には見えないかもしれないけど、君が好きだ。とても好きだ）

学習ポイント

『日記』というだけあって、ブリジットのボイスオーバーがたくさん使われています。ボイスオーバーにおけるブリジットの独白は、普通の会話のように崩れることが少なく、速さもほどほどで、表現も硬すぎず、聞きやすいと思います。ただ、コメディー効果を狙って、時にはかなり早口になったりもします。例えば、物語の最初のほうで、ブリジットの新年の決意が述べられているところでは、"Will find nice sensible boyfriend to go out with, and not continue to form romantic attachments to any of the following:"（きちんとしたボーイフレンドを見つけて付き合い、次のような男に恋愛感情を抱くのはやめる）と、丁寧に述べられていますが、これに続いて避けるべき男の種類を矢継ぎ早に挙げていきます——"alcoholics（アルコール中毒）, workaholics（仕事中毒）, commitment-phobics（人間関係恐怖症）, peeping toms（覗き魔）, megalomaniacs（誇大妄想狂）, emotional fuckwits（感情的になるバカ）, or perverts（変態）"。こういった箇所はスピードもかなり速く、なかなか完全に聞き取るのが難しいかもしれませんが、全体的には聞き取りやすいものがほとんどです。

出版業界で働くブリジットが司会を任された"launch"（出版記念パーティー）に備えて、友人たちにパーティーでうまく立ち回る秘訣を訊ねます。友人からもらう助言の1つ、"introduce people with thoughtful details"（気の利いた情報を付けて人を紹介する）というのは、様々なシチュエーションで実際に役立つかもしれません。この助言に従い、ブリジットはパーティーで出会ったマークと自分の上司のパーペチュアを前にし、まず想像上で、"This is Mark Darcy. Mark's a prematurely middle-aged prick with a cruel-raced ex-wife. Perpetua's a fat-ass old bag who spends her time bossing me around."（こちらはマーク・ダーシー。マークは早くも中年になった嫌味な男で、残酷な人種の奥さんと別れたの。パーペチュアはデブのおばさんで、年中わたしをこき使っている）と言った後、現実には、"This is Mark Darcy. Mark's a top barrister. Oh, he comes from Grafton Underwood. Perpetua is one of my work colleagues."（こちらはマーク・ダーシー。マークは一流の法廷弁護士。ああ、グラフトン・アンダーウッド出身。パーペチュアは会社の同僚よ）と当たり障りのない紹介に終わります。

一方、マークは、仕事上のパートナーのナターシャとブリジットをお互いに紹介する際、"This is Bridget Jones. Bridget, this is Natasha. Natasha is a top attorney and specializes in family law. Bridget works in publishing and used to play naked in my paddling pool."（こちらはブリジット・ジョーンズ。ブリジット、こちらはナターシャ。ナターシャは一流弁護士で家族法が専門だ。ブリジットは出版社で働いていて、昔はうちの子供用プールで、裸で遊んでた）と、もっとウィットに富んだ言葉を使います。

あらすじ

30代のブリジットは、ボーイフレンドもいなくて、新年には両親の家でのパーティーに参加。パーティーで、幼馴染である一流弁護士のマーク・ダーシーと出会います。無礼で趣味の悪いセーターを着ているマークに、ブリジットは不愉快な思いをします。このままでは将来が不安だ、ということで、ブリジットはもっと規律的な生活を送ろうと日記を付け始めます。

勤めている出版社では、ハンサムな上司ダニエル・クリーヴァーと関係を持つようになります。ボーイフレンドを持つという目標を叶えて喜ぶブリジットですが、すぐにダニエルの浮気が発覚。傷ついたブリジットは、気持ちを入れ替えて、出版社を辞め、テレビ局に就職します。新しい職場でも失敗を重ね、また友人とのパーティーでは既婚者たちの心無い言葉に落ち込んでいるときに、マーク・ダーシーから愛の告白をされます。

テレビ局でインタビューの仕事を任されたブリジットは、マークのおかげで大成功を収めます。私生活でもマークに料理を手伝ってもらったりします。うまくいきそうになったところで、再びダニエルの登場。かつてマークがダニエルに対して許されない裏切り行為をした、という誤解を持ったまま、ブリジットはマークと別れる羽目に。でも、クリスマスにその誤解も解け、ブリジットとマークは再び結ばれることになります。

映画情報

原　　作：ヘレン・フィールディング
　　　　『ブリジット・ジョーンズの日記』
製 作 費：2,500万ドル
製 作 年：2001年
製 作 国：英国、フランス、米国、アイルランド

公開情報

公 開 日：2001年4月13日（英国）
　　　　　2001年9月22日（日本）
上映時間：97分
興行収入：2億8,200万ドル
ノミネート：アカデミー主演女優賞

薦	○小学生　○中学生　○高校生　●大学生　●社会人	リスニング難易度	発売元：NBCユニバーサル・エンターテイメント （平成29年2月現在、本体価格） DVD価格：1,429円　ブルーレイ価格：1,886円

お薦めの理由	筋立てとしては、主人公の男女が障害を乗り越えて、最終的に結ばれるという典型的なロマンティック・コメディーです。ユーモアあふれるセリフを楽しみながら学習することができるでしょう。また、それほど多くはありませんが、出版社やテレビ局で働くブリジットや、弁護士をしているマークが、それぞれの業種独特の表現を使っているのも、英語学習という点で興味深いところです。	スピード	2
		明瞭さ	2
		米国訛	-
		米国外訛	1
英語の特徴	舞台は主にロンドンであり、全体を通して英国英語なのですが、ブリジットを演じるレネー・ゼルウィガーは米国人。英国人の喋り方を真似て、見事に英国女性を演じています。しかし、やはり慣れないアクセントということでしょうか、比較的ゆっくりと喋っています。ブリジットの周りの英国人俳優たちも癖のない英国発音であり、かなり聞き取りやすいのではないでしょうか。	語彙	3
		専門語	2
		ジョーク	4
		スラング	3
		文法	2

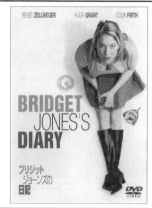

発展学習	本作は、ジェーン・オースティンの『高慢と偏見』をゆるくベースにしています。ウィットに富むヒロインが、横柄な男に対して非常に悪い印象を覚え、別の男からその人の悪口を聞かされて、ますます相手に偏見を抱く。ところが、その嫌な男から突然愛の告白をされ、その後、実は見かけとは裏腹に非常に良い人であることがわかり、最終的に2人は結ばれる。このような、まさにロマンティック・コメディーの王道といえるような『高慢と偏見』の物語を、この作品はなぞっています。『高慢と偏見』からの影響は、ストーリーラインに留まらず、ヒロインが結ばれる相手の名前も、同じ「ダーシー」です。劇中で、ブリジット自身による "It is a truth universally acknowledged that when one part of your life starts going okay, another falls spectacularly to pieces."（人生のある部分がうまく行きだすと、別の部分がボロボロになってしまう、というのは世間一般に認められている真理だ）という独白がありますが、これは、『高慢と偏見』の有名な冒頭の一文 "It is a truth universally acknowledged, that a single man in possession of a good fortune must be in want of a wife."（かなり財産のある独身男は必ず妻を必要としている、というのは世間一般に認められている真理だ）から取られています。 　『ブリジット・ジョーンズの日記』の原作小説の中では、1995年に英国で放映されたBBC製作のドラマ『高慢と偏見』に言及しています。ブリジットはこのドラマの大ファンで、特に、ドラマの中のダーシーにのぼせ上がっています。『高慢と偏見』は、英国でも常に多くの人に愛されている作品で、映画やテレビドラマなど数多くの映像化がありますが、BBCのテレビドラマは、その中でも最高傑作と言われています。原作にかなり忠実でありながら、ドラマとして観ていて飽きない脚本、さらには演じている俳優たち、中でも主人公の2人、エリザベス役のジェニファー・エールとダーシー役のコリン・ファースが素晴らしい、といった具合に、多くの英国人がこのドラマを夢中になって観たようです。『ブリジット・ジョーンズの日記』の原作者ヘレン・フィールディングも、ジェーン・オースティンが好きなだけでなく、『高慢と偏見』のドラマの大ファンだったようで、当然、多かれ少なかれ、小説版のマーク・ダーシーには、コリン・ファースのイメージが込められています。そして、映画版『ブリジット・ジョーンズ』のマーク・ダーシー役を演じるのは、他ならぬコリン・ファース、という少しややこしい状況になっています。 　『ブリジット・ジョーンズの日記』をさらに深く味わうには、『高慢と偏見』の原作を読んでみたり、BBCのドラマを観てみたりするのも良いかもしれません。また、本作品だけではなく、『高慢と偏見』に関連する小説や映画、テレビドラマがたくさんあります。例えば最近の興味深いものを挙げるとすれば、この作品にゾンビを登場させた Seth Grahame-Smith のパロディ小説 Pride and Prejudice and Zombies（2009）は、2016年に映画化されています。

映画の背景と見所	『ブリジット・ジョーンズの日記』は、ジャーナリストのヘレン・フィールディングが新聞に連載した、英国の働く女性に向けてのコラムが始まりです。日記という形で、ブリジットが、30代独身の働く女性の本音のようなものを綴っていく連載です。このコラムに物語の形を与え、小説に作り直したものが原作となっています。 　新聞コラム、小説ともに、社会現象と言えるほどの人気を博し、それが映画化の運びとなりました。監督は、フィールディングの友人シャロン・マグワイア。作中のブリジットの友人の1人、シャザーは、彼女がモデルだそうです。そして、脚本家として3人の名前が挙げられています。まず、作者のヘレン・フィールディング本人。そして、アンドリュー・デイヴィス。彼は特に古典小説を次々と見事に映像化して、テレビドラマを作り上げる才能が非常に高く評価されています。『ブリジット・ジョーンズの日記』と切っても切り離せない1995年BBC版『高慢と偏見』の脚本家でもあります。そして、もう1人、脚本家として名前を連ねているのが、リチャード・カーティスです。『フォー・ウェディング』や『ノッティングヒルの恋人』の脚本、『ラブ・アクチュアリー』の脚本と監督を務めており、彼もまたフィールディングの友人です。英国のテレビ・映画・新聞の業界の才人たちが集まって作ったこの作品には、1990年代、2000年代英国の知的ユーモアにあふれています。

スタッフ	監　　督　：シャロン・マグワイア 脚　　本　：ヘレン・フィールディング 　　　　　　アンドリュー・デイヴィス 　　　　　　リチャード・カーティス 製作総指揮：ヘレン・フィールディング	キャスト	ブリジット・ジョーンズ：レネー・ゼルウィガー マーク・ダーシー　　　：コリン・ファース ダニエル・クリーヴァー　：ヒュー・グラント ブリジットの父　　　　：ジム・ブロードベント ブリジットの母　　　　：ジェマ・ジョーンズ

映画・演技

エド・ウッド	Ed Wood	（執筆）菅原　裕子

セリフ紹介

　映画作りに悩むエドが偶然レストランで出会うのが若き日のオーソン・ウェルズです。一躍時代の寵児となったこの若き天才監督はエドの憧れの人でした。思い切って声をかけた彼は、しばし映画会社の横暴ぶりについて語り、ウェルズから励ましの言葉をもらいます。

　　Wells : Visions are worth fighting for. Why spend your life making someone else's dreams?
　　　　　（幻想とは闘う価値があるものだよ。なんで誰か他のやつの夢のためにきみの人生を費やすんだ？）
　　Ed 　 : We are gonna finish this picture just the way I want it... because you cannot compromise an artist's vision.
　　　　　（僕がやりたいようにこの作品を完成させよう。なぜなら芸術家のヴィジョンに妥協なんてないのだから）

　映画会社からの注文と、自分の目指すものとの狭間に悩んでいたエドはウェルズの言葉に力づけられ、自分らしくやっていく意思を宣言して再び撮影に戻ります。

　傍から見れば、安っぽいB級映画に過ぎないかもしれません。エドが追い求めていたものもまさにこの an artist's vision であったと言えるでしょう。visionには「視覚」「幻想」「未来像」など様々な意味がありますが、彼にとってそれは「夢」であり「幻想」であり「未来像」だったのではないでしょうか。後に「史上最低の映画監督」という不名誉な称号を受けることになりますが、彼の生き方は「最低」どころか「最高」のように思えます。彼の映画人生がこのセリフに集約されていると言ってもいいでしょう。

学習ポイント

　映画製作の現場が舞台になっているので、関連する用語や言い回しが実際にどんな場面でどのように使われているかを見て確認できます。したがって、英語圏で映画や演劇の製作に携わっている人（監督、製作、俳優など）、あるいはショービジネス界への進出に関心がある人は実用的な英語を学ぶことができます。もちろん、製作現場の舞台裏を垣間見て、映画製作にまつわる全体の雰囲気を楽しむこともできます。映画作りをこよなく愛する人たちのドラマですので、映画や芸術について考えるよい機会にもなるでしょう。

　撮影現場で使用される専門英語は大半がごくシンプルなものばかりです。撮影を止める場合は "Cut." や "Print."（カット、プリントに回そう）、"We're moving on."（次のシーンに移ろう）などが使われています。OKの意味の "Perfect."（上出来！）はエドの決まり文句のようです。撮影開始のかけ声である "Roll (the) camera!"（カメラを回せ）も聞き取れるのではないでしょうか。馴染みのある単語が多く使われていますが、実際の場面で英語がどのように発音され、どのようなアクセントで使われているか留意してください。

　その他、重要な言い回しを挙げておきます。
"re-cut"（再編集する）, "It'll open next week."（来週封切りだ）, "Actors in positions!"（俳優は位置について）
"blockbuster"（大作映画）, "sidekick"（脇役）, "double"（替え玉）, "crap"（B級映画）
　基本的な動詞makeとdoの使い方も確認しましょう。
"make another movie"（別の映画を作る）, "do a thriller"（スリラーをやる、作る）
　すでに日本語として定着している言葉がそのまま使われていることが多いのも特徴的です。
"line up"（列を作る、並ぶ、確保する、準備する）
"You must have dozens of them lined up! "（すでにたくさん準備してあるに違いない）
"cue"（撮影開始の合図を出す）＊「キューを出す」などすでに浸透している。
"Cue rainstorm."（雨を降らせろ）
"take"（テーク、撮影、一場面、一ショット）
"Don't you wanna do another take, Ed?"（次のテークを撮りたくないの？）
"shoot"（撮影する）あるいは shooting（名詞形）（"Before we start shooting..."）
　いずれも発音に注意が必要です。take は「テーク」ではなく「テイク」と発音されています。cue も shoot もカタカナの発音と微妙に異なり、冒頭の c と sh が強いです。

あらすじ

　「米国映画史上最低の映画監督」と呼ばれた、実在の映画監督エド・ウッドことエドワード・D・ウッド・ジュニア（1924〜1978）の自伝的作品です。時は1950年代ハリウッド。映画監督志望のエドは現場の使い走りをしながら、いつか憧れの映画監督オーソン・ウェルズのようになることを夢見ています。そんな折、往年のスター俳優ベラ・ルゴシと偶然知り合います。かつてドラキュラ映画で一世を風靡したルゴシはエドにとってのアイドルでしたが、今や誰からも忘れ去られた存在になり下がっていました。エドはルゴシを自作の企画にキャスティングし、見事、作品の売り込みに成功します。デビュー作は性転換をテーマにした風変わりな映画『グレンとグレンダ』。エド自身の女装趣味を活かして（？）自ら主演をも兼ねましたが、男性が女装するという服装倒錯者をドキュメンタリータッチで描いた作品は当時の社会では到底受け入れられず、苦難の末できあがった作品は酷評に終わります。薬物依存症に陥っていたルゴシと絆を深めながら、再び次作の資金繰りに奔走するエドとその周囲には、その後もさまざまな騒動が巻き起こります。それでも不屈の精神で、2作、3作と映画作りの夢をつなぐエド。彼の「黄金期」ともいえる50年代ハリウッド映画ビジネスの舞台裏を奇妙な、けれど明るいタッチで描きます。エドは存命中に映画監督として高く評価されることはありませんでしたが、没後カルト的な人気を博した秘密を本作から探ることができるかもしれません。

映画情報

製作費：1,800万ドル	
製作年：1994年	
製作国：米国	
ジャンル：自伝、コメディー、ドラマ	
言語：英語　カラー映画	

公開情報

公開日：1994年9月28日（米国）
　　　　1995年9月 2日（日本）
上映時間：124分
興行収入：588万7,457ドル
受賞：アカデミー助演男優賞、メイクアップ賞

薦	○小学生　○中学生　●高校生　○大学生　●社会人	リスニング難易度	発売元：ウォルト・ディズニー・ジャパン （平成29年2月現在、DVD発売なし） 中古販売店等で確認して下さい。

お薦めの理由	好きこそものの上手なれ。映画演劇に関心がある人、関連分野に従事している人、国際的なショービズ界で活躍したい人、ぜひ本作で映画作りの舞台裏をのぞいてみてください。生きた英語に触れることができます。「映画史上最低の映画監督」の物語ですが、溢れんばかりの映画への思いと、人間味たっぷりの映画人たちの姿は心をあたためてくれるでしょう。一筋縄ではいかない奇人をデップが巧みに演じます。	スピード	4
		明瞭さ	3
		米国訛	3
		米国外訛	3
英語の特徴	活気ある映画作りの現場が舞台のためきわめて口語的でセリフは多めです。スピードも速めですが、デップの英語はあまり省略されておらず比較的明瞭です。映画関連の専門用語はカタカナで馴染みのあるものが大半ですので、いくつかのスラングをのぞいて聞き取りやすいでしょう。女装趣味に関連した性的なスラングが少し見られます。東欧出身のルゴシ本人の訛りを、演ずるランドーは忠実に再現しています。	語彙	4
		専門語	5
		ジョーク	4
		スラング	3
		文法	3

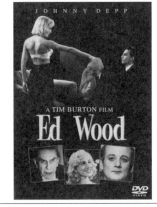

発展学習	ティム・バートン監督とジョニー・デップは本作を含め8本の作品（『シザーハンズ』『チャーリーとチョコレート工場』『アリス・イン・ワンダーランド』『ダーク・シャドウ』『スウィーニー・トッド』『ティム・バートンのコープスブライド』『スリーピー・ホロウ』）でコンビを組んでおり、深い信頼関係で結ばれています。デップの演じる役柄はバートン監督の「分身」ともとらえられ、単なる役者と監督の間柄ではなく、お互いがお互いを映し出す精神的な鏡であるとさえいえるでしょう。両者とも商業用映画で大成功を収めている人気者ですが、その仕事ぶりや映画に対する情熱はマニアックで、カルト的といっても過言ではありません。したがって、彼らがエド・ウッドという奇特な人物に光を当てたことは、映画界にとっても大きな意味を持っています。どこか屈折した複雑な持ち味の作品ですが、スクリーンから溢れる映画への熱い思いはより多くの映画ファンに伝わったことでしょう。 　これらの中には英文学と関連づけて鑑賞できる作品もあります。『チャーリーとチョコレート工場』は、英国の国民的作家ロアルド・ダールの児童文学が原作です。また、『アリス・イン・ワンダーランド』もルイス・キャロルの『不思議の国のアリス』『鏡の国のアリス』を下敷きにしています。英国の二大作家の原作を、映画鑑賞後、味わってみるのもよいでしょう。キャロル作品は幻想的で言葉遊びも多く、難解な面もありますが、日本語訳と照らし合わせて楽しむところから始めてもよいでしょう。ダールには英語学習者が気軽に手に取ることのできる作品があります。児童文学の他、短編集や自伝的小説、アンソロジーの著作が出版されていますが、特に *Someone Like You*（『あなたに似た人』ハヤカワ・ミステリ文庫）は人間の闇の部分を見事に描く優れた短編集で、日本でも高校や大学で教材として使用されることもあります。 　ジョニー・デップは米国ケンタッキー州出身ですが、役柄によって英国アクセントや、各種方言を巧みに操ることでも定評があります。『アリス・イン・ワンダーランド』では、感情が高まるとスコットランドアクセントが出るというこまやかな演技も見せています。近年の当たり役、海賊ジャック・スパロウを演じた人気シリーズ『パイレーツ・オブ・カリビアン』や、同じくロンドンを舞台にした『スウィーニー・トッド』ではロンドンの下町で話されるコックニーを話しています。また、『ピーターパン』の原作者ジェームス・マシュー・バリーの自伝的物語『ネバーランド』では、作家の出自であるスコットランドの英語を使い分けています。出演作の多い人気スターですので、いろいろな作品で話される英語の違いを雰囲気だけでも味わってみるのも一興です。『ショコラ』や『耳に残るは君の歌声』ではジプシーの青年を演じています。どちらもアーティストの役どころですが、言語同様、そこに描かれる歴史や文化的背景にも注目し、新たな学習につなげることをお薦めします。

映画の背景と見所	往年のドラキュラ俳優ルゴシの起用を条件に劇場映画進出に成功したエドですが、その際、製作会社から脚本をわずか三日で書き上げるよう命じられます。製作費も宣伝費も最低限に抑えられたいわゆるB級映画ではよくあることです。できあがった映画は「意味不明」と評判は散々でしたが、次回作への大きなステップとなります。B級映画というと軽視されがちですが、確かに美術などかなり貧弱な作りで見劣りがしますが、このような作品から名作が生まれたり、その後大作映画で成功する監督が出現することも珍しくありません。本作後半に出てくる『プラン・9・フロム・アウター・スペース』はエドの死後、一部でカルト的な人気を獲得し、再評価が高まりました。ティム・バートン監督自身、エド作品の大ファンだったのです。主人公エド・ウッドを演じるのは、名実ともに当代きってのナンバーワン、ジョニー・デップです。彼自身、映画ファンで有名な俳優であり、映画への情熱溢れる主人公はデップ自身とも重なります。そしてそれは、デップと何度もタッグを組みユニークな作品を世に送り出しているバートンの姿でもあります。監督エド・ウッドと、実在の俳優ベラ・ルゴシを本作で「復活」させたのも、バートン監督の映画への愛情に他なりません。ルゴシを演じたマーティン・ランドーの名演（アカデミー助演男優賞受賞）も忘れ難いものです。マニアックでちょっと奇妙な人々が織りなすドラマに、人間に対する愛おしさのようなものを感じずにはいられません。

スタッフ	監督：ティム・バートン 脚本：スコット・アレクサンダー、ラリー・カラゼウスキー 製作：デニーズ・ディ・ノヴィ、ティム・バートン 撮影：ステファン・チャプスキー 音楽：ハワード・ショア	キャスト	エド・ウッド　：ジョニー・デップ ベラ・ルゴシ　：マーティン・ランドー ドロレス　　　：サラ・ジェシカ・パーカー キャシー　　　：パトリシア・アークエット クリズウェル　：ジェフリー・ジョーンズ

		グレース・オブ・モナコ	Grace of Monaco	（執筆）杉浦恵美子

セリフ紹介

　映画は、1956年のロサンゼルスでグレース・ケリーが女優としての最後の撮影が終了したシーンから始まります。その後白黒のフィルム映像で、結婚式のためモナコへ出発するグレースとその家族が乗船する様子を伝えています。

Announcer ： With their storybook romance nearing its happy ending, Miss Kelly boarded the liner Constitution with the rest of the Kelly family, including her father Jack, who built a construction business that made him a millionaire and an embodiment of the American dream.

続けてモナコに到着した船の映像が流れ、グレースを乗せた車列がモナコ大公宮殿へと向かう様子を伝えています。

Announcer ： Hollywood royalty joins Monegasque royalty, the century's biggest wedding in the world's smallest state. Best wishes and presents have arrived from all over the world, from kings and queens, presidents and prime ministers, movie magnates and millionaires.

　この映像シーンは当時の実際の映像で、いかにグレース・ケリーとモナコのプリンスとの結婚が世界で注目されていたかが窺えます。グレースは、1950年代の米国を代表する、気品に満ちた風貌で「クール・ビューティ」と賛美され今なお語り継がれる伝説の女優です。カンヌ国際映画祭で知り合ったモナコ大公レーニエ3世との結婚の為、人気絶頂の中26歳の若さで女優を引退し、その後女優として復帰することはありませんでした。1956年1月5日に婚約を発表し、同年4月18日にモナコ大公宮殿で法的な結婚式を、翌19日にモナコ大聖堂でカトリック式の挙式が行われ、その様子は世界中で紙面や映像で注目を浴びました。

学習ポイント

　世界中の著名人や政治家たちを招いた国際赤十字舞踏会の場で、主催者でありモナコ赤十字の代表であるグレースは檀上でスピーチをします。その中から特に印象的なセリフを取り上げ紹介します。グレースは、まず列席者たちに集まってくれたことへの感謝の気持ちを述べます。

　その後、なぜハリウッドを去ったのか、赤十字を支援するのかを語り始めます。そしてスピーチの最後を、次のように締めくくります。

Grace ： And... I believe that it's love that has brought us here tonight.
　　　　： And it's love... It's love that will make us put away our guns and our politics and our fears and our prejudices, and it's love that will eventually make everything right.
　　　　： And that is why tonight I am going to celebrate it, and I am going to be willing to defend it.
　　　　： And I hope that you will all do the same in your own way... out there in your own lives.

上記を日本語に訳すと、以下のような意味になります。

グレース ： 今宵、我々がここにいるのは愛の力によるものだと信じています。
　　　　： そして、愛…、愛があるからこそ我々から武器、政略、恐怖、そして偏見をなくせるのです。
　　　　　愛（の力）がやがてすべてを正すのです（正しい道へと導くのです）。
　　　　： それ故、私は今宵愛を賞賛したいのです。私は愛を守り抜く（正しいと主張する）つもりです。
　　　　： 皆さんもご自身なりのやり方で…ご自身の暮らす場で同じようにして下さることを望みます。

　セリフ中の "put away" は「（物を）片づける、放棄する、見捨てる」、"politics" は「政治、策略、政略、駆け引き、政争」、"prejudice" は「偏見、先入観」、"celebrate" は「祝う、（公に）褒め称える、賞賛する」、"defend" は「守る、（言論などで）正しいと主張する」の意味です。これらは是非学び覚えておきたい語句です。グレースのスピーチは、この映画のクライマックスのシーンで必見です。

　また、映画の中にはグレースがフランス語の発音練習、習得に励む場面がでてきます。彼女が奮闘するこのシーンは、我々が英語を学ぶ際の励みとなります。フランス語に馴染みのある人は、作品中にはフランス語での会話が登場するので、日本語訳と比べてみてください。フランス語学習に役立ち助けとなるでしょう。

　その他、セリフに関しては、この映画には完全セリフ集（「発展学習」項目で紹介）が出版されており、巻末に作品中から覚えておきたいセリフベストが10個紹介されています。こちらも是非参考にしてみてください。

あらすじ

　グレース・ケリーは、1929年に米国ペンシルベニア州のフィラデルフィアで煉瓦職人の娘として生まれ、その後マリリン・モンローとともに著名なハリウッドを代表する女優として活躍していました。女優としての絶頂期にモナコ公国のレーニエ3世と恋に落ち、1956年に結婚を機に祖国を離れます。映画はここからスタートします。世紀の結婚から6年後の1962年、グレース・ケリーは2人の子供に恵まれたものの言葉の壁や宮殿でのしきたりに馴染めない生活を送っていました。そんな時、旧友のヒッチコック監督から新作『マーニー』の主役を打診されます。宮殿で孤立していたグレースは、女優復帰に心を揺さぶられ悩みます。ところが、何者かによりその情報がマスコミに漏洩すると、グレースはモナコから逃げ出そうしていると批判され、世間の不評を買います。その一方、夫レーニエは、国家的な危機に直面します。当時のフランス大統領シャルル・ド・ゴールは、軍事費用が必要となり無税のモナコに対し過酷な課税を強要し、承諾せねばフランス領とすると声明を出します。軍を持たない小国のモナコは、攻め込まれれば一瞬で占領されてしまいます。グレースは、国家存亡の危機に陥った国を救うため自分にしかできない秘策を打ち出します。舞踏会を開催し、ド・ゴールを含む指導者や要人らを招待します。公妃としてその場で一世一代の大芝居、運命をかけたスピーチを行い、愛と平和を訴える気持ちを伝えます。その結果は果たしていかに…。

映画情報

製 作 費：3,000万ユーロ
製 作 年：2014年
製 作 国：フランス、スイス、ベルギー、イタリア
配給会社：ギャガ（日本）
ジャンル：ドラマ　　　　言語：英語、フランス語

公開情報

公 開 日：2014年　5月14日（フランス）
　　　　　2015年　5月25日（米国）
　　　　　2014年10月18日（日本）
上映時間：103分
興行収入：2,657万6,000ドル

薦	○小学生　○中学生　●高校生　●大学生　●社会人	リスニング難易度		発売元：ギャガ （平成29年2月現在、本体価格） DVD価格：3,800円　ブルーレイ価格4,800円
お薦めの理由	アカデミー主演女優賞をはじめ数々の賞を受賞しながら26歳で引退しモナコ公妃となったグレース・ケリーのことを知るには、最適な映画です。作品は実話を元にしたフィクションで伝記映画ではありませんが、将来女優を目指すような人には、是非知って欲しい大女優の1人です。また、モナコ公国という国に興味・関心のある人にもお薦めです。この国の歴史の一端を知るよい契機となる作品です。	スピード	3	
		明瞭さ	4	
		米国訛	2	
		米国外訛	4	
		語　彙	3	
英語の特徴	全体的に会話のスピードは、標準的です。ストーリーは、王室での出来事が中心に展開されていることから、丁寧な英語が用いられています。主人公のグレース役を演じているニコール・キッドマンの英語は、聞き取り易くわかりやすいですが、作品中に政治や外交上の出来事や事柄が含まれていることから、語彙的には英語のレベルが上級者以外には少々難解かもしれません。	専門語	3	
		ジョーク	1	
		スラング	1	
		文　法	3	

発展学習	発展学習として、まず初めにこの作品を用いた英語の学習方法の一例として、リスニングとリーディング教材としての活用法を挙げておきます。この映画のDVDには、字幕は日本語と吹き替え用のみで英語はついていません。その為、リスニングが不得手な人にはセリフの確認ができず、また政治や外交上の話し合いの場面も含まれていることから、内容的にも難しさを感じるかもしれません。この映画に関しては、全セリフに日本語訳がついた本が出版されているので、参考にするとよいでしょう（久米和代監修『グレース・オブ・モナコ　公妃の切り札』[名作映画完全セリフ集 スクリーンプレイ・シリーズNo.174、2015]）。自主学習に役立ちます。この対訳本の活用方法はいろいろありますが、まずはリスニング教材として用いてみてください。学習の手順としては、映画を英語音声、日本語字幕で視聴し、ストーリーを理解した上で日本語訳を一読し、その後英語のセリフ部分を読んでください。難解な語彙やフレーズがあっても解説がついているので、参考にして読めば辞書を引かなくとも大方理解できます。そして、最後にまた映画を視聴します。これを何度も繰り返して行えば、リスニング力は向上します。ある程度聴き取れるようになったら、英語の音声のみで視聴してみてください。もし、フランス語に興味のある人や学習者なら、この作品を通じてフランス語もわずかながら学ぶことができます。セリフの中には、量的には多くないもののフランス語での会話が含まれているので、英語とともにフランス語にも触れることができます。 　また、この映画からは、英語学習に留まらず映画の時代背景となる1960年代前半当時のモナコとフランスとの関係や当時の公室でのしきたりや慣習、外交儀礼などの一部を学ぶことができます。完全セリフ集の語彙の解説部分に説明がところどころ記されてはいますが、特に巻頭部分の映画についての説明とフランスとの政治・外交・経済面でのかかわりについて解説されている頁は、大変参考になります。映画の内容と、舞台となった1962年当時の両国間の関係がより深く理解できます。グレースの生涯に迫ったドキュメンタリー（DVD）も製作されているので、こちらも視聴すれば本当のグレース・ケリーの姿や半生がわかり、映画をさらに楽しめるでしょう（『グレース・ケリー公妃の生涯』監督：ジーン・フェルドマン [1987]）。 　最後に、余裕があればこの映画の主人公グレース・ケリーの出演した映画作品を是非一作でも視聴してみてください。彼女は、映画にも登場するヒッチコック監督の大のお気に入りの女優で、彼の作品中『ダイヤルMを廻せ!』（*Dial M for Murder*, 1954）、『裏窓』（*Rear Window*, 1954）、『泥棒成金』（*To Catch a Thief*, 1955）ではヒロインを演じました。彼女に関する書籍も多数出版されており、この映画に関してはアラッシュ・アメル [脚本] 小島由紀子 [編著]『グレース・オブ・モナコ　公妃の切り札』竹書房（2014）という映画ノベライズがあります。

映画の背景と見所	グレース・ケリー（1929〜1982）は、実在した米国を代表する女優です。同時代に活躍した妖艶さを前面に出したマリリン・モンローとは対照的に、上品で気品ある風貌から「クール・ビューティ」と賛美されました。人気絶頂の中26歳の時、モナコ公国のプリンス、レーニエ3世との結婚を機に女優業を引退しました。1954年4月、結婚式が執り行われ全世界の注目を浴び、ハリウッド女優から公妃への華麗なる転身は、20世紀のおとぎ話として今なお語り継がれています。 　この映画は、モナコの公妃となったグレース・ケリーの結婚6年後が舞台となっています。存亡の危機に立たされたモナコを救おうとする彼女の姿が描かれています。フィクションで完全な伝記映画ではないものの、作品中には、歴史上の著名な人物が登場しています。ハリウッドの映画監督アルフレッド・ヒッチコック、ギリシャの大富豪で海運王と呼ばれのちにケネディ大統領の未亡人ジャクリーン・ケネディと再婚したアリストテレス・オナシス、そして20世紀最高のソプラノ歌手と言われ、オナシスの愛人だったマリア・カラスなどです。 　グレース・ケリーは、1982年の9月14日、自ら車を運転中に急カーブの坂道でガードレールに激突して崖から転落し、翌日意識が回復せぬまま亡くなりました。52歳でおとぎ話のような波乱万丈の人生に幕を下ろしました。

スタッフ	監　督：オリヴィエ・ダアン 脚　本：アラッシュ・アメル（英語版） 製　作：ピエランジュ・ル・ポギャム（フランス版） 　　　　ウダイ・チョプラ（英語版） 　　　　アラッシュ・アメル	キャスト	グレース・ケリー　　　　：ニコール・キッドマン レーニエ3世　　　　　　：ティム・ロス タッカー神父　　　　　　：フランク・ランジェラ マリア・カラス　　　　　：パス・ベガ マッジ・ティヴィ＝フォンコン：パーカー・ポージー

サンセット大通り	**Sunset Boulevard**

（執筆）菅原 裕子

セリフ紹介

　迷い込んだ古い邸宅で、主人公ジョー・ギリスはかつてサイレント映画の大スターだったノーマ・デズモンドと出会います。最初はまったく気づきませんでしたが、しばらく言葉を交わした後、ふと思い出します。

Joe ： Norma Desmond? You used to be in silent pictures. You used to be big.
　　　（ノーマ・デズモンド？　サイレント映画に出ていた。大女優だった）
Norma ： I am big. It's the pictures that got small. （今もそうよ。映画よ、小さくなったのは）
Joe ： Ah huh. I knew there was something wrong with them.
　　　（なるほど。映画はどうもおかしなことになっているね）
Norma ： They are dead, they're finished. （もう死に体よ。終わったわ）

　ジョーは臆する様子もなく、ノーマが大女優であったことを You used to be... という言い回しを使って表現しています。used to be... は現在とは異なる、過去の習慣、過去の状態を表す表現です。本人に向かってすけすけと失礼な言い方をしたわけですが、ノーマの切り返しは見事なもので、自分は今も big だとすかさず現在形で答え、It is ... that .... の強調構文で現在の状況を皮肉っています。that 以下が…である、というこの構文は日常会話にも頻出します。

　"There once was a time in this business when I had the eyes of the whole world! But that wasn't good enough for them, oh no! They had to have the ears of the whole world too. So they opened their big mouths and out came talk. Talk! Talk!" サイレント映画の中で全盛を誇ったノーマが語るセリフには、時代の栄枯盛衰の重みが含まれています。

学習ポイント

　ハリウッドの売れない脚本家の青年と、往年の大女優の奇妙な関係のもとで物語が展開するため、映画業界に関わる語彙が豊富です。映画会社に脚本を売り込んだり、すでに出した作品の批評を受けたり、今後の方向性についてアドバイスを受ける場面などでは、業界の実際の現場で交わされる会話に触れることができます。単純な言い回しですが、実際に使うとなると難しいものも含まれているのでぜひ確認してみてください。聞きなれた単語も多いのではないでしょうか。

　脚本、台本に関連する単語がいくつか出てきます。

1)　"I had an original story kicking around Paramount." （パラマウントに売り込みたいオリジナル脚本があった）
　kick around はぶらぶらしている、議論する、試してみる、など複数の意味のある熟語ですが、ここでは映画会社に対してあれこれ提案している物語があったという意です。

2)　"There's a forty-page outline. I've covered it with a two-page synopsis.... I haven't time to listen to the whole plot."
　outline （大筋）、synopsis （あらすじ）、plot （プロット）の意。

3)　"They rewrote the whole picture for rain and shot half of it.... Now suppose you proofread page ten."
　rewrote （書き直した）、proofread （校正する）の意。撮影が始まっても書き直しや確認作業はつきものです。

　ジョー・ギリスの提出した梗概について校正係のベティーが批評を与える場面では、"I found it flat and trite." （単調で平凡だったわ）"...I just think pictures should say a little something." （映画ってなにか訴えるものがあるべきだと思うの）といった調子で、歯に衣着せぬ手厳しい言葉が交わされます。ジョーも負けてはおらず、Just a story won't do. You have turned down Gone with the Wind. （ただ物語があるだけじゃだめなんだな。君が『風と共に去りぬ』を却下したのか）と応戦します。後日別のパーティーで出会った彼女は、あの時は言い過ぎたと謝り、彼の他の作品も読んでみたと話しかけます。"How did you like it?" （どうだった？）と尋ねるジョーに、ベティーは"It's true, moving. （真実味があって感動した）と答えます。特にベティーの、感想を述べる際に使われる形容詞はさまざまな状況で応用可能なのでそのまま覚えてしまうとよいでしょう。

　以下は（手直しをする）の意です。

　"I'm supposed to fix up your script.... I thought if I really got going I could finish it up in a couple of weeks."
　動詞fix、finishの後にupが組み合わされることで「完全に」仕上げるというニュアンスが加わり、より自然な表現になります。

あらすじ

　ロサンゼルス郊外の邸宅でプールに浮かぶ若い男の死体が発見されるところから映画は始まります。男の名はジョー・ギリス。ハリウッドの売れない脚本家でした。屋敷の持ち主は往年の大スター、ノーマ・デズモンド。2人の間に何があったのでしょうか。映画は半年前にさかのぼり、ジョー自身の回想で、ノーマとの偶然の出会いから全てが語られます。

　脚本家とはいってもB級映画を何作か手がけただけのジョーは、華やかなハリウッドに身を置きながらも借金とりに追われるすさんだ生活を送っていました。そこに偶然降りかかった、過去の大物女優との出会い。従順な召使マックスと寂れた大邸宅に住まう彼女は銀幕へのカムバックを夢見て自ら脚本を執筆中で、その手直しを手伝ってほしいと持ちかけます。ジョーは野心を燃やしながらも自らの才能を疑うスランプに陥っており、なし崩し的にゴーストライターとして、共に生活を送るようになるのでした。

　過去の栄光にとりつかれたノーマの妄想と、ジョーへの執着はますます肥大化していきます。しかしもちろん、ジョーにとっては空虚な関係でしかありません。ジョーは創作活動を再開しますが、共に作業する脚本家仲間ベティーへの嫉妬に狂ったノーマは、彼をさらに束縛しようとします。そしてさらなる悲劇が待ち構えていたのでした。

映画情報		公開情報	
製 作 費	：175万2,000ドル	公 開 日	：1950年 8月10日 （米国）
製 作 年	：1950年		1951年10月 5日 （日本）
製 作 国	：米国	上映時間	：110分
言　 語	：英語	興行収入	：500万ドル
ジャンル	：人間ドラマ	受　 賞	：アカデミー脚本賞、美術監督賞他1部門

薦	○小学生　○中学生　○高校生　○大学生　●社会人	リスニング難易度		発売元：NBCユニバーサル・エンターテイメント

発売元：NBCユニバーサル・エンターテイメント
（平成29年2月現在、本体価格）
DVD価格：1,429円　ブルーレイ価格2,381円

お薦めの理由	一世を風靡した無声映画の大女優と、ハリウッドで半ば夢破れた脚本家の青年との愛憎を描く人間ドラマです。過去の栄光にすがりつく女優の姿は醜いかもしれませんが、年老いたその狂気の様を映画は決して好奇のまなざしで見つめるのではなく、銀幕の歴史を形作った一個人の像を鮮やかに炙り出します。スキャンダラスな内容だけに裏話も豊富で、とりわけ映画ファンは二重にも三重にも楽しめるでしょう。	スピード	2
		明瞭さ	2
		米国訛	3
		米国外訛	1
英語の特徴	登場人物が多く会話も多様ですが、全体的にスピードは平均的で、発音なども明瞭です。特に変わった外国訛りなどもあまり見られません。ノーマの英語は彼女が常に芝居がかっていることもあって特徴的ですが、英語そのものはわかりやすいものです。また、脚本家という設定にふさわしい、ジョーの比喩的表現にも注目してください。映画の世界へと誘う謎めいた冒頭のナレーションも有名です。	語　彙	3
		専門語	2
		ジョーク	1
		スラング	2
		文　法	2

発展学習

「セリフ紹介」にも挙げたように、サイレント映画からトーキーへと移行した時代背景に注目すると、セリフのやりとりがさらに生き生きしたものに聞こえてくるでしょう。輝かしい過去の栄光にすがり、ある種の妄想にとりつかれたノーマ・デズモンドの一挙手一投足が芝居がかっていることは明らかですが、かつての大スターとしてのプライドに根付いた彼女の発言は興味深く、当時の映画界の活気を彷彿（ほうふつ）とさせるものです。また、ジョーとのやりとりのテンポも実に堂々としていて感嘆に値します。

ノーマの脚本にジョーは助言しますが、無声映画の女王は dialogue よりも eyes で見せることに執着します。

Joe　　：.......What it needs is a ...maybe a little more dialogue.
Norma：What for? I can say anything I want with my eyes.
Joe　　：Well, it certainly could use a pair of shears and a blue pencil.
　　　　　（"a blue pencil" は青鉛筆で校正する、削除する、訂正する、編集するの意）
Joe　　：...But it ought to be organized. Just an editing job.
Norma：Still wonderful, isn't it? And no dialogue. We didn't need dialogue. We had faces. There just aren't any faces like that anymore. Well, maybe one ...Garbo.

「dialogue がなくても faces があった。もうそのようなものはどこにもない。そうね——ガルボ以外は。（1930年代に［神聖ガルボ帝国］を築いたと言われる女優グレタ・ガルボの意）」

このセリフの重みは当時の映画界の状況を如実に表し、現況を風刺するものでもあります。

映画後半に登場する大監督セシル・B・デミルは本人が演じています。"We're ready with the shot, Mr. DeMille." という有名なセリフで始まる撮影シーンでは、監督がカメラやライティングの指示をどのように表現しているか注目してください。"Can you hit that with a light somebody, so I can get a look at that scape. ... Hit 'em all."

ここでは、hit という動詞がライトを当てる、照らすという意味で使われています。

やがてジョーと恋に落ちる脚本家仲間ベティーは、祖母の代からハリウッドで仕事をしている家族出身という設定です。彼女が出自を話すくだりは本作の中でも（屋敷の暗い場面とは対照的に）自然で、ほっとする場面です。

"I come from a picture family.... Then the studio made a test. What's wrong with being the other side of the cameras? It's really more fun."

一時女優を目指していた彼女のセリフは、人間にとってなにが大切かという根本的な問いかけかもしれません。

映画の背景と見所

映画史上に燦然と輝く本作は、重厚な人間ドラマとして優れていることは言うまでもありませんが、映画業界の実情を生々しく描いた点においてもたいへん話題性に富むものです。スクリーンの中の大女優ノーマは1910年代に人気を博した後30年代前半に引退し、カムバックを熱望するという設定ですが、演じるグロリア・スワンソンも作品公開時、ちょうど50歳。サイレント時代にデビューし、セシル・B・デミル監督に見出され20年代に大スターの地位を確立、アカデミー主演女優賞を2回受賞した後、30年代半ばに引退し、いわば伝説の大女優として業界から身を引いていました。まさに本作のノーマ・デズモンドを地で行く半生を送っていたのです。複雑な役柄の為、主演女優のキャスティングはかなり難航したという興味深い裏話もありますが、彼女自身を投影したともいえるこのあたり役での演技は再びスワンソンに3度目のアカデミー賞をもたらし、同時に本作の評価を確固たるものにしました。

ジョーを演じたウィリアム・ホールデンはこの1作で演技派として一躍スターダムに駆け上がりました。また、ラストシーン、狂気と哀切をまとったノーマを撮影する巨匠セシル・B・デミルを本人が演じているのも見逃せません。1980年に出版されたグロリア・スワンソン自身による自伝 Swanson on Swanson は数多いスターの自伝とは一線を画す優れた読み物として高く評価されています。併読すると（翻訳書あり）本作をより一層楽しめるでしょう。

スタッフ	監　　督：ビリー・ワイルダー 脚　　本：チャールズ・ブラケット、ビリー・ワイルダー 　　　　　D・M・マーシュマン・Jr 製　　作：チャールズ・ブラケット 音　　楽：フランツ・ワックスマン	**キャスト**	ノーマ・デズモンド：グロリア・スワンソン ジョー・ギリス　　：ウィリアム・ホールデン マックス　　　　　：エリッヒ・フォン・シュトロハイム ベティー　　　　　：ナンシー・オルソン アーティ・グリーン：ジャック・ウェッブ

トロピック・サンダー 史上最低の作戦	Tropic Thunder	（執筆）山本恵里子

セリフ紹介

　ベトナム戦争からの帰還兵が書いた実話本を映画化するため、莫大な資金をつぎ込んでベトナム奥地での撮影が始まります。大物俳優を何人も起用したため、もめ事が絶えません。映画賞受賞経験もあるオーストラリア人俳優カーク・ラザラス（ロバート・ダウニーJr.）は、アフリカ系アメリカ人兵士「リンカーン・オサイラス」の役を完璧に演ずるため皮膚の整形手術まで受け、撮影以外でも黒人になりきっています。アフリカ系アメリカ人俳優、アルパ・チーノ（ブランドン・ジャクソン）はカークが気に入らず、「お前は演じているだけで本物ではない」と批判します。

　次はジャングル横断中の一団が野宿する羽目になった際のカークとアルパの会話です。カークは南部で料理人をしていたから何か食事を作ってやろうと、南部訛りの英語で皆に言います。

Kark : All right, fellas, we're gonna make camp. Rest up! （中略）Y'all might be in for a treat. You know, back before the war broked out, I was a saucier in San Antone. Yeah, noodles and some crawfish out the paddy, yo. Ha! And maybe some crab apples for dessert, now, you hear? Hell, yeah! Ha!

Alpa : Hell, yeah, ha? That's how we all talk? We all talk like this, suh? Yes, suh! Ha. Yeah, uh-huh. Get some crawfish and some ribs, suh. Ha! You are Australian! Be Australian! Excuse me, Kangaroo Jack.

　カークに「オーストラリア人らしくしろ！」と言ったアルパは、カンガルーのように飛び跳ねていきます。

　ダウニー自身はアメリカ白人なので、彼の「アメリカ黒人を演じるオーストラリア白人」の演技が見ものです。彼はオスカーの助演男優賞に、ジャクソンはブラック・リール賞の助演男優賞に、それぞれノミネートされました。

学習ポイント

　この映画は、映画業界（movie industry）を風刺した自虐的アクション・コメディーで、特に撮影現場の様子が中心に描かれます。映画プロデューサーやクルー、俳優たち、エージェントの特異な性格や行動、熱意や下品さが風刺されます。それを理解し過激なギャグを笑えるかどうかで、個人的感想に大きな差がでてくる作品といえます。

　映画の中では「映画撮影（虚構）」と「映画撮影と思っているのに実は現実」の2つが交錯するという設定ですが、「現実」のはずのシーンに不自然なものを混ぜてギャグ化している部分もあるようです。注意して見ましょう。

　映画の中で、*Tropic Thunder* という映画を製作するという設定です。その始まりは次のように説明されます。

"In the winter of 1969 an elite force of the U.S. army was sent on a top secret assignment in South East Vietnam. The objective: rescue Sgt. Four Leaf Tayback from a heavily guarded NVA（North Vietnam）Prison Camp. （中略）This is the story of the men who attempted to make that movie."

　原作の著者ジョン・フォーリーフ・テイバック（ニック・ノルティ）はロケ現場にきて存在感を示します。ロケ5日目にして撮影はトラブル続きとなり、俳優を実際のジャングルに送り込んで撮影することになります。そこに本物のゲリラ部隊（麻薬組織）が出現し、タグ（ベン・スティラー）を捕虜にしたため、カークたちが力を合わせて彼を救出することに。どこまでが撮影か現実かわからなくなっていきます。映画の虚構性を虚構のなかに描くことで、どう笑いのネタにしているかが注目点です。スティラー自身はコメディアン出身の俳優・監督で風刺力に富んでいます。

　もう1つ注目すべきポイントは、映画の役にのめり込んだ俳優が、現実との境目が見分けられなくなる現象です。オーストラリア白人のカークがアメリカ黒人になり切ってしまうのに対し、タグはベトナム人の捕虜になっている間に、「シンプル・ジャック」という知的障がいと吃音のある少年の役に浸り込みます。昔、彼が主演し駄作と酷評された『シンプル・ジャック』の映画はベトナム兵の間では大人気だったのです。（現実社会で、シンプル・ジャックの描写が不適切だとしてベン・スティラーは障がい者団体から告発されます）。救出に来たカークに「お前はタグだ」といわれても "Tugg who? I don't know. Who are you?" と答える始末です。カークも黒人のふりをしている自分が誰かわからなくなります。2人が現実に目覚める過程も興味深いです。

　プロデューサー、出資者、俳優のエージェントたちがどんな言動をとるかにも注目しましょう。撮影現場にいない出資者レス・グロスマン（トム・クルーズ）は優柔不断な監督に "Take control of your actors, or I will shut you down." と罵声を浴びせ、映画を完成させるよう命令します。表と裏、建前と本音が交錯する場面でのやり取りを通し、映画業界のタフな世界が描かれます。タグのエージェントが彼の運命を左右するところも見ものです。

あらすじ

　ベトナム戦争での捕虜救出作戦成功の実話に基づいた大作映画『トロピック・サンダー』を製作するため、大物俳優を揃えて東南アジアでロケが始まります。しかし大スターたちは自己主張が強く衝突ばかり。タグはかつて世界一儲かっている俳優といわれたのに、人気が陰り新たな役で苦闘中。ジェフ・ポートノイ（ジャック・ブラック）は麻薬中毒に。イギリス人の新人監督デミアン・コックバーン（スティーブ・クーガン）の手に負えません。その上、セットの爆破装置を誤作動させてしまい、撮影はストップします。巨額の出資者レス・グロスマンは激怒し、何としてもロケを続けろと米国から指示をだします。急遽タグ、カーク、ジェフ、アルパ、ケヴィンたちを撮影だといってジャングルに送り込みますが、なんとそこには本物の武装ゲリラ部隊―麻薬組織「フレイミング・ドラゴン」が潜んでいて、戦闘に巻き込まれてしまいます。タグが捕虜にされたため、残りのメンバーで彼の救出をする事態に。麻薬組織のリーダーはトラン（ブランドン・スー・フー）という子供ながら残忍な人物ですが、米国映画『シンプル・ジャック』の大ファンと判明します。カークたちが脚本にあった Wet Offensive という作戦を決行し、キャンプに入り込むころには、タグは別人のようになり、現地に残ると言い出します。最後の大戦闘に至り、脱出する一行にタグは加わるのでしょうか。この戦闘は映画化され『トロピック・サンダー』になりますが、果たして世間の評価は？

映画情報

製　作　費：9,200万ドル
製　作　年：2008年
製　作　国：米国
ジャンル：アクション、コメディー
言　　　語：英語

公開情報

公　開　日：2008年 8月13日（米国）
　　　　　　2008年11月22日（日本）
上映時間：107分
興行収入：1億1,041万6,702ドル（米国）
ノミネート：アカデミー助演男優賞

薦	○小学生　○中学生　○高校生　●大学生　●社会人	リスニング難易度	発売元：NBCユニバーサル・エンターテイメント （平成29年2月現在、本体価格） DVD価格：1,429円　ブルーレイ価格2,381円		
お薦めの理由	映画業界に関わる俳優やプロデューサーが、自分たちの尋常ではない世界を風刺たっぷりに描き、かつ「何が起こるかわからない」「どんな結末になるかは出来てからのお楽しみ」というハラハラ・ドキドキの醍醐味を描いています。映画通であれば、過去のヒット作を思い起こし、その風刺やパロディの辛らつさに苦笑するはず。この映画を英語でみると、(吹き替えでは表現しきれない) ジョークが輝きます。	スピード	5	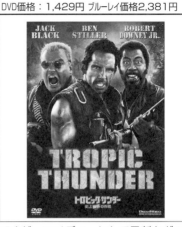	
^	^	明瞭さ	3	^	
^	^	米国訛	4	^	
^	^	米国外訛	3	^	
英語の特徴	米国英語が中心ですが、黒人英語、英国訛り、ベトナム訛り、オーストラリア訛りなどが入り混じります。役者たちがどこまで本物らしく話せるかを競っているかのようです。戦争映画の製作現場ということで、F word や S word なども含む俗語や粗野な表現が頻出します。真似して英会話で使うことはお薦めしません。撮影現場の雰囲気が想像できます。	語　彙	3	^	
^	^	専門語	3	^	
^	^	ジョーク	5	^	
^	^	スラング	5	^	
^	^	文　法	3	^	

発展学習	本作品は「『トロピック・サンダー』の製作現場を描いた映画」という設定ですが、コメディーにして風刺とギャグを盛り込んでいます。主演のベン・スティラーはコメディアン出身の俳優・監督ということで、各種の視点からハリウッドの人々を辛口に描いています。監督から俳優への苦言は、大物スター同士の対立の他、脚本を読まないこと。例えばカークたちに同行するスタッフのコディ(ダニー・マクブライド)は、脚本にある Wet Offensive の救出作戦を俳優たちが読んでいないのに驚き "You guys all read the script, right?" と尋ねると、カークは "I don't read the script; script reads me." "What you getting at with the books, scripts? Spit that shit out, man!" と怒鳴って、口頭で説明させます。撮影現場で実際に起きる状況なのかもしれません。映画のはじまりは「失敗した撮影シーン」ですが、最後は「リアル」に撮り直しされるので比較してみましょう。 　この映画が実際にどう撮影されたかを知るには、DVD に「特典映像」として入っている「製作スタッフによる音声解説」と「出演者による音声解説」を聞いてみましょう。まずは映画を何度もみてストーリーを十分理解し、その後でこれらの解説をオンにして映画を再度鑑賞することをお薦めします(解説を英語の音声にして聞くと一番リスニング力が鍛えられます)。ベン・スティラーたち数人が映画を見ながら、撮影現場の状況を思い出しインフォーマルに会話しているので、いろいろな詳細がわかります。例えば撮影当時の天候や俳優たちの様子、カットされた部分、なぜカットされたかなども話題になります。映画製作がいかに長く複雑なプロセスか、そしていかに多くの人間の共同作業によるものかが伝わってきます。 　もう一歩進めて、この映画の中でパロディ化されている過去の映画作品を調べてみましょう。明らかにパロディ化されているものと、それとなく連想させるものが何本もあります。特に比較をお薦めするのは下記のものです。 　まず最初の部分で出てくる予告編(のように見えて本作品の一部)の中に、ジェフ・ポートノイの代表作とされる『ファティーズ』が出てきます。これはエディ・マーフィー主演『ナッティ・プロフェッサー』(1996)の明確なパロディで元から下品なコメディーだったのを一層極端にしており、1人何役もこなすというのも同じです。『ナッティ・プロフェッサー』自体はヒット作で続編も出ました。 　特にベトナム映画に関しては、まじめな大作が何本も反映されています。その中でもオリバー・ストーン監督『プラトーン』(1986)は是非見てみましょう。特に映画の終わりで、米国兵がヘリコプターで脱出する中、1人だけ軍曹が残ってベトナム人と戦うシーンは、タグが駆け出してくるシーンと重なります。アカデミー賞4部門を受賞し興行収入も多いヒット作でした。				
映画の背景と見所	映画を製作するということは、日常からの逸脱といえます。虚構でありながらリアリティを目指し、芸術でありながら、巨額の金や膨大な人的資源を要するビジネスです。最後まで成功するかわからない、壮大な賭け事のような共同作業でもあります。それでもヒット作品を作りたいという夢と熱意をもつ人間たちが、長期間に渡り地道な労働を積み重ねていきます。彼らは映画製作を愛しながらも、同時に「こんなのやってられるか」と悪態をつき、辞めたい衝動と戦っているのかもしれません。無事に映画が完成するか、またそれが世に評価されるのかなどの不安さを抱えつつ、各自は担当の仕事をこなしていくしかありません。その集大成として作品が完成できた暁には、そしてそれが賞をもらえるほど評価されたときには、この上ない達成感と満足感にひたれるのです。そのプロセスの異常さを、ベン・スティラーたちが皮肉り、コメディーにしてしまった果敢さは、称賛に値するでしょう。パロディ化されている映画は『プラトーン』『地獄の黙示録』『ランボー』『プライベート・ライアン』『薔薇の名前』『ナッティ・プロフェッサー』などだと思われます。映画館だと他の映画の予告編がでてきますが、この映画はその部分からストーリーなので、最初から目が離せません。また大物俳優が意外な役でちょっと顔を出しますので、彼らの演技にも注目しましょう。映画全体が大きなギャグのようになり、映画人たちの「映画への愛」が感じられます。				
スタッフ	監　　督：ベン・スティラー 脚　　本：ベン・スティラー、ジャスティン・セロー 　　　　　イータン・コーエン 製作総指揮：ジャスティン・セロー 撮　　影：ジョン・トール	キャスト	タグ・スピードマン ジェフ・ポートノイ カーク・ラザラス アルパ・チーノ デミアン・コックバーン	：ベン・スティラー ：ジャック・ブラック ：ロバート・ダウニー・Jr. ：ブランドン・T・ジャクソン ：スティーブ・クーガン	

音楽・演奏

8 Mile	8 Mile	（執筆）室　淳子

セリフ紹介

　ジミーの才能を信じる親友のフューチャーは、シェルターのラップ・バトルにジミーを出場させようとします。ラッパーもオーディエンスも黒人ばかりのアウェイな雰囲気の中で声を出すこともできなかった苦い経験のあるジミーは、しり込みをします。肌の色は関係ないというフューチャーのセリフが印象的です。

Future : Hey, Jimmy, you know there's another battle next week. I don't want to hear shit about it. I'm signing you up.
Jimmy : Man, don't.
Future : Come on, man. You got to battle!
Jimmy : Future, I'm not you, dawg. Look at me.
Future : Listen. Once they hear you, it won't matter what color you are.

　その後もフューチャーはジミーの出場を促し続けます。プッシュするなというジミーにフューチャーは誰でもプッシュされる時は必要だと答えています。この後、ふたりが文字通りに体を押してじゃれ合うのが面白いです。

Jimmy : You know I'm not battling next Friday, dawg.
Future : You will if she's there. You want to be the man. You know what I'm saying.
Jimmy : All right, man. Just don't fucking push.
Future : We all need to be pushed sometimes. [Jimmy pushes Future.]
Future : My bad. I'm sorry. [Future pushes Jimmy.]

学習ポイント

　会話のスピードが速く、スラングの多い作品です。最初は日本語の字幕つきで英語を拾い聞きし、次に英語の字幕を見ながら表現を確認していくステップを取るとよいと思います。ラップのリリック（歌詞）も、同じ響きを持つ語が重ねられているのが英語の字幕を通して確認できると思います。

　スラングの強い作品ですが、米国の若者たちや黒人たちの生きた英語を味わう楽しみがありますので、ここにいくつか紹介しておきたいと思います：

1) 主に米国で用いられる呼びかけの表現として、男性同士で用いる "man" や、女性に対しても用いる "dude" や "guys" とともに、"dawg" という表現が多用されていることに気づきます。"dawg" は黒人文化発祥のスラングで、ヒップホップのリリックにも多く見られます。もともとは "dog" から来ていますが、軽蔑的なニュアンスは消え、仲の良い友人に対して「仲間」という親しみを込めた意味合いを持って用いられます。

2) 主に友人同士で使われる口語表現がいくつか出てきます。"Peace out." は「またな」という別れの表現です。"Chill out." は「落ち着け」、"My bad." は「僕が悪かった」、「ごめん」という意味で使われます。

3) "He's a motherfucking genius." の例に見られるように、"fucking" や "motherfucking" などの語が、形容詞や副詞の役割を持って多用されていることに気づくでしょう。名詞や間投詞として使われるものと同様に、本来あまり良い言葉ではなくフォーマルな場では用いませんが、親しい友人の間などでは強意を表す語として使われています。ただし、英語を母語としない人が使用するのには慎重さが必要です。

4) アレックスは皆がジミーを "a 'dope' rapper" と呼んでいると話しています。"dope" は本来「麻薬」の意味ですが、形容詞として「かっこいい」「クールな」という意味で用いられます。

5) ジミーにプロモーションの話をふっかけてくるウィンクに対して、フューチャーは口先だけだと警戒します。「本物（"real"）」に対置する語として「偽物（"wack"）」というスラングがウィンクを形容する言葉として使われています。

　本作に出てくるその他の語彙としては、例えばグレッグが脚に障がいを負ったことで手に入れるのを心待ちにしている保険会社からの「清算小切手（"settlement checks"）」、ジミーの母親が賃貸料の滞納で命じられたトレーラー・ハウスの「立ち退き（"eviction"）」、チェダーが口にする「閉所恐怖症（"claustrophobic"）」などがあります。

　また、役に立つ日常表現として、"privacy" の語を用いたフレーズが2つ出てきます。"Can I get some (fucking) privacy here?" は、詮索されたくない個人的なことに触れられてジミーが仲間に言うセリフ、"I need to get some privacy, you guys." は、フューチャーと2人きりで話したい時にジミーが仲間に言うセリフです。

あらすじ

　1995年ミシガン州デトロイト。B・ラビットのニックネームを持つジミーは、ガールフレンドと別れ、親友のフューチャーがホストを務めるクラブ（シェルター）でラップ・バトルに出場しますが、雰囲気に圧倒されて失敗をしてしまいます。ジミーは母親が幼い妹と暮らすトレーラー・ハウスに戻りますが、母親とともにいる恋人のグレッグとは折り合いをつけることができません。ジミーは自動車のプレス工場で働きながら、暇を見つけてはリリックを書き綴ります。フューチャーはジミーの才能を信じ、自分たち仲間のバンド（スリー・ワン・サード）を売り出したいと考えますが、ジミーはラップ・バトル出場の誘いを断り続けます。そんな中、ジミーはモデル志望のアレックスに会い、互いに惹かれます。ライバルバンド（フリー・ワールド）のメンバーが自分を嘲笑するのを耳にしたジミーは彼らに食いかかり、両者はさらに敵対していきます。ある日、上昇志向の強いアレックスがプロモーターのウィンクと関係を持ち、ウィンクを殴って怪我を負わせたジミーは、フリー・ワールドのメンバーから仕返しを受けます。ラップ・バトルの日、ジミーはプレス工場での延長作業を続けようとしますが、ニューヨークに発つアレックスが別れを告げに来ます。怖がっている訳ではないと強がるジミーはラップ・バトルについに出場します。最終戦を迎え、ジミーは自らの弱みを武器に、フリー・ワールドの王者パパ・ドックに挑みます。

映画情報

製　作　費：4,100万ドル
製　作　年：2002年
製　作　国：米国、ドイツ
言　　　語：英語　　ジャンル：ドラマ、音楽
配給会社：ユニバーサル映画

公開情報

製　作　日：2002年11月 8日（米国）
　　　　　　2003年 5月24日（日本）
上映時間：110分　MPAA（上映制限）：PG-12
興行収入：1億1,672万4,075ドル（米国）
受　　　賞：アカデミー歌曲賞

薦	○小学生　○中学生　○高校生　●大学生　●社会人	リスニング難易度		発売元：NBCユニバーサル・エンターテイメント（平成29年2月現在、本体価格）DVD価格：1,429円　ブルーレイ価格：1,886円

お薦めの理由	ヒップホップの好きな人はもちろん、広く音楽に興味のある人、また米国の黒人文化や若者文化、人種や階級をめぐる問題に関心のある人にお薦めします。本作は有名なアーティストの半自伝的作品ですが、デビュー前の若者が才能を持ちつつも踏み出すことがなかなかできずに苦悶する姿は、自分の進路に迷う人にとっても、良いヒントを与えてくれるかもしれません。本作が描く仲間との友情も魅力的です。	スピード	4
		明瞭さ	4
		米国訛	4
		米国外訛	1
英語の特徴	全編を通じてスラングが強く、文法的に乱れている表現も含まれます。会話のスピードも速く、とりわけラップ・バトルのシーンや複数の若者が早口で会話を交わし合うシーンは難解に思えるかもしれません。ジミーが妹のリリーや母親、友人のフューチャーやチェダー、ガールフレンドのアレックス、工場の監督らと一対一で交わす会話は、比較的聞き取りやすいでしょう。	語彙	4
		専門語	3
		ジョーク	3
		スラング	5
		文法	3

発展学習	本作は、米国のヒップホップ・ミュージシャンであるエミネムの半自伝的作品で、エミネム自身が主演しています。デトロイトはモータウン（“Motown”）の異名を持つ自動車産業では有名な都市で、本作においてもジミーが自動車生産の場で働く姿が映し出されます。都市の中心部からマイルごとに通りの名前がつき、タイトルの『8 Mile』は、中心部と郊外、すなわち黒人下層階級の多く住む地域と白人中産階級の多く住む地域とを隔てるエイト・マイル・ロード（“8 Mile Road”）にちなんでつけられています。電話のエリアコードもデトロイト市内が313番、郊外が810番と異なっていることから、ジミーたちは自分たちのバンド名として313を選び、810番の地域を羨望と揶揄の対象にしています。映画ではシックスティーン・マイル・ロード（“16 Mile Road”）に関する言及もありますが、現在では両者の境界がエイト・マイル・ロードからさらにシックスティーン・マイル・ロードへと移行しているようです。 　本作は、都市中心部の荒廃の様子を描き、手がつけられないままの古い空き家において幼い少女がレイプされる事件が起きたことに関しても話が及びます。ジミーたちがその廃屋を燃やすシーンは象徴的です。ジミーの母親はトレーラー・パークでトレーラー・ハウス暮らしをしていますが、トレーラー・ハウスには貧困線を下回る最下層階級のイメージが強くつきまといます。本作では、「負け犬（“losers”）」という表現が度々用いられ、自分たちのいる環境から抜け出したいという願望が口にされているのに気づくでしょう。若者たちが銃やドラッグを手にしているのも分かります。 　ヒップホップはニューヨークのブロンクスにおいて黒人の若者を中心に自然発生的に始まり、1974年に音楽やダンスとともにファッションやアートを含めた1つの文化として誕生します。次第に米国のメインストリームに認知され、1990年代には日本を含め、世界的なブームが引き起こされました。本作においても、ラップの文化がストリートに根づいたものであることが、ジミーが車を修理しながらフューチャーと即興で掛け合いをするシーンや、プレス工場のランチタイムに古株の労働者のヴァネッサがラップで仕事の文句を言い始め、その返答がラップで重ねられていくシーン、若者たちがストリートで歌い合うシーンなどに描かれています。リリックを綴り、即興で自分や相手をからかいながらリズムに乗せてライムを刻むラップは、上記に述べたような現状へのはけ口や自己表現の手段ともなっていることを本作はうまく描いています。クラブでのラップ・バトルの様子も、映画の冒頭と終盤に描かれます。コインを投げて先攻・後攻を決め、定められた時間内に DJ のプレイに合わせて MC がフリースタイルでラップする──その勝敗はオーディエンスの反応によって決まります。即興の高度な技術が必要なエンターテイメントであることが分かります。

映画の背景と見所	本作の見所は、ジミーが出場を果たしたラップ・バトルで王者のパパ・ドックと対決するシーンです。先攻でバトルに挑むジミーは相手に先んじて自らの弱みを表に出し、ギャングぶるパパ・ドックが実は良い育ちであることを暴露します。後攻のパパ・ドックは一言も発することができません。ジミーがこれまでに抱えてきたマイナスのエネルギーはここで一気にプラスに転じます。才能や社会的地位が人種で区分することができないことも示唆します。 Jimmy : [rapping] [....] This guy's no motherfucking MC / I know everything he's got to say against me / I am white, I am a fuckin' bum / I do live in a trailer with my mom / My boy Future is an Uncle Tom / I do got a dumb friend named Cheddar Bob / Who shoots himself in the leg with his own gun / I did get jumped by all six of you chumps / And Wink did fuck my girl / I'm still standing here screaming "Fuck tha Free World!" / Don't ever try to judge me, dude / You don't know what the fuck I've been through / But I know something about you / You went to Cranbrook—that's a private school / What's the matter, dawg? / You embarrassed? / This guy's a gangsta? / His real name is Clarence / Now Clarence lives at home with both parents / And Clarence's parents have a real good marriage / This guy don't wanna battle / He's shook [....]

スタッフ	監　督：カーティス・ハンソン 脚　本：スコット・シルヴァー 製　作：ブライアン・グレイザー、カーティス・ハンソン　　　　ジミー・アイオヴィン 音　楽：エミネム	キャスト	ジミー　　　　：エミネム アレックス　　：ブリタニー・マーフィ ステファニー　：キム・ベイシンガー リリー　　　　：クロエ・グリーンフィールド デヴィッド（フューチャー）：メキ・ファイファー

セレナ	Selena	（執筆）小林　純子

セリフ紹介	「越境」という言葉があります。境をつくるものは国、人種、性、文化の違いなど様々ですが、境を超えていく、または境を行き来する人たちは時に違いを排斥しようとする圧力や偏見にさらされます。この映画は1980年代後半から1990年代にかけて絶大な人気を誇った音楽家、セレナ（英語の発音により近く表記すると「セリーナ」）の人生を描いたものですが、セレナの人生、そして彼女の音楽には数々の「越境」にまつわるドラマが存在します。セレナは合衆国テキサス州のメキシコ系アメリカ人、テハナ（Tejana）として生まれ育ち、圧倒的に男性が主流を占めるテハノ音楽（カントリーやポルカ、R&Bとメキシコの音楽とが融合した、テキサスで育まれた音楽）の世界で成功を収めます。その後彼女の音楽はスペイン語圏のメキシコや南アメリカの国々でも人気を得ますが、その成功の影には自身ミュージシャンだった父のアドバイスがありました。白人にはメキシコ系アメリカ人ということで演奏の機会がもらえず、メキシコ系アメリカ人やメキシコ人からは、メキシコ系アメリカ人のくせにメキシコの音楽が演奏できないと批判された苦い経験を持つ父、エイブラハムはセレナに次のように語ります。 　Being Mexican American is tough. Anglos jump all over you if you don't speak English perfectly. Mexicans jump all over you if you don't speak Spanish perfectly. We must be twice as perfect as anybody else.（メキシコ系アメリカ人であるということは大変なんだ。もし英語を完璧にしゃべれなければ白人たちはすぐに俺たちをやり玉にあげるし、スペイン語が完璧にしゃべれなければメキシコ人たちがやり玉にあげる。俺たちは他の人たちに比べて2倍完璧でなければならない）国、文化、言語が異なる聴衆の支持を得たセレナの成功の裏の努力を物語るセリフです。
学習ポイント	セレナを演じたジェニファー・ロペスはこの映画を「アメリカン・ドリームを描いた物語」と評し、彼女の成功はキンターニャー家の懸命な努力と支え合いによって可能になったと語ります。この映画はテハナのセレナと彼女を支えた一家、特に父エイブラハムの親子二代にわたる音楽業界での苦労と成功の物語として理解することができます。自身もミュージシャンとしての経験があるエイブラハムは早くからセレナの才能を見抜き、一家の中心としてバンドをまとめ、音楽の方向性を見据え、ライブやツアーの計画をし、レコード会社やスポンサーなど音楽業界との対外交渉を担ってきました。セレナをボーカルに、兄のエービーがベース、姉のスゼットがドラムでバンドを結成したばかりのある日、エイブラハムはセレナにスペイン語の歌を教えようとします。外で遊びたいさかりで、自分が好きな歌手は英語で歌うドナ・サマーとしぶるセレナに向かって、彼はメキシコの歌が演奏できないばかりに、怒った聴衆からビール瓶を投げつけられた苦い経験とそこから学んだことを語ります。 　You've got to be who you are. You can't change it. You're an American. I am an American. You like Donna Summer. I like Doo-wop. But you're also Mexican, deep inside. That's a wonderful thing. You can't be anything if you don't know who you are. （本当の自分でいなければならないし、自分が誰であるかということは変えられるものじゃない。お前はアメリカ人だし、俺もそうだ。お前はドナ・サマーが好きで、俺はドゥーワップが好きだ。でも俺達は同時にメキシコ人の魂も持ち合わせていて、それは素晴らしいことだ。自分が誰であるかを知らない限り、たいしたものにはなれない） 　メキシコ系アメリカ人としての魂を尊重しながら音楽の道を進んでいったセレナは、苦労を重ねながらも男性優位のテハノ音楽界やスペイン語を流暢に話さないメキシコ系アメリカ人を見下すメキシコの聴衆をも魅了し、成功を収めていきます。音楽に加え、セレナはファッション、ダンスなどでも独自の才能を発揮していきます。スペイン語圏での成功の次には英語圏のファン層に向けた英語でのクロスオーバーアルバムの製作に着手しました。死後に発表された『Dreaming of You』はアルバムの売り上げチャート、ビルボード200で登場1位という快挙を成し遂げます。スペイン語圏のみならず、英語圏にもクロスオーバーして大成功を収めつつある娘、セレナに向かって語る父の言葉に、多くの「境」を超えていくことのできたセレナの魅力がうかがえます。 　All those barriers people have been trying to get past, you went right through them as if they didn't exist. （みんなが必死で乗り越えようとしてきた壁を、お前はまるでそんな壁など存在すらしないかのようにあっさり超えてきてしまった）
あらすじ	23歳という若さでこの世を去った「テハノ音楽の女王」（Queen of Tejano Music）、セレナの人生を映画化したものです。彼女は1971年に米国、テキサス州でメキシコ系アメリカ人として生まれ、家族で結成したバンドのボーカルとして9歳から聴衆の前で歌い始めます。自身のミュージシャンとしての経験から父のエイブラハムはセレナをスペイン語と英語のバイリンガルなボーカリストとして育てます。男性優位のテハノ音楽界で様々な挫折を経験しながらも、12歳でアルバムデビュー、1987年にはテハノ音楽賞の最優秀女性ボーカリストを受賞します。1989年には大手レコード会社EMI Latinとレコード契約を結び、同年アルバム『Selena』を発表します。こうした活躍で彼女のファン層は拡大し、1990年代には合衆国のみならず、メキシコや南米でもツアーを行いました。1992年には父の反対を押し切って、バンドのギタリスト、クリス・ペレスと結婚し、翌年アルバム『Live!』でグラミー賞を獲得します。テキサスだけにとどまらず米国全土、メキシコなどより大きな世界での成功を手に、順風満帆にみえたセレナの人生を悲劇が襲います。1995年3月31日に横領を理由に解雇されたファンクラブ会長に射殺されてしまったのです。あまりにも突然なこの悲劇は多大なショックを与え、様々な追悼が行われました。映画を通して言語、地域など様々な垣根を越えて多くの人を魅了したセレナの人生と音楽が再現されます。

映画情報	製　作　費：2,000万ドル 製　作　年：1997年 製　作　国：米国 言　　　語：英語、スペイン語 ジャンル：伝記、ドラマ、音楽	公開情報	公　開　日：1997年3月21日（米国） 上映時間：127分 興行収入：6,000万ドル 受　　　賞：American Latino Media Arts Award 　　　　　　　　　　（1998年）（作品賞）

薦	○小学生　●中学生　●高校生　●大学生　●社会人	リスニング難易度	発売元：ワーナー・ブラザース　ホームエンターテイメント （平成29年2月現在、本体価格） DVD価格：1,429円

お薦めの理由	セレナの成功はテハナとしてのアイデンティティや文化を尊重する彼女と、そこに共感を覚えるファンを大切にしたことが礎となっています。ファンの多くはメキシコ系アメリカ人、更に広くはラティノ（ヒスパニック）の人々です。2010年の国勢調査ではヒスパニックは全人口の16.3%を占め、合衆国最大のマイノリティです。米国社会に多大な影響を及ぼす集団の文化についてこの映画から学ぶことが出来ます。	スピード	2
		明瞭さ	2
		米国訛	4
		米国外訛	4
英語の特徴	主要登場人物がテキサス州のメキシコ系アメリカ人なので、テハノのアクセントがありますが、全体的には比較的聞き取りやすい英語です。主要言語は英語ですが、テハノの英語の中にはスペイン語の単語や表現、例えば娘を愛着をこめて呼ぶ「ミハ」（mija）や、食卓に欠かせない豆料理、「フリホレス」（frijoles）等、が入ってきます。スペイン語と英語のバイリンガルな文化圏での英語を味わいましょう。	語　彙	2
		専門語	2
		ジョーク	2
		スラング	2
		文　法	3

発展学習	セレナは音楽家としてだけでなく、ファッションデザイナー、ダンサー、ブティックの経営者としても活躍し、その影響は現在の音楽、ファッション業界にまで及んでいます。この映画はセレナのファッションやダンスなども忠実に再現しているので、多様な才能を持つエンターテイナーとしてのセレナに注目し、より包括的にテハナの文化に関心を向けて鑑賞するのもいいでしょう。 　自身やバンドメンバーの衣装をデザインしたセレナですが、映画の中では現在、セレナのステージ衣装の代表格ともされるビスチェ（bustier）に関する逸話が盛り込まれています。前日にセレナが母とビーズなどを縫い付けて作ったビスチェ姿でパフォーマンスをしている姿に、父のエイブラハムは「何がビスチェだ！ただのブラじゃないか」と激怒します。そんな父もポーラ・アブデュルなど人気の歌手、ダンサーが着用する流行の衣装だと説得され、しぶしぶ認めるようになります。他にも映画の随所で衣装のデザインをスケッチする姿や、自身のファッション・ショーでランウェイを歩く姿が描かれます。 　艶やかに、セクシーなセレナですが、彼女の美しさは、米国の主流文化で強調される痩せた体型美とは異なります。くびれる所と膨らむ所がはっきりとした豊満な体を隠すのではなく、むしろ衣装などで強調した独自の美を生み出しました。通常の映画撮影ではどうやったらもっと痩せてみせられるか、お尻を小さくみせられるかと言われるジェニファー・ロペスにとって、この映画は初めて自分のありのままの体型をむしろ強調して「どうやったらよりセレナのお尻に近づけられるか」と撮影できた作品だったといいます。 　音楽、ファッションと並び、ライブにおけるダンスもセレナの大きな魅力の1つでした。音楽だけでなくダンスでもセレナはテハナのルーツを大切にします。映画の中では子供の時に母からコロンビアやパナマに起源があるクンビアのダンスステップを教わる様子が描かれます。ジェニファー・ロペスは、自身のダンスの動きとは異なる、セレナの流動的でスピンの多い動きを身に着けることが、映画製作での難関の1つだったと振り返ります。映画にはロペス演じるセレナのライブパフォーマンスが、1995年のヒューストン、アストロドームでのコンサートをはじめに、数々再現されています。 　エンターテイナーとして多様な側面を持つセレナに更に興味のある方は、実際のセレナのパフォーマンスをYouTubeなどの動画サイトで鑑賞するのもいいでしょう。例えば、前述のアストロドームでのコンサート映像は、キンターニャ家がファンへの感謝の気持ちを表す贈り物としてYouTube上にアップロードされています。セレナの歌声、ダンス、スペイン語によるMC、そして聴衆の歓声など臨場感あふれる「伝説のコンサート」を味わうことができます。

映画の背景と見所	この映画はセレナの悲劇的な死後、2年を待たずに製作が開始されました。あまりにも早すぎる彼女の死を悼む気運は、エンターテイメント誌『People』の追悼号の前例のない売上や、死後発表されたアルバム『Dreaming of You』の売上にも反映されます。追悼号の成功がきっかけとなり、ピープル誌はラティノの読者向けの『People en Español』を創刊します。1995年、セレナはラテン音楽の殿堂入りを果たし、地元テキサス州では彼女の誕生日、4月16日が『セレナの日』として祝日に指定されました。 　こうした追悼の気運がまだまだ冷めやらぬ中、グレゴリー・ナバ監督がセレナの遺族に映画化の話を打診します。遺族が承諾した理由の1つは、自分達が積極的に製作に関わることで、セレナの生き様により忠実な映画を世に出せると考えたからだということです。父、エイブラハム・キンターニャJr. は製作総指揮としてスタッフに加わり、他の遺族も映画のキャスト、スタッフと積極的に交流する中で映画は製作されました。ロケは全てセレナの故郷テキサス州で行われ、熱狂的なファンの反応に映画関係者が圧倒されることもしばしばあったそうです。ヒューストンのアストロドームにおける歴史的なコンサートの再現はサンアントニオで行われましたが、最終的に35,000人集まったエキストラの募集にはスタッフを驚かせるような反応があったといいます。セレナを育み、愛した人々に支えられて製作された映画です。

スタッフ	監　　督：グレゴリー・ナバ 脚　　本：グレゴリー・ナバ 製　　作：モステスーマ・エスパルザ他1名 製作総指揮：エイブラハム・キンターニャJr. 音　　楽：デイブ・グルーシン	キャスト	セレナ・キンターニャ　　　：ジェニファー・ロペス エイブラハム・キンターニャJr. 　　　　　　　　　　　　　：エドワード・ジェームズ・オルモス マルセラ・キンターニャ　　：コンスタンス・マリー クリス・ペレス　　　　　　：ジョン・セダ

ドラムライン	Drumline	（執筆）梅垣　昌子

セリフ紹介

高校の卒業式が終わった会場で、デヴォン・マイルズは母親に花束を渡し、感謝の気持ちを言葉で伝えます。

Devon　：I wouldn't be here if it wasn't for you. Wouldn't have made it without you. You're gonna be cool, right? I mean, I feel kind of weird leaving you by yourself.

Mother　：Boy, please. Now that you gone, I'm gettin' ready to party.

記念写真には照れ隠しでおどけた顔をつくるデヴォンですが、母ひとり子ひとりの家庭で心根の優しい少年に育ったことがわかります。彼は母親に花束を渡したその足で、父親に会いに行きます。父親と言葉を交わすのは初めてです。地下鉄の切符売り場で働く父親に、ついに渡すことのできなかった卒業式の招待状をデヴォンは差し出します。

Devon　：I'm Devon. I been coming down here every day for the last two weeks, thinking if I should give you that ticket to my graduation. Then I changed my mind. Look, man, I just want to let you know that I got my diploma. I ain't never been arrested. I don't have a whole bunch of kids runnin' around. Unlike yourself, I'm doin' something with my music. I got a full scholarship to Atlanta A&T, playin' the drums. I wanna say I hope you're proud… 'cause I made it without you.

無言で息子の別れの言葉を聞く父親をあとに、涙をみせながらデヴォンは立ち去ります。「お母さんがいなければ、ここまでこられなかった」という言葉と対照的に、父親には「あなたなしでここまでこられたことをほめてほしい」と言い放つデヴォンの表情には、後戻りができない決意がにじんでいます。

学習ポイント

大学のマーチングバンドの練習風景や、スポーツの試合のハーフタイムで見せる実際のバンドパフォーマンス、さらに、マーチングバンドの大会の様子などがふんだんに映画に盛り込まれています。規律と音楽性を重んじるバンドで、リー監督やドラムパートのセクションリーダーが、バンドのメンバーたちにどのような言葉を使って指導をするか、観察することが学習のポイントとなります。また、メンバーの中で飛び抜けた才能をもつ主人公デヴォンが、その傲慢な態度を改めてチームの一員として機能するプロセスで、どのような教育的な会話が交わされるかに注意することもポイントです。まずは新入生を迎えた初日、リー監督が、どんな挨拶でメンバーの士気を高めるか見てみましょう。

Dr. Lee　：Good morning. Good morning, and welcome to Atlanta A&T University marching band training. The next two weeks will be your introduction, possibly induction, into a great marching band legacy. If you're here, it's because you believe in musicianship. If you're here, it's because you believe in Coltrane, Miles Davis, Stevie Wonder and the elements known as Earth, Wind and Fire. If you are here, it is because you have a fervent, unequivocal belief in teamwork. And if you wish to remain here, you better start believing in being on time.

リー監督は、このマーチングバンドの素晴らしさをまずアピールし（a great marching band legacy）、新入生全員がすでに共通理解をもっているものとして話をしています（musicianship, a fervent, unequivocal belief in teamwork）。高い音楽性を追求し、チームワークのために心を1つにすることが大前提であることを、当然の事実として新入生歓迎のスピーチに力強く盛り込んでいるのです。練習に遅刻は厳禁ですが、それを破ったメンバーがみつかると、逆にそれを材料として、全員にバンドのモットー（concept）を再確認させます。

Dr. Lee　：I asked Mr. Miles why his roommate was late. He says he guesses he overslept. I ask, "Why didn't you wake him?" and he says he is not his mother. Section leaders, what is our concept?

Leaders：One band! One sound!

Dr. Lee　：One band. One sound. When one of us is late, we are all late. When one of us looks or sounds bad, We all look and sound bad! So, what's the concept?

All　　：One band. One sound.

監督はチームのモットーである一致団結（「バンドは1つ。音も1つ」）のキーワードを繰り返し唱和させます。

あらすじ

映画はニューヨークの高校の卒業式で始まります。四角い帽子と卒業式のローブの群れ。その中でひときわ目立つ少年にカメラはクローズアップで迫ります。デヴォン・マイルズは母子家庭で育ったドラムの名手で、アトランタのA&T大学のマーチングバンドにスカウトされました。卒業式のあと、ミュージシャンだった父親に別れの挨拶をしにいきますが、素直になれません。故郷を離れ、奨学金を得て通うA&T大学のキャンパスを新天地として、リー監督のもと、バンドのメンバーとして練習に励みます。しかし、デヴォンには1つ秘密がありました。マーチングバンドに入るためには楽譜が読めなければならないのですが、デヴォンはそれができませんでした。読めると嘘をついてスカウトに応じたのです。大学のマーチングバンドでは、新入生ながら技術の高さを認められ、スネアドラムの最高ランク「P1」のメンバーとして注目されます。デヴォンは自分の技術に溺れ、スタンドプレーでアピールし、ドラムのリーダーのショーン・テイラーと衝突し、乱闘騒ぎまで起こします。そんな折、楽譜を読めないことが暴露され、リー監督から退部を言い渡されます。失意のデヴォンはライバルのブラウン・モリス大学への転学まで考えますが、父親から受け継いだ音楽への情熱と再び向き合い、ショーンとの関係を修復、楽譜の読み方を習いながら、復帰の機会を待ちます。最後のクライマックスはマーチングバンドの南部大会。デヴォンの活躍で優勝します。

映画情報

製　作　費：2,000万ドル	公開情報	公　開　日：2002年12月13日（米国）
製　作　年：2002年		：2004年　4月10日（日本）
製　作　国：米国		上映時間：119分
配給会社：20世紀フォックス		オープニングウィーケンド：1,260万4,705ドル
言　　　語：英語		興行収入：5,639万8,162ドル

薦	○小学生　　○中学生　　●高校生　　●大学生　　●社会人	リスニング難易度	発売元：20世紀フォックス ホーム エンターテイメント ジャパン（平成29年2月現在、本体価格） DVD価格：1,419円　ブルーレイ価格2,381円

お薦めの理由	米国南部の大学のマーチングバンドの活躍が描かれており、華やかで圧倒的な迫力のパフォーマンス映像とともに、ストーリーが展開しますが、その中で注目すべきは、バンドを1つにまとめてゆく過程で生じるさまざまな軋轢や、それをうまく乗り越える強力なリーダーシップとコミュニケーションスキルのあり方です。音楽関係の仕事の従事者のみならず、チームリーダーにも見てもらいたい内容です。

スピード	3	
明瞭さ	3	
米国訛	3	
米国外訛	1	
語　彙	3	
専門語	2	
ジョーク	3	
スラング	3	
文　法	3	

英語の特徴

バンドメンバーは大方が黒人の学生で、彼らの会話には南部訛りがあり、スラングも使用されますが、監督の指導や、バンドバトルのアナウンサーの英語などは明確で、聞き取りやすいです。"tree-shaking elimination" "P1" "P2" などの独特の単語も出てきます。P1 や P2 というのはバンドメンバーのランクを表現する言葉です。楽譜が読めること（read music）がバンドメンバーの資格（mandatory）です。

発展学習

　規律あるチームを作り上げて成果をあげるのは、リーダーにとって至難の技です。特に、下部組織をまとめる班長が、班員をうまく扱えていない場合は、困りものです。とりわけ、班員のほうが班長より技術力において勝るとき、リーダーとしてどちらをどのようなタイミングで引き立てるか、そこが腕の見せどころでしょう。その意味で、リー監督は優れています。人間関係の調整には、細やかであると同時に、毅然とした言葉遣いが求められます。映画のなかから、興味深い場面を取り上げてみましょう。まずは、セクションリーダーに対してデヴォン・マイルズが反抗的な態度をとったときの、リー監督。

Dr. Lee 　　　　　: That was impressive. 　　　　　　　　　　　　　　　（見事なパフォーマンスだ）
Devon 　　　　　: Thank you, sir. 　　　　　　　　　　　　　　　　　（ありがとうございます、監督）
Dr. Lee 　　　　　: Let's take this from the top, and this time, follow me. 　（監督の私が対応しよう）
　　　　　　　　　　 You have to learn to follow, before you can lead, Mr. Miles.
　　　　　　　　　　（リード役になりたければ、まず、人に従うことができるようになりなさい、マイルズ君）

　リー監督は、ドラムセクション内の不協和音を最終的にはうまく取り除きます。そんなリー監督も、会社ならば上司にあたるワグナー学長から、辛い圧力をかけられます。マーチングバンドがパフォーマンスを披露して競いあう大会（the BET Classic）で勝たなければ、同窓会（alumni）からの資金援助は得られません。学長は、勝つために、観客受けする選曲を求めます。しかしリー監督は、音楽性（musicianship）を大切にしたいのです。決して迎合せずに自分の音楽を貫こうとするリー監督の、率直で力強い物言いを見てみましょう。

Dr. Lee 　　　　　: I don't think we can measure our success of our program by the number of people shaking their butts in the stands. And no, we didn't win the BET Classic. But our first obligation is to educate and then entertain.
President Wagner : Please, not the edu-tainment speech, James. Save it for your students.
Dr. Lee 　　　　　: The kids in my program are learning.
President Wagner : There won't be a program if the alumni continue to lose interest. We win, they write checks....
Dr. Lee 　　　　　: I'll play popular music, but not at the expense of musicianship. You hired me to strive for excellence, and that is exactly what I am doing.
　　　　　　　　　　（最高をめざすために私を雇っていただいたんです。私はまさに、それに応えようとしているんです）

映画の背景と見所

　映画に出てくるアトランタの A&T 大学のマーチングバンドは、ノースカロライナ州にある大学をモデルにしています。スポーツ競技のハーフタイムの間に、マーチングバンドが華やかなパフォーマンスを披露し、バンドバトルが繰り広げられます。伝統的なマーチングバンドは軍隊調のスタイルでしたが、1940年代の中頃、フロリダの A&M 大学がアップビートでポップス調のパフォーマンスを採用し、マーチングバンドのショースタイルの流れができたといわれています。映画の中で、白人のバンドメンバーであるジェイソンが次のようなセリフを口にします。"In my high school, marching band was all about military precision."（僕の通っていた高校では、マーチングバンドは軍隊調で、正確さが命だった）ジェイソンは、"corps-style marching" で磨いた技術には自信があるのですが、A&T の黒人のメンバーたちのリズム感には太刀打ちできません。リー監督はポップスをやりますが音楽性を最優先に大会に臨みます。映画の最後に出てくる大会でのバンドバトルは圧巻です。A&T のドラムセクションのリーダーは、ドラムについて次のように語っています。"We are the heart and the soul. Without the percussion section, the band doesn't move, doesn't come alive. We are the pulse. And without a pulse, you're dead. That's why we're the most important section of this band."

スタッフ	監　　督 ：チャールズ・ストーンⅢ世 脚　　本 ：ティナ・ゴードン・チズム 　　　　　　ショーン・シェップス 製作総指揮：ダラス・オースティン 撮　　影 ：シェーン・ハールバット	キャスト	デヴォン・マイルズ ：ニック・キャノン リー監督 ：オーランド・ジョーンズ レイラ ：ゾーイ・サルダナ ショーン・タイラー ：レナード・ロバーツ ジェイソン ：GQ

| | ラブソングができるまで | **Music and Lyrics** | | （執筆）設楽　優子 |

| セリフ紹介 | 　主題歌 "Way Back Into Love" を2人で作っている38:22からの場面で、作詞家の卵ソフィーは作曲担当のアレックスに注文をつけ、"I don't think those chords are right."（そこの和音はいいとは思わない）、"It has to sound different than the verse."（曲と詞が一致していない方がいい）と言い、メロディの具体的な代替案は示さないものの、その部分の曲調は詞よりも "sadder"（悲しい）方がいいと話します。一方で、自分の歌詞にも推敲を重ねます。1番の歌詞の *I've been setting aside time*（時間を取っておいてあるの）*To clear a little space in the corners of my mind*（頭の中の片隅の小さな場所を片付けるため）という中の "corners of" という表現は初めのうち "places in" だったのですが、彼は "It's fine."（その表現で結構）と言います。彼女は "fine" でなく "good" なものを求めるべきだとこだわります。彼は "We only have time for fine."（「結構」なものしか作る時間がない）ので、"You will change your lines about 'places in my mind' if I can keep the chord sequence into the bridge."（その行は変えていいから、中間部分へのコード進行はこのままにさせてよ）と提案します。彼女は "This isn't a negotiation."（取引できることじゃない）、"It's either right or wrong, inspired or insipid."（ピッタリの表現か間違っているか、素晴らしいか退屈か、の問題よ）と頑張ります。彼女によれば、"We just—We have to… stay… completely understanding of what we're trying to say."（私たち作曲者と作詞者は、とにかく、表現したいことを完璧に同じように理解していないといけない）というのです。2人の関係についても、よくある、取引（negotiation）ではなく、霊感的輝き（inspiration）が必要だという彼女の考えが、主題歌の最後の一節に盛り込まれます。 |

| 学習ポイント | 　主題歌 "Way Back Into Love" の詞では、強い音節と強い音節の間に弱い音節が1つずつ規則的に並ぶところが多く、各行の終わりではほとんどが隣の行と脚韻を踏み、英詩によくある形式を守っているので、心地よいリズムが生まれています。詩として朗読して味わうのも良いですし、リズムに乗って歌うのも楽しいでしょう。一般に、英語の冠詞・前置詞・助動詞・接続詞・人称代名詞などの機能語は弱く発音されますが、日本語では各拍が普通同じリズムで発音されます。英語の歌詞や詩では、リズムパターンの都合のため一部の機能語が強く読まれるので、日本人にとって歌詞の英語は、通常の英語より少し母語に近くなり、読みやすいかと思います。
　アレックスが子供連れの多い遊園地で昔ヒットした持ち歌を歌うのをソフィーは見守るのですが、彼女にとっては今流行っているかどうかは問題ではなく、彼の音楽のいいところを認めます。ステージがいったん終わったアレックスに、マネージャーは遊園地との契約通りにアンコールを歌うように言いますが、アレックスは「誰も聞きたがっていない」と言って舞台に戻るのを嫌がります。そのときソフィーが言った次のことばは具体的な激励で、お世辞ではない友情あふれる言葉となっています。このようなお手本を通して、英語コミュニケーションの良さを取り入れるのはとても意味ある学習ではないでしょうか。（59:57）

Sophie : These songs, they're fantastic. …　　　　　今日聴いた歌は、すごくいい歌だよ。
　　　　I've never heard most of them before,　　　　ほとんどが私のきいたことのない曲だけど、
　　　　but they're full of wonderful melodic　　　　メロディに予想外の展開があって新鮮だし、
　　　　surprises and they're catchy, and they're　　　人の心を強く惹きつける魅力があるし、聴いていると
　　　　making people happy and they're just good.　幸せな気分になるし、とにかく良い音楽。
　　　　So you should be incredibly proud to sing them.　だから、そういう歌を歌うのはとても名誉に思っていい。
　アンコールのバラード曲 "Dance With Me Tonight" は監督の13歳の息子が書いたもので、脚韻をはっきり踏んだ名曲だと思います。また、この曲はコーラが幼い時に両親が離婚して悲しかった時に、彼女を元気づけたということになっています（10:45 Cora: [to Alex] Your song "Dance With Me Tonight" got me through my parents' divorce when I was 7.）。
　別のシーンで彼が歌う昔のヒット曲 "Meaningless Kiss" には "I've gotta dance alone"（僕は1人で踊らなければならない）という句があり、"I'm never gonna dance again the way I danced with you"（君と踊った様には決して2度と踊らない）という句がある George Michael の "Careless Whisper" とそっくりです。 |

| あらすじ | 　アレックスは80年代にヒットしたバンド PoP で主に作曲を担当していましたが、作詞担当だったコリンが2人の新曲を持ち逃げして独立すると売れなくなってしまい、作曲は諦めて昔の歌を歌っていました。女性人気歌手のコーラは幼いころ PoP が好きで、新曲作りとデュエット歌唱をアレックスなど昔のスター達に依頼します。自宅兼職場で作詞家と一緒に曲作りに苦心していると、植物の世話係に来ていたソフィーが聞こえた歌詞をもっとよくして口ずさみます。彼女は独り言を言う癖があり変人（weirdo）と呼ばれていました。その才能に気付いたアレックスは彼女にコラボを頼み、作曲中の "Love Autopsy" をピアノの弾き語りで歌います。ソフィーは作家を志望していましたが、恋人だった作家のスローンと別れてペンを折っていました。互いの才能を認め合った2人は理解し合えるようになり、曲の途中までのデモを作ってこの仕事を勝ち取ります。成功をレストランで祝っていると、スローンが仲間たちと一緒に入ってきます。彼に言ってやりたいと頭の中で考えていた彼女の苦情スピーチは、アレックスが代弁して彼と喧嘩になります。この仕事で稼ぎたい一心のアレックスは、コーラが曲を別の曲のように自分流に変えてしまうことも受け入れようとしますが、それに納得できないソフィーは詞の最後の部分が書けなくなってしまいます。2人の曲作りはどうなるのでしょう。 |

| 映画情報 | 製　作　費：4,000万ドル（推定）
製　作　国：米国　　　言　語：英語
ジャンル：ロマンティックコメディー
撮影場所：ニューヨーク マンハッタン数か所、
　　　　　クィーンズ・ロングアイランドの遊園地、他 | 公開情報 | 公開情報：2007年2月14日（米国）
上映時間：104分　　　上映制限（MPAA）：PG-13
オープニングウィーケンド：1,587万ドル（米国）
ノミネート：ヒューストン映画批評家協会最優秀オリジナルソング賞（*Pop! Goes My Heart*） |

薦	○小学生　○中学生　●高校生　●大学生　●社会人	リスニング難易度	発売元：ワーナー・ブラザース　ホームエンターテイメント （平成29年2月現在、本体価格） DVD価格：1,429円　ブルーレイ価格：2,381円

お薦めの理由	作詞・作曲や芸術表現一般に関心のある方に薦めます。往年の人気男性歌手と、天性の文才のある個性的な女性が出会い、共によりよい表現を求めてソングライティングをする中で恋をするコメディーです。2人が公私両面で理解しあい、助け合い、時にはパートナー自身よりも深くその人を理解しているために他者に向かってその人の代弁をしていく姿は、芸術的な表現を協働で行う人々一般に通ずることでしょう。	スピード	3	
		明瞭さ	2	
		米国訛	1	
		米国外訛	3	
英語の特徴	無表情で言われる冗談を"deadpan humor"と言いますが、アレックスの言葉にはこのような冗談が多く、彼がビジネスや人生に関して鋭い直観を述べたりするときの言葉にもあまり抑揚がありません。こういう英語はやや速いので、DVDで何回も聞き直すとよいでしょう。俳優ヒュー・グラントは英国人なので所々の単語が英国の発音です。言い回しも少し英国風な所があるようです。	語　　彙	1	
		専門語	1	
		ジョーク	4	
		スラング	2	
		文　　法	2	

発展学習

　映画の冒頭でアレックスは "I am a happy 'has-been,' really.　It's a very clear statement: 'I live in the past. Everything good I ever did was long ago. Don't expect anything from me now.' Really takes the pressure off." と言い、人気は落ち目でも心に茶目っ気があります。また彼は、良い流行歌は小説よりも強いという自説を展開します。

Alex　：You can take all the novels in the world and not one of them will make you feel as good, as fast as: "I've got sunshine on a cloudy day.　When it's cold outside, I've got the month of May."　That is real poetry. Those are real poets.　Smokey Robinson, Stevie Wonder, Bob Dylan, the Beatles.（35:39）

　ソフィーは元恋人の作家に彼の小説で登場人物のモデルにされました。それが Sally Michaels という悪女だったので深く傷ついたとアレックスに打ち明けると、彼は自立を促します。

Alex　：Okay, here's what I think.　I think that the truth is that you are terrified of losing Sally Michaels because you'd have nothing to hide behind and you'd have to stand on your own two feet.　…And I will tell you another insight.　I think you are way too talented and gifted and unusual to let anyone keep you from standing.（54:07）

　「コーラが2人の曲をどう解釈して別の曲のようにしてしまおうが、彼女の勝手にさせよう」と考えるアレックスにソフィーは反論し、2人はソウルのある歌をデザートでなくメイン料理（dinner）と呼びます。

Sophie：Your heroes, the Beatles, Smokey, they would never let this happen.
Alex　：That's a completely different thing.　They were geniuses.　They wrote dinner.　I write dessert.
Sophie：No.　You're better than dessert.（1:10:44）

　そして、直接コーラにも、自分の考えをしっかりと、しかも礼儀正しく伝えます。

Sophie：[to Cora] I definitely see how much you've thought about the song and… I appreciate that you're bringing your special thought to the music, but I really and honestly feel that we're pandering.　…The song is about the struggle, you know, to show your true feelings.　And your very confident sexual display is, …a total contradiction of the fear and insecurity.（1:14:11）

　このように、妥協しないよう格闘したり落ち込んだりしながら2人は仕事をしてゆきます。Chapter 23の舞台袖の場面では、アレックスがどのようにコーラを説得したのかがアンチクライマックス的に語られます。背景音もあり聞き取りにくいですが、何回も聞いてみてください。

映画の背景と見所

　1965年の映画『サウンド・オブ・ミュージック』の挿入歌の大部分は作詞者・作曲家が分かれていたのに対して、本作に登場した24曲は "written by（1〜5人）" とクレジットされているので、複数の作者による歌は、映画の2人のように曲と詞に強みのある才能が互いに影響し合いながら作ったことでしょう。映画の中でアレックスのマネージャーは作詞家調達以外の創作的な支援はしていませんが、実際には音楽制作者（プロデューサー）の働きが大きいでしょう。本作の音楽作者のシュレシンジャーはテーマ曲 "Way Back Into Love" を含む6曲を単独や共作で書いて制作にも関わり、別のソングライター達が書いた5曲は、音楽部門責任者のジョシュ・ドイチュが制作しました。ドイチュは映画が撮影されたのと同じ2006年に Downtown Records というレコード会社を設立し、音楽パブリシング社（ソングライターの創作を支援して、録音物ではなく歌そのものの管理を主に行う会社）に発展させたそうです。

　監督のローレンスは、NPRラジオのインタビューで「下手だけれど様々な楽器が演奏できる」と言っています。監督が作者に入っている4曲の中、"Love Autopsy" は彼単独の曲で、俳優の歌唱指導も担当したマイケル・ラフターが制作しました。他の3曲（コーラの "Buddha's Delight"、"Slam" とアレックスの "Bad Hot Witch"）はユーモラスな詞が監督らしく思えますが、ソングライター達と監督の共作で、ドイチュが制作しています。

スタッフ	監督・脚本　：マーク・ローレンス 製作総指揮　：ブルース・バーマン他2名 撮　　影　：ザビエル・グローベット 音　　楽　：アダム・シュレシンジャー 編　　集　：スーザン・E・モース	キャスト	アレックス・フレッチャー　：ヒュー・グラント ソフィー・フィッシャー　：ドリュー・バリモア コーラ・コーマン　　　　：ヘイリー・ベネット クリス・ライリー　　　　：ブラッド・ギャレット グレッグ・アントンスキ　：ジェイソン・アントゥーン

スポーツ

ザ・エージェント	Jerry Maguire	（執筆）山本恵里子

セリフ紹介	競争の激しいアメリカのスポーツ界で、プロ選手（professional athlete）は少しでもよい条件・報酬を得るためスポーツ・エージェント（sports agent・選手の代理人）を雇って交渉します。エージェントも自分の利益のため競争にさらされます。エージェントである主人公ジェリーは会社から突然解雇され、独立せざるを得なくなります。自分の顧客を持ち出そうと必死に電話で交渉するジェリーに対し、フットボール選手ロッドはなかなか返事をしません。 Jerry : Yeah, what can I do for you, Rod? You just tell me. What can I do for you? Rod : It's a very personal, a very important thing. Hell! It's a family motto. Are you ready, Jerry? I wanna make sure you're ready, brother. Here it is: Show me the money. "Show! Me! The! Money!" Jerry, it is such a pleasure to say that! Say it with me one time, Jerry. Jerry : Show you the money. Rod : No, no. You can do better than that! I want you to say it, brother, with meaning!（中略）I bet you can say it! Jerry : Yeah, yeah, no, no, no. "Show you the money." Rod : No! Not show "you"! Show "me" the money! Jerry : Show me the money! Rod : Yeah! Louder! ジェリーはうんざりしながらも、言われる通り「金を見せろ！」と叫び続け、ロッドから承諾を得ます。

学習ポイント	トム・クルーズがスポーツ・エージェントのジェリー・マクワイアに扮し、この職業の厳しさと喜びを表現します。スポーツに関心のある一般の英語学習者やビジネスマンをはじめ、海外でスポーツのプロ選手やスポーツ・エージェントを目指す人にお薦めします。スポーツ・エージェントはスポーツ選手がプロ入りするときや移籍・契約更新の際、選手の代理人としてチーム（プロ球団）との交渉を引き受け、報酬を得る仕事です。有名選手の報酬は巨額になるだけに、腕の良いエージェントは大成功を収めることが可能です。近年日本でも海外チームに移籍する選手が増え、スポーツ・エージェントの存在も徐々に注目されていますが、選手のように表舞台にはでてきません。 　この作品を通し、華やかなスポーツ界での成功の裏に存在する非情なビジネス社会と、そこで奮闘するエージェントたちの姿をみることができます。 【エリート時代のジェリー】大手スポーツ・マネジメント会社のエリート・エージェントとして、成功し自信に満ちたジェリーですが、浅薄で不誠実な人間と批判され、自省します。初心に戻り、もっと選手に良心的なサービスをしようと会社に提案します。生きがいを見つけたかのように生き生きとし、熱意に満ちて行動しますが…。 【社内での駆け引き】ジェリーの提案に対する上司や同僚の反応は、このビジネスの厳しさを露わにします。彼らがどんな言動をとるか観察しましょう。自分のクライアントをほとんど奪われ、会社を去るジェリーですが、引き際の態度やセリフには精一杯の皮肉と意地をこめます。 【顧客とのやり取り】エージェントとして独立したジェリーは、部下ドロシーとビジネスを始めます。ゼロから始めるのは容易ではありません。選手とその家族は皆自分の利益を優先し、本心を見せないこともあります。互いの腹を探り合いながらも、信頼と協力関係を築かなければなりません。 【プロモーション】球団との契約、スポンサー企業との CM 契約を取るための交渉が重要です。ジェリーは各地を駆け回ります。さて、彼はどんな話術で働きかけるでしょう。成功例ばかりではありません。 　ストーリーの中心になるのは、選手として今一つ花がないロッドをジェリーがいかにスター選手に成長させるかです。ジェリーはロッドをどのようにプロモートするのでしょう？果たしてロッドは大成するでしょうか？彼の哲学「クワン」を探ってみましょう。ロッドの家族も重要な役割を果たします。 　ジェリーの私生活では野心家の恋人エヴェリーと、シングルマザーの部下ドロシーがでてきます。エリート志向のエヴェリーはジェリーを loser と呼び、破局します。ドロシーはジェリーに思いを寄せ、部下と上司の関係を超えて結婚してしまいます。ぎくしゃくした夫婦関係をどう改善していくのか、2人の会話に注目しましょう。

あらすじ	主人公ジェリー・マクワイアはロースクール出身の35歳で、Sports Management International（SMI）という一流企業で働くやり手のスポーツ・エージェントです。仕事で成功し華やかな生活を送るジェリーですが、冷酷無情なビジネスに急に嫌悪を覚え、利益より選手への良心的サービスを優先しようと会社に提案します。それが裏目にでて、ジェリーは突然会社から解雇されます。独立せざるを得なくなった彼は、同僚からも婚約者からも冷たく見放されますが、唯一会計係の事務員、ドロシーがついてきます。SMI にほとんどのクライアントも奪われ、残ったのは成績の上がらないアメフト選手ロッドだけ。手のかかるロッドを、ジェリーはあきらめそうになりながらも最後まで支えていきます。成功していたころは人間味の薄かったジェリーですが、ロッドとの関わりやドロシーとレイ（彼女の幼い息子）との関わりによって、徐々に心に温かみが生まれます。 　勝敗や金銭的成功が全てのスポーツ界—そしてそれが象徴する米国のビジネス社会—の中で、何を求め、どう生きるべきなのかを、ジェリーやドロシー、選手たちが模索します。それぞれの異なる価値観や利益がぶつかり合いながらも、選手とエージェントは二人三脚のような関係であり、それが次第に深い絆になっていきます。ジェリーはエージェントとして満足な成功を得たとき、ドロシーとレイへの愛にも素直になることができます。

映画情報	製 作 費：5,000万ドル 製 作 年：1996年 製 作 国：米国 ジャンル：コメディー、ドラマ、ロマンス、スポーツ 言　　語：英語	公開情報	公 開 日：1996年12月13日（米国） 　　　　　1997年 5月17日（日本） 上映時間：139分　　興行収入：2,7355,2592ドル 受　　賞：アカデミー助演男優賞、 　　　　　ゴールデン・グローブ主演男優賞

薦	○小学生　　○中学生　　○高校生　　●大学生　　●社会人	リスニング難易度	発売元：ソニー・ピクチャーズ エンタテインメント（平成29年2月現在、本体価格）DVD価格：1,410円　ブルーレイ価格：2,831円

お薦めの理由	スポーツ映画は多数ありますが、スポーツ・エージェントを主人公にしたものは稀でしょう。エージェントと選手、選手とチーム、エージェント同士などの会話を通し、スポーツ界での交渉の様子に触れることができます。ストーリーとしても、恋愛における交渉術を伏線として組み込み、魅力あるものにしています。仕事で営利よりも良心に従う勇気、信頼関係を築く大切さが伝わってきます。	スピード	3
		明瞭さ	3
		米国訛	3
		米国外訛	1
英語の特徴	全体的に標準的な米国英語が中心です。契約社会の米国ですが、プロ・スポーツの世界では真剣でタフな交渉が行われます。ジェリーの丁寧で紳士的な会話はビジネスマンのお手本でもありますが、初めは上面だけの insincere（本音を言わない）な印象のものもあります。選手たちはスラングの多い粗野な話し方です。特にロッドは、黒人選手としての特徴を出した話し方をします。	語彙	4
		専門語	4
		ジョーク	3
		スラング	3
		文法	2

発展学習

　ビジネス会話の練習として、ビジネス・シーンのセリフをまねてみましょう。初めの方で、ジェリーとボブがクライアントの争奪合戦で次々と電話をかけ、様々な口説き文句を使います。ボブは、"I'm calling you first because you're the most important guy in sports. I want to know one thing. How does it feel to be a legend?" と大げさですが、ジェリーは "Right now you're paying 25% of your endorsements to SMI. I would cut my commission by 7%." といった表現で勧誘します。

　ジェリーがクライアントの選手を育てる話術にも注目しましょう。例えば、口先ばかりで成績が上がらないアメフト選手ロッドをドラフトでの売り込みの際、ジェリーはロッドに自信を持たせるためアドバイスをします。

　"We are going to walk through this lobby. I want every media guy, every player's rep, everybody to see you for what you are: the best-kept secret in the NFL. The most commanding wide receiver in the game. You look fast, fierce, wildly charismatic. You are the man. You are the man. You ready? Let's go."
そして歩きながらも、"You are the greatest, fiercest." と鼓舞して、ロッドに風格を持たせます。

　脇役ながら心に残るのが、ジェリーが心の師と敬うスポーツ・エージェントの始祖、Dicky Fox です。彼の格言が映画のところどころに出てきます。彼のセリフ "The Secret to Success" はこのビジネスへの心構えを示します。

　"The key to this business is personal relationships."
　"I love getting up in the morning. I clap my hands and say, 'This is going be a great day!'"
　"Unless you love everybody, you can't sell anybody."
　"Roll with the punches. Tomorrow is another day."
　"If this [the heart] is empty, this [the head] does not matter."
などがありますが、映画の最後に出てくる切り札の格言を探してみましょう。

　スポーツ・エージェントの職業をもっと詳しく知るため、専門家の説明を英文で読んでみましょう。例えば、Leigh Steinberg のエッセイ "How To Be A Great Sports Agent"（Forbes, 2012年8月15日）にはスポーツ・エージェントの持つべき価値観や選手に対する心構えが書かれています。その中には、"Athletes have short playing careers and the specter of injury is ever present. Quality representation focuses on a holistic approach to second career and life skills." といった指摘も。（http://www.forbes.com/sites/leighsteinberg/2012/08/15/how-to-be-a-great-sports-agent/）現実にスポーツ・エージェントがいかに選手の人生に重要な役割を果たすかを、気づかせてくれます。

映画の背景と見所

　本作品はスポーツ・エージェントの交渉や仕事内容を見せてくれます。お金や名声の絡んだスポーツ界やスポーツビジネス界で、選手もエージェントも厳しい競争にさらされていますが、そこで起こりうるシチュエーションをこの映画から感じ取ることができます。

　英語の面からは、「エージェントと選手（クライアント）」「エージェント同士」「エージェントとプロフェッショナル・チーム」の交渉や会話が豊富にでてくるので、成功例・失敗例を見極めながら見ていきましょう。クライアントとの取引では、フランク・クーシュマンとロッド・ティドウェルという2人の選手の契約の成り行きを見守りましょう。落ち目のロッドを成功に導く道のりは、スポーツ・エージェントとしてのジェリーの成長の過程でもあります。エージェント同士の争いを表す代表的なシーンは、SMI から突如解雇を通達されるジェリーとそれを伝える後輩のボブ・シュガーの場面です。2人はその後も競争し続けます。

　拝金主義や欺瞞（ぎまん）の渦巻く世界で、真の幸せを求め続けたジェリーは、最後にドロシーにこう言います。
　"We live in a cynical world—a cynical world. And we work in a business of tough competitors. I love you. You complete me."

スタッフ	監督・脚本・製作：キャメロン・クロウ 製　　作　　：ジェームズ・L・ブルックス 撮　　影　　：ヤヌス・カミンスキー、ASC 音楽総指揮　：ダニー・ブラムソン 編　　集　　：ジョー・ハッシング	キャスト	ジェリー・マクワイア　　：トム・クルーズ ドロシー・ボイド　　　　：レニー・ゼルウィガー ロッド・ティドウェル　　：キューバ・グッディングJr. ボブ・シュガー　　　　　：ジェイ・モア エヴェリー・ビショップ　：ケリー・プレストン

| | | グローリー・ロード | Glory Road | （執筆）梅垣　昌子 |

セリフ紹介	ドン・ハスキンズは、テキサス・ウェスタン大学のバスケットボールチームの監督に就任するや否や、弱小チームに勝利をもたらすため、有力選手スカウトの旅に出ます。1960年代の米国南部では、黒人プレーヤーの起用は一般的ではありませんでしたが、ハスキンズは米国北部を行脚して将来有望な黒人選手を勧誘し、奨学金の手配をして大学に迎え入れます。ハスキンズの強い信念は、規律を重んじること。雇い主には "Sir, I do believe in discipline" と断言し、人種差別や偏見に押しつぶされそうな黒人の若者をゲームの勝者にすべく、厳しい練習を課します。 　また、目立ちたがりの選手が派手なプレーをし、"I'm just playing my game"（自分はやりたいプレーをやってるだけさ）と主張すると、"We are playing my game here. All that other stuff's just insecurity. Great players make just simple, basic, easy plays. Showboating's just nothing but insecurity."（ここでは私のやり方でやるんだ。あんな派手な立ち回りは認めない。優れた選手は、シンプルで基本に忠実なプレーをする。スタンドプレーは危険でしかない）と教え諭します。しかし、その厳しさに選手たちは背を向けます。"This ain't basketball. You killing me."（こんなのバスケじゃない。シゴキだ）と不満をいうのです。 　そのときにハスキンズが放つセリフは重要です。"You wanna quit? You quit right now, you quit every day the rest of your life."（やめたいのか？　もし今やめたら、この先ずっと一生、中途半端なままだぞ）「やめずに貫き通す」という言葉は、のちに「黒人びいき」として攻撃されるハスキンズ自身をも励ますことになります。チームのメンバーと真摯な態度で接するハスキンズの生き方は、指導者の鏡といえるでしょう。
学習ポイント	映画では、ハスキンズ監督とバスケットボールチームの学生たちとの会話が多くの部分を占めますが、監督が学生の保護者と話をする場面や、チームの練習を指導する場面には、社会人としてマスターしておきたい表現が頻出します。また、知らない者同士がチームを組んで協力態勢に入るときに必要な、初対面のコミュニケーション方法などについて、ユーモアたっぷりの会話で学ぶことができます。その際、イントネーションにも注意を払ってリスニングの練習をすると、微妙なニュアンスがよくわかります。監督とその補佐役との会話から、上司と部下のやりとりについても、くだけすぎない快活な表現が参考になります。たとえば、資金のあてがない中で、はるばるニューヨークまで選手をスカウトにいくよう監督に指示された補佐役のセリフです。 Moe : You gotta be out of your mind. And who's paying for all this, if you don't mind me asking? 　（お気は確かでしょうか？　それに、憚りながら尋ねますが、出張費はどなたが払ってくれるのでしょうか？） 　米国の北部で別々にスカウトされた黒人青年たちが、バスに乗って見知らぬテキサスの土地に入っていく場面は、一口に米国といっても北部と南部では風土が全く異なることを実感させてくれます。青年たちは初めての異文化体験に当惑しながらも、ユーモアあふれる会話を楽しんでいます。 Willie Cager　　 : I don't think we're even on earth anymore, brah. Nevil Shed　　　 : Looks like we're the first black men on the moon. Willie Worsley : If this is God's country, obviously the good lord don't want no neighbors. 密集したアパートの林立する都会から来た若者たちは、見渡すかぎり乾燥した大地とサボテンが続くテキサスの風景を月面になぞらえ、自分たちは宇宙飛行士か、とジョークを飛ばします。また、神の国というけれど隣人はどこにいるのかと冗談を言います。もちろん「汝の隣人を愛せよ」という教えを意識してのことです。スカウトされてきた黒人選手たちが大学の寮に到着し、既存の白人の選手たちと初めて顔を合わせる場面の会話には、独特の緊張感が走ります。ぎこちないながらも、敵対関係を回避すべく、名前と出身地を述べるのが定番です。"Hey, look, guys. My name's Togo Railey. I'm from El Paso. Where y'all from?" "Bobby Joe Hill, from Detroit." しかし徐々に自己主張が入り、フォワードという自分のポジションも告げます。"Year, I'm Willie Cager, South Bronx. Forward." さらに、選抜選手でスタメンだというアピールも入ってきます。"Jerry Armstrong. Eaglevill, Missouri. All-State, 19 boards a game. Starting forward." これに対する次のセリフは、"the" が強調されます。"Harry Flournoy. Gary, Indiana. United Steel Mill day shift. *The* Starting forward." 製鉄所で働いていたハリーは、我こそが「本物の」スタメンのフォワードだというわけです。
あらすじ	1965年、米国のテキサス州のフォートワースで、高校の女子バスケットボールチームの監督として選手権大会に臨み、勝利を得たドン・ハスキンズ。その腕を買われ、同州のエル・パソにあるテキサス・ウェスタン大学に、バスケットボールチームのヘッドコーチとして就任することになります。ところが大学の資金力は限られていると釘をさされます。ハスキンズは家族とともに学生寮で生活しながら、鳩が天井に飛んでいるような体育館の施設で、自分のバスケットボール哲学にもとづき、強いチーム作りに着手します。公民権法が成立したばかりの米国南部では、黒人に対する差別意識が根強く残っていました。同僚からは、「黒人はホームで1人、アウェイで2人、負けているときでも3人までしか出さないという暗黙のルールがある」と言われます。しかしハスキンズは、「自分は勝ちに行く」と宣言し、7人の黒人選手をスカウトします。白人5人を加えた12人のチームをハスキンズは厳しく律し、迎えたシーズンの開幕戦で、イースタン・ニューメキシコ大学を下し、ついに全米ランキング4位にまで登りつめます。そんな折り、遠征先で立ち寄ったレストランで、1人でトイレに行ったチームの黒人選手が、白人に囲まれて襲われるという事件が起こります。チーム内にも微妙な人間間の軋轢が生じそうになる中、彼らを1つにまとめたハスキンズは快進撃を貫き、見事に強豪校のケンタッキー大学を打ち負かして、全米チャンピオンに輝きます。
映画情報	製　作　年：2006年 製　作　国：米国 製作会社：ジェリー・ブラッカイマー・フィルムズ 　　　　　　ウォルト・ディズニー・ピクチャーズ他 ジャンル：ドラマ、スポーツ、伝記
公開情報	公　開　日：2006年1月13日（米国） 上映時間：118分 興行収入：4,293万8,449ドル 受　　賞：ESPY Awards（2006年） 　　　　　　（ベスト・スポーツ映画賞）

薦	○小学生　○中学生　●高校生　●大学生　●社会人	リスニング難易度	発売元：ウォルト・ディズニー・ジャパン （平成29年2月現在、本体価格） DVD価格：1,429円

お薦めの理由	バスケットボールの弱小チームを勝利に導いた熱血コーチが、自信を喪失したり、逆に自信過剰でチームワークを乱す選手たちをどのように1つにまとめていくか。コミュニケーションの技術や、初対面の相手の信頼を勝ち取るためのコツは、仕事の現場でプロジェクトチームをまとめるプロセスにも応用できそうです。また、英語でスポーツを指導するときの語彙も豊富に仕込むことができます。	スピード	3
		明瞭さ	3
		米国訛	3
		米国外訛	3
英語の特徴	米国南部が舞台となっていますが、南部の訛りが強い会話だけでなく、北部からスカウトされてきた選手たちの会話や、バスケットボールの試合でのスポーツ中継のアナウンスも多く含まれていますので、全体的に聴き取りやすい内容となっています。テキサスという土地柄ですので、スペイン語の語彙も時々飛び交います。選手たちの会話には、口語表現にみられる短縮形 ain't が頻出します。	語　　彙	3
		専門語	3
		ジョーク	2
		スラング	3
		文　　法	3

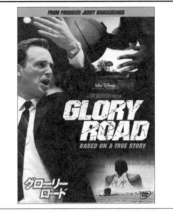

発展学習

　ハスキンズ監督が選手を指導する場面は、スポーツの分野で英語を使用して仕事または活動しようとする人には、大変参考になります。体の動かし方について瞬時に的確に指示を出すことは案外難しいのですが、ハスキンズのセリフから、定型の表現方法を学ぶことができます。例えば、スカウトしようとする黒人選手にスタンスのとり方と効果的なステップを教える場面に着目してみましょう。得意げにプレーする若者に対して、ディフェンスをするから自分を抜いてみろ、と挑発するハスキンズ。若者は馬鹿にしきった様子で、「抜いてみろ、だって？」（"Get past you"）と余裕の態度で答えます。しかし若者は、息切れしながらも彼を阻むハスキンズの鉄壁のディフェンスを前に太刀打ちできず、愕然とします。ハスキンズは次のように指導します。

Haskins : Hey, hold it, hold it. You expect me to react to all that head-shake and body gyration? It's activity without accomplishment. You got the ball in front of you. You ain't going anywhere without it. Try this. It's called a rocker step. You ready? Get in your stance. OK? See? The difference between me and you is I got the ball protected. And, it looks like I'm starting to dribble, so you got to react, and when you do, cross over, dribble right by you. Try it. It's simple, but it'll make that pretty little shot of yours work.

「待った」をかける表現（hold it）、頭や体を揺らす動作（head-shake, body gyration）や体を切り返す動作（cross over）およびバスケットボールのステップや体勢に関する表現（a rocker step, stance, dribble, shot）などが次々に繰り出され、リズム感のある場面です。会話のスピードは速めですが、シャドーイングの練習をすることによって、英語でスポーツを指導したり習ったりするときには欠かせない瞬発力を養うことができます。指導の締めくくりに、「やってごらん。単純なことだけど、これをマスターしたら君の持ち前のシュートが決まってくるよ」という励ましの言葉を忘れないのは、優れた監督の条件でしょう。これはスポーツの監督だけでなく、仕事で後進を指導する立場のチームリーダーにとっても、大変参考になるポイントです。

　ハスキンズ監督は、また、能力をもちながら不当な差別を受けてやけっぱちになっている選手を力づけるための、巧みな表現に秀でています。"I intend to start you—start NCAA Division One ball."（君を全米学生選手権の一部リーグの試合でスタメンにしたいんだ）という言葉に、"What is it with you, mister? I've accepted it. What are you smoking?"（あんた、おかしいんじゃないのか？　俺はもうあきらめたんだ）と答える若者。しかし監督は "I ain't smoking nothing, son. Now, you just told me about a big dream you have. I can let you play." と答え、夢の実現に希望を持たせます。

映画の背景と見所

　この映画は実話にもとづいています。テキサス・ウェスタン大学が強豪（powerhouse）のケンタッキー大学を破ったのは、史上まれにみる大番狂わせであり、歴史上最も重要な試合だったと言われています。映画の冒頭には、「1965」の文字が浮かびあがり、当時のニュース映像を思わせる、重大事件などの様子が走馬灯のように流れてゆきますが、その中にマーチン・ルーサー・キングの演説風景も混じっています。当時の米国は公民権法が成立したばかりで、特に南部では人種統合の摩擦が尾を引いている時期でした。着任したばかりのハスキンズに対し、古株のロスは、"Well, then now, Coach, let me try to paint you a little picture. There are no coloreds playing Division One basketball in the South."（コーチ、あんたに様子を知らせておきたいんだがね。南部じゃあ、一部リーグでプレーしている黒人選手はいないんだよ）と諭します。しかし、チームを勝たせたいというハスキンズの意思はかたく、"I don't see color. I see quick, I see skill, ...And that's what I'm putting on the court."（肌の色は関係ない。敏捷さと技術…それがコートで重要なんだ）と言い放ちます。ハスキンズの熱意が次第に周囲の人々の差別意識や偏見を取り除いてゆき、最後に手にした勝利で拍手喝采を浴びる様子は、深刻な時代の希望の光として感動的です。

スタッフ	監　　督：ジェームズ・ガードナー 脚　　本：クリストファー・クリーヴランド 　　　　　　ベティナ・ジロイス 製　　作：ジェリー・ブラッカイマー 製作総指揮：チャド・オマン他	キャスト	ドン・ハスキンズ　　　　：ジョシュ・ルーカス ボビー・ジョー・ヒル　　：デレク・ルーク ジェリー・アームストロング：オースティン・ニコルズ アドルフ・ラップ　　　　：ジョン・ヴォイト モー・イバ　　　　　　　：エヴァン・ジョーンズ

コーチ・カーター	**Coach Carter**

(執筆) 梅垣　昌子

セリフ紹介

　母校のバスケットボールのコーチに就任したケン・カーターは、往年の名選手。弱小チームで学業成績も決して良くない選手たちに、スポーツを通して自尊心を教え、立派な社会人に育てようとします。練習の初日にカーターが選手たちに力強く発する言葉は、その後のチーム作りの指針となります。

Coach Carter : Because if there's one thing I know, it is this: the losing stops now.　Starting today, you will play like winners, act like winners, and most importantly, you will be winners.　If you listen and learn, you'll win basketball games.　And, gentlemen, winning in here is the key to winning out there.

　カーターは高校生たちに勝つことの醍醐味を教え、「負け組」から脱出させようとします。(the losing stops now)今取り組んでいるバスケットボールで勝てば (winning in here)、社会に出てからも人生の勝者となることができる (winning out there) のだということをわからせようとします。そのために自分が強力なリーダーシップを発揮して、高校生たちを成功へと導こうとします。カーターはまず、選手たちに「敬意」を教えます。黒人の生徒たちが、互いに差別的な呼称（「ニガー」）を使用すると、「そんな言葉遣いは全然カッコよくない (not cool)。それは私たちの先祖に対する侮辱の言葉だったのだ」(a degrogatory term used to insult our ancestors) と叱ります。自分のもとでプレーするために独断で転校の手続きをしてしまった息子ダミアンに対しては「責任感」を教えます。(Part of growing up is making your own decisions and living with the consequences.) 大人になるということは、自分自身で決断すること、そして、その結果に対して責任をもつことである、という言葉には重みがあります。

学習ポイント

　黒人コーチのケン・カーターは、前コーチのホワイトから、「これ以上続けるのは限界なので、あとを引き継いで欲しい」と言われます。

Coach White : I can't get them to show up for school, for practice.　I can't get parents involved, and I'm done chasing kids in the streets and pulling them into the gym.

　生徒たちは学校やバスケの練習をサボり、保護者も無関心。街で遊んでいる彼らを捕まえて体育館に引っ張ってこなければならない、というのです。カーターは、自分が高校生だったころを思い出します。

Coach Carter : You know, that school was rough when I went there.　It's way beyond that now.

　学校は昔も荒れていたが、今は更にひどくなっていることを実感します。彼は妻に言います。"Those boys, they're so angry and undisciplined."（あの子たちは怒りを抱えていて、荒れ放題だ）そんな生徒たちに、カーターがどのように規律（discipline）を教えるのか。彼の力強い言葉から、その指導力の高さの秘密を学ぶことが、この映画の重要な学習ポイントとなります。カーターと選手たちの初対面の場面を見てみましょう。

Coach Carter : I'm Ken Carter, your new basketball coach.

Worm　　　 : We hear you, dog.　But we can't see you.　The glare from your big, black-ass head is hella shiny, man.　Damn, do you buff it?

Coach Carter : Oh, you got jokes to go along with that ugly jump shot of yours, huh?　First of all, if you need to know my credentials, as Coach White said, they're on the wall there behind you.　Secondly, if basketball practice starts at 3, you are late as of 2:55.　You, shooting ball, what's your name, sir?

Lyle　　　 : Jason Lyle, but I ain't no sir.

Coach Carter : You are not a sir.　Are you a madam?　As of now, you are a sir.　So are the rest of you.　"Sir" is a term of respect.　And you will have my respect until you abuse it.

　バスケットボールチームの選手たちに礼儀正しく自己紹介をしようとするカーターコーチに対して、選手たちは失礼な言葉を連発します。カーターは1972年の「全米高校代表」に選ばれていることから、「まぶしすぎてあんたのことが見えない」などと、ふざけた態度で答えます。それにたいしてカーターは、「3時から練習。2時55分までに体育館に入らないと遅刻だ」と、規律の第一歩を教えます。次いで、高校生の選手たちを"Sir"づけで呼びます。言葉遣いの矯正によって、彼らが敬意を払うに価する存在だという意識をまず植え付けようとします。

あらすじ

　スポーツ用品店を経営するケン・カーターが、高校のバスケットボールの試合を見に行くところから、映画は始まります。試合は、息子ダミアンが通う聖フランシス高校とリッチモンド高校との対戦。カーターはリッチモンド高校のOB です。1970年代始めに全米高校代表だったカーターは、母校のコーチを依頼されます。家族と相談した結果、コーチを引き受けることにしたカーターは、早速チーム作りを始めます。選手たちは礼儀を知らず、体力もなく、成績も振るわず、中には街で犯罪の片棒を担いでいる者もいます。カーターはまず、選手たちに"sir"という言葉を使うことを教え、自分と相手に対する敬意を大切にするよう諭します。また試合日はタイの着用を義務付け、規律を守らせようとします。さらに学業成績が一定以上でなければプレーすることを許さないという契約を選手と結びます。選手たちに厳しいトレーニングを課すカーターは、最初こそ疎ましがられますが、次第に信頼を得て、チームはついに優勝します。しかし、気をよくした選手たちはハメを外して夜遊びし、カーターを怒らせます。そんな折、生徒たちの成績不振による契約不履行を見抜いたカーターは、体育館を封鎖。優勝チームを応援する親や地元民は、カーターの厳格な態度を批判して辞任に追い込みますが、カーターは信念を貫きます。生徒たちはそんなカーターの期待に答え、見事成績を回復して GPA 2.3 を達成します。練習は再開されチームはついに州大会に進みます。

映画情報

製 作 費：3,000万ドル	公 開 日：2005年1月14日（米国）
製 作 年：2005 年	2005年8月 6日（日本）
製 作 国：米国	上映時間：136分
製作会社：MTVフィルムズ他	興行収入：7,666万9,806ドル
配給会社：パラマウント映画	MPAA（上映制限）：PG-13

120

薦	○小学生　○中学生　●高校生　●大学生　●社会人	リスニング難易度		発売元：NBCユニバーサル・エンターテイメント（平成29年2月現在、本体価格）DVD価格：1,429円

お薦めの理由	カリフォルニアのリッチモンド高校が舞台ですが、教育現場での生徒や学生対応が細やかに描かれているだけでなく、メディアの報道姿勢や、契約に関する詳しい説明なども盛り込まれています。教育関係の仕事に携わる人だけでなく、保護者の立場にあるすべての人々や、スポーツの指導者に大変参考になる内容です。契約の何たるかも学ぶことができ、ユーモアで人を説得するコツも満載です。	スピード	3
		明瞭さ	3
		米国訛	2
		米国外訛	1
英語の特徴	高校生の会話には俗語が多用されますが、コーチと保護者の対話、コーチと同僚や校長との会話、さらにメディアのインタビューや公聴会の場面などは、改まった表現が使用されます。　練習風景では、"report to the baseline"（エンドラインに行け）などの指示や"suicides"ダッシュ（シャトル）、"push-up"（腕立て伏せ）などの語彙が頻出します。	語彙	3
		専門語	3
		ジョーク	3
		スラング	3
		文法	3

発展学習	遅刻の厳禁と敬語の使用、という大前提とともに、カーターが高校生たちに対して要求したことは、学業においてしかるべき成績を修めることでした。まずは彼らと、契約を結びます。米国は契約社会と言われますが、カーターがここで試みたことは、規則を守って自分の行いに責任をもてる立派な社会人を育てることでした。カーターと選手たちおよび保護者との会話には、契約や学業成績や成果の測定について話すときには欠かせない語彙が頻発します。カーターは、成功への道に欠かせないものとして、選手たちに契約書の内容を説明します。

Coach Carter : This contract states that you will maintain a 2.3 grade point average. You will attend all your classes and you will sit in the front row of those classes.（契約書の内容は、こうだ。成績は、GPA 2.3 を維持すること。すべての授業に出席し、最前列に座ること）

　カーターはさらに、保護者の協力を得ようとします。保護者を招集した説明会で彼がどう話すか見てみましょう。部活動をするためには、GPA で2.0をとればよいことになっている、どうして2.3を要求するのか、という保護者の質問にたいして、カーターは次のように答えます。

Coach Carter : If you have a 2.0, you have to score at least 1050 on the SAT to be eligible for an athletic scholarship. If you have a 2.3, you only need 950. Now, 2.3 is just a C-plus. It shouldn't be that hard to maintain a C-plus. These boys are student athletes. "Student" comes first.

「GPA で2.0だったら、SAT で1050点をとらないと運動選手に与えられる奨学金応募の資格が得られない。もしGPAで2.3を達成すれば、SAT は950点でよい。ところで GPA の2.3というのは、C プラスの評価のこと。そう考えれば、さして難しくないはず。この子たちは、高校生選手だ。生徒が本業だ」というふうに、カーターはわかりやすく論理的に説明します。しかし親は、まだ納得しません。服装に関する規則（dress code）の「試合の日にはネクタイ着用」という項目についても、「ネクタイなんか持っていない、たかがバスケじゃないか」と抗議します。それに対するカーターの答えは、こうです。

Coach Carter : And basket is a privilege, ma'am. If you want to play basketball on this team, these are the simple rules you have to follow, if you have to enjoy that privilege. Now, if you decide to follow these simple rules, I need you and the boys to sign this contract. They can bring the contract to practice tomorrow.

たかがバスケ、されどバスケ。カーターはプレーすることの意義を力説し、契約の大切さを選手と保護者に納得させます。 |

映画の背景と見所	この映画は、実話にもとづいており、映画の最後で、それぞれの登場人物の「その後」が紹介されます。　映画の舞台はカリフォルニア州のリッチモンド。コーチとなったカーターは "A two-sport all-American. Still holds records for scoring, assists, steals. Basketball scholarship to George Mason University" と紹介されます。バスケットボールを含む2種類のスポーツで「全米高校代表」に選ばれ、今でも破られていない記録の保持者であるカーターは、奨学金を得て大学に進学。自分と同じ道を母校の後輩たちにも切り開いてやるべく尽力します。　映画の中でカーターは統計（stats）の話をします。それによれば、リッチモンド高校では卒業できるのは全生徒の50%で、そのうち大学に進学するのは6%。また地元では、18歳〜24歳の黒人男性のうち33%が逮捕歴をもつという状態です。そのような中、カーターは後輩たちを人生の負け組にしないため、学業での成果達成を最優先事項に掲げます。GPA は米国の高校や大学で一般的に使用され、成績の5段階評価（A,B,C,D,E,F）を数字（4,3,2,1,0）に置き換えて一定の計算方法で平均値を出します。大学能力評価試験 SAT（Scholastic Assessment Test）とともにカーターは重視しています。ただ単に「頑張れ」というだけでなく、その方法をデータに基づいてきちんと説明するカーターは、指導者の鏡といえるでしょう。カーターはこうして、保護者の考え方も変えていきます。

スタッフ	監　　督：トーマス・カーター脚　　本：マーク・シュワーン、ジョン・ゲイティンズ製　　作：デヴィッド・ゲイル、ブライアン・ロビンス　　　　　マイケル・トーリン製作総指揮：トーマス・カーター他	キャスト	ケン・カーター　　　　　：サミュエル・L・ジャクソンダミアン・カーター　　　：ロバート・リチャードケニヨン・ストーン　　　：ロブ・ブラウンチモ・クルーズ　　　　　：リック・ゴンザレスジャロン・"ワーム"・ウィリス：アントウォン・タナー

タイタンズを忘れない	**Remember the Titans**

（執筆）梅垣　昌子

セリフ紹介

　人種統合を行うことになった米国ヴァージニアの州立高校に、アメリカンフットボールの黒人監督として着任したハーマン・ブーンは、黒人と白人の選手たちが互いに壁を作って混じり合わず、そのことがチームワークを乱している事実にいらだちを覚えます。合宿の期間中に、ブーンは選手たちを夜明け前のランニングに連れ出します。南北戦争の古戦場ゲティスバーグで、息を切らしている選手たちを休ませたブーンは、彼らに次のように語りかけます。

Coach Boone : This is where they fought the battle of Gettysburg. Fifty thousand men died right here on this field, fighting the same fight that we are still fighting among ourselves today. This green field right here, painted red, bubblin' with the blood of young boys. Smoke and hot lead pouring right through their bodies. Listen to their souls, men. I killed my brother with malice in my heart. Hatred destroyed my family. You listen, and you take a lesson from the dead. If we don't come together right now on this hallowed ground, we too will be destroyed, just like they were. I don't care if you like each other or not, but you will respect each other. And maybe... I don't know, maybe we'll learn to play this game like men.

　ブーンは南北戦争で流れた血について黒人と白人の選手たちに共に考えさせ、現在の彼らの反目がいかに無益で人間性を損なわせるものであるかということを実感させます。過去の過ちを繰り返さないよう、たとえ相手のことを好きになれなくても、互いに認め合い尊重しあうことの重要性を教え諭します。この日を契機にチームは大きく変化します。

学習ポイント

　ブーン監督は、一本筋の通った強力なリーダーシップで、最初はバラバラだった高校生たちを見事に結束力のあるアメフトチームにまとめあげてゆきます。ブーンの説得力のある言葉や、選手たちを自分に従わせる手腕は、異文化コミュニケーションや交渉術の重要なスキルを示唆するものとして、スポーツ関係のみならず、いろいろな仕事に就く人々にとって参考になります。黒人選手のジュリアスは、白人のキャプテン、ゲリーが自分の態度（attitude）を非難したとき、"attitude reflects leadership"（態度はリーダー次第）と切り返し、「尊敬できる指導者ならば従う者の態度も良くなる」という意味のことを言います。ブーン監督は一貫して選手たちに「完璧さ」（perfection）を求め、その真摯な態度はぶれることがありません。黒人と白人の選手が喧嘩騒ぎを起こした後、ブーンが何を語るか、見てみましょう。

Coach Boone : Football is about controlin' that anger. Harnessin' that aggression into a team effort to achieve perfection. This is a public school program. I will never, ever cut a player who comes out to play for me. But when you put that uniform on, that Titan uniform, you better come to work. We will be perfect in every aspect of the game.

　ブーン監督は、肌の色に関係なく、「タイタンズ」のユニフォームを来た選手たちに "perfection" というキーワードを与えて、勝利という共通のゴールに邁進させます。そのために、まずは自分に懐疑的で反抗的な白人のキャプテンに対し、有無を言わせぬ厳しさで、監督に対する敬意と上下関係の意識を植え付けます。

Coach Boone : Are your parents here?

Gerry : There's my mother.

Coach Boone : Good. You take a look at her. 'Cause once you step on the bus you ain't got your mama no more. You got your brothers on the team and you got your daddy. You know who your daddy is, doncha? Gerry, if you want to play on this football team, you answer me when I ask you who is your daddy? Who's your daddy, Gerry? Who's your daddy?

Gerry : You.

Coach Boone : And who's team is this Gerry? Is this your team? Or is this your daddy's team?

Gerry : Yours.

　ブーン監督は、自分の絶対的な地位を明確に宣言します。"This is no democracy. It is a dictatorship. I am the law."

あらすじ

　1981年、米国のヴァージニア州アレクサンドリアの墓地に、黒人と白人の人々が連れ立って集まります。高校のアメリカンフットボールチームの同窓生と監督たちです。かつてチームを率いたキャプテンのゲリー・バーティアーの葬式です。冒頭のこの場面は、映画の最後に再び現れます。ナレーションは助監督のヨーストの娘、シェリル。黒人と白人とが協力しあって暮らしていくことの大切さを語ります。物語の舞台は10年前の1971年、人種統合が行われたばかりの T.C. ウィリアムズ高校。ビル・ヨーストが監督を務めるチームに、黒人のハーマン・ブーンが配属されます。教育委員会の決定でブーンが監督に就任し、ヨーストは助監督に甘んじることになります。人種間の平等が教育現場で実現されていることを明示するための人事でしたが、ブーンに対する白人の保護者たちからの風当たりはきつく、またチーム内でも白人と黒人の生徒は分裂して互いに敵意をむき出しにします。ブーンは厳しい態度で強力なリーダーシップを発揮し、ゲティスバークでの合宿を境にチームをひとつにまとめてゆきます。白人キャプテンのゲリーは、黒人選手のリーダー格のジュリアスと親友になり、ヨーストも次第にブーンに信頼を寄せるようになります。チームは強豪校を倒して快進撃を進めますが、決勝戦直前にゲリーが事故で下半身付随になってしまいます。しかしチームはその悲劇を乗り越え見事、優勝を果たしたのでした。これは実話に基づく物語です。

映画情報

製　作　費：3,000万ドル
製　作　年：2000 年
製　作　国：米国
配給会社：ブエナ・ビスタ・ピクチャーズ
ジャンル：人間ドラマ

公開情報

公　開　日：2000年9月29日（米国）
　　　　　　2001年4月28日（日本）
上映時間：113分
オープニングウィーケンド：2,090万5,831ドル
興行収入：1億3,670万6,683ドル

薦	○小学生　○中学生　●高校生　●大学生　●社会人	リスニング難易度	発売元：ウォルト・ディズニー・ジャパン （平成29年2月現在、本体価格） DVD価格：1,429円

お薦めの理由	人種統合が行われたばかりの１９７０年代、米国南部の高校のアメフトチームの活躍を通して、公正であることの意味や、偏見にとらわれない自由なものの見方を獲得することの重要性を実感させられる映画です。複雑な人間関係や人種・思想の問題の扱い方、またリーダーのあるべき姿や、リーダーをサポートする人材の貴重さについても多くのヒントを含む点で、社会人に是非見て欲しい作品です。	スピード	3
		明瞭さ	3
		米国訛	3
		米国外訛	1
英語の特徴	米国の南部が舞台となっていますので、会話には南部の訛りが出ていますが、日常会話はスピードがそう速くはないので、聞き取りやすい部類に入ります。アメリカンフットボールに特有の語彙が出てきますが、細かい試合運びが物語の筋に影響することはないので、ディフェンス、オフェンス、クォーターバック、ラインバッカーなどの基本的な単語を押さえておけば、ストーリーの理解に支障はありません。	語彙	3
		専門語	3
		ジョーク	4
		スラング	3
		文法	3

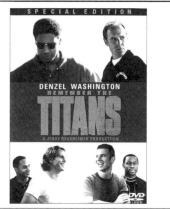

発展学習

　高校のフットボールチーム「タイタンズ」を率いるブーン監督は、黒人と白人の選手たちが混じり合おうとしないのを見て、合宿中に課題を出します。それは、人種の異なるチームメート（a teammate of a different race）と１対１で話し、相手の家族や趣味が何かを知り、その結果を報告することでした。全員が全員と話をするまで、練習量を増やすと宣言します。選手たちは戸惑いながらも徐々に課題をこなそうとしますが、黒人選手と白人選手の対話は、ちぐはぐです。相互の理解のなさが暴露されますが、その様子がユーモアたっぷりに描かれているところに、救いがあります。たとえば次のやりとりを見てみましょう。白人選手のアランが、カントリーミュージックをかけて踊っているところです。

　　Alan : What do you think of this one?（これ、どう思う？）
　　Blue : Does the term "cruel and unusual punishment" means anything to you?
　　　　（「残虐で異常な刑罰」っていう言葉、聞いたことないの？）

　ソウルミュージックが得意な黒人選手ブルーには、アランの音楽は拷問にしか聞こえません。持ち前のユーモアでブルーは合衆国憲法修正第８条を引用し、２人の好みの違いを面白おかしく訴えているのです。性格や立場が全くことなる二者の対話に際して、ユーモアを用いながら緊張関係を解く技術は、大人の社会人としてコミュニケーションスキルを習得するときに大いに参考になります。ちなみに、１７９１年に成立した権利章典（Bill of Rights）に含まれる憲法修正第８条（The Eighth Amendment）の原文は、次のとおりです。"Excessive bail shall not be required, nor excessive fines imposed, nor cruel and unusual punishments inflicted."（過大な額の保釈金を要求し、または過重な罰金を科してはならない。また残虐で異常な刑罰を科してはならない）

　一方、人種問題について救いのない会話も、映画の随所に現れます。これらの会話から、この映画で描かれている人種間の相互理解がいかに時間を要するものであるかを推し量ることができます。米国の社会や文化を理解するためには、人種やエスニシティの問題を避けて通ることはできません。試合での勝利に気をよくした選手たちは街に繰り出し、カリフォルニア出身の白人、「サンシャイン」ことロニーは黒人選手のピーティたちとレストランに入ろうとします。ピーティは "This here's Virginia... They got problems with..., you know..." と言葉を濁し、差別的な待遇を受けることを恐れますが、ロニーは "Oh, man, that's history, bro. It's on me."（何言ってんだ、昔の話だろ。おごるからさ）と楽天的です。しかし店に入るとマスターに "Well, this is my establishment. I reserve the right to refuse service to anybody. Yeah, that means you, too, hippie boy." という言葉を浴びせられ、追い出されます。

映画の背景と見所

　この映画は実話にもとづいており、映画の最後に、それぞれの登場人物の「その後」が紹介されます。１９７０年代の米国南部は、公民権法が成立してしばらく経つとはいえ、黒人に対する差別的な待遇は消えていませんでした。映画の冒頭では、"Up until 1971 in Alexandria, there was no race mixing. Then the schoolboard forced us to integrate. They combined the white school and the black school into one called T.C. Williams High School... That summer a black teenager was killed by a white store owner, and the city was on the verge of exploding." というナレーションが入ります。選手たちがゲティスバーグ大学での合宿から戻ってきて、９月の新学期の始業日に登校すると、人種統合（integration）に抗議する人々がプラカードを手に校門のところに溢れかえっています。白人の生徒は、一緒に学ぶことになった黒人の生徒たちと口を聞くことを避け、ゲリーのガールフレンドは、紹介されたジュリアスとの握手を拒みます。このような状態が、アメフトの練習と試合の応援を通してどのように変化を遂げるか。そこが映画の最大の見所です。ヨーストは、人種差別的な体質を忌避して高校アメフトの殿堂入り（hall of fame）を棒に振ります。彼に対するブーンの言葉 "You're a 'Hall of Fame' in my book" がすべてを物語っています。

スタッフ	監　　督　：ボアズ・イェーキン 脚　　本　：グレゴリー・アレン・ハワード 製　　作　：ジェリー・ブラッカイマー 　　　　　　チャド・オマン 製作総指揮：マイケル・フリン、マイク・ステンソン	キャスト	ハーマン・ブーン　　：デンゼル・ワシントン ビル・ヨースト　　　：ウィル・パットン ジュリアス・キャンベル：ウッド・ハリス ゲリー・バーティアー　：ライアン・ハースト ペティー・ジョーンズ　：ドナルド・フェイソン

フィールド・オブ・ドリームス	**Field Of Dreams**	（執筆）寶壺　貴之

セリフ紹介

（1）映画の冒頭で、レイの父親は熱烈な野球ファンで一時期はマイナーリーグでもプレーしていたことを語っています。
He played in the minors a year or two, but nothing ever came of it.
（彼はマイナーリーグで、2年ばかりプレーしたが、成績は平凡だった）

（2）レイは、ある不思議な声を聞くまでは平凡な暮らしを送っていたことを説明しています。
But until I heard the voice, I'd never done a crazy thing.
（私はあの声を聞くまで、型破りなことを何もしたことはなかった）

（3）ある日の夕方、レイはトウモロコシ畑を歩いているとふと不思議な声を聞きます。
If you build it, he will come.（それを作れば彼は来る）

（4）レイからその話を聞いたアニーが聞き返す場面です。
If you build what, who will come?（何を作れば、誰が来るの？）

（5）レイが野球場を作ろうと決心したのは、父親が夢の実現のために何もしなかったことだと例に挙げています。
The man never did one spontaneous thing in all the years I knew him.
（私の知る限り、彼［父］は生涯自ら進んで何かするような人ではなかった）

（6）さらに、レイは2つの不思議な声を聞きます。
Ease his pain. Go the distance.（彼の痛みを癒せ。やり遂げるのだ）

学習ポイント

　このように全編を通して野球をトピックにストーリーが展開されているので、野球選手のみならず球団関係者や野球用具を扱っている方々等、すべての野球ビジネスに関わる人々が、関連する歴史的背景や用語や表現をこの映画から学習することができます。まず、冒頭の場面です。

Ray : He settled in Chicago, where he quickly learned to live and die with the White Sox. Died a little when they lost the 1919 World Series. Died a lot the following summer when eight team members were accused of throwing that Series. He played in the minors a year or two, but nothing ever came of it.（筆者中略）Mom died when I was three, and I suppose Dad did the best he could. Instead of Mother Goose, I was put to bed at night to stories of Babe Ruth, Lou Gehrig and the great "Shoeless Joe" Jackson. Dad was a Yankees fan then, so of course, I rooted for Brooklyn. But in '58, the Dodgers moved away, so we had to find other things to fight about.

　レイの父親が熱烈な野球ファンであることを説明するこの最初の場面だけでも、相当なメジャーリーグに関する用語が出てきます。父親がシカゴに住み始めて最初ホワイトソックスのファンになったことや1919年のワールドシリーズで負けたことやその時にチームの主力8選手が八百長に関連していた歴史、そして父親自身もマイナーリーグでプレーした経験があり、子育ての際もベーブ・ルースやルー・ゲーリックやシューレス・ジョーのことを子守歌代わりに話していたことが分かります。このシューレス・ジョーはなぜ「シューレス」なのかということも、別の場面でマイナー時代の試合中、スパイクが足に合わず6回からスパイクを脱ぎ、裸足になったことに由来していると説明されています。さらに、父はその時ニューヨーク・ヤンキースのファンで、レイ自身はドジャースのファンでしたが、Brooklynという語から、球団がニューヨークからロサンゼルスに移ったこともここから分かります。この映画では様々な場面で、相当な歴史も含めた野球用語が学習できます。

　次に、レイが作った野球場で選手たちが練習試合をする時に会話する場面です。様々な野球に関する用語が出てきます。"Go warm up."（ウォームアップして来い）、"Rookies."（ルーキーだな）、"Safe."（セーフ）、"Go get it."（一発行けよ）、"Hang in there, buddy!"（向かっていくぞ）、"He didn't throw the fast ball, kid."（速球投げてこなくてよかったな）、"Ball."（ボール）、"Those first two were high and tight."（最初の2球は内角高めだった）、"Either low and away or in my ear."（外角低めかぶつけてくるかだ）、"He's not gonna want to load the bases."（塁を埋めたくない）、"Go home."（ホームへ来い）。このように野球に関連する英語表現を学習することができます。

あらすじ

　本作品は、1987年の米国アイオワ州を舞台にしています。マイナーリーグの選手であった父親から小さい頃に、野球の話を聞かされて育ったレイ・キンセラ（ケビン・コスナー）は、学生時代の同級生だった妻のアニー（エイミー・マディガン）と娘のカリン（ギャビー・ホフマン）と平和な日々を送っていました。ある日、自分のトウモロコシ畑で作業をしている時、キンセラは「それを作れば彼は来る」という突然の声を聞きます。その不思議な声と野球場の幻を見たレイは何かの使命感に突き動かされ、畑の一部を失くして野球場を建ててしまいました。当然、周囲の人々の反応は冷やかでしたが、妻のアニーは夫を温かく見守ってくれていました。ただし、畑を失くして野球場を作ったことで、収入はなくなり借金に追われることになりました。約1年が過ぎたある日、娘のカリンが野球場に1人の男が立っているのを発見します。19年のワールド・シリーズで八百長試合を演じたかどで球界を追放されたシューレス・ジョー（レイ・リオッタ）でした。その日を境に、シューレス・ジョーとともに球界を追放されたシカゴ・ホワイトソックスのメンバーが続々と姿を現わしました。憧れの選手たちを自分のグラウンドで見ることに満足を感じるレイでした。36歳の妻子ある男性が、自分の夢を叶えるために冒険できるのは今しかないと、不思議な「声」に導かれるまま、自分の夢に挫折した人々に出会っていくこのストーリーの結末はいかに…。

映画情報

原　　　作：ウィリアム・パトリック・キンセラ
　　　　　　『シューレス・ジョー』
製 作 年：1989年
製 作 国：米国
配給会社：ユニバーサル映画

公開情報
公 開 日：1989年4月21日（米国）
　　　　　1990年3月　3日（日本）
上映時間：107分
興行収入：6,443万1,625ドル（米国）
MPAA（上映制限）：G

薦	○小学生　○中学生　○高校生　●大学生　●社会人	リスニング難易度	発売元：NBCユニバーサル・エンターテイメント （平成29年2月現在、本体価格） DVD価格：1,429円　ブルーレイ価格 1,905円

お薦めの理由	この映画は、1989年公開の米国作品です。原作は、W・P・キンセラの小説『シューレス・ジョー』で、野球をトピックに、親子の絆や夢と希望、そして自己実現を描き上げたドラマ映画です。今現在の自分の地位や立場を捨て去ることは、特に職業のある社会人の方はなかなか難しいことです。しかし、信じることができれば奇跡は起こるということを伝えた本作品を社会人の方にお薦めしたいです。	スピード	3
		明瞭さ	3
		米国訛	3
		米国外訛	3
英語の特徴	本作は、野球を題材にしているので、場面によっては野球に関する英語表現を学習できます。また、この作品では米国英語が話されていますが、比較的聞きやすくスラングも少ないです。学習者にとって教材としてもスピードや明瞭さに関して適度です。また、人生の重要な転機と決断が迫られる場面が多く含まれているので、仕事や、様々な場面で yes や no をしっかり示す重要性も学習できます。	語　彙	3
		専門語	2
		ジョーク	3
		スラング	3
		文　法	3

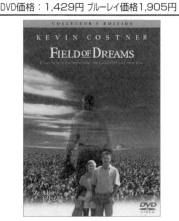

発展学習	「発展学習」ではさらに社会人全般の方々がこの映画から、信念に従って行動することや目標に向かってあきらめずに進んでいくことの大切さについて学習できます。時には自分の夢や信念のために転職も覚悟して決断することもあり、人生には仕事以上に大切なものがあることに気づくことができます。レイが見守る家族、信じることや愛する人を思うことの尊さを本作から学び、自分にとって仕事や家族とは何かを改めて考えることができます。 　まず冒頭で、主人公のレイが "If you build it, he will come."（それを作れば彼は来る）、"Ease his pain."（彼の痛みを癒せ）、"Go the distance."（やり遂げるのだ）と３つの不思議な声を聞きます。最初の声はレイが農作業をしている時に、「それを作れば、彼はやって来る」という声を耳にしますが、やがて「トウモロコシ畑をつぶして野球場を作れば、八百長事件でメジャーリーグから永久追放となったシカゴ・ホワイトソックスのシューレス・ジョー・ジャクソンが再び現れる」ということに気づきました。次の声はいろいろ調べていくうちに、作家のテレンス・マン氏を野球場に連れて行って野球を観戦することだと分かり、球場で他の観客には見えていないビジョンを目にし、３つ目の声を聞きます。マン氏は最初、素知らぬふりをしていましたが、実はマン氏はビジョンを見て声を聞いていて、そこから２人の米国大陸横断の旅が始まります。全てを終えて帰宅した時、この「彼」とは本当は誰だったのかをそして、「声」の主が本当は誰であったのかをレイは分かり、大切なことに気づきます。 　次に、トウモロコシ畑をつぶしてまでも野球場を作ることになった信念から、彼の決意と希望を学ぶことができます。レイが、妻に語りかける場面で、人生の決断について学ぶことができます。"I mean, he must've had dreams but he never did anything about them.（筆者中略）Annie, I'm afraid of that happening to me. Something tells me that this may be my last chance to do something about it. I wanna build that field."と、父親は自分の夢に向かって進まなかったことと対比させてレイは自分の夢に向かって進み、野球場を作りたいということを話しています。人生には様々な決断が必要な場面がありますが、ここでレイの取っている行動から仕事とは何かを考えさせられます。 　最後の場面で、父親とレイとの関係性から家族の大切さを学習します。若い頃に父親と口論の末に家を飛び出し、以来１度も父の顔を見ることも、口をきくことすらもなかったことを心の中で悔やんでいるレイでしたが、選手たちが「向こう側」に引き揚げていく中、最後に残った選手にレイは驚きます。若き日のレイの父親であり、「それを作れば彼がくる」とは亡きレイの父親のことでした。レイは父親の夢を実現させ、時を超えた親子の再会は、レイにとって最高のプレゼントでした。父親が帰りかけた時に「お父さん、キャッチボールしない？」と２人はキャッチボールを始めるのでした。

映画の背景と見所	1989年公開の映画『フィールド・オブ・ドリームス』（Field of Dreams）は、ユニバーサル・ピクチャーズが製作会社です。元々、ウィリアム・パトリック・キンセラの小説『シューレス・ジョー』を原作にフィル・アルデン・ロビンソンが監督と脚本を兼任しました。野球をトピックに、60年代をキーワードとして夢や希望、家族の絆といった、米国で讃えられる美徳を描き上げたドラマ映画です。また、英語名をそのまま発音すると「フィールド・オブ・ドリームズ」ですが、日本で公開されたタイトルは『フィールド・オブ・ドリームス』となっています。特に、野球が親しまれている米国や日本を中心とした国においてヒットした映画で、日本では、第33回ブルーリボン賞や第14回日本アカデミー賞で最優秀外国語作品賞を受賞し、米国では、第62回アカデミー賞で作品賞、脚色賞、作曲賞にノミネートされました。全世界で16の映画賞でノミネートを受け6つの受賞を果たしましたがそのうち4つは日本の映画賞であることからも、日本で特にヒットして共感を得た映画と言えます。その他の点として、レイと共に後半に行動を共にする作家テレンス・マンがいますが、この重要な役は、原作ではジェローム・デビッド・サリンジャーとして描かれています。キャストもケビン・コスナーやジェームズ・アール・ジョーンズ（『スター・ウォーズ』のダース・ベイダーの声で有名）をはじめ、演技派のメンバーがこの映画の魅力を一層高めています。

スタッフ	監督・脚本：フィル・アルデン・ロビンソン 製　　作：ローレンス・ゴードン 　　　　　チャールズ・ゴードン 製作総指揮：ブライアン・フランキッシュ 撮　　影：ジョン・リンドレー	キャスト	レイ・キンセラ　　：ケビン・コスナー アニー・キンセラ　：エイミー・マディガン カリン・キンセラ　：ギャビー・ホフマン テレンス・マン　　：ジェームズ・アール・ジョーンズ シューレス・ジョー：レイ・リオッタ

	炎のランナー	Chariots of Fire	（執筆）上原寿和子

<table>
<tr>
<td rowspan="1">セリフ紹介</td>
<td>
エリックは、安息日の日曜日にサッカーボールで遊ぶ少年に注意し、「安息日は神のための日である」と主張しています。その一方、エリックの父親は、エリックが安息日であろうと妥協することなく神から授かった力を使い競技を続けることを奨励しています。
Eric ： Sabbath's not a day for playing football is it? （... is not a day for ...：〜は〜のための日ではない）
Reverend J.D. Leddell ： Don't compromise. Compromise is a language of the Devil. Run in God's name and let the world stand back in wonder. （compromise: 妥協、in God's name: 神に誓って、stand back in wonder: 世界［の人を］驚嘆させる）
オリンピック選手として走る事になったエリックは、予選の日程が日曜日だと知らされます。安息日であるため、エリックの予選に出ない気持ちは強く、選手団長に相談します。エリックは敬虔なキリスト教徒であるため、神への信仰はそれに勝るとして100m走を棄権することを主張します。
Eric ： For the last three years, I've devoted myself to running, just to be on this ship. I gave up my rugby, my work has suffered and I've deeply hurt someone I hold very dear because I told myself, if I win, I win for God. And now I find myself sitting here destroying it all. But I have to. To run would be against God's law. I was mistaken. （devoted myself to: 専念した、to be on this ship: 目標に近づくため、work suffered: 仕事に悪い影響を与えた、deeply hurt: ［心を］深く傷つけた、hold very dear: とても大事に思う）
</td>
</tr>
<tr>
<td>学習ポイント</td>
<td>
この映画では陸上競技やスポーツに関連したフレーズが多く含まれています。また、英国を舞台にしているため、英国英語とスコットランド英語の単語や発音の違いを聞くことができます。イディオムやフレーズが頻繁に使われているので、全体を通しての理解を深めるためにこれらの要素を学習することをお薦めします。英文を声に出して読み上げ、それぞれのシーンを聞きながらシャドーイングし、さらにフレーズやイディオムを他の例に言い換えてみましょう。
まず、陸上用語、スポーツ関連のフレーズを紹介します。"Get to your marks! Get set. Go." （「用意、ドン」。近代では "Get to your marks" の代わりに "On your marks" と言います）、"A clean sweep for Cambridge star." （圧勝すること）、"They say he can run like the wind." （風のように足が早い）、"Old leg break" （クリケットにおける投球の一種）、"Abraham's hat trick" （投手が3球で連続3人の打者をアウトにすること）、"Come on, Liddle, my innings." （クリケットの打順）、"How's the leg? Nasty fall you took." （激しい転倒）、"I want you to help me take him on." （対戦する）、"I'd like to wish you the best of success." （試合を頑張ってください）、"May the best man win." （ご健闘を！／頑張ってください）、"It's absolutely fundamental, you never look." （基本的なことだ。絶対よそ見をしないこと）、"Young Lindsey failed by a whisker" （タッチの差／ごく短い時間の差）
次に英国英語とスコットランド英語の違いを学習し、その単語をどのような状況で利用出来るか考え、実際に使ってみましょう。まず、英国英語の一例を紹介します。"Lads" （若い男性）、"You're idle man, idle." （暇人）、"Can't do something for toffee" （とても下手）、"Boring old buffer, really." （脳なしのじじい）、"Fiddlesticks!" （悪たれ口の代わりに使われる言葉）、"So you jolly well better enjoy it." （本当に）、"Repton chap." （1557年に創立された英一流パブリック・スクール）続いてスコットランド英語の一例を紹介します。発音はリズミカルです。"Laddie" （若い男性）、"My father here was always waxing lyrical about his wee home on the glen." （小さい/深い渓谷）、"Aye." （はい）
最後に、直訳では理解しにくいイディオムやフレーズを紹介します。"Haven't come across a fellow called Abrahams?" （たまたま遭遇する）、"Do you not think the boy's got enough on his plate without talking up racing?" （やることが沢山ある）、"Waxing lyrical" （何かについて熱心に話すこと）、"You can read all about it before you can say Marco Polo." （びっくりするほど早く）、"Grin and bear it." （苦しい状況を不平を言わずに耐えること）、"It's called the gift of the gab." （口が達者である）、"He'll be all right in a jiffy." （すぐに）、"He frightens the living daylights out of me." （気を失うほど恐れさせる）、"I want you to leave your fire." （決断を待ってほしい）、"For goodness sake, snap out of it, Harold." （さっさと立ち直りなさい）
</td>
</tr>
<tr>
<td>あらすじ</td>
<td>
1920年代、ユダヤ系英国人のハロルド・エーブラハムズはケンブリッジ大学に通います。トリニティー・カレッジの中庭で正午の鐘がなっている間に一周を時間内に走りきる挑戦が伝統的にあり、ハロルドは初の成功者となります。ハロルドはユダヤ人に対する偏見を払拭し、実力を世間に証明する事を糧に短距離ランナーとしての才能を発揮していきます。一方、スコットランドの宣教師の家庭に生まれたエリック・リデルは、神の道より陸上選手として日々のトレーニングに没頭し、妹に心配されますが、オリンピックに向け、神から授かった走る才能を発揮させる事に専心します。1923年、国際陸上競技で転倒しながらもエリックは勝利します。後日、ハロルドとエリックは対戦しますが、エリックが勝利し、敗北したハロルドは陸上競技で立ち直れないほど落ち込みます。そこで1度はコーチを断わったムサビーニが、コーチを申し出ます。これに対し、トリニティー・カレッジの学寮長とキーズ・カレッジの学寮長は、ハロルドがプロのコーチを雇った行為はアマチュア・スポーツ精神に反すると批判します。ハロルドとエリックはオリンピック代表選手として選ばれ、パリに向かいます。努力とトレーニングを重ねたハロルドは100mで金メダルを獲得しました。しかし、エリックは100mの予選が安息日の日曜日と知り、1度は出場辞退を決めましたが、選手の組み替えで平日に予選がある400mに挑戦する事になりました。果たして結果はどうなるのでしょうか？
</td>
</tr>
<tr>
<td>映画情報</td>
<td>
製 作 費：550万ドル
製 作 国：英国
言 語：英語、フランス語
ジャンル：ドラマ、歴史、スポーツ
配給会社：20世紀フォックス
</td>
</tr>
</table>

公開情報	公 開 日：1981年5月15日（英国） 1982年8月21日（日本） 上映時間：124分 オープニングウィーケンド：6万8,907ドル（米国） 受 賞：アカデミー賞作品賞他3部門

薦	○小学生　○中学生　●高校生　●大学生　●社会人	リスニング難易度		発売元：20世紀フォックス ホーム エンターテイメント ジャパン（平成29年2月現在、本体価格）DVD価格：1,419円　ブルーレイ価格：1,905円

お薦めの理由	実話をもとに作られた映画です。アカデミー作品賞、アカデミー作曲賞、アカデミー脚本賞、英国アカデミー賞助演男優賞他、数多くの受賞作品で脚本、映像、音声全ての観点から強く印象に残る1作です。1920年代の英国と1924年のフランス夏期五輪を舞台に、2人の若者が信仰と英国人としてのアイデンティティーを得るために金メダル獲得を目指して走ります。	スピード	3
		明瞭さ	3
		米国訛	4
		米国外訛	1
英語の特徴	ハロルド、大学の学寮長、ハロルドの彼女のシビルは風格高い上流階級の英語を話します。エリックはスコットランド人の発音で話しますが、それほど強い訛りではないため、聞き易い範囲です。英国英語と比較するとスコットランド英語では使用される母音の数が少なく、/w/に2種類の発音がある事が主な特徴です。father、which などの単語で発音の違いを聞いてみると良いでしょう。	語　　彙	4
		専 門 語	3
		ジョーク	2
		スラング	3
		文　　法	2

発展学習

映像を通じて英国の文化や言語を学ぶ事ができます。上流階級の風格を漂わせる語彙選びや表現を学習し、話す環境や相手によって異なる語彙やフレーズを流暢に使いこなせるスキルを身につけるのに効果的です。

映画の撮影場所を介しても英国の文化や言語の習得ができます。機会があればロケ地を訪れ、観光を通して肌で文化や語学を学習することが理想的です。お薦めの場所を以下に紹介します。

(1) West Sands Beach：映画のオープニングと終わりで陸上選手が海岸沿いを走るシーンの場所
　　ヴァンゲリスが演出するシンセサイザーの曲を聞きながらこの映画の中で最も有名なシーンを実際に走ってみてはいかがでしょうか？（所在地：St. Andrews, Fife, Scotland）

(2) Trinity Great Court：学内の中庭をハロルドとエリックが見事に時間内に走りきるシーンの場所
　　実際の撮影場所は、1440年に創設された英国の男子全寮制中高一貫のパブリックスクール、Eaton College であり、ロンドン西郊に位置します。歴代の英国首相19人や著名人を輩出している他に数多くの貴族の子息が通う英国一の名門校です。（所在地：Eton College, Eton, Berkshire, England）

(3) Holyrood Park：エリックがジェニーに将来の目標を明かすシーンの場所
　　エジンバラ城から東に1.5kmほど離れた小高い丘の上にある公園です。ごつごつとした岩山（crags）、湖（lochs）、スコットランドで特徴的な深い峡谷（glens）、玄武岩絶壁（basalt cliffs）、ハリエニシダ（whin / gorse）で形成され、自然の美しさに魅了されるでしょう。（所在地：Queen's Drive, Edinburgh, Scotland）

一流大学の学生や教授などは、アカデミックな語彙を多く使います。下記のようにフレーズを簡単な語彙で表現する練習をしてみましょう。また、易しいフレーズをアカデミックな語彙に言い換える練習もレベルアップにつながります。類義語辞典を使用し、フレーズの言い換え集を作成するのも効果的です。以下に例を挙げておきます。

Henry : I cease to be called laddie when I took up the King's commission. (I stop being called / Nobody called me)
Henry : I'd be obliged if you'd remember it. (I'd be happy / grateful/ indebted)
Robin : Owing to the absence of any other challenger, Mr. Abrahams will run alone.
　　(Since no one else wants to run / Since there are no other competitors)

一流大学や上流階級社会の生活や発音を学ぶ事もできます。アンドリュー・リンジー男爵が出演する場面の服装や発音に注目してみましょう。特にお薦めのシーンは、アンドリューが劇場にいる場面や、シビルがアンドリューにハロルドとの恋愛相談をする部分です。優雅な身のこなしや振る舞いから上流階級の文化を垣間見ることができます。

映画の背景と見所

この映画は実話をもとに製作され、陸上選手のエリックとハロルドのモチベーションは違いながらも、向かう目標は1924年夏期五輪でのメダル獲得です。それぞれのキャラクターの強い信念、人生の選択と成功が人々の心を動かす映画です。ハドソン監督によると、本作は「忠誠心、思いやりと自己犠牲の精神を見つめ直される」作品で、脚色され実話とは異なる箇所がいくつかあるもののハドソンの信念、すなわち「作品は全て境遇や過去の体験に縛られず、勇敢に挑戦する人物を描くこと」が見事に演出されている名作です。"Chariots of Fire"（直訳：炎の戦車）は、ウィリアム・ブレイクの予言書『ミルトン』の序詩「古代あの足が（And did those feet in ancient time）」に由来しますが、脚本の下書き、ドラフトの段階では『ランナーズ』という原題でした。序詩は1916年に曲がつけられ、現在では英国国教会の賛美歌『エルサレム』（Jerusalem）として知られています。テーマ曲の作曲は、ギリシャのシンセサイザー音楽、また映画『南極物語』や『ブレードランナー』の作曲としても知られているヴァンゲリスです。映画が公開された同年の4月にオリジナル・サウンドトラック『炎のランナー』のアルバムが発売され、米ビルボードアルバムチャートで4週間連続1位となりました。そして、翌年1982年にアカデミー作曲賞を獲得しました。2012年にはロンドン五輪に合わせて『炎のランナー』はリバイバル上演され、ヴァンゲリスのテーマ曲も再び脚光を浴びました。

スタッフ / キャスト

監　　督：ヒュー・ハドソン
脚　　本：コリン・ウェランド
製　　作：デヴィッド・プットナム
撮　　影：デヴィッド・ワトキン
音　　楽：ヴァンゲリス

ハロルド・エーブラハムズ　：ベン・クロス
エリック・リデル　　　　　：イアン・チャールソン
サム・ムサビーニ　　　　　：イアン・ホルム
ジェニー・リデル　　　　　：シェリル・キャンベル
シビル・ゴードン　　　　　：アリス・クリーグ

ミリオンダラー・ベイビー		**Million Dollar Baby**	（執筆）岡島　勇太

<table>
<tr>
<td>セリフ紹介</td>
<td>

　この作品のキーワードとなっているゲール語の "Mo Cuishle"（本来の綴りは "Mo Chuisle" とされるが、ここでは作品に出てきたままの綴りで表記）を取り上げながら、ボクシングジムを経営するフランキーがマギーに対して抱く感情が変遷（へんせん）していく様子が分かるセリフとともに、このキーワードについて触れていきます。

　最初フランキーは、入門を希望するマギーに対し "You wouldn't start training to be a ballerina at 31 now, would you?" とボクシングを教えるつもりはないと伝えます。その後、条件付きでマギーにボクシングを教えますが、ある日、別のマネージャー（サリー）にマギーを預けてしまいます。サリーがマギーを本気で育てるつもりがないことを悟ったフランキーは、試合中のマギーへアドバイスを送ろうとします。部外者が勝手にアドバイスしたとみなしたレフェリーは、フランキーに対し "You telling me, this is your fighter?" と尋ねます。レフェリーの問いにフランキーは、"Yeah. This is my fighter." と答え、初めてマギーを自分のボクサーであると認めます。また、フランキーがマギーに対し "It's to protect yourself at all times. Now, what is the rule?" と言い、マギーが "Protect myself at all times." と答えるやり取りがあります。この言葉には、マギーを心配しているフランキーの気持ちが表れています。

　最後にフランキーがマギーを安楽死させる場面で、彼は彼女に次のように言います。
Frankie: Mo Cuishle… means "my darling, my blood."（モ・クシュラは私の最愛の人、私の血という意味だ）

　最初はマギーを突き放していたフランキーですが、ボクシングの指導を通じてマギーへの愛情を深めていったことがこのセリフから伝わってきます。

</td>
</tr>
<tr>
<td>学習ポイント</td>
<td>

　この映画を使ってさまざまな事柄を学ぶことができます。
（１）ボクシングに関する単語や表現の学習
　"cut man"（試合中にボクサーの傷を治す係の人）、"speed bag"（ボクサーがすばやいパンチを練習する時に使用する小さなパンチバッグ）などのボクシングの用語や、ボクシングの指示についての独特な表現を学ぶことができます。一例を挙げると、以下のフランキーのセリフです。
Frankie : Do you know that step into the outside… and hook into the liver?
　また、少々強引な動きを指示する表現として、フランキーは次のような言い方をしています。
Frankie : I don't want you to go to the liver this time, I want you to hit her… right up under her skinny ass. You understand? Right in the sciatic nerve. Just keep digging it in there, digging it in. Just keep sticking her. You hear that?
　これはルールに違反した動きの指示なので、幅広い表現を学ぶ心構えで学習に取り入れてみましょう。
（２）作品中のセリフで文法学習
Scrap : Keep rotating and that keeps your head moving… and keep one shoulder back… so you're always ready to fire a power shot. All right? Go ahead, now. Good, good. Keep rotating, keep moving. That's it.
　このようにボクサーに対して動き方を指示する際に命令形が用いられているので、命令形の学習ができます。
（３）作品中のセリフで発音練習
　自分の好きな場面を使って、シャドーイングの練習をしてみましょう。以下におすすめのセリフを紹介します。
Maggie : I'm 32, Mr. Dunn, and I'm here celebrating the fact… that I spent another year scraping dishes and waitressing… which is what I been doing since 13. And according to you, I'll be… 37 before I can even throw a decent punch which after working this speed bag for a month and getting nowhere… I now realize may be God's simple truth… Other truth is, my brother's in prison, my sister cheats on… welfare by pretending one of her babies is still alive… my daddy's dead and my mama weighs 312 pounds. If I was thinking straight, I'd go back home… find a used trailer, buy a deep fryer and some Oreos. Problem is, this is the only thing I ever felt good doing. If I'm too old for this, then I got nothing. That enough truth to suit you?

</td>
</tr>
<tr>
<td>あらすじ</td>
<td>

　ボクシングジムの経営者であるフランキーは同時に優秀なカットマンであり、トレーナーです。しかし、試合のマネージメントについてはかなり慎重な考えの持ち主でした。ある日、フランキーの元にマギーという女性ボクサーがコーチを頼みに来ますが、フランキーは断りました。フランキーが手塩にかけて育てていたビッグ・ウィリーがタイトルマッチをしたいと申し出ます。フランキーはあと2～3試合してからだと言い諭した結果、ビッグ・ウィリーはフランキーの元から去ってしまいました。失意のフランキーの目に、黙々と練習をしているマギーの姿が目に留まります。彼女はこれまでトレーナーからボクシングを教わった経験がありません。マギーの真剣さに心をうたれ、フランキーは条件付きでコーチすることにしました。はじめは、マギーの試合のマネージメントには消極的なフランキーでしたが、マギーがサリーから不当な扱いを受けていると知り、その後はマギーと二人三脚で試合を重ねていきます。連戦連勝のマギーでしたが、しだいに対戦相手が見つからなくなります。そこで、フランキーはこれまで消極的だったタイトル保持者との試合を組みます。試合に勝ったマギーは、ついに世界王者とのタイトルマッチを行うことになりました。対戦相手ビリーの卑怯な戦い方により、マギーは重傷を負い、2度とボクシングができなくなってしまいました。ボクシングができなくなったボクサーとそのトレーナーは最後に安楽死を選択したのです。

</td>
</tr>
<tr>
<td>映画情報</td>
<td>

原　　作：F・X・トゥール
　　　　　Rope Burns: Stories from the Corner
製 作 費：3,000万ドル　　製 作 年：2004年
製 作 国：米国　　言　　語：英語、アイルランド語
撮影場所：米国　　ジャンル：ドラマ、スポーツ

</td>
<td>公開情報</td>
<td>

公 開 日：2004年12月15日（米国）
　　　　　2005年　5月28日（日本）
上映時間：132分　　MPAA（上映制限）：PG-12
オープニングウィークエンド：17万9,953ドル
受　　賞：第77回アカデミー賞主要4部門受賞

</td>
</tr>
</table>

薦	○小学生　○中学生　○高校生　●大学生　●社会人	リスニング難易度	発売元：ポニーキャニオン （平成29年2月現在、DVD発売なし） 中古販売店等で確認してください。

お薦めの理由	この作品は、再び何かにチャレンジすることの重要性を示しています。フランキーは優秀なボクサーを育てることに、マギーはこれまでの人生を変えるために、ボクシングを通じて自分の人生に、スクラップは公式なものではありませんが再びボクシングの試合にそれぞれ挑戦します。たとえ1度は退いたとしても、再度挑戦することに意義があるということを学ぶことができるでしょう。
英語の特徴	フランキー、スクラップ、マギーの英語に使われている単語は、比較的難易度が低いものが多いです。フランキーとスクラップの発音はやや明瞭さに欠けるので、最初はマギーの英語から聞くと良いでしょう。マギーの発音には南部の訛りがあります。フランキーは同じ言葉を何度も言う傾向が見られます。デンジャーの英語には、教育をあまり受けていない人の英語の特徴が出ています。

スピード	3
明瞭さ	3
米国訛	2
米国外訛	2
語彙	2
専門語	2
ジョーク	2
スラング	3
文法	2

発展学習

発展学習として、次の内容を学ぶことを提案します。
（1）人に動き方を伝える指示の仕方
　例1）Frankie: Get yourself, bend your knees a little bit. Get in an athletic position.
　　　　（少し膝を曲げろ。ボクシングの姿勢をとってみろ）
　例2）Frankie: Stay away from this dame.（この女から離れろ）
　人に動き方を指示する上記のセリフを参考にして、伝わりやすい動きの指示を自分でも英語で考えてみましょう。
（2）文化理解—アイリッシュ文化について
　特徴としてシンボルカラーの緑色が好まれる文化です。神父やフランキーの衣服、マギーのガウンとリングコスチュームは緑色を基調としています。また、入場時のパイプ奏者の服装にも注目してみるとよいでしょう。
（3）映画鑑賞後の意見のまとめ方
　映画の中には、さまざまなことを考えさせられるシーンが登場します。それぞれのテーマについて、自分の意見を英語で述べられるようにしてみましょう。
　まず、女子ボクシングに対する偏見についてで、マギーの母親がマギーに向かって次のようなセリフを言います。
　Earline: Find a man, Mary M. Live proper. People hear about what you're doing and they laugh. Hurts me to
　　　　　tell you, but they laugh at you.
　　（男を見つけな、Mary M。ちゃんと生活しなさい。世間はあんたがやっていることを聞いて、笑っているよ。あんたに言うのは心が痛むけど、みんながあんたのことを笑っているよ）
　真剣にボクシングをしているマギーに対して母親は、早く結婚してきちんとした生き方をしなさいと諭し、世間の人々はあなたのことを笑っていると告げます。あなたはこの母親の意見についてどう考えますか。自分の意見をまとめてみましょう。
　最後は、安楽死についてです。足を切断したマギーはボクサーとして復帰する夢を完全に断たれました。そこでマギーはフランキーに自分を殺してほしいと頼みます。ですが直接的な表現で自分を殺してほしいと頼んではおらず、以前に話した自分が飼っていた犬を父親が処分してしまった話題を引き合いに出し、間接的な表現で頼んでいます。例え体が不自由でも命がある限り生き続けるべきか、それとも一生ベッドの上で過ごすだけであれば命を絶つという選択肢も取りうることができるのでしょうか。自分の考えをまとめてみましょう。

映画の背景と見所

この映画は、F・X・トゥール著の短編集 *Rope Burns: Stories from the Corner* に収められている作品を元に作られています。作者自身がアイルランドからの移民の息子であることや、ボクシングに携わっていたことが作中に反映されています。見所の1つ目は、マギー役のヒラリー・スワンクのボクシングへの取り組みです。フランキーにボクシングを教えてもらえるように頼んでいた時は、まだ体つきも動きもボクサーと呼ぶには程遠いものでしたが、トレーニングを重ねるにつれて、体つきも動きも研ぎ澄まされ、実際のボクサーのようになりました。ヒラリー・スワンクのボクサーへの変貌が見所です。見所の2つ目は、ベテラン俳優であるクリント・イーストウッドとモーガン・フリーマンの掛け合いのシーンです。2人だけで話しているシーンがいくつかありますが、軽妙なやり取りのシーンでは2人がとても自然に話しています。一方、深刻なシーンでは、2人の重厚な演技が光ります。見所の3つ目は良く練られたストーリー展開です。この作品は、単純に1人の女性ボクサーの成功のみを描いてはいません。ボクサーとして連勝しても、実の家族からはその成功を認めてもらえませんでした。しかしそれにもめげず、念願の世界タイトルマッチに挑み、チャンピオンを苦しめます。しかしながら、タイトルには届かず、さらに試合中に大怪我をして、深刻な後遺症を抱えることになりました。このように紆余曲折あるストーリー展開が見所です。

スタッフ

監　督	クリント・イーストウッド
撮　影	トム・スターン
音　楽	クリント・イーストウッド
編　集	ジョエル・コックス
美　術	ヘンリー・バムステッド

キャスト

フランキー・ダン	：クリント・イーストウッド
マギー・フィッツジェラルド	：ヒラリー・スワンク
スクラップ	：モーガン・フリーマン
ショーレル・ベリー	：アンソニー・マッキー
デンジャー・バーチ	：ジェイ・バルチェル

販売・営業

幸せのちから	The Pursuit of Happyness	（執筆）河井　紀子

セリフ紹介

(1) 28歳で初めて父親と対面したクリスが最優先したのは、自分の子供は決して手放さないことでした。それは冒頭のナレーションで語られます。この固い決意が物語の根底をなしています。

"I met my father for the first time when I was 28 years old. And I made up my mind as a young kid… that when I had children… my children were gonna know who their father was."

(2) 大量に買い込んでしまった骨密度測定器が思うように売れず、家賃、税金も滞納し、駐車違反の反則金さえも延滞しています。妻ともぎくしゃくしてしまい、努力していてもなかなかうまくいかないクリスは、ある日街で真っ赤なフェラーリから降り立った男性に2つの質問をします。

Chris : Man, I got two questions for you: What do you do? And how do you do it?
　　　（あなたに質問が2つ。職業は？それと秘訣は？）
Man　: I'm a stockbroker.（株の仲買人だよ）
Chris : Stockbroker. Oh, goodness. Had to go to college to be a stockbroker, huh?（株の仲買人。やはり大学出?）
Man　: You don't have to. Have to be good with numbers and good with people. That's it.
　　　（必要ないさ。数と人に強ければね）

高校時代から数学が得意で、人当たりのいいクリスにとって、このときの会話は心に残り、のちに成功するきっかけとなる重要な意味をもつシーンです。

学習ポイント

原題の "The Pursuit of Happyness" の "Happyness" は 実は "Happiness" の間違いです。息子のクリストファーが通う保育所を経営しているのは中国系の米国人なのですが、その建物の壁に書かれているのが、"happiness" ではなく、"happyness" なのです。クリスは間違いに気づき、そこから建国の父祖の1人である Thomas Jefferson に思いを馳せ、アメリカ合衆国の独立宣言（the Declaration of Independence）について考えます。映画のタイトルの "Pursuit of Happyness"（幸福の追求）は、独立宣言の前文 "…all men are created equal, that they are endowed by their Creator with certain unalienable Rights, that among these are Life, Liberty and the pursuit of Happiness."（全ての人間は平等につくられている。全ての人間は創造主によって、だれにも譲ることのできない一定の権利を与えられている。これらの権利のなかには、生命、自由、そして幸福の追求が含まれる）からきています。回想のナレーションで、努力してもなかなか報われない日々が続いていたときにクリスは、独立宣言になぜ「追求」という文言が入れられたのかに思いを馳せます。

How did he know to put the "pursuit" part in there? That maybe happiness is something that we can only pursue. And maybe we can actually never have it… no matter what. How did he know that?（与えられているのは追求する権利のみで、幸福になる権利ではないのか、でも、彼はなぜそれを知っていたのだろう）

冒頭では、税金の督促状や家賃、保育所の費用について妻とのやりとりがあり、ガードナー家の経済が逼迫（ひっぱく）していることが窺えます。バックではテレビを通して当時の大統領ロナルド・レーガンのスピーチが流れていますが、国も非常に経済状況がよくないことがわかります。

…The federal budget is out of control. And we face runaway deficits of almost $80 billion… That deficit is larger than the entire federal budget in 1957. And so is the almost $80 billion… we will pay in interest this year on the national debt. Twenty years ago in 1960… our federal government payroll was less than $13 billion. Today it is 75 billion. During these 20 years, our population has only increased by 23.3 percent…

レーガンが米国経済の再生を目指して掲げた一連の経済政策は「レーガノミックス」（Reaganomics）と呼ばれています。そんな不景気のさなか、クリスは重い骨密度測定器を持ってサンフランシスコの街を走り回るのです。この映画では、レトロなバスや乗用車にテレビ、人びとのファッション、街の広告や旧式のコンピューターなど80年代の雰囲気が丁寧に再現されています。なかでも80年代のヒット商品の1つ、ルービックキューブは「クリス成功の鍵」として重要な役割を果たしています。また街角でギターを弾きながら歌っている元ヒッピーも登場します。

あらすじ

1981年、サンフランシスコで医療機器のセールスマンをしているクリス・ガードナーは、儲けを見越して大量に買い込んでしまった骨密度測定器が思うように売れずに苦労しています。ある日、クリスは真っ赤なフェラーリから降り立った男性に2つの質問をします。「どんな仕事をしているの？」「それはどういう仕事か？」彼の仕事は株の仲買人でした。彼によると、証券会社で半年間の研修を受けて試験に合格すれば、たとえ学歴がなくとも正社員への道は開けているとのことでした。研修生の定員は半年ごとに20名ですが、研修中は無給で最終的に正社員になれるのはたった1人なのです。その厳しい研修とは、会社から渡されるクライアント候補に電話をかけまくり、最も売り上げがよかった者だけが採用されるのです。早速インターンシップを申し込むクリスですが、妻のリンダは愛想をつかし息子を連れて出て行ってしまいます。そんなとき証券会社から面接の知らせが入り、研修生となることができます。クリスは息子を引き取り2人の生活を始めますが、家賃の滞納で家を追い出され、息子と安モーテルを泊まり歩く日々が続き、とうとう全財産21ドルとなってしまいます。やがてモーテルも追い出され、2人のホームレス生活が始まります。それでも研修を全力でこなしながら、夜は慈善施設の無料の食事とベッドにありつくために長蛇の列に並びます。それにあぶれたときは駅のホームやトイレで過ごすのです。

映画情報

製 作 費：5,500万ドル
製 作 年：2006年　　言　語：英語
製 作 国：米国　　　ジャンル：ドラマ
配給会社：コロンビア映画
カラー映画

公開情報

公 開 日：2006年12月15日（米国）
　　　　　2007年 1月27日（日本）
上映時間：117分　　MPAA（上映制限）：PG-13
オープニングウィークエンド：2,654万1,709ドル
興行収入：1億6,356万6,459ドル

薦	○小学生　○中学生　●高校生　●大学生　●社会人	リスニング難易度	発売元：ソニー・ピクチャーズ エンタテインメント （平成29年2月現在、本体価格） DVD価格：1,410円　ブルーレイ価格：2,381円

お薦めの理由	走ることはクリスにとって幸福を追求する過程です。家庭不和や収入減、転職、失業などは誰の身にも起こりうることです。クリスがおかれている状況はとても深刻ですが、いつもユーモアを忘れず、一生懸命に努力し、幸福を追求することの意味を教えてくれる映画です。直接ビジネスの手法を学ぶというよりは、特に営業活動やビジネス・コミュニケーションに必要なヒントを与えてくれます。	スピード	3
		明瞭さ	3
		米国訛	2
		米国外訛	2
英語の特徴	クリスの回想ナレーションとクリスを取り巻く人びととの会話が中心に映画は進んでいきます。米国英語で俗語や卑語も出てきますが、比較的聞き取りやすい英語なので、会話の学習教材としては適しています。 投資信託関連のビジネス用語や表現のほか"Holy cow!"（まさか、これはすごい）や、"You are a piece of work."（なんて奴だ）など口語表現も多く学ぶことができます。	語彙	3
		専門語	2
		ジョーク	2
		スラング	2
		文法	3

発展学習	ビジネスで成功するには、粘り強く諦めないこと、うまく自己表現すること、主張するだけでなく人の話を聞くことも大切です。つまり大切なのはコミュニケーションに関するスキルでしょう。コミュニケーションがうまくできないと本来の力も発揮できません。クリスは常に前向きで、逆境にあっても決してあきらめません。断られても笑顔で応じ、結局骨密度測定器は最後の1台まで売り尽くします。人とのつながりを大切にしながらも、媚びることなくありのままの自分を失うことはありません。インターンシップの面接では、"I'm the type of person... if you ask me a question, and I don't know the answer... I'm gonna tell you that I don't know. But I bet you what. I know how to find the answer, and I will find the answer. Is that fair enough?"（わからない時はわからないと言うし、わからないままにせず、必ずその答えを見つける）と、役員を前にさりげなくアピールします。事情があってシャツやスーツを着てこなかったクリスに対して、"What would you say if a guy walked in for an interview... without a shirt on... and I hired him? What would you say?"（シャツも着ずに面接に来た男を雇ったら、君はどう思うか）と問われてクリスは "He must've had on some really nice pants."（よほどいいズボンをはいていたんだと思う）とユーモアで返します。 　一般に株は証券取引所を介して売買されます。ニューヨークのマンハッタンの南端に位置する世界の金融地区ウォール街のニューヨーク証券取引所（New York Stock Exchange）やアメックス（American Stock Exchange）をはじめとしてシカゴ、サンフランシスコ、ロサンゼルス、ボストン、フィラデルフィアなどの主要都市に証券取引所はあります。また、証券取引所以外にも各都市に大手のブローカーの事務所が散在し、株のブローカーやディーラーを通して多くの株が店頭取引（Over the Counter）で売買されます。クリスが街で声をかけた真っ赤なフェラーリの持ち主はこの株のブローカーだったのです。全米証券業協会が運営する NASDAQ は中小企業やベンチャー企業を主とするもう1つの株式市場ですが、クリスが経験するインターンシップを通して証券会社でのビジネスの現場を垣間見ることができます。研修中のクリスは、フォーチュン500（米国の経済誌『フォーチュン』が毎年掲載する米国企業および海外企業の各売上高上位500社のリスト）のうち周辺にある60社の社員全員の電話番号表を渡され、それぞれの要望や目的に合った投資プランを提示し見込み客（potential clients）の勧誘をするのです。ここでクリスは真価を発揮し、持ち前のコミュニケーション力で多くの顧客を獲得していくのです。 　証券会社を扱った映画には、この映画とはいささか趣を異にしますが、オリバー・ストーン監督『ウォール街』（1987）や、マーティン・スコセッシ監督『ウルフ・オブ・ウォールストリート』（2010）などがあります。

映画の背景と見所	株式ブローカーとして成功し、アメリカン・ドリームを体現した実在の人物クリストファー・P・ガードナーの半生が下敷きになっている映画です。頭もよく才能もありながら、黒人であり学歴がないために仕事に行き詰まり、妻からも見放されます。ホームレスにまで身を落としてしまったクリスと息子が、食事とベッドを求めて長蛇の列に並ぶグライド記念教会でのシーンでは、大勢の本物のホームレスが出演しました。当時、教会では1日3回365日、年に100万食を提供していました。施設のスタッフやセシル・ウィリアムズ牧師本人も出演しています。 　地下鉄の駅のトイレで一晩過ごすシーンでは、息子に惨めさを感じさせまいと空想ごっこをします。息子はクリスの腕のなかで眠りにつきますが、クリスは冷たい床の上であふれる涙をこらえることができません。採用が決まったときのクリスの涙には、仕事を得られた喜び、仕事ができる喜びがあふれています。特に逆境のなかにあっても常にユーモアを忘れず、前向きで息子とともにひたむきな努力を重ねるクリスの姿は、深く心に響きます。また息子役のジェイデン・クリストファー・サイア・スミスはウィル・スミスの実子で、その愛くるしい演技は、2人が心を寄せ合って道を切り開いていく過程を引き立てています。クリストファー・P・ガードナーがその後送った人生について調べてみるといいでしょう。

スタッフ	監　　　督：ガブリエレ・ムッチーノ 脚　　　本：スティーヴン・コンラッド 製作総指揮：ルイス・デスポジート 音　　　楽：アンドレア・グエラ 衣装デザイン：シャレン・ディヴィス	キャスト	クリス・ガードナー：ウィル・スミス リンダ：タンディ・ニュートン クリストファー：ジェイデン・クリストファー・サイア・スミス ジェイ・トゥイッスル：ブライアン・ハウ

スモーク		**Smoke**	（執筆）新居　明子

セリフ紹介

　社会人として他の人たちと上手にかかわりながら生きていくうえで、常に真実だけを伝えることが必ずしも正しいとは限りません。時には、相手を傷つけないための、あるいは相手に希望を与えるための優しい嘘が必要です。本作品では、登場人物たちの嘘が随所で効果的に使われ、作品のしみじみとした味わいを深めています。ルビーは昔の恋人であるオーギーに、妊娠した麻薬中毒の娘を助けてもらうために、彼の娘だと嘘をつきます。"I can't bear to think about that child, Auggie. It's our grandchild. Can you believe that?"（あの赤ちゃんのことを考えるなんて辛すぎるわ、オーギー。私たちの孫なのよ。信じられる？）オーギーはルビーの話を疑いつつも、自分のビジネスが大当たりしたと嘘をつき、娘のためにとルビーに5,000ドルを手渡します。"Remember that business venture I was telling you about? ...I'm flush."（お前に話していた投機ビジネスのこと覚えてるか。…金がたんまりあるんだ）また、オーギーは彼を孫だと勘違いした盲目の老女のために、孫のふりをします。そして老女もまた本当はオーギーが孫ではないと気づいていたのでしょうが、2人は嘘のお芝居をしながらクリスマスを一緒に楽しみます。"It was as if we both decided to, play this game, without having to discuss the rules. I mean, she knew I wasn't her grandson."（まるで俺たち2人で、このゲームをするって決めたみたいだった。ルールについて話し合わないままにね。彼女は俺が孫じゃないって知ってたのさ）このクリスマスの話が実話かどうか半信半疑のポールに、オーギーは不思議な微笑みを浮かべながらこう言います。"If you can't share your secrets with your friends, then what kind of friend are ya?"（友達と秘密を分かち合うことができないなら、友達ってことにはならないだろ？）

学習ポイント

　映画からは、日常会話ならではの慣用表現や語彙を学習することができます。

【慣用句】作品内で使用されている慣用句の例としては、"screw up"（台無しにする）、"cut it out."（やめろ）、"Got it?"（わかったか？）、"Same here."（同感だ）、"In case..."（…という場合には）、"Speaking of which,"（そう言えば）、"Suit yourself."（勝手にしろ）、"I gotta get goin'."（もう行かなきゃ）、"I'm all ears."（ちゃんと聞いてるよ）、"I owe you one."（借りが1つできた）、"I'm flat broke."（無一文だ）、"For keeps."（ずっと返さなくてもいい）、"You name it."（どんなことでも）、"Just to make sure."（念のため）等をあげることができます。

【付加疑問文】本作品の最後のセリフは、ポールの "Life just wouldn't be worth living, would it?"（人生は全く生きる価値がないってことだよな）という付加疑問文です。付加疑問文は相手に質問するための疑問文ではなく、相手に同意を求めたり確認するために用いられます。また親子や友人、恋人同士などの親しい間柄で日常的に多用されるものです。日本語の「～だよね」にあたるものですが、英語の場合、ただ単に定型句を文尾に付けるのではなく、①主語、②動詞、③時制、④語順、⑤否定・肯定の転換を意識しながら、主節の文法構造に合わせて瞬間的に作る必要があります。そのため、頻出表現であるにもかかわらず、英語学習者にとっては比較的ハードルの高いものです。以下は、本作品で使用されている付加疑問文のほんの数例です。"You never take anything serious, do you?"（お前は絶対に何一つ真面目に考えないんだよな）、"It's a free country, isn't it?"（ここは自由の国なんだろ）、"No writer would ever do a thing like that, would he?"（作家がそんなことを絶対にするわけない、だろ？）、"There's no way to know, is there?"（知る方法なんてないだろ）、"She's not my daughter, is she?"（俺の娘じゃないよな）その他、同格の名詞句を間に挟んだ "You're Paul Benjamin, the writer, aren't you?"（あなたは作家のポール・ベンジャミンさんですよね）、命令文の後に付ける "Cut it out, will you?"（やめてくれよ）など、様々な形の付加疑問文があります。

【貨幣に関連する語彙】米国の通貨はUSドルです。例えば "$20.25" と表示されていれば、"twenty dollars twenty five cents" と読みます。この正式な名称以外に、ドルや硬貨には日常生活で口語的に用いられる通称があります。ドルの通称は "buck" です。本映画では、ラシードがサイラスに "Cost you five bucks."（5ドル払ってもらうよ）と話す場面などで使われています。硬貨の通称は、1セントが "penny"、5セントが "nickel"、10セントが "dime"、25セントが "quarter" です。映画では、援助を申し出たポールに対してラシードが "Not a penny."（1ペニーもいらないよ）と答えています。なお、1セントの別名の "penny" の複数形は "pennies" ですが、イギリスの最小単位の硬貨1ペニーの複数形は "pence" ですので注意が必要です。

あらすじ

　ブルックリンで小さな煙草屋を営むオーギーは、毎日同じ時刻に同じ場所で写真を撮り続けています。店の常連客である小説家ポールは、事故で妻を亡くしてから小説が書けませんでしたが、オーギーのアルバムのなかに妻の写真を見つけ、仕事のスランプから抜け出します。ポールは、自分を自動車事故から助けてくれた黒人少年ラシード（本名はトーマス）を自宅に泊めます。実はラシードはギャングの大金を拾ったために追われていました。行方知らずの父サイラスの居場所を知ったラシードは、父に会いに行き、自分の正体は明かさないままサイラスの店で働くことになります。しかしサイラスには妻と子供がいることを知ったラシードは、またポールのアパートに戻り、オーギーの煙草屋で働き始めます。ある日オーギーを裏切った昔の恋人ルビーが突然彼を訪れ、薬漬けで妊娠している娘を助けて欲しいと頼みます。ラシードが隠しもっていた大金は、彼が煙草屋の仕事で大失敗した償いとしてオーギーに渡され、最後にはルビーの手に渡るのでした。ギャングがラシードを探してポールのアパートに押し入り、ポールはラシードを逃がすものの、自分は大けがをします。ラシードが再びサイラスの店で仕事をしているところへポールとオーギーが現れ、サイラスはラシードの正体を知ります。ある日、クリスマスにちなんだ物語を新聞に書くことになったポールに、オーギーは14年前のクリスマスの日、彼が出会った盲目の老女と彼が盗んだカメラの話をするのでした。

映画情報

原　　作：ポール・オースター 　　　　　『オーギー・レンのクリスマス・ストーリー』 製作費：700万ドル（推定） 製作年：1995年　　　　製作国：日米合作 ジャンル：コメディー、ドラマ　言　語：英語	公開日：1995年 6月9日（米国） 　　　　　1995年10月7日（日本） 上映時間：113分 字　　幕：日本語、英語、吹替用日本語 受　　賞：ベルリン国際映画祭審査員特別賞

| 薦 | ○小学生 ○中学生 ○高校生 ○大学生 ●社会人 | リスニング難易度 | 発売元：ポニーキャニオン
（平成29年2月現在、DVD発売なし）
中古販売店等で確認してください。 |

お薦めの理由	人生の悲喜こもごもを経験済みの大人の方々にお薦めの映画です。子供たちは善悪という二項対立の世界に生きています。しかし実はその境目は、作品のタイトル『スモーク』の煙のように曖昧です。オーギーが老女についた嘘や盗みでさえ、ここでは "good deed" なのです。登場人物たちが、現代米国社会で絶対悪とされる煙草を堂々とふかす姿に、すべての物事に白黒つけることなどできないのだと実感します。

	スピード	3
	明瞭さ	3
	米国訛	3
	米国外訛	2
	語　　彙	3
	専門語	3
	ジョーク	3
	スラング	4
	文法	2

英語の特徴	本作品はニューヨークのブルックリンを舞台にしていますので、典型的な米国英語が使われていると言えます。ただし、小説家のポールが使用する知的な語彙や表現、会話のトピックは例外として、下町の煙草屋オーギー、彼の元恋人ルビーとその娘など、他の登場人物たちの英語にはスラングが多く使われています。特に言い争いの場面では4文字言葉のようなタブー語が登場しますので、注意が必要です。

発展学習	難易度の高い文法事項も、映画の中で使われている会話表現を通して学習することで、実際のコミュニケーションの場で活用可能なものとなります。 　例えば「仮定法」は話者の願望や想像、疑いなどを表現するための日常会話に欠かせないものですが、難しいと苦手意識を抱いている学習者もいるかもしれません。現在の事実と異なる（異なると思われる）事柄を示す仮定法過去の基本パターンである「If + S + V（過去形）, S + would/ could/ might + V（原形）」と、過去の事実と異なる（異なると思われる）事柄を示す仮定法過去完了の基本パターン「If + S + V（過去完了形）, S + would / could / might + have + V（過去分詞）」を復習した後、本作品の会話で実際に使用されている仮定法の表現を確認してみてください。ポールの妻が流れ弾で死んだ日のことを、オーギーはこう語ります。"You know, sometimes, I think that if she hadn't given me exact change that day, or if the store had been a little more crowded, then maybe it would've taken a few more seconds to get out of here, and she wouldn't have stepped in front of that bullet. She'd still be alive. The baby would've been born."（なあ、時々俺は思うんだ。もしあの日彼女が俺につり銭のいらないぴったりの金額を払ってなかったら、あるいはもし店がもう少し込んでいたら、ここから出るのにもう少し時間がかかっていたかもしれなくて、そうしたら彼女はあの弾の前に出ることにならずにすんだのにってな。彼女は今もまだ生きていられたかもしれない。赤ん坊も生まれていたかもしれない）。ポールがラシードに自分のアパートに泊まるように勧める場面では、"Listen, if someone was to offer you a place to stay, you wouldn't necessarily refuse, would you?"（いいか、もし誰かが泊めてやるって言ったとしたら、必ずしも断らないだろ）という表現が使われています。仮定法の場合、主語にかかわらず be 動詞には "were" の使用が原則ですが、口語ではこのように "was" が用いられることもあります。ルビーに娘の存在を告げられ激高したオーギーのセリフにも仮定法が見られます。"I mean, you might have a daughter, but I sure as hell don't. And even if I did, which I don't, she wouldn't be our daughter."（おい、お前には娘がいるかもしれないが、俺には絶対にいないぞ。そして仮にいたとしても、そんなものはいないんだが、それは俺たちの娘じゃないぜ）ポールがラシードを追うギャングに襲われた後、オーギーに状況を説明する場面では、条件節に仮定法過去完了が使われ、主節に仮定法過去が使われています。"If the cops hadn't come, I might not be standing here now."（もし警察が来なかったら、今ここに立っていないだろうさ）。ここにあげた数例以外にも、本映画のセリフにはとてもたくさんの仮定法があります。まずはそれらを自分で探してみてください。そしてそれらが文脈の中でどのように使われているか確認してみてください。

映画の背景と見所	本作品の原作は、ニューヨーク市ブルックリン在住の小説家ポール・オースターが新聞社から依頼され執筆した短編小説『オーギー・レンのクリスマス・ストーリー』です。映画監督のウェイン・ワンは、クリスマスの朝刊で偶然この小説を読み、映画化をオースターに提案します。オースターはワンと意気投合し、彼にとって初めてとなる映画の脚本を執筆することになりました。映画の製作資金には NDF（日本フィルム・ディベロップメント・アンド・ファイナンス）も関わっているため、本作品は日米合作となっています。原作では、オーギーがポールに語る、盲目の老女と過ごしたクリスマスの夜とカメラを盗んだエピソードだけが描かれていますが、映画には人生の酸いも甘いも経験した個性豊かな登場人物たちが加えられ、小説とは趣の異なる作品となっています。 　作品の見所の1つは、オースターの脚本ならではのウィットに富んだ文学的なセリフです。またプロットには直接関係のない逸話がところどころ挿入されているのですが、これらも大変興味深く、不思議な印象を与えます。 　また『スモーク』には、この作品の続編となる『ブルー・イン・ザ・フェイス』（1995）があります。こちらはウェイン・ワンとポール・オースターが共同監督として製作しており、よりコメディー色の強い作品となっています。 〈ポール・オースター著『スモーク&ブルー・イン・ザ・フェース』柴田元幸他訳、新潮文庫（1995年）参照〉

スタッフ	監　督：ウェイン・ワン 脚　本：ポール・オースター 編　集：メイジー・ホイ他 音　楽：レイチェル・ポートマン 美　術：カリナ・イワノフ	キャスト	オーギー：ハーヴェイ・カイテル ポール　：ウィリアム・ハート ラシード：ハロルド・ペリノー ルビー　：ストッカード・チャニング サイラス：フォレスト・ウィテカー

ノッティングヒルの恋人	**Notting Hill**	（執筆）上原寿和子	

<table>
<tr>
<td rowspan="1">セリフ紹介</td>
<td>
ハリウッドでスターの座を持続する為には、苦労がつきものです。ハニーの誕生日会では最後のブラウニーの争奪戦で、アナは女優業がいかに大変かという予想外に悲惨な見解を語り、ブラウニーを勝ち取ります。
Anna　：Well, I've been on a diet every day since I was nineteen, which means basically I've been hungry for a decade. I've had a series of not nice boyfriends—one of whom hit me: and every time I get my heart broken the newspapers splash it about as though it's entertainment. And it's taken two, rather painful, operations to get me looking like this.
次は、ウィリアムが、住む世界の違うアナと一緒になる事が出来ない理由を説明するセリフです。
William：The thing is, with you I'm in real danger. It seems like a perfect situation, apart from that foul temper of yours, but my relatively inexperienced heart would, I fear, not recover if I was, once again cast aside as I would absolutely expect to be. There's just too many pictures of you, too many films. You know, you'd go and I'd be... uh, well buggered basically.
何度か付き合いを試みたアナとウィリアムですが、スター女優と一般人が付き合う壁は高く、アナは大女優であることは忘れて普通の女性としてウィリアムに好きになって欲しいと訴えます。この映画の名セリフの１つです。
Anna　：Okay. Fine. Fine. Good decision. The fame thing isn't really real you know. Don't forget. I'm also just a girl, standing in front of a boy, asking him to love her.
</td>
</tr>
</table>

<table>
<tr>
<td rowspan="1">学習ポイント</td>
<td>
　主人公2人の会話は、比較的やさしい単語やフレーズが中心で、ほとんどのシーンは程よい長さで何度も見直せることから、英語学習には適しています。あらすじ、気に入った場面や各登場人物の特徴・性格を理解しながら視聴すればより楽しむ事ができ、学習意欲も高まります。インタビュー形式で俳優になりきる練習を通じて表現力を豊かにし、話す力や英語を話す自信をつけたり、有名人をディナー・パーティーに招待する設定で、その有名人ならどのように会話するか役作りをしながら英語学習につなげてみましょう。また、米国英語と英国英語の違いを比較しながら学ぶこともできます。以下にそれぞれの学習方法を紹介します。
（１）あらすじ・場面からの学習
　映画を見た後にあらすじを箇条書きし、口頭で説明しまとめる力をつけます。ストーリーの大筋が把握できたら、好きなシーンの解説とその理由を説明できるように練習しましょう。簡潔に説明出来るようになったら、他の学習者と意見交換をするなどして、それぞれの場面の良さについて語りましょう。次に映画の中のセリフの読み合わせのシーンを見てから気に入った箇所を選び、セリフの練習をしてみるのもよいでしょう。また、好きな登場人物を選び、その役柄の性格を表すセリフを選び出し場面に合わせて感情を込めながら声に出して復唱してみてください。ペアワークやグループワークで練習するとよいですが、１人で練習する場合はシーンを流しながらシャドーイングをするのもよい方法です。ゆっくりで丁寧な英語がほとんどなので、比較的練習しやすいでしょう。また、リスニング学習として、俳優らしさや英国人らしさ、報道陣らしさを表した表現や発音に注意しながら聞いてみましょう。
（２）役柄になりきった学習
　ウィリアムが報道陣と勘違いされ、アナの新作映画のキャストのインタビューをするシーンがあります。映画の中の配役を選び、俳優役と報道陣役に別れてインタビューの練習をしてみましょう。映画の中では次のようなフレーズが使われています。William: Did you identify with the character? 他のフレーズも加えて役作りをしながら練習してみましょう。
（３）米国英語と英国英語の違いの学習
　ウィリアムとアナの表現の違いに注目しましょう。例えば、アナは "Well... what do you mean, 'just over the street'? Give it to me in yards." と話していますが、英国ではメートル、米国ではヤードを使います。その他に、ウィリアムは "You're welcome and, uh, may I also say, um, heavenly." と言っています。英国では天使のように（angelic）美しい事を "heavenly" と言いますが、米国英語では "beautiful" や "gorgeous" を用います。
</td>
</tr>
</table>

<table>
<tr>
<td rowspan="1">あらすじ</td>
<td>
　ノッティング・ヒル、ロンドンで利益の出ないトラベル・ブックの専門店の店長を務めるウィリアム・タッカーは、冴えないバツイチで、同居人であるスパイクからの家賃で切り詰めた生活を送っています。そんなある日、ハリウッド人気女優のアナ・スコットが突然店に現れ、その日のうちに２度遭遇し、ウィリアムがオレンジシュースをかけたことをきっかけに彼のそれまでのごく普通の人生は180度変わってしまいます。ウィリアムの家で着替え、帰り際にウィリアムはアナから感謝のキスをされ、その後２人の関係は進展し始めます。初デートはウィリアムの妹、ハニーの誕生日会で、ウィリアムの親友マックスとベラの自宅で一緒に参加し祝う事になります。アナは普段味わえないとても暖かい雰囲気に浸りつつ、ブラウニー争奪戦で大スターである事の辛さを打ち明けます。その後、ウィリアムはアナの宿泊先のホテルに招かれた時、部屋に戻ってきたハリウッド俳優のアナの元カレと鉢合わせします。ウィリアムはルームサービスのウェイターのふりをしてその場を切り抜け、このような付き合い方は無理だと告げて部屋を後にします。それから６カ月後、新聞の三面記事にアナがブレークする前に撮ったヌード写真が掲載され、報道人から隠れようとウィリアムの家に現れます。今度はウィリアムとの関係がスクープされ、アナはウィリアムから離れてしまいます。ウィリアムは友人らに支えられながらアナを忘れようとしますが…。２人の関係、将来の行く末はどうなることでしょうか？
</td>
</tr>
</table>

映画情報	製　作　費：4,200万ドル 製　作　年：1999年 製　作　国：英国、米国 言　　　語：英語、スペイン語、フランス語 ジャンル：ラブ・コメディー	公開情報	公 開 日：1999年5月28日（米国） 　　　　　1999年9月 4日（日本） 上映時間：123分 オープニングウィークエンド：2,768万9,760ドル（米国） ノミネート：ゴールデン・グローブ作品賞他2部門

薦	○小学生　　○中学生　　●高校生　　●大学生　　●社会人	リスニング難易度		発売元：NBCユニバーサル・エンターテイメント （平成29年2月現在、本体価格） DVD価格：1,429円　ブルーレイ価格1,886円

お薦めの理由	英国のラブ・コメディーの帝王、ヒュー・グラントと米国女優のビッグスター、ジュリア・ロバーツが共演しています。平凡な日々を繰り返すロンドンの書店オーナーのウィリアムが、ビバリーヒルズに住む大女優と恋に落ちます。育った環境、生活、感覚が違う2人の恋は成就するのか期待しながら見られます。文化や生活習慣の違いにまつわるジョークが多く、気軽に見ることができます。	スピード	3	
		明瞭さ	3	
英語の特徴	アナの英語は米国英語で、ウィリアムの英語は英国英語で発音は異なりますが、両者とも聞き易いスピードです。それぞれの発音には癖がありません。BBC によって実施された2005年のアンケートでは、ヒュー・グラントの発音は素敵な音声の持ち主として5位以内にランクインしました。ウィリアムと同居するスパイクは、ウェールズ出身です。ウェールズ語は、母音を延ばすイントネーションが特徴です。	米国訛	1	
		米国外訛	4	
		語　　彙	2	
		専門語	2	
		ジョーク	5	
		スラング	1	
		文　法	2	

発展学習	映画の舞台となっているロンドンは観光地として人気のある場所の1つです。この映画を英語の学習教材として用いる場合、いろいろな使い方があります。 　撮影場所を介して、英国の文化や英語学習ができます。映画のロケ地を巡りながらの観光旅行はいかがでしょうか。おすすめのルートを順番に、映画のシーンを説明しながら撮影場所の紹介をしていきます。 （1）「コロネット・シネマ」（Coronet Cinema）：ウィリアムがアナの主演する映画を見たシーンに登場する映画館 　　　コロネットは1898年に劇場として営業を開始し、1923年以降は、映画館・劇場が集中するウェスト・エンドにある映画館と匹敵するほどの一流映画館とされていました。歴史の深いコロネットは2014年に元の劇場の姿に戻りました。（所在地：103 Notting Hill Gate, London W11 3LB） （2）「ベルとマックスの家」：ウィリアムの妹、ハニーの誕生日パーティー会場の家 　　　家の中を訪問することはできませんが、ベルとマックスの家を含む産業革命の時代に建てられた数々の19世紀のビクトリアン・ハウスの外観を楽しめます。"terrace house"、"sash window"、"mosaic tile floor" 等の建築用語なども学習しておきましょう。それぞれの家がパステルカラーなので、英語での色の言い方も確認しておきましょう。（所在地：91 Lansdowne Road, Notting Hill, London W11 2LE） （3）「ポートベロ・マーケット」：映画の冒頭でウィリアムがノッティング・ヒルの紹介をする場所 　　　映画の舞台として有名になったマーケットは、ロンドン西部で最大のマーケットです。週末に1番賑わっており、アンティーク、美術品、フルーツからお土産品まで購入できます。一般の人が出店する事も可能です。教員の人なら出店する為の広告を見ながら広告に関する質問事項を準備し、学習者が問題を解くというような学習方法に活用できます。次に、学習者が出店するならどのような手続きが必要かを考えさせます。最後にロールプレイを通して「出店業者」対「出店したい人」役で、出店する為の条件や出店に至るまでの手続きの練習をしてみましょう。（所在地：Portobello Road, Notting Hill, London W11） （4）「ザ・トラベル・ブック・カンパニー」：ウィリアムが経営する書店にアナが立ち寄り、初めて2人が出会う場所 　　　書店のモデルとなった世界のあらゆる場所の本をそろえた書店「The Travel Bookstore」が存在しましたが、2011年に閉店しました。現在は別の経営者が一般書を扱い営業しており、内装は映画のワンシーンを思い起こさせてくれます。学習方法としては書店の店員になりきって、書籍選びのアドバイスをしてみましょう。また洋書の読書会を通しての学習も効果的です。（所在地：13 Blenheim Crescent, Notting Hill, London W11 2EE）

映画の背景と見所	ロンドン市内西部のノッティング・ヒルが舞台となり、1994年にヒットした映画『フォー・ウェディング』の製作チームにより『ノッティングヒルの恋人』は撮影されました。撮影場所が実在することにより、映画を見て撮影場所を訪ねる観光客もいます。第二次世界大戦後、ノッティング・ヒル地域には英国植民地だったカリブ諸島からの移民が増え、その後、1964年から彼らによってノッティング・ヒル・カーニバルが開催されるようになりました。今では欧州最大級のカーニバル開催地として知られています。 　ロンドン北部のハムステッド・ヒースにあるケンウッド・ハウスは、イングリッシュ・ヘリテッジ（イギリスにある歴史的建造物を保護する組織）の登録建造物の1つです。広い緑の敷地に真っ白い建物は17世紀ごろに建てられ、18世紀半ば、奴隷制を禁止するきっかけを作ったことで知られる初代マンスフィールド伯爵ウィリアム・マレーの豪邸でした。この場所に広がる緑豊かな庭園は、映画のロケ地としても有名なので、訪れる価値があります。 　映画の見所の1つは、アナのキャラクターが演じているジュリア・ロバーツと重なっているように感じられる点がみられることです。アナのセリフ "Don't forget. I'm also just a girl," は、ハリウッド女優として活躍するジュリア・ロバーツ自身の気持ちを代弁しているのかもしれません。

スタッフ	監　　督：ロジャー・ミッシェル 脚　　本：リチャード・カーティス 製　　作：ダンカン・ケンワーシー 製作総指揮：リチャード・カーティス 　　　　　ティム・ビーヴァン、エリック・フェルナー	キャスト	アナ・スコット　　　　　：ジュリア・ロバーツ ウィリアム・タッカー　　：ヒュー・グラント マックス　　　　　　　　：ティム・マキナニー ベラ　　　　　　　　　　：ジーナ・マッキー スパイク　　　　　　　　：リス・アイファンズ

わが心のボルチモア	Avalon	（執筆）梅垣　昌子

セリフ紹介

　サム・クリチンスキーは兄弟を頼り、1914年に米国に渡ります。その当時を回想するところから映画は始まります。当時のサムは気づいていませんでしたが、ちょうどそれは米国の独立記念日で、空には花火が次々に打ち上げられ、闇夜がまばゆいばかりの光に満たされていました。夢の国、米国に到着したサムの初々しい感動が、映画冒頭の語りに集約されています。

Sam Krichinsky : I came to America in 1914—by way of Philadelphia. That's where I got off the boat. And Then I came to Baltimore. It was the most beautiful place you ever seen in your life. There were lights everywhere! What lights they had! It was a celebration of lights! I thought they were for me, Sam, who was in America. Sam was in America! I didn't know what holiday it was, but there were lights. And I walked under them. The sky exploded, people cheered, there were fireworks! What a welcome it was, what a welcome!

　米国の国旗のデザインである青と赤と白のストライプの垂れ幕があちこちに下がり、国鳥の白頭鷲の像が見下ろすなか、「空がはじけ」（The sky exploded）、人々は賑わっていました。アメリカン・ドリームの象徴のように思われるこの場面は、のちに家族が経験する悲劇の伏線になっています。ストーリーの後半で、サムの息子ジュールスが立ち上げた百貨店が火災にあい、火の手が空を赤々と照らします。祖国の伝統を守りつつ米国に根づこうとする移民の家族にとって、アメリカの夢は両刃の剣であるかもしれず、大家族の結束の行方を暗示するような場面です。

学習ポイント

　映画のストーリーは、サムが昔を回想するナレーションと、クリチンスキーの大家族のメンバーの会話を中心として展開します。日常的に家族が話題にする世相の変化や、家族に影響を与える経済およびビジネスに関する話題が、わかりやすい言葉で語られます。お互いに心を通わせるための、会話に特有の言い回しや、シンプルで力強い表現に注目することが、学習のポイントとなります。

　まず、含蓄のあるサムの言葉に注目しましょう。クリチンスキーの家族は次々に米国に呼び寄せられて、次第に数を増やしていきますが、誰が何年にやってきたかということについて、食卓での議論が始まります。

Jules 　　　　　: What's the difference? He came to America, right?
　　　　　　　　 All I'm saying is, who cares if it was '25 or '26?
Sam Krichinsky : Jules, Jules, if you stop remembering, you forget.

　息子のジュールスは、「1925年だろうと26年だろうと、どうでもよい」という態度をとりますが、父親のサムは、「記憶を確認することをやめてしまったら、人は忘却してしまうんだよ」とたしなめます。昔話に花を咲かせることが、現在の暮らしを大切にすることにつながるのだ、ということを実感させられる場面です。

　こうしてクリチンスキーの大家族は、家族会や食卓での団欒をとおして絆を確認しあうのですが、大量消費社会に向かう米国の世相は、徐々に家族のあり方や関係性を変えていきます。金銭がすべてを支配するような風潮の暗い影が最初に現れるのは、ジュールスが強盗に遭ったときです。父親のサムとその兄弟たちは、そんな時代を口々に憂います。彼らの会話に耳を傾けてみましょう。

"That's the problem with collecting." "I know that's got to be a problem with collecting." "It's unheard of." "When you have lots of money…" "It's unheard of to stab somebody and take the money. I never heard of it." "I don't want to know about it. Not like in the old days." "When they know you got lots of money, somebody wants the money." "It's not like it used to be! A man can't walk in the street?" "Somebody tries to kill my boy just for money." "That's not good. That's not good. It's the money." "That's the whole problem. Money. Money."

　ジュールスの叔父たちは、世知辛い世の中を憂い、個別訪問のセールスという形態がいまや危険になってしまったことを惜しみます。強盗に襲われて負った怪我から回復したジュールスは、従兄弟と協力して店を構えることにし、「ディスカウント販売」を売り言葉に商売を始めます。当時はまだ「ディスカウント」という言葉が浸透しておらず、わかりやすい宣伝文句 "Guaranteed lowest prices in town" をチラシに刷り込んで大量に配布することにします。

あらすじ

　20世紀初頭に米国に渡った移民の家族の物語です。舞台はメリーランド州ボルチモアのアヴァロンという街。1914年に渡米したサム・クリチンスキーの視点で物語は展開します。サムは息子のジュールスと孫のマイケルをはじめ、大家族に囲まれて暮らしています。老いてゆくサムと息子夫婦の暮らしの変化がノスタルジックに描かれます。日常のできごとの随所にサムの思い出の場面が挿入され、現在と過去が交錯しながらストーリーが進みます。映画は感謝祭の食卓を囲む大家族のにぎやかな様子から始まります。サムは一足先に米国でビジネスを立ち上げた兄弟たちを頼ってアヴァロンに到着、エヴァと結婚し、毎年の「家族会」で盛り上がります。しかし、戦後の米国の技術革新や大量消費社会の幕開けという時代の流れを背景に、大家族は少しずつバラバラになっていきます。ある日、個別訪問のセールスで生計をたてる息子のジュールスが強盗に襲われ、怪我をして病院に運ばれます。退院したジュールスへのプレゼントは、出始めたばかりのテレビでした。テレビは次第に一家の団欒の中心になり、家族会は兄弟の喧嘩から分裂状態に。ジュールスは従兄弟と新しい店を始め、テレビ販売に着手します。ジュールス一家は郊外に引っ越し、マイケルには弟が生まれ、サムとエヴァは息子夫婦の家を出ることになります。ジュールスが拡大路線をとって立ち上げた百貨店は火災に遭い、一家は破産同然に。エヴァを亡くしたサムは施設で余生を送ります。

映画情報

製　作　年：1990年
製　作　国：米国
配給会社：トライスター　ピクチャーズ
言　　　語：英語、ポーランド語
ジャンル：人間ドラマ

公開情報

公　開　日：1990年10月19日（米国）
　　　　　　1990年 1月26日（日本）
上映時間：128分
ノミネート：アカデミー脚本賞、撮影賞、作曲賞、
　　　　　　衣装デザイン賞

薦	○小学生　○中学生　●高校生　●大学生　●社会人	リスニング難易度	発売元：ソニー・ピクチャーズ エンタテインメント （平成29年2月現在、本体価格） DVD価格：1,410円
お薦めの理由	移民の国である米国に渡った東欧のユダヤ系移民の物語を通して、20世紀の歴史の流れが把握できます。資本主義国家における大量消費社会の到来と技術革新の波が、家族のあり方をどのように変えていったか、世代間のギャップと老いの問題にこれからの社会はどう向き合って行くべきかなど、社会人として必ず押さえておきたい身近なテーマについて深く考察するためのヒントが盛り込まれています。	スピード　3 明瞭さ　3 米国訛　4 米国外訛　3 語　彙　3 専門語　2 ジョーク　2 スラング　3 文　法　3	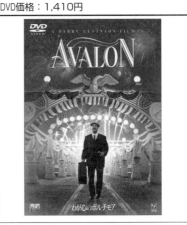
英語の特徴	祖父母の世代の東欧系移民の話す英語には、独特の訛りがありますが、そのためにかえって聞きやすい部分もあります。ただ、七面鳥（turkey）は「トイキー」、デザート（dessert）は「デゾイト」のように聞こえます。親世代では、母親の英語は米国北部の標準的な発音であり、俗語も混じらないので聞きやすいです。親世代が商売をしているため、流通や販売に関する語彙が出てきます。		

発展学習

　サム・クリチンスキーの孫、マイケルが通う学校の授業風景の場面では、子供が英語文法の壁に直面して戸惑う様子が、ユーモアを交えて描かれています。マイケルは"can"と"may"の違いを理解できず、廊下に立たされます。
Teacher : "Can" is whether you're capable of doing something. "May" is asking for permission. Yes, Michael?
Michael : Can I go to the bathroom?
Teacher : Michael, do you want to repeat that question?
Michael : Oh, no, I'm going to be made an example of.
Teacher : Michael?
Michael : I said, "Can I go to the bathroom?"
Teacher : You can, but you may not.
Michael : Well, can I or can't I?
Teacher : I don't think you've been paying attention to this lesson, have you, Michael Kaye?
Michael : Yes, I have.
Teacher : So how would you rephrase the question?
Michael : Can I please go to the bathroom? (Laughter of the students in the classroom)
Teacher : Michael Kaye, why don't you just spend some time in the hallway, until you've learned the difference between "can" and "may." When you've learned the difference, then you may come back in.
　"May I go to the bathroom?"と言って先生に許可を求めなければならないところ、"Can I..."という表現を用いてしまったマイケルは、廊下に立たされっぱなしになります。正しい答がわからず、単に"please"を加えて"Can I please go to the bathroom?"と真顔で言い直すと、違いがわかっているほかの子供達の失笑を買います。ひとりぼっちで廊下に佇むマイケルを見とがめた校長先生が家に電話をかけて、祖父のサムを呼び出しますが、サムは教師たちが何を問題にしているのか理解できません。校長先生は慣慨してサムに、"You don't understand the subtleties of the English language, Mr. Krichinsky."と言い放ちます。サムは、"I never realized how difficult English is."（英語は難しいなあ。いままで気づかなかった）とマイケルに話します。移民の子供たちが直面する言語の壁が端的に示されていると同時に、米国の口語が半世紀のうちに遂げた変遷が実感される、興味深い場面です。サムは移民の第一世代にあたります。英語はあくまで第二言語ですが、第三世代のマイケルにとっては母語なのです。

映画の背景と見所

　回想部分を含めると、映画は20世紀の大部分をカバーしています。この時代の米国社会の変化が、移民の一家の物語を通して見えてきます。靴職人から始めてビジネスに成功した一家は、息子の代でサービス業にうつり、旅回りのセールスマンからデパートの創立者へと事業拡大をめざしますが、店舗の火災ですべてを失うことになります。この間、ラジオ一辺倒の生活からテレビが団欒の中心に位置する時代へとメディアは変遷し、人々は郊外へ移住するようになります。大家族は核家族へと変貌し、人々の絆の形態も少しずつ変化します。
　クリチンスキー家において、サムの世代と息子ジュールスの世代との一番の違いは、苗字です。結婚するとき、ジュールスは証明書に記載する苗字を"Kaye"に変更します。発音しやすいからというのが理由です。サムは、"Who said names are supposed to be easy to say? What are you, a candy bar?"（苗字はチョコバーの名前とは違う。軽々しく変えるなんて）と激怒しますが結局は息子の改名を受け入れます。クリチンスキーという苗字については、サムの妻のエヴァが綴りに言及する場面があります（"the name's Russian, not Polish. It's a Y, not an I."）。強制収容所（concentration camp）への言及があり家族はユダヤ系の移民だとわかります。ファミリーネームは文字通り、家族の絆を示すものとしてサムが大切にしているものだったのです。

スタッフ	監　督：バリー・レヴィンソン 脚　本：バリー・レヴィンソン 製　作：バリー・レヴィンソン 　　　　マーク・ジョンソン 音　楽：ランディ・ニューマン	キャスト	サム・クリチンスキー：アーミン・ミューラー＝スタール エヴァ・クリチンスキー：ジョーン・プロウライト アン・ケイ　　　　　：エリザベス・パーキンス ジュールス・ケイ　　：エイダン・クイン マイケル・ケイ　　　：イライジャ・ウッド

家庭・支援

	スパングリッシュ 太陽の国から来たママのこと	Spanglish	（執筆）室　淳子

セリフ紹介

Flor : You don't have to worry about Bernice. Nothing is going to change that heart.
John : Yeah, thanks. It's just great to hear someone else say that out loud.
　娘の進学をめぐって相談を持ちかけるフロールに、ジョン自身も学校での自分の娘のことが心配だと話します。娘のバーニスの心根の優しさをフロールが認めてくれたことで、ジョンはどこか安心します。
John : You have a right to worry about this. This is the job. These are the decisions. Worrying about your children
　　　is sanity. And being that sane, the way you are, can drive you nuts. [....] If you think you're at some
　　　crossroads, you are.
　娘のことで悩むフロールに、ジョンは子を持つ親としてそれは健全なことだと言います。健全だからこそ、気がおかしくなるほどなんだ、と。岐路に立たされていると思うならその通りで、受け止めて立ち向かわざるを得ない、と。最後の一文は、誰でも悩みを抱えている際に、頷くことのできるような名文とも言えるでしょう。
Flor : I think if I do, one of two things happens. Either she will be odd? Or she will make herself the same as them.
John : [....] So, between odd and the same, you gotta be rooting for odd, don't you?
　フロールは、名門校に進学することで娘が皆からひとりだけ浮いてしまうか、あるいは皆と同じように自分を合わせてしまうのではないかと心配します。同じになるよりはおかしな奴でいる方がよいだろうと言うジョンの言葉にフロールもその通りだと答えます。

学習ポイント

　メキシコから米国に移住したフロールは英語を話すことができませんが、ストーリーが展開する中で英語を学び、少しずつ話すようになっていきます。フロールがビデオ教材を頼りに英語を勉強する様子やクラスキー家の人たちに思いを伝えることができずにいるもどかしさは、外国語として英語を学習する私たちにも共感できる部分があります。フロールは聞いたばかりのセリフをもう一度口にしたり、ビデオ教材の英語表現を繰り返し練習したりしています。また、クラスキー家の人たちはフロールに分かるように易しい表現を用いたりします。そのため、学習者として取り組みやすい会話がこの映画には多く含まれています。家庭内でのやりとりが中心となり、子供たちを含む日常的な会話のやりとりも頻出しますので、個々のエピソードを切り取って、その場に応じた表現を学習してみて下さい。
　映画中のエピソードは面白く、人と人との関係をめぐる様々な問題を考えさせてくれます。フロールがハウスキーパーとしてクラスキー家に入り、クラスキー家の人たちがフロールの母娘関係の中に入り込むことで、両者の間には小さな衝突が生まれます。米国社会におけるフロールとクラスキー家の社会的な位置づけや、両者の環境において養われた価値観の違いを考えてみることができます。ここでは2つのエピソードを挙げてみます。
　1つめは、クラスキー家の教育方針に干渉しないでおこうとするフロールはそのルールを一度だけ破ります。ある日デボラが新しい洋服を買ってきてくれたことにバーニスは喜びますが、8サイズの服は窮屈過ぎてどうしても着ることができません。それはバーニスを減量させようとするデボラの作戦でしたが、バーニスの傷ついた表情にジョンもフロールも気が気でありません。フロールは、娘のクリスティーナから "Just try it on." という表現を習うと、服のボタンを付け替えてバーニスに着てみるように言います。突然英語で "Just try it on." と繰り返すフロールに驚いたバーニスは半信半疑で試着をし、ぴったりと似合った姿に喜びます。
　2つめは、夏のコテージハウスで、ジョンは綺麗な貝殻を拾ってくればお金をあげると子供たちに約束します。母親がハウスキーパーとしてひとり働く姿を見たクリスティーナは大量の貝殻を拾い、ジョンに640ドルを請求します。ジョンは驚きながらも約束を守りますが、クリスティーナが自分の知らない高額のお金を持っているのを目にしたフロールは、ジョンが親の許可なく子供に大金を渡したことに抗議します。ジョンは自分の非を認め、一旦引き下がりますが、フロールの行動が "hypocritical" だと批判します。他人の子供に干渉したという点では、バーニスの服を作り変えたフロールの行為もジョンの行為と変わらないからです。ジョンとフロールの言い合いはクリスティーナの通訳を通して行われます。右頁の「発展学習」で紹介するような、米国に移った子供たちの立場を巧妙かつコミカルに描いた場面です。

あらすじ

　大学進学前のクリスティーナが尊敬する人物として自分の母親の名を挙げ、子供時代のエピソードを回想する形でストーリーが展開します。クリスティーナをひとりで育てるフロールは、クリスティーナの物心がつく頃、より良い生活を求めてメキシコを離れ、ロサンゼルスのヒスパニック人口の多い居住区に移住します。裕福なクラスキー家のハウスキーパーとなったフロールは、クラスキー家が抱える問題や価値観の違いに直面していきます。夏を迎える頃、フロールはクラスキー家の願いに応え、クリスティーナを連れて、海を一望するマリブのコテージハウスで働くことになります。クリスティーナは新しい環境に大喜びしますが、娘を無断で甘やかすクラスキー夫妻の態度にフロールはいら立ちを覚えます。夫のジョン・クラスキーはフロールの気持ちを理解しますが、妻のデボラ・クラスキーは意に介そうとしません。子供についての意見を伝えるのにも娘の通訳を要するフロールは自ら英語を学び始めます。デボラの薦めで私立の名門校に通い始めたクリスティーナにフロールは不安を隠せずにいます。ある晩、フロールは従姉のモニカの母親が米国に移住してきたことを歓迎してホームパーティーを開きますが、デボラがクリスティーナをクラスキー家に泊めることを一方的に決めたため、怒りを爆発させます。同じくデボラと衝突をして家を飛び出したジョンとひと時を過ごしたフロールは、ついにクラスキー家を去る決心をします。

映画情報

製 作 費：800万ドル　製 作 年：2004年
製 作 国：米国　　　言　　語：英語、スペイン語
ジャンル：コメディー、ドラマ、ロマンス
配給会社：コロンビア映画
カラー映画

公開情報

公 開 日：2004年12月17日（米国）
　　　　　2006年 1月14日（日本）
上映時間：131分
興行収入：5,504万1,367ドル
ノミネート：第62回ゴールデン・グローブ音楽賞

| 薦 | ○小学生 | ○中学生 | ○高校生 | ●大学生 | ●社会人 | リスニング難易度 | 発売元：ハピネット（平成29年2月現在、本体価格）DVD価格：1,400円 |

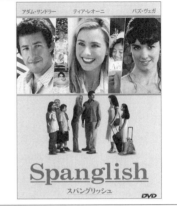

お薦めの理由	保育や介護など、家族をサポートする職業がますます重要になってきています。この映画はハウスキーパーという立場の女性の視点から1つの家族の姿を描き、価値観の違いや関与することの難しさ、人として何が一番大切であるかということについて考えさせてくれます。シェフ、ミュージシャン、通訳、教育、異文化理解、親と子のあり方などの視点から見ても、とてもおもしろい映画です。	スピード 3 / 明瞭さ 4 / 米国訛 3 / 米国外訛 4 / 語彙 4
英語の特徴	米国西海岸の家庭での日常的な会話のやりとりが中心です。登場人物によって聞き取りやすさに多少の違いがあるかもしれません。せっかちなところのあるデボラは、早口でまくしたてるように話しますので難しく思えるかもしれません。スペイン語話者のフロールの英語は片言気味に発話され、文法的に違反しているものも見られます。クリスティーナやバーニスの英語は正確で聞き取りやすいです。	専門語 3 / ジョーク 3 / スラング 3 / 文法 3

発展学習

　スパングリッシュとは、スペイン語（Spanish）と英語（English）を組み合わせた造語で、両言語を掛け合わせた言語を日常的に用いているヒスパニックの人たちの言葉を指す用語の1つです。2010年の国勢調査によれば、米国のヒスパニックの人口は50,477,594人（16.3%）を数え、ロサンゼルスにおいては1,838,822人（48%）、イーストロサンゼルスでは126,496人（97.1%）に及んでいます。映画の中でもフロールがテキサスよりもヒスパニックの人口の多いロサンゼルスを選んで移住したことが伝えられます。クリスティーナの語りの中では「エコノミークラス」と表現されますが、国境を不法に超えて移住した経緯もほのめかされます。

　本作では、米国社会においてヒスパニックの人たちが経験してきた文化間の衝突や、アイデンティティの危機、教育をめぐる困難、世代間の相違等が描かれています。ヒスパニックの人たちが米国の主流社会に対して感じている境界意識は、外の世界（"an alien environment"）と内の世界（"home"）とを対比するクリスティーナの語りにも示されています。フロールがクラスキー家での職を得る際にも、外国に入り（"finally entered a foreign land"）、文化の壁を越えて足を踏み入れた（"stepped across the cultural divide"）と語られます。

　この映画は、現代の主流の米国社会を自己批判的に描き、フロールが大切にしているごく良識的な価値観を評価しているといえるでしょう。クラスキー家のジョン、デボラ、エヴェリン、バーニス、ジョージとも、恵まれているにも関わらず、どこか不安定で悩みを抱えている様子が分かります。自己を律するように体型や感情をコントロールし、教育手引きに従って子供に接し、裕福な環境を浪費し、強い自己主張を行いながらも自分自身への不安や嫌悪感を合わせ持つ姿は、フロールの目には不自然に映ります。

　フロールがクラスキー家を初めて訪れた際、名前の"r"の音をめぐってのやりとりがあります。デボラはスペイン語の巻き舌に苦心しますが、他の家族は比較的すんなりと発音できるようです。帰宅したジョンも一度でフロールの名前を正確に発音します。これは、他者の考え方をどこまで受け入れることができるのかという、それぞれの人物の懐の深さを示しているようです。ジョギングの際に他人をかきわけて走るデボラの姿も象徴的です。

　英語の話せなかったフロールに対して、クリスティーナは英語を完璧に使いこなしています。ヒスパニックに限ったことではありませんが、子供の時に米国への移住を経験する1.5世代の人たちは家族の通訳ないし代表者としての責任のある立場に置かれることがあります。クリスティーナの通訳を介してジョンと言い合ったフロールがその問題性に気づいて英語を学び始めるように、時に通訳としての役割が幼い子供にとって重責になることが問題視されています。

映画の背景と見所

　映画の見所として挙げておきたいのは、クリスティーナの語りの中で最後に回想されるフロールとのシーンです。クラスキー家を去り、私立の学校もやめるように告げられたクリスティーナは泣き叫んでフロールに抗議しますが、フロールの意思は固く受け入れてもらえません。バス停の前で距離を取ろうとするクリスティーナの米国的な物言いがフロールの気持ちに火をつけます。

Narration (Cristina) : What did spark our climactic moment was my use of a common American phrase.
Cristina : Not right now. I need some space.
Flor : Not a space between us.
Narration (Cristina) : In the midst of confrontation, she found clarity. She expressed regret that she had to ask me to deal with the basic question of my life at such a young age. And then she asked it.
Flor : Is what you want for yourself to become someone very different than me?

　個を重んじる米国的な価値観を身につけ始めたクリスティーナに自分の価値観を是とし、アメリカナイズ（米国風になること）して自分から離れてしまいそうな娘を守ろうとするフロールの心理が込められています。

スタッフ

監督・脚本・製作：ジェームズ・L・ブルックス
製　　　作：リチャード・サカイ
　　　　　　ジュリー・アンセル
撮　　　影：ジョン・シール
音　　　楽：ハンス・ジマー

キャスト

ジョン・クラスキー　：アダム・サンドラー
デボラ・クラスキー　：ティア・レオーニ
フロール　　　　　　：パズ・ヴェガ
クリスティーナ　　　：シェルビー・ブルース
エヴェリン　　　　　：クロリス・リーチマン

ミセス・ダウト		Mrs. Doubtfire	（執筆）杉浦恵美子

セリフ紹介

　物語の終盤、裁判所の法廷で、裁判官は最終的に全面的な養育権は母親にあると下します。ダニエルは、毎週土曜日に監視付きの面会の権利しか与えられなくなりました。別居後に家政婦ミセス・ダウトファイアーになりすまして家族を騙し、トラブルを起こしたことが大きな理由でした。その後ミランダは、新しい家政婦を探しますが、ミセス・ダウトファイアーのような子供から慕われた人物を見つけるのは、容易ではありませんでした。そんなある日、ミランダはテレビ番組の製作会社で新たな仕事を得たダニエルに会いに行きます。ミランダは、子供たちはダウトファイアーさんがいた時の方が幸せだった事がわかったと告げます。その後、以下のように続けます。

Miranda : She... she brought out the best in them. She brought out the best in you.
　　　　（彼女は…彼女は子供達の一番よい所を引き出してくれたわ。彼女は、あなたの一番よい所もね）
Daniel 　: And you. 　　　　　　　　　（それに、君のもね）
Miranda : Yeah. They miss her terribly. 　（そうね。子供たちは、彼女がいなくなってとても寂しがっているわ）
Daniel 　: What are you saying ? 　　　（何がいいたいんだい？）
Miranda : Daniel, the kids need you. 　（ダニエル、子供達には、あなたが必要なのよ）
Daniel 　: I need them. 　　　　　　　（僕もあの子たちが必要なんだ）

　子供の存在が親を成長させてくれ、両親が仲たがいしても子供にとって父親と母親の存在は大切で必要であることを改めて認識させてくれるセリフです。

学習ポイント

　映画の終盤、ダニエルは養育権を巡る調停で、法廷の裁判長から自身で弁護する、弁明する最後の機会を得ます。その時のセリフを紹介します。彼の子供たちを思う気持ちが溢れた言葉です。

Daniel 　: Your Honor, in the past two months I've secured a residence. I've refurbished that residence and made it an environment fit for children. Those are your words. I'm also holding down a job as a shipping clerk so I, I believe I met your requirements ahead of schedule. In regards to my behavior I can only plead insanity. <u>Because ever since my children were born, the moment I looked at them, I was crazy about them. Once I held them, I was hooked. I'm addicted to my children, sir. I love them with all my heart</u>, and the idea of someone telling me I can't be with them, I can't see them every day.
　　　　: Well, it's like someone saying I, I can't have air. <u>I can't live without air and I, I can't live without them. Listen, I would do anything, I just want to be with them.</u> You know I need that, sir. We have a history. And I just... <u>They mean everything to me and they need me as much as I need them. So, please, don't take my kids away from me.</u> Thank you.

　特に注目して欲しいのは、下線3カ所のセリフです。意味は、次のようになります。1つ目は、「なぜなら、子供が生まれて以来、彼らを目にした瞬間から、子供たちに夢中でした。彼らを抱きあげた時、私は子供たちの虜になりました。虜になったのです。私は心の底から彼らを愛しています」。2つ目は、「空気がなければ生きることができません。私は、彼らなしでは生きていくことができません。お願いです。私は何でもします。ただ、彼らと一緒にいたいだけなのです」。最後の3つ目は、「あの子たちは私にとってすべてなのです。私が彼らを必要とするように、あの子たちも私が必要なのです。だから、お願いします。子供たちを私から奪わないでください」です。ダニエルが、どれだけ子供を愛しているかが伝わってくる心に染み入るセリフです。

　上記のセリフ全体から、次の単語や表現を学ぶことができます。"I've secured a residence." は、「住居を手に入れた」の意味で、続く "I've refurbished that residence." は、「住居環境を一新した」の意味です。ここで用いられている "refurbish(ed)" は、「一新する、新たにする、改装する」という意味です。1つ目の下線部 "<u>I was hooked.</u>" の "hook(ed)" と、"<u>I'm addicted to my children.</u>" の "addict(ed)" は、ここではともに「夢中になる、夢中になった」の意味です。

あらすじ

　サンフランシスコで暮らす声優を生業とするダニエル・ヒラードは、妻と3人の子供を持つ子煩悩な父親です。ある日、上司とのトラブルにより失業してしまいます。やり手のデザイナーの妻ミランダは、家事に協力せず子供達と遊んでばかりのダニエルに、愛想を尽かしていました。そんな時、自宅で長男の誕生日パーティーに移動動物園を呼び、大騒ぎを起こして近所から警察に通報されてしまいます。帰宅したミランダは、離婚の意思を告げ、失業中のダニエルは、養育権を彼女に奪われることになってしまいました。子供たちと週に1度しか会えなくなったダニエルは、仕事で多忙なミランダが家政婦を募集していることを知ります。子供に会いたい気持ちが募ったダニエルは、メイクアップアーティストの兄に頼んで初老の英国婦人のミセス・ダウトファイアーに変身して、家政婦の仕事を得ます。家政婦として子供たちのそばにいられるようになりますが、家事をしてこなかった彼には、奮闘の日々が始まります。ミランダは子供の教育や躾の面倒までしてくれるミセス・ダウトファイアーに信頼を置きはじめ、自分の悩みも相談するようになります。そんなある日、ミランダは彼女を交際を始めた男性ステューと子供たちとともに高級レストランでの夕食に誘います。その場所は、偶然にもダニエルが勤め始めたテレビ局の社長と新たな企画について打ち合わせすることになっていた場所でした。ダニエルはこの事態をどう乗り切ることができるのでしょうか？

映画情報

	公開情報	
原　　作：アン・ファイン　*Madame Doubtfire*	公開日：1993年11月24日（米国）	
製　作　費：2,500万ドル	1994年　4月16日（日本）	
製　作　年：1993年　　　　製　作　国：米国	上映時間：125分	
配給会社：20世紀フォックス	興行収入：4億4,128万6,195ドル	
ジャンル：コメディー　　　言　　語：英語	音　　声：英語、日本語　　字　　幕：日本語、英語	

薦	○小学生　●中学生　●高校生　●大学生　●社会人	リスニング難易度	発売元：20世紀フォックス ホーム エンターテイメント ジャパン（平成29年2月現在、本体価格）DVD価格：1,419円　ブルーレイ価格1,905円

お薦めの理由	この映画は、父親の失業に両親の離婚、養育権を巡る争い、母子家庭、父子が自由に会えなくなってしまうという暗く重い内容ではありますが、父親役を演じるロビン・ウィリアムズの女装とコミカルな演技で、シリアスさを感じさせない作品となっています。彼の役者、コメディアン、声優としての才能が随所に溢れ出ている作品なので、エンターテイメントの世界に従事する人には是非見て欲しい映画です。	スピード	3
		明瞭さ	2
		米国訛	1
		米国外訛	1
		語彙	2
英語の特徴	全体的に口語が中心で標準的な英語が使われています。家庭内での会話が多いことから、日常生活で用いるような表現を学ぶことができます。ミランダや子供たちの発音は明瞭で聞き取りやすいですが、ミセス・ダウトファイアーに扮したダニエルの英語は、英国風訛りの英語なので少々わかりづらく、また、作品中にジョークやいろいろな人物の物まねが登場するので、聴き取りの難しさを感じる点はあります。	専門語	2
		ジョーク	3
		スラング	1
		文法	2

発展学習	この映画は、ロビン・ウィリアムズのコメディアン、俳優、そして声優としての才能がいかんなく発揮された作品と言って過言ではありません。彼は数多くの映画に出演した名優として知られていますが、キャリアのスタートは、スタンダップ・コメディアンとしてのライブ出演でした。「スタンダップ・コメディー」(Stand-Up Comedy) とは、西洋漫談、米国のお笑い芸のことで、1人で舞台に立ち、観客に向かってまくし立てて話し、話術の面白さで笑わせるというのが基本的なスタイルです。内容には、政治批判、下ネタ、人種的な差別ジョークなどのきわどいものが含まれています。ジム・キャリーも同様に「スタンダップ・コメディー」を経て、俳優の道へ進みました。 作品のテーマは両親の離婚という重苦しいものですが、彼のジョークや物まねの面白さから誰もが楽しめる内容となっています。特に将来コメディアンや芸人、声優、演技の道に進もうと考えている人には、ダニエルの物まねや声をまねるシーンは見逃さないようにし、特に気に入ったシーンを選んで何度も視聴し、セリフとともに顔や表情、動きも観察して彼のようになりきる練習を行ってみてください。映画の中で彼がまねをした人物の一例を挙げると、ミセス・ダウトファイアーの他にユダヤ人の老婆、女優のグロリア・スワンソン、スペイン人女性などです。グロリア・スワンソンは、ビリー・ワイルダー監督の名作『サンセット大通り』(1950)で、ゴールデン・グローブ賞(主演女優賞ドラマ部門)を受賞しています。作品中、ダニエルはこの映画で主役を演じた彼女のセリフ "I'm ready for my close-up, Mr. DeMille." をまねしています。 この映画を通じてさらに学習を深めるには、スクリーンプレイ・シリーズの名作映画完全セリフ集『ミセス・ダウト』が、自主学習する際に大いに参考になります。その他に、ロビン・ウィリアムズが出演した映画の視聴をお薦めします。俳優、コメディアン、声優、DJをはじめとするこれらの道を目指す人には、彼の才能が溢れた作品は大変勉強になります。以下に代表的な出演映画を挙げておきます。 ・『グッドモーニング, ベトナム』(1987) ・『いまを生きる』(1989) ・『レナードの朝』(1990) ・『ジュマンジ』(1995) ・『グッド・ウィル・ハンティング / 旅立ち』(1997) ・『パッチ・アダムス　トゥルー・ストーリー』(1998) ・『ナイト ミュージアム』シリーズ　計3作 (2006、2009、2014)

映画の背景と見所	この作品は、イギリス人児童文学作家アン・ファイン (Anne Fine, 1947〜) により執筆された *Madame Doubtfire* (1987) をもとに、1993年に映画化されました。原作者のアン・ファインはカーネギー賞(1989年と1992年)とガーディアン賞(1990年)を受賞した作家です。カーネギー賞は、英国図書協会から優れた児童図書の著書に贈られる児童文学賞で、1936年に創設されました。賞名は、図書館の設立・発展に寄与したアンドリュー・カーネギーを記念して付けられました。彼女は、2003年に大英帝国勲章を受勲し、作品の一部は日本語に訳され出版されています。 この作品は、ロビン・ウィリアムズの主演作品の中で最も人気の高かった作品で、続編の製作も2014年に発表されましたが、ウィリアムズの死去により実現に至りませんでした。 主演を演じたロビン・ウィリアムズですが、2014年に63歳で自ら命を絶ちました。鬱状態が続いていたことが原因と言われています。「発展学習」の欄で彼の主演映画を紹介したとおり、彼はさまざまな役柄を演じることのできる名優でした。多くのヒット作品に出演しながらも、映像での出演は2014年12月に全米で公開された『ナイト ミュージアム / エジプト王の秘密』が最後となり、声の出演では2015年8月に英国で公開された『ミラクル・ニール』が遺作となってしまいました。

スタッフ	監　　督：クリス・コロンバス 脚　　本：ランディ・メイエム・シンガー 　　　　　レスリー・ディクソン 製　　作：ロビン・ウィリアムズ他2名 特殊メイク：グレッグ・キャノム	キャスト	ダニエル・ヒラード (ミセス・ダウトファイアー) 　　　　　　　　　　　：ロビン・ウィリアムズ ミランダ・ヒラード　　：サリー・フィールド スチュアート (ステュー)：ピアース・ブロスナン フランク　　　　　　　：ハーヴェイ・ファイアスタイン

	私がクマにキレた理由(わけ)	The Nanny Diaries	（執筆）西川　裕子

セリフ紹介	理不尽にクビを宣告されて、ほとんど給料も払われずに追い出されたアニーは、ナニー監視カメラが内蔵されたクマのぬいぐるみに向かって、それまでの不満をぶちまけます。 "Slamming the door in your kid's face is not okay.... Going to a spa when your son has a fever of 104 and not answering emergency calls, that officially makes you an unfit mother.... Yeah, I know that you're really busy with your hair appointments... to stay young so your husband won't leave you, but here's an idea... why don't you try eating dinner with your child every once in a blue moon? ...As for you, Mr. X,... your son, your wife, are... people in your home, human beings who are drowning in their desire for you to just for a little looking at them.... Grayer loves you. He doesn't care what you're wearing or what you buy him or what school he gets into.... He just wants you there. That's it."（子供の前でドアをピシャリと閉めるのはだめ。子供が40度の熱があるのにスパに行って緊急電話にも出ないのは、誰から見ても母親失格よ。ええ、あなたが旦那さんをつなぎとめるために若くいようとして美容院の予約で忙しいのは知ってる。だけど考えがあるわ。たまには子供と一緒に夕飯を食べたらどう？　それからミスター X、息子さんや奥様は、あなたにもっとかまってほしいんです。グレイヤーはあなたがたを愛しています。彼はおふたりが何を着ていようが何を買ってくれようが、自分がどの学校に入ろうが気にしません。彼はただそばにいてほしいんです。以上）アニーは、数カ月一緒に過ごしたグレイヤーがとてもいとしくかわいいと思うからこそ、また家族が幸せに見えないからこそ、自分に対する仕打ちへの文句は一切言わずに、X 家の大人たちに苦言を呈したのでした。

学習ポイント	映画には、出稼ぎで米国に来てナニーをしている多数の女性たちが出てきます。肌の色も話し方も服装も実に様々ですが、多くは南米から来ているようです。彼女たちはかなり訛りの強い英語を話しています。彼女たちとミセス X などが話している英語の違いに注意してみましょう。舞台がニューヨークの話なので、ニューヨーク訛り（厳密には地域や民族でも異なりますが）も聞かれるようです。特にアニーと母親ジュディや友人リネットの発話には注目です。 　本作は、一般家庭の女性が上流階級の生活を垣間見るという内容ですが、階級の違いを会話のスラングの多さでも表しているようです。例えば主人公アニーは頻繁にスラングを使います。1番使うのは "shit"（くそ！）という悪態ですが、自分が本当に反省すべき嫌な人だと表現するために "asshole"（尻の穴が転じて「下衆野郎」）という過激な言葉も発します。これらの言葉をつい言ってしまった後は、ナニーの仕事先の子供やハーバードのイケメンからもたしなめられています。こちらの言葉はあまり公の場では使うべきではありませんが、知っておくのはよいでしょう。 　また物語は、文化人類学（anthropology）の参与観察（participant observation）（研究対象の近くに一定期間住んで彼らの社会を観察すること）の形で進みますが、ただの傍観者ではいられなくなって「原住民化（going native）」してしまったら、対象の社会をもう客観的には見られないので、観察をやめるべきだとされます。一連の作業をフィールドワーク（fieldwork）、その時にとる記録をフィールドノート（field note、映画では field diary）といいます。最後にアニーは "There's a popular belief amongst anthropologists that you must immerse yourself in an unfamiliar world in order to truly understand your own."（自分の属する社会を真に理解するためには、よく知らない世界に飛び込んだ方がよいという信念が文化人類学者の間にはある）と言い、"Thanks to a little man named Grayer, I only had to trek across the Hudson River to make this most amazing discovery."（グレイヤーという男の子のおかげで、私は[自分のニュージャージー州の中流階級の世界から]ハドソン川を渡って未知の世界[マンハッタンの上流階級]を探検し、「自分は何者なのか」というもっともすばらしい発見をすることができたのだ）と結んでいます。文化人類学に限らずとも、いろいろなことを経験して自分を客観的に見てみることは、重要なことかも知れません。 　決まり文句をいくつか紹介します。困っているアニーに手伝いを申し出るハーバードのイケメンに、アニーが "Be my guest." と言いますが、これは「どうぞご自由に」という意味です。また、しがみついて母親が出かけるのを阻止しようとするグレイヤーに対して母親が言う "Don't be difficult." は「困らせないで」あるいは「ややこしいことを言わないで」といった意味になります。他にも、誘ったのにあまりうれしそうな顔をしないアニーにハーバードのイケメンが、断られるのを察して言う "I can take a hint."（雰囲気で分かるよ）などあります。覚えておくと便利です。

あらすじ	ニュージャージー州出身のアニーは、経営学で優等、副専攻で文化人類学をとって大学を卒業したばかり。看護師をしながら1人娘を育て上げた母親は、ビジネスの道へ進んで成功して欲しいと思っているのですが、アニーは気が進みません。就職面接に行って「自分の言葉で自分について説明して」と言われて、自分がどんな人で何がしたいのかもよく分かっていないことに気づきます。そんな折、公園で事故に遭いそうになった男の子グレイヤーを助けたのがきっかけで、自分探しをする一夏の間、マンハッタンのアッパー・イースト・サイドで上流階級の家庭のナニーをすることになります。それまで上流階級とは縁のなかったアニーは、最初は豊かさに憧れますが、お金や物があっても愛がない寂しい生活を送るミセス X と息子のグレイヤーの人生を垣間見ます。グレイヤーは親の愛に飢えていますが、両親はどちらも息子に無関心でした。また、ナニーをしている人々の多くは出稼ぎで米国に来ていますが、故国に自分の子供を残してつらい思いをしているのに感謝すらされず、低賃金で子供の世話以外のことまでさせられて搾取されているのも見ます。隣人のハーバードのイケメンとのロマンスも経験します。最後はアニーも理不尽に解雇されるのですが、彼女はナニー監視カメラのクマのぬいぐるみに向かって、もっと息子さんを愛してあげてと訴えます。別の世界から学んだアニーは、自分の足で立ち、本当に進みたかった大学院へ進むことにします。

映画情報	原　　作：エマ・マクローリン、ニコラ・クラウス『ティファニーで子育てを』 製作費：2,000万ドル（推定）製作年：2007年 製作国：米国　　言語：英語、フランス語 配給会社：ワインスタイン・カンパニー	公開情報	公開日：2007年 8月24日（米国） 　　　　 2008年10月11日（日本） 上映時間：106分 MPAA（上映制限）：PG-13 興業収入：2,592万5,170ドル（米国）

薦	○小学生　○中学生　●高校生　●大学生　●社会人	リスニング難易度	発売元：ショウゲート （平成29年2月現在、DVD発売無し） 中古販売店等で確認してください。

お薦めの理由	進路を決めるのに悩んでいる女性が主人公なので、これから進路を決めようという人には参考になる点が多くあります。 また主人公は文化人類学専攻なので、参与観察の仕方などを説明する場面があります。主人公は映画中ではナニーをしていて、子供を相手にしているシーンがたくさん出てきますが、幼稚園教諭など子供と接する仕事をされる方には、ナニーの子供への接し方など参考になると思います。	スピード	3
		明瞭さ	3
		米国訛	4
		米国外訛	3
		語　彙	3
英語の特徴	ニューヨークの話なので、ニューヨーク育ちの俳優が多く起用されています。スカーレット・ヨハンソンやアリシア・キーズもニューヨーク育ちで、映画中でもニューヨーク訛りを話しています。ナニーの多くはヒスパニック（スペイン語圏中南米出身者）なので、強いスペイン語訛りの英語が話される場面も出てきます。主人公は時々早口ですが、難しい単語はほとんどなく、訛り以外は比較的聞き取りやすいです。	専門語	2
		ジョーク	2
		スラング	3
		文　法	3

発展学習	映画には同名の原作（2002年出版、日本では『ティファニーで子育てを』という題名で2003年に出版）があります。ニューヨーク大学の学生をしながらナニーをしていた女性2人が、約30の家庭を見たり他のナニーたちから聞いた話をうまくまとめて書いたベストセラー小説です。映画のエンディングでは、ミセスXはアニーに苦言を呈されて心を入れ替え、富による見せかけの幸せよりも、愛のある生活を選んでいます。しかし小説はもっと辛辣で、アニー（小説ではナン）は階級差を嘲笑するような言葉を投げかけられ、グレイヤーに一目会うことも許されず正当な給料ももらえずに解雇されます。そしてX家には全く何の影響もありません。解雇の理由も、予定が合わないからとミセスXの理不尽な申し出にたった1度だけ従えなかったことが原因です。ハーバードのイケメンとのロマンスも、グレイヤーのために誘いを断った後のことは描かれていません。また本作では、アニーという女性の一夏の自分探しと、彼女の副専攻である文化人類学の「参与観察」の結果が描かれていき、フィールドダイアリーがそのまま大学院への「Statement of Purpose」（志望動機や将来の展望などを書いたエッセイで、入学審査で1番重要な書類の1つとされる）の内容の1部になっていくようなエンディングになっています。しかし小説では、卒業までの生活費稼ぎのためにナニーとして関わったX家での悪夢のような数カ月と、中流階級でも精神的に豊かな家庭と大学生としての日常などがシニカルな回顧録風に描かれるのみになっています。エピソードが多少重なる以外はかなり違うものですが、小説の方がより上流階級による育児放棄や「幼児虐待」の様子が細かく描かれます。上流家庭の生活などもより細かく分かりますので、原作を読んでみることもお薦めします。ショップ名やブランド名などは慣れないと分かりづらいのですが、英語はそれほど難しくないので、日本語訳と英語とを突き合わせて読むと、よい勉強になると思います。 　本作品はニューヨーク生まれの監督夫妻が、主要キャストの多くに地元生まれを起用し、実際の場所でロケをして撮った、まさにニューヨークの話です。ニューヨーク市のマンハッタンと言っても、場所によってかなり印象も住民も違います。上流階級が多く住むのは、アッパー・イースト・サイドと呼ばれる地区で、東西はイースト川から5番街（セントラルパーク東端）まで、南北は59丁目（セントラルパーク南端）から96丁目に囲まれた辺りです。12階程度の高さの瀟洒な高級マンションが立ち並びます。グレイヤーはセントラルパークの西側へ行くことをミセスXに禁じられています。それは、かつてギャングが横行し「アメリカ大陸で最も危険な地域」とも呼ばれていたことのあるヘルズ・キッチン地区（東西は8番街［セントラルパーク西端］からハドソン川まで、南北は34丁目から59丁目まで）などがあるからでしょう。現在は治安対策や都市開発も進み、大きく変わっているようです。 　また、随所にナニーの映画『メアリー・ポピンズ』へのオマージュが込められています。是非探してみて下さい。

映画の背景と見所	主人公アニーは、米国育ちの白人ではありますが、一般家庭で育っており、上流階級は未知の世界です。一方、雇い主であるアッパー・イースト・サイドの住人たちは、おそらく米国の社会階層で上位1%に入る富裕層です。この上位1%の人々は、彼らだけで米国の全資産の約35%を保有するほどのお金持ちです。それに比べて、下位90%の人々は、全員合わせても米国の全資産の約23%しか保有していません。（*The State of Working America*12版［2012年］より）つまり今の米国は非常に激しい格差社会なのです。近年は、中産階級も減少しており、持つ人と持たざる人の差は開くばかりです。2011年9月にニューヨークで起こったウォール街占拠運動や、トランプ大統領誕生の影にも、この激しい格差を見過ごしにしている既存政府への不満がありました。映画の中では、ナニーの多くが海外からの出稼ぎであることも描かれています。彼らは、契約書もない中で、悪い労働条件で、最低賃金よりも低賃金（あるいは未払い）で際限なく搾取されています。自分の稼ぎに頼る故国の家族のためにも、雇い主を怒らせてクビになったり強制送還されるようなことは出来ない、という弱みを抱えているからです。移民問題も米国の格差問題を複雑にさせています。実際の育児をナニーに丸投げし、あまり子供自身と向き合わないタイプの育児放棄も横行しているようですが、ナニーの起こす事件や悪事もないわけではなく、ナニーの監視カメラはごく一般的になってきています。

スタッフ	監督・脚本：シャリ・スプリンガー・バーマン 　　　　　　ロバート・プルチーニ 製　　作：リチャード・N・グラッドスタイン 　　　　　　ダニー・ウルフ 撮　　影：テリー・ステイシー	キャスト	アニー・ブラドッグ：スカーレット・ヨハンソン ミセスX　　　　　：ローラ・リニー ミスターX　　　　：ポール・ジアマッティ リネット　　　　　：アリシア・キーズ ハーバードのイケメン：クリス・エヴァンス

飲食・接客

幸せのレシピ	No Reservations	（執筆）室　淳子

<table>
<tr><td rowspan="1">セリフ紹介</td><td>

Nick　　　: You know, Kate, it's okay to let people in sometimes. Maybe one of these days you'll figure that out.
Kate　　　: You don't understand. This place is my life. This is who I am.
Nick　　　: No, it's not who you are. It's only one little part.

　これは、長年努力をして手に入れた料理長のポジションをニックに奪われることを恐れたケイトがニックを激しく責め立てたのに対して、ニックがケイトに向かって言ったセリフです。仕事にまっすぐすぎるケイト対し、人生のバランスを重んじるニックの言葉が響きます。

Kate　　　: I wish there was a cookbook for life, you know? With the recipes telling us exactly what to do. I know. I know. You're gonna say, "How else can we learn, Kate?"
Therapist : No. Actually, I wasn't gonna say that. You wanna guess again?
Kate　　　: Oh, no, go ahead.
Therapist : What I was gonna say was you know better than anyone. It's the recipes you create yourself that was the best.

　これは、ニックと別れ、レストランの客とも再び衝突をしてしまったケイトがセラピストと交わす会話です。「人生のための料理本」が欲しいと言うケイトに、セラピストは一流シェフのケイトがよく心得ているように、「自分で作ったレシピがベスト」だと伝えます。ケイトはようやく自分の殻を破り、新しい人生の一歩を踏み出します。
</td></tr>
</table>

<table>
<tr><td>学習ポイント</td><td>

　この映画では、様々な人たちの日常会話を多く聞き取ることができます。まずは好きなシーンを短く区切って会話を聞き取り、英語の字幕を出して確認してみてください。聞き取ることができるようになれば、英語の音声や字幕に合わせて口にしてみたり、音を消して日本語の字幕をたよりに英語を使って表現してみたりしてください。最初は、大人同士の長い会話よりも、大人たちがゾーイに話しかけるシーンを選んでみると、会話のスピードが速すぎず、日常の会話表現もより多く含まれていますので、取り組みやすく応用性も高いように思います。

　英語の聞き取りに慣れている方は、ストーリー全編を通して、耳に残ったり、字幕で読み取ったりしたおもしろい表現をメモしておき、実際に使ってみるとよいと思います。1つの例として、学校の校長先生にゾーイの授業中の居眠りを指摘されたケイトは、もうレストランに連れていけないことをゾーイに伝えようとするときに、"Zoe, we need to talk about something." と切り出しています。易しい英語表現ですが、大事なことを話す前置きの表現として役立ちます。おもしろい表現としては、ニック特製のティラミスを薦められたケイトが使った "I'm not a dessert person." という表現があります。「デザートの人ではない」つまり「デザートは苦手」という意味で使われています。同じように、ニックの代わりとなる料理人を探してケイトが数人の面接をするときにも、志願者から "I'm a people person." という表現が出てきます。「社交性・協調性のある人」という意味で用いられています。"I'm a ... person." に、"coffee" でも、"football" でも、"children" でも、自分の好きなものを表す名詞を入れて使ってみてください。

　この映画には、食材や調理法に関する語彙がふんだんに用いられています。海外で食事をする際に知っておいて損はないでしょうし、食に関する職業につきたい方には、料理を説明する表現も興味深いでしょう。お馴染みの食材や料理名も英語で表現されれば新鮮です。発音と同時に字幕で綴りも確認してみましょう。いくつか例を挙げてみますので、参考にしてみてください。

・食材: tilefish (甘鯛), Dover sole (舌平目), sea bass (鱸), bluefish (アミキリ), scallop (帆立貝), mollusk (蛸・烏賊・貝等), foie gras (フォアグラ), rib eyes (ロース芯), barley (大麦), shallot (分葱), asparagus (アスパラガス)
・料理名: carpaccio (カルパッチョ), terrine (テリーヌ), bisque (エビのクリームスープ), soufflé (スフレ)
・調理に関する表現: season (味付けする), stuff (詰め物をする), braise (蒸し煮にする), bread (パン粉をまぶす)

　ケイトが作る一番の料理は、チャイナタウンで手に入れたkaffir lime leaves (コブミカンの葉)を隠し味に使うsaffron (サフラン)のソースを添えたhalibut (鰈)や、上質のtruffles (トリュフ)をソースに入れたquail (鶉)の料理です。
　また、レストランでは、ケイトはchef (料理長)、ニックはsous-chef (副料理長)の立場にあります。
</td></tr>
</table>

<table>
<tr><td>あらすじ</td><td>

　マンハッタンにある一流のフレンチ・レストランで料理長をつとめるケイトは周囲も認める料理の腕を持ち、食材の仕入れから、キッチンのスタッフの采配、料理の完成に至るまで、完璧な仕事ぶりを発揮しています。一方、自分の料理に自信を持つあまり、理解のない客たちと揉め事を起こしてしまうことも度々あります。ある日、病院からの電話で、ケイトの家に向かっていた姉のクリスティーンが自動車事故で亡くなったことを知らされます。9歳の姪のゾーイは、ケイトの家で一緒に暮らすことになりますが、ケイトとの新しい生活にすぐに馴染むことはなく、母を失った悲しみの中で、ケイトが作った食事もなかなか食べてくれません。

　その頃、レストランに新しく副料理長として雇われたイタリアン専門のニックは音楽をかけ、周りのスタッフともおしゃべりをしながら調理を楽しみます。対照的なスタイルにケイトは反発しますが、ニックがゾーイの心をほぐしてパスタを口にさせた頃から、少しずつ彼の良さを理解していきます。ゾーイの望みで一緒に食事をしたことからケイトとニックの仲は深まりますが、ニックを高く評価するレストランオーナーのポーラの対応をめぐり、2人は再び衝突します。しかし、誤解があったことを知り、行方不明になったゾーイを探すためにニックの助けを求めたケイトは、サンフランシスコのレストランに移ろうとするニックを引き留めに行きます。
</td></tr>
</table>

<table>
<tr><td>映画情報</td><td>

製　作　費：2,800万ドル　　製　作　年：2007年
製　作　国：米国　　　　　言　　　語：英語
ジャンル；コメディー，ドラマ，ロマンス
配給会社：ワーナー・ブラザース
カラー映画
</td><td>公開情報</td><td>

公　開　日：2007年7月27日（米国）
　　　　　　2007年9月29日（日本）
上映時間：104分
興行収入：9,260万1,050ドル
MPAA（上映制限）：PG
</td></tr>
</table>

144

薦	○小学生　○中学生　●高校生　●大学生　●社会人	リスニング難易度	発売元：ワーナー・ブラザース　ホームエンターテイメント （平成29年2月現在、本体価格） DVD価格：1,429円　ブルーレイ価格：2,381円

お薦めの理由	女性シェフを主人公に軽いタッチで展開する親しみやすいラブ・コメディーです。数多くの料理が映像に溢れ、魚市場やレストランの厨房、ランチミーティングの様子も描かれますので、食に興味のある人にお薦めします。食材や調理法に関する語彙も豊富です。自分の仕事に誇りを持ち、妥協を許さないケイトの姿は、忙しく仕事に向かう社会人の方々に自分の姿を見つめるきっかけを与えてくれるかもしれません。	スピード	3
		明瞭さ	3
		米国訛	3
		米国外訛	3

英語の特徴	ナチュラルスピードで話されていますが、きれいな聞き取りやすい発音ですので、会話のスピードに耳を慣らす聞き取りのレッスンに適していると思います。一部の端役を除いては目立った訛りは見られません。レストランを舞台にシェフを主人公としていますので、食材や調理法に関する語彙や表現が多く登場します。日常的な場面で使われるものを除いては、スラングは多くありません。	語彙	4
		専門語	4
		ジョーク	3
		スラング	3
		文法	3

発展学習	映画のストーリーを楽しみ、英語の音や様々な表現を学ぶのと同時に、映画の端々に映るニューヨークの街の風景や米国社会の様々な側面に目を向けてみてください。いくつか読み取ることのできるものを挙げてみます。 （1）セラピー文化 　周囲と衝突を起こしがちなケイトを心配するポーラは、ケイトを時折セラピストの元に通わせています。セラピーを受ける必要性が分からないと言ってポーラに腹を立ててみせるケイトですが、精神科医や心理カウンセラーの文化の発達した米国社会の一端を描いているように思います。 （2）児童保護と教育 　米国では、1974年以降、子供を児童虐待から守るための法律が連邦レベルで制定され、子供の養育に関する厳しい監視の目も社会に行き渡っています。ケイトがゾーイの行き帰りの通学に必ず付き添い、ゾーイをひとりにしておかないようにベビーシッターを頼んだりする様子が映画にも描かれています。ゾーイの授業中の居眠りを心配する校長が、ゾーイが遅くまでレストランで働いているのであれば児童保護サービス（Child Protective Services）に通報をし、里子に出さなければいけない可能性があるとケイトに警告をするシーンはショッキングでもあります。 　また、転校先の学校に通う初日、寝坊をして慌てて仕度をするケイトは、ゾーイと次のような会話を交わします。義務教育の小学校で、教科書だけではなく筆記用具等も用意されている点に、日本の小学校との違いを感じます。 　　Kate：Do you need supplies or anything? Like pens or paper? 　　Zoe ：They usually have those things. （3）働く女性たち 　主人公のケイトを始め、仕事をする女性の姿が前面に描かれている映画です。レストランオーナーのポーラ、臨月のお腹を抱えて働く同僚のリア、女優をめざすバーナデット、ゾーイの小学校の校長、ベテランのベビーシッターのアナなど、様々な生き方をする女性の姿に注目をしてみてください。 （4）多文化都市ニューヨーク 　この映画では、ブラウンストーンのアパートメント、イエローキャブ、スクールバス、ハドソン川など、ニューヨークらしい街の風景を味わうことができます。マンハッタン南のチャイナタウンで、サフランソースの隠し味のコブミカンの葉をケイトが買うシーンがあります。中国系米国人の女性店主は、"You touch, you buy."と客たちを諌めています。漢字の看板の並ぶチャイナタウンのシーンは、多文化都市ニューヨークの一側面を描きます。

映画の背景と見所	この映画は、2001年のドイツ映画『マーサの幸せレシピ』（サンドラ・ネットルベック監督）をリメイクした作品です。米国に舞台を移して作ったハリウッド作品に対する評価は分かれるようですが、両作品を見比べてみると米国の社会的な側面がより明確に浮かび上がり、おもしろいと思います。 　この映画の見所は、母の死以来食事に手をつけなかったゾーイが、ある晩ケイトに付き添ってレストランの調理場にやってくると、ニックがさり気なくバジルの葉をちぎらせて自らおいしそうにパスタを食べてみせ、ゾーイも思わずパスタを口にするというシーンです。調理で一時的に席を離れたニックのお皿を持っていたゾーイが、パスタに夢中になり、以下のやりとりのように、ニックの作り話に思いがけず声をあげて反論してみせる様子もかわいらしいです。これ以降のストーリーの流れを変える大事なシーンでもあります。 　　Nick：Save some for me. You know, in ancient Rome, guys used to chew basil before the prom to get rid of 　　　　　bad breath. It's true! 　　Zoe ：They didn't have proms in ancient Rome. 　　Nick：They didn't? Are you sure? I thought they did.

スタッフ	監　督：スコット・ヒックス 脚　本：キャロル・フックス 　　　　サンドラ・ネットルベック 製　作：ケリー・ヘイセン、セルジオ・アグエーロ 音　楽：フィリップ・グラス	キャスト	ケイト　　：キャサリン・ゼタ＝ジョーンズ ニック　　：アーロン・エッカート ゾーイ　　：アビゲイル・ブレスリン ポーラ　　：パトリシア・クラークソン セラピスト：ボブ・バラバン

ジュリー&ジュリア	Julie & Julia	（執筆）山本恵里子

セリフ紹介

アメリカ人外交官の妻ジュリアは1949年にパリに到着した後、専業主婦の生活に耐えきれず様々な習い事に手をだします。料理に目覚め、フランス料理を修得しようと名門料理学校に入校すると、米国人や主婦に対する偏見に直面。初級クラスから上級への変更を求めるジュリアと、軽蔑を露わにする経営者マダム・ブラサールの会話です。

Julia : I was so hoping that... well, for something a little more advanced, Madam Brassard.
Brassart : But you are not an advanced cook.
Julia : But I do know how to boil an egg.
Madam : Do you know how to bone a duck?
Julia : No, but that's exactly the sort of thing that I am very interested in learning how to do.
Brassart : Hmmm. There is one other class but you will not like it. It's for professionnel, which you will never be, I'm sure. All men, all GIs. And very expensive. I cannot imagine that you'd ever want to pay the tuition.
Julia : How much?

見事上級クラスに入ったジュリアは毎日の厳しい修行を乗り越えるものの、卒業試験には落第。在仏アメリカ人に料理を教えながら再試験にチャレンジするジュリアに、校長は "Is it true that you plan to teach?" と尋ね、"I must tell you, you have no real talent for cooking. But the Americans will never tell the difference." と嘲笑を浴びせます。それでも再試に通り、後にジュリア・チャイルドはアメリカを代表するフランス料理研究家・シェフとなっていきます。

学習ポイント

料理好きな方に特にお薦めの映画ですが、料理研究（culinary studies）の専門用語は比較的少ないので、一般の会話の勉強にも適しています。料理を作ったり食べたりするシーンを楽しみながら会話を学びましょう。20世紀後半のテレビ料理番組の大御所（cooking show icon）のジュリア・チャイルドと、彼女に啓発され料理ブログを始める現代女性ジュリー・パウエルの2人のストーリーが、それぞれの夫と共に、常にうまく対比されています。ジュリアとポール（20世紀中旬・在フランス・30代後半・裕福層）対ジュリーとエリック（21世紀初頭・ニューヨーク・若い共働き）という2組のアメリカ人夫婦の相違点を場面場面で読み取るのが、ストーリーを理解し楽しむコツです。

【新生活スタート】それぞれ新天地（パリ / ニューヨーク・クイーンズ地区）での生活をスタートさせ、適応しようとします。ジュリアはただの主婦（frivolous housewife）にならないため、ジュリーはさえない仕事のストレス発散のため料理に活路を見出します。ともにキャリア不足を認識し、不満を吐露しながら、生きる方向を模索します。

【料理のシーン】食材、料理方法、味などに関する表現が多く出てきます。フランス語のレシピの名前も出てきますが、気にせず進みましょう。Boiling an egg や slicing an onion のような簡単なレベルから始まり、ソースの作り方、ロブスターのゆで方など、最後は丸鶏の料理に至るまでの表現が学べます。卵とバターは繰り返し話題になります。

【食事・パーティーでの会話】米国ではディナーや立食パーティーで会話を楽しむ社交術が必要です。飲食しながらごく自然に食事を褒めたり、政治の話をします。ジュリアの場合は大使館員などとのフォーマルなものが多いですが、ジュリーは友人同士のランチやディナーで、よりインフォーマルな形式となります。

【交渉術】英語での交渉能力は重要です。ジュリアとジュリーは料理で自己実現を目指しますが、次第に商談を成功させなければならなくなります。特に本を出版するための出版社とのやり取りで、交渉力と自信の重要性を学んでいきます。またジュリアが共著者の友人に「ほとんど手伝わないので印税（loyalty）の取り分を減らす」と伝えなければならない場面があります。友人も負けてはいません。現代の日本人には交渉力（特に英語では）が不足していると思われますので、商談でも友人関係でもしっかり交渉できる会話力を身に付けるため、参考にしましょう。

【述懐の場面】ジュリーの手紙や本、ジュリアのブログなどが朗読され、背景の説明がされます。ブログの英語はインフォーマルで会話調です。

【夫婦の会話】どちらの主人公にも夫が大きな役割を果たします。夫婦の会話の中で、夫がどのように妻の料理探求をサポートするか、どのように褒めるか、困難に直面したときどう助言するかなどをみていくと、相思相愛のカップルの幸せ術が見えてきます。

あらすじ

ジュリア・チャイルドが料理研究家になった過程と、ジュリー・パウエルがチャイルドの料理を作り続け人気ブロガーになる過程を対比させながら、2人のストーリーを1つに織りなす手法が取られています。

1949年のパリ。カリフォルニア州パサディナ出身のジュリア（メリル・ストリープ）は、外交官の夫ポールの転勤で渡仏。豪邸で専業主婦としての新生活を始めます。到着直後フランス料理のおいしさに感銘をうけたジュリアは、名門料理学校（culinary school）ル・コルドン・ブルーのプロ養成コースに通って本格的に料理を学びます。フランス人から嘲笑されながらも、夫の理解と援助のお蔭でジュリアは腕を上げ、教えるまでになります。マッカーシズムの台頭、夫の重なる転勤等に影響されながらも、ついには友人たちと初の英語でのフランス料理本 Mastering the Art of French Cooking の出版にこぎ着けます。

2002年、ニューヨークのクイーンズ地区。ジュリー（エイミー・アダムス）はオペレーターの仕事に日々不満を感じる生活を送っています。何かにチャレンジしようと、ジュリア・チャイルドの料理本の524のレシピを1年かけて制覇し、毎日ブログに載せるという計画を立てます。慣れない料理に悪戦苦闘しながらも、次第にブログは人気となり出版する希望がでてきます。料理を通し、2組のカップルが幸せを掴みとります。

映画情報

原 作：ジュリー・パウエル
Julie & Julia: My Year of Cooking Dangerously 他
製 作 費：4,000万ドル
製 作 年：2009年　製 作 国：米国

公開情報

公 開 日：2009年 8月 7日（米国）
　　　　　2009年12月12日（日本）
上映時間：123分
興行収入：1億2,954万499ドル
受　　賞：ゴールデン・グローブ主演女優賞（MC部門）

薦	○小学生　○中学生　●高校生　●大学生　●社会人	リスニング難易度	発売元：ソニー・ピクチャーズ エンタテインメント （平成29年2月現在、DVD発売なし） 中古販売店等で確認してください。

お薦めの理由	実在の人物に基づくラブ・コメディーです。米国では誰もが知るテレビ料理シェフ、ジュリア・チャイルドをメリル・ストリープが見事に演じ、ゴールデン・グローブ賞を受賞しました。ジュリアが番組で使っていたフランス語のアクセントもうまく真似られています。ブロガーのジュリー・パウエルの役もエイミー・アダムズが好演しています。夢を追うジュリアとジュリーを支える夫も素敵です。	スピード	3
		明瞭さ	3
		米国訛	1
		米国外訛	4
英語の特徴	フランスの場面ではフランス語訛りの英語が多くあります。フランス人に加え、在仏米国人の多くもフランス語訛りで話します。現実のジュリア・チャイルドがテレビ料理番組で話していたのを再現しているせいでしょうか。ニューヨークを舞台にするジュリーの場面では、若者たちがニューヨーク訛りのない英語で話していますので、比較的わかりやすいといえます。	語彙	3
		専門語	3
		ジョーク	2
		スラング	1
		文法	1

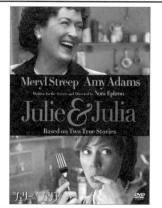

発展学習

　この映画をより楽しむために、是非とも更なる関連資料にチャレンジしましょう。
　まず読み物では、この映画のもととなったブロガーの本、Julie Powell, *Julie & Julia: My Year of Cooking Dangerously*（New York: Little, Brown and Company, 2005）がお薦めです。ジュリーの1年間の料理の軌跡とともに、ジュリアの人生のフラッシュバックなどが小説風に書かれていて、ベストセラーになりました。こちらは各レシピの話がより詳しくでてくるので、料理の単語が多くなります。
　本当の料理に関心のある方には、ジュリア・チャイルドの料理本があります。1961年以来多数のバージョンがでています。近年のものは Julia Child, Louisette Bertholle & Simone Beck, *Mastering the Art of French Cooking Vol. 1: 50th Anniversary*（New York: Alfred P. Knopf, 2004）です。英語でフランス料理のレシピにチャレンジするのはちょっと勇気がいるかもしれません。チャイルドが苦労して重量や温度をフランスの方式からアメリカ式に換算したのが、我々にとっては不便です。
　手軽なところでは、インターネットでアクセスできるリソースを活用しましょう。ジュリア・チャイルドの名を全国に知らしめ、米国人の料理概念を変えたという伝説の料理番組を見るには、まず PBS（アメリカの公共放送局）のウェブサイトを訪れてみましょう（http://www.pbs.org/juliachild/）。"Julia Child Video Collection" ではメリル・ストリープが再現した独特の語り口で、チャイルドが様々なレシピを実演指導する姿が見られます。「料理がうまくいかなくても気にしない」（"Never apologize. No excuses."）が口癖です。番組の最後はいつも "This is Julia Child. Bon appetit!" で終わります。チャイルドの番組の他、コメディアンによる彼女の物まね、メリル・ストリープのこの映画での役作りに関するインタビューなども見ることができます。チャイルド以外のものも含まれるているようですが、レシピを検索しダウンロードするのも可能です。"Quick Recipe Search" に egg などと単語を入れ、検索すると多数のレシピがでてきます。レシピはポンド・オンスにグラム換算が併記される場合もあり助かります。ビデオ・クリップでは、チャイルドが他のシェフと共演した番組や、他のシェフの番組なども載せられていますので、幅広い料理法を学ぶことができます。
　彼女の料理番組自体は、DVD やダウンロード用バージョンなどの形で購入できます。どちらも PBS のサイトで注文できるはずですが、DVD の場合は日本で視聴可能か事前に確認してください。
　料理よりもジュリーの著述家としての成功をフォローしたい人は、ジュリー・パウエルのブログやツイッター、彼女のサクセス・ストーリーの記事をインターネットで見てはいかがでしょう。

映画の背景と見所

　ジュリー・パウエルの人気ブログが小説家された本、*Julie & Julia: My Year of Cooking Dangerously*（2005）と、ジュリア・チャイルドの料理本 *Mastering the Art of French Cooking*（1983）が組み合わされ、映画となりました。約50年の時を隔てながらも、ともに生きがいを模索し、料理でキャリアを開拓していく姿が描かれています。21世紀を生きるジュリーにとって、ジュリアは神格化された存在ですが、ジュリアも成功するまでは多くの失敗やフラストレーションを抱えて奮闘したのだということが、この映画をとおしてわかります。
　ジュリーが様々なレシピに挑戦するシーンはどれも興味深いですが、ロブスターをゆでるシーンがおすすめです。
　364日目、残すレシピはあと1つというとき、ジュリーはブログでこう述べます。
"Julia Child began learning to cook because she loved her husband and she loved food and she didn't know what else to do with herself, and in the process she found joy. I didn't understand it for a long time, but I do now. Julie taught me that. But here is what Julia really taught me: she taught me to cook."
　料理を愛する2組の夫婦の愛の物語。ポールがジュリアに、ジュリーがエリックに対し、"You are the butter to my bread and a breath to my life." と賛辞を述べます。バターの役割に関しては作品の中で発見しましょう。

スタッフ

監督・脚本：ノーラ・エフロン
製作：ローレンス・マーク、エイミー・ロビンソン他
製作総指揮：スコット・ルーディン他
撮影：スティーヴン・ゴールドブラット
音楽：アレクサンドル・デスプラ

キャスト

ジュリア・チャイルド：メリル・ストリープ
ジュリー・パウエル　：エイミー・アダムス
ポール・チャイルド　：スタンリー・トゥッチ
エリック・パウエル　：クリス・メッシーナ
シモーヌ・ベック　　：リンダ・エモンド

ハッピー・フライト		**View from the Top**	（執筆）比嘉 晴佳

セリフ紹介	主人公ドナが尊敬する世界一の客室乗務員、サリー・ウェストン。彼女の言葉には、仕事や恋愛に関する多くのメッセージが込められています。ここでは、ドナが窮地に立たされた時に勇気をもらったサリーの言葉のいくつかを紹介します。まず、初めてドナがサリーの存在を知る冒頭の場面では、テレビに映るサリーがこう語りかけます。 Sally : And frankly, people, no matter where you're from, no matter who people think you are, you can be whatever you want. But you got to start right now. Right this second, in fact. 田舎町で生まれ育ったドナにとって、このサリーの一言は人生を変える大きなきっかけとなりました。サリーの言葉に背中を押されたドナは、彼女の言葉通りすぐに荷物をまとめて町を飛び出し、客室乗務員になるため新しい人生を歩み始めます。そして、２人が初めて会う場面では、サリーはドナの素質を見抜きこのような言葉をかけます。 Sally : You can have everything you want, too, if you stay focused. Follow your head, not your heart. サリーのこの言葉を聞いたドナは、今まで以上に夢を諦めることのない強い心を持つようになりました。作品の最後の部分では、夢だった仕事と恋愛のどちらを選ぶかで思い悩むドナに、サリーはいつものように声をかけます。 Sally : What I also said was that every pilot needs a copilot. And it is awful nice to have someone sitting there beside you. Especially when you hit some bumpy air. 多くのことを教えてくれたサリーからのこの一言は、ドナに人生を変える大きな決断をするきっかけを与えます。憧れのサリーからのアドバイスをしっかりと受け止めたドナは、さらなる人生の幸せを求めて前に進んでいきます。
学習ポイント	作品の舞台は航空会社です。セリフの多くに航空関連の単語やフレーズが使われています。もとの意味で使われている単語もありますが、比喩として用いられる場合も多く、セリフの本質を見極めることが学習者に求められます。 お薦めの学習方法としては、①航空関連の単語やフレーズが含まれるセリフを選び書き出していきます。②単語が持つもとの意味を辞書で調べてその言葉が使用された場面と照らし合わせ、どのような意図で使われているかを考えます。比喩として使われている場合には、学習者によって解釈が異なることもあるかもしれません。他の学習者と意見を交換することができれば、１つのセリフの様々な見方や受け取り方を学べるいい機会となるでしょう。 学習者が自ら単語やフレーズを選ぶことが難しい場合があるかもしれません。その際には、他の航空機や客室乗務員がテーマになっている映画等を参考にしても良いでしょう。例としては、次のようなセリフが挙げられます。 1. ドナが初めてのフライトを終えた際に副機長がかけることば。 　"I'm a pilot. It's my job to know where people are going." 2. ロイヤルティ航空の研修に参加するため、テッドに最初に別れを告げた際のドナの心の声。 　"Why can't all choices be simple? Why can't they all be window or aisle? Coffee or tea? Not career or romance." 3. 卒業試験を受けなおしたドナにジョンが最後にかけることば。 　"Fly away." 4. テッドのもとに戻ることを決意した時のドナの心の声。 　"Sally had said that life is a series of arrivals and departures. But I learned there is more than one way to spread your wings." 5. 最後の場面でのドナのアナウンス。 　"If Cleveland is your final destination, welcome home." まずは、書き出した文章を一語一句直訳してみましょう。そして、翻訳者になったつもりで意訳に挑戦し、なぜこの場面でこのような表現が使われたのかを、個人やペア、またはグループで考えてみるといいでしょう。もし同じようなセリフを日本語で表現するとどのような単語やフレーズを使うのが適切なのかを考え話し合い、実際に字幕と比べてみるのもお薦めの学習方法の１つです。本作で使われている単語や慣用句の多くは、比較的日本人学習者が聞き慣れている、または読み慣れているものです。幅広く、様々なレベルの学習者に最適の学習教材と言えます。
あらすじ	ネバダ州の田舎町で育ったドナは、小さい頃から町を出て行くことを夢見ていました。ドナは、高校からの恋人トミーと都会の町に行く約束をしていましたが、ある日、彼から別れを告げられます。失恋し将来について悩んでいる時、世界一の客室乗務員と称賛されるサリーの "You can be whatever you want." の言葉に勇気づけられ、自分も客室乗務員になろうと決心します。地元の小さな航空会社に就職したドナですが、飛行機に乗った経験がないため失敗を重ねてしまいます。同僚の助けもあり、ドナは立派な客室乗務員へ成長していきます。新しい仕事と仲間が出来たドナでしたが、高みを目指し大手のロイヤルティ航空の採用試験を受けて、晴れて合格し研修生になります。憧れていたサリーに対面して直接アドバイスをもらったドナは、国際線のファーストクラスの客室乗務員になることを目標に人一倍努力をします。しかし、卒業試験で結果を出すことが出来なかったため国内線の近距離便担当になってしまいます。ショックから立ち直ることができずに悩むドナでしたが、そんな時かつてのデート相手だったテッドに会い再び恋に落ちます。仕事でさらなる成功を望むドナですが、テッドとの将来を本気で考え始めます。しかし、遂に夢だった国際線のファーストクラス担当に決まったことをきっかけに、テッドに別れを告げることを決意します。ドナの決断は彼女の人生をどのように変えていくのでしょうか。女性の仕事と恋愛を描いた、サクセスストーリーです。

映画情報	製 作 費：3,000万ドル 製 作 年：2003年 製 作 国：米国 ジャンル：コメディー、ロマンス 言　　語：英語	公開情報	公 開 日：2003年3月21日（米国） 　　　　　2004年4月10日（日本） 上映時間：87分 MPAA（上映制限）：PG-13 公開週末興行収入：7,009万513ドル（米国）

148

薦	○小学生　○中学生　○高校生　●大学生　●社会人	リスニング難易度	発売元：ハピネット（平成29年2月現在、本体価格）DVD価格：2,381円

お薦めの理由	米国の田舎町で生まれ育ち、トレーラー暮らしをしていたドナが、一流の航空会社の国際線で客室乗務員になるという大きな夢を叶えるこの作品は、夢を追いかける社会人学習者にお薦めです。また、仕事と恋愛のどちらを選ぶかという選択に迫られ悩むドナの姿は、多くの学習者の共感を呼ぶでしょう。仕事、友情、恋愛、そして家族。人生における本当の幸せとは何かを考えさせてくれる心に残る作品です。	スピード　3 明瞭さ　3 米国訛　1 米国外訛　2 語彙　3 専門語　3 ジョーク　3 スラング　2 文法　3	
英語の特徴	標準的な米国英語が話されているので、学習者には聞き取り易い英語と言えます。特に、登場人物達が働いている場面や研修を行っている場面では、言葉の明瞭さも客室乗務員にとって必要条件であることから、話すスピードは通常の会話よりもやや遅めで一語一語がはっきりと発音されています。そのため、日本語字幕なしで映画を鑑賞することにあまり慣れていない学習者にもお薦めの作品と言えるでしょう。		

発展学習

【挿入歌に含まれるメッセージ】

本作には夢を追いかける多くの若者が登場します。実際、ドナのように田舎町で育った若者が学業を終えた後に夢を追いかけて都会を目指す姿は、米国の様々な所で見られます。作品のオープニングで流れるジャーニーの「ドント・ストップ・ビリーヴィン（Don't Stop Believin'）」は映画が製作される20年以上も前に発表された曲ですが、夢を追う若者の背中をおす歌詞であることから現在でも根強い人気があり、この映画のイメージにも合うので使われています。また、この曲以外にも、若者を応援する曲が挿入歌として使われています。ロイヤルティ航空の面接に向かうドナと彼女の同僚たちが車内で熱唱するボン・ジョヴィの「リヴィン・オン・ア・プレイヤー（Livin' On A Prayer）」もその1つです。この曲も、歌詞の強いメッセージが若者の共感を得て、本作でも新しいことに挑戦しようというドナ達を勇気づける曲として存在感を表しています。聞き逃してしまいそうな映画の挿入歌ですが、曲が使われている場面と歌詞の意味を照らし合わせて考えてみると、製作者のメッセージを深く理解することができるでしょう。

【映画で見る米国の田舎町と都会の違い】

本作では、米国の田舎町と都会の違いを言語やファッション、立ち居振る舞いなどのいくつかの異なる観点から見ることができます。大きな違いの1つはことばの選び方（word choice）です。ドナが地元の小さな企業であるシエラ航空の面接を受けた時、面接官は"stewardess"という単語を使って客室乗務員を表します。一方、一流企業であるロイヤルティ航空では"flight attendant"を使います。サリーがテレビ番組でインタビューを受けている場面でも"stewardess"ではなく、"flight attendant"が使われています。"stewardess"は"waitress"や"hostess"と同様に"-ess"という女性を表す接尾辞をもつことから男女差別を引き起こす原因の1つになったとされ、米国で差別や偏見のない中立的な表現を用いるポリティカル・コレクトネス（Political Correctness）が盛んになった1980年代頃からはあまり使われなくなりました。その代わりになることばとして使われるようになったのが、男性にも女性にも使用可能な"flight attendant"です。客室乗務員という職種を表す時に選ぶ英単語の違いから、都会の企業や人々が田舎町の人々に比べて新しい言葉や考え方により敏感であると想像することができると思います。

他にも、ドナとクリスティンがシエラ航空で働いていた時と、ロイヤルティ航空で働き始めてからのファッションや話し方を比べると、田舎町と都会に住んでいる人々の生活や価値観の違いを見ることができるでしょう。

田舎町に住む人と都会に住む人に対するステレオタイプからくる違いの描写もありますが、細かいセリフや立ち居振る舞いなどにも注意しながら作品を鑑賞し、見つけた違いについてディスカッションをするのもいいでしょう。

映画の背景と見所

本作の一番の見所は、豪華なキャスト陣です。ドナを演じるグウィネス・パルトロウはハリウッドを代表する女優の1人で、アカデミー主演女優賞やゴールデン・グローブ主演女優賞の受賞経験があります。サリーを演じるキャンディス・バーゲンは60年代から多くの映画やテレビドラマに出演経験のあるベテラン女優で、彼女もまた、ゴールデン・グローブ主演女優賞やエミー賞主演女優賞を受賞しています。ロイヤルティ航空の研修官であるジョンを演じるマイク・マイヤーズは、コメディー俳優として日本でも有名ですが、俳優業の他に脚本家や製作プロデューサーとして映画を手がけ、声優としても成功を収めています。ドナの恋人を演じるマーク・ラファロは、90年代後半から数多くの作品に出演し、これまでトニー賞主演男優賞やアカデミー助演男優賞にノミネートされています。ドナの親友のクリスティンを演じるクリスティナ・アップルゲイトは、コメディー女優としてテレビドラマを中心に活躍しており、トニー賞主演女優賞にノミネートされた経験があります。数々の権威ある賞のノミネート経験や受賞経験が豊富な女優、俳優たちの名演技はもちろんですが、コメディー女優や俳優のコミカルな演技も見所の1つと言えるでしょう。

また、メインキャスト全員が有名な映画やテレビドラマに数多く出演しており日本でも認知度が高いこと、人気ジャンルのラブ・コメディーであることから、多くの学習者にとって親しみやすく学習に適した作品と言えます。

| スタッフ | 監　督：ブルーノ・バレット
脚　本：エリック・ウォルド
製　作：ブラッド・グレイ、マシュー・ベアー
　　　　ボビー・コーエン
撮　影：アフォンソ・ビアト | キャスト | ドナ・ジェンセン　　：グウィネス・パルトロウ
サリー・ウェストン　：キャンディス・バーゲン
ジョン・フィットニー　：マイク・マイヤーズ
ティム・スチュワート　：マーク・ラファロ
クリスティン　　　　：クリスティナ・アップルゲイト |

マイ・ビッグ・ファット・ウェディング	My Big Fat Greek Wedding	（執筆）柴　麻己子

セリフ紹介

ストーリーは主人公のギリシャ人女性、トゥーラの次のようなナレーションで始まります。"Nice Greek girls are supposed to do three things in life. Marry Greek boys, make Greek babies, and feed everyone until the day we die"（ギリシャ娘の3つの義務は、ギリシャ男性と結婚し、その子供を産み、死ぬ日まで家族の世話をする）この説明で、ギリシャ人の文化的背景の重要な特徴が掴めるでしょう。また、トゥーラの父親ガスがギリシャ人としてのアイデンティティを非常に強く持つ人物として表現されています。"There are two kinds of people; Greeks, and everyone else who wish they were Greek."（人間は2種類存在する。ギリシャ人とあとはギリシャ人だったらよかったのにと願う人々）、"Give me a word, any word, and I show you how the root of that word is Greek."（どんな言葉でも言ってみなさい。そうしたらその言葉の語源はギリシャ語だと説明してあげるよ）というセリフからも彼のエスニシティの強さが窺えます。自分の意見を絶対とする家父長制意識の強い父がトゥーラの大学行きを反対すると、母親はトゥーラに "The man is the head, but the woman is the neck. And she can turn the head any way she wants."（家の「頭」は男でも「首」は女なの。「首」は「頭」を好きな方向に動かせるのよ）と言い、父親を説得します。実は、ギリシャ人家庭も母親が大きな力を持っていることがわかります。またこの映画では、移民一世の特徴を出すため、所々文法的に誤っているセリフがあります。叔母のヴーラは、トゥーラの恋人イアンがベジタリアンである事が理解できず、"What do you mean he <u>don't</u> eat <u>no</u> meat?" と言いますが、米国生まれのトゥーラは "He <u>doesn't</u> eat meat." と言い直しています。このようなセリフによって米国の移民家族の特徴をわかりやすく演出しているのでしょう。

学習ポイント

本作品は、米国とギリシャという2つの文化的背景を持つ移民二世のトゥーラが、いわゆる WASP であるイアンに恋をし、家族の反対を押し切って結婚をするまでの大騒動を描いたラブ・コメディーで社会人の世代ならあらゆる視点で観る事ができます。トゥーラの英語はリズムも自然で聴き取り易いので、彼女がイアンと恋人になっていく過程での会話で様々な表現を学ぶ事ができます。例えば、イアンがトゥーラを食事に誘うシーンがあります。最初は、カジュアルに "You want to have a dinner with me?" と誘いますが、2度目のデートへは "I'd like to take you there if you'd like to go." と正式に申込みます。同じ内容でも、トゥーラに真剣になったイアンの言葉の表現は大きく変わります。イアンに一目惚れした彼女は飛び上がるような気持ちですが、自分の家族がギリシャ人ではない彼を受け入れる事は無理だと思い、"You're wonderful, but I don't see how this is going to <u>work out</u>." といいます。この "work out" は人間関係や物事が「上手くいく」という場合に良く使われます。これに対し、イアンは、"You've got a <u>weird</u> family. Who doesn't?"（家族の問題がない人なんていないよ）とウィットに富んだ返事で彼女を勇気づけます。この言い回し方は、相手の弱点や欠点を認めた上で誰しも皆同じ悩みを持っているよ、と励ます時に使えそうな表現です。また、イアンがトゥーラへの気持ちをストレートに表現したセリフの数々は、日本語字幕に頼る事なく共感できるのではないでしょうか。例えば、父親の反対で結婚が進まず焦るトゥーラが "Why do you love me?" とイアンに問い詰めると、彼は "Because I came alive when I met you."、"Here is some news about my life, to this point.... It's boring! Then I met you."（僕の人生は今まで退屈だった。でも君に出会った）と言います。決して難しい表現ではないのですが説得力のある言葉です。

他にはトゥーラのナレーションにも注目しましょう。ただ日本語字幕と比較してもわかりにくいものがありますので、そういった例を紹介致します。子供時代のシーンで、「金髪で華奢な子達が白パンのサンドイッチを食べているのが羨ましかった」の "<u>Wonder Bread</u> sandwiches" ですが、Wonder Bread とは米国のスーパーマーケットで大量に販売されている白い食パンの商品名です。他には "While the pretty girls got to go to <u>brownies</u>, I had to go to Greek school" の brownies はよく知られているチョコレート菓子の事ではなく、原義の「茶色っぽい小人」にちなんで名付けられたガールスカウトの事です。また弟のニックが、姉に "Don't let your past dictate who you are, but let it be part of who you will become."「過去は自分の人生を縛るものでなく、今後の糧にするもんだ」と励ましますが、"That '<u>Dear Abbey</u>', she really knows what she is talking about"（「ディアアビー」はよくわかってるよね）とコラムの受け売りだと白状します。"<u>Dear Abbey</u>" とは1956年以来、母娘2代に渡り現在も続いている名コラムの名前です。

あらすじ

ギリシャ系アメリカ人であるトゥーラは30歳で独身、そして彼女の両親が経営するギリシャレストランで働いていました。彼女の両親は移民一世で、米国で生活をしながらも子供達にはギリシャ人としての生き方を説きます。そのため、トゥーラは普通の学校に行きながらも、周りの米国人には溶け込めないコンプレックスを抱えていました。大人になっても家業のレストランで働き、周りが家族や親戚達の世界だけで暮らす中、父親に「老けて見えるから早く結婚しろ」と言われる始末。悶々とした日々を過ごす彼女は、ある日、レストランの客イアンに一目惚れをします。これをきっかけに今の自分ではいけないと危機感を持っていた彼女は、大学でコンピューターを学ぶことを決意します。母のマリアは彼女の思いを理解し、反対する父親を説得します。コンピューターを習得した彼女は、叔母の旅行代理店を引き継ぎ、張り切って働き始めました。そんなある日、生き生きと仕事をするトゥーラを窓越しで見かけた男性が店に入ってきました。それはトゥーラが以前、一目惚れをしたイアンでした。2人はすぐに恋に落ちました。しかし問題なのはイアンがギリシャ人ではなく、WASP の米国人だということでした。そのため、彼女は両親に彼のことを打ち明けられずにいました。しかし、2人が付き合っていることを見かけた親戚によってあっという間に両親にイアンの存在が明るみに出てしまいました。

映画情報

製　作　費：500万ドル	
製　作　年：2002年	
製　作　国：米国	
言　　　語：英語、ギリシャ語	
ジャンル：コメディー、ロマンス	

公開情報

公　開　日：2002年4月19日（米国）
　　　　　　2003年7月19日（日本）
上映時間：95分
興行収入：3億6,874万4044ドル
ノミネート：アカデミー脚本賞

薦	○小学生　○中学生　○高校生　●大学生　●社会人	リスニング難易度		発売元：ワーナー・ブラザース　ホームエンタテイメント （平成29年2月現在、本体価格） ブルーレイ価格：1,429円

お薦めの理由	徹底したギリシャ人としての教育を受け、それに従い、その世界の中だけで生きてきた主人公トゥーラは30歳になって、自分を変えたいと行動を起こします。大学へ行って、コンピューターを学び、お洒落をしてどんどん輝いて行きます。家業の1つである旅行代理店を1人で切り盛りし、そこから出会いが展開していきます。自分の人生を「変えたい」と思う人には行動することの大切さを教えてくれる映画です。	スピード	3	
		明瞭さ	2	
		米国訛	1	
		米国外訛	4	
英語の特徴	移民家族のストーリーの為、トゥーラの両親や叔母の移民一世を演じる俳優達は訛りを強調した英語ですが、話すスピードはゆっくりですのでそれほど聴き取りにくくはありません。移民二世であるトゥーラはイアンと同様、訛りのない米国英語ですから聴き取り易いです。一世が話すセリフには文法的に正しくないものがあり、それは彼らが移民であるという演出といえるでしょう。ギリシャ語も多々登場します。	語彙	3	
		専門語	2	
		ジョーク	4	
		スラング	3	
		文法	2	

発展学習

　この映画は米国にある1つのマイノリティ社会を色濃く映し出しているのが特徴と言えます。米国の文化を学ぶ学生や米国へ行った経験がない人にとって、米国の多文化社会を具体的に理解するにはとても良い教材だと言えます。このポルトカロス家は、一目でギリシャ人だとわかるような家に住み、子供達には週末にギリシャ人学校にも通わせています。つまり彼らは米国人としてではなく、ギリシャ人として米国社会で生きている事がわかります。例えば、別欄のセリフの紹介で、叔母がベジタリアンを理解できない理由は、本国ギリシャでは食べる事に困窮する程貧しかった移民一世が、ベジタリアンの米国人を到底理解できない事を表していると言えます。とにかく一族で集まる度にたくさんの料理を作り、"Opa!!"（日本語の「わーい」といったような喜びの表現）という掛け声で、"Eat! Eat!"と皆をもてなす姿は移民一世の結束の強さと彼らの苦労してきた背景が窺えます。

　ところで、この一家が経営する店は"Greek Restaurant"として紹介されていますが、料理を見ると一般的な米国料理を提供する"Diner"（食堂）である事がわかります。実は、こうしたダイナーの多くは、元々ギリシャ移民による経営によるものなのです（近年、ダイナーの数は減少してきていますが、それでも飲食業界で活躍するギリシャ系米国人は多くいます）。またこの一族は、ドライクリーニング屋や旅行代理店を経営しているように、ギリシャ系移民は自営業で成功を収める人が多かったようです。※参考文献：①本間千枝子・有賀夏紀『世界の食文化〈12〉アメリカ』（農山漁村文化協会、2004）　②村田奈々子『物語　近現代　ギリシャの歴史』（中央公論新社、2012）

　ところで、映画の中で重要なシーンではないのですが、いくつか気になる表現があります。米国人のイアンと友人のマイクの会話にいくつか使える表現があります。たまたまトゥーラの Diner を訪れたイアンが "Cool place!" と店を褒めると、マイクは "Yeah, it's adorable."（良いだろ）と返します。"adorable" は通常、小さくてかわいい物を褒める時に使うのですが、お気に入りのお店やレストランを褒める時にも使えます。イアンが "I love the spice on those potatoes. What's that?" と言うと、マイクは "Like I care." とそっけなく答えます。これは "Do I look like I care?" を短縮形にしており、要は "I don't care."（どうでも良い）と同じです。親しい仲以外は使わない方が良い表現でしょう。また、マイクが "You missed a hell of a party."（すごく楽しいパーティーなのに来なかったな）というシーンでは、本来は、hell は地獄という意味ですから "a hell of" で「ひどい〜、とても悪い〜」という意味ですが、話し言葉では "great" の代わりに「すごく良い、楽しい」という意味にもよく使います。但し、スラングですので使う相手は気を付けましょう。

　この映画の続編 *My big fat greek wedding 2* が全米で2016年3月25日に公開されました（日本未公開）。

映画の背景と見所

　このストーリーは主演のニア・ヴァルダロス自身の結婚体験を素材に、ロサンゼルスで1人芝居をしていたのが話題となり映画化されました。映画をプロデュースしたのは、ニアの舞台に感動した女優のリタ・ウィルソン（彼女の両親もギリシャにルーツを持つ）です。そしてリタの夫でアカデミー主演男優賞受賞者であるトム・ハンクスの製作会社が映画化をしました。また、主演のニアの実生活の夫、イアン・ゴメスは恋人イアンとしてではなく、イアンの友人マイクとして出演しています。無名の舞台女優であったニアが主演と脚本を担当し、低予算で製作されたインディーズ映画でしたが、単なるラブ・コメディーではなく、米国社会に生きるギリシャ移民家族の団結の強さ、温かさを感じる内容が話題を呼び、世界興行収入が3億ドルを超える大ヒット映画となりました。この映画が話題を呼んだのは、誰が観ても、何事も家族で大騒ぎをするこの fat な（豪快な）ギリシャ移民家族を温かく見守りたくなる心境になるからではないでしょうか。この家族に起こる揉め事にも共感を持つ人も多いでしょう。特に米国では、あらゆるエスニシティとの結婚はどこにでもある話です。その為、共感を持つ人は多かったのでしょう。中でもエスニシティの強い典型的な移民一世である父親と、それに当たり前のように従う移民二世と、違和感を持ちながらも仕方なく従う二世との対比が非常にわかりやすく描かれている作品と言えます。

スタッフ

監　　督：ジョエル・ズウィック
脚　　本：ニア・ヴァルダロス
製　　作：ゲーリー・ゴーツマン
製作総指揮：ポール・ブルックス、他2名
音　　楽：アレクサンダー・ジャンコ、他1名

キャスト

トゥーラ・ポルトカロス：ニア・ヴェルダロス
ガス・ポルトカロス：マイケル・コンスタンティン
マリア・ポルトカロス：レイニー・カザン
イアン・ミラー：ジョン・コーベット
ヴーラ叔母さん：アンドレア・マーティン

保安・司法

刑事ジョン・ブック/目撃者　　Witness　　　　（執筆）古田　雪子

セリフ紹介

"You be careful out among them the English."
「あちらではイングリッシュに気をつけろ」

主人公の少年サミュエルの母レイチェルが、彼を連れてペンシルベニア州のアーミッシュ村からボルティモアに住む姉のところへ列車で出かける際、駅で見送る義父イーライが彼女に囁いた言葉です。この場合、イングリッシュとは英国人のことではなく米国に住む非アーミッシュを指します。

米国に住むアーミッシュ達は英語の他に村ではペンシルベニア訛りのドイツ語を話し、自分達と他宗教の人々を区別するために非アーミッシュの人々をこう呼びます。殺人事件の目撃者となってしまったサミュエルを守るため犯人との銃撃戦で傷つき、怪我が治るまでアーミッシュ村に留まる事になった刑事ジョンを、最初は銃を持った危険なよそ者扱いし毛嫌いしていたイーライでした。

しかし、ジョンがイーライの家の牛の乳しぼりを手伝ったり、アーミッシュが非暴力で手を出さないと知っている観光客にわざと嫌がらせをされているアーミッシュ達をかばって相手を殴って助けたり、村人達と協力して家畜小屋を造ったりして次第に村人の中に溶け込んでいくのを見ていました。ジョンがアーミッシュを守るため相手の観光客を殴ったことで犯人の警官達がジョンの居場所を突き止め激しい銃撃戦の末事件が解決します。ジョンが村を去る時、イーライは今度はジョンに向かって同じ言葉を投げかけるのでした。これは彼がジョンをアーミッシュの仲間だと認めた事を表わしています。

学習ポイント

この映画は、サミュエルが偶然居合わせた殺人現場で犯人を目撃したことからストーリーが展開していきますので、刑事ジョンが目撃者サミュエルに犯人について尋ねる会話を見てみましょう。

この2つの会話を応用して、刑事が目撃者に犯人の特徴を聞き出す時の簡単な話し方を学ぶ事ができます。また、この会話には特殊な警察用語は入っていないので日常生活で会った事がない人や、知らない出来事について他の人に尋ねるような場面でも使うことができます。

会話1　ジョンが事件直後に駅で初めてサミュエルに犯人について尋ねた時の会話。

John　　： I want you to tell me everything you saw in the bathroom.
　　　　　（君がトイレで見た事を全部話して欲しいんだ）

Samuel ： There were two. I only saw one.
　　　　　（2人だった。僕は1人だけ見た）

John　　： What did he look like, the man that you saw?
　　　　　（君が見た男はどんな人だった？）

Samuel ： He was like him.
　　　　　（彼みたいだった）

会話2　ジョンがサミュエルを警察署へ連れて行き、サミュエルにガラスの向こうに立っている犯人に似ている男性達から犯人を探す面通しをさせる時の会話。

John　　： Now, don't be frightened. You can see them, but they can't see you.
　　　　　（さて、怖がらないで。君からは彼らが見えるけど、彼らから君は見えないよ）

Police ： I want the hats and sunglasses off. Straighten up.
　　　　　（帽子とサングラスをとってくれ。まっすぐ立って）

John　　： I want you to tell me if any of these men are the man you saw in the bathroom.
　　　　　Take your time. Look real carefully.
　　　　　（もしこの中に君がトイレで見た男がいたら教えて欲しいんだ。
　　　　　時間をかけて。注意深く見るんだ）

あらすじ

ペンシルベニア州の現代文明社会から隔絶し、暴力を拒絶するアーミッシュ村で平和に暮らすサミュエルは、ある日列車で母と伯母の住むボルティモアへ出かける途中、駅のトイレで殺人事件を目撃してしまいます。犯人に気づかれずなんとかその場を逃れたサミュエルでしたが、殺人事件で殺されたのが警官であった事から、捜査担当刑事であるジョン・ブックに犯人探しの協力を要請されます。警察署に連れられて行ったサミュエルが、署内で偶然目にした新聞の切り抜き写真に写っていた警察官が犯人の1人であるとわかり、ジョンはその事件が警察内で組織的に行われている犯罪をもみ消すためのものであったと察知します。ジョンと目撃者を抹殺しようとする犯人に追われ、ジョンが負傷します。サミュエル親子の危険を感じたジョンは、親子をアーミッシュ村へ逃がそうと、自ら2人を車に乗せ村まで送り届けます。無事に親子を送り届けたジョンでしたが、負傷していた傷が元で気を失ってしまい傷が治るまでアーミッシュ村に留まることになります。そこでジョンが見たものは、宗教的理由で現代文明社会には欠かせない電気、電話、車を極力使わず暴力を否定し、仲間達と協力して自給自足でつつましく平和に暮らすアーミッシュの人々の暮らしでした。ジョンはサミュエル親子の家に住み、彼らと一緒に暮らすうちに未亡人であるサミュエルの母と恋に落ちますが、文化が異なり住む世界が違う2人の恋は事件の解決とともに終わりを迎えます。

映画情報

原　　作：W・ケリー、E・W・ウォーレス
　　　　　『刑事ジョン・ブック 目撃者』
製作費：1,200万ドル　　製作年：1985年
製作国：米国　　　　　言　語：米語
撮影場所：米国フィラデルフィア州ランカスターカウンティー他

公開情報

公開日：1985年2月8日（米国）
　　　　1985年6月8日（日本）
上映時間：112分
受　　賞：第58回アカデミー脚本賞、編集賞
　　　　　第39回英国アカデミー賞作品賞他

薦	○小学生　　○中学生　　○高校生　　○大学生　　●社会人	リスニング難易度	発売元：NBCユニバーサル・エンターテイメント （平成29年2月現在、本体価格） ブルーレイ価格：2,381円

お薦めの理由	現代社会の象徴のような米国において現代社会と隔絶して生きる人々が暮らすアーミッシュ村が存在し、彼らがどのように外の米国社会と折り合いをつけて暮らしているのかをのぞき見るのはとても興味深いと思います。また、村の人々の暮らしと現代の私たちの暮らしや価値観を比較しながら映画を観てみると、人間にとって本当に大切な物は何かという事をあらためて考えてみるよい機会になります。	スピード	4
		明瞭さ	4
		米国訛	4
		米国外訛	2
英語の特徴	米国英語と時々アーミッシュが使う Pennsylvania German（ペンシルベニア訛りのドイツ語）が話されますが、英語以外をアーミッシュが話す時は、英語の冒頭の葬儀の場面であったり、短い会話でアーミッシュらしさを演出するために使われる程度なので、会話の内容を理解するのに問題はありません。殺人事件が元なので、警察官が使う用語が少し入りますが、これも日常的に聞く言葉なので理解し易いと思います。	語彙	3
		専門語	3
		ジョーク	1
		スラング	2
		文法	3

発展学習	アーミッシュの宗教的な教え方の中で、最も重要な教えの1つに非暴力があります。この作品では、日常的に暴力と闘い、時には自ら犯人や容疑者に暴力を振るう刑事ジョンと、たとえ相手に暴力を振るわれそうになっても無抵抗なアーミッシュの人々の価値観を対比させて、暴力や殺人に対する考え方を提示しています。ここではジョンが家に持ち込んだ銃に興味を持ったアーミッシュの幼い少年サミュエルに、祖父のイーライが非暴力の大切さについて説くセリフを見て「暴力とは」、「殺人とは」について考えてみましょう。 Eli　　　: This gun of the hand is for the taking of human life. 　　　　　（手の中にあるこの銃は人の命を奪うためのものだ） 　　　　　We believe it is wrong to take life. That is only for God. 　　　　　（我々は命を奪う事は間違っていると信じている。それは神だけの仕事だ） 　　　　　Many times the wars have come, and people have said to us: 　　　　　（戦争が起こる度に、人々は我々に言った） 　　　　　"It is the only way to preserve the good." But Samuel… 　　　　　（「それは善を守る唯一の方法だ」と、しかしサミュエル…） 　　　　　There is never only one way. 　　　　　（方法はたった1つではない） 　　　　　Remember that. 　　　　　（それを覚えておくんだ） 　　　　　Would you kill another man? 　　　　　（お前は他の人を殺すかね？） Samuel : I would only kill a bad man. 　　　　　（僕は悪い人だけを殺す） Eli　　　: Only the bad man, I see. And you know these bad men by sight? 　　　　　（悪い人だけか、わかった。それでお前は見ただけで悪い人達だとわかるのかい？） 　　　　　You are able to look into their hearts and see this badness? 　　　　　（お前には彼らの心の中の悪が見えるのかい？）

映画の背景と見所	この映画の舞台の大半を占めているのは、アーミッシュと呼ばれる元はスイスのチューリッヒで生まれキリスト教と共同体に忠実な宗教を信じる人々が、現在も昔ながらの信仰を守り暮らしている米国ペンシルベニア州のランカスターカウンティ周辺です。彼らは文明社会に欠かせない電気を風力や水力からのみ使用し、電話等の通信機器、車を拒絶して移動手段にはバギーと呼ばれる黒い幌付き馬車を使用しています。衣服も簡素で派手さを嫌いボタンの代わりにフックを使い、質素で非暴力を貫き、仲間達と協力し合って自給自足をし平和に暮らしています。そんな彼らの暮らしを殺人事件の目撃者になったアーミッシュの少年サミュエルを守るためその村に、一時的に留まる事になった俗世界にまみれた刑事ジョンの目を通して現代社会の暮らしと対比させながら疑似体験する事ができます。普通であれば、アーミッシュの人々の暮らしを外側からのぞき見る事しかできない非アーミッシュの私達が、アーミッシュの側に立って外の世界を観るというインサイダー的な見方をすることにより、彼らが大切にしている事や物を通して人間にとって大切な事は何かについて考えさせられます。また、非アーミッシュのジョンとアーミッシュの女性レイチェルとの恋が宗教的理由で実らないことから、根強い文化の違いが人々の恋愛感情をも妨げてしまうという切ない異文化摩擦の体験もできます。

スタッフ	監　　督：ピーター・ウィアー 製　　作：エドワード・S・フェルドマン 音　　楽：モーリス・ジャール 撮　　影：ジョン・シール 編　　集：トム・ノーブル	キャスト	ジョン・ブック　　　　：ハリソン・フォード サミュエル　　　　　：ルーカス・ハース レイチェル　　　　　：ケリー・マクギリス イーライ・ラップ　　：ジャン・ルーブス シェイファー本部長：ジョセフ・ソマー

	交渉人	The Negotiator	（執筆）梅垣　昌子

セリフ紹介

　シカゴ警察東分署のダニー・ローマンは、人質交渉人として高い技術を持っています。危ない橋を渡ることもありますが、最終的に立てこもり案件を解決に導く手腕は同僚からも高く評価されています。そんなローマンは結婚式を終えたばかり。妻カレンと新居で新しい生活を始めたところです。カレンは、危険をものともせず犯人に立ち向かうローマンの勇敢さを誇りに思いながらも、夫の身の安全を願ってその向こう見ずぶりをたしなめます。

Karen ：I love that you do these crazy things. I just wish you'd start differentiating between crazy and just plain stupid. I know this marriage thing is new to you... but coming home every night is a big part of it.
（勇敢な行動って、私は大好きよ。ただ、勇敢と単なる向こう見ずとの違いについて考えてほしいの。結婚したばかりで慣れないとは思うけれど…これからは、毎日無事で帰宅してくれることが一番）

　ローマンは新妻を安心させるため、次のような比喩表現を使って、会話を和ませます。

Danny ：Danny Roman is a married man now. No more crazy shit, all right? See that? That's the bus. The bus is going down the street. "Crazy is on the bus."

　ローマンは手でバスを走らせる真似をします。そこに "crazy" を乗せ、バスは走り去って見えなくなった、というわけです。このあと、我が身の潔白を証明すべく人質をとって立てこもることになるのですが、この時もカレンの "Please don't do anything crazy" という言葉に対して "Crazy's on the bus, remember?" と答え、妻を安心させようとします。

学習ポイント

　意思の疎通という点において完全に背をむけている立てこもり犯との交渉を仕事とするダニー・ローマンの会話術には、初対面の相手、しかも敵意を持った相手の心を瞬時につかみ、コミュニケーションを自分のペースで進めるためのヒントが数多く含まれています。まずは相手の好みや経歴を徹底的にリサーチし、その材料をもとに相手の心を解きほぐして緊張状態を緩めます。映画の冒頭に現れる人質事件で、ダニーの交渉プロセスを見てみましょう。まずは、犬に関する話題で相手を引きつけようとします。

Danny ：Yeah, I like animals better than people sometimes. Especially dogs. Dogs are the best. Every time you come home, they act like they haven't seen you in a year. And the good thing about dogs is they got different dogs for different people. Like pit bulls. The dog of dogs. Pit bull can be the right man's best friend and the wrong man's worst enemy. You going to give me for a pet, give me a pit bull. Give me... Raoul, Right, Omar?

　立てこもり犯のオマール（Omar）がラウールという名前のピット・ブル・テリアを飼っていることから、「俺も犬好き人間だ。犬はいいよな。家に帰ると、まるで１年ぶりだとでもいうように、大喜びでお迎えだ。犬にはいろんな種類があるのもいい。人によって犬もいろいろだ。ピット・ブルは犬の王様だな。ピット・ブルは人間を選ぶよな。ピット・ブルの主人になれるのは大した人間だ。ペットに選ぶならピット・ブル。ピット・ブルといえばラウールだな」という話しの流れを作ります。しかしオマールが実はラウールを嫌っていることがわかり、作戦変更。オマールが海兵隊員だったことを利用して、海兵隊出身を装い、共通の話題で意気投合を狙います。この作戦は成功。オマールは "Don't meet many Marines these days. Everybody joins the Navy." と答えます。ここで気を許したオマールを一気に制圧します。

　交渉や警官同士の会話には四文字語（four-letter word）が多く使用されていますので、そのことに留意してコミュニケーションの流れを観察することが学習のポイントになりますが、メディアの英語は状況説明の表現として、そのまま参考にすることができます。上記の人質事件に関するニュースの報道を見てみましょう。

News Anchor：After 6 hours, hostage negotiator Danny Roman risked his own life, disarming the hostage-taker to end the standoff. Lieutenant, Roman, it looks like you save the day again.

　テレビのニュース画面には、次のようなテロップが流れています。"Lt. DANNY ROMAN / METROPOLITAN POLICE DEPT."「Lt.」というのは "lieutenant" の略で、警部補のことです。

あらすじ

　アパートの玄関ドアの後ろで、立てこもり犯に話しかけるダニー・ローマン。彼はシカゴ警察東分署の交渉人です。優れた腕前で犯人を制圧し、人質の無事救出に成功します。メディアはこぞってダニーの活躍を讃えますが、そのダニーの相棒がある夜、暴漢に襲われて命を落とします。ダニーは警察署内で起きた不正に関わったという濡れ衣を着せられたうえ、相棒ネーサンの殺人容疑をかけられてしまいます。ネーサンの死には内務捜査局のニーバム局長が関係していると睨んだダニーは、面会を求めて真実を白日のもとに晒そうとしますが、事態は更に悪化。四面楚歌となったダニーが、署内で人質をとるという事態に発展します。ダニーは署内の誰も信じられなくなり、西分署の交渉人、クリス・セイビアンを指名して、命をかけて無実を証明しようとします。シカゴ署の高層ビルの20階に立てこもり、ニーバムほか３名の人質をとって立てこもるダニーに対し、トラヴィス署長や FBI から突入命令が出るなか、ダニーに同情的な人質ルディーの助けを借りつつ、ダニーはニーバムを自白に追い込み、事件の真相に辿りつきます。ネーサンは実は内務捜査局の内偵者だったのです。彼はダニーの警官仲間であるアージェント、ヘルマン、アレンの３人が不正に基金を着服したことを暴いてニーバムに報告するも、ニーバムは買収されて証拠のもみ消しを行ったのです。ダニーはセイビアンの協力のもと、着服の証拠とその親玉をつきとめて見事に濡れ衣を晴らします。

映画情報

製 作 費：5,000万ドル
製 作 年：1998年
製 作 国：米国
製作会社：リージェンシー・エンタープライズ
配給会社：ワーナー・ブラザース

公開情報

公 開 日：1998年7月29日（米国）
　　　　　1999年7月 3日（日本）
上映時間：140分
オープニングウィーケンド：1,021万8,831ドル
興行収入：4,454万7,681ドル

薦	○小学生　○中学生　○高校生　●大学生　●社会人	リスニング難易度	発売元：20世紀フォックス ホーム エンターテイメント ジャパン （平成29年2月現在、本体価格） DVD価格：1,419円 ブルーレイ価格1,905円

お薦めの理由	主人公はシカゴ警察の人質交渉人で、自らが人質をとるはめになり、もう1人の優秀な交渉人を事件解決のために指名します。交渉術は、社会人にとって必須のコミュニケーション術ですが、具体的にどのようにして相手の共感を得るのか、またその際に、どのような点に注意すべきかなど、映画の中の実例とともに検証することができます。また事件や訴訟に関する語彙を豊富に習得できます。	スピード	3
		明瞭さ	3
		米国訛	3
		米国外訛	1
英語の特徴	交渉の緊迫した雰囲気のなかでストーリーが展開するため、英語のスピードは速めですが、司法関係の用語を除けば、語彙自体は難解ではありません。ただ映画の最初の部分では情報提供者（informant）の正体が不明で、交渉に「はったり」（bluff）が使われるため、筋をつかめるまで注意してリスニングを行うことが必要です。会話では four-letter word が頻出します。	語彙	3
		専門語	2
		ジョーク	2
		スラング	3
		文法	3

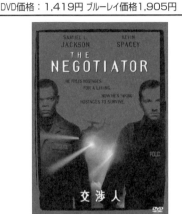

発展学習

ダニー・ローマンの悲劇は、相棒のネーサンが次のような告白をしたことから始まります。

Nathan : Guys in our precinct, guys we might call our friends, stealing our own money. I would've told you sooner, but this is my first chance.

同じ署（precinct）の仲間の誰かに、公金横領の疑いがあるというのです。「もっと早く話すべきだったが、これまで機会がなかった」というネーサンのセリフには、仮定法が使用されています。また、"guys we might call our friends" という表現にも、婉曲表現の "might" が使われており、少し慎重に言葉を選んで会話する際に参考になります。ダニーが仕事とする、犯人との交渉においても、相手を刺激せぬよう、注意して言葉を選ぶ必要があります。知らないうちに証拠を捏造され、逮捕されて正式に起訴（indict）されそうになったダニーは、自ら人質犯になって真実を暴くことを選びます。いつもなら犯人相手に交渉術を駆使するところ、逆に犯人として交渉の対象になったダニー。内線電話で自分に対する交渉を試みる同僚に対し、交渉術を講義する場面があります。犯人との交渉の際は、否定の表現を使用しないことが鉄則だといいます。このような交渉術や、そこで使われる英語表現について詳しく観察してみましょう。相手の要求に対し、否定表現を使わずに諦めさせる工夫の例です。

Danny : How about, "can I see a priest?"
Farley : No, you can't see a priest.
Danny : That's good, Farley. You shouldn't let me see a priest. A priest is associated with death and you don't want me thinking about death. But you told me "no," Farley. You can't say "no." Never use "no" in a hostage situation… Never say "no" to a Hostage-taker. It's in the manual. Will you tell me "no" again?
Farley : No.
Danny : Wrong answer! Never use "no," "don't," "won't" or "can't." All right? It eliminates options. The option that leaves is to shoot someone. Understand?
Farley : Yes.
Danny : Yes! Good! See, "yes" is good…. Let's practice…. You ever cheat on your wife? Answer!
Farley : I'll see what I can do. I'll have to think about that. I'll look into that.

もちろん最後の1行はコメディーです。ファーリーは緊張のため思考停止状態に陥っています。

映画の背景と見所

映画の舞台はイリノイ州のシカゴで、米国ではニューヨークやロサンゼルスに次ぐ大都市です。1837年に市に昇格したシカゴの人口は、1840年度の調査によれば4,000人でしたが、21世紀には約270万人に増加しています。高層ビルのエントランスの絨毯には、"City of Chicago-Incorporated 4th March 1837" と書かれた巨大な市章が織り込まれています。映画公開当時の1998年には、主要な博物館などが位置するレイクフロントパーク地域が整備されたところでした。シカゴ署の高層ビルにヘリコプターが近づく場面では、都市の景観が空から撮影され、美しいスカイラインが映し出されています。シカゴの風景に加え、警察署のビル内で展開する緊迫の交渉場面や、言葉による巧妙な駆け引きの場面が見所です。その際、警察組織や司法の仕組みに関わる語彙に留意すると、交渉の流れや状況をより明確に理解することができます。ダニーが身の潔白を証明するために乗り込むのは、署内の内務捜査局です。エレベーター表示が "Bureau of Community Relations" "Bureau of Legal Affairs" から "Internal Affairs Division" になった20階でダニーは降ります。局長のニーバムは警視正（inspector）、ダニーは警部補（lieutenant）です。着服に関わった3人は巡査（sergeant）です。冒頭の犯人は海兵隊（Marine）出身のため、ダニーはライバル意識を利用して海軍（Navy）にまつわるジョークを使って打ち解けます。ちなみにダニーは陸軍（Army）です。

スタッフ	監　督：F・ゲイリー・グレイ 脚　本：ジェームズ・デモナコ 　　　　ケヴィン・フォックス 製　作：デヴィッド・ホバーマン 　　　　アーノン・ミルチャン	キャスト	ダニー・ローマン　：サミュエル・L・ジャクソン クリス・セイビアン　：ケヴィン・スペイシー アダム・ベック　　：デヴィッド・モース グラント・フロスト：ロン・リフキン アル・トラヴィス　：ジョン・スペンサー

G.I. ジェーン	G.I. Jane	（執筆）岡田　泰弘

セリフ紹介	"It's you, sir. It started the moment I came here... It's the double standard. The separate quarters, the defferential treatment. It's the way you practically pulled my chair out for me when we first met... I can't afford civility, sir. How am I supposed to fit in when you've got me set up as an outsider? You've given me a different set of rules. The answer is, I can't. Why don't you just issue me a pink petticoat to wear around the base?" （問題はあなたです、最初から。二重標準です。女は個室、待遇を差別。女性を特別扱いしておいでです。みそっかすにされて、どうやって仲間に溶け込めます？　なぜ私だけに皆と違う基準を？　私だけピンクのペチコートを着ろと？） 　これは米海軍特殊部隊の訓練に唯一の女性として特別に参加を認められたジョーダン・オニール大尉が、司令官であるセーラム大佐に対して抗議する場面で述べられたセリフです。訓練の成績評価において、女性であることを理由に到達すべき基準を男性隊員よりも低く設定されていたことを知り憤慨したジョーダンは、今後は女性として一切特別扱いしないでほしいと強く求めています。これに対してセーラム大佐は、ジョーダンの無礼な態度に腹を立て、また海軍における女性差別撤廃の取り組みに対して不満を述べつつも、彼女の要求を認めます。 　セリフに出てくる "double standard" は、「二重規範（基準・標準）」という意味です。これは本来なら同じ基準で判断されるべき場面において2つの異なる基準が適用され、それにより不公平な状況が生じることです。このセリフにあるような女性と男性に対する異なる基準の適用は、"sexual double standard"（性的二重規範）と呼ばれています。
学習ポイント	階級による厳格な序列が存在する軍隊という組織では、常に相手との上下関係を意識したコミュニケーションが展開されます。英語には日本語とは異なる敬語表現の体系がありますが、その一例を見てみましょう。 オニール大尉：Lieutenant O'Neil reporting for training, sir. セーラム大佐：Yes, of course. Please, Lieutenant, have a seat. オニール大尉：Thank you, sir. セーラム大佐：Would you care for a beverage? Tea? Soda? オニール大尉：I'm fine, sir. 　これはジョーダン・オニール大尉が司令官であるセーラム大佐のオフィスを訪ねて、挨拶をしている場面です。ここではジョーダンが全ての発言の語尾に "sir" をつけている点に注目です。"sir" は目上の男性を呼ぶ際に使用される敬称（女性に対しては "ma'am"）で、部下が上司に、店員が客に話しかけたり、あるいは名前の知らない相手に呼びかける場面などでよく使われます。日常的な場面で目上の人と話す際に、必ず "sir" や "ma'am" をつけなければ失礼に当たるというわけではありませんが、これらの語をつけることで敬意が明確になり、より丁寧な表現になります。しかし、厳格な序列の中で上下関係を明確にすることが常に要求される軍隊では、上官の呼びかけや命令に対して返事をする際には、必ず "Yes, sir (ma'am)"、"No, sir (ma'am)" と答えなければなりません。また、発言の最後にも適宜 "sir" または "ma'am" をつけることが求められます。さらに、会話の終了時には、上官の "We're done." あるいは "Dismissed." という言葉を待ってから退席することになります。軍隊において上官と話す際に求められるコミュニケーションのルールと、関連する英語表現のバリエーションを、本作品を通して具体的な文脈の中で学んでいきましょう。 　また、この映画には海軍での訓練の場面が数多く出てきますが、これらのシーンを通して軍事訓練でよく使用される命令に関する英語表現を学ぶことができます。以下、本作品の中で使われている代表的な表現を挙げてみます。 "Attention"、"Ten-hut"（気を付け）、"Stand easy"（休め）、"Get on line"（整列）、"Fall out"、"Haul out"（解散）、"Class, halt"（全体、止まれ）、"Right face"（右向け、右）、"Sling arms"（吊り銃）、"Close it in"（間隔をつめろ）、"On the double"（駆け足で）、"Move it"（急げ） 　他にもまだたくさんありますが、いずれも軍隊生活の中で頻繁に使用される英語の慣用表現です。これらの英語表現が実際にどのような形で使われているのかを、具体的な場面の中で確認しながら覚えていきましょう。
あらすじ	この映画は、男性のみからなる米海軍特殊部隊の訓練に特別に参加を認められた1人の女性将校が、男性兵士たちのさまざまな抵抗に直面しながらも、最終的には彼らの仲間として受け入れられていく過程を描いたものです。 　女性上院議員のデヘイヴンが米海軍における女性差別の撤廃を強く要求したのに対して、海軍は精鋭を集めた特殊部隊の訓練コースに、女性1名を試験的に参加させることを決定します。デヘイヴン議員によって選ばれたのは、海軍情報局で勤務していたジョーダン・オニール大尉でした。女性であるがゆえに実戦経験を積むことができず、昇進の道が閉ざされていることに対して不満を抱いていたジョーダンにとって、これは大きなチャンスでした。しかし、彼女を待ち受けていたのは参加者の6割以上が脱落すると言われる想像を絶する厳しい訓練と、男性のみの部隊に女性が入ってくることを快く思わない上官や隊員たちからのあからさまな拒絶や侮蔑でした。 　女性として特別扱いされることを拒否したジョーダンは、頭を丸刈りにし、男性隊員たちと兵舎を共にすることを決意します。上官による数々のしごきに耐え、訓練の中で能力を発揮していくにつれて、男性隊員たちも次第に彼女のことを自分たちの仲間として受け入れていくようになります。ところが、彼女の訓練への特別参加が認められた背景にはデヘイヴン議員の政治的思惑が関係しており、彼女の企みによってジョーダンの訓練継続は危うくなります。

映画情報	製　作　費：5,000万ドル 製　作　年：1997年 製　作　国：米国、英国 言　　　語：英語 ジャンル：アクション、ドラマ、戦争	公開情報	公　開　日：1997年8月22日（米国） 　　　　　　1998年1月31日（日本） 上映時間：125分 興行収入：4,815万4,732ドル（米国） オープニングウィーケンド：1,109万4,241ドル

薦	○小学生　○中学生　○高校生　●大学生　●社会人	リスニング難易表	発売元：NBCユニバーサル・エンターテイメント（平成29年2月現在、本体価格）DVD価格：1,429円

お薦めの理由	米海軍特殊部隊が舞台となっている本作品を通して、軍隊という特殊な階級組織における上下関係を意識したコミュニケーションのルールと、そこで用いられる慣用的な英語表現を具体的な文脈の中で学ぶことができます。特に、英語による敬語表現の使い方に注目してみましょう。また、日常の訓練や実戦の場面を通して、軍隊の現場で頻繁に使用される英語の語彙や定型表現を数多く学ぶことができます。	スピード	4
		明瞭さ	3
		米国訛	1
		米国外訛	2
英語の特徴	全体的に訛りも少なく、明瞭な英語で話されていますが、訓練や実戦のシーンでのやりとりでは話すスピードが速くなり、スラングも多用されています。軍隊特有な階級の名称、専門用語、命令や指示に関する定型表現が多く使われており、馴染みのない人にとっては分かりづらいかもしれません。上官が訓練生を罵倒する場面で用いられている表現については、使い方に注意が必要です。	語　彙	5
		専門語	4
		ジョーク	2
		スラング	3
		文　法	3

発展学習

ここでは米軍における女性兵士をめぐるジェンダーとセクシュアリティの諸問題について考えてみます。
"Royce, we're the same age. We entered the Navy the same month. Which one of us is wearing more ribbons?... Operational experience is a key to advancement. Yet anyone with tits can't be on a sub, can't be a SEAL, and don't even think..."
　これはジョーダンが彼女の上官で恋人でもあるロイスに対して、同期なのに階級では彼の方が上であるのは、昇進に必要な実戦体験が女性には与えられないからであると不満を述べたものです。「男の聖域」とされる軍隊で最初に女性の参加が認められたのは、伝統的に女性の職業であると見なされてきた看護職で、1901年に陸軍看護部隊、1908年に海軍看護部隊が創設されました。米軍が女性を戦力として本格的に活用するようになったのは第二次世界大戦期で、総力戦において人的資源を有効活用するために、1942年に海軍女性部隊（WAVES）、1943年に陸軍女性部隊（WAC）が設立されました。女性兵士たちは前線での戦闘に投入される男性兵士に代わり、主に事務職やサービス部門での任務に従事しました。その後ジェンダー統合が進み、女性にも士官への道が開かれるなど、米軍内での女性の活躍の場が徐々に広がっていきますが、ジョーダンが不満を述べているように、最前線で展開する戦闘部隊への参加だけは女性には認められませんでした。しかし、2015年12月にカーター国防長官が米軍内の全ての職種に女性が就けるようになると発表したことにより、これも変わろうとしています。女性兵士の立場に関してはフェミニストの間でも意見が分かれており、軍隊のあらゆる領域における男女の完全な平等を求める人たちがいる一方で、軍隊という「暴力装置」における「男並み」の平等を求めることに対して批判的な意見もあります。
　次に、ある男性兵士がジョーダンについて述べたセリフに注目してみましょう。"All I'm sayin' is one night, Lord. Give me one night, and I'll set her straight." "straight" は「異性愛者」（heterosexual）という意味ですが、この発言はジョーダンが同性愛者であることをほのめかしています。このように女性兵士をレズビアンと同一視する言説は第二次大戦期の女性部隊創設時から見られ、「男の聖域」に女性が入ってくることに反対する男性兵士たちによって広められました。他にも、デヘイヴン議員がジョーダンに「彼氏はいるのか」と尋ねて同性愛者ではないことを確認したり、彼女が他の女性兵士たちと親密にしている写真をリークして訓練の継続を妨害しようとする場面からは、軍隊では長い間同性愛者がスキャンダラスな存在であったことがうかがえます。本作品が製作された1990年代後半の米軍では、1993年にクリントン政権下で施行された「聞くな、語るな」（Don't Ask, Don't Tell）政策により、同性愛者であると公言しない限りにおいてゲイ、レズビアンの入隊が認められていました。その後、2011年にオバマ政権がこの政策を廃止したことにより、同性愛者であることをカミングアウトしても従軍できるようになりました。

映画の背景と見所

　上官が訓練生を罵倒する場面に見られるように、「男らしさ」の追求を至上命題とする軍隊では女性的なものは嫌悪され、克服すべき対象とされてきました。米海軍の精鋭部隊という「男らしさ」の牙城に果敢に乗り込んでいった女性士官のジョーダンが、初めは男性の上官や隊員たちからの強い抵抗に直面しますが、男性以上に「男らしさ」を発揮することにより、最終的には彼らの仲間として受け入れられていく過程に注目です。
　本作品でジョーダンが訓練に参加した部隊は、実在する米海軍特殊部隊シールズ（US Navy SEALs）がモデルになっています。シールズ（SEALs）とは、Sea（海）、Air（空）、Land（陸）の頭文字を取った名称で、文字通りに水上、空中、陸上におけるさまざまな任務に対応できる高度な戦闘能力をもった、米海軍最強の精鋭部隊です。最近では、2011年5月に実行されたアルカイダの最高指導者ウサマ・ビンラディン容疑者の殺害作戦にもかかわっています。過酷な訓練が課され、危険な任務にも携わるシールズは、長い間女性に対して門戸を閉ざしてきました。しかし、2015年12月のカーター国防長官の発表を受けて、海軍はシールズの選抜や訓練に女性志願者を受け入れる準備を始めました。女性兵士のシールズへの正式参加がいよいよ現実のものとなりそうです。

スタッフ

監督・製作：リドリー・スコット
脚本：デビッド・トゥーイ、ダニエル・アレキサンドラ
製作：ロジャー・バーンバウム、デミ・ムーア
　　　スザンヌ・トッド
原案：ダニエル・アレキサンドラ

キャスト

ジョーダン・オニール大尉　：デミ・ムーア
マスター・チーフ（ウルゲイル）：ヴィゴ・モーテンセン
リリアン・デヘイヴン議員　：アン・バンクロフト
セーラム大佐（司令官）　　：スコット・ウィルソン
ロイス　　　　　　　　　　：ジェイソン・ベガー

逃亡者	**The Fugitive**

（執筆）杉浦恵美子

セリフ紹介

　この映画の原題 The Fugitive の "fugitive" は、名詞では「逃亡者、脱走者、亡命」の意味で、邦題にもなっています。映画の終盤、妻を殺害した犯人を突き止めようと逃走を続けていたキンブルは、遂に妻殺しの黒幕であったニコルズを追い詰めます。2人を追っていた捜査官のジェラードは、姿の見えないキンブルに、無罪であることはわかっている、もう逃げ道はなく、シカゴ市警は君を見つけ次第射殺するだろうから逃げ回るのはもう終わりにしろと叫び説得します。ジェラードはさらに以下のように続けます。

Gerard ：Richard, give it up!
　　　　：Richard, I'm either lying or I'm gonna shoot you!
　　　　：Give it up! It's time to stop running!

　下線の "I'm either lying or I'm gonna shoot you!" は、直訳すると「俺が嘘をついているか、もしくは俺がお前を撃つかのどちらかだ」となりますが、ここでの意味は、「俺のことを信じるか、もしくは俺に撃たれるか」です。
　この直後キンブルは、ジェラードを背後から拳銃で撃とうとするニコルズを見つけ、後ろから彼の膝めがけてパイプで殴り倒します。床に倒れ込んだニコルズを前に、キンブルは、ジェラードに次のようにつぶやきます。

Kimble ：They killed my wife.
Gerard ：I know it, Richard. I know. But it's over now. You know, I'm glad. I need the rest.

　ジェラードの最後の「もう休みたい」という言葉は、いかにこの追跡が長く過酷であったかを物語っています。

学習ポイント

　取り調べや捜査の場面から、聞き込みや事件捜査に関わる語彙や表現を学ぶことができます。映画は、キンブル博士の自宅で妻のヘレン夫人が他殺死体で見つかり捜査が行われているシーンから始まり、その後、警察の取り調べ室では、捜査官たちがキンブルに疑いの目を向け事件当夜についてさまざまな質問や尋問を続けています。以下は、キンブルが妻を保険金目当てに殺害したと疑念を持ちながら尋問するシーンです。

Detecitve Kelly ：Your wife, she's, she's got the money in the family, doesn't she?
Kimble ：Helen comes from a wealthy family. Yes.
Detecitve Kelly ：Is she insured?
Kimble ：Yes, she is.
Detecitve Rosetti ：Who's the beneficiary?
Kimble ：I am.
Detecitve Rosetti ：The sole beneficiary?
Kimble ：Yes.
Detecitve Kelly ：Financially, you're not going to be hurting after this then, are you? I mean, she was worth quite a bit of money.
Kimble ：You suggesting that I killed my wife? Are you saying that I crushed her skull, and that I shot her? How dare you?

　"Is she insured?" とヘレン夫人が保険に入っているかどうかを尋ね、キンブルが入っていると答えると "Who's the beneficiary?（受取人は誰ですか？）" と質問します。"beneficiary" は、「（年金・保険金などの）受取人」の意味です。自分だと答えるとさらに "The sole beneficiary?"（受取人は1人だけですか？）と尋ねます。"sole" は「唯一の、たった1人の」の意味です。
　この他に、キンブルが帰宅した時に部屋の中に男がいて揉み合いになり、その男は義手（mechanical arm）を付けていて犯人なので見つけて欲しいと訴えると、その人物に関し "How tall was he?"（身長は？）、"What color was his hair?"（髪の色は？）、"What color were his eyes?"（目の色は？）などと質問をされます。普段からも使える平易な表現なので、"I want to do all these interviews again."（これらの聞き込み・尋問をすべてやり直す）のような刑事や捜査官が用いる他のセリフやフレーズを取り上げて学んでみてください。

あらすじ

　リチャード・キンブルは、シカゴ記念病院に勤務する優秀な外科医で、愛する妻ヘレンと順風満帆で幸せな日々を送っていました。ある晩緊急手術を終え帰宅すると、妻は何者かに襲われ瀕死の状態で横たわっており、その場から逃げ出そうとする見知らぬ男性と揉み合いになりますが、取り逃がしてしまいます。キンブルは、その後の警察での事情聴取で妻殺しの容疑で逮捕、起訴され、片腕が義手の男が犯人だと訴え無実を主張するものの裁判で死刑判決が下されてしまいます。死刑判決後、刑務所への護送途中に他の囚人が企てた脱走で護送車と列車が衝突する大事故が起こると、その混乱に乗じてキンブルは真犯人を自らの手で突き止めようと逃亡をはかります。いち早く彼の脱走に気づいたジェラード捜査官と彼の部下達は、キンブルの追跡を開始します。
　キンブルは、身の潔白を証明しようとシカゴに戻り、片腕が義手の謎の男を探し始めます。元同僚の医師の協力も得て遂にその男の居場所を突き止め、事件の黒幕が親友のニコルズ博士であることを知ります。ホテルで講演中のニコルズに向かい、大勢の聴衆の前でニコルズの不正を暴露し問いただします。ニコルズは話し合う素振りを見せてその場を離れます。その頃、事件の真相に辿り着きキンブルが無実であることがわかったジェラードはホテルに到着し、部下らとキンブルの行方を捜しはじめます。

映画情報

原　　作：ロイ・ハギンス　The Fugitive	公開日：1993年8月 6日（米国） 　　　　　1993年9月11日（日本）
製 作 費：4,400万ドル	上映時間：130分
製 作 年：1993年	興行収入：3億6,887万5,760ドル
製 作 国：米国	
ジャンル：サスペンス、アクション　言　語：英語	音　　声：英語、日本語　字　　幕：日本語、英語

薦	○小学生　○中学生　○高校生　●大学生　●社会人	リスニング難易度	発売元：ワーナー・ブラザース　ホームエンターテイメント （平成29年2月現在、本体価格） DVD価格：1,429円　ブルーレイ価格2,381円

お薦めの理由	捜査官の尋問や聞き込みに関連した表現とともに医療や法廷に関わる英語を学ぶことができます。英語学習に留まらず作品中には、セント・パトリックス・デーにパレードのシーンが登場することから、米国の祝祭と文化についても勉強になります。シカゴが舞台となっていることから、映像を通じて摩天楼で有名なシカゴの高層ビル群や街並みも楽しむこともできます。	スピード	3
		明瞭さ	3
		米国訛	3
		米国外訛	1
英語の特徴	中西部のシカゴが舞台となっており、標準的な米国英語が用いられています。捜査や聞き込みは質問形式の会話なので比較的わかりやすく聞き取り易いですが、病院での医師たちの会話は、医療に関する専門用語が含まれているため、少々難しいかもしれません。また ER（救命救急室）へ運び込まれた人たちを処置する場面では、医師や看護師らは早口で指示しているため聞き取りづらさを感じるかもしれません。	語　彙	4
		専門語	4
		ジョーク	2
		スラング	3
		文　法	3

発展学習

　この映画は、主人公が真犯人を追いつめるというストーリーであるため、警察官や捜査に関わる仕事に就いている人、興味ある人には役立つセリフが多く登場しますが、手術や ER（救急救命室）で患者を処置するシーンもあることから、実際の医療現場で使われたり耳にしたりする表現がかなり出てきます。発展学習として、まず、医療関係の従事者や将来その分野に携わりたいという人たちにはもちろん、我々が患者として受診した際にも役立つような易しい語彙を紹介します。

　作品中、バスの衝突事故で多くの怪我人が病院の救急外来に次々に搬送され、救急隊員や医師、看護師らが懸命に処置を施すシーンがあります。犯人の手掛かりを得ようと掃除係の振りをしてその場にいたキンブルは、ストレッチャーで苦しそうに横たわる少年に "Does it hurt when you breathe?" と問いかけます。その後、女性医師が少年の具合を確認しにやってきて、"A deep breath. That's good. That's good." と言います。"breathe"（呼吸する、息をする）と "breath"（息、呼吸）の違いに、また "breathe" は、発音の仕方に注意が必要です。

　もう1つ、専門用語が幾つか含まれているシーンを紹介します。キンブルが妻を殺害された夜に緊急手術を行った時の医者同士の会話です。意味は辞書を活用するなどして考えてみてください。

Dr. Stevens　：Fifty-eight-year-old guy. Just pulled his hot gall bladder. Bleeding.
Surgeon　　 ：Big time. It's all in the liver bed.
Kimble　　　：What are his coags?
Dr. Stevens　：They're all messed up. PT's thirty-six, and the rest of 'em are off the wall.

　次に、この作品を通じて是非学んで欲しいのが、米国の祝祭についてです。カトリック教徒にとって重要な祝日の1つに、毎年3月17日に開催されるセント・パトリックス・デーがあります。この日は、連邦政府によって制定された法定休日ではありませんが、ニューヨークやシカゴをはじめ全米の大都市で盛大に祝われます。映画にもパレードのシーンが使われており、シンボルカラーである緑に染まった川が映し出されています。この映画の視聴を機に是非セント・パトリックス・デーについて学んでみてください。

　最後に、この映画を通じてさらに深く学習するには、スクリーンプレイ・シリーズの名作映画完全セリフ集『逃亡者』が、自主学習する際に大いに参考になります。その他に、シカゴが舞台となっている映画『アンタッチャブル』や『ER』や『シカゴ・ホープ』などのテレビドラマの視聴もお薦めします。シカゴの歴史の一端が学べるとともにシカゴの町の様子がより理解できるでしょう。

映画の背景と見所

　この作品は、米国で1960年代（1963～67）に放送され高視聴率を記録したテレビドラマ『逃亡者』が映画化されたものです。映画の時代背景は製作された当時の1990年代に設定され、ストーリーや設定も変更されたものの妻殺しの汚名を着せられた主人公が真犯人を突き止めようと逃走を続け、警察が追跡するという展開はテレビドラマ版を踏襲しています。日本でも、このテレビドラマは TBS 系列で放送（1964～67）され、人気を博しました。

　映画の元になったテレビドラマ版自体にもヒントとなった事件があり、「サム・シェパード事件」と言われる実際にあった殺人事件をもとに製作されました。1954年にオハイオ州に住むサミュエル・シェパード医師が、妻を殺害した犯人として逮捕された冤罪事件に脚色を加えてテレビドラマのストーリーは作られました。シェパード医師は終身刑の判決を下されましたが、再審で無罪となりました。

　捜査官役を演じているトミー・リー・ジョーンズですが、この映画でアカデミー助演男優賞を受賞しました。2005年には、自身で監督・製作し出演した映画で、カンヌ国際映画祭で男優賞を受賞した実力者俳優です。日本でも顔馴染みの俳優で、2006年から缶コーヒーのコマーシャルに出演し、10年以上続くコマーシャルシリーズとして定着しています。

スタッフ	監　督：アンドリュー・デイヴィス 脚　本：ジェブ・スチュアート他1名 製　作：アーノルド・コペルソン 原　案：デヴィッド・トゥーヒー 撮　影：マイケル・チャップマン	キャスト	リチャード・キンブル　　　：ハリソン・フォード サミュエル・ジェラード　　：トミー・リー・ジョーンズ アン・イーストマン　　　　：ジュリアン・ムーア チャールズ・ニコルズ　　　：ジェローン・クラッベ ヘレン・キンブル　　　　　：セーラ・ウォード

ボーン・アイデンティティー	The Bourne Identity

（執筆）大橋　洋平

<table>
<tr>
<td>セ
リ
フ
紹
介</td>
<td>

　ジェイソンが、自身が普通の人間ではないことを訴えるシーンです。スパイアクション映画ならではのセリフが見られます。
【0:34:09〜】
Jason : Who has a safety deposit box full of... money and six passports and a gun?
　　　（札束とパスポートと拳銃を貸金庫に入れておくのはどんな奴だ？）
　　　Who has a bank account number in their hip?（誰が口座番号を尻に埋め込む？）
　　　I come in here, and the first thing I'm doing is I'm catching the sightlines... and looking for an exit.
　　　（ここに入ってきて、まず視野を確保し、逃げ道を確認した）
Jason : I can tell you the license plate numbers of all six cars outside. I know that our waitress is left-handed... and the guy sitting at the counter weighs 215 pounds and can handle himself. I know the best place to look for a gun is the cab of the gray truck outside. At this altitude, I can run flat out for a half-mile before my hands start shaking. Now why would I know that?
　　　（外にある6台全ての車のナンバーを暗記している。ここに来たウェイトレスは左利きで、カウンターに座っている奴は体重が215ポンドで強い。銃を探すなら、表に停まっているグレーのトラックの運転席を見てみればいい。この程度の標高なら、800メートルは全速力で走れる。なぜ僕にはこんなことがわかる？）

</td>
</tr>
<tr>
<td>学
習
ポ
イ
ン
ト</td>
<td>

　スパイアクション映画ですので、まずはそれらしいシーンに着目してみましょう。
　まずは、ジェイソンとマリーがホテルで一夜を明かし、マリーが朝目覚めてジェイソンに話しかける場面です。
【1:02:22〜】
Marie : You already cleaned the room?（もう部屋を片付けたの？）
Jason : I wiped the whole place down for fingerprints.（指紋はだいたい拭き取ったよ）
Marie : Can I walk around or is it gonna leave any footprints?（床を歩いてもいい？足跡が残るかしら？）
Jason : You can walk around. It's no problem. But we'll just keep track of everything we touch. I think it's best if we leave a room, that we don't leave a trail.
　　　（歩いていいよ。問題ない。でも、触ったものは全て覚えておこう。部屋を出る時に痕跡を残さないほうが良い）
　流石プロの工作員といったところでしょうか。ジェイソンが非常に実践経験豊富で抜かりのない人間だということがわかります。単語や熟語に着目してみましょう。
　☆Wipe A down＝Aを拭き取る　☆fingerprint＝指紋

　次に、ジェイソンが工作員との銃撃戦を制し、工作員に問い詰めるシーンです。
【1:28:55〜】
Jason　　　: Where is it? Where's the weapon?（どこだ？武器はどこだ？）
Jason　　　: Who else is out here? Who else? How many you got with you?
　　　（他にここには誰がいる？他に誰がいる？お前と一緒に何人いるんだ？）
　　　I'm not gonna ask you again.（何度も聞くつもりはない）
Professor : I work alone. Like you. We always work alone.
　　　（俺は一匹狼だ。お前と同じようにな。俺たちはいつも1人だ）
　☆略式英語として gonna という単語が使われています。gonna＝be going to の意になります。
　映画のセリフの中で、略式英語が使われている場面が他にもあります。実用の会話の中で使われる表現ですから、是非探してみましょう。
　☆weapon＝武器　☆Like you→ここでの "Like" は前置詞の「〜のような、〜に似た」という意です。

</td>
</tr>
<tr>
<td>あ
ら
す
じ</td>
<td>

　海上を漂っていた瀕死状態の男がイタリア漁船に救出されます。彼は記憶を喪失し、自分の名前や経歴も覚えていません。自分自身を知る唯一の手がかりは、彼の臀部（てんぶ）に埋め込まれたスイス相互銀行の貸金庫の番号のみです。彼が貸金庫を開けてみると、身分証明書や多国籍のパスポート、大量の各国紙幣、拳銃が出てきました。彼はそこで自分が「ジェイソン・ボーン」という人間だと知ります。謎の組織から追われるジェイソンはその後、領事館の路地でマリーと出会います。ジェイソンはマリーにお金を支払い車に乗せてもらって自宅のパリに手がかりを探しに行きます。しかし、パリの自宅でジェイソンは工作員に襲われ、マリーと共に危険人物として何者かに追われていることを知ります。ジェイソンはマリーと共に逃亡します。ジェイソンは組織が送り込んできた殺し屋を次々に撃退し、ついに組織のボスと接触します。そして、自分を追っている組織が CIA ということ、自分が「トレッドストーン作戦」、つまり政治家のウォンボシの暗殺作戦の工作員であったものの任務に失敗したことを知ります。同時にジェイソンは暗殺失敗時の記憶を少しずつ取り戻してゆきます。（トレッドストーン作戦）の証拠隠滅のためジェイソンを始末しようとする CIA から、激しい戦闘の末に逃れたジェイソンですが、CIA の中には黒幕がおり、これで全てが終わりではなかったのです。

</td>
</tr>
<tr>
<td>映
画
情
報</td>
<td>

製 作 費：6,000万ドル
製 作 国：米国
言 　 語：英語
配給会社：ユニバーサル映画
ジャンル：アクション、ミステリー、スリラー

</td>
<td>公
開
情
報</td>
<td>

公 開 日：2002年6月14日（米国）
　　　　　2003年1月25日（日本）
上映時間：119分
MPAA（上映制限）：PG-13
オープニングウィークエンド：2,711万8,640ドル（米国）

</td>
</tr>
</table>

薦	○小学生　　○中学生　　○高校生　　●大学生　　●社会人	リスニング難易度	発売元：NBCユニバーサル・エンターテイメント （平成29年2月現在、本体価格） DVD価格：1,429円　ブルーレイ価格：1,886円		

お薦めの理由	迫力のアクションシーンとハラハラドキドキの展開に、息をつくことができない程のスピード感のある映画です。 　英語学習の教材としても、本作品の続編が4作あり、2016年10月に日本で公開されたシリーズ最新作以外はいずれも DVD が発売されているので、続編という一筋のストーリーを楽しみながら、継続した学習につなげることができます。	スピード	4	
		明 瞭 さ	2	
		米 国 訛	3	
		米国外訛	3	
英語の特徴	舞台は複数の国で繰り広げられこともあり、時として英語以外にもドイツ語やイタリア語、フランス語が話されるシーンがあります。字幕なしで見ると理解に苦しむ点も多いことから、はじめは英語字幕を付けて鑑賞することをお薦めします。緊迫したスパイ映画なので、セリフが少々早口で話されるシーンもあり、こういった部分では特に注意を払う必要があります。	語 　彙	2	
		専 門 語	2	
		ジョーク	3	
		スラング	3	
		文 　法	3	

発展学習

（1）シーンの脈絡から、省略されている内容を書き出してみましょう。
　例えば、以下のシーンの下線部にはどのような意図があるでしょうか。
【00:33:10～】
　"I don't like her. <u>I want to go deep.</u> Get a phone log for Granny and the half-brother. Anybody we can cross-file. I want to know everyplace she's slept in the past six years."

　"I want to go to deep." を直訳すれば（私は深くまでいきたい）といった意味になりますが、ここではその訳をすると話が通じません。しかし、"I want to go to deep." は以下のセリフを参考にすると適切な解釈ができるようになります。つまり、"Get a phone log for Granny and the half-brother. Anybody we can cross-file. I want to know everyplace she's slept in the past six years."（祖母と義弟との通話記録を調べろ。情報を洗い出せ。過去6年間、彼女がどこで何をしていたのかを知りたい）の意味を考えてみれば、下線部が「もっと詳しい情報を知りたい」という内容であることが明確になります。このように、その言い回しが何を指しているのかを前後の文脈から考え、判断する練習をしてみましょう。

（2）この映画では、実用的で短いセリフがいくつも使われています。例えば、以下のセリフを下線部に着目して覚えてみましょう。
　ジェイソンがホテルの場所を、警察に知られたと感づきマリーと共に逃げます。彼女も自分自身が指名手配されていることを知ります。動揺してジェイソンから離れようとするマリーを、ジェイソンが落ち着かせようとするシーンです。
【01:15:35～】
Jason：<u>Stop right there.</u>（そこで止まるんだ）
Marie：<u>Get away from me.</u>（私に近づかないで）
Marie：What are you ganna do? Kill me?（次は私に何をするの？私を殺すの？）
Jason：Marie!（マリー！）
Marie：Is that next?（次は何？）
Jason：<u>Listen, stay calm. Stay calm.</u> Whatever we do, we have to do it together.
　　　（聞くんだ、落ち着け。落ち着くんだ。どんな時も、僕らは一緒にいなければいけないんだ）

映画の背景と見所

　この映画は続編の4作を含めたボーンシリーズ5作品の中の1作目です。いわばシリーズの序章になる作品であり、ストーリーは続編で大きく展開していくことになります。
　CIA がウォンボシの暗殺計画である「トレッドストーン作戦」を実行し、その工作員であったジェイソンは暗殺に失敗して、逆に銃で撃たれて海に流され、記憶を無くしてしまいます。ジェイソンと連絡が取れなくなった CIA は証拠隠滅のためにジェイソンを抹殺しようと動き出すのです。
　この映画の最大の見どころは、CIA がジェイソンを始末するために送りこんでくる工作員とジェイソンの戦闘シーンでしょう。工作員からの手がかりを得て、真相に迫るストーリー展開は目が離せません。鍛え上げられた戦闘能力と冷静な判断力を活かして工作員と戦い、ピンチを切り抜けていく姿からはジェイソンの人並み外れた能力を感じさせえくれます。
　ジェイソンが真実を追い求め CIA に迫るミステリアスアクション映画ですが、行動を共にするマリーを愛し、時には小さな子供を気遣う姿は CIA が作った単なる兵器というだけではなく、人間としての温かさを持った人物だと感じることもできます。

スタッフ	監　　督　：ダグ・リーマン 製作総指揮：フランク・マーシャル 　　　　　　　ロバート・ラドラム 撮　　影　：オリヴァー・ウッド 音　　楽　：ジョン・パウエル	キャスト	ジェイソン・ボーン：マット・デイモン マリー・クルーツ　：フランカ・ポテンテ コンクリン　　　　：クリス・クーパー アボット　　　　　：ブライアン・コックス 教授　　　　　　　：クライヴ・オーウェン

炎のメモリアル	**Ladder 49**	（執筆）岡島　勇太

<table>
<tr>
<td rowspan="1">セ
リ
フ
紹
介</td>
<td>
　主人公ジャックは消防隊員です。ある日任務で、ジャックは負傷してしまいます。彼の同僚も同じ任務で大怪我を負ったことを知ったジャックの息子ニックは、父親のことが心配になり２度と怪我をして欲しくないと懇願します。以下は、ジャックが自分の身を案じるニックを安心させるために、自らの想いを伝えている時の会話です。
Nick　：I don't want you getting hurt anymore, Dad.（もうこれ以上ケガをしてほしくないよ、パパ）
Jack　：Well, we're trained not to get hurt, Nick.　And long before you were even born, I was trainin'.　But, uh, you know, sometimes things do go wrong, like with me and Alex's dad.　But, you know, we're not afraid, because we do it to save people.　You know, it's worth it to save people, isn't it?（あぁ、僕たちは怪我をしないように訓練しているんだよ、ニック。それからお前が生まれる前から、僕は訓練していたんだ。だけど、時々僕やアレックスのパパみたいに、うまくいかないことがある。だけどな、僕たちは恐れてなんかいない、なぜなら人々を救うためにやっているからさ。人々を救うことにそれだけの価値があるだろう？）
Nick　：Yeah.（うん）
Jack　：And you know, if things do go wrong, I got your uncle Mike and all my friends at the firehouse.　You know they'd never let anything happen to me.（そして、もしうまくいかなかったとしても、僕にはマイクおじさんや消防署の友人たちがいる。彼らはそんなことが決して僕に起らないようにしてくれる）
Nick　：Yeah.（うん）
</td>
</tr>
<tr>
<td rowspan="1">学
習
ポ
イ
ン
ト</td>
<td>
　ここでは、消火活動や救助活動の場面から、日常的にも役立つ表現を紹介していきます。
Mike：You ready? Move it in! Come on, move it!（用意はいいか？突入するぞ！さぁ、行け！）
Jack：What?　　　　　　　　　（何だ？）
Mike：No, not yet.　Not yet.　　（いや、まだだ、まだだ）
Jack：When?　When?　　　　　（いつだ？いつだ？）
Mike：Move in.　Now, now!　　（中に入れ。いまだ、いまだ！）
Jack：I got it, Cap, I got it!　　（わかったよ、隊長、わかった！）
Mike：Easy, easy.　Hit it!　Hit it!（気をつけて、慎重に。放水しろ！放水しろ！）
Jack：OK! OK!　　　　　　　（わかった！わかった！）
上記の会話から"Not yet"（まだだ）や"Now, now"（いまだ）などの普段使える表現が習得できます。
　また、ダウンタウンの火災現場、燃えさかる建物の中で救助活動をしているジャックとレイの会話からも、消火や救助の際に被救助者に対してかける言葉を学ぶことできます。
Jack　　　：I'm right here! Down! Down a few more feet! No, wait! Wait! You stay there, all right?　Wait.　Wait till I'm set! Just wait till I'm set.　OK, stop! Stop!
　　　　　　（すぐそこへ行く！下げろ！あと数フィート下げろ！いや、待て！待て！そこにいろ、いいな？待て。僕が体勢を整えるまで待て！僕が体勢を整えるまで待て。よし、止めろ！止めろ！）
Ray　　　：All right, ho, ho, ho, ho!（わかった！おーい、おーい！）
Reporter　：Your eyes start to burn and the heat from the flames…
　　　　　　（目が燃えるように熱く感じられ始め、炎からの熱が…）
Jack　　　：Get over! Just wait! Just wait!（飛び移ってこい！ちょっと待て！ちょっと待て！）
　このような消火活動や救助活動の場面に出てくる登場人物のセリフを、暗唱できるようになることをまず目標にしてみましょう。最初に使用する場面を選び、ある程度のセリフを聞いた後に一時停止して、俳優をまねるようにそのセリフを言ってみるとよいでしょう。発音の仕方やリズムが掴めてきたら、今度は英語字幕を見ながら俳優と同時にセリフを口にし、何度か練習してその場面のセリフに慣れたら、英語字幕を消して練習します。何も見ずにセリフを言えるようになった段階で、音声も消してその場面のアフレコを試みましょう。
</td>
</tr>
<tr>
<td rowspan="1">あ
ら
す
じ</td>
<td>
　ボルティモアの消防署に配属された新人消防士のジャックは、雑務をこなしながら次第に先輩たちと打ち解けていきます。そんなある日、火災現場に初出動する日が訪れ、隊長の指示のもと消火活動を成功させます。その後、スーパーマーケットで偶然出会ったリンダに惹かれ、結婚します。家族ができ、仕事も順調だったある日、親しかった同僚が任務中に事故で亡くなってしまいます。亡き同僚の後を継ぐために、ジャックはポンプ隊から、より危険なはしご隊に異動することを決意します。人の命を救う仕事に誇りを持っているジャックと、夫の仕事は素晴らしいと思いながらも、夫の事が心配な妻のリンダとの間でわずかな諍（いさか）いが生じ始めます。さらに、今度は別の同僚が仕事中に重傷を負ったことを聞いた息子のニックは、父親のジャックの事をとても心配します。心配するニックに対しジャックは、自分の仕事に対する誇りや、頼れる仲間がいることを伝え安心させます。また、リンダには、家族のために安全な仕事に変えるべきか、このまま危険な仕事を続けるべきか悩んでいることを正直に打ち明けます。するとリンダは、ジャックのやりたい仕事を続けることに理解を示します。覚悟を決めてはしご隊の任務を続けていたある日、ボルティモアの穀物倉庫で大火災が発生し、ジャックは出動します。建物の中から生存者を救出したものの、ジャックは転落して建物に取り残されてしまいます。はたしてジャックは助かるのでしょうか。
</td>
</tr>
<tr>
<td rowspan="1">映
画
情
報</td>
<td>
製　作　費：5,500万ドル
製　作　年：2004年　　製　作　国：米国
言　　　語：英語　　　撮影場所：米国
配給会社：東宝東和（日本）
ジャンル：アクション、ドラマ
</td>
</tr>
</table>

公開情報	公　開　日：2004年10月　1日（米国） 　　　　　　2005年　5月21日（日本） 上映時間：115分　　MPAA（上映制限）：PG-13 興行収入：7,454万1,707ドル（米国） オープニングウィーケンド：2,208万8,204ドル

薦	○小学生　○中学生　○高校生　●大学生　●社会人	リスニング難易度	発売元：東宝東和株式会社 （平成29年2月現在、DVD発売なし） 中古販売店等で確認してください。

お薦めの理由	米国の消防士の活躍について丁寧に描いている作品です。作品中で使用されている表現は、消火活動や救助活動の現場でとても役立ちます。消防士たちの仕事ぶりや、消防署内の日常の様子とともに、聖パトリックの祝日、結婚式などのシーンが盛り込まれているので、米国文化についても学習できます。ジョークや専門用語が多いため、英語の上級者にお薦めの映画です。	スピード	4
		明瞭さ	2
		米国訛	2
		米国外訛	1
英語の特徴	会話のスピードは全体的に速めで、消火活動や救助活動でのシーンではさらに速くなりますが、文は短めで専門用語を除けば馴染みある単語が多いので、注意すれば聞き取れます。明瞭さについては、特に無線による会話は聞き取りにくく、注意して聞く必要があります。日常会話では、随所にジョークやスラングが見られます。文法に関しては、時々省略した形が出てくるので、注意して聞きましょう。	語　彙	2
		専門語	4
		ジョーク	4
		スラング	3
		文　法	3

発展学習

発展学習として、消防士同士の間で日常的に交わされる特徴的な会話を学んでみましょう。まず、主人公ジャックが新人の消防士として配属された時の隊長とのやり取りをみていきます。

Jack : Uh, probationary firefighter Jack Morrison reporting, sir. Sir? Sir?
　　　（見習い消防士のジャック・モリソンが報告します、隊長。隊長？隊長？）
Mike : Your shift started at seven, son.（シフトは7時から始まっているぞ、おまえ）
Jack : Uh, well, sir, I was already here.（えっと、隊長、私はすでに来ていました）
Mike : Ah, save it. Sit down. Now, let me tell you somethin', boy. Engine 33 is the busiest and most disciplined firehouse in the city. No room for slackers. You got that?
　　　（そんなことはいいから、座れ。お前に言っておこう、新人。第33消防車隊はこの市で最も忙しく、訓練されている消防署だ。怠け者には居場所がない、わかったか？）
Jack : I know that, sir.（承知しています、隊長）
Mike : We get over 4,000 calls a year. That's a lot of action. Gotta be willing to go the extra mile. Are you, Jack? Are you willing to go the extra mile?（年に4000回以上の出動要請を受ける。かなりの活動量だ。一層努力することをいとうな。おまえはジャックだったか？おまえは一層努力することをいとわないか？）
Jack : Well, yes, sir.（はい、隊長）
Mike : I don't think so.（そうとは思えないな）　　　　　Jack: I can.（できます）

この場面では、隊長のマイクがわざと脅しをかけるような話し方をして新人にプロの洗礼を与えています。米国の新人消防士がどのような歓迎を受けるのかがわかります。
さらに次のセリフからは、先輩が初めて消火活動をする新人に対して話しかける表現を学ぶことができます。

Frank : How you feelin', kid? It's your first fire. Are you ready to break your cherry?
　　　　（気分はどうだ、新人？初めての火災現場だな。ど新人の殻を破る準備はできたか？）

最後に、待機中の消防士の会話を紹介します。

Don : Man, we're gonna get six calls tonight.（おい、俺たちは今夜出動要請を6件受けそうだな）
Keith : Doubt it.（さあ、どうかな）

少々不謹慎な会話ではありますが、この夜何回出動要請がかかるのかを予想している会話です。

映画の背景と見所

9.11同時多発テロ以後に製作された、災害現場で活躍する消防士たちの姿を描いた作品です。その中でも特に自分の職業に誇りを持ち、人の命を助けたいと願う1人の消防士の成長と日常が丁寧に表現されています。主人公のジャックを演じるホアキン・フェニックスは、役作りのため消防学校で訓練を積み、実際にボルティモアのはしご隊に参加して名誉隊員となっています。そのため、消火活動や救助活動の演技はとても迫力があります。火災現場での炎のすさまじさや、人命救助の際の危険な現場の演出は、真に迫っています。また、消火活動や救助活動以外の日常の業務や仕事の様子の場面も、ふんだんに盛り込まれています。消防士が常日頃から消防署内でどのように過ごしているのかだけでなく、仕事が休みの時に家庭ではどのように過ごしているのかも窺い知ることができます。殉職した消防士の葬式の場面などからは、普段英雄として考えられがちな消防士も、仕事を離れれば普通の人間であるということがよくわかります。ちなみに、2つの葬儀のシーンでは本物の消防士が数多く登場しています。命がけで任務にあたる消防士同士の絆の強さも描かれており、主人公が亡くなった同僚の後を継ぐためにより危険な仕事につく場面や仕事中に大怪我をしてしまった仲間を思いやる場面などから、仲間を思いやる心が表現されています。原題の Ladder 49 は、ジャックが所属することになる第49はしご隊を指しています。

スタッフ	監　　督　：ジェイ・ラッセル 脚　　本　：ルイス・コリック 製　　作　：ケイシー・シルバー 製作総指揮：アーミアン・バーンスタイン 　　　　　　マーティ・P・ユーイング	キャスト	ジャック：ホアキン・フェニックス マイク　：ジョン・トラボルタ リンダ　：ジャシンダ・バレット トミー　：モリス・チェスナット レニー　：ロバート・パトリック

| | ミシシッピー・バーニング | **Mississippi Burning** | （執筆）宮津多美子 |

セリフ紹介	貝のように口を閉ざす住民の中でアンダーソンが目をつけたのは美容師として働く保安官補の夫人でした。南部人として生まれながら南部の価値観に疑問を感じ、客観的かつ人道的な視点を持ち続けることができる聡明な一女性の苦悩がアンダーソンとの会話で明らかになります。 Anderson : Can I come in? It's not good for you to be here.　　　　Mrs. Pell:　Why? Anderson : It's ugly. This whole thing is so ugly. Mrs. Pell ： Have you any idea what it's like to live with all this? People look at us and only see bigots and racists. Hatred isn't something you're born with. It gets taught. At school they said segregation is what it said in the Bible. Genesis 9-27 verses. At seven years of age, you get told it enough times, you believe it. You believe the hatred. You live it. You breathe it. You marry it. 　リベラルな考えを持つ彼女が結婚したのは白人至上主義の秘密結社クー・クラックス・クラン（KKK）の団員でした。南部人としての運命を受け入れてきたペル夫人はこの後、事件当日の夫のアリバイを否定することで正義を行おうとします。後にこのことは夫の知るところとなり、彼女は夫から暴力を振るわれ、瀕死の状態になりますが、最後に彼女が選んだのは南部人として町に留まることでした。彼女は町に残る理由を以下のように述べています。"There's enough good people around here... know what I did was right. And enough ladies like the way I fix their hair."（憎悪は教えられたもの）と述べるペル夫人は南部人が持って生まれた良心を信じたかったのかもしれません。
学習ポイント	米国深南部ミシシッピー州が舞台であることから、FBI 捜査官の北部英語と地元の住民の南部（方言の）英語が対比され、それぞれの英語の特徴が味わえます。また言葉だけでなく、北部人と南部人の思想や人種意識の違い等もセリフを通して学ぶことができます。いくつかのシーンを取り上げて会話を味わってみましょう。 　まず南北の違いが描かれているのはレストランでの会話です。2人を迎えたのはウェイトレスの南部方言でした。 Waitress ： We're full up, honey. Y'all wanna wait a while?（満席です。待ちますか） Anderson : Is the wait worth it?（待つほどの価値はあるかい） Waitress ： We're not full for nothin', sugar. Y'all wanna look at a menu while you wait? Thank you. Well, what y'all gonna do? Wait or leave?（満席にはそれなりのわけがあるってことよね。待っている間、メニューをみますか。どうもありがとう。あなたたちどうするの。待つの、それとも出ていくの） Anderson : We're gonna wait cos we wanna be near you.（あんたの近くにいたいから待つことにするよ） 　アンダーソンは同様の英語で返し、自分も南部出身であることを言外に伝えています。これ以降もアンダーソンは南北の仲介者としての役割を果たします。さらに、この場面で注目したいのは食事シーンです。映画の冒頭で白人用と黒人用の水飲み場の場面が映し出されているように、1960年代当時、南部諸州ではあらゆる設備・施設（公園、学校含む）・乗り物・店舗等は白人用（席）と黒人用（席）に分離され、分離平等政策（"Separate but equal"）がとられていました。北部出身のウォードはレストランの白人席が満席だったため、奥にある黒人席へと進みます。この様子に店内の人々は凍りつきます。南部では、白人が黒人と同じテーブルで食事するのは奴隷制時代より禁忌とされているからです。人々が注視する中、ウォードは食事中の黒人青年に話しかけます。"I ain't got nothing to say to you, sir." と繰り返すこの青年は、後に捜査官に話しかけられたという理由だけで KKK に襲われ、家族全員が脅迫されることになります。保安官をはじめ町の権力者のほとんどが KKK かその関係者であるこの町で、捜査官の言動は住民によって完全に情報共有されていたのです。 　さらに、町の社交場である床屋での会話は南部人の人種意識を明確に描き出しています。伝統的に南部では床屋・美容室であらゆる情報が共有されてきました。そこは町の住民の本音が聞ける唯一の場所でもあったのです。"Simple fact is, Anderson, we got two cultures down here. White culture and a colored culture. That's the way it always has been. That's the way it always will be."「南部には白人文化と黒人文化がある」と豪語する彼らは今後も南部の伝統（白人至上主義）を変える意思はなかったのです。
あらすじ	公民権運動全盛の1964年夏、深南部ミシシッピー州ジュサップ郡のある町で3人の公民権運動家が失踪しました。黒人1人を含むこの3人は、実質的に選挙権を剥奪されている黒人のための選挙権登録所を建設しようと活動していた組織のメンバーで、かねてから白人至上主義者（KKK）に命を狙われていました。事件発生を受けて FBI から2人の捜査官、アンダーソンとウォードが派遣されますが、町の保安官らは2人に「ただの失踪事件だ」と捜査への協力を拒みます。保安官が予告した通り、人種差別主義の町で2人はすぐに捜査に行き詰まりました。白人は余所者への敵意をむき出しにし、黒人は白人の報復を恐れて口をつぐんでいたからです。ある日、2人の宿舎に爆弾が投げ込まれるとウォードは FBI に援軍を要請します。大量の FBI エージェント・軍隊が投入された町では住人と FBI との全面戦争が始まり、事件は全米の注目を集めることとなります。それぞれ異なったやり方で捜査を続ける中、2人は次第に事件の核心へと迫っていきます。強硬派のウォードのやり方に異を唱える南部出身の懐柔派アンダーソンは、独自のやり方で捜査を続け、ついに保安官補の妻、ペル夫人から重要な証言を得て、町の郊外から失踪者3人の遺体を発見しました。アンダーソンはその後もさまざまな方法で犯人から証言を引き出し、殺人に関わった全員を逮捕することに成功します。その後、全米を震撼させたリンチ殺人事件の詳細が裁判で明らかになりました。

映画情報	製　作　費：3,460万ドル　製 作 年：1988年 製　作　国：米国　　　　　言　　語：英語 製作会社：オリオン映画 配給会社：20世紀フォックス ジャンル：サスペンス、ドラマ	公開情報	公　開　日：1988年12月9日（米国） 　　　　　　1989年3月11日（日本） 上映時間：126分 興業収入：3,460万ドル オープニングウィークエンド：22万ドル

薦	○小学生　●中学生　●高校生　●大学生　●社会人	リスニング難易度	発売元：20世紀フォックス ホーム エンターテイメント ジャパン（平成29年2月現在、DVD発売なし）中古販売店等で確認してください。

お薦めの理由	警察官や検察官等、事件の捜査に携わる職業を志望する学生およびこれらの分野で日々活躍する現職の方々にお薦めの映画です。事件の真相に迫るための手法・過程は容疑者や事件の性質により全く異なり、公式も正解も存在しないでしょう。しかし、捜査官が事件解決にどのくらいの情熱を抱いて捜査に臨んでいるかという点は必ず相手に伝わります。アンダーソンが成功した鍵はここにあるように思われます。	スピード	3
		明瞭さ	3
		米国訛	4
		米国外訛	1
英語の特徴	地元住民や南部出身のアンダーソンの英語には南部英語の特徴である引き伸ばし（drawl）、母音変化や語の短縮（y'all）等がみられ、慣れないうちは聞き取りにくいかもしれませんが、ウォードや他のFBIエージェントの北部英語は聞き取りやすく、容易に理解できるでしょう。南部英語には黒人英語の特徴がみられることから、互いに影響し合い独特の南部英語へと発展したことがわかります。	語彙	3
		専門語	3
		ジョーク	4
		スラング	4
		文法	2

発展学習

　発展学習としてセリフの中の「人種差別的発言」に注目したり、公民権運動の歴史的背景を調べたりすることで言語・歴史学習を深めることができます。映画には差別発言やKKKの習慣が描かれているシーンがいくつか登場します。例えば、あるインタビューにスタンリー保安官は、NAACP（全米有色人種向上協会）とは "Alligators, Apes, Coons and Possums." の略であると吐き捨てます。これらの単語は全て黒人を指す差別語です。さらに、この映画では三角頭巾の白装束を身に着けたKKKの団員が夜毎、黒人や黒人を擁護する白人を襲ったり家を焼き討ちしたりする所業がクローズアップされます。KKKの集会でリーダーはその動機を以下のように訴えかけます。

"Ask them if they want to help save this country from the onslaught of integration. You know the system: They want to throw white children and colored children into the melting pot of integration out of which will come a conglomerated, mulatto, mongrel class of people! Both races will be destroyed in such a movement. I, for one, under God will die before I'll yield one inch to that kind of a movement in America."

"integration" という言葉を憎むKKKが最も恐れるのは「他人種と白人との混血」だったのでしょう。さらに、ペル保安官補の家で夫妻の結婚式の写真を見たアンダーソンはペルがKKKの団員であることを見抜きます。

Anderson : Did you see the wedding photograph?　　Ward : No.
Anderson : His three pals, the ushers, had their thumbs hooked in their belts with their three fingers pointing down.
Ward　　 : So what is that? Some sort of Masonic thing?
Anderson : No! KKK.

KKKは互いに合図を送ることで行動を共にしています。北部出身のウォードには全く理解できないサインでした。
　さらに、映画ではキング牧師と思われる黒人の牧師が登場します。上記のKKKのヘイトスピーチとは対照的以下のスピーチには、自由や人種平等を希求する彼のメッセージが込められています。

"I have no more love to give. I have only anger in my heart today and I want you to be angry with me! Now, I am sick and I am tired, and I want you to be sick and tired with me! I am sick and tired of going to the funerals of black men who have been murdered by white men! I am sick and tired of the people of this country who continue these things to happen! What is an 'inalienable right' if you are a Negro? What does it mean, 'equal treatment under the law'? What does it mean, 'liberty and justice for all'? Now I say to these people. Look at the fact of this young man and you will see the face of a black man. But, if you look at the bloodshed, it is red. It is like yours!"

映画の背景と見所

　この映画はFreedom Summer（自由の夏）と呼ばれる1964年の夏に、ミシシッピー州フィラデルフィアで実際に起きた事件を題材にアラン・パーカー監督が人種問題という米国のタブーに挑んだ作品です。実際の事件で犠牲となったのはアンドリュー・グッドマン（Andrew Goodman）、ミッキー・シュワーナー（Mickey Schwerner）、ジェイムズ・チェイニー（James Chaney）の3人でした。グッドマンとシュワーナーは白人、チェイニーは黒人で、彼らは公民権運動グループが統合したCOFO（Council of Federated Organization：連合組織協議会）で、選挙権登録のための活動をしていました。彼らの活動を疎んじるKKK幹部が暗殺を命じたことで、メンバーであるナショバ郡の保安官、保安官補らが手を下しました。映画は裁判の場面で終わりますが、当時彼らが裁かれたのは「殺人罪」ではありませんでした。殺人は州の管轄であることから、連邦政府は手を出せなかったのです。連邦政府が訴えるには罪状は「公民権に対する謀略」でなければなりませんでした。それでも、KKKの仕返しを恐れて無罪になるという大方の予想を覆し、18人のうち7人が有罪となったことは画期的だったといえます。実際に殺人罪（「故殺」）で裁かれたのは（米国らしい話ですが）、事件から41年後の2005年、刑が確定したのは2013年のことでした。裁かれたのは、事件当時のKKKリーダー、エドガー・レイ・キレン（Edgar Ray Killen）90歳（2015年1月現在）です。

スタッフ	監督：アラン・パーカー 脚本：クリス・ジェロルモ 製作：フレデリック・ゾロ、ロバート・F・コールズベリー 撮影：ピーター・ビジウ 音楽：トレヴァー・ジョーンズ	キャスト	アンダーソン　：ジーン・ハックマン ウォード　　　：ウィレム・デフォー ペル夫人　　　：フランシス・マクドーマンド ペル保安官補　：ブラッド・ドゥーリフ ティルマン町長：R・リー・アーメイ

農耕・漁業

| | 怒りの葡萄 | The Grapes of Wrath | （執筆）ハンフリー恵子 |

セリフ紹介

　トムが家族から離れ一人生きていく決意をしたとき、別れを告げる母に伝えるメッセージがとても印象的です。自分本位な生き方をしてきたトムが、苦境の中であがき苦しむ労働者たちの実情を目の当たりにする中で、やがて社会の弱者のために何ができるのかを考え始めます。そして、トムは次のように言うのです。

A fella ain't got a soul of his own, just a little piece of a big soul, the one big soul that belongs to ever'body. I'll be all around in the dark. I'll be ever'where wherever you can look. Wherever there's a fight so hungry people can eat, I'll be there. Wherever there's a cop beating up a guy, I'll be there. I'll be in the way guys yell where they're mad and I'll be in the way kids laugh when they're hungry and they know supper's ready, and when our people are eating the stuff they raise, and living in the houses they built, I'll be there too.

（人は自分一人の魂を持っている訳じゃない、大きな魂の一部なんだ。だから俺は暗闇のどこにでもいる、母さんに見えるところならどこにでもいるんだ。飢えた奴らが食うためにけんかをしていたら、俺はそこにいる。警官が誰かを殴っていたら、俺はそこにいる。誰かが怒って叫んでいたら、俺はそこにいるし、おなかをすかせた子供たちが夕食の用意ができたと聞いて笑っていたら、俺はそこにもいる。そして、人が自分で育てたものを食べ、自分で建てた家に住めるようになれば、そこにも俺はいる）

　ここで彼が繰り返して言う"I'll be there"（僕は必ずそこにいる）はとても効果的です。弱者たる労働者のためにその一部となって生きていこうと考えるトムの決意がよく窺えます。

学習ポイント

　この映画を見る時は、英語の字幕をつけて見てみるといいでしょう。字幕では、話し手の発音が綴りによって表されています。例えば"gonna"（=going to）や"'cause"（=because）のように、聞こえる音がそのままの綴りで表現されています。また、"ever'body"（=everybody）や"ever'where"（=everywhere）のように、各音が必ずしもはっきりと発音されていない場合は、アポストロフィで文字を省略することでそれが再現されています。さらに、"ya"（=you）や"they's"（=there is）のように音の出し方を表記した綴りもあります。本作では、南部訛りが強く聞き取りにくい英語ですが、字幕に現れる英語を声に出して読んでみましょう。生き生きとした南部訛りの英語が再現できるはずです。

　また、登場人物たちが話す英語に文法の崩壊が見られることにも注目してみましょう。"you make out a（=an）order"や"So we says"（=said）、"He ain't（=isn't）allowed by law"のように、基本的な文法が正しく使えていないことが分かります。これはジョード一家を始めとする労働者たちが正当な教育を受けてきていないことを示します。このようにして、登場人物たちの訛りや英語レベルに注目してみると、そこに彼らの人となりがより生き生きと見えてくるのです。

　こうしたより現実味ある彼らが話すからこそ、彼らが体験する様々な苦難にも現実感が加味されます。1920年代に急速に発展した米国の資本主義は自由な経済活動を保証するものでしたが、しかしそれは結果として、労働者の犠牲のもとに資本家が利益を得るという構図を一層明確にしました。1930年代の恐慌下では、富裕層と労働者層との差がさらに押し広げられ、経済格差が社会格差を生み出す結果になったのです。

　ジョード一家が最初に逗留したキャンプ地に、身なりの良い男が現れ仕事を紹介します。しかし、耳あたりのいい話を持ちかけるこの男に、不当に賃金を下げられた経験を持つ労働者フロイドが次のように言うのです。

You just show us your license to contract. Then you make out a order, where and when and how much you gonna pay and you sign it and we'll go.... He ain't allowed by law to contract men without a license.

（労働契約を結べるか許可証をみせてくれ。そしてどこでいついくら払ってくれるのか、順にはっきりしてもらおうじゃないか。あんたが契約書にサインしてくれるんなら俺たちは行こう。…許可証なしで労働契約を結ぶことは、法律でできないことになってるんだ）

　このフロイドの言葉には、搾取されるばかりの労働者たちがなんとか自分の身を守ろうとする必死な姿を見ることができます。このようにこの映画を通して、より現実的に1930年代の労働者たちの実情を知ることができるのです。

あらすじ

　殺人罪で服役していたトム・ジョードは仮釈放となり、家族の元へ帰ってきます。途中偶然再会した元説教師のジム・ケーシーと到着した自宅には誰もおらず、近くに住むミュリーからジョード一家は砂嵐と不況のために農地を追われて叔父の家に身を寄せていると聞きます。そこで、ケーシーとともに叔父の家を訪ねると、一家はカリフォルニアへ移住しようと計画しているところでした。一家は中古トラック一台に家財一式を詰め込んでカリフォルニアに向けて出発します。より良い仕事と暮らしを期待して、つらく長い旅を経て到着したカリフォルニアでしたが、そこでジョード一家を待っていたものは、キャンプでの過酷な生活環境と賃金を不当に下げられる労働条件でした。ジョード一家は仕事を求めてあちこちを渡り歩き、最終的に桃農園にたどり着きます。一日の労働で賃金を得たジョード一家が久しぶりに食事を口にして安堵する一方、トムは農場の不穏な空気を感じて夜中に様子を探りに外に出ます。するとそこにケーシーがいて、労働者たちをまとめて不当な賃金を農場主に抗議しようとストライキを計画しているところでした。しかしそこに農場の警備員たちが現れ乱闘となり、ケーシーは殺されてしまいます。反撃したトムは警備員を殺してしまい、結局一家はまた農場を逃げ出しさまようことになります。そしてこうした様々な苦難の中で人間的に成長したトムは、家族から離れ一人生きていくことを選ぶのです。

映画情報

製　作　費：80万ドル
製　作　年：1940年
製　作　国：米国
言　　　語：英語
ジャンル：ドラマ

公開情報

公　開　日：1940年3月15日（米国）
　　　　　　1963年1月12日（日本）
上映時間：129分
受　　　賞：第13回アカデミー監督賞、助演女優賞
ノミネート：第13回アカデミー作品賞他4部門

薦	○小学生　○中学生　○高校生　●大学生　●社会人	リスニング難易度	発売元：20世紀フォックス ホーム エンターテイメント ジャパン（平成29年2月現在、本体価格）DVD価格：1,419円 ブルーレイ価格：4,700円

お薦めの理由	この映画のジョード一家には、逞しく生きる人間の強さが描かれています。どのような苦境にあろうとも、決して希望を失わず、生きることをあきらめない人間の生命力を見ることができるのです。また、1930年代の不況下にある米国の姿が、労働者の視点から生々しく描かれています。このように、米国の歴史を、また人間の生き様を考えたい人には是非お薦めの映画です。

スピード	2
明瞭さ	4
米国訛	3
米国外訛	3
語彙	3
専門語	3
ジョーク	4
スラング	3
文法	3

英語の特徴	会話のテンポはそれほど速くはないのですが、登場人物たちの訛りが強いので、聞き取りに苦労するでしょう。その時は迷わず、英語の字幕をつけて見てみましょう。ジョード一家はオクラホマ州の出身です。そのため、彼らの話す英語には強い米国南部の訛りが見られます。字幕と一緒に発音することで、より生きた英語の音が体験できるはずです。本作を見ながら、ジョード一家のセリフに加わってみてください。

発展学習

映画をより楽しむためには、その時代の社会事情を理解しておくといいでしょう。

1. 時代背景

この映画からは、1930年代の米国の歴史と文化を学ぶことができます。なぜジョード一家が土地を追われカリフォルニアに向かうことになったかを理解するには、当時の米国社会の事情を理解する必要があるでしょう。1929年から始まる世界大恐慌は、米国の経済に大打撃を与えました。その影響は、ニューヨークのウォール街だけでなく、中西部の農耕地帯にも及びます。もともと、ジャズ・エイジと呼ばれた1920年代は空前の大好景気を迎えた時代で、資本主義が急激に発展した時代でした。経済の成長は大量生産と大量消費に支えられ、農業においては農場主たちが銀行から借り入れをしながら農地にトラクターを導入するなど機械化が進みました。しかし、株の崩落は農業の生産活動を一変させます。借金を返せない農場主は銀行に土地を奪われ、結果としてジョード一家のような小作人たちは仕事を失います。折しも、中西部は度重なる大量生産の結果やせ衰えた土地に干ばつが襲いかかり、土地の生産能力は一気に低下します。こうした事情が、中西部に多くの失業農業従事者を生み出したのです。そしてジョード一家は仕事を求め、彼らにできる果物摘みの仕事を求めてカリフォルニアに向かったのです。

2. ルート66

ジョード一家がオクラホマ州からカリフォルニア州を目指して移動するのに使うのが、米国の大動脈「ルート66」です。これは、西部カリフォルニア州のサンタモニカから、オクラホマ州オクラホマシティを通り、中東部イリノイ州のシカゴを結ぶルートです。『怒りの葡萄』の原作者であるスタインベックは、作品の中でこのルートを「マザー・ロード」（The Mother Road）と呼びました。いまではこの名前もルート66の別名として定着しています。ルート66は映画の他、ドラマや音楽の中にも度々登場し、ポップカルチャーの題材として使われています。

3. 聖書の影

ジョード一家がルート66を通りカリフォルニア州に向かうとき、彼らは仕事のあるまともな生活を夢見て、期待に胸を膨らませ旅を続けます。ジョード一家にとって、オクラホマは苦難の地でありカリフォルニアは希望の地であるはずでした。こうした彼らの旅は、旧約聖書の「出エジプト」を思い出させます。神に選ばれたモーセが、エジプトで奴隷として虐げられていたヘブライ人たちを率いて、エジプトから約束の地へ脱出する物語です。40年に及ぶモーセの旅が苦難の連続であったように、ジョード一家の旅も容易なものではありませんでした。また、登場人物たちの名前にもなじみのある聖書の人物たちの名前を見ることができ、聖書の影を窺うことができます。

映画の背景と見所

最後にもう1つ、印象的なセリフを取り上げておきます。トムが家族のもとを去っていった後、次の農園に向かうトラックに揺られながらママ・ジョードがパパ・ジョードにつぶやくセリフです。ここにはどのような苦難に見舞われようとも家族を支え生きていこうとするママ・ジョードの逞しさが窺えます。

Rich fellas come up and they die, and their kids ain't no good, and they die out. But we keep coming. We're the people that live. They can't wipe us out, they can't lick us. We'll go on forever, Pa, 'cause we're the people.

（金持ちの奴らはやってきては死んでいくんだ。あいつらの子供たちだってたいしたことはしないまま死んでいくんだ。でもあたしらは前に進んでいくよ。あたしらは生きていく民なんだ。誰もあたしらを消すことなんてできないさ。誰もあたしらを叩きのめすなんてできないんだよ。あたしらはずっと歩み続けていくんだよ、父さん。あたしらはそんな民衆なんだよ）

原作者スタインベックが民衆の力強さを描いた『怒りの葡萄』は、1939年に出版され1940年にピューリッツァー賞と全米図書賞を授賞しました。1950年出版の『エデンの東』はジェームズ・ディーン主演で映画化もされて話題を呼ぶなど、その後もスタインベックは意欲的に作品を書き続け1962年にノーベル文学賞を受賞しました。

スタッフ	監　督：ジョン・フォード脚　本：ナナリー・ジョンソン製　作：ダリル・F・ザナック撮　影：グレッグ・トーランド音　楽：アルフレッド・ニューマン	キャスト	トム・ジョード　：ヘンリー・フォンダトムの母　　　：ジェーン・ダーウェルケーシー　　　：ジョン・キャラダイントムの祖父　　：チャーリー・グレイプウィンローザシャーン：ドリス・ボードン

サイダーハウス・ルール	**The Cider House Rules**

（執筆）古田　雪子

<table>
<tr>
<td>セリフ紹介</td>
<td>

　ホーマーが出征している中尉の恋人のキャンディと恋に落ちて、2人で誰もいないサイダーハウスに行き、キャンディが裸で美しくベッドの上に横たわっているのを見て思わず発した言葉です。

"I've looked at so many women. I've seen everything, and I felt nothing. But when I look at you, it hurts."
（僕は今まで、とてもたくさんの女性達を見てきた。僕は全てを見てきたんだ。そして何も感じなかった。でも君を見る時、[心が] 痛むんだ）

　ここでホーマーが言っている「全てを見てきた」とは、彼が孤児院にいた時ラーチ医師の助手として、多くの女性患者達の身体を出産と堕胎の様子も含め全て見てきたという意味です。彼女達は女性であっても彼にとっては患者の1人であって、彼の心が男性として動かされる事はありませんでした。しかし彼にとってキャンディは初めて恋に落ちた女性なので、彼がベッドに横たわっているキャンディの美しい裸を見た時、キャンディに対する狂おしいほどの恋心と、そのキャンディを愛する事は彼にとって恩人である中尉に対する裏切り行為であるという気持ちで彼の心は痛みます。

　このセリフは、ラーチ医師に心臓病のため興奮せず常に平常心を保つようにと言われてきたため、感情をあまり表に出さないホーマーが初めて恋をした心の痛みを、短い言葉で見事に表現しています。そしてこんな彼の気持ちは、恋をした事がある人なら誰でも多かれ少なかれ感じた事がある、やるせない痛みを伴った繊細な気持ちだと思います。この言葉はまた、中尉が戦争から帰って来た時、別れが来るという2人の恋の行く末の伏線にもなっています。

</td>
</tr>
<tr>
<td>学習ポイント</td>
<td>

　映画の冒頭でラーチ医師が語るナレーションで、彼は主人公ホーマーが育った時代の、明るく希望に満ちた孤児院の外の世界と、暗く重苦しい孤児院の世界とを対比させています。希望に溢れる外の世界から孤児院を救うヒーローになろうとしてやって来たラーチ医師が、孤児院の現実に直面し自らが決めた役割を説明し、そんな彼にとってホーマーは唯一の希望であり、かけがいのない存在であった事を語っています。この彼のナレーションの意味を理解することは、物語の背景と登場人物達の置かれた環境を理解する助けになります。

In other parts of the world young men leave home and travel far and wide in search of a promising future.
（世界の別の場所では、若者は家を出て遠くへ旅し、前途有望な未来を探す）

Their journeys are often fueled by dreams of triumphing over evil, finding a great love, or the hopes of fortunes easily made. （彼らの旅はしばしば、悪を倒す夢であったり、すばらしい恋人を見つけることであったり、もしくは簡単に築ける富によって突き動かされている [奮い立たされている]）

Here in St. Cloud's not even the decision to get off the train is easily made, for it requires an earlier, more difficult decision – add a child to your life, or leave one behind. （ここセント・クラウズでは列車から降りる事でさえ簡単には出来ない決断だ、[ここへ来る前の] もっと早い段階で決めなければならない者にとっては、さらに難しい決断だ、自分の人生に1人の子供を加えるか、それとも1人の子供を置いて行くか）

The only reason people journey here is for the orphanage. （人々がここへ旅する唯一の理由は孤児だ）

I came as a physician to be abandoned children and unhappily pregnant women.
（私は見捨てられた子供達や不幸な妊婦のための医師として [ここへ] やって来た）

I had hoped to become a hero. But in St. Cloud's there was no such position.
（私はヒーローになりたかった。しかしセント・クラウズではそのようなポジションはなかった）

In the lonely, sordid world of lost children, there were no heroes to be found.
（寂しく、みじめな、捨てられた子供達の世界で、ヒーローはいなかった）

And so I became the caretaker of many, father of none.
（そしてだから私は多くの子供達の世話係になり、誰の父親にもならなかった）

Well, in a way, there was one. Here he is, his name was Homer Wells.
（いや、ある意味で、1人いた。彼の名はホーマー・ウェルズ）

</td>
</tr>
<tr>
<td>あらすじ</td>
<td>

　1930年代、米国北東部メイン州にあるセント・クラウズ孤児院にホーマーという男の子がいました。彼は養子先を2度も追い出された永遠の孤児でしたが、彼を実の息子のように育てるラーチ医師から医学の手ほどきを受け、彼を兄のように慕う孤児達の世話や、秘密裏に行われる出産と堕胎の助手をして穏やかに暮らしていました。しかしホーマーは常日頃から、先生が女性達を救うためにしていた堕胎を手伝う事に疑問を感じており、また人から与えられるのではなく、自分で見つけて価値のあることをしたいと思い立ち17歳のある日孤児院を出ます。しかし行くあてがないホーマーは孤児院へガールフレンドを堕胎に連れて来た中尉の車に乗って初めて外の世界に出て、中尉の実家の農園で住み込みのりんご摘みの仕事に就きます。彼は中尉が出征している間に、近所に住む中尉のガールフレンドのキャンディと恋に落ち、生まれて初めての孤児院の外での普通の暮らしを満喫していました。そんなある日、農園のサイダーハウスで一緒に寝泊まりして働いていた黒人男性が、自分の娘を近親相姦で妊娠させてしまい、絶望的になっていた娘を助けるためにホーマーは彼女の堕胎を手伝います。その後、中尉が戦争で負傷して下半身麻痺で戻り、孤児院のラーチ医師が亡くなったという知らせが届いたのを機に、ホーマーはキャンディと別れ孤児院へ戻ります。ホーマーはラーチ医師が生前望んでいたように、彼の後を継いで孤児院の医師になり孤児達を見守るのでした。

</td>
</tr>
<tr>
<td>映画情報</td>
<td>

原　　作：ジョン・アーヴィング
　　　　　『サイダーハウス・ルール』
製 作 費：2,400万ドル　　製 作 年：1999年
製 作 国：米国　　　　配給会社：ミラマックス
ジャンル：ドラマ、ロマンス　　言　語：英語

</td>
<td>公開情報</td>
<td>

公 開 日：1999年12月17日（米国）
　　　　　2000年　7月　1日（日本）
上映時間：131分　　MPAA（上映制限）：PG-13
興行収入：5,700万ドル
受　　賞：アカデミー助演男優賞、脚色賞

</td>
</tr>
</table>

薦	○小学生　○中学生　●高校生　●大学生　●社会人	リスニング難易度	発売元：ワーナー・ブラザース　ホームエンターテイメント （平成29年2月現在、DVD発売なし） 中古販売店等で確認してください。		
お薦めの理由	この映画は、孤児院で育ったホーマー少年が、他人ではなく自分で選んだ価値ある仕事を求めて外の世界に飛び出し、精神的に成長していく物語です。ホーマーの自立心は青年が大人になる時の通過点であり、多くの人達に共感されると思います。また、1930～50年代の米国北東部において、様々な立場や人種の人々がどのような価値観で、どのように暮らしていたかを孤児のホーマーの目を通して知る事ができます。	スピード	3		
^	^	明瞭さ	3	^	
^	^	米国訛	4	^	
^	^	米国外訛	-	^	
英語の特徴	全編を通じて舞台は米国北東部なので話されている言葉は米国英語ですが、主人公のホーマーが孤児院でラーチ医師の助手として働くので、出産と堕胎に関する産婦人科を中心とした医学用語が頻繁に出てきます。また、ホーマーがりんご農園のサイダーハウスに住み込んで働く場面で、りんご摘みの仕事をする黒人達が話す言葉は、イントネーションや文法が標準的な米国英語よりくだけたアメリカ黒人訛りの英語です。	語　彙	4	^	
^	^	専門語	4	^	
^	^	ジョーク	3	^	
^	^	スラング	3	^	
^	^	文　法	4	^	

発展学習	映画のタイトルであるサイダーハウスとは、りんご農園で収穫したりんごを圧搾して作る無濾過、無加糖のりんごジュース（米国ではこれをアップルサイダー[Apple cider]と呼びます）を作る小屋で、この映画ではその作業に雇われた季節労働の黒人達の宿舎でもあります。サイダーハウス・ルールとは、そのサイダーハウスの壁に貼ってあった黒人達用に書かれたルールです。しかし、黒人達は字が読めないため、白人で字が読めるホーマーがサイダーハウスに来るまでルールの内容を知りませんでした。彼らはルールに書かれていた事がほとんど自分達の実情とかけ離れているのを知り、これはここに住んでいない者が書いた馬鹿げたルールだ、自分達のルールは自分達で決めるのだと嘲笑います。それを強調するかのように黒人労働者のリーダーのアーサー・ローズは、米国に住む黒人独特の簡略された文法表現と、独特のイントネーションで次のように仲間達に語っています。 　　They outrageous, them rules. 　　（それら［のルール］はひどい、［彼らが決めた］彼らのルールだ） 　　Who live in this cider house? Who grindin' up those apples, pressin' that cider, cleanin' up all this mess? 　　（誰がこのサイダーハウスに住んでいるんだ？誰がりんごを砕いてサイダーに圧搾し、後始末をしているんだ？） 　　Who just plain live here, just breathin' in that vinegar? Well, someone who don't live here made those rules. 　　（誰がここに住み、酢の臭いの中で息をしているんだ？ここに住んでいない誰かがあんなルールを作ったんだ） 　　Those rules ain't for us. We are supposed to make own rules. 　　（あんなルールは俺達のための物じゃない。俺達は俺達の［ための］ルールを作るべきなんだ） 　　And we do. Every single day. 　　（そして俺達は作っているんだ。1日ごとに） 　この映画ではサイダーハウス・ルールの文字通りの意味に加えて、サイダーハウスのように特殊な閉ざされた社会におけるルールを指しています。人々は一般社会が決めたルールに対して、その場所で生きる自分達の実情に合ったルールを決め、それに従って生きて行きます。それは、その時代のニューイングランド地方のキリスト教的堕胎禁止法の下、ラーチ医師が女性を助けるため秘密裏に行う出産と堕胎に関する事であったり、サイダーハウスに住む黒人労働者のリーダーが仲間を統率するために決めた事であったり、ラーチ医師が高度な医学の知識と技術を持ちながら、高校にさえ行っていないホーマーを孤児院の医師にするために、彼の医師免許を捏造し学歴詐称した事等です。サイダーハウス・ルールとは、人々がそれぞれの場所で生きて行くために作った暗黙のルールなのです。
映画の背景と見所	これは主役のホーマーを演じたトビー・マグワイアが、『スパイダーマン』シリーズ（Spider-Man [2002], Spider-Man 2 [2004], Spider-Man 3 [2007]）で主役を務め世界的に有名になる数年前に作られた映画ですが、トビーはこの映画ですでにスパイダーマンの特徴の1つである、人並み外れた能力を秘め繊細な心を持つ主人公の心の動きを見事に演じています。また、トビーがこの映画の主役に決まる前には、同じ監督の作品である、『ギルバート・グレイプ』（1993）で精神障がいのある繊細な心を持った少年役を好演したレオナルド・ディカプリオが候補に挙がっていました。映画の原作となった小説を書き、脚本にしたジョン・アーヴィングは、自分の息子で俳優のコリン・アーヴィングに、ホーマーが恋するキャンディの恋人の中尉役を演じさせるつもりでしたが、脚本を書くのに13年もの年月がかかり息子が歳を取り過ぎてしまったので、代わりに息子をウィンスロー市長役にしました。また、自身も映画の舞台である孤児院の近くにある、セント・クラウズ駅の駅長役でカメオ出演しています。映画の舞台であり、ラーチ医師が孤児院の子供達の就寝時に言う "Goodnight, You princes of Maine. You kings of New England." のニューイングランド地方とは、米国北東部のニューハンプシャー、バーモント、マサチューセッツ、メイン、ロードアイランド、コネティカットの6州を指し、バーモント州はりんごで、メイン州はロブスターで有名な州です。

スタッフ	監　督：ラッセ・ハルストレム 脚　本：ジョン・アーヴィング 製　作：リチャード・N・グラッドスタイン 撮　影：オリヴァー・ステイプルトン 編　集：リサ・ゼノ・チャージン	キャスト	ホーマー・ウェルズ　　　：トビー・マグワイア キャンディ・ケンドール　：シャーリーズ・セロン ウィルバー・ラーチ医師　：マイケル・ケイン ミスター・ローズ　　　　：デルロイ・リンドー ウォリー・ワージントン中尉：ポール・ラッド

二十日鼠と人間	Of Mice and Men

（執筆）梅垣　昌子

セリフ紹介

　この映画の主人公は、米国の大牧場（ranch）で働く季節労働者です。時は大恐慌時代の1930年代です。単独の流れ者がほとんどであるなか、ジョージ・ミルトンとレニー・スモールはいつも一緒に行動しています。ジョージはその才覚を生かし、一方レニーは「スモール」というファミリーネームとは反対に立派な体躯で力仕事を専門とし、収穫時の農場を渡り歩きます。そんな2人が、将来の夢を語り始める場面です。

Lennie　：Come on, George. Tell it like you done before. Please, please, please?
George　：Ok, I will. Guys like us that work on ranches are the loneliest guys in the world.
　　　　　They ain't got no family and don't belong no place and they got nothing to look ahead to.
Lennie　：But not us, George. Tell about us now.
George　：Well, we ain't like that. We got future. We got somebody to talk to that gives a damn about us.
　　　　　If them other guys gets in jail, they can rot for all anybody cares.
Lennie　：But not us because I got you to look after me but you got me to look after.
　　　　　Tell about how it's gonna be.

　せがむレニーに対し、ジョージは「俺たちには未来がある」と言います。「牧場で働く俺たちのような人間は、世界中で一番孤独な人種だ。家族もいないし、拠り所になる場所もないし、将来の計画もない。でも、俺たちは違う。俺たちは2人だ。互いに気遣いあう相手がいる」しかし2人には最後に悲劇の別れが訪れます。

学習ポイント

　レニーがトラブルを起こしたことが原因で、ジョージとレニーは仕事場にしていた牧場を追われます。次の働き場所を探してカリフォルニアのソリダードに辿りつき、新しい牧場主と面接をします。簡単なやりとりですが、新しい職場で自分たちを売り込むジョージの様子を見てみましょう。

Rancher　：What's your name?
George　：George Milton. His name's Lennie Small.
Rancher　：Where you boys been working?
George　：Up around Weed.
Rancher　：He's not much of a talker, is he?
George　：No, he ain't, but he's a hell of a good worker. He's strong as a bull.
　　　　　He can do anything you tell him. He's a good skinner. He can wrestle grain bags, drive a cultivator.
　　　　　I ain't saying he is bright. He ain't. But he's a damn good worker.

　牧場主は、2人の素性が気になります。「これまでどこで働いていたんだ？」という質問には、"up around..." という表現を利用して、「ウィードで」と答えます。ジョージがレニーには喋らせないようにしているのを敏感に察知した牧場主は、「彼（レニー）は無口なんだな」（not much of a talker）と、付加疑問文で指摘します。それに対してジョージは、"No, he ain't" つまり、"He is not much of a talker."（こいつはあまりしゃべらないんです）と答えます。しかし、牧場の働き手としてはピカイチである（a hell of a good worker）と強調して、レニーを売り込みます。なにしろ指示にはなんでも従うし（can do anything you tell him）、動物の皮を剥ぐのがうまいし、穀物の袋を軽々と運ぶし、耕運機も運転する、というわけです。牧場での農業に必須の語彙が連続して現れます（a skinner, wrestle grain bags, drive a cultivator.）。"grain" は一般的に穀物を意味しますが、この牧場で収穫中なのは大麦（barley）です。刈り取って脱穀し、袋詰めにしてラバ（mule）が引く荷車に積み上げます。体力を消耗する重労働です。

　ジョージと牧場主や仕事仲間との会話には、農作業と関連する語彙が頻出します。この映画に見られるように、機械化の波が押し寄せる前、米国の大規模な牧場では、チームを組んで収穫作業を行っていました。仕事中や仕事後の労働者間の会話から、初対面の者同士が共に肉体労働を行う際のやりとりや、余暇のコミュニケーションに有効な表現を身につけることができます。互いの経歴や過去にはあまり触れず、深く探りあいはしませんが、相手の性格を把握する力をチームリーダーは持っています（Well, he ain't mean. I can tell a mean guy a mile off.）。

あらすじ

　真っ暗闇に細長いスリットから光がチラチラと差し込む映像から、映画は始まります。貨物列車の車両の中に無言で座っているジョージ。無表情な彼の顔には、抑制された悲愴感が浮かび上がります。ジョージとレニーは大捕物から脱出してきたばかり。2人はいつも一緒です。レニーは怪力の大男で頭の回転が遅く、人々からは「まるで子供」と言われます。純真な心の持ち主で小さな動物が大好きですが、力を調節できず死なせてしまいます。ジョージはレニーの叔母の死後、彼の保護者の役割を果たしています。うまくコミュニケーションがとれず誤解を受けやすいレニーは、先々でトラブルを起こし、そのたびに2人は農場から農場へと渡り歩きます。ジョージはそんな暮らしに嫌気がさし、レニーに辛く当たったりもしますが、そうしつつも彼の面倒をみて離れず、いつかは自分たちの家を所有するという夢を膨らませます。新しく仕事をみつけたカリフォルイア州ソリダードの近くの牧場（ranch）で、大麦の刈り入れ作業に従事する2人は、左手が不自由な老人キャンディと出会います。キャンディが出資を申し出て、3人で土地を買う計画を立て、夢実現の希望を持ち始めた矢先、悲劇が起こります。レニーが、牧場主の息子カーリーの嫁を死なせてしまうのです。逃げたレニーに対して再び大捕物が始まります。怒り狂って銃を手にレニーを探すカーリー。彼より先にレニーをみつけたジョージは、泣きながらレニーの後頭部に銃口をあて引き金を引きます。

映画情報

原　　作：ジョン・スタインベック『二十日鼠と人間』
製 作 年：1992年
製 作 国：米国
製作会社：MGM
言　　語：英語

公開情報

公 開 日：1992年10月 2日（米国）
　　　　　1992年12月12日（日本）
上映時間：115分
興行収入：547万1,088ドル
MPAA（上映制限）：PG-13

薦	○小学生 ○中学生 ○高校生 ●大学生 ●社会人	リスニング難易度	発売元：20世紀フォックス ホーム エンターテイメント ジャパン（平成29年2月現在、DVD発売なし）中古販売店等で確認してください。

お薦めの理由	米国の大牧場での農作業の場面が多く含まれ、そこで働く季節労働者の快活な会話や、初対面の者同士が打ち解けてゆく様子を味わう会話、さらに親しい者同士が互いに合いの手を入れながら進める円滑でリズム感のある会話などから、シンプルで効果的なコミュニケーション術を学ぶことができます。また、大自然を開拓して建設する農地やその周辺の施設に関する語彙も豊富に習得することができます。	スピード	3
		明瞭さ	3
		米国訛	3
		米国外訛	1
		語　彙	3
英語の特徴	レニーは大人ですが話し方は子供のようで、発音が聞き取りにくい部分がありますがスピードは緩やかです。レニーに話しかけるジョージは、レニーが理解できるように話すので内容がわかりやすいです。全体的にシンプルで明瞭な英語で話されています。口語表現が大勢を占めるので、一見誤りに見える表現もありますが、"if them other guys gets in jail," の them は形容詞的に使われています。	専門語	2
		ジョーク	2
		スラング	3
		文　法	3

発展学習

　レニーはジョージに何回も、2人の将来の夢について話してほしい、とせがみます。大きな体と子供の知能をもつレニーのアンバランスな危うさが、理解のない人々との接触でトラブルを誘発し、それがもとで転々と農場を渡り歩く2人にとって、自分たちの居場所を確保することは最優先事項です。理想の農場について2人が語り合う場面を見てみましょう。農業や自給自足に関する語彙に加え、将来の予定について話すときの言い回しや、相手の発言を促す方法が、円滑なコミュニケーション術について学ぶ際の参考になります。レニーは天性の純真さで、「話して。自分じゃうまく話せないから」「さあ、話して、ジョージ」("Go ahead. Tell, George") などと合いの手を入れて会話を前に進めます。

George ： Someday, we're gonna have us a little house, and a couple of acres, and a cow and a pig.
Lennie ： And chickens. We gonna live off the fat of the land, George. And have rabbits.
　　　　 But, George, tell what we got in the garden. Then tell about the rabbits in winter. And about the stove. And how thick the cream was on the milk. Go ahead. Tell, George.
George ： Why don't you do it yourself? You know all of it.
Lennie ： George, no! It's not the same when I tell it. That's not the same. Tell how I get to tend the rabbits.
George ： We're going to have a big vegetable patch. We're going to have a rabbit hutch. And down in the flat...
Lennie ： We'll have a little piece of alfalfa for the rabbis.
Lennie ： And I get to tend the rabbits.
George ： Yeah, you get to tend the rabbits. When it rains in the winter, we'll just say, 'Hell with going to work.' And we'll just build a fire in the stove and just sit there... and we'll listen to the rain.

　ジョージが目をつけている土地は10エーカー（10 acres）で、彼の計画によれば、風車（windmill）や小屋（shack）や鶏を飼うスペース（a chicken run）があり、周りには鳩（pigeons）が飛び、うさぎ小屋（hutch）には餌のアルファルファを沢山撒きます。鉄のストーブには常時火を絶やさず、友人が来たら予備の寝床（extra bunk）を提供して共に夜を明かします。レニーはとりわけ、うさぎの世話をしたがっています。小さくて柔らかいものが大好きなのです。ジョージに世話の仕方を何度となく尋ねます（Lennie: How do I tend them? George: You go out to the alfalfa field with a sack. You fill that sack, bring it in, and pore it in the rabbit cages.）。しかし、レニーのこの性向は、最後に悲劇をもたらします。納屋（barn）で牧場主の息子カーリーの妻と話しているとき、相手が大きな声を出したことで動揺し、彼女の動きを強く制止する過程で、彼女を死なせてしまいます。

映画の背景と見所

　この映画は1962年にノーベル文学賞を受賞した米国の作家、ジョン・スタインベックの『二十日鼠と人間』が原作です。1939年にも映画化されアカデミー賞で4部門にノミネートされました。スタインベックはドイツ系移民の子孫で、1902年にカリフォルニア州で誕生。66才で亡くなるまでに『二十日鼠と人間』(1937)のほか、『怒りと葡萄』(1939)や『エデンの東』(1952)など多数の作品を発表しました。ピューリッツァー賞と全米図書賞に輝いた『怒りの葡萄』も農民の様子を描いていますが、ジョン・フォードの監督で出版翌年に映画化されアカデミー賞を受賞しました。『エデンの東』も、出版から5年後にジェームズ・ディーン主演で映画化され、話題を呼びました。1992年の映画『二十日鼠と人間』は、ジョージ役のゲイリー・シニーズが監督を務め、小説の忠実な映画化として一定の評価を得ています。映画には、カリフォルニアの広大な大地で、大麦の刈り入れ、脱穀、袋詰めの作業のダイナミックなプロセスの映像が何度か現れます。穀物を一杯に詰め込んだ袋を荷車に次々と積み上げて荷車で運ぶ場面は圧巻です。また、牧場で働くさまざまな労働者の姿が描かれており、片腕が不自由なために清掃を担当している老人キャンディや、家畜の世話を1人で担当している腰の曲がった黒人、ハリウッドでの活躍を夢見ながら牧場に縛られ鬱屈した毎日を送る女性など、苦境の時代の人間模様が鮮やかに浮かび上がります。

スタッフ	監　督：ゲイリー・シニーズ 脚　本：ホートン・フート 製　作：ラス・スミス、ゲイリー・シニーズ 撮　影：ケン・マクミラン 音　楽：マーク・アイシャム	キャスト	ジョージ・ミルトン　：ゲイリー・シニーズ レニー・スモール　　：ジョン・マルコヴィッチ キャンディ　　　　　：レイ・ウォルストン カーリーの妻　　　　：シェリリン・フェン クルックス　　　　　：ジョー・モートン

リリィ、はちみつ色の秘密 The Secret Life of Bees

（執筆）小林　純子

セリフ紹介	愛情を全く示さず、亡き母のこともろくに話さない父の家を出た14歳の白人の主人公リリィは亡き母とも縁のある黒人三姉妹からなるボートライト家で生活を始めます。三姉妹は長女オーガスト、次女ジューン、三女メイと月にちなんで名づけられており、リリィはオーガストの養蜂業の見習いとして働き始めます。リリィと一緒に逃げてきた黒人女性のロザリンは、料理全般を担当するメイをキッチンで手伝います。普段は明るく優しいメイですが、こと苦しみに関しては敏感で、取り乱してしまうことも少なくありません。動揺した彼女の心を唯一おちつかせるのは、エルサレムの「嘆きの壁」にヒントを得て、庭に石を積んでつくったメイ専用の「嘆きの壁」でした。最も重々しい心の内を書きつけた紙を壁の石の間にはさむという独自の「儀式」が平静を取り戻すのに役立っているのです。そんなメイに、ある日リリィは伝えます。まるで何も感じないかのような冷徹な父に比べ、大変だろうけれども感受性豊かなメイの方がリリィはずっと好きだと。それに対し、メイは次のように答えます。 　　A worker bee weigh less than a flower petal but she can fly with a load heavier than her. But she only lives four or five weeks. Sometimes not feeling is the only way you can survive. （働きバチは花びらよりも軽いのに、自分自身よりも重い荷を持って飛ぶことが出来る。そのかわり彼女は4〜5週間しか生きることができない。感じないということが生き残るための唯一の方法という時もある） 　　主人公リリィが苦しみや過去の傷に直面し、理解し、心を癒していく過程がこの映画の根底に流れるテーマである一方で、苦しみを背負うことの代償を象徴するかのようなメイの生き様を端的に表しているセリフです。
学習ポイント	この作品が公開された2008年のラジオのインタビューの中で、ボートライト家の家母長的存在であるオーガストを演じた女優で歌手のクィーン・ラティファ（Queen Latifah）は、この映画の魅力が一般的な当時の米国南部のイメージとは異なる日常の現実を描き出したことにあると語ります。人種差別の激しい1960年代の米国南部というと、差別の偏狭さや怒り、露骨な暴力が映画などでよく描かれる一方で、南部にはそれとは別の、丁寧な挨拶などの手厚いおもてなし（Southern hospitality）の文化があるといいます。また、人種隔離政策の中でさえ、黒人の中にはオーガストのように、家や財産を所有し、商売を経営し、人々から頼りにされ、リーダーシップを発揮する黒人女性もいれば、生粋の人種差別的な白人もおり、また同じ南部の白人の中にも人種差別の現状が変わること、また、変えることを望む人々もいたのです。この映画はありきたりのイメージをさらに複雑にした、多様な南部社会の側面を描き出します。ラティファが称賛する多面的な南部は、映画の要所でそれぞれの登場人物が持つステレオタイプをめぐる対話の中から、より鮮明に浮かびあがります。例えばはじめてボートライト家を訪れ、三姉妹の服装や家具などがとても洗練されていることに驚きを隠せないリリィとロザリンとの対話です。 　　Lily　　　 ： They are so cultured. I've never met Negro women like them before. 　　　　　　　　（とても文化的。こんな黒人女性に出会ったことはないわ） 　　Rosaleen ： Just us dumb, ignorant ones.　（私たちはみんなマヌケで無知だからね） 　　Lily　　　 ： That's not what I'm saying.　（そういうことを言っているのではないの） 　　Rosaleen ： Guess I never met Negro women like them neither.　（確かに私もあんな人達に会ったことはない） 　　当時の南部の田舎の黒人といえば、極貧で無知というステレオタイプが存在する中で、先入観とは全く異なる「現実」を目の当たりにした2人の対話が、画一的で一面的なイメージを切り崩します。 　　別の例はお互いに好意を抱くようになる黒人青年のザックとリリィとの将来に関する対話です。作家になる夢を打ち明けたリリィは、ザックの夢はプロのアメリカンフットボールの選手になることかとたずねます。弁護士を目指すザックはうんざりとした表情で言います。"Why do white people always think sports is the only way we could be successful?"（どうして白人たちは僕たちが成功できるのはスポーツしかないと考えるのかな）作家になる自信のないリリィを、ザックは作家には不可欠の想像力を駆使して「未来のある自分」を想像し夢を追うよう励まします。人種が厳しく分断された社会で、ステレオタイプを覆す関係、未来を想像する力こそ、差別の現実や先入観を崩し、社会の変革につながっていくことを感じさせられる場面です。
あらすじ	人種隔離政策の下、黒人差別が激しい米国南部、サウス・カロライナ州を舞台に、14歳の白人の少女リリィが黒人女性に助けられながら成長する過程を描いた作品です。4歳で母を亡くし、父と桃農園で暮らすリリィにとって、家事手伝いの黒人女性ロザリンは彼女に愛情を示す数少ない人です。時はジョンソン大統領が、人種差別を連邦政府が禁じる公民権法に署名した1964年。歴史的瞬間を報じるテレビ画面を凝視するロザリンは、人種平等の理念に強く感化され投票に必要な有権者登録に出向く途中、数名の白人男性から人種差別的な侮辱を受けます。それに屈せず、その態度が「反抗的だ」として暴行を受け、さらに逮捕されてしまいます。その晩リリィは家出し、ロザリンを拘束されている病院から助け出します。無謀とも思われる2人の逃避行は、リリィの母の過去をたどる旅にもなりました。母が地図の裏に書いたティバトンという町に向かった2人は、商店で偶然、母の形見である黒人の聖母像と同じ絵が描かれた蜂蜜のラベルをみかけます。店主からそれが黒人のボートライト姉妹が製造していることを聞き、2人は三姉妹の家を訪れます。ボートライト家に滞在することになった2人ですが、リリィは実は昔、長姉のオーガストがリリィの母の乳母をしており、死の直前にも母はボートライト家に滞在していた過去を知ります。黒人三姉妹とそのまわりの人々に複雑ながら深い愛情を受け、リリィは母の死にまつわる悲痛な心の傷を徐々に癒していきます。
映画情報	原　　作：スー・モンク・キッド 　　　　　The Secret Life of Bees 製　作　費：1,100万ドル 製　作　年：2008年 製　作　国：米国　　言　　語：英語

公開情報	公　開　日：2008年10月17日（米国） 　　　　　　2009年　3月20日（日本） 上映時間（MPAA）：110分 興行収入：3,994万ドル 受　　賞：NAACPイメージアワード最優秀作品賞

172

薦	○小学生　●中学生　●高校生　●大学生　●社会人	リスニング難易度	発売元：20世紀フォックス ホーム エンターテイメント ジャパン （平成29年2月現在、本体価格） DVD価格：1,419円

お薦めの理由	苛酷な人種差別制度の中の黒人社会を舞台にする作品ですが、登場人物の一人ひとりが単なる犠牲者としてではなく、他者を受け入れ、支え合い、主体的にたくましく生きていく様子が描き出されます。人種を分断し、憎しみを助長させる体制の中でも、人種の違いを超えて支え合い、抱擁する複雑な愛の形や可能性を、人種差別の現実に背を向けることなく、静かな力強さをもって描き出した作品です。	スピード	2
		明瞭さ	2
		米国訛	3
		米国外訛	3
英語の特徴	米国南部を舞台にし、多くの黒人の登場人物からなる映画ですが、特別に聞き取りが難解な英語ではありません。主人公リリィが見習いとして手伝う養蜂業のシーンも、初心者に説明する形で対話が進行するため、比較的わかりやすいですが、「巣箱」（hive）、「分封群」（swarm）など養蜂業特有の単語をおさえておくと、より理解しやすいでしょう。一部、特に黒人に対して大変侮辱的な表現が使用されます。	語彙	2
		専門語	2
		ジョーク	2
		スラング	3
		文法	2

発展学習

　映画の一場面でも使われた、ジョンソン大統領が1964年に署名した公民権法は、人種差別撤廃と黒人の権利の保障を求め、全米各地で訴訟、ボイコット、該当デモ等様々な形態で展開した公民権運動が歴史的な勝利をおさめた瞬間でした。奴隷制廃止後も解放された黒人に永続的な平等を保障することは達成されず、1870年代後半からはジム・クロウ法と呼ばれる露骨な人種隔離政策が南部諸州で次々と成立しました。「自由」になったはずの黒人の選挙権、被選挙権の行使は組織的に妨害され、財産権も保障されないため、多くが経済的困窮から抜け出せません。そのような苦境の中でも権利を主張したり、差別に反対したり、あるいは経済的成功をおさめる黒人の多くはクー・クラックス・クラン（KKK）などの白人至上主義団体によるリンチや建物などへの放火などの残忍なテロ行為の対象となりました。

　1964年の公民権法は、このように長年にわたり南部で組織的に続けられてきた人種隔離政策を連邦政府が禁じたものでした。歴史的な成果とはいえ、1つの法律の施行が即座に南部の黒人の生活の現実を変えるわけではありません。黒人の社会的地位を向上させようとする意識、取り組みが高まれば高まるほど、それに対する執拗な反発も過激な暴力を伴って表明されます。映画の中にもそのような暴力に曝される黒人の日常を如実に描いたエピソードが2つ盛り込まれています。1つ目はロザリンが有権者登録を行いに出向いた際、白人男性3人から侮辱、暴行を受け、警察に逮捕されたことです。歴史的に有権者登録の手続きは黒人の選挙権を妨害するために組織的に利用されており、公民権運動の展開する南部各地の有権者登録場は、黒人の地位向上に反対する人達による、殺人も辞さない暴力の場と化すことも少なくありませんでした。ロザリンとの逃避行の途中、リリィは暴力的な展開を想定しながらも、なぜロザリンが白人の男たちに謝らなかったのかを尋ねます。ロザリンは "Apologizing to those men would've just been a different way of dying. Except I'd have to live with it."（あいつらに謝ることは別の意味での死を意味したの。ただ、その死とともに生きていかなければならないんだけど）と答えます。ロザリンの言葉、行動は、公民権運動に参加した南部で生きる黒人の多くの思いを反映し、そうした信念、行動の結集こそが社会を変えていく原動力となったのです。

　2つ目のエピソードはボートライト家でリリィと仲良くなった黒人青年のザックが、リリィと一緒に映画館に入ったことに激怒した白人の暴徒たちに連れ去られ、行方不明になった事件です。幸いこの映画ではザックは生還しますが、黒人男性と白人女性の交際はタブー視され、疑いをかけられただけの黒人男性の多くが死刑や暴徒による残忍なリンチの犠牲になったのです。この背景を理解すると、ザックの行方不明の知らせを聞き、苦しみを背負って自らの命を絶ってしまったオーガスト家の三女、メイの苦悩を歴史的文脈の中で理解できます。人種差別とその苦しみだけに焦点をあてている作品ではありませんが、映画の歴史背景を知ることで、理解がさらに深まります。

映画の背景と見所

　原題が *The Secret Life of Bees* とあるように養蜂に欠かせないミツバチの世界や蜂蜜を製造する工程が美しく描き出された映画です。オーガストは "Bee Yard Etiquette" とよぶハチの世界でのルールをリリィに教えます。

August : Don't be afraid, as no life loving bee wants to sting you, but don't be an idiot. That's why we wear long sleeves and long pants. And don't swat. Don't even think about swatting. And above all, send the bees love. Every little thing wants to be loved.（こわがらないで。生きることを愛するハチはささないから。でもばかげたことはダメ。だから長袖長ズボンを着るの。はたいてはダメ。はたこうなどと絶対に考えないで。なによりもハチたちに愛を贈るの。小さなものはみんな愛されたいのよ）

　ミツバチの羽音が飛び交う中でも落ち着いているオーガストを演じることは、女優ラティファにとって大きな挑戦でした。くしくもこの映画の撮影が行われていたころ、蜂群崩壊症候群と呼ばれる現象によるミツバチの激減が大きな社会問題になっていました。そのことへの関心も相まって、ラティファは50年来の養蜂マスターであるジュリアン・ウーテンからミツバチの生態や特徴、養蜂に関連する様々な知識と技術を学び、はたきたくなる衝動をおさえるために手は握って撮影に臨んだそうです。

スタッフ

監督・脚本　：ジーナ・プリンス＝バイスウッド
製　　作　：ローレン・シュラー・ドナー他3名
製作総指揮　：ジェイダ・ピンケット・スミス
撮　　影　：ローヒエ・ストファース
音　　楽　：マーク・アイシャム

キャスト

リリィ・オーウェンズ　　：ダコタ・ファニング
オーガスト・ボートライト　：クィーン・ラティファ
ロザリン　　　　　　　：ジェニファー・ハドソン
ジューン・ボートライト　：アリシア・キーズ
メイ・ボートライト　　　：ソフィー・オコネドー

| | 老人と海 | The Old Man and the Sea | （執筆）宮津多美子 |

| セリフ紹介 | 運に見放された老漁師サンティアゴが84日間もの不漁をものともせず、毎日漁に行くのはなぜかというヒントになるセリフです。
"I keep them [baits] with precision," he thought. "Only, I have no luck anymore. But who knows? Maybe today. Every day is a new day. It is better to be lucky, but I would rather be exact. Then when luck comes, you are ready."
"exact" とは "accurate and careful about minor details" という意味です。彼は運が向いてきたときそれを見逃すことがないように用心深くありたいと考えています。不漁の時も彼は海を憎むことはありません。
He always thought of the sea as la mar which is what people call her in Spanish when they love her. Sometimes those who love her say bad things of her but they are always said as though she were a woman. Some of the younger fishermen spoke of her as a contestant or a place or an enemy, but the old man had always thought of her as feminine and as something that gave or withheld great favors. "The moon affects her as it does a woman," he thought.
海は漁師にとって競争相手でも単なる職場でもなく、敵でもないと彼は考えています。彼は海を「恵みを与えたり、与えなかったりする」気まぐれな女性だととらえているのです。海を知り尽くし、大自然の恵みで生かされてきた老漁師だからこそ言える言葉でしょう。 |

学習ポイント

　サンティアゴの漁師としての誇り、人間としての誇りが感動的に描かれた作品です。老人の孤高の精神を受け継ぐ少年マノリンの存在は未来への希望という明るい要素を作品に加えています。セリフは漁師の独白と少年との会話以外はほとんどなく、全編を通してナレーションが話を進行していきます。ぜひ学習したい場面は最初と最後の老人とマノリン少年との会話の場面、そして4日間にわたるカジキマグロとの死闘の間の老人の独白です。これらの場面では平易な日常会話表現が学べるでしょう。

　まず、最初と最後の場面での少年と老人との関係の変化を見てみましょう。以下は映画の冒頭の場面です。

Manolin　: Remember how long we went without fish before? Then we caught big ones every day for three weeks.
Santiago : I remember. I know you did not leave me because you lost confidence.
Manolin　: It was my papa made me leave. I am a boy and I must obey him.

　ここで彼は老人への信頼を失ったからではなく、父の言葉に従ったから老人の船から降りたとはいいます。しかし、最後の場面で実はそうではなかったと少年は気づき、再び老人と共に漁に出ることを誓います。

Manolin : Now we'll fish together again.　　　　　Santiago : No, no. I am not lucky anymore.
Manolin : The hell with luck. I'll bring the luck with me.　　Santiago : What will your father say?
Manolin : I don't care what he says.

　老人が海で格闘している間、マノリン自身も成長した姿がここで印象的に描かれています。老人が持ち帰ったカジキマグロの残骸を見て、少年は失いかけていた老人への尊敬と信頼を取り戻したのです。

　さらに、海上で繰り広げられた闘いでは釣り上げるには大きすぎる魚にも老人は決してひるむことはありません。

"'I will show him what a man can do and what a man endures,' he thought. The thousand times he had proved it meant nothing. Now he was proving it again. Each time was a new time and he never thought about the past when he was doing it."

闘いの後、老人は "Now I have killed this fish who was my brother." とカジキマグロに友情（brotherhood）さえ感じています。そして、鮫に食われて骨だけになっていく獲物を前に彼は申し訳ない気持ちでいっぱいになります。

"I am sorry I went out too far. Ruined us both. But we have killed many sharks, you and I... and ruined many more. How many have you ever killed, old fish? You do not have that spear for nothing."

　学習ではこれらのセリフを聞き取らせて、老人や少年の気持ちの変化を読み取らせる課題が有効でしょう。

あらすじ

　キューバのハバナ近郊の漁村に住む老漁師サンティアゴはメキシコ湾流に小舟を浮かべ、1人で漁をしていました。かつては5歳の頃から釣りを教えた少年マノリンと2人で漁をしていましたが、40日間不漁が続いたとき、少年の両親の命令で少年は老人の舟を降りて他の舟で漁をすることになりました。その後もサンティアゴは毎日1人で漁に出かけますが全く魚は釣れず、不漁はついに84日を数えることになります。運にも見放された老人は村で物笑いの種になりますが、本人は全く気にしませんでした。85日目の朝、いつものように小舟を漕ぎ出した老人はやがて釣り糸にこれまで経験したことのない大きな引きを感じます。その時から彼と巨大カジキマグロとの死闘が始まりました。他の釣り糸で釣り上げた魚で体力を保ちながら、老人は昼夜2日間をかけてついに巨大カジキマグロを弱らせ、心臓に銛を突き刺します。重さ1,500ポンド、体長18フィートもの魚は大きすぎて舟には載せることができず、彼は仕方なく舟に固定して帰途につきますが、魚から流れ出る血がやがて多くの鮫を呼び寄せることになります。鮫は次々と獲物に食らいつき、肉を食いちぎっていきます。老人は櫂やナイフを使い、何匹もの鮫を殺しますが、闘いもむなしく、村が見えるころには巨大なカジキマグロは骨だけになっていました。不在の間中ずっと、老人を心配していたマノリンは帰ってきた老人の手の傷を見て涙を流し、再び老人と漁に出る決意をします。

| 映画情報 | 原　　作：アーネスト・ヘミングウェイ『老人と海』
製 作 年：1958年　　製 作 国：米国
言　　語：英語、ポルトガル語
配給会社：ワーナー・ブラザース
ジャンル：冒険、ドラマ | 公開情報 | 公 開 日：1958年10月 7日（米国）
　　　　　1958年10月21日（日本）
上映時間：86分
受　　賞：アカデミー賞（劇・喜劇映画音楽賞）
　　　　　ブルーリボン賞（外国映画賞） |

薦	●小学生　●中学生　●高校生　●大学生　●社会人	リスニング難易度	発売元：ワーナー・ブラザース　ホームエンターテイメント （平成29年2月現在、本体価格） DVD価格：1,429円

お薦めの理由	ノーベル賞作家アーネスト・ヘミングウェイの晩年の代表作で子供から大人まで全ての人にお薦めです。老漁師の生き方は困難に遭遇したとき私たちはどのように生きるべきか、与えられた生をどう生きるべきかのヒントを与えてくれます。彼のように達観することは難しいにしても、物語は何事にも動じずに泰然自若として生を全うすることの気高さを教えてくれます。少年と老人の絆も感動的に描かれています。	スピード	2	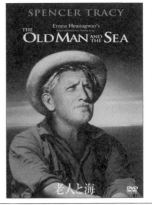
		明瞭さ	3	
		米国訛	2	
		米国外訛	3	
英語の特徴	平易な語彙と通常の速さの英語がほとんどで、ナレーションの英語も聞き取りやすいです。時々、鳥や魚の名前や漁業関係の用語（warbler, bonito, skiff, cast net, current, trade wind, harpoon, killing lance等）が出てきますが、文脈から意味を判断できるでしょう。ハバナという設定のために、多少スペイン語のアクセントやイントネーションが登場しますが、理解するのに困難はないでしょう。	語　　彙	3	
		専門語	3	
		ジョーク	2	
		スラング	2	
		文　　法	2	

発展学習	発展学習として、映画のラストシーンを取り上げて、作品のテーマ、著者のメッセージを考察してみましょう。映画の最後では、4日間の死闘を終えて少年に見守られ家で静かに眠る老人とハバナからやってきた観光客が対照的に描かれています。 　That afternoon there was a party of tourists from Havana at a café. One of them looked down, and among the empty beer cans and dead barracuda, she saw the long backbone of the great fish that was now just garbage waiting to go out with the tide. "What's that?" she asked the waiter. "Tiburon," the waiter said. "A shark." He was trying to explain what had happened to the marlin. "I didn't know sharks had such handsome, beautifully formed tails," the woman said. "I didn't either," her male companion answered. Up the road in his shack, the old man was sleeping again. He was still sleeping on his face, and the boy was sitting by him, watching him. The old man was dreaming about the lions. 　Tiburon とは鮫、marlin とはカジキマグロのことです。ウェイターはマグロを守るための老人の鮫との闘いの話を伝えようとしたために「鮫」と答えたのでしょう。しかし、観光客にとってはその骨が何であろうがどうでもよかったのです。彼らにとって骨は価値のないものであり、そこに骨があることの意味さえも問題ではありませんでした。しかし、サンティアゴ老人やマノリン少年にとって骨は闘いの証であり、老人の漁師としての有能さを示す証拠でもありました。この漁の後、村人たちの老人への態度も変わったことが映画には描かれています。老人のためにコーヒーを買いに来た少年に、カフェの店主は老人を気遣いながら、"What a fish that was. There has never been such a fish... You tell him how sorry I am." と声をかけます。手漕ぎ舟に乗って1人で漁を続ける老人がこれだけの大魚を仕留め、それを村まで運ぶことの困難を知る村人にとって、その闘いの証である骨は称賛に値するものだったのです。老人にとっては85日目の漁は不本意な結果に終わりましたが、彼はその闘いを決して無駄なものだと考えていません。「遠くに行き過ぎたことで互い（自分とマグロ）を台無しにした」と繰り返し、その経験を教訓として受け取めているのです。そして、今彼は幼少の頃に過ごしたアフリカで目にしたライオンの夢を見ながら新たな闘いのための休息を取ります。著者はタイトルには「老人」と記しながらも決して彼を「高齢者」として描いてはいません。漁師の生き方を通して、年齢に関わらず人は求めさえすればよりよい生を生きることができるということを著者は伝えています。他者にとってつまらないことのように見えたとしても、自らの価値観に忠実に生きることの大切さを映画は私たちに教えてくれます。

映画の背景と見所	ヘミングウェイは19世紀末に生まれ、多感な時期の戦争体験（第一次世界大戦）によって、戦後の米国社会に幻滅した、いわゆる「失われた世代（Lost Generation）」の作家の1人です。開戦当時、ジャーナリストだった彼は志願して赤十字要員となり、ヨーロッパ戦線で闘いました。戦後1920年代～40年代にかけて彼は戦争体験を踏まえ、社会情勢が人間の内面に及ぼす影響を小説の中で追求しました。イタリア戦線に参加した米国青年と恋人との悲恋を描いた『武器よさらば』（1929）やスペイン内戦を題材にした『誰がために鐘は鳴る』（1940）などはヘミングウェイを語る際にぜひ押さえておきたい作品です。文学的成功を収めた後は、戦後の虚無的な空気に生の証を求めてスペインの闘牛見物やアフリカの猛獣狩りなどを精力的に行う「タフガイ」として世界を飛び回りました。第二次世界大戦後、ヘミングウェイ文学の転機となる『老人と海』を発表しますが、これが相次いでピュリッツァー賞、ノーベル賞を獲得し、文学史に名を残すことになります。後期の代表作となったこの作品には生と死、肉体と精神、野性と文明など、米国文学の特徴ともいえるテーマがふんだんに織り込まれています。また、ヘミングウェイ独特の感情を排したハード・ボイルドの文体が老人の内面を生き生きと描き出しています。映画はパナマ、キューバ、ハワイでのロケによって原作を忠実に再現したもので、小説では味わえない迫力ある映像が楽しめます。

スタッフ	監　督：ジョン・スタージェス 脚　本：ピーター・ビアテル 製　作：リーランド・ヘイワード 音　楽：ディミトリ・ティオムキン 撮　影：ジェームズ・ウォン・ハウ	キャスト	サンティアゴ＆ナレーター：スペンサー・トレイシー マノリン　　　：フィリペ・パゾス マーティン　　：ハリー・ベラバー カフェの店主　：ドン・ダイアモンド 旅行者　　　　：メアリー・ヘミングウェイ

採掘・労働

スタンドアップ	North Country	(執筆) 河井　紀子

セリフ紹介

"It's not gonna stop until we say stop!"（行動を起こさないと何も変わらない）これは米国初のセクハラ集団訴訟を起こすにあたって、1人で会社を訴えているジョージー・エイムズが会社の組合大会で同僚の女性たちに賛同を訴えるときのセリフです。まず裁判を起こすこと、そして集団訴訟に持ち込むまでには多くの困難が伴いました。集団訴訟にするためには原告が3人必要なのですが、同じセクハラの被害者であっても同僚女性たちは、会社からの報復やさらなる嫌がらせを怖れて口をつぐんでいたからです。女性みんなの問題であるとして会社を訴える決心をしたジョージーは、ニューヨークで弁護士をしていたビルに弁護を依頼しますが、ビルはたとえ裁判に勝っても現実を変えるのは難しいと翻意を促します。結局弁護を引き受ける決心をしたビルは、被害者が多いことを考慮して仲間を集めて集団訴訟を提起することにします。そしてクライマックスを迎える裁判の場面で、"Stand up! ...for your friends, ...even when you're all alone"（友のために立ち上がれ）というビルの訴えに対して、難病で声を失った親友グローリーが椅子を叩いて答えます。"I stand with Josey."（私は友のために立ち上がる）その後1人また1人と立ち上がり原告として名乗りをあげていくのです。

1980年代当時、炭坑は「男の職場」であり、女性が鉱山で働くことへの男たちの抵抗は凄まじいものでした。当時はセクハラという認識もまだ浸透しておらず、自分の身に起こっていることすら理解できずに苦悩する女性たちに向かって言ったこのジョージーの "It's not gonna stop until we say stop!" というひと言は、職場の女性だけでなく男性の意識をも少しずつ変えていくという意味でも重要なセリフです。

学習ポイント

映画では裁判の進行とともに、過去のさまざまな出来事が明かされていきます。裁判のシーンは映画やTVなどでおなじみですが、弁護人や検察官が相手側の発言が不適切であると考えた時に裁判官に異議を申し立てる際 "Objection, Your Honor"（異議あり、裁判長）と言います。それに対して裁判官が異議を認める "sustained"（認めます）、却下すると "overruled"（却下します）と答えます。"file"、"sue"、"lawsuit"、"plaintiff"、"defendant" の他 "alimony" "injunction"、"affidavit"、"subpoena"、"recess"、"statutory" など裁判用語が頻出します。最後のシーンに出てくる "stand up" は、集会などで立ち上がって同意する、賛意を示すという意味です。

1974年雇用機会均等法の改正によって、アファーマティヴ・アクション（affirmative action：積極的差別是正措置）として雇用の20％がマイノリティや女性に割り当てられるようになりました。その流れがミネソタ州の鉱山にも訪れ、1975年に初めて女性が採用されました。当時、鉱山で働く女性たちは身の回りで起こっている出来事を不快に感じつつも「男はそういうものだ」と、なかば諦めていたのですが、セクハラは犯罪であることを認識してはじめて仲間とともに闘うことができるようになったのです。

集団訴訟（class action）は、被害者が多数の場合に利用され、多くの被害者が協力して訴訟を行うことで社会的な注目を集め、和解による解決へと導く1つの方法です。映画のなかでは会社を訴えるのは最初はジョージーだけですが、原告が3人になれば集団訴訟として認められます。しかし、賛同者を集めるのは至難の業でした。訴訟を起こすということは本人だけでなく家族や周囲の人びとへの影響も少なくないので、同じように被害を受けていても同僚の女性たちは証言を渋ります。セクハラ証言をするなら仕事を辞めるしかないし、会社に留まるつもりなら証言はできないのです。生活がかかっている上、もし敗訴すれば、仕事を失うか、さらなる嫌がらせが待っているからです。

セクハラという言葉が浸透し始めるのは1970年代後半で、セクハラ行為が人権法に違反する性差別であると合衆国最高裁判所が初めて認めたのは1986年のことです。セクハラというと男性から女性に対する行為であると考えられがちですが、女性から男性へ、あるいは女性から女性、男性から男性、また性的志向を伴う嫌がらせも含まれます。こうした行為が起こるのは、職場や学校など力関係を背景に行われるためノーと言えず、結果としていじめになったり、安心して仕事をしたり、学んだりする環境が損なわれ、信頼関係も崩れてしまいます。最近ではスポーツのコーチによるハラスメントが話題になりました。その他パワー・ハラスメント、アカデミック・ハラスメント、マタニティ・ハラスメント、ピア・ハラスメントなどが身近なところで起こっています。新入生に対する性的な要素を含む暴力行為は、「ヘイジング」（hazing）として米国では1990年代に可視化され、法による規制もなされています。

あらすじ

舞台は1989年のミネソタ州北部のある鉱山の町です。ある日ジョージー・エイムズは、ことある毎に暴力をふるう夫との生活に見切りをつけて、子供2人を連れて実家にもどります。町の人々の視線は冷ややかで、父親さえも「いい大人が親と暮らすのか」と冷たい言葉をかけるだけですが、ジョージーは、2人の子供と共に生きていくために、友人グローリーの奨めで父親と同じ鉱山で働くことを決意します。しかし、そこには「男の職場」を侵害する女たちに対する男たちの敵意に満ち溢れていました。卑猥な言葉や落書き、度を越した悪戯や暴力など様々な嫌がらせが待ち受けていたのです。

直訴するために本社に乗り込むジョージーですが、逆に退職を勧告されます。しかし、ジョージーは人間としての誇りを取り戻すために1人で立ち上がる決心をし、会社の告訴に踏み切るのです。同僚の女性たちは当初、職を失うことや嫌がらせがエスカレートするのを恐れてジョージーとの協力を渋っていましたが、1人また1人と立ち上がり、賛同を示すのです。前例のないセクハラ（sexual harassment）集団訴訟へと持ち込み、勝訴するのです。勝ち取ったのは、和解金と男性と同等の労働環境だけでなく、セクシュアル・ハラスメント防止規定という全米で職場のセクハラに悩む女性たちを守る法律でした。

映画情報

製 作 費：3,500万ドル　　製 作 年：2005年
製 作 国：米国
配給会社：ワーナー　ブラザーズ
ジャンル：ドラマ
カラー映画

公開情報

公 開 日：2005年10月21日（米国）
　　　　　2006年 1月14日（日本）
上映時間：126分　　MPAA（上映制限）：R-15
オープニングウィークエンド：642万2,455ドル
興行収入：2,521万1,175ドル

薦	○小学生　○中学生　○高校生　●大学生　●社会人	リスニング難易度		発売元：ワーナー・ブラザース　ホームエンターテイメント （平成29年2月現在、本体価格） DVD価格：1,429円

お薦めの理由	職場のセクハラを「問題」として認識し、米国初のセクハラ集団訴訟を起こしたミネソタの女性たち。障害、困難に立ち向かう勇気、一歩を踏み出しそれを乗り越える力の源になっているのは、人間としての尊厳です。そして、それを支えるのは人と人のつながりです。「偏見」という強大な敵に立ち向かった弱者からのメッセージ、「行動を起こさないと何も変わらない」は、確かに変化をもたらします。	スピード	3	
		明瞭さ	3	
		米国訛	3	
		米国外訛	2	
英語の特徴	法廷で用いられる用語や言い回しがたくさん出てきますが、難解な専門用語はほとんどありません。また、鉱山で働く男たちの粗野な言葉遣いで交わされる会話のなかには性的な表現も多く、数少ない女性労働者にとっては働きづらい職場環境を際立たせています。非公式表現が多く、カジュアルな挨拶や語彙の他、相手を罵倒したり、感情が高ぶった時などには卑語（vulgarism）が頻繁に出てきます。	語彙	3	
		専門語	4	
		ジョーク	3	
		スラング	5	
		文法	3	

発展学習

　鉱山の男たちが内面化している男性優越主義（male chauvinism）はどこからくるのでしょうか。「女/男であること」をどのように認識し、それを文化としてどのように構築しているか、それが社会システムのなかでどのように機能しているかを考えるのに有用なのは「ジェンダー」（gender）という概念です。「男は仕事、女は家庭」という性別役割分担、「男らしさ」「女らしさ」という性別特性論などは、文化的に社会システムとして作り上げられ維持されてきたものです。人は社会化の過程で、社会が求める役割や価値観を身につけていき、発達とともにそれは再生産されていくのです。ジェンダー秩序のもとで序列化され、女性やマイノリティは下位におかれ、男女でそれぞれ別の領域が与えられるのです。鉱山の男たちにとって女性労働者は、男の世界にトラブルを持ち込み、ホモソーシャルな秩序を乱す存在であるがゆえに厄介払いしたいのです。組合員として同じように組合費を払っていても、「仲間を敬え」というスローガンとは裏腹に女性たちに敬意を払わないどころか排除しようとします。「仕事を奪われる」という脅威の背景には「生活を支え、家族を養っていくのは男の役割」であるという意識がみえます。女性が自分と同じ給料をもらい、男性に頼らず衣食住を満たし子供を養育する姿は「女らしくない」し、「男らしさ」や「男の誇り」が損なわれるように感じるため執拗に排除しようとするのです。

　ジョージーは高校時代にレイプの被害に遭っていますし、結婚後は夫から日常的に暴力を受けています（ドメスティック・バイオレンス：domestic violence: DV）。それは夫が失業中であることと無関係ではありません。「男らしさ」が保てないという鬱屈した感情はさらに弱い立場にあると考える身近な人へと向かうのです。また、虚偽の証言をしているボビーは、高校時代にジョージーを助けられなかったばかりか、事実を話すことすらできずに現実から逃げている弱い自分を受け入れられないのです。息子のサミーも "most people's mothers cook and clean. They don't work at the mine."（普通の母親は家事をやって、鉱山じゃ働かない）と言ったりします。

　さりげなくTVから流れているのが1991年上院法務委員会公聴会での「アニタ・ヒルのセクハラ証言」です。職場におけるセクハラ問題ではありますが、ジェンダーのみならず、人種の問題などさまざまな要素が複雑に絡み合っていて、弱者としての女性の屈辱的な出来事でした。支配階級特有の価値観が社会で支配的になると、被害を被るはずの人びとも同じように考え、行動する傾向があります。例えば社会的には弱者である労働者階級の人たちも、支配的な考え方を内面化し、より貧しい人、より弱い人へと矛先を向けるのです。

　ジェンダーの視点で社会を眺めると、今までと異なる景色が見えてきます。人種、エスニシティ、階級、セクシュアリティなどその他の要素も絡めると、さらに深く見ることができるでしょう。

映画の背景と見所

　米国初のセクハラ集団訴訟という実話に基づく映画です。1984年10月に訴状が提出され、1998年12月に和解が成立するまでを記したクララ・ビンガム、ローラ・リーディ・ガンスラー共著『集団訴訟：セクハラと闘った女性たち』（竹書房文庫、2006）が基になっています。

　この映画は2組の親子の物語も紡いでいます。子供を連れて実家に戻って来たうえ、自分と同じ鉱山で働くという娘ジョージーを、父親のハンクは受け入れることができませんでしたが、セクハラに対して独りでも立ち上がろうとする姿を見ていて、やがてハンクはジョージーを誇りに思うようになります。またジョージーにとって息子サミーの存在は忌まわしい過去と向き合うことを意味しますが、サミーという存在を受け入れ、サミー自身もありのままの自分と母親を受け入れていくという成長の物語でもあります。

　また孤高の人グローリーの存在も見逃せません。かつてニューヨークで弁護士だったビルは、鉱山でトラック運転手第1号となったグローリーについて、なぜ彼女は性的嫌がらせを受けなかったのかとグローリーの夫に尋ねます。答えは "She doesn't wanna run with the herd. Keeps her head above the fray."（群れに迎合せず理性をなくさないからだ）でした。そんなグローリーとジョージーとの距離をおいたクールな友情も見所です。

スタッフ	監督：ニキ・カーロ 脚本：マイケル・サイツマン 製作：ニック・ウェクスラー 製作総指揮：ダグ・クレイボーン 音楽：グスターボ・サンタオラヤ	キャスト	ジョージー・エイムズ：シャーリーズ・セロン グローリー：フランシス・マクドーマンド ビル・ホワイト：ウディ・ハレルソン ハンク・エイムズ：リチャード・ジェンキンス アリス・エイムズ：シシー・スペイセク

| 遠い空の向こうに | October Sky | （執筆）菅原　裕子 |

セリフ紹介

　夜空に打ち上げられた人類初の人工衛星スプートニクに魅了された主人公ホーマー。ロケットを作りたい、飛ばしてみたい。そんな一心で、彼はクラスでも変わり者のクエンティンに教えを乞います。ライリー先生が授業で衛星打ち上げがいかに画期的な出来事であるかを説いた時、彼は唯一興奮し、知識を披露した学生でした。

　クエンティンは急な申し出を訝りながらも快く応じ、彼らはその後共にロケット製作に没頭します。

Quentin : What do you want to know about rockets?
　　　　（ロケットの何について知りたいんだ？）
Homer　 : Everything.
　　　　（すべてさ）

　スプートニクに触発されたホーマーがその後の人生を変えた自らの言葉。それがこの短い一言です。知りたいと思う強い気持ち。それがすべてを動かしたのです。

　そしてそれは、閉鎖的な田舎町ではせいぜい嘲笑の対象になるのが関の山でした。父を尊敬しながらも自らの道を選ぼうと決心した自分自身に宣言するかのように、やがて彼は父親にこう告げます。

Homer　 : Coal mining may be your life, but it's not mine. I'm never going down there again. I wanna go into space.
　　　　（炭鉱はお父さんの人生かもしれない。でも僕の人生ではないんだ。あそこには2度と戻らない。僕は宇宙に飛び出したいんだ）

学習ポイント

　宇宙開発に関する歴史や時代の動きがわかり、関連する基本的な語彙も確認できます。映画は、人工衛星スプートニクの打ち上げを告げるラジオの臨時ニュースから始まります。同時に背景では、炭鉱夫たちが仕事にとりかかるため現場に出ていく光景が映し出されます。アナウンサーが最新技術の賜物について語り、空高く上った未知なるものへの憧れをかきたてる一方で、地下へ潜ることが仕事である男たちの現実がくっきりと対照をなす、印象的な冒頭シーンです。本作の基軸となるナレーションの内容を以下に挙げます。

1. If you have just <u>tuned into</u> this <u>special bulletin</u>, Washington has confirmed that, yesterday, on the fourth of October, 1957, the Soviet Union successfully <u>launched</u>... history's first <u>man-made satellite</u>... into <u>space orbit</u> around the Earth....
　　1) tune in (into) ラジオ・テレビを受信する、チャンネルを放送局、番組などに合わせる
　　2) special bulletin 臨時ニュース　3) launch 飛行機、ロケット、船などを発進させる，発射する（事業などを立ち上げる、着手するの意もあり）同形で名詞も。the launch of my own small rocket
　　4) man-made satellite　人工衛星（artificial satellite とも言う）　5) space orbit　軌道
2. The satellite which the Russians have dubbed Sputnik is <u>being hailed</u> as a <u>milestone</u> in history.
　　1) hail 歓迎する　2) milestone 画期的事件、出来事
3. No one in our nation's capital could deny that the satellite... has <u>ushered</u> in a grim new chapter in the Cold War. And indeed, a wave of <u>national anxiety</u>... already seems to <u>be sweeping</u> the country.
　　1) usher　先導する　2) national anxiety　国家的懸念　3) sweep 吹き荒れる
4. Still <u>maintaining</u> its speed of 18,000 miles an hour, <u>completing an orbit</u> of the Earth every 96 minutes.
　　時速18,000マイルをなお保ちながら、96分毎に地球の軌道を回っています。
　　...States... would soon be following the Russians into space... with our own artificial satellite.
　　米国もすぐにロシアに続き、宇宙に飛び立つでしょう。われわれの人工衛星でもって。
5. We are told that Sputnik will be <u>visible to the naked eye</u>... about an hour after sunset and an hour before dawn, as it <u>traverses</u> the October sky over the United States. What the <u>beeping signal</u> means we still don't know. It may be nothing more...
　　1) visible to the naked eye　肉眼で見える　2) traverse 横切る、横断する　3) beeping signal ビーッという信号

あらすじ

　舞台は1950年代、米国ウェスト・ヴァージニア州。小さな炭鉱町コールウッドに暮らすホーマーは、やがては父親のように炭鉱夫になるのだと漠然と考えている普通の高校生でした。スポーツ推薦で大学からスカウトが来る兄と違ってこれといった特技もなく、炭鉱夫の息子は炭鉱夫になるのが当たり前だったからです。けれど1957年10月（原題は『10月の空』）、思いがけなくも彼の運命を変える出来事が起こります。ソ連によって、人類初の人工衛星スプートニクが打ち上げられたのです。一筋の線を描いて星空を流れていく光にすっかり魅せられたホーマーは、友人たちと共にロケット作りに夢中になります。

　炭鉱夫たちを率いるホーマーの父はそんな息子にいい顔をしませんが、少年たちはロケットに関する研究を進めます。試作品を作り、失敗を重ねるうち、唯一味方となり励ましてくれるライリー先生の勧めもあり、全米科学技術コンテストへの挑戦を決意します。優勝すれば大学の奨学金を得られるというこの難関を彼らはどのように越えていくのでしょうか。同時にその頃炭鉱では火災や事故が相次ぎ、給与削減や労働者の解雇など雇用条件が悪化、小さな町は大きく揺れ動いていました。負傷した父親の代わりに高校を辞めて炭鉱に入らざるを得なくなったホーマー。果たして彼は自分の夢を追いかけることができるのでしょうか。

映画情報

原　作：ホーマー・ヒッカム・ジュニア
　　　　『ロケット・ボーイズ』
製 作 年：1999年　製 作 国：米国
言　語：英語
ジャンル：人間ドラマ

公開情報

公 開 日：1999年2月19日（米国）
　　　　　2000年2月26日（日本）
上映時間：108分
興行収入：3,248万ドル
オープニングウィーケンド：590万5,250ドル

薦	○小学生　○中学生　●高校生　●大学生　●社会人	リスニング難易度	発売元：NBCユニバーサル・エンターテイメント （平成29年2月現在、本体価格） DVD価格：1,429円

お薦めの理由	スプートニクに魅せられた田舎町の落ちこぼれ高校生たちがいきなりロケット作りに挑戦。様々な困難をものともせず、夢を一途に追いかける若者たちの姿が爽やかです。1950年代米国の炭鉱町の様子や宇宙開発に対する当時の雰囲気もよく描かれており、時代の趨勢（すうせい）について知識を得ることもできます。そしていつの時代も変わらない父と子の深い絆に心が温まることでしょう。	スピード	3
		明瞭さ	3
		米国訛	5
		米国外訛	1
英語の特徴	全体的に複雑な構文や文法を使った表現はほとんどなく、自然な日常会話に触れることができます。高校生同士のテンポのよいやりとり、炭鉱夫たちの労働環境などに関する会話などバリエーションも豊かです。舞台となるウェスト・ヴァージニア州は現在も白人の住人がほぼすべてを占める土地柄で、南部アクセントが顕著です。父母に敬称sir、ma'am をつける場面が見られるのも時代背景を反映しています。	語彙	3
		専門語	1
		ジョーク	3
		スラング	2
		文法	2

発展学習

主人公ホーマー・ヒッカム・ジュニアは実在の人物で、後にNASAの技師となり宇宙船の設計や宇宙飛行士の訓練に携わりました。しかし大学で工学を学んだ後すぐ技術者になったわけではなく、従軍後、雑誌記事の執筆活動を始めています。本作の原作は2冊目の著書でした。これだけでも多才で魅力的な人物だということがわかりますが、彼がどのように田舎町から外の世界に出て行ったか、周囲の人たちとの関係で見ていくとさらに面白さが増します。

彼が生まれ育った炭鉱町は宇宙への憧れとはかなりかけ離れた環境にありました。尊敬するフォン・ブラウン博士に心情を吐露した手紙を書いています。

…Since here in Coalwood, everyone's much more interested... in what's down below the earth than what's above it, there isn't a whole lot of material to be found on the subject of rocketry.
（ここコールウッドでは皆、空の上より地下に何があるかによっぽど興味があるみたいです）

息子が鉱山の仕事を継ぐことが当然という考え方の父親とはなかなかわかりあえません。

If I win at Indianapolis, maybe I can go to college, maybe even get a job at Cape Canaveral! There's nothing here for me! The town is dyin'! The mine is dyin'! Everybody knows it here but you! …And I'll be gone forever! I won't even look back!　（Cape Canaveral フロリダ州にあるアメリカ東部宇宙ロケットセンターの通称）

しかし、やがて父と子は和解します。元々憎み合っていたわけではないのです。再びブラウン博士の名前が挙がります。「ヒーローに会ったんだってな」と言う父に「尊敬する科学者だけどヒーローじゃない」と息子は答えます。

息子：Look... I know you and me don't exactly see eye to eye on certain things. I mean, man, we don't see eye to eye on just about anything.... And it's not because I'm so different from you either. It's 'cause I'm the same.... I mean, sure, Dr. von Braun's a great scientist... but he isn't my hero.

彼の本当のヒーローが誰だったのか、それが意味することは映画の終わりに明らかになります。

そして忘れてならないのは、学生たちを温かく見守ってくれたライリー先生の存在です。

…I'm gonna brag to all my new students about... how I taught Homer Hickam and the Rocket Boys. Maybe one day... one of them'll feel like they can do what y'all did.

1) gonna = going to　2) brag 自慢する　3) y'all = you all

とりわけ世代の近い若い人たちにとって、ホーマーの生き方は励みになるのではないでしょうか。強い意志を持って自らの人生を切り開いた彼らと出会ってください。教員の方にもぜひお薦めします。

映画の背景と見所

後にNASAの技術者になった実在の人物ホーマー・ヒッカム・ジュニアの自伝『ロケット・ボーイズ』（原作初版時のタイトルは Rocket Boys。その後 October Sky に変更）が原作です。人類初の衛星スプートニクに心奪われた田舎町の平凡な高校生たちが突如としてロケット作りに挑戦。数々の失敗や周囲の嘲笑といった様々な困難にも負けず、夢に向かって邁進する姿が描かれます。一途な若者たちの熱い心が生き生きと伝わってくるのと同時に、さらには父と息子の絆、彼らをとりまく閉鎖的な田舎町の環境、そして本作のモチーフであるソ連によるスプートニク打ち上げがあった時代、社会背景がよくわかります。

冷戦時代の最中、1957年ソ連による衛星スプートニク打ち上げの成功は、米国とソ連の熾烈な宇宙開発競争の幕開けを告げる大きな出来事でした。経済活動や軍事にも深く関わるため、先を越された米国が受けた衝撃は「スプートニク・ショック」と呼ばれ、その後の政策にも大きな影響を与えました。本作はホーマー少年の成長や家族との絆が中心的なテーマですが、同時に、社会背景がわかりやすく描かれている点が特徴でもあります。

いったんは夢をあきらめざるを得なくなったホーマーが、炭鉱の地下から夜空を仰ぎ見るシーンが印象的です。明るく輝く星を見失ってはいけない。その強い気持ちが、彼のその後の道を自ら切り開いたのでした。

スタッフ	監　　督：ジョー・ジョンストン 製　　作：チャールズ・ゴードン、ラリー・J・フランコ 製作総指揮：ピーター・クレイマー 　　　　　　マーク・スターンバーグ 音　　楽：マーク・アイシャム	キャスト	ホーマー・ヒッカム：ジェイク・ギレンホール ジョン・ヒッカム　：クリス・クーパー ミス・ライリー　　：ローラ・ダーン クエンティン・ウィルソン：クリス・オーウェン ロイ・リー・クック　：ウィリアム・リー・スコット

		8月のメモワール	The War	（執筆）梅垣　昌子

セリフ紹介

　ベトナム戦争から帰還したスティーヴン・シモンズは、PTSD に苦しんでいます。家族の元へ戻っても、悪夢にうなされる日々が続きます。息子のステューには、こんな風に説明します。"Well, it has to do with me bein' in the war. Well, I went nuts for a little while. Them doctors called it post-traumatic stress."（戦争に行ってたせいなんだ。ちょっと気がおかしくなってたんだ。お医者さんたちは、心的外傷後ストレス、って言ってる）。帰国してから3回も転職したのは、仕事ができないからではなくて、つらい夢を見るせいなんだ、と話します。ステューはそんな父親の気持ちを理解し、元気づけようとします（"them doctors" は口語表現で、"them" が形容詞的に使用されています）。

Stu　　　: You went to war to fight for people you didn't even know.
Stephen : Yes, I did! Because I wanted to help people. But in the end, I killed more people than I saved.
　　　　　 I lost more friends than I ever made before or since. I lost my dignity, I lost my house, I 'bout lost my family.
Stu　　　: None of that was your fault, Dad. You done the right thing, goin' to war.

　人助けをしたくて戦争に行ったのに、救うよりも殺した数の方が多くなってしまったこと、また、人間の尊厳を失い、家を失い、家族までも失いかけたことを告白する父親の苦悩が滲み出るセリフです。自分の不完全さを認めたうえで、父親は息子に戦争の無意味さと愛の大切さを伝えます。

"I think the only thing that keeps people truly safe and happy is love. I think that's where men get their courage. ...And in the absence of love, Stuart, there is nothin' in this world worth fightin' for."

学習ポイント

　この映画のストーリーは、スティーヴンの12歳の娘、リディアの「思い出の記」（memoir）という形をとり、彼女の視点で展開します。リディアのナレーションは、多感な少女が経験したひと夏の出来事をわかりやすく、時系列で紹介してゆきます。弟のステューに対する優しい眼差しが感じられる、リディアの淡々とした語りは、動詞の時制を使い分けながら、手際よく数々のエピソードを説明してゆきます。少しくだけた場で、ものごとの経緯を簡潔に説明する必要があるときなどは、この語り口が大変参考になります。

Lidia : All spring Stu had been kinda quiet. Perhaps it was because a couple of months earlier, our father had gone
　　　 out looking for work and never returned. It wasn't the first time Dad went away. Ever since he'd come back
　　　 from Vietnam, things hadn't been just right. Mom held two jobs just to make ends meet, and we were still
　　　 dirt poor like everybody else in Juliette, Mississippi. But this June morning in 1970 was different. All the
　　　 flowers were in bloom and along with the color and the sweet smell of summer, our father had come home.

「数カ月前に、お父さんが職探しに出て行ってしまい、帰ってこなかった」「お父さんが出て行ったのは、これが最初というわけではなかった」「どうにか家計をやりくりするため（to make ends meet）、お母さんは仕事を2つ掛け持ちしていたけれど、依然として家族はとても貧しかった」などの事情が、過去完了形などを用いて語られます。

　貧しいながらも、「我が家」に対する家族の強い思いが、映画の随所で重要なモチーフとなって強調されています。職探しから帰ってきた父親が向かったのは、取り壊されてしまった昔の住居。敷地の入り口には "SIMMONS / CONDEMNED / DO NOT OCCUPY / Not Fit For Human HABITATION / BY ORDER OF KENDALL CO. HOUSING AUTHORITY, JULIETTE, MISS." と書かれた看板が立っていて、「危険判定、立ち入り禁止、居住に適しない」という冷酷なメッセージを伝えています。ステューは "The house had termites. That's why the county condemned it."（家はシロアリにやられたから、郡から危険判定をうけたんだ）と言いますが、母親のロイスは、"If it weren't for the damn war, we'd still have that house."（戦争がなかったら、今もあの家に住んでいたのに）と嘆いています。

　映画の中では、購入を考えている家を見に行ったり、競売にかけられた家を入札したりする場面があり、mortgage（抵当）、down payment（頭金）、bid（入札）など、不動産やその購入に関係する語彙を学習することができます。子供たちが協力して作り上げるツリーハウスは砦（fort）と呼ばれていますが、これも「スイートホーム」の1つの形かもしれません。父親の死後、子供たちはツリーハウスを取り合い、戦争ごっこに発展します。しかし最後には、父親の言葉を思い出して、けんかを平和的に解決するのです。

あらすじ

　スパニッシュ・モスが枝という枝から垂れ下がる大木の幹に、1人の少年が腰かけて物思いにふけている場面から映画は始まります。周囲は見渡す限りのとうもろこし畑。舞台はミシシッピ州のジュリエットという町。リディア・シモンズという12歳の少女と弟のステューは、廃墟となってしまった「我が家」の敷地に座り込んでいる父親、スティーヴンの元に急ぎます。1970年の6月、職探しから帰った父親は、昔の我が家があった場所に佇んでいますが、家族は現在、トレーラーハウス暮らしです。ベトナム戦争から帰還した父は、戦場で敵の少年兵を殺し、親友のドッジを極限状態のなかで見殺しにしたという罪の意識に苛まれ、PTSD（Post-Traumatic Stress Disorder）に苦しんでいます。それが原因で、定職につくことができず、さまざまな職を転々とします。しかし子供達への優しさを忘れず、どうにかして再び家族で暮らす家を手に入れようと努力します。妻の温かい支えのもと、徐々に心の健康を取り戻すスティーヴンですが、家を購入する資金を得ようとして、危険を伴う石切場での仕事に就きます。そこでの作業中、崩落事故に遭った彼は、同僚を助けようとして自らの命を危険にさらして瀕死の重傷を負い、搬送先の病院で亡くなります。残された家族が悲しみにくれている時、スティーヴンが生前に入札した競売物件の家が手に入ったという知らせが届きます。父親の夢は彼の死後にかなったのです。

映画情報

製　作　費：3,400万ドル
製　作　年：1994年
製　作　国：米国
配給会社：ユニバーサル映画
ジャンル：人間ドラマ

公開情報

公　開　日：1994年11月 4日（米国）
　　　　　　1995年10月28日（日本）
上映時間：126分
興行収入：1,692万8,556ドル
MPAA（上映制限）：PG-13

薦	○小学生　○中学生　●高校生　●大学生　●社会人	リスニング難易度	発売元：NBCユニバーサル・エンターテイメント（平成29年2月現在、本体価格）DVD価格：1,429円

お薦めの理由	ベトナム戦争の帰還兵の苦しみを通して、戦争がいかに人間性を破壊するのか、また、その事実をどのようにして平和な場所で暮らす子供達に伝えていくのかということを考えさせられる映画です。大人の社会人として、子供が内面に抱える問題とどのように向き合っていけばよいのか、どんな言葉で子供達の心を開き、分別ある行動に導いてゆけばよいのか。そのヒントが沢山盛り込まれています。	スピード	3	
		明瞭さ	3	
		米国訛	4	
		米国外訛	1	
英語の特徴	米国の深南部が舞台となっていますので、会話は南部の訛りが強く出ています。しかし、父親や母親は、わかりやすい英語で子供たちに語りかけるため、全体としては聞き取りやすいです。学校の授業の場面では、教師の白人女性が黒人の生徒について差別的な発言を連発します。その際の言葉は、現在では使用されませんが、宿題の説明などをする際の明確な表現は、英語で指示を出す時に参考になります。	語彙	3	
		専門語	3	
		ジョーク	2	
		スラング	3	
		文法	3	

発展学習

　ベトナム戦争のために失われかけたシモンズ家の家族の絆とその再生を描くことが、この映画の1つの柱となっています。もう1つの柱は、かなりシビアな子供たちの世界です。シモンズ家のリディアとスチューの姉弟は、リディアの親友であるエルヴァディンやアンバーとともにツリーハウスを作り、守っています。しかし近くの石切場一帯を住処とするリップニッキ家の兄弟たちとは犬猿の仲。リップニッキの屈強な兄たちの妨害を受け、反目しあいます。物語の2つの柱は、父親のスティーヴンの温かい親心を架け橋として、相互に深く関係してきます。リップニッキ家の子供たちにいじめられ、怒りにまかせて復讐に出そうになるスチューを、スティーヴンは大人の包容力でたしなめます。

Stu : I hope you know they're the kids that just beat me up.（あいつらは僕のこと殴ったんだよ）
Stephen : I know who they are, son.（彼らがどういう子たちなのか、わかってるよ）
Stu : Why'd you give them Mom and Lidia's cotton candy?（じゃあなぜママとリディアの綿菓子をあげたの？）
Stephen : 'Cause it looked like they hadn't been given nothin' in a long time.（長年何ももらったことないみたいだから）

　難しい年頃の子供に、人としてのあるべき姿を理解させ、分別ある行いができるよう導くためには、大人側にかなりの度量と表現力、さらにコミュニケーション力が必要です。映画の中には、子供と大人が対峙する印象的な場面がいくつか含まれていますが、そこに見られる言い回しや言葉遣いは、人を説得するときの表現力を磨く際にも参考になります。

　娘のリディアに対して、母親のロイスが毅然と接するその姿勢も、父と息子のやりとりと同様に心を打ちます。PTSDに苦しむ父親の犠牲になっているのではないかと、母親を思いやるリディア。彼女は父親に対して反抗的な態度をとってしまうのですが、そのリディアに反省をうながすロイスの言葉には、母親として、そして妻としての重みがあります。

Lois : Now, listen here. All your dad has ever done is fought to make this world a better place for us. Yes, he struggles. Yes, he has had dirt kicked in his face. All the more reason he needs our help. Now, you don't wanna help him, that's okay. You gotta follow your instincts. But I will not listen to you knock him. He's part of me. You cut him down, you're cuttin' me down. You're cuttin' down yourself.

　家族のために戦ってきた夫を思いやるロイスは、現在苦しい時期にあるスティーヴンを支えるよう娘を諭します。彼女を頭ごなしに叱るのではなく、本人に考えさせ、気づきをうながす手法をとっています。

映画の背景と見所

　この映画の舞台は、1970年の米国南部。ミシシッピ州のアルコーン郡にある小さな町、ジュリエットです。アルコーン郡は州の最北端に位置し、郡庁所在地はコリンス。この場所は、南北戦争が始まってまもない1862年の「コリンスの包囲」で有名です。鉄道が交差するコリンスで、ハレック率いる北軍の慎重な攻撃に、ボーリガード将軍の南軍は敗北しました。住民の6割以上が貧困線（poverty line）以下にあるといわれるミシシッピ州で、ベトナム戦争帰りの父親は、家族の住む家を取り戻すという夢を持っています。そんな彼らに向かって、やはり貧しい暮らしをしているリップニッキの大家族の子供達は、「食料切符（food stamp）では家は買えないよ」と嫌がらせを言います。この "food stamp" というのは、米国政府が低所得者救済のために発行するもので、1964年のジョンソン大統領の時代に制度化されました。当時はベトナム帰還兵のPTSDが社会問題化し、政府は障がい者手当や大学の奨学金など、さまざまな社会保障制度を設けました。シモンズ親子が青空市で綿菓子を買っているとき、ラジオからは "a series of operations against Communist-occupied areas of Cambodia... our presence in South Vietnam..." というニュースの音声が流れ、戦場と日常の対比が浮き彫りになります。冷戦の代理戦争の現場では、兵士や民間人の血が流れていますが、米国内ではのどかな風景が広がっていたのです。

スタッフ	監督：ジョン・アヴネット 脚本：キャシー・マクウォーター 製作：ジョン・アヴネット、ジョーダン・カーナー 製作総指揮：トッド・ベイカー、 　　　　　エリック・アイズナー	キャスト	スチュー・シモンズ：イライジャ・ウッド スティーヴン・シモンズ：ケヴィン・コスナー ロイス・シモンズ：メア・ウィニンガム リディア・シモンズ：レクシー・ランドール エルヴァディン：ラトーヤ・チザム

自然・動物

生きてこそ	Alive	（執筆）中垣恒太郎

セリフ紹介

　飛行機事故により雪山に墜落し、救助の見込みも途絶え、食糧も尽きてしまった状況下で私たちは生きていくためにどのようにふるまうことができるでしょうか。まさに究極の選択ですが、1972年に実際に起こった「ウルグアイ空軍機571便遭難事故」から72日後に奇跡の生還を遂げた16名の生存者をめぐる物語です。学生ラグビー・チームのメンバーおよび医学生らが自作した山岳装備で危険な山越えに成功し、絶体絶命の窮地を救う展開が最大の見所です。引用箇所は、手製のラジオで捜索隊が打ち切られてしまった事実を知り、対策を講じるミーティング場面からです。

　"That's 'cause you had no food. If the search is off, we're alone and we've got to eat!"（空腹だからだ。生き残るためには何か食わなきゃならない）、"We should eat the dead. We must face it."（死人の肉を食うしかない。受け入れなきゃ）、"I'm talking about eating meat, so we don't die."（生きるために肉を食うのさ）、"I won't do it. I'd rather die. I fear God's judgement if I do that... Maybe he did, to see what we'd do, to see if we'd remain civilized."（死んだ方がまし。僕は神の裁きが恐ろしい。僕らを試す神の試練なんだよ。文明人であるかどうか）。

　キリスト教徒である彼らにとって、「人肉食」（カニバリズム）は宗教倫理上のタブーに抵触する問題であり、実際の出来事をもとにしていることからも繊細に描かれています。極限状況におけるリーダーシップ、決断力、個々人のふるまいを考える上で多くのことを深く考えさせてくれる格好の素材となるでしょう。また、「神」とは何か、「文明」とは、「生きる」とは、など哲学・倫理学・実存的な問いをめぐり、比較文化の観点からの議論も有効です。

学習ポイント

　実際の航空機事故を題材にした物語であることからも、1つのドラマ映画に留まらず複数の見地から捉えることができるのが本作品の利点として挙げることができます。ピアズ・ポール・リードによるドキュメンタリー小説『生存者／アンデス山中の70日』（Alive: The Story of the Andes Survivors, 1974）は、現在でもペーパーバック版および電子書籍版で容易に入手可能であり、ドキュメンタリー映画や他の映像作品と比較参照することで、視点の違いによる物語り方の特色とその効果も見えてくるでしょう。リスニングや会話表現としてのみならず、出来事をどのように物語ると効果的なのか、また、作品中の討論場面でのやり取りから、集団の中での意見の述べ方、提案の仕方などを学ぶこともできます。

　まずは映画作品を1度通して鑑賞してみましょう。カナダ西部のコロンビア山脈をロケ地に、実際の生存者による監修を受けていることによって臨場感溢れるヒューマンドラマに仕上がっています。人間の死体の肉を食べるという、タブーとなる繊細な領域を扱っていることからも飢餓状態を演出することはこの作品においてとても重要であり、役者も撮影中ほぼ飢餓に近い状況で撮影に臨んでいたそうです。もし自分であれば同じ局面で、どのようなふるまいができるかを考えながら観ると、より一層深く物語に入り込むことができるでしょう。

　2回目以降に鑑賞する際には、20年後の回想からはじまる冒頭場面の味わいも異なったものになっているのではないでしょうか。Many people come up to me and say that had they been there, they surely would have died. But that makes no sense. Because until you're in a situation like that, you have no idea how you'll behave. To be affronted by solitude without decadence, or a single material thing to prostitute it elevates you to a spiritual plane... where I felt the presence of God.（多くの人はこう言う。「自分があの場にいたら死んでいた」と。意味のない言葉だ。あの状況に置かれなければ自分がどう行動するか誰にも分からない。退廃に染まる事のない純粋な孤独と対峙し、孤独を汚す物が一切ない世界。魂は高い次元に昇華して、私は神の存在を肌で感じた）。大自然の驚異に真摯に向き合った者だけがたどり着く高みの境地とはいったいどのようなものであったのでしょうか。とりわけキリスト教徒にとっての自然観・人間観・倫理観は比較文学、哲学の見地からも重要な論点になりうるものです。寄り添う登場人物の視点を変え、別の角度から状況を捉えることを意識して再視聴することで、物語の印象が大きく変わってくることもあるかもしれません。山岳を舞台にした遭難救助をめぐる物語は他にも数多くありますが、この物語が大きく異なるのは、たまたま墜落した場所が雪山であったために、雪山登山のための装備をまったく用意していなかったという背景です。にもかかわらず様々に機転を利かし、置かれた状況下でできるだけのことをして難局を乗り越えていきます。

あらすじ

　1972年、ウルグアイの学生ラグビー・チームが、チリで行われる大会に参加するために家族と共に飛行機でアンデス山脈を越えようとしていた時に突然激しい揺れが襲い、機体は岩山に衝突し墜落してしまいます。キャプテンのアントニオ、乗り合わせていた医学生のロベルトらは生存者同士で協力し、怪我人を手当てしながら捜索隊の救助を待つことにします。墜落事故の翌朝、27名の生存者は犠牲者を雪に埋めて祈りを捧げます。その後、瀕死状態に陥っていたナンド・パラダが奇蹟的に命をとりとめます。やがて一行はすべての食料を食べ尽くしてしまうのですが、救助隊は一向に現れず、手製のラジオで捜索が打ち切られてしまった事実を知ります。事故から10日目の朝、生きるためにやむなく仲間の屍を食べることを決断するに至ります。猛烈な雪崩に襲われ、さらに何人かの仲間を失ってしまい、生き残っている16名も衰弱が目立ち、一刻の猶予もありません。機体の残骸から作った粗末な登山装備を用い、ナンド、ロベルトに、アントニオの3名が決死隊として自力下山を敢行することにします。結果的にナンドとロベルトが危険な雪山越えに成功し、チリのアンデス山脈の麓へ到達できたことにより、救出活動を依頼することができたのでした。最終的に16名が生還し、計29名（乗組員5名、乗客24名）が山の中で亡くなりました。この映画はナンドの長い回想という体裁で進行しており、冒頭と締め括りの場面では20年後のナンドが登場して物語っています。

映画情報

原　　作：ピアズ・ポール・リード 　　　　　『生存者／アンデス山中の70日』（永井淳訳 　　　　　新潮文庫、1982年） 製作費：3,200万ドル　　製作年：1993年 製作国：米国、カナダ　　言　語：英語	公　開　日：1993年1月15日（米国） 　　　　　　1993年5月29日（日本） 上映時間：126分 興行収入：3,673万3,909ドル（米国） MPAA（上映制限）：R

薦	○小学生　○中学生　●高校生　●大学生　●社会人	リスニング難易度	発売元：NBCユニバーサル・エンターテイメント （平成29年2月現在、本体価格） DVD価格：1,429円		
お薦めの理由	実在の事故をもとにした物語で、複数の国により、くりかえし映像化されています。実証的に再現する上で、生還者がこの映画の製作に関与していること、また、映画製作の時点で実際の事故から20年ほどの歳月が経過していることから、ドキュメンタリーの側面からもさらに多くのことを学ぶことができます。極限状況で何を優先し、決断すべきなのか。集団の統率力、生きるとは何かを考える上でも有効な教材です。	スピード	3		
^	^	明瞭さ	3	^	
^	^	米国訛	3	^	
^	^	米国外訛	3	^	
英語の特徴	この映画は米国映画として製作されたものですが、舞台がアンデス山脈であり、他に映像化されている作品がブラジル、メキシコ、フランスなど多国籍により製作されていることからも、文化・言語・国籍を超えたメディア展開がなされているのが特色です。本映画においても幅広い観客に訴える題材であることからも、英語は文法、スピード共にわかりやすく、初心者にも入り込みやすいものになっています。	語　彙	3	^	
^	^	専門語	3	^	
^	^	ジョーク	3	^	
^	^	スラング	3	^	
^	^	文　法	3	^	
発展学習	監督のフランク・マーシャルは、スティーブン・スピルバーグによる映画製作会社アンブリン・エンターテインメントの共同設立者であり、スピルバーグ作品の共同プロデュースを多く手がけている人物です。生存者の1人ナンド・パラドが映画のテクニカル・アドバイザーをつとめており、他の生存者と共に墜落地点を訪れたり、実際の出来事に関して指示をしたりするなど協力していることから、原作のドキュメンタリー小説（原書は現在も版を重ねていますので容易に入手可能です）や、ドキュメンタリー映画などの参考資料と併せてその描かれ方を検討することで、比較メディア文化の観点からこの作品をさらに奥深く味わうこともできるでしょう。 　　同時期に製作されたドキュメンタリー映画『生きてこそ 20年後』や、「DVDスペシャル・コレクターズ・エディション」に収録されている30周年を記念したメイキング映像『アンデスの奇蹟 メイキング・オブ・生きてこそ』、さらに実際の史実をも比較参照することで、どのような要素をドキュメンタリー・タッチで描いており、どのような要素を脚色しているのかを探っていくことを通してメディアの特色も見えてきます。何よりも主人公となるナンド・パラドはこの事故後、奇蹟の生還者、「ウルグアイの英雄」としてメディアの寵児となり、若くしてその後の人生を大きく変容させていくことになります。この映画からさらに歳月を重ねた2006年に、ドキュメンタリー映画やノン・フィクション小説とも異なる形で、自らの回想録『アンデスの奇蹟──山路の72日と私の長い家路』（_Miracle in the Andes: 72 Days on the Mountain and My Long Trek Home_, ヴィンス・ラウスと共著）を発表しています。本作では救助隊のヘリコプターが仲間の元に現れたところで主人公が回想を終える構成になっていますが、実際の実人生においては、奇蹟の帰還を遂げたとしてメディアの寵児となり、人肉を食べて生き残った者として世間の好奇の目に晒されてしまいました。「その後」の彼らの人生の物語に想いを馳せてみるのもおもしろいでしょう。 　　並外れた体力に恵まれていたこと、同じ便に偶然医学生が乗り合わせていたことなど、確かに特別な幸運に導かれてのものではありますが、文明の発展に伴い、生きる力が問い直されている中、「自然と文明」の問題についても考えさせられます。山岳遭難を舞台にした物語、事故や災害を描いた物語は他にも数多くありますが、この作品がなぜこれほどまでに時代を超え、国境を越え、メディアを超えるほどの人気があるのでしょうか。極限状況でも諦めない不屈の精神と、生きることへの力強い執念が観る者に力を与えてくれるからではないでしょうか。大自然の驚異に対する畏敬の念、そして同時に人間が持つはかり知れない屈強さこそが観る者を圧倒してやまないのです。様々な極限状況下において、サバイバルに必要な資質としてどのようなことを挙げることができるでしょうか。また、そのためにはどのような準備が求められるでしょうか。英語で討論をする上で有意義なトピックとなることでしょう。				
映画の背景と見所	映画『生きてこそ』は何と言っても現実に起こった出来事を素材にし、実際の生還者による協力を得て、なおかつ映画製作の現場も過酷な条件下で行われていたことにより、迫真性のある映像を作り出すことができています。 　　「ウルグアイ空軍機571便遭難事故」はくりかえし映像化されており、アルバロ・J・コバセビッチ監督によるドキュメンタリー映画『人肉で生き残った16人の若者──アンデスの聖餐』（ブラジル、1975）では、脚本をペルー出身で、ラテンアメリカを代表するノーベル賞受賞作家マリオ・バルガス・リョサが担当しています。他にも、『アンデス地獄の彷徨──航空機墜落・極限の乗客たち』（メキシコ、1976、レネ・カルドナ監督）があり、さらに、ドキュメンタリー映画『生きてこそ──20年後』（_Alive: 20 Years Later_, 米国、1993、ジル・フレートン＝スミス監督）では、事故の20年後に生存者たちの人生を振り返る構成となっており、ナレーター、スタッフ以外のすべてが生存者またはその家族の本人役で登場しています。映画『生きてこそ』に対する議論も交えられています。ドキュメンタリー映画『アライブ 生還者』（フランス、2007、ゴンサロ・アリホン監督）では、生還者とその家族、救助に関わった人たちのさらにその後のインタビューに加え、生還者が墜落地点を再訪し、雪山遠征の航路を振り返りながら辿る記録も収められています。映像化を重ねることで重層性を帯びています。				
スタッフ	監　　督：フランク・マーシャル 脚　　本：ジョン・パトリック・シャンリー 製　　作：ロバート・ワッツ、キャスリーン・ケネディ 撮　　影：ピーター・ジェームズ 音　　楽：ジェームズ・ニュートン・ハワード	キャスト	ナンド・パラド　　　：イーサン・ホーク アントニオ・バルビ　：ヴィンセント・スパーノ ロベルト・カネッサ　：ジョシュ・ハミルトン カルロス・パエス　　：ブルース・ラムゼイ アントニオ・ビシンティン：ジョン・ハイムズ・ニュートン]		

シービスケット	Seabiscuit	（執筆）柴　麻己子

セリフ紹介

　競走馬シービスケットを取り巻く馬主（owner）、調教師（trainer）、騎手（jockey）の3人がお互いの心の壁を乗り越え、許し支えあい、絆を深めていく重要なセリフを紹介します。

（1）シービスケットの馬主となるチャールズが、調教師トムと出会うシーン。トムは安楽死させられそうになった馬を治療しながら1人、森の中で暮らしていました。包帯がまかれた馬を見ながら、

Charles : Will he race?（まだレースできるのか？）　　　Tom : No. Not that one.（いいや、あれはもう無理だ）

Charles : So why are you fixing him?（じゃあなぜ治療しているんだ？）

Tom　　 : 'Cause I can. Every horse is good for something…. You know, you don't throw a whole life away… just 'cause he's banged up a little.

（治せるからだ。どんな馬だって役に立つ。〈中略〉少し怪我しているからって命あるものを殺すことはない）

（2）のんびり屋の小さな駄馬として投げ売りされ、ひどい暴れ馬となっていたシービスケットを見事に乗りこなした騎手レッド。しかし彼もそんなシービスケットと同じく、怒りを抱えて1人、孤独に生きてきた青年でした。勝算ありと出場したレース中、レッドは他の騎手に妨害されたことによって逆上し、トムの指導を無視してレースに負けてしまいます。レッドの怒りを抑えることが出来ず困ったトムがチャールズを見ると、チャールズが一言、

Charles : Son, son, what are you so mad at?（君はなぜそんなに怒る？）

レースで負けたレッドを責める事なく、冷静に見守るチャールズの言葉にハッとする表情のレッドでした。

学習ポイント

　登場人物の性格、職業（環境・立場）が異なるので、話し方も各々の特徴があります。学習方法は、チャールズ、トム、レッドの各々にフォーカスして3回観て下さい。さらに4回目はナレーションで社会背景を掴んで下さい。

　特にチャールズは、事業家として、馬主として人前で話す場面が多く登場します。ジェスチャーも含め、非常に堂々としており、人を惹きつける話し方です。

（1）時代は馬から車へと移り変わる時、車の販売事業をしていたチャールズの宣伝文句です。

Charles : You don't feed it. You don't stable it …The thing is not gonna get sick and die on you. Tell you the truth, I wouldn't spend more than 5 dollars on the best horse in America.（餌も厩舎も要らないし〈略〉病気になって死んだりしない。正直言って、アメリカNo.1の馬が5ドルでも買う気はありませんね）

（2）見放されていた馬シービスケットの活躍について馬主であるチャールズが、記者のインタビューで答えます。

Charles : I think we just gave him a chance. Sometimes all somebody needs is a second chance. I think there are a lot of people out there who know just what I'm talking about.（チャンスを与えてやっただけさ。時には誰だってセカンドチャンスが必要だ。私が言っている事がわかる人も多いはずだ）

チャールズの言葉は何度も新聞の1面を飾りました。不況から立ち直ろうという人々にとって、シービスケットは復活のシンボルとなり、ラジオでレース実況を聞くのが国民的行事となる程でした。

（3）レースで負けたレッドを責める記事、そして再三レースを申し込んでも無視し続ける三冠王ウォーアドミラルの馬主に対して、実に完結にアナウンスをします。それは相手の質問を遮る迫力です。

Charles : First, Red Pollard will remain Seabiscuit's jockey, now and forever. Second, if they're too scared to come and race us, we're gonna enter every race where War Admiral in on the card. …And We won't come home until we've faced him. Win, lose, or draw. I'd rather have one horse like this than a hundred War Admirals.（まずシービスケットの騎手は、今後もレッドだ。そして向こうが怖がっているならこちらから出向く。奴が出場するレースに登録する。（略）勝負できるまで家には戻らん。勝っても負けても引き分けでも。私は100頭のウォーアドミラルよりも1頭のシービスケットを取るね）

Charles : Our horse is too small. Our jockey is too big. Our trainer is too old. And I'm too dumb to know the difference!（馬は小さすぎ、騎手は大きすぎ、調教師は年取りすぎ、でもって俺は頭が空っぽなんだ）

と、自虐的ですが、相手に有無を言わせないのです。

あらすじ

　多くの人々が失意の生活を送った大恐慌時代、見放されていた小さな競走馬が、3人の男たちによって復活劇を重ね長く苦しい不況の米国を、興奮の渦へと巻きこんだ実際のストーリーです。新しい米国を求め、カリフォルニアへ行き「馬の時代は終わった」という宣伝文句と共に自動車販売業の大成功を収め大企業家となっていたチャールズ・ハワードが、息子を失うという悲劇を経験し、馬によって癒され、やがて馬主になっていくことから、調教師のトム、騎手のレッド（ジョニー）、そしてシービスケットと出会います。シービスケットは、血統は良いものの、生育状態が悪く馬身も小さく、それなのに他の馬の2倍の食欲で一日中寝てばかりの「怠け馬」の烙印を押されていました。この馬の才能を確信したトムは、馬以外の事には関心のない寡黙な人柄で、人々からは変わり者とみられていました。そして中流家庭で育ちながら突如仕事を失った両親から少年時代に厩舎に預けられ1人で生きてきた青年レッドは、なかなか騎乗する機会に恵まれず、食べていくためにアマチュアボクシングで身体をボロボロにしながらなんとか生きていました。しかし、トムの指導とレッドの騎乗才能によってシービスケットはその潜在能力を見事に開花し、快進撃を続けます。勝算ありと見越したチャールズは史上最高額賞金のレースを開催しますが、実は、長い不遇の時代にボクシングによって身体を酷使していたレッドは騎手として致命的な傷を負っていました。

映画情報

原　　作：Seabiscuit: An American Legend	公開情報	公　開　日：2003年7月25日（米国） 　　　　　　2004年1月24日（日本）
製作費：8,700万ドル		上映時間：141分
製作年：2003年		MPAA（上映制限）：PG-13
製作国：米国　　　言　語：英語		興行収入：1億2,000万ドル（米国のみ）
ジャンル：スポーツ、ヒューマンドラマ、歴史		

薦	○小学生 ●中学生 ●高校生 ●大学生 ●社会人	リスニング難易度		発売元：ポニーキャニオン（平成29年2月現在、本体価格）DVD価格：1,800円 ブルーレイ価格：2,500円

お薦めの理由	実際のレースが忠実に再現されています。競馬業界に携わる人や、競馬や乗馬に興味がある人には必見です。また、動物好きな方や動物関連の仕事に従事している人にも興味深く観ることができる映画でしょう。チャールズの話し方は、スピーチを生業とする人にも参考になるでしょう。一方、恐慌時代の米国という時代背景をきちんと説明しながらストーリーが展開されていくので歴史の理解にも役立ちます。	スピード	3
		明瞭さ	3
		米国訛	3
		米国外訛	2
		語彙	3
英語の特徴	冒頭はセリフがないままナレーションで時代背景を説明しています。低い声ですがリズムのある丁寧な語り口なのでそれほど聞き取りにくくはありません。ラジオ放送はその時代のラジオ放送を表現しているのか、非常に早口で聞き取りにくいので、発展学習の欄を参考にして下さい。調教師トムは独特のリズムで話す南部訛りの英語ですが、南部の話し方はゆっくりなのでそれほど難しくありません。	専門語	3
		ジョーク	2
		スラング	2
		文法	3

発展学習	競馬の専門用語はそれほど多く登場しません。そのため、どんな人が見てもわかりやすいストーリーです。競馬（horse racing）に関する用語学習がしたい人は、下記のような専門用語に注意しながら、トムやレッド、そしてマクラクリン（ラジオの司会者）のセリフを参考にして下さい。 Tom : The <u>favorite</u>（本命馬）is that <u>gray</u>（葦毛*）over there. He's got a <u>big late charge</u>（後半猛追する馬）. So, lock in early with him and stay right off his <u>flank</u>（脇腹）*馬の色は他にも black:青毛／bay:鹿毛／chestnut:栗毛 ラジオパーソナリティのマクラクリンは早口で聴き取るのが難しいと思いますので、何度も繰り返し観て下さい。 McGlaughlin : As long as we're talking <u>long shots</u>（＝dark horse：穴馬）, I got a real doozy（スラング：驚く事）for you, folks. We got a horse that's going off at 70-1（オッズは70倍）and that's a <u>short price</u>（不人気馬への賭け方、現在の日本競馬では行われていない）I'll lay <u>even money</u>（配当率が1:1の賭け方*）that this <u>nag</u>（race horse）, Seabiscuit, couldn't finish six <u>furlongs</u>（6ハロン：1ハロン＝約200m）…. McGlaughlin : It's time for this old <u>tout</u>（予想屋）to <u>eat some crow</u>.*1 Four and 20 blackbirds*2, to be exact, all baked up in some <u>humble pie</u>*3, and I'll take mine a la mode. （直訳：老いぼれ予想屋はカラスを食うよ。ハンブルパイに入れた24羽のクロツグミだって残らず呑み込むよ。→前言撤回だ。平伏して謝るよ） *1"eat crow" *3"eat humble pie"（モツで作ったパイ、昔は貧しい人が食べた）はどちらも<u>素直に平謝りをすること</u>を意味します。*2童謡マザーグースにある歌 "Sing a song of six pence"（6ペンスの唄）に "Four and twenty blackbirds, baked in a pie"という歌詞があります。これを例えにしていると思われます。 また古典の名言も登場します。レッドは本に囲まれて育ちました。映画にもエマソンの詩を暗唱するシーンが登場します。シービスケットの活躍に集まる記者達に向かって、シェークスピアの名言を引用し記者達を感心させます。 Red : "Though he* be but little, he is fierce"（体は小さくても猛々しい）That's Shakespeare, boys, Shakespeare. *本来は she ですが、シービスケットが牡馬なので he に代えています。 また、怪我の治療に励むレッドが、同じく負傷したシービスケットに話しかけるシーンです。 Red : I know, I'm in a hurry, too, Pops. But you know what Hadrian said about Rome, "Brick by brick, my citizens, Brick by brick."（俺だって焦るさ。でもハドリアヌス帝も「1つずつレンガを積んでローマを築こう」って言ってるだろ）こう言った名言は映画だと場面や状況がわかりやすいので、是非覚えてください。

映画の背景と見所	登場人物がそれぞれとても魅力的です。時代の波に乗り、アメリカンドリームを掴んだチャールズ・ハワード、時代に取り残された野生馬馴らし（mustang breaker）出身の調教師トム、そして15歳から1人で生きてきた青年騎手レッドは、経済的に混乱した時代の米国で実在した人物です。家族の不幸という消えない苦しみを抱えた実業家チャールズが、シービスケットによって巡り合った2人を信頼し温かい目で見守っていく心温まるストーリーとなっています。映画の人物像は、実物の彼らに近かったようです。レースに負けたレッドを責める周囲に対し、ハワード夫妻やトムは彼を責める事なく騎手として起用し続けました。事実、夫妻はレッドを "my boy" と呼び、彼を息子のように気遣いました。実在のトムも寡黙で「サイレントトム」と呼ばれました。またレッドは読書家で名作文学を読み漁り、騎手仲間達に作り話をしていたそうです。そしてスター騎手のウルフとは少年騎手時代からの仲間で深い友情でつながっていました。（参考文献 L. Hillenbrand, *Seabiscuit: An American Legend*）原作にはその後の彼らの半生についても書かれています。実在のトム、レッド、そしてウルフはそれぞれ競馬殿堂入りをしています。映画でのウルフ役の俳優は Gary Stevens という殿堂入りしている本物の騎手であり、レッド役以外の騎手役も全て本物の騎手であるため、レースシーンや森の中での乗馬シーンには思わず引き込まれる程の迫力で、見応えがあります。

スタッフ	監督・製作・脚本：ゲイリー・ロス 製作総指揮　：トビー・マグワイア、ロビン・ビセル 　　　　　　　　ゲイリー・バーバー他 撮　影　：ジョン・シュワルツマン 音　楽　：ランディ・ニューマン	キャスト

キャスト	
チャールズ・ハワード	：ジェフ・ブリッジス
トム・スミス	：クリス・クーパー
レッド（ジョニー）・ポラード	：トビー・マグワイア
マルセラ・ハワード	：エリザベス・バンクス
ジョージー・ウルフ	：ゲイリー・スティーヴンス

ジョーズ	Jaws	（執筆）杉浦恵美子

セリフ紹介

　7月4日、アミティ島では海開きが実施され、浜辺には多くの海水浴客が押し寄せ賑わっています。ブロディはビーチで、海上ではフーパーらがボートから、鮫を監視しています。レポーターが海開きの様子を次のようにアナウンスしています。

Reporter　: Amity Island has long been known for its clean air, clean water and beautiful white sand beaches.
　　　　　　　But recent days, a cloud has appeared on the horizon of this beautiful resort community.
　　　　　　　A cloud is the shape of a killer shark.

　"cloud" のここでの意味は「影」で、人食い鮫（killer shark）のことを指しています。
　映画の作品中、いろいろな鮫の種類の名称が登場します。まず、映画のタイトルにもなっている "Jaws" は、複数形なので「上顎と下顎」の意味ですが、鮫の恐ろしさを口で象徴する言葉として使われています。この映画の主人公、人食い鮫の種類は「ホオジロザメ」（great white shark ［学名 carcharodon carcharias］）で、海洋学者のフーパーは、市長から "What did you say the name of this shark is?" と尋ねられた時に、"It's a carcharodon carcharias. It's a great white." と最初に学名で答えています。他にシュモクザメ（hammerhead）、オナガザメ（thresher shark）、イタチザメ（tiger shark）、アオザメ（mako / shortfin mako shark）などもフーパーのセリフに出てきます。他の種類や魚の名称は出てきませんが、一般的な身近な魚介類等の名前は「発展学習」に記載してありますので、参考にしてみてください。

学習ポイント

　この作品から学習できる役立つセリフや表現をさまざまなシーンから取り上げ紹介していきます。

1. 案内板
　海でよく見かける「遊泳禁止」の立て看板が、作品中にたびたび出てきます。次のような内容が書かれています。
No swimming / Hazardous area / Beach closed / By order Amity P. D.

2. 張り紙
　第2の犠牲者となった少年の両親が、息子を失った人食い鮫を退治してくれる人物を懸賞金付きで求め、掲示板に以下の文面が張り出されます。
REWARD　A $3000, Bounty to the Man or Men who catch and kill the shark that killed Alex M. Kintner on Sunday June 29th on the Amity Town Beach.

　鮫の捕獲に賞金が賭けられたことで、鮫による犠牲者が出ていたことが知れ渡ります。その後、市長が中心となりブロディや島民らが集まり、人食い鮫対策についての話し合いの場がもたれます。ブロディは、現時点の計画として、臨時保安官補（extra summer deputies）を置き、ビーチに鮫の監視員（shark spotters）を置くと伝えます。海開きを控えていることから、宿泊所を営む女性からビーチは閉鎖するのかと尋ねられ、そうすると答えるや否や会場はざわめきます。ブロディは、鮫の専門家を呼ぶことも伝えます。その会話のやりとりは以下の通りです。

Brody　: We're gonna put on the extra summer deputies as soon as possible.
　　　　　Then we're gonna try and use shark spotters on the beach.
Woman : Are you going to close the beaches?
Brody　: Yes, we are.
　　　　　We're also planning to bring in some experts from the oceanographic institute on the mainland.

　しかしながら、市長は、「ビーチの閉鎖は24時間だけだ」と言い、ブロディはそれに反対します。その後、会場にいた地元漁師クイントが、「俺が鮫退治をしてやろう」と話を始めます。
　最後に、度量衡について解説しておきます。フーパーが船上で巨大鮫の大きさをクイントに "That's a 20-footer." と伝えるシーンがあります。"footer" は、「フィート（feet）の人・もの」の意味で、1フィートは約30cmなので鮫の大きさは約6mになります。その他に、重さはトン（ton）やポンド（pound）が用いられ、1ポンドはグラムに換算すると約454g です。他にどのような計量法あるか調べてみるとよいでしょう。

あらすじ

　米国東海岸にあるアミティ島で、ある晩若い女性の無残な遺体が海岸に打ち上げられます。夏場は海水浴客で賑わう平和な観光地は騒然となります。島に赴任したばかりの警察署長ブロディは、鮫の襲撃が原因だと判断し、ビーチでの遊泳を禁止しようとします。しかしながら、海水浴客が貴重な収入源となっているため市長らからは猛反対されます。迅速な対応がなされないまま少年が第2の犠牲者となってしまいます。少年の両親が鮫退治に懸賞金を賭けると、賞金目当てに大勢の人が押しかけ、小さな町は大騒ぎとなり、鮫に襲われる恐怖に包まれるようになります。
　ブロディは、鮫の専門家で海洋学者のフーパーを本土から招き協力を求めます。遺体を検視したフーパーは、巨大な人食い鮫の仕業と見抜きます。その頃、イタチザメが捕獲されたことで、町では事件は解決したとされ人々は安堵しはじめますが、フーパーは、捕獲された鮫の歯が女性の遺体に残されていた噛み跡よりも小さかったことから、犯人は別の鮫である可能性を指摘します。その後の調べで、ブロディとフーパーは、巨大なホオジロザメが犯人だと判断し、鮫退治のため地元の漁師クイントを雇い、3人で鮫退治に大海原へ乗り出します。そこで遭遇したホオジロザメのサイズは、彼らの予想をはるかに上回るものでした。ブロディら3人と巨大鮫との死闘が始まりますが、それは想像を絶するもので、思いもよらぬ過酷な運命が待ち受けていました。

映画情報

原　　作：ピーター・ベンチリー　*Jaws*
製　作　費：800万ドル　　製　作　年：1975年
製　作　国：米国
配給会社：ユニバーサル映画
ジャンル：サスペンス、（海洋）ホラー　言語：英語

公開情報
公　開　日：1975年 6月20日 （米国）
　　　　　　1975年12月 6日 （日本）
上映時間：124分
興行収入：4億7,065万3,000ドル
音声：英語、スペイン語　　　字幕：日本語、英語他

薦	○小学生　○中学生　●高校生　●大学生　●社会人	リスニング難易度	発売元：NBCユニバーサル・エンターテイメント （平成29年2月現在、本体価格） DVD価格：1,429円　ブルーレイ価格：1,886円

お薦めの理由	海洋パニック映画の先駆けで空前の大ヒットとなった映画です。漁業関係者、行政機関（特に海洋関連の部門）、ライフセイバーや監視人、海洋研究者をはじめ、マリンスポーツ愛好者や釣り人などにも、鮫の恐ろしさを知る上では必見です。特にサーファーや毎年海水浴に出かけるような人には、是非視聴して欲しい作品です。もちろん海をこよなく愛する人にも見てもらいたい映画です。	スピード	2
		明瞭さ	2
		米国訛	2
		米国外訛	1
		語　彙	2
英語の特徴	複雑な構文や文法、難易度の高い語彙は含まれておらず会話が中心なので、リスニングレベルはそれほど高くはありません。ブロディとフーパーの英語は明瞭で聞き取りやすいですが、地元漁師のクイントは、言葉遣いが少々荒く訛りがあります。漁業や水産関連の専門用語で高度なものは登場しませんが、鮫退治に関わる漁の道具類の名前や表現がでてくるので、この点は少々難しさを感じるかもしれません。	専門語	2
		ジョーク	2
		スラング	2
		文　法	2

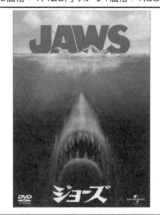

発展学習

　この映画は、平和な海水浴客で賑わう島が巨大な人食い鮫の恐怖に襲われ、鮫退治に3人の男性が果敢に挑んでいくストーリーで、シーンの大半は海岸や海洋上で占められています。海にはまだ発見されていない未知の海洋生物が存在していると言われています。「発展学習」として、海洋生物の中でも我々の日常生活で身近な魚介類や海の哺乳類の英語表現を紹介します。一般的によく知られ、日頃からよく見聞きし食卓にも昇るような魚介類は是非覚えておきたいものです。以下に列挙した以外に、仕事に直接関係するものや馴染みある海の生物については、英語での表現方法を調べてみてください。

　＜魚介類・哺乳類＞（順不同）
　　鮫（shark）、鮪（tuna）、メカジキ（swordfish）、鯛（sea bream）、鱸・バス（sea bass）、鰯（sardine）、鯵（horse mackerel / saurel）、舌平目（sole）、平目（flatfish [平目・鰈の総称]）、鱈（cod）、鰤・ハマチ（yellowtail）、鯖（mackerel）、鮟鱇（anglerfish）、クエ（kelp grouper）、鮭（salmon）、鱒（trout）、鰻（eel）、穴子（conger）、しゃこ（squilla）、海老（[小型] shrimp / [中型] prawn / [大型] lobster）、蟹（crab）、烏賊（squid / cuttlefish）、蛸（octopus）、鮑（abalone）、雲丹（sea urchin）、いくら（salmon roe）、帆立（scallop）、あさり（clam [二枚貝の総称]）、牡蠣（oyster）、鯨（whale）、シャチ（killar whale）、イルカ（dolphin）、海亀（sea turtle）、クラゲ（jellyfish）、ヒトデ（starfish）

海浜に関わる語で学んでおきたいものも数多くあります。その一部を列挙しておきます。

　＜海・浜辺＞（順不同）
　　海洋・大洋（ocean）、海岸（seaside / seashore）、浜・浜辺・岸・波打ち際（beach / shore）、砂浜（sands）、沖（offing）、湾・入江（gulf / bay / cove）、海峡（channel / strait）、半島（peninsula）、浅瀬（shallows）、深海（depths of the sea / abyss）、波（wave）、津波（tsunami）、満潮（high tide）、干潮（low tide）、暖流（warm current）、寒流（cold current）、氷山（iceberg）、岩礁（rock reef）、サンゴ礁（coral reef）、河口（mouth of the river）、流れ・渓流（stream）、波止場・埠頭・桟橋（wharf / pier）、灯台（lighthouse）

　その他に船舶に関する用語、船（[小舟] boat / [大型] ship / vessel）、手こぎ船（row boat）、モーターボート（motorboat）、漁船（fishing boat / fishing vessel）、筏（raft）をはじめ映画のシーンにも登場する沿岸警護隊（the Coast Guard）、看視員・救助員（lifeguard）、救命胴衣（life vest / life jacket）、浮き輪（floating ring）、ドラマミン（Dramamine）等は是非覚えておきたいものです。ドラマミンは、乗り物酔いの予防薬、酔い止めの薬です。

映画の背景と見所

　この映画は、海洋パニックホラーの先駆けで、巨匠スティーブン・スピルバーグ監督が若干28歳で監督した傑作です。空前の大ヒットとなり、その後シリーズ化され3作品が他の監督により製作されました。この作品は、鮫に襲われる恐怖を効果的な音楽で引き立て、第48回アカデミー賞でオリジナル作曲賞をはじめ3分門を受賞しました。脚本家のピーター・ベンチリー（1940～2006）が実話に基づいて書いた小説を原作としています。

　映画は、巨大な人食い鮫が夏場に海水浴客で賑わう平和な島を恐怖のどん底に陥れ、警察署長のブロディを中心に鮫退治に果敢に挑むという内容ですが、作品は、行政をはじめとするトップの在り方、姿勢について考えさせてくれる一面も持ち合わせています。映画に登場する市長は、（観光客によりもたらされる）利益をビーチの人々の安全よりも優先させようとします。その一方、ブロディは鮫によるさらなる犠牲者がでないよう必死に遊泳禁止を求め、鮫退治に乗り出そうとします。この2人の会話のやり取りにも是非注目してみてください。

　ブロディのセリフの1つに、"You're gonna need a bigger boat." があります。これは、大海で巨大鮫を初めて目にした時にその大きさに驚愕し、船の持ち主クイントへ向けた言葉です。このセリフは、アメリカン・フィルム・インスティテュート（AFI）が選んだ名セリフ100選の1つに選ばれています。視聴の際留意し、探してみてください。

スタッフ

監　督：スティーブン・スピルバーグ
脚　本：ピーター・ベンチリー、カール・ゴットリーブ
製　作：ディヴィド・ブラウン
　　　　リチャード・D・ザナック
音　楽：ジョン・ウィリアムズ

キャスト

マーティン・ブロディ　：ロイ・シャイダー
マット・フーパー　　　：リチャード・ドレイファス
サム・クイント　　　　：ロバート・ショウ
エレン・ブロディ　　　：ロレイン・ゲイリー
ボーン市長　　　　　　：マーレイ・ハミルトン

南極物語	Eight Below	（執筆）柴 麻己子

セリフ紹介

　主人公ジェリーが大事な相棒達である犬に話しかけるシーンは沢山あり、いかに犬達に愛情を持って接しているかがわかります。これらの場面から、英語で動物たちに話しかける表現を学ぶ事ができます。その１つが、映画の冒頭で、朝、寝ている犬達を起こすジェリーのセリフです。

Jerry: <u>Rise and shine</u>, kids. No more sleeping in.（朝だぞ、もう起きろ！）

それでも犬は起きません。"Rise and shine" は「朝ですよ」「もう起きなさい」という表現として使われます。

Jerry: If "rise and shine" won't work... Is anybody hungry this morning?（これが効かないなら、腹減った奴はいるか？）

ようやくシベリアンハスキー（Siberian husky）のマックスが起きます。　　　　　※siberian はサイベリアンと発音

Jerry: <u>Attaboy</u>, Max.（いいぞ！マックス）

"attaboy" は、"That's the boy" の訛りの形で雄の動物を褒める時に使う言葉です。

　次に目を覚ましたリーダー犬、マヤに "How's my best girl doing, huh?"（俺の大事なマヤは元気かい？）と話しかけます。その他に、"Good boy"、"Good girl" など日本語で「良い子」に相当する表現があり、英語では雄雌をはっきり区別し、子供のように愛情を注いで世話をします。また、犬を博士に紹介するシーンでマックスについて "He's got the right stuff."（彼には素質がある）と紹介しています。"right（適切な）、stuff（要素）" で「素質」となります。また、シャドウとバックという２匹に対し、"all brawn and no brain"（筋肉ばかりで頭は空っぽ）と言いつつ "But we love them."（でも可愛いんだ）とカバーしています。

学習ポイント

　人間と犬との物語なので、セリフは多くありません。また、日本の実話ですから基礎知識を持っている人が多いと思います。そのため、出来れば最初から英語字幕、あるいは字幕なしでチャレンジしてみてください。２回目は、わからない表現を理解するために日本語字幕で観ると良いでしょう。初心者の人でも是非チャレンジして下さい。

　この映画の登場人物は、南極基地という場所で限られたメンバー内の親しい間柄の会話ですから、日常的に使える表現がいくつかあります。どれもよく使われる表現をあげておきます。

(1) マクラーレン博士の大事な荷物を基地の仲間、クーパーが飛行機から雑に降ろすと、博士は次のように言います。

　　Dr. McClaren: Hey, hey, <u>careful with</u> that.（ちょっとちょっと、気を付けてくれ）

　"careful with" は「〜に気を付ける・慎重になる」で、例えば "(Be) careful with fire"（火の用心）があります。

(2) 犬を怖がるクーパーにジェリーがふざけて、"Coop, say good night to Buck."（バックに挨拶してやってよ）と言うと、クーパーは、"I'm gonna take a <u>rain check</u>."（今回は遠慮させてもらうよ）と言います。

　"rain check" は雨で中止になったチケットの引換券の事で、何かの誘いを「またの機会に…」など丁寧に断る時によく使う表現です。

(3) ジェリーは、基地に飛行士としてやって来たケイティと久々に再会します。２人は元恋人同士でした。２人きりで会話をし始めた時、同僚のロージーが部屋に入ってきます。ロージーは、"I'm not interrupting or anything, am I?"（私、邪魔している？）と気にすると、"No, Rosie. We were just <u>catching up</u>."（話をしていただけ）とケイティは言います。"catch up（with）" は「〜に追いつく」という意味ですが、"I'll catch up with you later"（直訳：また後で君に追いつくよ）で、"see you"（またね）の意味もあります。しかし、それと少し異なって、久々に会った人と「近況を話す」という意味に使います。このシーンは、久々に会った元恋人同士ですから、「近況報告をしていた」の意味に近いと言えるでしょう。

(4) 隕石を発見した博士の祝賀パーティーにジェリーが招待されます。ジェリーが博士にお祝いを言うシーンです。

　　Jerry: <u>The man of the hour</u>.（時の人だね）"the man of the hour" は日本語の「時の人」と同じ表現です。

　そして、博士にこれから犬を探しに自力でニュージーランドに出発すると伝えます。

　　Jerry: I'm <u>heading to</u> New Zealand later on tonight. "head to" は「〜へ向かう」という意味で、"go to" と同じくらいよく使う表現です。"head to" と "head for" の両方を使いますが、前者はその目的地に確実に到着を目指すことを意味しています。ジェリーの何としてでも犬達を迎えに南極へ行きたいという強い意志を表しています。

あらすじ

　米国科学財団の南極基地でガイドとして従事しているジェリーは、犬ぞり用の８頭の犬達を "kids" と呼び、強い信頼関係を築いていました。そんな中、まもなく冬を迎えようとしていた南極基地にマクラーレン博士が南極大陸にある火山、メルボルンに落ちた隕石を探しにやってきました。ガイドを頼まれたジェリーでしたが、冬が近づいた南極の難所への旅は危険だと断ります。しかし上司の命令で仕方なく犬ぞりで博士をガイドすることになりました。道中、博士は様々な危険にさらされながらも、ジェリーと犬達のおかげでなんとかメルボルン山に到着します。いよいよ隕石探しとなった時、基地から大きな嵐が近づいているため退去命令の連絡が入ります。ジェリーは博士に「（あなたを無事に家に帰すのが僕の仕事だ」と翌朝の退去を決めますが、何としてでも隕石を手に入れたい博士はジェリーに時間が欲しいと説得します。ジェリーは博士の気持ちを汲み取り、正午まで探索時間を設けます。幸運な事に隕石はすぐに見つかり帰路に出発するジェリーたちでしたが、途中で博士が脚を折ってしまい動けなくなってしまいます。ジェリーと犬達は必死に嵐の中、基地へ急ぎます。ジェリーも凍傷を負いながらなんとか基地に辿り着いたのですが、嵐の為、即刻南極を離れるよう命令が下されます。犬達を次の便で連れてくるという約束で南極を離れたジェリーでしたが、その後、嵐は勢いを増し、小型飛行機が飛ばせず犬達を迎えに行けない事をジェリーは知らされます。

映画情報

製　作　費：4,000万ドル
製　作　年：2006年
製　作　国：米国
言　　　語：英語
ジャンル：ドラマ、アドベンチャー

公開情報

公　開　日：2006年2月17日（米国）
　　　　　　2006年3月18日（日本）
上映時間：120分
興行収入：1億2,045万ドル
オープニングウィークエンド：2,496万8,601ドル

188

薦	○小学生　●中学生　●高校生　●大学生　●社会人	リスニング難易度	発売元：ウォルト・ディズニー・ジャパン（平成29年2月現在、本体価格）DVD価格：1,800円 ブルーレイ価格：2,381円

お薦めの理由	日本では映画『南極物語』、または教材や本などからこの実話は良く知られているため、基本的な内容を知っている人も多いでしょう。その為、ストーリーを予想できるかもしれません。ただし、何の予備知識がなくても、人間と犬のドラマを描いた物語という点から、動物に関わる仕事をしている人、動物が好きな人にはお薦めです。犬達の魅力を存分に味わえる作品でしょう。	スピード	3
		明瞭さ	3
		米国訛	3
		米国外訛	2
英語の特徴	この映画のセリフ量は少なく、初心者の人にも無理なく学習できる量となっています。主人公の話すスピードはやや速めですが、ディズニー映画ということもあって会話文自体は短めで、子供にもわかる内容ですので聴き取れる箇所も多いかと思います。後半、主人公のジェリーがニュージーランドへ行き現地の人と会話するシーンは、ニュージーランド英語のため、慣れない人は聴き取りにくいかもしれません。	語　彙	3
		専門語	3
		ジョーク	2
		スラング	2
		文　法	3

発展学習	この映画で学ぶことができる特徴的な内容について学習をしてみましょう。 (1) 温度について：ストーリーの冒頭で、ジェリーとクーパーがサウナに入っています。 　　Jerry: 107…108…109…All right, 110.（41、42、42.5、よし43度だ）Ready to go out and greet the heat? 　　2人で外に出て、外気温を測ります。 　　Jerry & Cooper : 31 below! New record! Oh! it's cold!　（氷点下35度！ 新記録だ！ おーっ寒い！） 　　日本では摂氏（℃）を使うのに対し、多くの英語圏では華氏（℉）を使いますが、基準となる温度を覚えておくと便利でしょう。約0℃＝32℉と覚えておきましょう。「～度」には、どちらにも "degree (s)" を使います。 　　氷点下はタイトルにもあるように "below" の他、"minus / negative" の単語を共に使います。 (2) 南極（Antarctica）についての表現について：博士が南極に到着するシーンです。 　　Jerry　：Welcome to the bottom of the world.（地球の底へようこそ） 　　Cooper：Go any further south, you'll fall off the planet.（これ以上、南に行ったら、地球から落っこちるよ） 　　Andy（ジェリー達のボス）：Welcome to the ice.（氷の世界へようこそ） (3) 電波の状態の表現：嵐の事をジェリーに知らせるため、ケイティが連絡をしますが電波が悪く良く聞こえません。 　　Jerry: You'll have to go again. We're in a bad spot here.（もう一度頼む。電波が弱い場所にいるんだ） 　　この表現は、携帯電話などで電波の状態が悪くよく聞こえない場合などにも使えそうです。 (4) 主人公の気持ちを揺さぶった特徴的な表現について： 　1. 撤退命令が出ても、博士は隕石探しを諦めきれず、ジェリーを説得し、ジェリーは半日の探索を約束します。 　　Dr. McClaren: Jerry, please, you gotta take chances for the things you care about. 　　後に、ジェリーがどうにかして犬達を迎えに南極へ向かう方法を見つけると博士に伝えると「もしダメだったら？」と言う博士にジェリーはこう言います。 　　Jerry: Like you said to me the day that the storm came in, you gotta take chances for things you care about. 　　（嵐の時にあなたは言っていました。自分にとって大事なもののために冒険が必要な時があるって） 　2. 犬達の育て親、ミンドに会いに行ったジェリーは、彼の言葉で、犬達を迎えに行く決意をします。 　　Mindo: Jerry, what's important is finding that one thing that will truly put your heart at rest. 　　（本当に心が休まる道を探すことが大事なんだ）

映画の背景と見所	日本の映画『南極物語』（1983年公開）をウォルト・ディズニーがリメイクした映画です。実話は、昭和33年、南極地域観測隊が悪天候の為、越冬を諦め撤退することになった過程で、苦渋の決断で15匹の樺太犬を置き去りにしました。帰国後、犬を置き去りにしたことで世間の批判を浴びた隊員たちは苦しみます。ようやく1年後、南極に向かった隊員達が、目にしたのは2匹の兄弟犬「タロ」と「ジロ」でした。残りの13匹は厳しい自然の中で息絶えていった悲しい話です。その実話をベースに米国でディズニーが描き直したストーリーになっています。 　舞台は、米国科学財団の南極基地です。ガイドのジェリーと基地の仲間、そして8頭の犬たちとの強い絆を描いています。ディズニーの映画らしく犬の世界にも焦点を置き、仲間同士で助け合い、厳しい環境の中で生き抜く姿が生き生きと映し出されています。特に一番若い犬のマックスが群れの中で成長していく様が印象深く残るでしょう。米国の話になっていますので、犬も樺太犬ではなく、シベリアン・ハスキーとアラスカン・マラミュートが登場します。主人公のジェリーが犬達を仲間として大切に思う気持ちもよく伝わってきますが、犬達の演技力も素晴らしいです。ディズニー映画では亡くなってしまう犬は少なく、特に実話に基づいた『南極物語』を観ている人は、救われるような気持ちになるかもしれません。楽しんでみることができる映画です。

スタッフ	監　督：フランク・マーシャル 脚　本：デビット・ディジーロ 製　作：ディビット・ホッパーマン他2名 撮　影：ドン・バージェス 音　楽：マーク・アイシャム	キャスト	ジェリー　　　　　：ポール・ウォーカー マクラーレン博士：ブルース・グリーンウッド ケイティ　　　　　：ジェイソン・ビックス クーパー　　　　　：ムーン・ブラッドグッド アンディ（上司）：ジェラルド・プランケット

189

マイ・ドッグ・スキップ	**My Dog Skip**	（執筆）杉浦恵美子

セリフ紹介

　この映画は、原作者で作品の主人公でもあるウィリー・モリスが、9歳の誕生日の日にプレゼントされた愛犬スキップと過ごした思い出の日々を回想する形で進行しています。ウィリーは、誕生日会で母親からジャックラッセルテリアの子犬を両親からのプレゼントと言って贈られますが、その場ですぐに父親から犬の世話はまだ無理だという理由で取り上げられてしまいます。母親は一人っ子で誕生日に招待する友達が誰もいない内気で引っ込み思案な息子を案じ、夫を説き伏せてウィリーに子犬を与えます。ウィリーは就寝後にベッド脇にそっと置かれたバスケットから聞こえる子犬の存在に気づきます。その時のことを、モリスは次のようにナレーションで回想しています。

Narrator : I met him on the day I turned 9. He was just a trembling ball of fur. Scared and shy as I was. That night, lying in bed before sleep… I felt the beating of his heart against my body. <u>And though I didn't know it then, he was to change my life forever. My dog, skip. My best and most steadfast friend.</u>
　　　　　（彼に会ったのは、9歳になった日だった。まるで震える毛糸の玉のようだった。僕のように臆病で照れ屋だった。あの晩ベッドで横たわり眠りに就く迄、僕は彼の鼓動を体に感じた。<u>彼が僕の人生を変えるなんてその時は想像もしなかった。僕の犬、スキップ。強い絆で結ばれた親友）</u>

　印象的なのは、下線部のセリフです。スキップと暮らすようになってからは、彼の存在のおかげで苛めっ子らと友達関係を築けるようになっただけでなく、恋心を抱いていた皆の憧れの的リバースとも仲良くなれます。孤独で内気な自信のなかった少年は、その後もスキップの存在を通じてさまざまな経験を経て成長していきます。

学習ポイント

　ウィリーは、リバースや同級生らと映画館に行き、その時に流れたヘッドラインニュースで兵士犬の存在を知ります。第二次世界大戦で戦地へ赴くために軍事訓練する兵士が、犬と一緒に訓練している映像を目にし、スキップなら軍用犬として敵国ドイツとの戦いで活躍できると思い、スキップにさまざまな訓練を課します。聡明なだけでなく活発で好奇心が強く、従順で人懐っこいスキップなら軍用犬になれると確信し、ウィリーは自信満々な気持ちでテストを受けに連れて行きます。しかしながら、審査結果は予想に反するもので、身体検査で停留睾丸（精巣の片方が体の外に降りてきていないこと）のため不合格と告げられてしまいます。結果に納得できず諦めきれないウィリーは、スキップがいかに賢く優秀な犬なのかを示そうと、必死に芸の技を見せつけようと試みます。

Lieutenant : But I appreciate you bringing him in.
Willie 　　 : Lieutenant, sir. If you don't mind, Skip would like another chance. He obeys orders really well and….
Lieutenant : I really appreciate your patriotism… but I've got work to do.
Willie 　　 : Sit! Sit! Roll over! Play dead!

　スキップは、ウィリーの指示に対し、ことごとく別の態度を示します。"Sit"（お座り）には「伏せ」をし、"Roll over"（回れ＝背中をついて横に転がって元に戻る）には「ちんちん（お尻を床につけて立ち上がる）」を、そして"Play dead"（死んだふり）に対しては、尻尾をくわえようと「お回り」をします。スキップは、中尉（lieutenant）の前でウィリーの命令にはまったく従いませんでした。上記の会話からは、犬への命令や指示の与え方などの躾に用いる基本的な英語表現の一部を学習できます。その他の表現に関しては、「発展学習」の欄で紹介します。

　審査を終えたウィリーは、軍用犬として不合格となり自分の指示にも従わなかったことに納得がいかない面持ちで外で待っていたリバースに結果を伝えます。

Willie 　 : Canine 4-F. I can't believe it. He obeys orders really well, I know. And he can do all those tricks. I don't know what got into him.
Rivers 　 : Maybe he just got scared.
Willie 　 : You saying my dog's a chicken?
Rivers 　 : No. I'm not saying your dog's chicken. I'm saying maybe he got scared.

　"Canine 4-F" の "canine" は、「犬、イヌ科の動物、犬のような」の意味です。米国で警察犬の呼称として使われている「K9」は、この単語のヌメロニム（数略語）です。"chicken" は、「臆病者、腰抜け」を意味します。

あらすじ

　舞台は、1940年代前半の米国南部のミシシッピ州。デルタの広がる地域の小さな田舎町ヤズー（Yazoo City）で暮らす9歳のウィリーは、友達が誰一人いない苛めの標的にされる内気な少年でした。唯一彼に優しく接し、ウィリーも尊敬し話せる友は、隣人の青年ディンクだけでした。その彼が戦地に赴くことになり、一人っ子で孤独な息子を心配した母親エレンは、夫ジャックの反対を押し切り、誕生日に子犬をプレゼントします。「スキップ」と名付けられたジャックラッセルテリアはとても賢く、すぐにウィリーの大親友となります。スキップのおかげで、苛めっ子らと友達になれ遊べる間柄になっただけでなく、淡い恋心を抱いていたリバースと会話する機会ができ彼女と付き合えるようにもなります。寝る時も一緒に常に傍らにいてくれたスキップですが、ある出来事を機に突然いなくなってしまいます。それは、ある日少年野球の試合でのことでした。ウィリーはスタンドで見守る家族やリバースらの前でかっこいい姿を見せようとしますが、運動が苦手な彼は、三振し守備でもミスを連発し、他の選手やスタンドの見学者らの笑いものになります。そんな時、リバースの隣にいたスキップが突然グランドに侵入して走り回ります。犬に翻弄される選手たちの姿に、観客たちから笑いの渦が巻き起こります。ウィリーは試合を邪魔したスキップを大声で叱りつけ、手をあげてしまいます。試合後帰宅すると、スキップの姿がどこにも見当たりません。スキップは果たしてどこに…。

映画情報

原　　作：ウィリー・モリス　*My Dog Skip*	**公開情報**	公開日：2000年　3月3日（米国）
製　作　費：600万ドル		2000年11月3日（日本）
製　作　年：2000年　　　　　製　作　国：米国		上映時間：96分
配給会社：ワーナー・ブラザース		興行収入：3,554万7,761ドル
ジャンル：ドラマ、ファミリー　　言　　語：英語		音　声：英語、日本語　字　幕：日本語、英語

薦	○小学生　○中学生　○高校生　●大学生　●社会人	リスニング難易度	発売元：ワーナー・ブラザース　ホームエンターテイメント （平成29年2月現在、本体価格） DVD価格：1,429円

お薦めの理由	愛犬家、犬を飼っている人やこれから飼おうと考えている人には、必見です。犬・猫に関わらず動物好きな人、将来ペット産業や動物に関わる職種に携わりたいと考えている人に、お薦めの映画です。また、映画は1940年代前半の人種差別の激しかった南部の田舎町が舞台となっていることから、米国の歴史を理解するのに役立ち、当時の社会状況についても学べる映画です。	スピード	3
		明瞭さ	3
		米国訛	4
		米国外訛	1
英語の特徴	南部のミシシッピ州が舞台となっていることから、会話の中には、南部米国英語（Southern American English）が含まれているため、聞き取りづらさを感じる部分があるかもしれません。また、少年同士の会話にはスラングが含まれ、若干わかりにくい点もありますが、セリフの大半を占める主人公の少年と両親、隣人の青年らの話す内容は日常会話が中心で、比較的わかりやすい英語といえます。	語彙	3
		専門語	3
		ジョーク	2
		スラング	3
		文法	3

発展学習	この映画は、英語学習に留まらずアメリカ史、映画の舞台となった1940年代前半の米国南部の町の様子や当時の社会状況を理解するのに役立ちます。英語学習においては、いろいろな角度から活用できますが、例として以下の2つを紹介します。 １．英語での犬のしつけ方・芸の教え方 　英語での犬への命令の仕方や指示の与え方について「学習ポイント」欄で紹介しましたが、その他の基本的なよく用いられる役立つ表現を以下に挙げておきますので、ぜひ実際に使えることを目標に練習してみてください。 　① 命令 　「お手（Shake / Paw / Give me paw）」、「お代わり（Give me the other one / The other paw）」、 　「伏せ・降りろ（Down）」、「待て（Stay / Wait）」、「おいで（Come）」、「（そばに）つけ（Heel）」、 　「吠えるな（Enough / No barking）」、「触るな／放っておけ／構うな（Leave it）」、 　「はなせ：くわえている物を床に置かせる（Drop it）」、「出せ：口にくわえている物を出させる（Out）」、 　「ケージ（犬小屋）へ（House）」 　② ほめる時 　「よしよし（Good dog, Good boy / girl, That's my boy / girl, Well done, Who's a good boy / girl?）」 　③ 叱る時 　「だめ（No）」 　④ 芸 　「お回り（Turn / Turn around）」、「ちんちん・お尻を床につけて立ち上がる（Stand up）」、「持って来い（Fetch）」、 　「飛べ（Jump）」、「キャッチ（Catch）」、「ワンワン（Speak）」 ２．リーディング教材としての利用 　教員の人が英語の授業に利用する場合、講読の授業に活用できます。この映画には原作があり、晩年に少年時代に愛犬と過ごした日々を回想した自伝的小説（My Dog Skip, 1995）を元に製作されています。英語力に自信のある人は、是非原書で読んでみてください。専門用語はあまり出てこないので、理解できない単語や熟語があっても映画を視聴してから読めば、それ程難解に感じることなく読み進めることができます。文法や単語が自然に身につくだけでなく、当時の社会や黒人に対する人種差別がどのように実際になされていたかも学ぶことができます。

映画の背景と見所	この作品は、ミシシッピ州生まれの作家ウィリー・モリス（Willie Morris 1934～1999）が、少年時代をともに過ごした愛犬スキップとの思い出を綴った回想記を映画化したものです。出版のわずか4年後の1999年にモリスは病没し、その翌年の2000年、彼の死を悼みこの映画は製作されました。モリスは、ニューヨークの伝統ある月刊誌『ハーパーズ・マガジン』（Harper's Magazine）の編集長に若干32歳の若さで就きますが、その後職を辞して執筆活動に専念します。 　映画の舞台は、第二次世界大戦中の1942年、ミシシッピ州の小さな田舎町ヤズーで、当時はまだ人種差別が根強く存在する時代でした。とりわけ南部では黒人に対する差別・偏見は非常に激しく、学校や公共の場、レストランをはじめとするあらゆる場で白人用（White）と黒人用（Colored）とに区別されていました。また、米国は第二次世界大戦に参戦したことから、庶民の日々の生活の中にも戦争の影響が色濃く見られ、戦争がどのように影響を及ぼしていたかを窺い知ることができます。 　この作品の最後の場面は、晩年筆者が回顧するナレーションで締めくくられており、その言葉は、スキップとの深い絆と愛情を示しています。胸に染み入るセリフで、愛犬に対する気持ちを物語っています。

スタッフ	監　　　督：ジェイ・ラッセル 脚　　　本：ゲイル・ギルクリースト 製作総指揮：マーティ・ユーイング 　　　　　　ジェイ・ラッセル 撮　　　影：ジェームズ・カーター	キャスト	ウィリー・モリス　　　　　：フランキー・ミューニース ジャック・モリス　　　　　：ケビン・ベーコン エレン・モリス　　　　　　：ダイアン・レイン ディンク・ジェンキンス　　：ルーク・ウィルソン リバース・アップルホワイト：ケイトリン・ワックス

夢駆ける馬ドリーマー	**Dreamer:** Inspired by a True Story

（執筆）杉浦恵美子

セリフ紹介

競走馬に限らず、骨折は馬にとっては命を落としかねない致命的な怪我です。競馬では、脚部の故障が深刻で回復が見込めない「予後不良（よごふりょう）」と診断されると、多くの場合薬物による安楽死の処置がとられます。人間や犬猫とは異なり、下肢部に骨折やヒビが入ると命に関わるのは、馬は細い4本脚で400〜500キロの体重を支えなければならず、1本に骨折が生じると他の脚に過大な負荷がかかるからです。その結果、問題のない脚の蹄に炎症（蹄葉炎）などを発症し、悪化し自力で立てなくなると最終的に衰弱し激しい疼痛により死に至ります。

馬主のパーマーは、レースで転倒し骨折したソーニャドールに対し殺処分を命じ、安楽死の書類にサインをしようとします。調教を請け負っていたベンに対しては解雇を告げます。それに対しベンは以下のように抗議します。

Palmer ：Now she got a broken leg and it's over. Let it go.
Ben ：You don't care about anybody, do you? Horses or people.
Palmer ：Well, in fact, I do, Ben. That's why I'm giving you the opportunity to find a new job.
Ben ：You firing me?
Palmer ：That's right. You can take your Mexicans with you.
Ben ：They're men, Palmer. They got names.

ベンのもとで働く2人の調教師は、ともにメキシコ人です。馬に対する思いや愛情だけでなく、従業員の彼らに対する思いやりや彼の人柄と人間性が現れているセリフといえます。

学習ポイント

レースで瀕死の重傷を負った名馬、ソーニャドールをベンは馬主から3,000ドルで引き取ります。厩舎へ連れて帰り、獣医に骨折の状態を診察してもらいます。娘のケールは心配そうにその様子をうかがっています。以下は、ベンと獣医（veterinarian *口語では vet）らとの会話です。

Vet. ：Was it a hard fall?
Ben ：Hard enough. She didn't get <u>bumped</u> or anything. She just <u>went down</u>.
Vet. ：That's the one from the track. And my <u>X-rays</u> confirm it. <u>It's a spiral fracture of the cannon bone.</u>
Ben ：But it is nondisplaced.
Cale ：She'll never race again ?
Ben ：No, honey. But she might walk again.
Vet. ：There's a chance. It's up to her. Try and keep her calm. Stable rest. That <u>cast</u> I put on her should hold.
Ben ：<u>We'll go really easy on her.</u>
Vet. ：Let's stay close on this.
Ben ：You got it.

上記の会話からは、幾つか役立つ単語や表現とともに馬に関係した専門用語も学ぶことができます。

"bump"（ぶつかる）は、ここでは動詞として使われていますが、名詞も同じ形で「衝突」や「こぶ、出っ張り」などの意味があります。"go down"（倒れる）は、他にも多くの意味があり「降りて行く」や「（値段が）下がる」などの意味があります。辞書を引いてどのような意味や使い方があるか調べてみるとよいでしょう。"X-ray"（X線、エックス線写真、レントゲン検査）は、動詞・名詞ともに X-ray です。「レントゲン写真を撮る」は、"take an X-ray" となります。"It' a spiral fracture of the cannon bone."（砲骨のらせん骨折だ／砲骨がねじれるように折れている）に用いられている "spiral fracture" は「らせん状（不全）骨折」、"cannon bone" は「（有蹄動物の）砲骨、馬脛骨」の意味です。"cast"（ギプス、ギプス包帯）は、ドイツ語で石膏の意味です。英語では "cast" で「キャスト」と発音します。「ギプスをはめている」は、"wear a cast" となります。会話の中では、名詞で用いられていますが、動詞も同じ形で、「投げる、ほうる」や「（魔法を）人にかける」等の意味があります。名詞・動詞ともにいろいろな意味や使われ方があるので、辞書を引いて確認してみるとよいでしょう。最後の下線部中 "go easy on" は「優しく扱う、温かく見守る」等の意味があり、ここでの訳は「しっかり世話をするつもりだ」となります。

あらすじ

映画の舞台は、ケンタッキー州レキシントン。ベン・クレーンは、妻リリーと小学生の娘ケールと細々と牧場を経営しながら暮らしていました。同じ敷地内には父親ポップが住んでいましたが、牧場経営を巡り対立する関係でした。それに対し、ケールは祖父と仲がよく、彼の所へ頻繁に馬についていろいろ学びに出かけていました。資金繰りに苦しむ厩舎を経営するベンは、馬主から期待の牝馬ソーニャドールの調教を請け負っていました。ある日一人娘のケールを連れて出向いたレースで、ソーニャドールは転倒し骨折してしまいます。馬主のパーマーは安楽死を命じますが、ベンはそれを拒み自らの報酬の一部と引き換えにソーニャドールを引き取ります。競走馬としては再起不能であっても繁殖牝馬としてならと思い種付けを試みますが、不妊であることが判明します。

ケールは、ソーニャドール（ソーニャ）と出会い、すっかり魅了されます。怪我をしたソーニャに対し純粋に愛情を注ぎ世話をします。ソーニャは、ベンと仲間の厩務員らの手厚い看護により、徐々に回復していきます。ケールは由緒あるブリーダーズ・カップにソーニャを出走させる夢を持つようになります。そのための資金繰りに苦労するものの何とか無事出場枠を手にします。ケールは「絶対に勝てる」と信じレース本番を迎えますが、果たしてソーニャはケールの夢を叶え、かつての栄光を取り戻すことができるのでしょうか？

映画情報

製 作 費：3,200万ドル		公 開 情 報	公 開 日：2005年10月21日（米国）
製 作 年：2005年			2006年 5月27日（日本）
製 作 国：米国			上映時間：106分
配給会社：アスミック・エース（日本）			興行収入：3,874万1,732ドル
ジャンル：ドラマ、ファミリー、スポーツ			音　声：英語、日本語　字　幕：日本語、英語

薦	○小学生　　○中学生　　○高校生　　●大学生　　●社会人	リスニング難易度		発売元：NBCユニバーサル・エンターテイメント （平成29年2月現在、本体価格） DVD価格：1,429円

お薦めの理由	馬好き、乗馬に興味ある人、馬主や騎手、牧場経営者をはじめ馬に関わる仕事に就いている人や将来就くことを考えている人、そして競馬ファンにも必見の映画です。牛や馬などの飼育係を目指す人達にも参考となる部分の多い映画です。また、安楽死寸前だった競走馬を引き取ったことで、いがみあっていた父と息子の間に絆が生まれます。家族や親子関係について考えさせてくれる心温まる作品でもあります。	スピード	3	
		明瞭さ	3	
		米国訛	2	
		米国外訛	2	
英語の特徴	全体を通して会話のスピードは速くありませんが、競馬の実況中継は早口なため、聞き取りにくいかもしれません。語彙は、専門用語や競馬のレースに関する独特な表現や言い回しが含まれているため、初・中級レベルの人には難しく理解しづらさを感じるかもしれません。夫婦や親子の日常的な会話は、発音は明瞭で比較的わかりやすいので、スピードに慣れて語彙力が身につけば、それ程難解ではありません。	語　彙	4	
		専門語	4	
		ジョーク	2	
		スラング	2	
		文　法	3	

発展学習	この映画を英語学習教材として利用する場合、さまざまな活用の仕方があります。例として2つ紹介しておきます。 1．語彙の学習 　　作品中に何度か登場する単語に注意し、それらを拾い上げて字幕と音声で意味と綴りを確認してみてください。例として単語を2つ紹介します。 （1）"put down" 　　多くの意味や使い方がありますが、映画の中では "kill" の婉曲表現として「（病気の）動物を（苦痛を与えずに）殺す」、安楽死させるという意味で頻繁に用いられています。ソーニャドールがレースで転倒した直後のセリフに "...I'm sorry, Ben, we got to put her down."（ベン、残念だが安楽死させよう）と使われています。「安楽死」は一般的に新聞やメディアでは "euthanasia" が使われています。 （2）"stall" 　　「馬屋、牛舎、馬屋の一仕切、馬房」の意味で、作品中のベンのセリフの1つに "Not here. Take her back to her stall, but not here" があります。これは、ソーニャドールがレースで転倒した直後、怪我の状態から安楽死させようと言われた時のセリフです。 2．実況中継を通じての学習法 　　物語の中では、競馬のレースシーンが映画の冒頭と最後に登場します。実況中継のシーンを何度か視聴し、実際にアナウンサーになったつもりで口頭練習してみてください。やり方としては、まず日本語で意味をきちんと理解し、その後英語で音読練習し、最後に実況中継にあわせてセリフを読み上げてみてください。実況はかなり早口なので難しいかもしれませんが、挑戦してみてください。 　この映画をより深く理解するために、他の競馬に関係した作品の視聴をお薦めします。中でも『シービスケット』（Seabiscuit, 2003）は、競馬に関わる専門用語はそれ程多く登場しておらず、ストーリー自体も比較的わかり易い作品です。設定された時代は大恐慌時代なので本作品とは時代は異なりますが、レースのシーンは迫力があり圧巻です。その他に、映画の舞台になった場所とその地の歴史や文化的背景にも注目し、新たな学習に繋げてみてください。ケンタッキー州へ行く機会があれば、ケンタッキーダービー（Kentucky Derby）が開催される州西部にある都市ルイビル（Louisville）を訪れてみてください。ここにあるチャーチルダウンズ競馬場では、アメリカクラシック3冠の第1冠が開催されます。

映画の背景と見所	この映画は、実話を元にしたフィクションです。作品のモデルとなった馬は、マライアズストーム（Mariah's Storm、マリアズストームとも表記）というアメリカ合衆国の競走馬で、ブリーダーズカップ・ジュヴェナイル フィリーズ（Breeders' Cup Juvenile Fillies）を前にして骨折し、安楽死されそうになります。関係者らの計らいで安楽死を免れたマライアズストームは、奇跡的な回復を遂げ骨折の翌年には競馬に復帰し、復帰戦で勝利します。競走馬として復活し、G1レースには及ばなかったものの5歳まで活躍し、引退後は優秀な産駒を世に送り出しました。 　作品は、このマライアズストームの実話、経歴を元に製作されましたが、主役馬のソーニャドールとマライアズストームとの間では異なる部分が幾つか見られます。一例を挙げると、映画では骨折後競走馬としての再起は絶望的でも繁殖ならと試みたものの不妊が判明するという設定ですが、この点はマライアズストームとは異なります。 　映画は、重傷を負った名馬を、ソーニャドールに愛情を注ぐ少女ケールがブリーダーズ・カップに出走するという夢を抱き叶えるというストーリーですが、馬の再起を目指すことを通じて、いがみあっていた父と息子の関係に変化が生じ、壊れかけていた家族の心が1つになっていく部分も見所の1つです。 　なお、「ソーニャドール」（Soñador）の名前は、スペイン語で「夢見る人」、「夢見ること」という意味があります。

スタッフ	監督・脚本：ジョン・ゲイティンズ 製　　作：マイケル・トーリン、ブライアン・ロビンス 製作総指揮：アショク・アムリトラジ 　　　　　　ステイシー・コーエン 　　　　　　ジョン・ジャシュニ他2名	キャスト	ベン・クレーン　　　：カート・ラッセル ケール・クレーン　　：ダコタ・ファニング ポップ・クレーン　　：クリス・クリストファーソン リリー・クレーン　　：エリザベス・シュー パーマー　　　　　　：デヴィッド・モース

移民・就労

イン・アメリカ 三つの小さな願いごと	In America	（執筆）吉本　美佳

セリフ紹介

　この作品では長男の死に一家が折り合いをつけていく過程が描かれます。その変化を表すセリフを紹介します。
1. 亡き息子と胎児を重ねて危険な出産を諦めない妻と対立したジョニーが憤りをマテオにぶつけた時のセリフです。
　"I asked him a favor once. I asked him to take me instead of him. But he took both of us. And look what he put in my place."（前に祈ったよ。フランキーの代わりに自分の命をと。でも神はどっちも奪った。今のおれは肉体だけ）
2. 長女クリスティが、生後間もない妹へ輸血することになり、抑えてきた気持ちを父に伝えるセリフです。
　"Don't 'little girl' me. I've been carrying this family on my back for over a year, ever since Frankie died. He was my brother too. It's not my fault that he's dead. It's not my fault that I'm still alive."
　（子供扱いしないで。フランキーが死んで1年、私が一家を支えたのよ。私の弟でもあったの。フランキーが死んだのも、私が生きてるのも私のせいじゃないの）
3. 映画の最後でのクリスティによる語りです。一定の解釈に導かないセリフながら亡き弟への想いと、彼女もまた、前に進もうとしている気持ちが表現されています。
　"Do you still have a picture of me in your head? Well, that's like the picture I want to have of Frankie. One that you can keep in your head forever. So when you go back to reality, I'll ask Frankie to please, please let me go."
　（私の顔を思い浮かべられる？それこそ、私が覚えていたいフランキーの姿。頭に永遠に残っているような。だからあなたが現実に戻ったら、私はフランキーにお願いするの。どうか、どうか私を自由にしてって）

学習ポイント

　同じ英語圏でありながらも、話す言葉も文化も違う米国での戸惑いがこの作品の面白味となっています。次の内容に注意しながら、作品内で表現される国の違いに注目してみましょう。
① 英語表現の違い
　例えば、初めてアパートに着いた時にアリエルが言う "Cool!" をクリスティが米国人的だと揶揄するように、日常で使用する表現の違いを作品中に見ることができます。
② 発音の違い
　映画では、一家の話すアイルランド英語の他にも、マテオをはじめとするアパートの住人たちの様々なアクセントの英語を聞くことができます。英語学習者として、どの発音が正しいと決めつけず、幅広い音に慣れて聞き取ることが重要です。また、彼らの英語と、姉妹の学校の教師や病院の医師や職員の英語との違いにも留意してみましょう。
③ 文化・風習の違い
　アイルランドで発祥したハロウィンは、米国に渡ると仮装や「トリック・オア・トリート」などの催しが含まれるようになりました。そのような祭り事としてのハロウィンを知らない家族の戸惑いが、次のセリフに表れています。またこの部分はハロウィンの風習の違いから、クリスティから見た米国の流儀にまで発展しています。

Ariel 　：'Cause everybody else goes trick-or-treating.　　（だって皆、「トリック・オア・トリート」をするから）
Sarah 　：What's that?　　　　　　　　　　　　　　　　（何だって？）
Ariel 　：It's what they do here for Halloween.　　　　（ここではハロウィンにすることなの）
Johnn 　：What do you mean? Like, help the Halloween party?　（どういう意味？パーティーを手伝うってこと？）
Christy：No. Not help the Halloween party. You don't ask for help in America. You demand it. Trick-or-treat—you don't ask, you threaten.（違うわ。ハロウィン・パーティーを助けるんじゃないの。アメリカでは助けを求めないの。要求するのよ。トリックかトリートか、聞くんじゃなくて、脅すのよ）

　この後、映画では姉妹の「トリック・オア・トリート」の場面に続き、アイルランド流のハロウィンの夕食場面を見せ、伝統的なハロウィンの食事を見せています。
④ 気候・環境の違い
　一家が移り住んだ時から、四季をとおしたニューヨークと、その環境に順応していく様子が描かれます。特に夏の猛暑と冬の大雪という、アイルランドでは体験できない気候に対する家族の反応が印象的に描かれています。

あらすじ

　息子を失った一家が、新たな土地で、過去から前へ進み始める話です。5歳だった長男、フランキーを亡くしたサリバン一家は、アイルランドから米国ニューヨークへ移住します。両親はカナダから米国への入国審査で、子供を3人と答えるほど、フランキーの死を受け入れていません。長女クリスティは、生前のフランキーの言葉を信じて3つの願いごとをしていきます。1つめの願いと共に、一家は観光ビザで入国し、麻薬中毒者らが住むマンハッタンの安アパートでの生活を始めます。父親のジョニーは俳優を目指す傍らタクシー運転手として、母親のサラはウェイトレスとして生計を立て、自分達の弱さや不安を娘達に見せないように懸命です。しかしクリスティはそれを敏感に感じ取り、祭りで末娘アリエルのために、ET の人形に全所持金を賭けてゲームをする父を見かねて、2つ目の願いをします。そんな一家を変えるのが、サラの妊娠と、下階に住む画家のマテオとの出会いです。マテオは、危険を伴う出産を決意したサラ、幼いながら孤独を感じるアリエル、そして息子の死以来自分を見失ったジョニーの支えとなっていきます。しかしマテオは既に不治の病の身で、やがて彼が息を引き取る時、早産で生まれた女児が昏睡状態から目覚めます。それはクリスティの最後の願いでもありました。高額な病院の請求は、全てマテオにより支払われ、赤ん坊の退院祝いの後、ジョニーはようやく涙を流し、フランキーへの別れを声に出すことができました。

映画情報

製 作 年：2002年
製 作 国：アイルランド、英国
撮影場所：アイルランド、米国
配給会社：20世紀フォックス（日本）
ジャンル：ドラマ

公開情報

公 開 日：2003年10月31日（アイルランド、英国）
　　　　　2003年12月13日（日本）
上映時間：105分
ノミネート：第76回アカデミー主演女優賞、脚本賞他
　　　　　　第61回ゴールデン・グローブ賞他脚本賞

薦	○小学生　○中学生　●高校生　●大学生　●社会人	リスニング難易度		発売元：20世紀フォックス ホーム エンターテイメント ジャパン （平成29年2月現在、本体価格） DVD価格：1,419円

お薦めの理由	作品の内容と使用されている英語は、小学生や中学生へもお薦めできますが、少ないながらも暴力的な場面や性的な描写があるため、高校生以上をお薦めの対象とします。社会人の方には、移民から見た米国の大都市部という背景や、クリスティや父親をはじめとする主要人物の心理の変化に着目してこの映画を見てもらいたいです。一見、単純な筋書きに包含されている奥深さを楽しんでください。	スピード	3	
		明瞭さ	3	
		米国訛	1	
		米国外訛	3	
英語の特徴	この映画に登場する一家は、アイルランド英語で話しています。その他の人物は、アパート住民をはじめ、一家同様に移民して米国に住む人々が多く登場するため、様々な発音の英語を聞くことができます。全体的に平易な英語表現で、語彙、文法ともに複雑な文は少ないながら、和訳が難しい部分もあります。そのような点は、日本語字幕ではわかりやすく意味が伝わるように意訳されています。	語　彙	2	
		専門語	2	
		ジョーク	2	
		スラング	2	
		文　法	2	

発展学習	1. 米国の社会問題として映画を理解しましょう 　この映画は一家の物語を描きながら、社会問題を表現しています。まずは、80年代の社会におけるマイノリティーの問題を家族やマテオ、そしてアパートの住人から表現されています。サリヴァン一家のような貧しい移民、マテオのような不治の病を患った者、そして薬物中毒者や異性装者というアパートの住人たちは、米国社会において経済的にも文化的にも外れた存在として描かれています。また、米国に限らず、資本主義社会の問題点も一家の困窮した生活から伝わります。 2. 一家の心の動きに着目して、異なる視点から映画を解釈しましょう 　父、母、クリスティ、アリエルの4人それぞれが異なる観点で新しい土地での生活に順応していきます。各人物の心の動きからこの映画の展開を捉えてみると、物語の異なる側面が強調されます。また、各人物の心理の変化を表現するセリフを抜き出してみると、登場人物の分析ができ、作品全体の理解が深まります。 3. 翻訳の練習をしてみましょう 　語彙も文法も平易な文であっても、実際に和訳が難しい表現が時々使用されています。例えば、次の会話でのサラのセリフは、易しい語彙と表現ながらも、解釈が困難です。つまり、和訳する際には、英語力だけでなく、いかにこのセリフを読みとるかが重要になります。参考までに、映画で用いられている日本語字幕を記載しますが、より良い翻訳に取り組んでみてください。 Sarah　：If you can't touch somebody you created, how can you create somebody that'll touch anybody? 　　　　　（お腹の子を感じられず、人を感動させられる？） Johnny　：What are you going on about?（何を怒ってる） Sarah　：Acting, Johnny. And bringing something to life, it's the same thing. That's why you can't get a job acting, Johnny, because you can't feel anything.（演技は何かに命を吹き込むことよ。感じない人に役者なんかムリだわ！） 上記と同様に、次の最後のクリスティの語りも、解釈が必要となります。 Christy：It was as hard for Frankie to smile when the tumor was malignant as it was for my dad to cry after. But they both managed it. I'm going to switch this off now. It's not the way I want to see Frankie any more. 　　　　　（悪性腫瘍に耐えて、フランキーは笑った。パパも同じように自分に打ち勝って涙を見せた。カメラはもう切ろう。このフランキーは見たくない）

映画の背景と見所	本作品は『マイ・レフトフット』（1989）や『父の祈りを』（1993）を製作したジム・シェリダン監督の実話に基づく筋書きを採用しています。娘のカースティン・シェリダンやナオミ・シェリダンが脚本に加わっていることから、単純に映画の登場人物の構成そのままで、監督の実体験が語られていると捉えがちですが、実際、監督の実話は、父親とクリスティという2人の登場人物を媒体として複雑に語られています。幼くして亡くなったのはシェリダン監督の弟、フランキーであり、弟を亡くした監督自身の経験はクリスティの目線で語られていることがわかります。同時に、1980年代にアイルランドからカナダを経て、監督自身が家族を連れて米国で映画を学ぶためにしばらくニューヨークに住み、映画を学んだ経験から、父親の視点でも描かれていると想像できます。さらに作品のフィクションの部分も含めて、物語の展開だけでなく、登場人物の心理を解釈すると本作の理解が深まります。 　またこの作品は、政治や宗教といった、アイルランド映画によく用いられるテーマやアイルランドの妖精や伝説も含んでいません。ジョン・クローリー監督の『ブルックリン』（2015）や、ジョン・カーニー監督の『ONCE ダブリンの街角で』（2007）や『シング・ストリート　未来へのうた』（2016）など、近年注目されている新たなアイルランド映画の分野の先駆けとして捉えられます。

スタッフ	監　督：ジム・シェリダン 脚　本：ジム・シェリダン、カースティン・シェリダン 　　　　ナオミ・シェリダン 製　作：ジム・シェリダン 　　　　アーサー・ラッピン	キャスト	サラ　　：サマンサ・モートン ジョニー：パディ・コンシダイン クリスティ：サラ・ボルジャー アリエル：エマ・ボルジャー マテオ　：ジャイモン・フンスー

| | この自由な世界で | It's a Free World... | （執筆）板倉厳一郎 |

|セリフ紹介|
主人公アンジェラは難民や不法移民に仕事を斡旋するというビジネスに手を出します。彼女が違法ビジネスにのめりこんでいくさまが、セリフから読み取れます。父は、孫のジェイミーが食べるのに事欠くほどの低賃金（starvation wages）で移民たちと職を奪い合うことになるのではと危惧します。アンジェラは移民たちにチャンスを与えるだけだと取り合いません。

父はこう返します。"Giving them a chance? What about their own countries? Schoolteachers, nurses, doctors, coming over here, working as waiters on starvation money. What good's that?"
移民就労の現状を表しているでしょう。グローバル化というとエリートの華やかな世界を思い浮かべるかもしれませんが、多くの人々が直面するのはこういった現実です。

また、アンジェラが移民局に通報し、「用済み」の移民たちを追い出す手筈を整えた後、ルームメイトで仕事仲間のローズはこう言います。"Do you know what those people had to do to get here? They're up to their eyes in debt. They've got moneylenders chasing them, Anj. Don't you care? What if that was Jamie?" これに対してアンジェラは "It's not Jamie, is it?" と冷たく突き放します。ローズは "I'm no saint. But what you did back there... it's disgusting." と続け、"Is there anything you won't do?" と聞きます。"I don't know. Probably not, no." と言うアンジェラに、ローズは "I don't know you any more." と言い残して去ります。良心の呵責に駆られるローズと、引き返せない深みに落ちたアンジェラの違いがはっきりわかるセリフです。

|学習ポイント|
この作品で学べる英語表現は、主に口語表現（特に若い人の表現）、ビジネス英語（特に人事・労使関係）、移民（外国人）の英語という3点でしょう。

まず、この作品では自然な程度に英語の口語表現が使われています。発音は英国的ですが、特に「英国でしか通じない」というような特殊なスラングはありません。また、ローズはアンジェラより学があり、この2人が話すことでワーキングクラスにもミドルクラスにも偏らない普通の英語になっています。クビになった直後のアンジェラは、"I just feel like an idiot. That's what I feel like. A mug." と言います。"idiot" はあまり褒められた表現ではありませんが、「間抜け」という意味。"mug" は騙されやすい「カモ」を意味します（その後、言い換えとして "treat like a door mat" という表現も出てきます）。サービスセンターでの仕事を勧めるローズにアンジェラは、「あなたは大卒だから」と言います。これに対してローズは "What's that supposed to mean?" と聞き返します。「どういう意味？」という意味です。こういった自然な会話表現が全編にわたって出てきます。

それに、ビジネス英語もよく登場します。たとえば、ロンドンのオフィスで彼女が解雇を言い渡される場面では、"Feel free to give our names as a reference when you need one." と言われます。ここでの "reference" は「身元保証人」の意味で、「必要になったら身元保証人欄に我々の名前を挙げてくれてもいい」という意味になります。英米では、一斉にエントリーシートを書いてエントリーするのではなく、個人が広告を見つけて "covering letter"（米 cover letter）と呼ばれる手紙と "CV"（米 résumé）という履歴書を添えて送り、自分から面接してもらいに行くのが普通です。その際、履歴書には "reference" という欄を作り、大学の先生や前の職場の上司などを挙げるのが普通です。他にも、面接、職業斡旋、経理（bounce「不渡り」など）、入管法（asylum seeker「難民申請者」など）、裁判（prosecution「検察」など）などの基本的な表現が現れます。

本作品の最大の特徴は、移民（外国人）の英語がたくさん登場することでしょう。アフリカ系アメリカ人の「黒人英語」や、英国おける「インド訛り」などは、米国映画や英国映画をたくさん観ると次第に慣れると思いますが、ここで登場するのは中東の難民や東欧移民の英語。たとえば、マムードと妻マヒーンはイラン出身。「英語ネイティブ」でないことはわかりますが、ピッチの動きは英国標準発音に近く、フォーマルな文章を含めて英語に長く接していることをうかがわせます。一方、アンジェラと仲良くなるポーランド人のキャロルはくだけた英語をかなり流暢に話しますが、語彙は豊かではありません。米国映画などで少し口語表現を覚えた若い人の典型でしょう。「外国人」の英語にも、こういった差があるので注意しましょう。

|あらすじ|
主人公アンジェラはシングル・マザー、一人息子のジェイミーは小学校最終学年。まだ手がかかる年頃です。勤務していた人材派遣会社をクビになり、彼女は一念発起して友人ローズとともに移民を対象とした労働斡旋業社を始めることになります。知り合いのパブの裏庭に人を集め、そこから現場へと労働者を送る。そんな仕事です。

この仕事を始めるにあたり、彼女は不法移民や本国にも帰れないのに難民認定がもらえない多くの人々がいて、彼らに職業を斡旋する人々がいることを知ります。大量に不法移民を雇ったマフィアのボスでさえ、ほぼ罪に問われていない、シングル・マザーの自分が少人数でやったところで大丈夫だ——そんな気持ちで不法移民に仕事を斡旋するようになります。彼らが法的手段に訴えることをできないのをいいことに給料を未払いにしたり、ピンハネしたりする業者たち。アンジェラは自分の利益を守るのに必死で、移民労働者のことなど気にしません。ついには、移民局に通報して彼らを追い返してしまいます。そんなアンジェラに呆れ、ローズは彼女の元を去ります。

最後に、アンジェラは覆面の男たちに襲われます。彼女が騙してきたポーランド移民労働者です。彼らは自分たちが支払われるべきだった金額を要求し、さもなければ息子を殺すと言います。無事に難を逃れたアンジェラでしたが、この事件を機に完全に歯止めが利かなくなります。マフィア顔負けの悪徳業者に成り下がるのです。

|映画情報|
製 作 費：600万ドル
製 作 年：2007年
製 作 国：英国
言　　語：英語
ジャンル：人間ドラマ

|公開情報|
公 開 日：2007年9月 1日（ヴェネツィア映画祭）
　　　　　2007年9月13日（英国）
　　　　　2008年8月16日（日本）
上映時間：96分
受　　賞：ヴェネツィア映画祭最優秀脚本賞他

薦	○小学生　○中学生　○高校生　○大学生　●社会人	リスニング難易度	発売元：NBCユニバーサル・エンターテイメント （平成29年2月現在、本体価格） DVD価格：3,800円

お薦めの理由	2016年に英国は EU 離脱を決めましたが、その大きな理由となったのが本作で取り上げられた東欧からの移民就労者への反感だと言われます。日本でも、アジアや南米からの移民労働者が増えてきましたので、他人事ではないかもしれません。とりわけ社会人編としてお薦めする理由は、本作がこういった問題をシングル・マザーの視点から見ているからです。ニュースで見る社会問題をより身近に感じられるでしょう。		

スピード	3
明瞭さ	2
米国訛	-
米国外訛	-
語　彙	2
専門語	4
ジョーク	2
スラング	2
文　法	3

英語の特徴	語彙は比較的平易ですが、会話のスピードが早い場面があります。アンジェラには「河口域英語」というロンドン周辺の訛りが、ローズにはわずかに北イングランドの訛りがあります。移民・難民の英語には外国語訛りがあります。実際のビジネスの世界では、圧倒的多数は英語ネイティブではなく、英語を外国語として話す人々です。この映画で外国語訛りに慣れるといいでしょう。

発展学習	発展学習として、最新の英語を学ぶことと海外での就労に関して学ぶことをお薦めします。 　まず、最新の英語を学ぶこと。本作は上流階級やセレブが登場するきらびやかな世界を描くわけでもなく、逆にギャングやドラッグの売人が暗躍するアクション映画でもありません。ごく普通の若い人たちが社会問題に巻き込まれていくことを主題とします。発展学習として、たとえば英国のドラマなどを見て、庶民の今の英語を学ぶといいでしょう。日本からの視聴は難しいのですが、アンジェラを演じたカーストン・ウェアリングはロンドンの下町を舞台にした長寿ドラマ『イーストエンダーズ』に出演していますし、ローズを演じたジュリエット・エリスは北イングランドを舞台にした長寿ドラマ『コロネーション・ストリート』に出演しています。人気ドラマ『シャーロック』でも、『シャーロック・ホームズ』の原作そのままのセリフもありますが、大半は現代に「アップデート」されています。医学や SNS など最新のトピックが出てきますし、役柄に応じて適切な訛りも使われています。今の英語を学ぶにはもってこいです。 　同様に、これを機に「外国人の英語」に注意するのもいいでしょう。「外国人」といっても英米の俳優が外国人役を演じるか、ボイスコーチに発音矯正を受けた俳優が演じることが多いため、「外国人の英語」の現実がわかる映画はとても少ないと言えますが、YouTube などでは「外国人の英語」も珍しくありません。「外国人の英語」に慣れるのも、ビジネスにとっては重要です。 　本作では、移民就労など、映画ではあまり焦点を当てない話題が出てきますが、これらは実際に就労する上では重要なことです。たとえば、英国での就労・永住についてですが、Tier 1～Tier 5 に細かく区分されています。そのうち、Tier 1～Tier 3 が就労ビザですが、"Highly Skilled Workers"（専門職従事者）、"General Skilled Workers"（一般職従事者）、"Temporary Low Skilled Workers"（短期非熟練労働者）といったように、職種や技能・資格ごとに分かれています（Tier 4 は学生ビザ、Tier 5 はワーキングホリデーのビザ）。こういった職業・技能別にビザの発行を決める現行の制度のように、移民制限をすることを "immigration cap" と言います。このような移民制度について調べてもよいでしょう。英国では、第二次世界大戦後に旧植民地から多くの移民を受け入れましたが、その後移民法を何度か制定し、移民を制限しています。1968年4月には、当時、党であった保守党の国会議員イノック・パウエルが「血の河」演説と呼ばれる演説をし、このまま移民を受け入れれば国が滅ぶと訴えました。この発言は差別的として保守党内からも批判を受けたのですが、国民からは圧倒的な支持を得ました。国の経済立て直しには移民労働力が必要でありながら、国民、とりわけ非熟練労働者から「職が奪われるからやめてくれ」という声が上がったのです。日本を含め多くの先進国で似たような議論が起こっていますね。

映画の背景と見所	英国における移民の歴史や現状を知っておくと、作品を理解しやすくなります。第二次世界大戦後、国力が疲弊した英国は植民地からの移民を大量に受け入れました。新たに独立した旧植民地も政情不安になり、多くの人が職を探して英国に渡りました。移民たちは学歴や資格に見合う仕事を得られたわけではありませんが、国内で「移民に職を奪われた」という声が無視できぬものとなり、1960年代以降、英国は厳しい移民制限をしています。2004年に旧共産圏を中心とした東欧諸国が EU に加盟しました。EU 内は労働の自由があるため、とりわけポーランドから多くの移民が英国に渡りました。彼らが安い労働力を提供したため、非熟練労働者たちには職を奪われたという大きな不満が残り、このことが英国の EU 離脱に影響を与えたと言われます。 　なお、監督のケン・ローチは社会リアリズムを追求する監督として有名で、最近では息子ジムも監督として活躍しています。脚本はローチとコンビを組むことの多いポール・ラヴァティ。ヴェネツィア映画祭最優秀脚本賞を獲っています。本作では、トニーがアンジェラに不法就労移民から不当な利益を得る方法を教える場面、アンジェラが不法滞在しているマムードの家にローズを案内する場面など、社会リアリズム監督ローチらしいところが随所に垣間見られます。一方で、アンジェラが覆面の男に襲撃される場面はギャング映画の一場面さながらです。

スタッフ	監　　督　：ケン・ローチ 脚　　本　：ポール・ラヴァティ 製　　作　：ケン・ローチ他 製作総指揮：ウルリッヒ・フェルスベルク他 撮　　影　：ナイジェル・ウィロウビー	キャスト	アンジェラ　：カーストン・ウェアリング ローズ　　　：ジュリエット・エリス キャロル　　：レズワフ・ズレック ジェイミー　：ジョー・シフリート マムード　　：ダブード・ラストグー

| | 遥かなる大地へ | Far and Away | （執筆）杉浦恵美子 |

セリフ紹介

　1892年8月、ジョゼフとシャノンは、ボストンに到着します。下船早々に少年（Dermody）から次のように話しかけられます。

Dermody : Hey, mister! You Irish? I can take you to the Ward Boss. Need work?
　　　　 Need lodgin'? There's people that hate ya if you're Irish. You can't get nothin' without the Ward Boss. He's the biggest man in Boston, he is.
　　　　（ねえ、おじさん、アイルランド人？この地区のボスの所へ連れて行ってあげるよ。仕事がいる？
　　　　　泊まる所はいる？アイルランド人を嫌っている人たちがいるよ。ボスがいないと何もできないよ。
　　　　　ボスは、ボストンでは一番の大物だよ）

　このセリフから、幾つかのことを読み解くことができます。まず、アイルランドからの移民は、この時代米国では蔑まれ、伝手なしでは仕事を探すのは困難であったということです。また、ボスと呼ばれる人物が存在し、仕事を牛耳り斡旋してくれることがわかります。ここに出てくる "Boss" は、日本語で仕事上の上司を指す意味ではなく、この地区を取り仕切っている人物を指し、「親分、親方」のような存在者のことです。当時は、移民後米国で財産や生活基盤を築いたアイルランド人が、米国に到着したばかりの若者に仕事や住まいを紹介するのはよくあることでした。これは、同郷のよしみで世話するというわけではなく、米国民となり市民権が得られたら自分の支持者となってもらおうという狙いがあったからです。「発展学習」の欄で、もう少し詳しく説明していきます。

学習ポイント

　この映画の登場人物の多くは、農民や労働者階級であることからくだけた英語表現が多く見られます。しかしながら、シャノン一家のようなプロテスタントで上流階級の者は、省略のない丁寧な英語表現を用いて会話をしています。大西洋を横断する蒸気船の中で、シャノンは米国在住のアイルランド人で里帰りを終え米国に戻る途中の紳士風の男性マクガイア（McGuire）と知り合います。彼は次のようにシャノンに話しかけます。

McGuire : Forgive me if I'm intruding, but uh, I wonder if you'd enjoy a gentle stroll around the deck.
　　　　（お邪魔でしたら、お許しください。よろしければデッキを散歩しませんか？）

　ここで使われている "I wonder if" は、「～していただけませんか、してよろしいでしょうか」との意味で、相手に対し丁寧に依頼や許可を求めたり提案したりする時に用いる表現です。

　また、散歩の途中、シャノンはマクガイアに銀製のスプーンを持参していて、ボストンに着いたら売って現金にしようと考えていると伝えます。マクガイアは、信用できる店を紹介すると伝えると、シャノンは次のように彼にお礼の言葉を述べます。

Shannon : Oh, I'm very much obliged to you, sir.
McGuire : The pleasure's mine.

　"I'm very obliged to you, sir." は、"Thank you very much." の意味です。これは、とても丁寧な感謝の意を表す表現です。シャノンにお礼を言われたマクガイアは、"The pleasure's mine." と返礼しています。これは、通常の会話では、"You're welcome." などを用いるのが普通ですが、会話の相手が上流階級のシャノンなので、マクガイアも丁寧な返礼の言葉を使用しています。"The pleasure's mine." という表現は、"It's my pleasure." や "My pleasure."、"I was pleased to help you." などと意味的には同じです。

　その他の例として、シャノンが屋敷に忍び込んでいたジョゼフを見つけ父親に助けを求めた際に、"Dad" ではなく、"Father" と呼び、両親に対しては常に "Father" もしくは "Mother" を使用しています。この点からも、階級によって使われる英語が異なることがわかります。それに対し、貧しい農民の息子であるジョゼフは、父親を常に口語表現 "Da" と呼んでいました。

　この他に、単語として是非知っておきたいものが数多くありますが、その中の1つを紹介しておきます。主にアイルランド・イングランド北部の習慣として埋葬前夜に通夜が行われ、それを意味する言葉が "wake" です。これは、映画の葬儀に向かうシーンの中で、ジョゼフが使用しています。

あらすじ

　19世紀末、西アイルランドの海沿いの村で父親と兄2人と暮らす貧しい小作人のジョゼフ一家は、わずかな借地にジャガイモを栽培する苦しい生活を送っていました。ある日、地代の取り立てが厳しい地主に対する不満が爆発した農民たちは反乱を起こし、父親はその騒動で重傷を負い亡くなってしまいます。葬儀の日、地代が払えないことを理由に家を焼かれたジョゼフは、地主への復讐を決意します。地主のダニエル・クリスティの屋敷で娘のシャノンと出会い、彼女から米国で土地が無料で手に入ることを聞かされ、彼女の付き人として一緒に米国へ旅立ちます。新天地ボストンに到着するなり港で金品を奪われ無一文となったシャノンは、ジョゼフと行動をともにすることにします。船上で無料の土地は遠く離れたオクラホマの地であること聞かされ、お金と住む場所が必要な2人は、ジョゼフの喧嘩の強さに目をつけたアイルランド系の酒場の経営者に気に入られ、兄と妹の関係と偽り工場で働き始めます。

　その後、ジョゼフは酒場で賞金稼ぎの拳闘で大金を得るようになりますが、ある時試合で惨敗し経営者の怒りを買い、2人は宿から追い出されてしまいます。飢えと寒さで路頭に迷い留守宅に忍び込みますが、帰宅した住人にシャノンは銃で撃たれ傷を負ってしまいます。ジョゼフは米国に渡っていた両親へシャノンを託し、彼女のもとを去ります。その後の2人の運命は、どうなるのでしょうか。

映画情報

製　作　費：6,000万ドル
製　作　年：1992年
製　作　国：米国
配給会社：ユニバーサル映画
ジャンル：ドラマ、ロマンス　　　言　　語：英語

公開情報

公　開　日：1992年5月22日（米国）
　　　　　　1992年7月18日（日本）
上映時間：140分
興行収入：1億3,778万3,840ドル
音　　声：英語、日本語　　字　　幕：日本語、英語

薦	○小学生　○中学生　●高校生　●大学生　●社会人	リスニング難易度	発売元：NBCユニバーサル・エンターテイメント （平成29年2月現在、本体価格） DVD価格：1,429円　ブルーレイ価格1,886円		
お薦めの理由	歴史に興味や知識がない人でも、100年以上前にタイムスリップした気持ちで世紀転換期のアイルランドと米国という異なる2つの世界で生きる人々の暮らしぶりや社会、歴史的背景が学べる作品です。移民たちの生活や労働環境の過酷さが描かれており、アメリカ史、特に移民史を学ぶのに役立ちます。教育に携わる人たちで歴史関連科目を教える人にもお薦めの作品です。	スピード	3	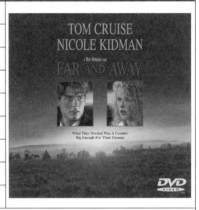	
:::	:::	明瞭さ	3	:::	
:::	:::	米国訛	3	:::	
:::	:::	米国外訛	3	:::	
英語の特徴	映画の大半は米国英語で占められていますが、アイリッシュ・アクセントの英語も含まれています。しかしながら、強い訛りはなく英国英語に近く聞き取りづらさを感じる程ではありません。階層・階級の異なる人物が登場することから、農民や労働者、上流階級の人々が話す英語に触れることができます。主人公2人の会話の速度は普通で、強いアクセントもない為聞き取りやすいといえます。	語　彙	3	:::	
:::	:::	専門語	2	:::	
:::	:::	ジョーク	2	:::	
:::	:::	スラング	3	:::	
:::	:::	文　法	3	:::	

発展学習	この映画は、アイルランドや米国への興味・関心の有無にかかわらず、誰もが楽しみながら英語が学べる作品です。その理由は、さまざまな場面やセリフを通じて歴史や文化、慣習、社会について学べる要素が盛り込まれているからです。以下にその場面の1つを紹介します。 ・「ボス」（Boss）との対面とその存在：ジョゼフは、下船直後に会った少年に連れられ、酒場（saloon）の経営者ケリー（Kelly）と出会います。ケリーは初対面のジョゼフに次のように話しかけます。 　Kelly　　：What do you call yourself?（あんたの名前は？） 　Joseph　：Joseph Donelly.（ジョゼフ・ドネリー） 　Kelly　　：Well, Donelly, let's put you on the road to citizenship. We'll get you workin', and get you votin' when the time comes, huh? See how the system works here, lad, huh? 　　　　　　（よし、ドネリー、米国市民権を取れるようにしてやろうじゃないか。仕事をくれてやる。そして時期が来たら選挙権が得られるようにしてやろう。どうだ？それがここでのシステムだ、わかるか？） これは、将来的に選挙などに出馬した際、自分の支持者となること、投票することへの暗黙の了解を促すものです。移民で経済的に成功した者は、アイルランドから移民してきたばかりの同胞へ仕事や住まいを提供して面倒をみる代わりに、公職に就いた際に自分の支持者となることを約束させました。経済的に成功したケリーのような者が次に手にしたいものは、地位や名誉、名声であり、社会を牛耳ることが、カトリックでアイルランド移民という理由から差別されさげすまれた彼らにとっては最大の望みで、ある種の社会へのリベンジでした。その代表的な例が、第35代大統領となった移民4世のジョン・F・ケネディを輩出したケネディー家です。彼の曽祖父は、ジャガイモ飢饉の際、1840年代の終わりに、米国へ移民しました。 この映画を通じてさらに深く学習するには、スクリーンプレイ・シリーズの完全セリフ集『遥かなる大地へ』が、自主学習する際に大いに参考になります。その他に、映画への理解を深めるためにアイルランド史やアメリカ史、文化、移民に関連した他の書籍の一読や映画の視聴をお薦めします。以下に役立つ参考文献と映画を紹介しておきます。 ・カービー・ミラー、ポール・ワグナー『アイルランドからアメリカへ』茂木健訳（東京創元社、1998） ・大野光子『女性たちのアイルランド—カトリックの「母」からケルトの「娘」へ』（平凡社、1998） ・上野格・アイルランド文化研究会編著『図説　アイルランド』（河出書房新社、1999） ・『ギャング・オブ・ニューヨーク』　監督：マーティン・スコセッシ（2002）
映画の背景と見所	この映画は、アイルランドの貧しい農村での暮らしから始まります。1840年代後半、「ジャガイモ飢饉」と呼ばれるジャガイモの不作による食糧難や疫病や飢えにより、100万人以上が命を落としたと言われます。この飢饉を機にアイルランドの農村から多くの農民がアメリカ合衆国を中心に海外へ移民し始めました。映画の舞台19世紀末は、アイルランドから米国への移民は数量的にはかなり減少しつつも移民の波は続いていました。米国では、19世紀に入ってからヨーロッパからの移民が増加し始め、2人がボストンに到着した頃は、東南欧から大量の移民が流入し始めていました。この頃、アメリカ合衆国政府は先住民から収奪した土地を区画し、レースで一番乗りした者にはその地が与えるということは、実際に行われていました（ランド・ラッシュ／ランド・ラン）。この様子は、映画の中にも忠実に再現されており、号砲の合図とともにオクラホマの大平原を無数の幌馬車や馬が一斉に疾走する姿は、圧巻です。 この映画の見所のもう1つは、移民の送り出し側と受け入れ側の2つの社会での社会や生活、暮らしぶりの違いを比較できる点といえます。近代化の波から遅れた貧しい農村出身の教養を持たないアイルランドからの農民の多くは、新天地の米国では多くは大都市に居住し、労働者となります。そんな移民の彼らに対する差別や偏見は、映画の中でもうまく描かれています。

スタッフ	監　　督：ロン・ハワード 脚　　本：ボブ・ドルマン 原　　案：ロン・ハワード、ボブ・ドルマン 製作総指揮：トッド・ハロウェル 製　　作：ブライアン・グレイザー、ロン・ハワード	キャスト	ジョゼフ・ドネリー　　：トム・クルーズ シャノン・クリスティ　：ニコール・キッドマン スティーブン・チェイス：トーマス・ギブソン ダニエル・クリスティ　：ロバート・プロスキー ノーラ・クリスティ　　：バーバラ・バブコック

| フローズン・リバー | Frozen River | （執筆）室　淳子 |

セリフ紹介

　T.J. は、母親の不在時に触ってはいけないと言われていた小型の発火装置（blow torch）を凍結したパイプを溶かすために使いますが、その場を離れた隙に炎が広がり、トレーラー・ハウスの壁面を焦がしてしまいます。翌朝それに気づいたレイは T.J. を呼びつけて叱ります。新しく住み替える必要性を感じていた古いトレーラー・ハウスではあるものの、自分たちの暮らしてきた家だと怒るレイのセリフが印象的です。

Ray : Look at this. We can't live here anymore.　（見なさい。もう住めないわ）
T.J. : So what? It's just a tin crapper.　（いいじゃん。どうせブリキのボロ家だろ）
Ray : No. This was our house.　（違う。私たちの家だったのよ）
T.J. : So, we're getting a new one, right?　（だから、新しいの買うんだろ？）

　作品の終盤で、拘留前のレイは2人の子供の面倒をライラに頼みます。州警察官とのやりとりにレイは短い答えを返しますが、一時的なビジネス相手に過ぎなかったライラを友人と定義づけている点に注目しましょう。

Trooper Finnerty : Is there someone that I can call for you to take care of your children?
　（誰かに電話しなくていいか？子守は？）
Ray　　　　　　　: I got someone.　（いるわ）
Trooper Finnerty : A relative?　（親戚か？）
Ray　　　　　　　: A friend.　（友達よ）

学習ポイント

　本作は社会的なテーマを扱ったクライム映画ですが、会話の多くは米国で用いられる一般的なもので、難しい表現はそれほどありません。レイと子供たちの会話、1ドル・ショップ（Yankee One Dollar Store）でのレイとマネージャーのやりとり、レイと州警察官のやりとり等、それぞれの場面を切り取り、英語表現の確認やリスニングの練習を行うことができます。

　以下に、本作を理解する上で知っておくと良い表現をいくつか紹介したいと思います。

【reservation】一般的にはレストランやホテルの「予約」という意味で使われる単語ですが、ここでは先住民が暮らす「保留地」という意味で用いられています。「先住民の居住区域として保留（reserve）された土地」の意を包含します。カナダでは "reserve" と呼ばれ、米国では口語表現として "rez" と略されることもあります。19世紀初め、公式には1830年のインディアン移住法案の可決により、ヨーロッパ系移民の居住地域から隔離された土地に先住民を移住させようとする動きが強まります。合意や条約に基づくものもあれば、強制や暴力を伴ったものもありました。中でもオクラホマ州のインディアン・テリトリーへの強制移住は「涙の道（Trail of Tears）」（1838〜39）として知られ、その途上で数千人に及ぶ先住民が亡くなったと言われています。現在では、保留地を離れて都市で暮らす先住民も多いですが、米国・カナダともに多くの保留地が現存しています。

【smuggle】煙草や酒、麻薬の密輸、また本作の描く不法移民（illegal aliens）の密入国も示します。密輸に携わる者を表す "smugglers" という語も登場します。このような密輸ビジネスは、保留地が州警察の管轄（jurisdiction）外にあるために成立していることを本作は示しています。本作における不法移民は、英語を解さず、無力で、密入国の動機や背景は明らかにされていませんが、斡旋業者の蛇頭（snakeheads）が北米までの渡航費を持ち、その借金を返済するまでいわば隷属状態にあることが、ライラのセリフから分かります。

【doublewide】レイが切望する2台連結型の移動型住宅（トレーラー・ハウス）を示す表現です。3つの寝室とジャグジー（Jacuzzi tub）、断熱材（insulation）が完備されています。レイたちが住むトレーラー・ハウスは、"singlewide" と表現されています。新居購入に当たっては、毎回分のローン返済を少額で行い、最終払いで残高を一括返済するバルーン方式のローン返済（balloon payment）を行っているようです。

　本作は、米国の銃社会やクリスマス文化についても考えるきっかけを提供してくれます。キリスト教徒に改宗した者でなければモホークの人たちはクリスマスを祝わないとライラは語ります。そう聞きながらも、メリークリスマスの言葉を習慣的に掛けてしまう自分に気づくレイの様子も面白いです。

あらすじ

　クリスマス直前のカナダとの国境に程近いニューヨーク州最北部のマシーナの町。2人の息子（15歳の T.J. と5歳のリッキー）とともに古びたトレーラー・ハウスに暮らすレイは、1ドル・ショップでパートの稼ぎを得ながらも生活は逼迫していました。ギャンブル中毒の夫が資金を持ち逃げしたために、新居を手に入れる願いも叶いそうにありません。レイは、カジノの駐車場で夫の車を見つけますが、その場に夫の姿はなく、見知らぬ女が夫の車に乗って行ってしまいます。後を追ったレイは、先住民モホークの保留地でキャンピングカー暮らしをするライラに立ち向かい、車を取り戻します。車の牽引に困ったレイに、ライラはトランク付きの車が高く売れると持ちかけ、2人は凍結したセントローレンス川を渡ってカナダに向かい、その実、中国からの不法移民の密入国に加担することになります。レイは新居の残金が手に入るまでと割り切り、ライラの仕事を手伝います。パキスタン人の夫婦を車に乗せたある晩、レイは重い鞄の中身に不信感を抱いて車外に放り出しますが、中に夫婦の赤ん坊が入っていたことが分かります。凍てついた赤ん坊は一命を取り留めますが、この一件に懲りたライラはビジネスから手を引こうとします。レイは嫌がるライラを説得してもうひと仕事しますが、2人に目をつけ始めていた州警察に追われます。モホークの部族議会はどちらかを引き渡さなくてはならないと決め、最初はライラがそして最終的にはレイが自ら出頭することを選びます。

映画情報

製作費：100万ドル
製作年：2008年
製作国：米国　　　　言　語：英語
ジャンル：クライム映画、ドラマ
配給会社：ソニー・ピクチャーズ・クラシックス

公開情報

公開日：2008年9月 5日（米国）
　　　　2010年1月30日（日本）
上映時間：97分　興行収入：541万4,283ドル
受　賞：サンダンス映画祭グランプリ
　　　　ストックホルム国際映画祭グランプリ

薦	○小学生　　○中学生　　○高校生　　●大学生　　●社会人	リスニング難易度	発売元：角川映画 （平成29年2月現在、本体価格） DVD価格：4,700円

お薦めの理由	米国ないし国際社会の暗部に焦点を当てた作品です。司法や国際関係の分野をはじめ、北米の白人貧困層や非正規雇用者、女性、先住民、不法移民をめぐる社会問題に関心のある人には、現実から目を背けずに考えるきっかけを与えてくれる興味深い作品です。2008年のサンダンス映画祭では、審査委員長のクエンティン・タランティーノ監督が自身の少年期の体験を踏まえて高く評価をした作品です。	スピード	3	FROZEN RIVER
		明瞭さ	3	
		米国訛	3	
		米国外訛	2	
英語の特徴	若干のスラングや卑語を含みますが、標準的な米国英語が話され、会話のスピードも速すぎることはありません。基本的には日常的な会話のやりとりが多く、専門的な表現はあまり見られません。 T.J. やリッキーは、ティーンエイジャーないし子供らしい話し方をしています。ライラを始め、モホークの人たちの英語は明瞭で、抑揚のついた話し方が特徴的です。	語　彙	3	
		専門語	2	
		ジョーク	2	
		スラング	3	
		文　法	3	

発展学習	監督のコートニー・ハントは、モホーク保留地における煙草の密輸入の噂をヒントに本作の着想を得たとしています。ハントはモホークの友人を作って6～7年に及ぶ聞き込み調査をし、出演者としてモホークの俳優13人の協力を得ています。先住民の表象をめぐっては、西部劇を始め、通り一遍のステレオタイプや偏見を残したものも多いですが、本作は不法な闇取引をテーマに扱いながらも、犯罪に関わる者ばかりでなく、家族や親戚を始め、部族議会（Tribal Council）やカジノに勤める者等、老若男女を問わず、多様な人物の姿を描いていることに注目できます。 　現在、保留地では部族政府による一定の自治が認められ、本作でも、保留地が州政府や州警察の管轄外にあり、いわば治外法権にあることが示されます。本作が舞台とするモホーク最大の保留地であるセント・レジス／アクウェサスネ保留地は、セントローレンス川を境に米国とカナダとの両側に広がっています。冬に凍結した川を渡って不法に国境越えをしようとすることをためらうレイに対し、モホークの土地に国境はないとライラは答えています。ライラのセリフは、密入国を正当化するセリフではありますが、歴史的に的を射た発言であるとも言えるでしょう。 Ray : That's Canada.　　　　　　　　　　　　　　　（カナダだわ） Lila : That's Mohawk land. The rez is on both sides of the river.（モホークの土地よ。保留地は川の両側） Ray : What about the border patrol?　　　　　　　　（国境警備隊は？） Lila : There's no border.　　　　　　　　　　　　　（国境はないわ） 　ライラはカジノで働いていますが、米国の多くの州法がギャンブルを禁じているにも関わらず、レーガン大統領時代、補助金の削減と引き換えに、保留地でのカジノ経営は賭け事が先住民文化に本来備わっていたことを理由に公認され、ホテルやレストラン等の施設を備えたカジノビジネスが多くの保留地で展開されるようになりました。保留地におけるカジノ経営は、一方では犯罪や暴力の危険性を内包しつつ、他方では人々に職を与え、医療や教育を支える大切な資金源ともなっており、容易に切り離すことのできない複雑な状況をもたらしています。 　モホークのコミュニティのあり方も本作に描かれています。とりわけバーニーが不法行為を行うライラを問題視しながらも完全に突き放そうとせず、モホークの人間を守り、モホークの息子がいることを理由にライラをかばおうとする姿勢が印象的です。また、息子の事故死をきっかけにライラから距離を取る義母の姿も印象に残ります。 　本作は先住民と白人の社会的処遇の違いや両者が互いに持つ一般的な偏見や不理解を浮き彫りにしています。州警察官の対応や登場人物の会話に注目してみてください。中国やパキスタンからの不法移民に対する見解も同様です。ただし、作品の終盤で主要登場人物の関係性に変化が訪れることは言うまでもありません。

映画の背景と見所	本作は2人のシングルマザーを登場させ、犯罪の動機がいずれも人並みの生活を子供に与えたいとする母親の願望から生じていることを示しています。2人が携帯電話のやりとりやスーパーでのひとこまを目撃したことを通じて互いの家庭事情を知るシーンや、レイの新しい家について語り合うシーン等は、同様の境遇にある2人が次第に気持ちを通じ合わせていく様をさり気なく描き出しています。 　レイが幼いリッキーと交わす会話は微笑ましく、ティーンエイジャーの T.J. と言い合い、禁止事項を設ける様子もよくある母子の情景を描いています。トレーラー・ハウスのぼや騒ぎの後、発火装置の使用をめぐって言い争い、父親の失踪についてレイと T.J. が本音を吐き出すシーンは、本作の中で重要なシーンの1つです。 　息子と離れて暮らすライラは、時折子供の様子を見に行き、闇取引で手に入れた金を仕送りしようとします。パキスタン人夫婦の赤ん坊が一命を取り留めた後、キャンピングカーに戻ったライラが、赤ん坊を担ぐ背負い板（cradle board）を取り出し見つめるシーンも、本作の見所の1つです。 　T.J. が修理をした回転木馬にリッキーとライラの息子が乗り、ライラが見守るラストシーンは、穏やかな希望を示したシーンとなっています。

スタッフ	監督・脚本　：コートニー・ハント 製　　作　：ヘザー・レイ、チップ・ホーリハン 撮　　影　：リード・モラーノ 編　　集　：ケイト・ウィリアムズ プロダクションデザイン：インバル・ワインバーグ	キャスト	レイ　　　　　　　　：メリッサ・レオ ライラ　　　　　　　：ミスティ・アッパム T.J.　　　　　　　：チャーリー・マクダーモット ジャック・ブルーノ　：マーク・ブーン・ジュニア フィナティー州警察官：マイケル・オキーフ

異業種比較

ウェールズの山

The Englishman Who Went Up A Hill But Came Down A Mountain

（執筆）梅垣　昌子

セリフ紹介

　本作の原題にもなっている「丘にのぼって山からおりてきたイングランド人」という奇妙なあだ名に関して、その背景が冒頭で説明されます。映画の舞台である英国ウェールズの土地柄と風土、そして独特のユーモアが冒頭で明らかにされることによって、これから始まる物語、より正確に言えば、ウェールズに伝えられる伝説の世界に、人々は誘われます。映画の冒頭のナレーションを見てみましょう。

Narrator : For some odd reason, lost in the mists of time, there's an extraordinary shortage of last names in Wales. Almost everyone seems to be a Williams, a Jones or an Evans. To avoid widespread confusion, Welsh people often add an occupant to a name. For example, there was Williams the Petroleum, and Williams the Death. There was Jones the Bottle and Jones the Prize Cabbage, Which described his hobby and his personality. Evans the Bacon and Evans the End of the World.

　（ウェールズでは名字の種類が極端に少ないのです。どうしてそんなことになったのか、理由はよくわかりませんが。石を投げればウィリアムズか、ジョーンズか、エヴァンズに当たるという具合です。混乱を招かないよう、ウェールズの人々は、名字と職業をくっつけて呼ぶようなりました。例えばガソリン屋ウィリアムズ、葬儀屋ウィリアムズ、飲兵衛ジョーンズ、キャベツ名人ジョーンズというふうに。名前で趣味や性格も伝わります。肉屋エヴァンズに対して、世界の終わりのエヴァンズ）後者のエヴァンズは "Repent / the End of the World is Nigh"（悔い改めよ、終末は近し）という看板を下げて広場で聖書の言葉を伝えています。原題のあだ名はこんな土地柄で生まれたのです。

学習ポイント

　ウェールズの人々は「フュノン・ガルウ」を「山」とみなして誇りにしています。その高さを科学的に測量するためにやってきた2人のイングランド人。305メートル以下ならば、「山」とは認められないのですが、目算によれば300メートル前後の「丘」。地元の人々からは当然、敵視されます。ウェールズとイングランドの文化の違いもあり、互いに偏見をもっているのですが、映画では彼らがユーモアや皮肉たっぷりの会話でお互いの立場を主張しあうと同時に次第に相手を認め、最後には理解し合う様子が描かれます。彼らの会話を異文化コミュニケーションのモデルとして楽しみ、有益な言い回しを参考にすることが、学習のポイントです。測量士アンソンとガラードが、到着早々、地元の宿屋のモーガンや巡査（sergent）と交わす会話を見てみましょう。

Anson 　: Well, pleasant enough sort of place, isn't it?
Garrad : I suppose so, considering it's Wales.
Morgan: Valued guest. A regular. Very particular. Refined even.
Anson 　: This is turning out to be quite a busy spot.
Sergent: Oh, I hate the summer.
Garrad : My name is Garrad. George Garrad. We're staying here, at the inn.
Sergent: I guessed that from your luggage. English, are you? Lookin' for more coal, I suppose?
Garrad : No. Cartographer, actually.
Anson 　: Yes, sort of surveyors, if you like. We make maps.
Garrad : We're here to measure the mountains. Look, I'll have you know it's an important part of the war effort. One must know one's terrain.
Morgan: There's some terrain. That's a mountain. First mountain in Wales.
Anson 　: What's it called?
Morgan: Ffynnon Garw.
Garrad : Ha, ha, ha... Goodness gracious, these Welsh names. Would you mind saying that again?

　「ウェールズにしては、感じのいい場所だな」「イングランド人だな。石炭堀りか？」「いや、地図製作の測量士だ」「戦時中には必須の仕事なんだぞ。領土を把握しなければ」「領土といえば、あの山。ウェールズに入って最初の山だ」「ウェールズ語の名前はわけわからん。何という山だって？」などの会話が飛び交います。

あらすじ

　舞台はウェールズの風光明媚な村。1人の少年が祖父に、「丘にのぼって山からおりてきたイングランド人」とよばれている人の、名前の由来を尋ねるところから映画は始まります。祖父の語りでその次第が説明されるという設定です。1917年、イングランドからウェールズの村に測量士が2人やってきます。地図を作成するための測量です。若い方はアンソン、年配の方はガラードです。地元の人がフュノン・ガルウと呼んでいる「山」の高さを測ります。305メートルないと「山」と認められず地図にも載らないと知った村人は、慌てます。なぜならフュノン・ガルウは地元民の誇りだったからです。それはウェールズへの入口であり、イングランドとの境界を示すもの。この「山」がこれまで侵入者を撃退し、村を守ってきたのです。折しも第一次世界大戦で多くの若者が命を落とし、村に敗北感が漂う中、フュノン・ガルウはウェールズ魂（Welshness）の象徴だったのです。測量結果は299メートルで、山ではなく「丘」との判定。ここから村人たちの一致団結の日々が始まります。測量士を村に留めおく一方で、ジョーンズ牧師や宿屋のモーガンの主導により、家々の庭から土を「丘」の頂上に運びます。作業途中に82歳の牧師は過労で命を落とし、村人は彼を頂上に埋葬します。その塚の高さも入れて最終的に306メートルに達し、フュノン・ガルウは「山」となります。アンソンは恋仲になった村の女性と結婚します。

映画情報

製　作　年：1995年
製　作　国：英国
配給会社：ミラマックス・フィルム
言　　　語：英語、ウェールズ語
ジャンル：コメディー、ドラマ

公開情報

公　開　日：1995年5月12日（米国）
　　　　　　1995年8月　4日（英国）
　　　　　　1996年5月11日（日本）
上映時間：99分
興行収入：1,090万4,930ドル（米国）

薦	○小学生　○中学生　○高校生　●大学生　●社会人	リスニング難易度	発売元：ワーナー・ブラザース ホームエンターテイメント （平成29年2月現在、DVD発売なし） 中古販売店等で確認してください。

お薦めの理由	ウェールズの伝説を同地出身の監督がユーモアたっぷりに描いた心温まる作品です。アンソンは「山」と呼ぶには6メートル高さが足りない「フュノン・ガルウ」に登りましたが、夜を徹して村人が頂上に土を運んで積み上げた結果、夜明けの測量で見事「山」に昇格。下山して地元の娘と結婚します。駆け引き、説得、皮肉、冗談、などを含む会話は、異文化コミュニケーションの好例で参考になります。	スピード	3
		明瞭さ	3
		米国訛	-
		米国外訛	4
		語　彙	3
英語の特徴	ウェールズの人々の話す英語は、独特の訛があり、例えば「マウンテン」は後半にアクセントがおかれるなど、少しわかりにくい部分はありますが、母音がはっきりしているので慣れると逆に聞き取りやすいです。ウェールズ語の語彙もでてきますが、英語で解説が挿入されるので、問題ありません。スピードも緩やかですから、繰り返し聞くうちにリズムが身につきます。測量関係の専門用語も最小限です。	専門語	2
		ジョーク	4
		スラング	1
		文　法	3

発展学習

　ウェールズの「山」に誇りをもつユーモラスな村人たちに、アンソンは次第に共感するようになりますが、自分の使命は果たさなければなりません。「科学とは感情を排すること」（Science is dispassionate）という合言葉に従って、測量結果を村人に伝えなければなりません。言いにくいことを相手にきちんと説明する、というのは難しいことです。相手の気持ちを損なわず、しかも過不足なく現実をつきつけるには、言葉を選ぶ必要があります。そのような状況下での英語のコミュニケーション方法をモーガンと測量士たちの会話から学ぶことができます。まずは、ガラード。"I may be wrong, but..." と前置きし、"Gentlemen"（では、みなさん、これで）と締めくくって退出します。

　Morgan : How high is our mountain?
　Garrad : I may be wrong, but after 25 years of doing this sort of thing, I doubt it. I would say about 930 feet. Gentlemen.

次に若い方の測量士アンソンとモーガンの会話です。"I think I can safely say.." は断定を和らげる表現です。

　Morgan : Now, I think I can safely say, I'm speaking on behalf of all my patrons, villagers to a man, when I say I feel—we feel—that your Mr. Garrad's done a pretty shoddy job measuring Ffynnon Garw, which is, to any trained eye, a mountain.
　Anson　: Beg your pardon?
　Morgan : Oh, Accepted.
　Anson　: No, no, no, no. I mean—Sorry. I—I'm not—I'm not quite following what you—
　Morgan : Nine hundred and thirty feet, man? I hope he doesn't intend sticking to this obviously euphonious measurement.
　Anson　: No. Th-Th-The thing is, Mr. Morgan, w-we haven't really measured, um... your mountain y-yet. We've merely made a preliminary reconnoiter, which, which has yielded a very approximate figure.

アンソンの "Beg your pardon?" は、「耳を疑う」という意味合いですが、モーガンは謝罪と解して「許す」と答えます。

　Anson　: Well, I'd be very surprised if today's measurement was accurate, yes. You should bear in mind, Mr. Morgan... that your, uh, mountain whatever—may well be more than 930 feet. But it may also be less.

アンソンの苦し紛れの表現がユーモラスです。彼はこのあと言葉を選んで "Ffynnon—uh, this elevation." と言い、フュノン・ガルウが山か丘か明言を避けます。

映画の背景と見所

　ウェールズは、イングランド、スコットランド、北アイルランドとともに、グレートブリテンおよび北アイルランド連合王国を構成します。その豊富な地下資源は英国の産業革命の重要な支えとなりましたが、映画の中でも石炭の採掘に人々が力を注ぐ映像が出てきます。ウェールズ最大の都市はカーディフです。映画の中で、村人が測量士たちの車をわざと故障させて彼らの移動手段を奪った際、「直すための部品はカーディフにいかないと手に入らない」と話す場面があります。修理工のウィリアムズは、車の故障の原因については「英語で何というか知らないが、ウェールズ語で言うところのベサンガルウだ」と説明して、測量士たちを煙に巻きます。測量士の2人も車のことがよくわからないので、「ベサンガルウね」と顔を見合わせて納得する、というユーモラスな場面です。ウェールズでは公用語は英語とウェールズ語です。20世紀に入ってウェールズ語の話者は減少し、21世紀初頭では人口の約2割です。アンソンたちが村にやってきて最初に出会ったのはモーガンですが、はじめは彼が何を言っているかわからず、「誰か英語を話す人はいませんか」と真顔で尋ねます。ジョーンズ牧師をはじめ、個性的でユーモラスな村人の会話のやりとりが見所で、心温まる場面が満載ですが、村には第一次世界大戦の影も感じられます。"Johnny Shellshocked" というあだ名の青年は、塹壕での砲撃経験から戦闘の後遺症を患っているのです。

スタッフ	監　　督：クリストファー・マンガー 脚　　本：クリストファー・マンガー 製　　作：サラ・カーティス 製作総指揮：サリー・ヒビン、ロバート・ジョーンズ 　　　　　ボブ・ウェインステイン他	キャスト	レジナルド　：ヒュー・グラント モーガン　　：コーム・ミーニー ジョージ　　：イアン・マクニース ジョニー　　：イアン・ハート ジョーンズ牧師：ケネス・グリフィス

	クレイマー、クレイマー	**Kramer vs. Kramer**	（執筆）西川 裕子

セリフ紹介

息子のビリーは、自分が悪い子だったせいで母親が家を出て行ったのだと思っていました。それを知ってショックを受けた父親のテッドは、妻が出て行ってから数カ月間考えていたことを正直にビリーに話します。
"I think the reason why Mommy left... was because for a long time... I kept trying to make her be a certain kind of person. A certain kind of wife that I thought she was supposed to be.... She didn't leave because of you. She left because of me."（ママが出て行った理由は、ずっと長いことママを、パパが理想とする種類の奥さんの型にはめようとしていたからだと思う。…ママはビリーのせいでいなくなったんじゃない。パパのせいなんだよ）
ビリーもテッドも、ジョアンナがいなくなったことをそれぞれに悩んでいたのです。
その後の裁判でテッドは "...what means the most here is what's best for our son. ...My wife used to always say to me: 'Why can't a woman have the same ambitions as a man?' ...By the same token, I'd like to know... what law is it that says a woman is a better parent simply by virtue of her sex? ...Billy has a home with me. I've made it the best I could. ...If you destroy that... it may be irreparable. Joanna, don't do that, please. Don't do it twice to him."（…大切なのは息子にとって何が最善かです。…妻はいつも「なぜ女が男と同じ野心を持ってはいけないのか」と言っていた。…同様になぜ女性が性別のためによりよい親だと考えるのか知りたい。…ビリーには私が努力して作った家庭があります。…もし壊れたら元には戻らない。ジョアンナ壊さないで。お願いだ。ビリーに2度も同じことをしないで）と訴えます。テッドは、妻不在後の数カ月で多くを学び、息子を一番に考える立派な父親になったのでした。

学習ポイント

DVD には英語字幕も付いてはいますが、主要な部分だけが出ており、きっちり正確ではないことを知った上で利用した方がよいでしょう。まず、早口で話している時の細かい表現 "Somebody has to bring home the bacon."（誰かが生活費を稼がなきゃならないんだ）などは字幕では飛ばされたりしています。"I'm afraid Billy is a little upset."（ビリーはちょっと怒っているみたいですよ）は、字幕上では単に "Billy is upset."（ビリーは怒ってます）になったりします。また、日常会話は自然な感じで進むので、会話にちょっと挟んで使う類の表現が多数出てくるのですが、それらの多くも省略されます。例えば "uh."（えー）や "And uh..."（それで、えーと）などの間をとる時の言葉や、"you know"（ほら…、えーと）と同意を求めたり間をとったりする時の言葉、"Do you know what I mean?"（ほら分かるでしょ）と話の最後に簡潔にまとめてかかるような時に言う言葉などは字幕上には出てきません。他にも、"I mean"（つまりその）と直前に言ったことを別の言葉で説明し直す時の言葉や、肯定や同意を示す "uh-huh"（うん、ええ）、妻と友達が不満を述べ合った様を想像しての "tut-tut-tut-tut-tut-tut-tut..."（舌打ちの音のことですが、悪口の言い合いを表しているようです）なども省略されています。テッドは "huh" というのも多用しますが、文の最後に付け加えて「だよね、だろ」と同意を促しています。ただ "huh" という表現は、他にもあきれたり驚いたりした時に「へえー」という意味合いで使うこともあり、言い方によっては意味が違ってきます。またテッドが、去ってしまった妻のことで動揺しているのを隠して精一杯虚勢を張っている時に "I'm I'm I'm I'm terrific, really."（私、私、私は、全然大丈夫です）と言っているような繰り返しの部分、"mostly"（ほとんど）などの頻度や程度を表す単語も抜けます。そもそも一部ですが別の言葉に書き換えられてしまっているような部分もあるようです。もともと脚本通りには演じられずにアドリブも多かったということですから、これらの多くはアドリブだったのかも知れません。
同じく他にも字幕に出てくるもので、会話の間に挟んで利用できる表現に "Look"（さあ、いいかい）もあります。話す内容に注意を促す時やこれから抗議したりする時に使われます。"Gee" は、テッドがそのことは考えてなかったとうなる時に言っていますが、「おや」「まあ」「すごい!」というような意味があります。"Come on" は場合により催促、勧誘、激励、挑戦などを表現しますが、映画中でも多様な意味で使われています。このような短い言い回しの多くは、言い方や顔の表情によっても意味が変わってきますので、俳優の演技をよく見ながら聞いてみましょう。
英語字幕は不完全ですが、短いフレーズの多さなどを見ると、ごく自然な会話のあり方を勉強するのにはよい教材とも言えそうです。あまり全部を正確に聞き取ろうと肩肘張らずに、もし聞きとれたらよしというつもりで、よく俳優の表情や動作を見て、登場人物の性格や気持ちを考えながら、映画の内容を楽しむとよいでしょう。

あらすじ

仕事で成功して昇進も決まったテッドが嬉しい気持ちで家へ帰ってみると、妻ジョアンナが家を出て行こうとしていました。母親や妻としてだけ望まれ自分がない人生に耐えられなくなり、このままでは死んでしまうと言います。結局6歳になる息子のビリーも置いて出て行ってしまい、その日からテッドの父親としての奮闘が始まります。ずっと仕事第一人間だったテッドですが、子供を手放すことなく、なぜ妻は出て行ったのか、子育てがどんなに大変かをその場で学びつつ、子供第一に生きるようになっていきます。父親が子育てすることも、仕事と家庭の両立も珍しかった時代なので上司の理解は得られず、そのため度々仕事で失敗するようにもなります。15カ月経った時、突然元妻が戻ってきて「子供と暮らしたい」と言い出します。当然テッドは拒否しますが、親権をめぐっての裁判を起こされてしまいます。裁判では、元夫と元妻は、互いの証言を聞いて自分を反省する部分もありましたが、弁護士を通じて互いに傷つけ合う場面もありました。お互いに変わったけれど元には戻れず、親権をめぐって争うしかない元夫婦。親権はほとんど母親に渡る時代だったことなどもあり、結局は母親に親権をとられてしまいます。何とか父親との相棒のような生活に折り合いをつけ始めていたビリーは、突然また生活が変化すると告げられて大いに戸惑い悲しみます。母親は、父子の絆の深さと、環境を変えるのは良くないとの考えから親権行使をあきらめます。

映画情報

原　　作：エイベリー・コーマン *Kramer vs. Kramer*	公開日：1979年12月19日（米国）　1980年4月5日（日本）
製作費：800万ドル（推定）　製作年：1979年	MPAA（上映制限）：PG　上映時間：105分
製作国：米国　言語：英語	興行収入：1億630万ドル
ジャンル：ドラマ	受賞：第52回アカデミー作品賞を含む主要5部門

| 薦 | ○小学生 | ○中学生 | ●高校生 | ●大学生 | ●社会人 | リスニング難易度 | 発売元：ソニー・ピクチャーズ エンタテインメント（平成29年2月現在、本体価格）DVD価格：1,410円 ブルーレイ価格：2,381円 |

お薦めの理由	アカデミー賞を、脚本賞、主演男優賞並びに助演女優賞などの主要5部門で獲得しており非常に有名です。話の内容も離婚と家族と子供というテーマで、時代を超えた普遍性があります。しかし一方で、女性解放運動の時代の米国を知る上でも非常に有益な内容になっています。また、後半は裁判の場面が多く、裁判の進み方を学んだり、裁判でよく使われる単語などを知るためにも有効と言えます。	スピード	4
		明瞭さ	4
		米国訛	2
		米国外訛	1
		語　　彙	3
英語の特徴	子供や親しい人との会話が多いので、米国のかなり自然体な英語が話されています。例えば "going to" は "gonna" に、"want to" は "wanna" になっており、感嘆詞が多用されています。使われる単語も難しくなく、スピードもほとんどは普通ですが、主人公テッドは長く話したり感情的になる場面などでは非常に早口になり、よく決まり文句を使います。後半では裁判用語が学べます。	専門語	4
		ジョーク	2
		スラング	2
		文　　法	3

発展学習

　米国の裁判名は「原告の名前 vs. 被告の名前」と付けられます。同じ名前が並ぶのは、多くの場合離婚裁判を指していると言えるでしょう。離婚の手続きや方法、親権の争い方は州によって異なりますし、裁判所システムも様々です。ニューヨーク州では離婚裁判は "the Supreme Court" の管轄ですが、通常とは異なり、ニューヨーク州では第一審の裁判所のことになります（州の最高裁判所にあたるものも通常と異なり "The Court of Appeals" と呼ばれています）。また、通常の民事裁判では、原告は "plaintiff"、被告は "defendant" と呼ばれますが、離婚裁判では原告側を "petitioner"、被告側を "respondent" と呼びます。映画中の裁判は親権争いですが、後者の呼称が使われているようです。証言に立っている人は "witness"（証人）です。誰に親権（custody）があるかなどは "Judge"（判事、裁判官）が判断します。敬意を表して "All rise!"（全員起立）のかけ声でみな立ち上がって迎え、呼びかける時は "Your Honor" と呼びます。弁護士のことは一般的には "lawyer" と言いますが、映画中で判事は弁護士のことを "attorney" と言っていますし、弁護士たち本人は相手を "Counsel" や "Counselor"（いずれも法廷に立つ弁護士のこと）と呼んでいます。米国英語では、これらはほぼ同義で使われることが多いです。

　裁判の開始時に廷吏がまず "Oyez, Oyez" と叫んでいますが、18世紀までの英国に起源がある言葉が米国で使い続けられているもので、「静粛に」「ご注目を」と言った意味です。証言の前には "You swear to tell the whole truth and nothing but the truth?"（あなたは真実だけを述べると誓いますか）という文言に、聖書に手をあてながら "I do."（誓います）と言います。弁護士の証人への質問や言動が不適切だと思った時は、もう一方の弁護士は "Objection!"（異議あり）と叫んで理由を述べますが、質問が却下される時は "Overruled."、認める時は "Sustained." あるいは "I'll allow it." と言われています。却下後もなお質問したい時は "I'll put it another way, counselor."（では質問を変えましょう）と別角度から質問して証言を引き出します。弁護士は「異議あり」と言われて "I withdraw a question." と自分から発言を撤回することもあります。発言されたことを裁判記録にも残したくない時は "I must ask that counsel's last remark be stricken from the record."（最後の質問は記録から削除願います）と裁判長に願います。質問の応酬と駆け引きの様子が真に迫っています。

　特徴的な言い回しも紹介しておきます。例えば "I just didn't look at the writing on the wall."（よくない兆候を見逃した）は、テッドが忙しすぎて妻の異変に気付けなかったと話す場面で使われます。"the writing on the wall" で良くない兆候を表しますが、この表現は旧約聖書のダニエル書5章にある、空中に手が現れて壁にバビロンの終焉を予言する文字が書かれたというエピソードに基づいています。他にもありますので、探してみるとよいでしょう。

映画の背景と見所

　これは1970年代の物語です。当時は女性解放運動が盛んになった頃でしたが、当時の女性は結婚したら家で家事と育児をすることを求められ、今のように仕事と家庭を両立するという選択肢はありませんでした。大学を出たのに家庭に閉じ込められた女性たちは満ち足りない気持ちを持ち、鎮静剤に頼ったりキッチンドリンカー（アルコール依存症になった主婦）になったりする人もいました。この状態に「名前のない問題」という名前を付けたのが『フェミニン・ミスティーク』（1963）を書いたベティ・フリーダンです。フリーダンは女性も大学などで得た知識を生かして職を得て自立し、家庭以外にも生きがいを持って暮らしていくべきだと説きます。妻のジョアンナはまさにこの時代の女性で、息苦しさを感じていたからこその家出だったことには、同情の余地はありそうです。しかし米国では、女性解放運動とともに離婚率も上昇し、1980年頃をピークにして2組に1組の夫婦が離婚する時代にもなりました。子供がいる場合は当然親権を争うことになるわけで、この映画のような裁判が増加します。今も昔も親権は母親側が持つ場合が多いようです。この時代は、仕事に行って稼いでくるのは夫で、家事と育児をするのは妻というしっかりとした役割分担がありました。テッドも社会通念どおりにしていたわけですが、妻の家出後は慣れない子育てに奮闘しています。PTAや学校の送り迎えで出てくるのはほとんど女性ばかりなことにも注目してみて下さい。

| スタッフ | 監督・脚本：ロバート・ベントン（監督・脚本賞）
製　　作：スタンリー・R・ジャッフェ
撮　　影：ネスター・アルメンドロス
美　　術：ポール・シルバート
編　　集：ジェラルド・B・グリーンバーグ | キャスト | テッド・クレイマー　　：ダスティン・ホフマン
ジョアンナ・クレイマー：メリル・ストリープ
ビリー・クレイマー　　：ジャスティン・ヘンリー
マーガレット　　　　　：ジェーン・アレキサンダー
ジョージ・コー　　　　：ジム・オコーナー |

セックス・アンド・ザ・シティ	SEX and the CITY	（執筆）柴　麻己子

セリフ紹介

　映画の冒頭で、ストーリーの内容を掴む重要なシーンがあります。主人公キャリーがまずライターであり、彼女が書いているコラムがそのままナレーション（voice over）として流れ、これまでのストーリーの説明から始まります。

Carrie: Year after year, 20-something women come to New York City in search of the two L's: Labels and love...20 years ago, I was one of them... Year after year, my single girlfriends were my salvation. And as it turns out, my meal ticket.　つまりキャリー自身が20年前、最先端のファッションと愛を求めNYにやってきた20代の女性だったのです。年月を経てすっかり洗練されたNYの女性になった彼女は、自分や親友達の恋愛話を糧に3冊の本を出版してきました。映画は何度も別れを繰り返してきた運命の人、ビッグと結ばれた3年後から始まります。キャリーとビッグは一緒に暮らすための家を探すうち、事務的な理由から結婚を決めます。結婚式のためにキャリーはノーブランドでビンテージ物の白いスーツをウエディングドレスに選び次のように友人に話します。Carrie: It's just... two grownups making a decision about spending their lives together. Carrie: Simple and Classic. When I saw it, I thought, "That is what I should marry Big in." キャリーがビッグと共に生きる決心を示す重要なセリフです。ところが、一流デザイナーから豪華なウエディングドレスを贈られた事からキャリーの頭の中で結婚式自体がどんどん膨らんでいきます。75名のシンプルな式の予定が200名の大きな式になり、3度目の結婚となるビッグは戸惑いますが、彼女は "It's a dress."（ドレスのせいよ）と開き直ります。後にキャリーは、ビッグの気持ちよりも式に夢中になったと反省します。Carrie: The whole wedding was my point of view. I let the wedding get bigger than Big.

学習ポイント

　本作品は、社会人で特に30代、40代の女性におすすめ致します。しかし男性が観ても、女性達がどんな事を話しているのかと興味深く観ることができる作品です。ストーリーは、メインキャスト（キャリー、サマンサ、シャーロット、ミランダ）の人生についてそれぞれ進んでいきますが、彼女達のセリフには英語の勉強をするためと意識しなくても思わず真似したくなるような言い回しが沢山あります。彼女達の会話に焦点を置き、気になるセリフは是非真似をして覚えてください。

　何事もクールでスタイリッシュな事を好むキャリーは職業がコラムニストというだけあってセンスが良く、ジェスチャーたっぷりで話します。早口ですが、聞き取りにくい英語ではありません。キュートなキャラクターですので思わず引き込まれてしまうでしょう。完璧主義のシャーロットは、キャリーの結婚を大騒ぎして喜び周りを巻き込むほどオーバーなリアクションをしますが、抑揚がありわかりやすい話し方です。弁護士のミランダは、順序立てて物事を説明するような理論的な話し方です。ただし、早口なので少々聴き取りは難しいかもしれません。自由な人生を満喫するサマンサは、性的な過激発言が多く周りを驚かせるシーンがいくつかありますが、自分らしく生きようとする彼女のセリフには力強いものがあり、またPR業という職業柄相手にわかりやすくゆっくり話します。そして、サマンサの発言が少々過激になった時にはキャリーが下品にならないようにセンス良く会話を進めますので、楽しく観る事が出来ます。

　全体として聴き取りやすい英語ではありますが、NY らしく、話すスピードは速めですので、まずは日本語字幕付きで観て下さい。日本語字幕は全てセリフ通りというわけではありませんから、2度目は英語字幕で観てみましょう。そしてわからない単語をチェックしましょう。ストーリーを把握したら、DVD のチャプターの中から気に入ったシーンを選び、DVDを一時停止しながら、文単位で真似するように発音練習をすると良いでしょう。それが出来たら次は字幕なしで発音してみましょう。文単位が長く感じる場合は、節や句で区切って練習してから文単位にチャレンジして下さい。また、キャリーのコラムとして流れるナレーションだけに焦点を当てて読むように発音する練習もおすすめです。何度も発音して自分の言葉にしてしまいましょう。英語が難しく感じてもこの作品が楽しいと思った人は、映画のベースとなったドラマシリーズ（Season 1-6）を観ることをお薦めします。このドラマシリーズは6年間も続いた大ヒットドラマです。同じキャストが登場していますので、彼女達の英語にも慣れる事によって学習効果が上がります。リスニングが苦手という人はまず色々な英語を聴くよりも、同じ人の英語に慣れる事から始めると良いでしょう。また、この映画には続編（2010年10月27日に DVD 発売）がありますのでそれも見る事をお薦めします。

あらすじ

　何度も破局を繰り返したMr.ビッグから "You're the one"（君こそ運命の人だ）と待ち望んだ言葉をもらった数年後、キャリーとビッグは一緒に暮らす部屋を探していました。ある日、予算よりもずっと高級なペントハウスを業者より紹介され、その素晴らしさに感動するキャリーを見て、ビッグは購入を決めます。そして指輪の代わりにファッションが大好きで沢山の服や靴を持っているキャリーの為に大きなクローゼットに改装する事も約束します。早速、キャリーは友人のミランダとシャーロットにビッグが自分の為にポンと高級マンションを買ってくれたことを自慢します。そんな中、年下のパートナー、スミスと LA で暮らしているサマンサが NY にやってきました。サマンサがオークションに出品されている指輪を競り落とす為に4人でオークションに参加します。そのオークションは10年間の事実婚の末、ある日突然追い出された女優が元パートナーからプレゼントされたものを全て出品したものでした。幸せ一杯のキャリーでしたが、その話を聞いて急に不安になります。そしてキャリーはお気に入りの自分の家を売り、自分も新居購入に出資することをビッグに提案します。「君の為に買った家だ」というビッグに、キャリーは「自分には法的権利がない。もし2人に何か起きたら…」という不安を口にします。キャリーの不安を悟ったビッグは「結婚しようか？」と提案します。事務的な理由からプロポーズに発展し、驚くキャリーでしたが、喜びを隠せませんでした。

映画情報

製　作　費：6,500万ドル 製　作　年：2008年 製　作　国：米国　　言　　語：英語 ジャンル：コメディー、ドラマ、ロマンス 次　　作：セックス・アンド・ザ・シティ2（2010）	公開情報 公　開　日：2008年5月30日（米国） 　　　　　　2008年8月23日（日本） 上映時間：145分 MPAA（上映制限）：PG -12 興行収入：約1億5,264万ドル（米国のみ）

薦	○小学生　○中学生　○高校生　●大学生　●社会人	リスニング難易度		発売元：ギャガ （平成29年2月現在、本体価格） DVD価格：1,143円　ブルーレイ価格：3,800円

お薦めの理由	タイトルからは過激な内容という印象を受けますが、決してそうではなく、愛や人生について真剣に語り合う4人の女性達の会話はまるで自分も参加しているような気分になります。また、ファッションに興味がある人には是非おすすめしたい作品です。キャリーはファッションが大好きという設定で色々なファッションを楽しむことが出来ます。特に一流デザイナーのウエディングドレスを着るシーンは圧巻です。	スピード	4	
		明瞭さ	4	
		米国訛	3	
		米国外訛	1	
英語の特徴	メインキャストの4名が話す英語はNYらしさで溢れています。キャリーは20代の時に NY にやってきたと話していますのでNY出身ではありませんし、他の3人の出身地には触れられていません。しかし彼女達、特にキャリーは NY のかなり早めかつ短縮形を使う話し方です。早くても聞き取りにくいものではなく、内容もウィットに富んでいますので楽しんで学習することができます。	語　彙	3	
		専門語	2	
		ジョーク	4	
		スラング	5	
		文　法	3	

発展学習	日常生活で使ってみたい表現が沢山あります。また注意したい表現、難解な表現を例に挙げておきます。 　Chapter 2：ビッグとキャリーの会話の中で、"point taken" と "if the shoe fits" という表現があります。 Mr. Big : Aren't I a little old to be introduced as your boyfriend?（彼氏にしては僕、少し年を食っていないか？） Carrie　: <u>Point taken.</u> From now on, you'll be my man-friend.（そうね。これからは相棒って呼ぶわ） Mr. Big : That sounds like a dog.（犬みたいだ） Carrie　: <u>Well if the shoe fits.</u>（そう思い当たる所があればそう受け取って） "point taken" は相手の言う事に同意をする際によく使われる表現です。また、"If the shoe fits, wear it" という慣用句で英国では shoe を cap や hat に置き換えられて使います。通常、皮肉を言えるような間柄にしか使いません。 　Chapter 3：サマンサが指輪をみて "One of a kind" という表現があります。これは、特別な、個性的なという意味で物だけでなく人を褒める時にも使う表現です。例えば、"She is one of a kind"（彼女のような人はなかなかいない） 　Chapter 12：式の前夜祭で花嫁介添人としてスピーチをするサマンサのセリフに "kiss and tell" の表現があります。 Samantha : Now, I know it's tradition at the rehearsal dinner for the maid of honor to reveal embarrassing things 　　　　　　 about the bride. But in our group, we never kiss and tell. 　　　　　　（花嫁の介添人が花嫁の恥ずかしい話を暴露する伝統がありますが、私達は口が堅いのです） "kiss and tell" には秘密を暴露して裏切るという意味があり、それを never で否定し「秘密は話しません」になります。また同シーンでビッグの同僚が3度目の結婚を "Three time's a charm" とからかいます。"three time's a charm" は日本語の3度目の正直の諺に相当しますので覚えておくと便利な表現です。 　Chapter 16：服を全て新居に送った為、ウエディングドレス以外着るものがないと嘆くキャリーに、シャーロットがハネムーン用の服があると伝えると Carrie: Well, there's the <u>silver lining.</u>（幸いにもね）という表現です。諺の"Every cloud has a silver lining"（どの雲にも一筋の光がある）を引用し、最悪の状況でも光はあるという意味です。 　Chapter 18：売却したアパートを買い戻し、荷物を戻す手配をテキパキと仕切ってくれるミランダとサマンサ。2人を見てキャリーは感心します。 Carrie: Wow, you two could <u>rule the world.</u>（あなた達は本当に仕切るの上手ね） "rule the world" は、直訳で「世界を支配する」ですが、つまり、世界を支配できるほど手際が良いという意味で、ほめ言葉としてビジネスの世界でも役に立つ表現です。

映画の背景と見所	NY 在住の仲良しの30代独身女性4名が、最先端のファッションと愛を探求しながら友情を育む同名のテレビドラマシリーズがあり、2000年代、大きな人気を博しました。日本でも "SATC" とタイトルを略して呼ばれ人気が出ました。ドラマ自体は、NY 在住のライター、キャンディス・ブシュネルが週刊ニューヨーク・オブザーバーに連載していたコラム『セックスとニューヨーク』が原案となっています。ドラマシリーズ（Season 6）の最終回で、主人公キャリーは何度も破局を繰り返した Mr. Big（クリス・ノース）と結ばれます。また3人の友人達、ハーバード大卒の弁護士ミランダ、画廊ディーラーから専業主婦となったシャーロット、PR 会社社長のサマンサもそれぞれのパートナーを見つけます。映画は、彼女達の3年後のストーリーで始まりますが、ドラマシリーズを見ていなくても、映画の冒頭でそれぞれの性格や仕事や恋愛事情をキャリーのナレーションで説明しているので理解できます。ドラマシリーズで愛や自分の生き方を模索していた4人ですが、映画では40代になっています。それぞれがパートナーとの関係について悩み苦しんだり、感謝をしたりと誰でも感情移入しやすい内容です。また、NY でキャリアを積み上げてきた彼女達の日常はとても華やかなものです。オークションや、プレミアパーティー、またはファッションショーなどに日常的に参加している姿を通して、NY のセレブリティの生活が垣間見られるような気がする映画です。

スタッフ	監督・脚本　：マイケル・パトリック・キング 製　　作　：サラ・ジェシカ・パーカー他 原　　案　：キャンディス・ブシュネル 撮　　影　：ジョン・トーマス 衣装デザイン：パトリシア・フィールド	キャスト	キャリー　　：サラ・ジェシカ・パーカー サマンサ　　：キム・キャトラル シャーロット：クリスティン・デイヴィス ミランダ　　：シンシア・ニクソン ビッグ　　　：クリス・ノース

フォレスト・ガンプ／ 一期一会	Forrest Gump	（執筆）梅垣　昌子

セリフ紹介

フォレストは小学校に上がるとき、IQ が75しかないので公立学校には入れない、養護学校（special school）に行くしかない、と校長先生に言われます。しかし母親は、"You are no different than anybody else is."（お前は他の子とちっとも変わらない）と力説します。周囲から馬鹿にされつつも、母親の温かい愛情に包まれてまっすぐに成長したフォレスト。

彼は人生訓のような母親の言葉を折に触れて思い出しながら、どんな時にもへこたれずに生きていきます。

彼が拠り所としている言葉をいくつか紹介しましょう。

"Mama told me life was like a box of chocolates. You never know what you're going to get."（人生はチョコレートの箱のようなもの。どんなのが当たるか、わからない）という言葉は、"My Mama always told me that miracles happen every day."（奇跡は毎日起こる）という言葉とともに、常にフォレストを支えています。

フォレストが無事ベトナムから帰還したのを見届けたあと、母親は病気で亡くなりますが、"Death is just a part of life. Something we're all destined to do."（死は生の一部。私たちすべてに与えられた、さだめ）という言葉を残します。"You have to do the best with what God gave you."（神様から与えられたものを大事にして生きてゆかなければならない）という母の精神を忠実にひきうけたフォレストは、失意のダン中尉やジェニーの凍った心を暖かく溶かしてゆきます。フォレストは、すべての人の心を映す鏡のような存在です。フォレストとの会話を通して、人々は自分自身の人生を見つめ直します。それをきっかけに新しい人生を生きて行くのです。

学習ポイント

フォレストはバス停で隣り合わせに座った人に、"Mama always had a way of explaining things so I could understand them."（お母さんはいつでも、僕が理解できるような話し方をしてくれたんだ）と話しかけます。フォレストは比喩的な表現を理解する力が弱く、相手の発言を言葉通りに受け取ってしまう傾向があるのです。この映画は、そんなフォレストの口からストーリーが語られるという設定になっています。つまり映画の視聴者は、フォレストの目線ですべての出来事を目撃することになるのです。英語学習の観点からすると、この設定は大変好都合であると言えます。なぜなら、同じ意味のことを易しい英語で表現する場合と、大人の社会人が使用するような英語で表現する場合との両方について、同時に学ぶことができるからです。

例えば、バスを待っている間、たまたま出会った初対面の女性にフォレストが、"Did you go to girls' college or 'boys and girls together' college?"（君は、女の子の大学に行ったの、それとも、女の子と男の子が一緒の大学にいったの？）と尋ねる場面をとりあげてみましょう。質問を受けた女性は "It was coed"（共学だったのよ）と答えます。"co" + "education" で「男女共学（coeducation）」という意味の単語がありますが、後半部分を略して単に "coed"（"コウエッド"）という形で、形容詞や名詞としても用いられます。映画の視聴者は、フォレストの視点でストーリーを追いかけながら、難易度の高低が異なる2種類の表現方法に接し、自然に語彙を増やせるという利点があるのです。

フォレストの目線がポイントとなる、もう1つの例を挙げてみましょう。フォレストは大学卒業後、ベトナム戦争に従軍しますが、猛烈なナパーム弾の攻撃を受けて、戦友のバーバを失います。帰国後、バーバの遺志を継いでエビ漁を始めたフォレストの元へ、両足を失ったダン中尉がやってきます。ダン中尉は戦時中、フォレストの上官でした。彼は、車椅子の生活を強いられて自暴自棄になってしまった自分を変えるため、海での仕事に賭けてみる気になったのです。ダン中尉は、再会を喜ぶ船上のフォレストに向かって、"I'd try out my sea legs." と大声で叫びます。"sea legs" は「船に慣れる状態」を表す成句で、"find one's sea legs" などの形で使われ、「船の上でよろけずに歩く」「船酔いしなくなる」というような意味を表します。それに対してフォレストは、"Well, you ain't got no legs, Lieutenant Dan."（ダン中尉には、足がありませんが…）と答えます。フォレストが字句通りに言葉の意味を解することから生じる、ちぐはぐな会話ですが、このようなやりとりに注目して、成句や慣用表現を楽しく学ぶことができます。フォレストが大人の言葉をわかりやすく言い換えてくれるので、難解な表現でも辞書を使わずに意味を予測することができます。一方で、ニュース映像も随所に組み込まれていますので、時事的な語彙の習得にも役立ちます。

あらすじ

米国南部のアラバマ州の田舎で、幼い頃から母ひとり子ひとりで育ったフォレスト・ガンプは、周囲から見ると少し変わった少年でした。小学校に上がる年頃になると、知能指数が標準に満たないという理由で、養護学校を選ぶよう勧められます。そんな彼は常にいじめの対象でしたが、幼なじみのジェニーだけは、孤立無援のフォレストを常にかばってくれました。5歳で母親をなくし、アルコール中毒の父親から日常的に虐待を受けているジェニーもまた、疎外感に苛まれた幼年時代を送っていたのです。映画は、成人したフォレストが、故郷を離れて暮らすジェニーに会いに行く場面から始まります。バスを待つフォレストは、バス停で出会った人々を相手に思い出話を始めます。故郷を出て一時音信不通となったジェニーでしたが、彼女はカリフォルニアでヒッピーとなり、突然前触れもなく帰郷しました。しかし再び姿を消して、独り怒涛の人生を歩んでいたのです。再会したジェニーから、フォレストは驚くべき事実を打ち明けられます。ジェニーはたった1人で、フォレストの息子を育てていたのでした。しかも彼女は HIV に感染しており、余命幾ばくもないというのです。フォレストはジェニーと結婚する決心をし、2人の思い出がつまった故郷で、親子3人の生活をはじめます。その後まもなく、ジェニーは息をひきとります。父親となったフォレストは、ジェニー亡き後も優しく息子の成長を見守り、彼女の墓の前で、静かに過ぎ行く日々の暮らしを報告します。

映画情報	原　　　作：ウィンストン・グルーム『フォレスト・ガンプ』 製　作　費：5,500万ドル 製　作　年：1994 年 製　作　国：米国 配給会社：パラマウント映画	公開情報	公　開　日：1994年7月　6日（米国） 　　　　　　1995年2月18日（日本） 上映時間：142分 興行収入：3億3,000万ドル 受　　　賞：第67回アカデミー作品賞他5部門

薦	○小学生　○中学生　●高校生　●大学生　●社会人	リスニング難易度		発売元：NBCユニバーサル・エンターテイメント （平成29年2月現在、本体価格） DVD価格：1,429円　ブルーレイ価格：2,381円
お薦めの理由	歴史は暗記科目、という思い込みを脱して歴史の面白さを実感するには、違った切り口で当時の人々の心に接近し直すことが必要です。この映画はそんな切り口を、エンターテイメントとしての作品の中に幾つも用意してくれています。「科目」と名のつくものを魅力的な人生の体験そのものへと変換するヒントが、随所に埋め込まれているのです。教育現場に携わる人々が縦横に活用できる作品です。	スピード	3	
^	^	明瞭さ	3	^
^	^	米国訛	3	^
^	^	米国外訛	3	^
英語の特徴	主人公のフォレストが米国南部のアラバマ州出身であることから、会話は主として南部に特徴的な発音やイントネーションが大勢を占めています。二重母音が単母音のように聞こえるなどの傾向に慣れる必要がありますが、会話の速度はゆったりとしているので、聞き取りの練習にはもってこいの作品でしょう。口語表現では "ain't" が頻発し、"them" が形容詞的に用いられています。	語彙	3	^
^	^	専門語	2	^
^	^	ジョーク	3	^
^	^	スラング	2	^
^	^	文法	3	^

発展学習	フォレストが話す英語は平易で、彼の淡々とした語り口によって、ストーリーが進んでゆきます。しかし、暗示的な小道具が随所に使われていたり、比喩的な表現が効果的にちりばめられたりしているため、シンプルなストーリーが複雑な意味合いを帯びてくる仕組みになっています。たとえば、オープニングのシーンでカメラは、空に舞う白い鳥の羽をクローズアップでとらえます。その羽は空中をふわふわと舞い、ベンチでバスを待っているフォレストの頭上に降りてきます。この白い羽はまた、映画の最後の場面でも登場します。フォレストの足もとから空に向かってひらひらと舞い上がってゆく羽は、歴史の荒波の中、無の心境で軽やかに漂い続けるフォレスト自身を象徴しているかのようです。このように、要所要所で繰り返し現れるモチーフなどに留意しながらこの映画を鑑賞すると、一見バラバラにみえた場面が1つにつながり、フォレスト・ガンプのストーリーを立体的に眺めることができます。 　フォレスト・ガンプのストーリーには、それを支える重要な柱として、幼馴染のジェニーの物語が組み込まれています。ジェニーの運命は、フォレストと対象的です。人生の出発点と終着点をフォレストとともに過ごすジェニーは、父親からの暴力と貧困でがんじがらめになった幼年時代から抜け出そうともがき、鳥のように大空に羽ばたく夢を抱きつつも、現実には、カリフォルニアで出会ったボーイフレンドからの暴力にあい、ドラッグに溺れ、最後にはエイズを発症して若い命を散らすことになります。フォレストのほのぼのとしたキャラクターの背後に、米国の抱える深刻な社会問題が横たわっているのです。白い羽は、ジェニーが得ようとして得られなかったもの、鳥のように自由に羽ばたきたいと願いながら、現実の過酷さに絡め取られてしまったジェニーの希望の象徴でもあるのかもしれません。ジェニーのストーリーを通して、20世紀の米国の歴史と、米国の発展が抱える矛盾とが見えてきます。 　ところで、この映画には、妙に心に残るワンシーンがあります。フォレストの戦友である黒人のババは、フォレストと同じアラバマ出身ですが、戦争が終わって無事に帰国した暁には、エビ漁で成功を収めることを夢見ていました。厳しい軍隊の訓練の中、床に這いつくばって拭き掃除をしながら、エビ料理のバリエーションを数え上げるシーンは、なぜかしみじみと心に残ります。本作には、食事をとる場面があまり出てきませんが、このババのシーンが唯一、米国南部の食文化を一瞬かいま見ることのできる箇所となっています。"Shrimp is the fruit of the sea"（エビは海の果物だ）と言った後、ババは、シュリンプ・カクテルやパイナップル・シュリンプなど、20ものエビ料理の名前を唱えます。シュリンプ・ガンボやシュリンプ・クレオールは、南部の郷土料理を思い起こさせ、殺風景な兵舎を夕餉の匂いで包んでしまうような錯覚をいだかせます。ババの英語のリズムが心地よく耳に残る場面です。この場面をもとに、米国南部の食文化について調べてみるとよいでしょう。
映画の背景と見所	フォレストの人生は、まさに米国の現代史の重要な部分とぴったり重なります。1950年代の公民権運動の盛り上がり、その成果としての、教育現場での人種統合、60年代に立て続けに起こった、ケネディ大統領の暗殺をはじめとする暴力的な事件の数々、カウンター・カルチャーの出現、ヒッピー・ムーブメントとその末路、冷戦、70年代の緊張緩和、中国のピンポン外交、ベトナム戦争とその後遺症、ウォーターゲート事件、アメリカの建国200年祭…。1940年代の半ばに生まれたフォレストは、米国の伝統的価値観が揺らぎだし、産業構造が大きな変革を遂げた時代に、多感な10代から20代を過ごしたことになります。フォレストとジェニーの恋愛の行方に注目して、作品をしっとりと味わうこともできますが、同時にこの映画には、歴史の教科書で必ず目にする重大事件・重要人物の映像が随所に散りばめられています。米国現代史のトリビアのオン・パレードとして楽しむこともできるのです。たとえば、「ハウンド・ドッグ」を熱唱するエルビス・プレスリーの独特のステップの秘密、ニコニコマークの誕生、アップル・コンピューターの台頭の背景などのエピソードが、フィクションを交えて語られます。それぞれの出来事が虚構の世界の中で、フォレストの人生とどう交差するのか。ストーリーに盛り込まれたユーモアを味わいつつ、「怪しい歴史」を見つけて楽しむのも、この映画の1つの見所です。

スタッフ	監　　督：ロバート・ゼメキス 脚　　本：エリック・ロス 製　　作：ウェンディ・フィネルマン 　　　　　スティーヴ・ティッシュ 　　　　　スティーヴ・スターキー	キャスト	フォレスト・ガンプ　　：トム・ハンクス ミセス・ガンプ　　　　：サリー・フィールド ジェニー・カラン　　　：ロビン・ライト ダン・テイラー　　　　：ゲイリー・シニーズ フォレスト・ガンプ・Jr：ハーレイ・ジョエル・オスメント

| | プルートで朝食を | Breakfast on Pluto | （執筆）吉本　美佳 |

| セリフ紹介 | 　本作品を象徴する会話を紹介します。ボビー・ゴールズボロのヒット曲『ハニー』の歌詞を含めた次のセリフは行方を捜す母親について語りながら、主人公パトリックの世界観を表現しています。
Patrick : [...] Bert, she realized, in the city that never sleeps...
　　　　（彼女は気づいたの。決して眠ることのない大都会で…）
Bertie　 : What did she realize, Kitten?（何に気づいたの？）
Patrick : That all the songs she'd listened to, all the love songs, that they were only songs.
　　　　（これまで聴いてきたラブ・ソングは、すべてただの歌だったって）
Bertie　 : What's wrong with that?（それが、どうしたの？）
Patrick : Nothing, if you don't believe in them. But she did, you see. She believed in enchanted evenings, and she believed that a small cloud passed overhead and cried down on a flower bed, and she even believed there was breakfast to be had...（どうもしないわ。その歌を信じてなければね。でも母は信じてたのよ。魔法のような夕暮れを信じてたし、小さな雲が頭の上を通って、花の咲くところに涙を流すのを信じてたのよ。それに朝食が用意されてることだって…）
Bertie　 : Where?（どこで？）
Patrick : On Pluto. The mysterious, icy wastes of Pluto.（冥王星で。神秘的な、氷で覆われた廃虚、冥王星でよ） |

| 学習ポイント | 【パトリックのはぐらかしを読み取る】
　本作品は、単に英語を追うだけでなく、セリフでは語られていなかったり、はぐらかされている真意を読み取ることで、より深く内容理解ができ、作品のコメディー性を楽しめます。パトリックの見方を理解し、そのはぐらかしや、会話の相手とのずれから作品理解を深めましょう。例えば次に挙げる会話からパトリックの心情や考え方を解釈してみましょう。ここでは、あえて和訳を表示しません。
(1) 子供時代のパトリックが女装していたのを咎められる場面
　　Ma Braden : I'll march you up and down the street and disgrace you in front of the whole town.
　　Patrick　　 : Promise?
(2) IRA の行進に参加する幼馴染のアーウィンに向かって
　　Patrick : If I volunteer, Irwin, could I have pink glasses, please?
　　Irwin　 : Can't you take anything serious?
　　Patrick : Oh, serious, serious, serious.
(3) トレーラーハウスに隠されていた武器を海へ処分する場面
　　Patrick : Serious, serious. Time for some serious spring cleaning.
【教会の偽善を誇張した筋書きとセリフから描かれる背景を考察する】
　本作品では、教会が運営するアイルランドの学校教育の偽善を誇張しています。そんな学校の試みに純粋に応じるパトリックの姿も併せて、本作品のアイルランド社会の描き方や視点を把握すると、発展学習に挙げる背景への理解が深まります。
(1) 授業中、好きな課題でエッセイを書くように教師が指示をだす場面
　　Now, when you're writing your essay for me this morning... whatever form it takes is up to you. It can be called "I Fought in the Easter Rising"..."I was Dracula's Girlfriend"... or even "A Day in the Life of an Old Boot."
(2) 学校で、相談箱を設置し生徒に周知する場面
　　Some of you may have already noticed that your bodies are... going through some changes... and I would like you to feel free to approach us... about any problem that concerns you. So, I will leave this problem box... here by the altar rails. No problem should be precluded. After all, that is why we are here. |

| あらすじ | 　1958年のクリスマスの朝、アイルランドの小さな町で、パトリック・"キトゥン"・ブレイデンは、母により、教区のリアム神父の玄関先に置き去りにされました。養母に育てられた彼は、幼い頃から女装好きで、問題児として扱われます。友人のアーウィン、チャーリー、ローレンスと共に成長したパトリックは、ある日、養母宛の小切手からリアム神父が父親だと確信します。やがて家を出たパトリックは、バンドを連れたビリーと出会い、トレーラーハウスに住み始めます。しかし IRA の仕掛けた爆弾によるローレンスの死を目の当たりにしたパトリックは、トレーラーハウスに隠されていた IRA の武器を処分し、ビリーとの関係は終わります。その後、母を探しに渡ったロンドンでは、殺されかけたり、IRA による爆破の被害にあった挙句に容疑者にされたりと、次第に行き場を無くし、路上で身を売り始めます。検察官の紹介で安全に働ける見世物小屋で働き始めたパトリックを、リアム神父が訪ね、母の住所を伝えます。パトリックは、自分の身を明かさず、自分と同名の長男を持ち家庭を築いた母に会います。一方、IRA に殺されたアーウィンの子を妊娠したチャーリーはリアム神父に保護されていました。パトリックは地元へ戻り、束の間、リアム神父との生活を送ります。それは町の人々の反感を買い、教会は放火され、神父は英国の教区へ移動となり、パトリックも英国へ渡ります。無事に生まれたチャーリーの子を連れて颯爽と歩くパトリックを描き、映画は終わります。 |

| 映画情報 | 製　作　年：2005年
製　作　国：アイルランド、英国
言　　　語：英語
ジャンル：コメディー、ドラマ
配給会社：ソニー・ピクチャーズ・クラシックス | 公開情報 | 公　開　日：2006年1月13日（アイルランド、英国）
　　　　　　2006年6月10日（日本）
上映時間：128分
ノミネート：第63回ゴールデン・グローブ男優賞
　　　　　　第19回ヨーロッパ映画賞男優賞、作品賞 |

薦	○小学生　○中学生　○高校生　●大学生　●社会人	リスニング難易度	発売元：ポニーキャニオン、エイベックス・エンタテイメント （平成29年2月現在、本体価格） DVD価格：3,800円

お薦めの理由	セクシュアリティの問題、国家の政治的な問題、宗教と社会規範についてなど、この映画が包含する複雑な内容を理解するには、アイルランドについての背景知識が必要です。単に物語だけを追うのならば、衣装や音楽も付随して高校生でも楽しめる映画です。しかし、暴力的な場面があるため大学生以上をお薦めします。英語のスピードが早く、言い回しやジョークが難しいため、中級者以上の英語学習者にお薦めします。	
英語の特徴	パトリックのささやくような英語を聞き取るのは難しいです。ほとんどの主要人物はアイルランド英語を話しますが、パトリックが中盤からロンドンへ移動すると、関わる人物が英国英語を話します。ロンドンで出会うアイルランド移民と他の人物との違いを聞き比べてみましょう。同じアイルランド人でも、それぞれの人物が異なるアクセントを持っているのがよくわかります。	

スピード	4
明瞭さ	4
米国訛	1
米国外訛	4
語彙	4
専門語	3
ジョーク	4
スラング	4
文法	3

発展学習

　この作品は1960年代〜70年代頃のアイルランドと英国を舞台にしています。政治的な関心を持たず、常に社会や共同体での異端児であるパトリックを描きながら、背景と物語の展開、周囲の人物から、政治的な状態を鮮明に表現しています。そんなパトリックの態度を表現するセリフと、政治的な背景を並列して理解することが重要です。社会や英国との関係が複雑に表現されていますが、ここでは大きく3つに分けて、作品理解に不可欠な背景知識として留意すべき点を挙げます。

【アイルランドの教会と社会規範】
　映画の背景となる時代のアイルランドの教会は、絶対的な力を有し、教会と神父は共同体の中心として成り立っていました。その時代を舞台にしながら、映画ではキリスト教の教義を厳格に守る共同体の非寛容さや矛盾を強調します。ただしその描き方は単純に教会や個人を責める手法を取りません。カトリック教の神父が、隠し子を持っていたという、アイルランドのカトリック教への挑戦的な筋書きを用いつつ、その神父は威厳ある絶対的な人物ではなく、迷い悩み善業を行う人間味溢れた人物として描かれることで、単なる教会批判にはしていません。同様に、養母や教師といった、パトリックに批判的な人々や、IRAの活動をする人物達も、完全な悪人としては描かれていません。個々の善良な人間を描きつつ、その善意からなる信念が集結した時、共同体や社会が脅威となる様子が表現されます。さらにパトリックが共同体の枠外に存在し、部外者としての見方を示すことで、共同体の脅威が強調されます。

【北アイルランド問題とIRA】
　北アイルランドへの国境越えや、地元での車の爆破事件、ロンドンのクラブの爆破など、IRAのテロによる緊張感が映画内で描写されます。ビリーのIRAへの協力や、幼馴染のアーウィンの活動と死、そして爆破に巻き込まれたローレンスの死、パトリックの冤罪拘束など、事件に関与する者と事件に巻き込まれる者の両方を筋書き上の重要な役割にすることで、脅威と悲惨さを伝えています。実際に北アイルランド、デリーで起こった「血の日曜日」の報道場面を用いて惨事を生々しく描く一方で、そのような状況下でも普通に生活を続ける人々の様子を描写する点は留意すべきです。

【英国でのアイルランド人】
　本作品の英国は、パトリックの個性に非寛容だった小さな町と対照的な場所として描かれています。英国とアイルランドの間での重い問題を扱いながら、常にアイルランド人の移住地となってきた英国の側面も描かれています。この点からも、北アイルランド問題の複雑さが理解できます。

映画の背景と見所

　ニール・ジョーダン監督は『クライング・ゲーム』(1992)で、IRAの問題を、新しい切り口から表現しています。それから10年以上後に製作された本作では、コメディーの要素を入れ、さらに異なる手法で政治的な問題を見せています。共通したセクシュアリティの問題を含んだ2作品が表現するまったく異なる世界観を比較してみてください。さらに同監督の『マイケル・コリンズ』(1996)から、また違うアイルランドの描き方を見てください。

　この映画の主演俳優キリアン・マーフィーは、同年に公開された、ケン・ローチ監督の『麦の穂を揺らす風』にも主演し、まったく違う演技を見せています。他にも本作品の脇役の俳優陣の演技も秀逸で、映画の見所となっています。

　作品を支え、全体の流れと雰囲気を作っているのが、60年代〜70年代のポップソングです。冒頭で、ルベッツが歌う「シュガーベイビーラブ」から始まり、作品で用いられる音楽は、主人公の世界観を見せています。また、この映画のタイトル Breakfast on Pluto は、ドン・パートリッジの1969年のヒット曲のタイトルであることが原作には明記されています。作品中、バイカー達との交流の場面で、語られるセリフは、その曲の歌詞が使用されています。根底には暗く重い世界を存在させながら、明るく、軽くその世界に生きるパトリックを描くこの作品におけるポップ・ソングの役割を是非とも考察してください。

スタッフ	監　督：ニール・ジョーダン 脚　本：ニール・ジョーダン、パトリック・マッケーブ 製　作：ニール・ジョーダン、アラン・モロニー他 撮　影：デクラン・クイン 音　楽：アンナ・ジョーダン	キャスト	パトリック・"キトゥン"・ブレイデン： 　　　　　　　　　　　キリアン・マーフィー リアム神父　　　　：リーアム・ニーソン バーティ・ヴォーン　：スティーヴン・レイ ジョン＝ジョ・ケニー　：ブレンダン・グリーソン

索引

A.I. Artificial Intelligence	A.I.	22
Accused, The	告発の行方	44
Air Force One	エアフォース・ワン	14
Alive	生きてこそ	182
American President, The	アメリカン・プレジデント	12
Apollo 13	アポロ13	18
Avalon	わが心のボルチモア	136
Awakenings	レナードの朝	38
Becoming Jane	ジェイン・オースティン 秘められた恋	92
Bicentennial Man	アンドリュー NDR114	20
Bourne Identity, The	ボーン・アイデンティティー	160
Breakfast on Pluto	プルートで朝食を	210
Bridget Jones's Diary	ブリジット・ジョーンズの日記	98
Bringing Out the Dead	救命士	28
Chariots of Fire	炎のランナー	126
Cider House Rules, The	サイダーハウス・ルール	168
Coach Carter	コーチ・カーター	120
Dead Poets Society	いまを生きる	70
Devil Wears Prada, The	プラダを着た悪魔	96
Dreamer: Inspired by a True Story	夢駆ける馬ドリーマー	192
Drumline	ドラムライン	112
Ed Wood	エド・ウッド	100
Eight Below	南極物語	188
8 Mile	8 Mile	108
Englishman Who Went Up A Hill But Came Down A Mountain, The	ウェールズの山	202
Erin Brockovich	エリン・ブロコビッチ	42
Extraordinary Measures	小さな命が呼ぶとき	32
Far and Away	遥かなる大地へ	198
Field of Dreams	フィールド・オブ・ドリームス	124
Firm, The	ザ・ファーム 法律事務所	56
Forrest Gump	フォレスト・ガンプ／一期一会	208
Freedom Writers	フリーダム・ライターズ	80
Frozen River	フローズン・リバー	200
Fugitive, The	逃亡者	158
G.I. Jane	G.I. ジェーン	156
Glory Road	グローリー・ロード	118
Good Will Hunting	グッド・ウィル・ハンティング／旅立ち	72
Grace of Monaco	グレース・オブ・モナコ 公妃の切り札	102
Grapes of Wrath, The	怒りの葡萄	166
Great Debaters, The	グレート・ディベーター 栄光の教室	74
Hairspray	ヘアスプレー	84
In America	イン・アメリカ 三つの小さな願いごと	194
It's a Free World...	この自由な世界で	196
It's a Wonderful Life	素晴らしき哉、人生！	66
Jack	ジャック	76
Jaws	ジョーズ	186
Jerry Maguire	ザ・エージェント	116
John Q	ジョンQ ―最後の決断―	30
Julie & Julia	ジュリー＆ジュリア	146
Keeping the Faith	僕たちのアナ・バナナ	86

索 引

Kramer vs. Kramer	クレイマー、クレイマー	204
Ladder 49	炎のメモリアル	162
Legal Eagles	夜霧のマンハッタン	60
Lorenzo's Oil	ロレンツォのオイル / 命の詩	40
Malcolm X	マルコムX	90
Milk	ミルク	16
Million Dollar Baby	ミリオンダラー・ベイビー	128
Mississippi Burning	ミシシッピ・バーニング	164
Mother Teresa	マザー・テレサ	88
Mrs. Doubtfire	ミセス・ダウト	140
Music and Lyrics	ラブソングができるまで	114
My Big Fat Greek Wedding	マイ・ビッグ・ファット・ウェディング	150
My Dog Skip	マイ・ドッグ・スキップ	190
Nanny Diaries, The	私がクマにキレた理由（わけ）	142
Negotiator, The	交渉人	154
No Reservations	幸せのレシピ	144
North Country	スタンドアップ	176
Notting Hill	ノッティングヒルの恋人	134
October Sky	遠い空の向こうに	178
Of Mice and Men	二十日鼠と人間	170
Old Man and the Sea, The	老人と海	174
One Flew over the Cuckoo's Nest	カッコーの巣の上で	26
Patch Adams	パッチ・アダムス	34
Philadelphia	フィラデルフィア	58
Precious: Based on the Novel "Push" by Sapphire	プレシャス	82
Presumed Innocent	推定無罪	48
Pride & Prejudice	プライドと偏見	94
Pursuit of Happyness, The	幸せのちから	130
Remember the Titans	タイタンズを忘れない	122
Right Stuff, The	ライトスタッフ	24
School of Rock	スクール・オブ・ロック	78
Seabiscuit	シービスケット	184
Secret Life of Bees, The	リリィ、はちみつ色の秘密	172
Selena	セレナ	110
SEX and the CITY	セックス・アンド・ザ・シティ	206
Smoke	スモーク	132
Snow Falling on Cedars	ヒマラヤ杉に降る雪	50
Spanglish	スパングリッシュ 太陽の国から来たママのこと	138
Steel Magnolias	マグノリアの花たち	36
Sunset Boulevard	サンセット大通り	104
Time to Kill, A	評決のとき	54
Tropic Thunder	トロピックサンダー 史上最低の作戦	106
12 Angry Men	十二人の怒れる男	46
Verdict, The	評決	52
View from the Top	ハッピー・フライト	148
Wall Street	ウォール街	62
Wall Street: Money Never Sleeps	ウォール・ストリート	64
War, The	8月のメモワール	180
Witness	刑事ジョン・ブック / 目撃者	152
Working Girl	ワーキング・ガール	68

会　則

第1章　総　則

第1条　本学会を映画英語アカデミー学会（The Academy of Movie English、略称TAME）と称する。

第2条　本学会は、映画の持つ教育研究上の多様な可能性に着目し、英語Education と新作映画メディアEntertainment が融合したNew-Edutainment を研究し、様々な啓蒙普及活動を展開するなどして、我が国の英語学習と教育をより豊かにすることを目的とする。

第3条　本学会は教育界を中心に、映画業界・DVD 業界・DVD レンタル業界・IT 業界・放送業界・出版業界・雑誌業界、その他各種産業界（法人、団体、個人）出身者が対等平等の立場で参画する産学協同の学会である。

第4条　映画英語アカデミー賞の細則は別に定める。

第5条　本学会の事務局を名古屋市・出版社スクリーンプレイ社に置く。

第2章　事　業

第6条　本学会は第2条の目的を達成するため、以下の事業を行なう。

①毎年、新作映画メディアの(映画英語アカデミー賞)を決定する。

②学会誌(映画英語アカデミー賞)を発行する。

③ポスターやチラシ、新聞雑誌広告など、多様な広報活動を行う。

④映画メディア会社の協力を得て、各種映画鑑賞と学習会を開催する。

⑤新作映画メディアの紹介、ワークシート作成およびその閲覧をする。

⑥大会（総会）、講演会および研究会の開催または後援をする。

⑦第2条の目的に添うその他の事業。

第3章　会　員

第7条　本学会には会則を承認する英語教師の他、誰でも入会できる。

第8条　会員は会費を納めなければならない。既納の会費及び諸経費はいかなる理由があっても返還しない。

第9条　会員は一般会員、賛助会員および名誉会員とする。

①会員は本学会の会則を承認する個人とする。会員は学会誌を無料で受け取ることができる。ただし、その年度の会費納入が確認された会員に限る。

②賛助会員は本学会の会則を承認する企業等とし、1名の代表者を登録し、1名分の会員と同等の資格を有するものとする。

③名誉会員は本学会の活動に特別に寄与した個人とし、理事会の推薦に基づき、会長が任命する。

第10条　会費は年額（税抜）で会員3,000円、賛助会員20,000円、名誉会員は免除とする。

第11条　会員登録は所定の方法により入会を申し込んだ個人または企業等とする。

第12条　会員資格の発生は本学会の本部または支部がこれを受理した日とする。

第13条　会員資格の消滅は以下の通りとする。

①会員・賛助会員・名誉会員は本人（または代表者）により退会の意思が通達され、本学会の本部または支部がこれを受理した日とする。

②新入会員は、会員資格発生日より2ヶ月以内に初年度会費納入が確認されなかった場合、入会取り消しとする。

③会費の未納入が2年目年度に入った日に除籍とする。除籍会員の再入会は過去未納会費全額を納入しなければならない。

第14条　本学会の会則に著しく違反する行為があった時は、理事会の3分の2以上の同意をもって当会員を除名することができる。

第15条　学会誌を書店等購入で（または登録コード紹介で）、映画英語アカデミー賞の趣旨に賛同され、所定の期間と方法で応募し、事務局審査の上、登録した個人を（臨時会員）とし、次回一回限りの投票権が与えられる。

第4章　役　員

第16条　本学会は以下の役員を置く。

①会長1名

②副会長若干名

③専務理事必要人数

④理事支部総数

⑤顧問若干名

⑥会計監査2名

第17条　各役員の役割は以下の通りとする。

①会長は本学会を代表し、業務を総理する。

②副会長は会長を補佐し、会長に事故ある時はその職務を代行する。

③専務理事は小学校・中学校・高等学校・大学の各部会、選考委員会、大会、映画英語フェスティバル、学会誌、事務局、各種業界出身者で構成し、それらの重要活動分野に関する業務を役割分担総括する。

④事務局担当専務理事（事務局長）は本学会の事務を統括し、学会事業の円滑な執行に寄与する。

⑤理事は理事会を構成し、各地方の実情・意見を反映しながら、本学会の全国的活動に関する事項を協議する。

⑥顧問は本学会の活動に関する著作権上または専門的諸課題について助言する。

⑦会計監査は学会の決算を監査する。

第18条　各役員の選出方法ならびに任期は以下の通りとする。

①会長は理事会の合議によって決定され、総会で承認する。

②副会長は専務理事の中から理事会で互選され、総会で承認する。

③専務理事は本学会に1年以上在籍している者より、理事会が推薦し、総会によって承認された会員とする。

④理事は原則として都道府県支部長とし、支部の決定の後、理事会に報告・承認により、自動的に交代する。

⑤顧問は本学会の活動に賛同する会社（団体）または個人の中から、理事会が推薦し、総会によって承認された担当者（個人）とする。

⑥会計監査は理事以外の会員の中より会長がこれを委嘱する。

⑦役員の任期は、承認を受けた総会から翌々年度の総会までの2年間、1期とする。ただし、会長の任期は最大連続2期とする。他の役員の再任は妨げない。

⑧役員に心身の故障、選任事情の変更、その他止むを得ない事情の生じた時、会長は理事会の同意を得てこれを解任できる。

第5章 理事会

第19条 ①理事会は会長、（副会長）、専務理事、理事、（顧問、名誉会員）にて構成する。

②理事会は会長が必要と認めた時、あるいは、理事会構成員の4分の1以上からの請求があった時に、会長がこれを召集する。

③理事会は原則としてメール理事会とし、出席理事会を1年に1回以上開催する。出席理事会は委任状を含む構成員の2分の1以上が出席しなければ議決することができない。

④理事会の議長は事務局長がその任に当たり、事務局長欠席の場合は副会長とする。

⑤理事会の議決は、メール理事会は賛否返信の構成員、出席理事会は出席構成員の過半数で決し、可否同数の時は会長の決するところによる。

⑥顧問ならびに名誉会員は理事会に出席し助言することができ、出席の場合に限り（委任状は無効）構成員の一員となり、議決権を有する。

第6章 委員会

第20条 本学会は映画英語アカデミー賞選考委員会を常設する。委員会の詳細は細則に定める。

第21条 本学会は理事会の下にその他の委員会を臨時に置くことがあり、委員の詳細は理事会の議決によって定める。

第7章 大会

第22条 ①定例大会は原則として1年に1回、会長が召集する。

②理事会の要請により、会長は臨時大会を開催することができる。

第23条 大会は（会員）総会、映画英語アカデミー賞の発表、映画鑑賞、研究発表および会員の交流の場とする。研究発表者は理事会より依頼された会員・非会員、あるいは理事会に事前に通告、承認された会員とする。

第24条 総会に付議すべき事項は、以下の通りとする。

①活動報告と活動計画の承認②会計報告と予算案の承認

③役員人事の承認④会則（細則）改正の承認

⑤その他

第25条 総会の議決は出席会員の過半数で決し、可否同数の時は議長の決するところによる。

第8章 会計

第26条 事務局長は会計および事務局員を任命し、理事会の承認を得る。

第27条 本学会の経費は会員の会費、学会誌出版による著作権使用料収入、講演会等の収入及び寄付の内から支弁する。

第28条 学会業務に要した経費は、理事会が認めた範囲で支払われる。

第29条 本学会の会計年度は毎年3月1日に始まり、翌年2月末日に終わる。

第30条 会計は年度決算書を作成し、会計監査の後、理事会に提出し、その承認を得なければならない。

第9章 支部

第31条 本学会は理事会の承認の下、都道府県別に支部を設けることができる。その結成と運営方法については別に定める。

第32条 支部は必要に応じて支部の委員会を設けることができる。

第33条 理事会は本学会の趣旨・目的、あるいは会則に著しく反する支部活動があったときは、理事会の3分の2以上の同意をもって支部の承認を取り消すことができる。

第10章 会則の変更及び解散

第34条 本会則を変更しようとする時は構成員の3分の2以上が出席した理事会において、その過半数の同意を得た後、総会で承認されなければならない。

第35条 本学会を解散しようとする場合は構成員の3分の2以上が出席した理事会において、その全員の同意を得た後、総会で承認されなければならない。

第11章 責任の範囲

第36条 本学会は学会の公認・後援、及び依頼のもとに行われた行為であっても、その結果起こった損失に対してはいかなる責任も問われない。また、会員は学会に補償を請求することができない。

第12章 付則

第37条 本学会は第1回映画英語アカデミー賞が映画英語教育学会中部支部によって開始され、本学会の基礎となったことに鑑み、同学会中部支部会員（本学会の結成日時点）は、本人の入会申込があれば、本学会結成日より満2年間、本学会会員としての資格が与えられるものとする。会費の納入は免除とする。ただし、学会誌の受け取りは有料とする。

第38条 書籍(第1回映画英語アカデミー賞)に執筆者として協力されたその他の地方の著者も前条同様とする。

第39条 本会則は2014年（平成26年）3月1日に改定し、即日施行する。

運営細則

第1章 総　則

第 1 条　本賞を映画英語アカデミー賞（The Movie English Academy Award）と称する。

第 2 条　本賞は、米国の映画芸術科学アカデミー（Academy of Motion PictureArts and Sciences、AMPAS）が行う映画の完成度を讃える"映画賞"と異なり、外国語として英語を学ぶ我が国小・中・高・大学生を対象にした、教材的価値を評価し、特選する"映画賞"である。

第 3 条　本賞を映画の単なる人気投票にはしない。特選とは文部科学省「新学習指導要領」の学校種類別外国語関係を参考とした教育的な基準で選出されるべきものとする。

第2章　対象映画の範囲

第 4 条　本賞は前年1月1日から12月31日までに、我が国で発売開始された英語音声を持つ、新作映画メディアを対象とする。

第 5 条　新作とは映画メディア発売開始前の少なくとも1年以内に、我が国で初めて映画館で上映が行われた映画とする。

第 6 条　映画とは映画館で上映されるために製作された動画作品のことであり、テレビで放映されるために作成されたテレビ映画その他を含まない。

第 7 条　メディアとは学習教材として一般利用できる、原則的にDVDを中心とするブルーレイ、3Dなど、同一映画の電子記録媒体の総体である。

第 8 条　日本映画のメディアで英語音声が記録されている場合は対象に含む。

第3章　選考委員会

第 9 条　選考委員会は会長、副会長、ノミネート部会長によって構成する。

第10条　選考委員会の議長は選考委員会担当専務理事がその任にあたる。

第11条　選考委員会に付議すべき事項は以下とする。
①ノミネート映画の決定
②投票方法と集計方法の詳細
③投票結果の承認
④特別賞の審議と決定
⑤その他本賞選考に関わる事項

第12条　選考委員会の決定は多数決による。同数の場合は会長が決する。

第4章　ノミネート部会

第13条　選考委員会の下に小学生・中学生・高校生・大学生部会を編成する。

第14条　各部会の部会長は専務理事である。

第15条　各部会の部員は会員の中から自薦・他薦とし、部会長が推薦し、選考委員会が決定する。

第16条　部会の決定は、所定の方法により、各部員の最大3作までのノミネート推薦を受けての多数決による。同数の場合は部会長が決する。

第5章　候補映画の選抜と表示

第17条　本賞の候補映画は、DVD発売開始直後、まず事務局で選抜される。

第18条　選抜は学習かつ教育教材としてふさわしいと評価できるものに限る。

第19条　選抜DVDは、学会ホームページで表示する。

第20条　表示後、会員は選抜に漏れた映画DVDを、事務局に追加提案できる。

第6章　ノミネート映画

第21条　選考委員会は毎年1月上旬に、ノミネート映画を審査、決定する。

第22条　選考委員会の審査は以下の方法による。
①各部会から『R指定』等を考慮して、3作以上の映画タイトルの提案を受ける。
②同一映画が重複した場合はいずれかの部会に審査、調整、補充する。
③各部会の最終ノミネートは原則として3作とする。
④選考委員会は部会からのノミネート提案映画を過半数の評決をもって否決することができる。
⑤また、過半数の賛成をもって追加することができる。

第7章　会員投票

第23条　投票は本学会会員による。

第24条　投票の対象は選考委員会によって決定されたノミネート映画のみとする。

第25条　投票期間は毎年、1月下旬から2月末日までとする。

第26条　投票の集計作業は原則として毎年3月1日、非公開かつ選考委員会立ち会いで、事務局長責任の下、事務局により厳正に行う。

第27条　投票結果は各部とも1票でも多い映画を
　　　　もって確定、同数の場合は部会長が決し、
　　　　選考委員会の承認を受ける。
第28条　投票総数ならびに得票数はこれを公開し
　　　　ない。
第29条　投票方法と集計方法の詳細は選考委員会に
　　　　よって定める。

第8章　発　表

第30条　本賞は毎年3月初旬、受賞映画を発表す
　　　　る。
第31条　発表は適切な日時、場所、手段と方法によ
　　　　る。
第32条　受賞の対象者は、原則として発表時点に、
　　　　我が国でその映画メディアを発売している
　　　　会社とする。

第9章　学会誌「映画英語アカデミー賞」

第33条　学会誌の、学会内での発行責任者は会長で
　　　　ある。
第34条　学会誌の、学会内での編集責任者は学会誌
　　　　担当専務理事である。
第35条　ただし、書店販売書籍としての、学会外で
　　　　の発行者は出版会社の代表者であり、「監
　　　　修映画英語アカデミー学会」と表示する。
第36条　総合評価表（B5サイズ、見開き2ページ編
　　　　集）
　　　　①学会HPで映画DVDが表示されたら、原
　　　　　則、その後2ヶ月を期限として総合評価
　　　　　表原稿を募集する。
　　　　②原稿は所定の見開き2ページ書式パソコ
　　　　　ンデータ原稿に限る。
　　　　③応募は本年度会費を納入したことが確認
　　　　　された会員に限る。
　　　　④応募期限終了後、学会誌担当専務理事は
　　　　　一定の基準により、その映画の担当部会
　　　　　を決し、その部会長に採用原稿の決定を
　　　　　諮問する。
　　　　⑤総合評価表の具体的項目と編集レイアウ
　　　　　トは学会誌担当専務理事が出版会社と協
　　　　　議の上、適時、変更することができる。
第37条　部会別査読委員
　　　　①部会長は、部会内に若干名にて査読委員
　　　　　会を編成する。
　　　　②査読委員会は学会誌担当専務理事から諮
　　　　　問のあった原稿を精査する。
　　　　③部会長は査読委員会の報告に従って、採
　　　　　用原稿を決定する。

　　　　④部会長は採用に至らなかった原稿には意
　　　　　見を付して会員に返却する。
第38条　詳細原稿（B5サイズ、約30頁）
　　　　①部門別アカデミー賞映画が決定された
　　　　　ら、学会誌担当専務理事は原則、各部会
　　　　　長を責任者として詳細原稿を依頼する。
　　　　②詳細原稿は所定のページ書式エクセル原
　　　　　稿に限る。
　　　　③詳細原稿には、著作権法に適法したワー
　　　　　クシート数種含むものとする。
　　　　④詳細原稿の具体的項目と編集レイアウト
　　　　　は学会誌担当専務理事が出版会社と協議
　　　　　の上、適時、変更することができる。
第39条　学会誌担当専務理事はその他、出版社との
　　　　連携を密にして適切に学会誌を編集する。

第10章　著作権

第40条　学会誌「映画英語アカデミー賞」に掲載さ
　　　　れたすべての原稿の著作権は学会に帰属
　　　　する。
第41条　ただし、原稿提出者が執筆実績として他の
　　　　出版物等に掲載を希望する場合は書類に
　　　　よる事前の申し出により、許可されるも
　　　　のとする。
第42条　学会はスクリーンプレイ社と契約し、学会
　　　　誌の出版を同社に委託する。
第43条　前条に基づく、著作権使用料は全額を学会
　　　　会計に計上する。
第44条　掲載の原稿執筆会員には、学会誌当該号に
　　　　つき、アカデミー賞担当会員で1名で執筆
　　　　者には10部を、2名以上の複数で執筆には
　　　　各5部を、総合評価表担当会員には3部を
　　　　無料で報償する。
第45条　理事会はすべての原稿につき、PDF化して
　　　　学会ホームページに掲載したり、データ
　　　　ベース化して同一覧表掲載したり、その
　　　　ほか様々に広報・啓蒙活動に使用するこ
　　　　とがある。

第11章　細則の変更

第46条　本細則の変更は理事会構成員の3分の2以
　　　　上が出席した理事会において、その過半
　　　　数の同意を得て仮決定・実施されるが、
　　　　その後1年以内に総会に報告、承認されな
　　　　ければならない。

第12章　付　則

第47条　本細則は、2016年（平成28年）3月12日
　　　　に改定し、即日施行する。

支部会則

第1条　支部は映画英語アカデミー学会○○都道府県支部（○○ branch, The Academy of Movie English）と称する。

第2条　支部は毎年アカデミー賞受賞映画の鑑賞・学習会を主催するなど、本学会の事業をその地域的の実情に即してさまざまに創意・工夫して発案し、実行することを目的とする。

第3条　支部の事務局は原則として支部長または支部事務局長が勤務する職場におく。

第4条　本学会の会員は入会時に、原則として居住または主な勤務先が所在するどちらかの支部（支部なき場合は登録のみ）を選択する。その後は、居住または勤務が変更されない限り移動することはできない。居住または勤務地に変更があった時に一回限り移動することができる。

第5条　会員は所属支部以外のいずれの支部事業にも参加することができるが、所属支部（都道府県）以外の支部役員に就任することはできない。

第6条　支部に次の役員を置く。
　①支部長1名
　②副支部長若干名
　③支部委員若干名
　④事務局長1名
　⑤会計監査2名

第7条　各役員の役割は以下の通りとする。
　①支部長は支部委員会を招集し、これを主宰する。
　②副支部長は支部長を補佐し、必要に応じて支部長を代理する。
　③支部委員は支部の事業を協議、決定、実行する。
　④事務局長は事務局を設置し、支部活動を執行する。
　⑤支部長、副支部長、支部委員、事務局長は支部委員会を構成し、委任状を含む過半数の出席にて成立、多数決により議決する。

第8条　各役員の選出方法ならびに任期は以下の通りとする。
　①支部長は支部委員会の合議によって決定される。
　②副支部長・事務局長は支部委員会の互選による。
　③支部委員は支部会員の中から支部委員会が推薦し、支部総会において承認する。

　④会計監査は支部委員以外の支部会員の中より支部長がこれを委嘱する。
　⑤役員の任期は承認を受けた総会から翌々年度の総会までの2年間、1期とする。ただし、支部長の任期は最大連続2期とする。他の役員の再任は妨げない。
　⑥役員に事故ある時は、残任期を対象に、後任人事を支部委員会にて決定することができる。

第9条　支部長は毎年1回支部大会を招集する。また支部委員会の要請により臨時支部大会を招集することがある。

第10条　支部結成の手順と方法は以下の通りとする。
　①支部は都道府県単位とする。
　②同一都道府県に所属する会員5名以上の発議があること。
　③理事会に提案し、承認を得ること。
　④発議者連名で所属内の全会員に支部設立大会の開催要項が案内されること。
　⑤支部結成大会開催日時点で所属会員の内、委任状を含む過半数の出席があること。
　⑥支部結成大会には、上記の確認のために、理事会からの代表者が出席すること。
　⑦支部結成後はその都道府県内の全会員が支部に所属するものとする。

第11条　事務局長または支部長は会員個人情報管理規定（内規）にしたがって支部会員個人情報を責任管理する。

第12条　事務局長は会計および事務局員を任命し、支部委員会の承認を得る。

第13条　支部の経費は理事会から配分された支部活動費およびその他の事業収入、寄付金、助成金などをもってこれにあてる。

第14条　支部委員会は、毎年度末＝2月末日時点での会費払い込み済み支部所属会員数×1,000円の合計額を支部活動費として理事会から受け取ることができる。

第15条　会計は会計監査の後、毎年1回支部（会員）総会において会計報告、承認を受け、また理事会に報告しなければならない。

第16条　本支部会則の変更は理事会の提案により、全国総会の承認を受けるものとする。

第17条　本支部会則は平成26年3月1日に改定し、即日施行する。

発起人

平成25年3月16日結成総会現在153名。都道府県別、名前（五十音順。敬称略）。主な勤務先は登録時点で常勤・非常勤、職位は表示されません。また会社名の場合、必ずしも会社を代表しているものではありません。

都道府県	名前	主な勤務先	都道府県	名前	主な勤務先	都道府県	名前	主な勤務先
北海道	穐元 民樹	北海道釧路明輝高等学校	福井県	原口 治	国立福井高等専門学校	〃	的馬 淳子	金城学院大学
〃	池田 恭子	札幌市立あいの里東中学校	山梨県	堤 和子	目白大学	〃	武藤美代子	愛知県立大学
〃	小林 敏彦	小樽商科大学	岐阜県	匿 名	個人	〃	諸江 哲男	愛知産業大学
〃	道西 智拓	札幌大谷高等学校	〃	網野千代美	中部学院大学	〃	山崎 僚子	中京大学
福島県	高橋 充美	個人	〃	伊藤明希良	岐阜聖徳学園大学大学院生	〃	山森 孝彦	愛知医科大学
栃木県	田野 存行	株式会社エキスパートギグ	〃	今尾さとみ	個人	三重県	林 雅則	三重県立木本高等学校
埼玉県	設楽 優子	十文字学園女子大学	〃	今川奈津美	富田高等学校	滋賀県	大橋 洋平	個人
〃	チェンバレン暁子	聖学院大学	〃	岩佐佳菜恵	個人	〃	野村 邦彦	個人
〃	中林 正身	相模女子大学	〃	大石 晴美	岐阜聖徳学園大学	〃	八里 葵	個人
〃	村川 享一	ムラカワコンサルティング	〃	大竹 和行	大竹歯科医院	〃	山口 治	神戸親和女子大学名誉教授
千葉県	内山 和宏	柏日体高等学校	〃	岡本 照雄	個人	〃	山田 優奈	個人
〃	大庭 香江	千葉大学	〃	小野田裕子	個人	京都府	小林 龍一	京都市立日吉ヶ丘高等学校
〃	岡島 勇太	専修大学	〃	加納 隆	個人	〃	中澤 大貴	個人
〃	高橋 本恵	文京学院大学	〃	北村 淳江	個人	〃	藤本 幸治	京都外国語大学
〃	益戸 理佳	千葉工業大学	〃	小石 雅秀	個人	〃	三島ナヲキ	ものづくりキッズ基金
〃	宮津多美子	順天堂大学	〃	小山 大三	牧師	〃	横山 仁視	京都女子大学
〃	大和 恵美	千葉工業大学	〃	近藤 満	個人	大阪府	植田 一三	アクエアリーズスクールオブコミュニケーション
東京都	石垣 弥麻	法政大学	〃	白井 雅子	個人	〃	小宅 智之	個人
〃	今村 隆介	個人	〃	千石 正和	個人	〃	太尾田真志	個人
〃	大谷 一彦	個人	〃	武山 箏子	個人	〃	竪山 隼太	俳優
〃	小関 吉直	保善高等学校	〃	東島ひとみ	東島獣医科	兵庫県	金澤 直志	奈良工業高等専門学校
〃	清水 直樹	エイベックス・マーケティング	〃	戸田 操子	くわなや文具店	〃	行村 徹	株式会社ワオ・コーポレーション
〃	杉本 孝子	中央大学	〃	中村 亜也	個人	香川県	日山 貴浩	尽誠学園高等学校
〃	杉本 豊久	成城大学	〃	中村 充	岐阜聖徳学園高等学校	福岡県	秋好 礼子	福岡大学
〃	平 純三	キヤノン株式会社	〃	長尾 美武	岐阜聖徳学園大学付属中学校	〃	Asher Grethel	英語講師
〃	堤 龍一郎	目白大学	〃	橋爪加代子	個人	〃	一月 正充	福岡歯科大学
〃	中垣恒太郎	大東文化大学	〃	古田 雪子	名城大学	〃	岡崎 修平	個人
〃	中村 真理	相模女子大学	〃	寶壺 貴之	岐阜聖徳学園大学短期大学部	〃	小林 明子	九州産業大学
〃	仁木 勝治	立正大学	〃	宝壺 直親	岐阜県立各務原西高等学校	〃	篠原 一英	福岡県立福島高等学校
〃	Bourke Gary	相模女子大学	〃	宝壺美栄子	生涯学習英語講師	〃	高瀬 春歌	福岡市立福岡女子高等学校
〃	道西 隆侑	JACリクルートメント	〃	吉田 譲	吉田胃腸科医院	〃	高瀬 文広	福岡学園福岡医療短期大学
〃	三井 敏朗	相模女子大学	〃	鷲野 嘉映	岐阜聖徳学園大学短期大学部	〃	鶴田知嘉香	福岡常葉高等学校
〃	三井 美穂	拓殖大学	〃	渡辺 康幸	岐阜県立多治見高等学校	〃	鶴田里美香	楽天カード株式会社
〃	吉田 豊	株式会社M.M.C.	静岡県	上久保 真	フリーランス	〃	中島 千春	福岡女学院大学
神奈川県	安部 佳子	東京女子大学	愛知県	石川 淳子	愛知教育大学	〃	中村 茂徳	西南女学院大学
〃	今福 一郎	横浜労災病院	〃	伊藤 保憲	東邦高等学校	〃	新山 美紀	久留米大学
〃	上原寿和子	神奈川大学	〃	井土 康仁	藤田保健衛生大学	〃	Nikolai Nikandrov	福岡学園福岡医療短期大学
〃	上條美和子	相模女子大学	〃	井上 雅紀	愛知淑徳中学校・高等学校	〃	Haynes David	福岡学園福岡医療短期大学
〃	大月 敦子	相模女子大学	〃	梅川 理絵	南山国際高等学校	〃	福田 浩子	福岡大学医学部医学科歯科口腔外科学講座
〃	鈴木 信隆	個人	〃	梅村 真平	梅村パソコン塾	〃	藤山 和久	九州大学大学院博士後期課程
〃	曽根田憲三	相模女子大学	〃	大達 誉華	名城大学	〃	三谷 泰	有限会社エス・エイチ・シー
〃	曽根田純子	青山学院大学	〃	久米 和代	名古屋大学	〃	八尋 春海	西南女学院大学
〃	羽井佐昭彦	相模女子大学	〃	黒澤 純子	愛知淑徳大学	〃	八尋真由実	西南女学院大学
〃	三浦 理高	株式会社キネマ旬報社	〃	小島 由美	岡崎城西高等学校	長崎県	山崎 祐一	長崎県立大学
〃	宮本 節子	相模女子大学	〃	子安 惠子	金城学院大学	熊本県	進藤 三雄	熊本県立大学
〃	八木橋美紀子	横浜清風高等学校	〃	柴田 真季	金城学院大学	〃	平野 順也	熊本大学
新潟県	近藤 亮太	個人	〃	杉浦恵美子	愛知県立大学	大分県	清水 孝子	日本文理大学
富山県	岩本 昌明	富山県立富山視覚総合支援学校	〃	鈴木 雅夫	スクリーンプレイ	宮崎県	南部みゆき	宮崎大学
石川県	須田久美子	北陸大学	〃	濱 ひかり	愛知大学	〃	松尾祐美子	宮崎公立大学
〃	安田 優	北陸大学	〃	松浦由美子	名城大学	鹿児島県	吉村 圭	鹿児島女子短期大学
福井県	長岡 亜生	福井県立大学	〃	松葉 明	名古屋市立平針中学校	海外	Alan Volker Craig	言語学者

理事会

映画英語アカデミー学会は、2013年3月16日結成大会にて、初代理事会が承認されました。
理事会（2013年3月16日総会承認、以下追加＝2015.3.18修正、4.7修正、2016.11.4修正）

役職	担当（出身）	氏名	主な勤務先
顧　　問	レンタル業界	世良與志雄	CDV-JAPAN 理事長（フタバ図書社長）
〃	映画字幕翻訳家	戸田奈津子	神田外国語大学客員教授
〃	弁護士	矢部　耕三	弁護士事務所
会　　長	学会代表	曽根田憲三	相模女子大学名誉教授
副 会 長	映画上映会	吉田　豊	株式会社ムービーマネジメントカンパニー
〃	選考委員会	寶壺　貴之	岐阜聖徳学園大学短期大学部
〃	出版業界	鈴木　雅夫	スクリーンプレイ
専務理事	大会	宮本　節子	相模女子大学
〃	学会誌	鯰江　佳子	スクリーンプレイ
〃	フェスティバル	高瀬　文広	福岡医療短期大学
〃	ハード業界	平　純三	キヤノン株式会社
〃	映像業界	清水　直樹	株式会社ゲオ
〃	雑誌業界	三浦　理高	株式会社キネマ旬報社
〃	アニメ業界	鈴木　信隆	アニメ系有力企業
〃	IT 業界	田野　存行	株式会社エキスパートギグ
〃	小学部会	子安　惠子	金城学院大学
〃	中学部会	松葉　明	名古屋市立大森中学校
〃	高校部会	井上　雅紀	元愛知淑徳中学校・高等学校
〃	大学部会	安田　優	北陸大学
〃	事務局長	鈴木　誠	スクリーンプレイ
理　　事	宮城県	Phelan Timothy	宮城大学
〃	埼玉県	設楽　優子	十文字学園女子大学
〃	千葉県	宮津多美子	順天堂大学
〃	東京都	中垣恒太郎	大東文化大学
〃	神奈川県	宮本　節子	相模女子大学
〃	山梨県	堤　和子	目白大学
〃	富山県	岩本　昌明	富山県立富山視覚総合支援学校
〃	石川県	安田　優	北陸大学
〃	福井県	長岡　亜生	福井県立大学
〃	岐阜県	寶壺　貴之	岐阜聖徳学園大学短期大学部
〃	愛知県	久米　和代	名古屋大学
〃	三重県	林　雅則	三重県立木本高等学校
〃	滋賀県	Walter Klinger	滋賀県立大学
〃	京都府	小林　龍一	京都市立日吉ヶ丘高等学校
〃	大阪府	植田　一三	Aquaries-School of Communication
〃	奈良県	石崎　一樹	奈良大学
〃	兵庫県	金澤　直志	奈良工業高等専門学校
〃	香川県	日山　貴浩	尽誠学園高等学校
〃	福岡県	八尋　春海	西南女学院大学
〃	大分県	清水　孝子	日本文理大学
〃	長崎県	山崎　祐一	長崎県立大学
〃	宮崎県	松尾祐美子	宮崎公立大学
〃	熊本県	進藤　三雄	熊本県立大学
〃	鹿児島県	吉村　圭	鹿児島女子短期大学
会　　計		小寺　巴	スクリーンプレイ
会計監査		前田　偉康	フォーイン
〃		菰田　麻里	スクリーンプレイ

ノミネート委員会

ノミネート部会

■小学生部（18名、平成28年10月7日現在）

東京都	土屋佳雅里	ABC Jamboree
愛知県	石川 淳子	愛知教育大学
〃	大達 誉華	名城大学
〃	河辺 文雄	春日井市立春日井小学校
〃	木下 恭子	中京大学
〃	久米 和代	名古屋大学
〃	黒澤 純子	愛知淑徳大学
〃	子安 惠子	金城学院大学
〃	柴田 真季	金城学院大学
〃	白木 玲子	金城学院大学
〃	杉浦 稚子	安城市立作野小学校
〃	戸谷 鉱一	愛知教育大学
〃	服部 有紀	愛知淑徳大学
〃	松浦由美子	名城大学
〃	的馬 淳子	金城学院大学
〃	山崎 僚子	中京大学
〃	矢後 智子	名古屋外国語大学
宮崎県	松尾麻衣子	(有) ARTS OF LIFE

■中学生部（9名、平成28年5月31日現在）

北海道	池田 恭子	札幌市立あいの里東中学校
千葉県	高橋 本恵	文京学院大学
東京都	竹市 久美	御成門中学校
福井県	伊藤 辰司	北陸学園北陸中学校
愛知県	比嘉 晴佳	個人
〃	松葉 明	名古屋市立大森中学校
三重県	井本 成美	三重県熊野市立有馬中学校
大阪府	能勢 英明	大阪市立本庄中学校
〃	飯間加壽世	株式会社ユニサラパワーソリューションズ

■高校生部（20名、平成29年2月15日現在）

福島県	吾妻 久	福島県立須賀川高等学校
〃	大石田 緑	福島県立あさか開成高等学校
茨城県	多尾奈央子	筑波大学附属駒場中・高等学校
群馬県	亀山 孝	共愛学園中学・高等学校
千葉県	松河 舞	元日本大学習志野高等学校
神奈川県	伊藤すみ江	個人（元川崎市立総合科学高校）
〃	清水 悦子	神奈川県立百合丘高等学校
〃	中原 由香	ECCジュニア
富山県	岩本 昌明	富山県立富山視覚総合支援学校
岐阜県	日比野彰朗	羽島高校
愛知県	井上 雅紀	元愛知淑徳中学校・高等学校
〃	岡本 洋美	東邦高等学校
〃	大橋 昌弥	中京大学附属中京高等学校
〃	濱 ひかり	岡崎城西高等学校
三重県	林 雅則	三重県立木本高等学校
大阪府	上田 敏子	大阪女学院高校
〃	清原 輝明	TK プランニング
〃	谷野 圭亮	大阪教育大学大学院生
〃	由谷 晋一	津田英語塾
福岡県	篠原 一英	福岡県立久留米高等学校

■大学生部（49名、平成27年8月26日現在）

北海道	小林 敏彦	小樽商科大学
宮城県	Timothy Phelan	宮城大学
埼玉県	設楽 優子	十文字学園女子大学
〃	チェンバレン暁子	聖学院大学
千葉県	大庭 香江	千葉大学
〃	岡島 勇太	専修大学
〃	宮津多美子	順天堂大学
東京都	石垣 弥麻	法政大学
〃	今村 隆介	個人
〃	小嶺 智枝	明治大学・中央大学
〃	ゴメス由美	東京国際大学
〃	堤 龍一郎	目白大学
〃	中村 真理	相模女子大学
〃	三井 敏朗	都留文科大学
〃	三井 美穂	拓殖大学
神奈川県	岩野 明美	相模女子大学
〃	上原寿和子	電気通信大学
〃	曽根田憲三	相模女子大学
〃	水野 資子	相模女子大学
〃	宮本 節子	相模女子大学
山梨県	堤 和子	目白大学
石川県	井上 裕子	北陸大学
〃	轟 里香	北陸大学
〃	船本 弘史	北陸大学
〃	安田 優	北陸大学
福井県	長岡 亜生	福井県立大学
〃	原口 治	国立福井高専
岐阜県	古田 雪子	名城大学
〃	寶壺 貴之	岐阜聖徳学園大学短期大学部
愛知県	井土 康仁	藤田保健衛生大学
〃	小林憲一郎	南山大学
〃	杉浦恵美子	愛知県立大学
〃	田中 里沙	金城学院大学
〃	服部しのぶ	藤田保健衛生大学
〃	諸江 哲男	愛知産業大学
滋賀県	Walter Klinger	滋賀県立大学
京都府	藤本 幸治	京都外国語大学
〃	村上 裕美	関西外国語大学短期大学部
大阪府	植田 一三	Aquaries-School of Communication
〃	朴 真理子	立命館大学
奈良県	石崎 一樹	奈良大学
兵庫県	金澤 直志	奈良工業高等専門学校
〃	行村 徹	株式会社ワオ・コーポレーション
福岡県	秋好 礼子	福岡大学
〃	小林 明子	九州産業大学
〃	高瀬 文広	福岡学園福岡医療短期大学
〃	八尋 春海	西南女学院大学
宮崎県	松尾祐美子	宮崎公立大学
熊本県	平野 順也	熊本大学

リスニングシート作成委員会

委員長		鈴木 雅夫	(副会長)	委 員	高校担当	岩本 昌明	(富山県立富山視覚総合支援学校)
委 員		Mark Hill	(スクリーンプレイ)	〃	大学担当	大庭 香江	(千葉大学)
〃		Bourke Gary	(相模女子大学)	〃	大学担当	松尾祐美子	(宮崎公立大学)
〃		Walter Klinger	(滋賀県立大学)	〃	上級担当	石崎 一樹	(奈良大学)
〃	中学担当	小池 幸子	(鎌倉市立第一中学校)	〃		映画英語アカデミー学会会員有志	
〃	中学担当	水野 資子	(相模女子大学)	協 力		スクリーンプレイ編集部	

■映画英語アカデミー学会に入会希望の方はこの用紙を使用してFAX または郵送にてご連絡ください。
For those who wish to join The Academy of Movie English (TAME), please complete this form and send by FAX or post.

Tel: 052-789-0975　Fax: **052-789-0970**　E-mail：**office@academyme.org**

送付先は、〒464-0025 名古屋市千種区桜ヶ丘292 スクリーンプレイ内 TAME 事務局
Please send applications to : 〒464-0025 TAME Office, Screenplay Dept., Sakuragaoka 292, Chikusa, Nagoya.

■学会ホームページに接続されると、メールで申し込みができます。http://www.academyme.org/index.html
Applications can also be made via the TAME website or by e-mail.

映画英語アカデミー学会入会申し込み用紙
Application to join The Academy of Movie English (TAME)

氏　名 Name	フリガナ姓		フリガナ名	
	姓 Family name		名 Given name	
E-mail				
自　宅 Home	住　所 Address	〒　　　-		
	電　話 Phone number	-　　　-	FAX FAX number	-　　　-
職　場 Work 学　校 Academic	名　前 Company or Academic Institute			
	所　属			
	住　所 Address	〒　　　-		
	電　話 Phone number	-　　　-	FAX FAX number	-　　　-
所属支部 Preferred branch	□自宅地域 Home Area		□職場地域 Work/Academic Institute Area	
郵便物送付 Preferred mailing address	□自宅優先 Home		□職場優先 Work/Academic Institute	
部　会 Group	委　員 Membership	次のノミネート部会委員を引き受ける用意がある。 I would like to participate as a member of the following group. □小学生部会　　□中学生部会　　□高校生部会　　□大学生部会 　Elementary group　　Junior high school group　　High school group　　University group		

後日、入会の確認連絡があります。万一、一ヶ月以上経過しても連絡がない場合、ご面倒でも事務局までご連絡ください。
TAME will send confirmation of your application once it has been received. Please contact the office if you do not receive confirmation within one month.

映画英語アカデミー学会

TAME (The Academy of Movie English)

賛 助 会 員 入会申込み用紙

年　　　月　　　日

映画英語アカデミー学会の会則を承認し、賛助会員の入会を申し込みます。

<table>
<tr><td rowspan="2">会
社
名</td><td>社　名</td><td colspan="4">（フリガナ）</td></tr>
<tr><td>住　所</td><td colspan="4">〒</td></tr>
<tr><td rowspan="3">担
当
名</td><td>氏　名</td><td colspan="2">（フリガナ）</td><td colspan="2">年　　　月　　　日生</td></tr>
<tr><td>部署名</td><td></td><td>職　位</td><td colspan="2"></td></tr>
<tr><td>電　話</td><td></td><td>ＦＡＸ</td><td colspan="2"></td></tr>
</table>

（上記は、書類の送付など、今後の連絡先としても使用しますので正確にご記入下さい）

◇賛助会費について◇

賛 助 会 費	年会費２０，０００円を引き受けます。

この用紙は右記まで、郵送するか　　　　映画英語アカデミー学会事務局　〒465-0025 名古屋市千種区桜が丘292 スクリーンプレイ内
ＦＡＸにて送付してください。　　　　　　　TEL:(052)789-0975　FAX:(052)789-0970

編 著 者

杉浦恵美子	（愛知県立大学）	梅垣　昌子	（名古屋外国語大学）

著　　者

板倉厳一郎	（関西大学）	菅原　裕子	（名古屋大学）
上原寿和子	（電気通信大学）	中垣恒太郎	（大東文化大学）
大橋　洋平	（個人）	新居　明子	（名古屋外国語大学）
岡島　勇太	（専修大学）	西川　裕子	（愛知学泉大学）
岡田　泰弘	（名古屋外国語大学）	ハンフリー恵子	（名古屋外国語大学）
奥村　典子	（鈴鹿大学）	比嘉　晴佳	（個人）
甲斐　清高	（名古屋外国語大学）	古田　雪子	（名城大学）
河井　紀子	（名古屋外国語大学）	寳壺　貴之	（岐阜聖徳学園大学）
小林　純子	（名古屋外国語大学）	宮津多美子	（順天堂大学）
子安　惠子	（金城学院大学）	室　　淳子	（名古屋外国語大学）
設楽　優子	（十文字学園女子大学）	山本恵里子	（愛知みずほ大学）
柴　麻己子	（名城大学）	吉本　美佳	（名古屋外国語大学）
白木　玲子	（金城学院大学）	鷲野　嘉映	（岐阜聖徳学園大学）

敬称略。各五十音順。( )内は発行日時点での主な勤務先です。職位は表示されません。

社会人編は教員会員と一般会員により執筆されております。

先生が薦める **英語学習のための特選映画100選** 「社会人編」

発　　　行	平成29年(2017年)4月3日　初版第1刷
監　　　修	映画英語アカデミー学会
著　　　者	杉浦恵美子、梅垣昌子他26名
編　集　者	鯰江佳子、小寺　巴、菰田麻里
発　行　者	鈴木雅夫
発　売　元	株式会社フォーイン　スクリーンプレイ事業部
	〒464-0025 名古屋市千種区桜が丘292
	TEL:(052)789-1255　FAX:(052)789-1254
	振替:00860-3-99759
印刷製本	株式会社チューエツ

定価はカバーに表示してあります。

無断で複写、転載することを禁じます。

乱丁、落丁本はお取り替えいたします。

Printed in Japan

ISBN978-4-89407-569-6